FREMDHEIT UND VERTRAUTHEIT

Hermeneutik im europäischen Kontext

———

Hendrik Johan Adriaanse
Rainer Enskat (Hrsg.)

PEETERS

FREMDHEIT UND VERTRAUTHEIT

Hermeneutik im europäischen Kontext

Hendrik Johan Adriaanse
Rainer Enskat (Hrsg.)

Leuven 2000

D. 1999/0602/2
ISBN 90-429-0713-4

© 1999, Uitgeverij Peeters, Bondgenotenlaan 153, B-3000 Leuven
All rights reserved.

INHALTSVERZEICHNIS

INHALTSVERZEICHNIS 1
ZUM GELEIT. 3
PAUL RICŒUR, Multiple étrangeté. 11
VITTORIO MATHIEU, Die Hermeneutik als Brücke über die ontologische Differenz. 25
GÜNTER ABEL, Zeichenverstehen 39
JEAN GRONDIN, Die hermeneutische Intuition und Intention zwischen Husserl und Heidegger. 57
HANS INEICHEN, Metakritik von Richard Rorty's Kritik der hermeneutischen Philosophie. 65
MACIEJ POTĘPA, Die Frage nach dem Subjekt in der philosophischen Hermeneutik. 75
MANFRED RIEDEL, Die Erfindung des Philologen. 97
WOLFGANG NETHÖFEL, Die anderen, das andere, der andere. Theologische Hermeneutik zwischen Medien und Mächten. 123
INGOLF-U. DALFERTH, Fremdauslegung als Selbstauslegung. Vorüberlegungen zu einer trinitarischen Hermeneutik der Abwesenheit Gottes 145
WERNER G. JEANROND, Vertrautheit und Fremdheit als Kategorien theologischen Interpretierens. 175
CLAUDE GEFFRÉ, L'herméneutique comme nouveau paradigme de la théologie. 189
GERHARD OBERHAMMER, Offenbarungsgeschichte als Problem der Religionshermeneutik. 203
MARIO RUGGENINI, Hermeneutik der Endlichkeit. Der unendliche Gott der Metaphysik und der endliche Gott der Offenbarung. 217
MARIA CRISTINA BARTOLOMEI, Die Religion als Hermeneutik . . 233
BŘETISLAV HORYNA, Die interkulturelle Hermeneutik in der Religionswissenschaft. 243

PAUL BEAUCHAMP, Le récit biblique: L'herméneutique biblique et le choix éthique de liberté 253

MARIA VILLELA-PETIT, Mimesis et vérité. Limites de l'approche herméneutique de l'art 259

JACQUES DE VISSCHER, L'herméneutique comme un défi à l'esthétisme 271

CORNELIA VISMANN, Von der Poesie des Rechts oder vom Recht in der Dichtung. Eine Fallstudie zu "Der Proceß" von Franz Kafka 275

ADA NESCHKE, Hermeneutik von Halle: Wolf und Schleiermacher 283

PETER WINCH †, Können wir uns selber verstehen?. 303

OSWALD SCHWEMMER, Über das Verstehen des Fremden 317

DETLEV VON USLAR, Psychologie und philosophische Hermeneutik 347

GIULIANO CRIFÒ, Emilio Betti und die juristische Hermeneutik . 365

RONALD HITZLER, Verstehen verfremden 379

KLAAS HUIZING, Vom Anblick der Texte. Die physiognomische Dimension der Hermeneutik. 389

GIUSEPPE GALLI, Übergang vom physiognomischen zum szenischen Verstehen. Vertrautheit und Fremdheit in der Selbsterkenntnis 399

ZUM GELEIT

Der vorliegende Band dokumentiert den internationalen Kongreß, der im September 1994 unter dem Titel "Fremdheit und Vertrautheit. Hermeneutik im europäischen Kontext" an der Martin Luther-Universität Halle-Wittenberg stattgefunden hat.

Zur Einführung in diese recht verschiedenen Texte möge – in behutsam aktualisierter Fassung – die Denkschrift dienen, die das Vorbereitungskomitee[1] seiner Arbeit zugrundegelegt hat und in der der Anlaß zur Veranstaltung des Kongresses, die Wahl des Kongreßortes, die Bestimmung des Generalthemas sowie die Gliederung in Einzelthemen ausführlich erörtert worden sind.

I

Mit Recht kann man das 20. Jahrhundert als ein "hermeneutisches Zeitalter der Vernunft" bezeichnen. Der immer noch zunehmende Gebrauch des Wortes "Hermeneutik" ist dafür freilich nur ein äußeres und auch vieldeutiges Indiz; weitaus wichtiger ist die Rolle, die der Begriff der Interpretation heute bis in die wissenschaftstheoretischen Diskussionen spielt. Bedeutsam ist auch die Tatsache, daß es der Hermeneutik, die sich zunächst mit der bescheidenen Rolle einer philologischen Hilfsdisziplin zufrieden geben mußte, in unserem Jahrhundert gelungen ist, sich als eine eigenständige philosophische Thematik zu etablieren. Dieser Rollenwechsel hat in einem erheblichen Maße die philosophische Landschaft des 20. Jahrhunderts geprägt, sei es auch nur durch große Kontroversen, wie die über Hermeneutik und Ideologiekritik, Hermeneutik und Dialektik, Hermeneutik und Dekonstruktion usw.

Die eigentliche Blütezeit dieser philosophischen Hermeneutik beginnt in den 60er Jahren. Damals erschien in einem kurzen Zeitraum, im Anschluß an E. Bettis *Teoria Generale dell'Interpretazione*,[2] H.-G.

---

[1] Neben den beiden Herausgebern gehörten zu diesem Komitee Walter Sparn (Bayreuth, jetzt Erlangen), Maciej Potępa (Warszawa), Giovanni Ferretti (Macerata) und Jean Greisch (Paris). Letzterer ist der Verfasser der Urfassung dieser Denkschrift.

[2] Vgl. dazu besonders den Aufsatz von G. Crifò 'Emilio Betti und die juristische Hermeneutik' in diesem Band.

Gadamers *Wahrheit und Methode* und P. Ricœurs *La symbolique du mal*, eine große Zahl von philosophischen und theologischen Monographien zum Themenbereich der Hermeneutik. In diese Zeit fiel auch die Publikation von J. Habermas' kritischer Sammelrezension *Zur Logik der Sozialwissenschaften*, die Gadamers hermeneutischem Entwurf zu großer Ausstrahlung auch auf die methodologischen Erörterungen der Sozialwissenschaften verhalf. Nicht zuletzt war dies auch die Zeit der Gründung des von G. Ebeling geleiteten "Instituts für Hermeneutik" an der Universität Zürich, der erste Versuch, der neuen Disziplin eine institutionelle Verankerung im universitären Bereich zu verschaffen. In dieser Zeit fing E. Castelli in Rom an, jährliche Kongresse über spezifisch hermeneutische Themen zu veranstalten. Schließlich gehört auch die Gründung der Forschergruppe "Poetik und Hermeneutik", die inzwischen die stattliche Anzahl von siebzehn Bänden publiziert hat, in diese Zeitspanne.

Heute, fast vierzig Jahre nach dieser Durchbruchsphase, scheint es um die Hermeneutik wieder stiller geworden zu sein. Und das ist gut so, weil damit den Risiken eines inflationären und unkritischen Umgangs mit dem Wort "Hermeneutik" mindestens zum Teil vorgebeugt ist. Stille ist aber nicht gleichbedeutend mit Stillstand. Die Tatsache, daß jetzt andere Schulrichtungen und Fragestellungen im Rampenlicht der Öffentlichkeit stehen und daß andere Schlagworte die Diskussion beherrschen, besagt keineswegs, daß die Hermeneutik von der Bildfläche verschwunden oder daß sie unproduktiv geworden ist. Im Gegenteil, noch immer wächst die Literatur zu hermeneutischen Themen in der Philosophie, der Theologie und in den Kulturwissenschaften an.

Gerade deshalb ist die Zeit reif für eine kritische und komparative Bestandsaufnahme der tatsächlich geleisteten Arbeit mit oder an hermeneutischen Denkmodellen in den Bereichen der Philosophie, der Theologie und den Kulturwissenschaften. Das bedeutet zugleich die Notwendigkeit einer grundsätzlichen Besinnung auf die heutigen Möglichkeiten und Grenzen der Disziplin als solcher.

II

Eine solche Aufarbeitung kann nur gelingen im ständigen Blick auf die Geschichte der Hermeneutik. Seit langem gilt, daß die Hermeneutik ihre heutigen Aufgaben in produktiver Auseinandersetzung mit ihrer reichen Geschichte wahrnehmen muß. In dieser Geschichte hat die Universität Halle insofern eine besondere Rolle gespielt, als hier die Hermeneutik als akademische Disziplin eigens gepflegt wurde. Deshalb ist es so gerecht wie sinnvoll, gerade die Hallesche Tradition der Hermeneutik zu würdigen.

Allzu leicht übersieht man, daß die Geschichte der Hermeneutik erst seit W. Dilthey zu einem Forschungsgegenstand geworden ist. Daher wurde Diltheys Version dieser Geschichte lange Zeit fast blindlings übernommen. In den letzten vier Jahrzehnten mehren sich indessen die Anzeichen, daß es noch andere Lesarten dieser Geschichte gibt als den von Dilthey postulierten gesetzmäßigen, notwendigerweise in das moderne geschichtliche Bewußtsein ausmündenden Gang (vgl. die Arbeiten von H. E. Jaeger, L. Geldsetzer, P. Szondi, P. C. Bori).

Manche Klischees, etwa die Überzeugung, F. Schleiermacher sei der Begründer der philosophischen Hermeneutik, sind dadurch fragwürdig geworden. Autoren, die nicht in Diltheys Schema der Hermeneutikgeschichte hineinpaßten, wie etwa J. K. Dannhauer oder C. F. Meier, sind wiederentdeckt oder neu gewürdigt worden. Eines der Ziele des Kongresses bestand in der kritischen Wertung der neuen Akzente der Hermeneutik-Geschichtsschreibung.

Wichtig ist, daß dabei die nationalen hermeneutischen Traditionen in ihrer Verschiedenheit berücksichtigt werden. Es kann nicht länger als richtig gelten, daß die Hermeneutik nur in Deutschland auf eine jahrhundertelange Geschichte zurückblicken kann. Es mehren sich die Anzeichen, daß sie auch im italienischen, französischen und englischen Sprachraum nicht so gänzlich traditionslos dasteht, wie man das noch zu Anfang des Jahrhunderts glauben konnte. Und was die Gegenwart betrifft, gibt es jetzt, dank Betti und Ricœur, auch andernorts eigenständige Hermeneutiken und vielversprechende Entwicklungen. Eine vergleichbare Untersuchung dieser Ansätze, die gemeinhin dem geisteswissenschaftlichen Modell des Verstehens weniger verpflichtet sind als die deutschsprachige Tradition, steht freilich noch aus. Ein anderes Ziel des Kongresses lag darin, Anstöße für die hier notwendig gewordene Auseinandersetzung zu geben.

Die Hauptentwicklungslinie der theoretischen Reflexion über die Hermeneutik als Kunstlehre des Verstehens, von Schleiermacher bis zu den philosophischen Hermeneutikern der Gegenwart, zeigt eine kontinuierliche Ausweitung wie auch Vertiefung des hermeneutischen

Problems. Nicht nur, daß die Hermeneutik sich ständig neuer Gegenstände annimmt, die nicht mehr oder höchstens in einem analogen Sinn als Text verstanden werden können; zugleich radikalisiert sie den Verstehensbegriff selber. Sie stößt auf neue Fragen: Soll man Diltheys Bindung der Hermeneutik an die Erkenntnistheorie aufkündigen und die Hermeneutik statt dessen, mit Heidegger, in einer ontologischen, z.B. daseinsanalytischen Begründung des Verstehensbegriffes verankern, oder gibt es, wie Ricœur vermutet, die Möglichkeit eines Weges zurück von der Ontologie zur Erkenntnis- bzw. Wissenschaftstheorie? Unter welchen Bedingungen erlaubt ein radikalisierter Verstehensbegriff es, von einem Begriff der "hermeneutischen" Vernunft als solcher zu sprechen? Wie verhält sich dieser Vernunftbegriff samt den ihm eigenen Universalitätsansprüchen zu anderen Begriffen der Vernunft, etwa dem phänomenologischen, dem kritischen, dem pragmatischen, dem kommunikationstheoretischen oder dem semiotischen?

Eng damit verbunden ist die Frage, wie sich die allgemeine, philosophisch begründete Hermeneutik, die über die Bedingungen der Möglichkeit von Verstehen und Interpretation überhaupt reflektiert, verhält zu den Spezialhermeneutiken im Bereich der Literaturwissenschaft, der Bibelexegese, der Psychoanalyse, der Kulturwissenschaften usw. Nur ein echtes interdisziplinäres Gespräch wird den Verdacht eines Monopolanspruches beseitigen können, der immer noch gegen die philosophische Hermeneutik erhoben wird.

Diese selbst scheint sich indessen jetzt am Scheideweg zu befinden. Einerseits sieht es so aus, als könne sie mit der Ontologie einhergehen, und so tritt sie manchmal mit dem Anspruch auf, die einzige heute noch vertretbare Gestalt der Ersten Philosophie zu sein. Besonders in Heideggers vom Motiv des "Seinsverständnisses" bestimmter Ontologie ist die Zentralstellung des hermeneutischen Verstehensbegriffes unübersehbar. Doch kann die Hermeneutik, andrerseits, nicht auf ihre Relevanz in den praktischen Disziplinen, besonders in der Ethik, verzichten. Ganz im Gegenteil spielt sie, wie besonders bei M. Riedel, aber auch bei P. Ricœur ersichtlich, eine wachsende Rolle für eine als Zweite Philosophie verstandene praktische Philosophie. Nirgends aber macht sich die Spannung schärfer bemerkbar als in der Auseinandersetzung E. Lévinas' mit Heidegger. Gerade an dem Gegensatz zwischen zwei Modellen der Ersten Philosophie – Ontologie auf der einen, Ethik auf der anderen Seite – hat sich die Hermeneutik heute zu bewähren. Denn die gegenwärtige Diskussionslage wird immer stärker von ethischen Fragestellungen bestimmt, während in den 60er Jahren die Ontologie noch einmal eine Blütezeit erlebte.

All das erheischt eine grundsätzliche Besinnung auf den aktuellen Diskussionsstand im Bereich der Hermeneutik. Bestimmte Fragestellungen scheinen inzwischen obsolet geworden zu sein, mindestens in dem Sinne, daß sie keine neue Aufarbeitung verlangen. Andere Entwicklungen stellen jedoch vor neue Herausforderungen, so etwa die allmähliche Ersetzung des linguistischen Paradigmas durch semiotische Modelle, wie sie gerade in den Kognitionswissenschaften eine große Rolle spielen. Hier kommt die Frage auf, ob "künstliche Intelligenz" ein mögliches Betätigungsfeld für die Hermeneutik bilden kann, oder ob sie die klassische Gestalt einer Verstehenshermeneutik verabschiedet. Immerhin gewinnt gerade im Bereich der Erkenntnis- und Wissenschaftstheorie der Begriff der Interpretation zunehmend an Bedeutung, und auf jeden Fall müssen Querbeziehungen zwischen Hermeneutik, Wissenschaftstheorie, Pragmatik und Semiotik hergestellt werden. H. Lenks und G. Abels Entwürfe einer Philosophie der Interpretation können hier als Beispiele für diese neue Fragestellung genannt werden.

Kennzeichnend für den heutigen Diskussionsstand ist, daß traditionelle Grenzziehungen schärfer differenziert werden. Das gilt für die klassische Gegenüberstellung von Geistes- und Naturwissenschaften, aber auch für die vor kurzem noch unversöhnlich scheinende Differenz zwischen einer sprachanalytischen und einer phänomenologisch-hermeneutischen Auffassung der Philosophie. In der analytischen Tradition wird heute an zentralen Stellen ebenfalls mit dem Begriff der Interpretation gearbeitet (vor allem D. Davidson).

Fraglich wird neuerdings die Berechtigung der Auffassung, mit dem Aufkommen einer philosophischen Hermeneutik seien die Spezialhermeneutiken, also etwa juristische, theologische, literaturwissenschaftliche oder kulturwissenschaftliche Hermeneutiken, überholt. In all diesen Bereichen sucht man nach einem ausgewogenen Gleichgewicht zwischen dem reflexiven Niveau, das eine philosophische Hermeneutik beansprucht, und den hermeneutischen Fragen, die aus der tatsächlich geübten Auslegungspraxis entspringen. Was Ricœur über das Verhältnis der theologischen und philosophischen Hermeneutik sagt, daß nämlich beide in einem "komplexen Bezug gegenseitiger Inklusion" zueinander stehen, läßt sich auf andere Gebiete übertragen. Es ist keineswegs so, daß die philosophische Hermeneutik den einzelnen Disziplinen Vorschriften zu machen hätte (das kann sie schon deshalb nicht, weil sie keine Regelhermeneutik mehr zu sein beansprucht). Vielmehr muß sie sich von der in den Einzelwissenschaften gepflegten, tatsächlichen Auslegungspraxis belehren lassen. "Mehr erklären heißt besser verstehen", lautet eine bekannte Maxime Ricœurs, welche die Herausforderung zum Ausdruck bringen will, die in dem komplexen Verhältnis gegenseitiger Abhängigkeit von einzelwissenschaftlicher Forschung und philosophischer Grundlegung liegt.

III

Wenn die heutige Lage derart stark durch Grenzüberschreitungen geprägt ist, nimmt es nicht wunder, daß, von der inhaltlichen Seite her betrachtet, das Thema "Fremdheit und Vertrautheit" in den Mittelpunkt des Interesses rückt. Es gibt wohl kein anderes übergreifendes Thema, das besser imstande wäre, die hermeneutische Diskussion zwischen den einzelnen Fachbereichen und zwischen den einzelnen Sprach- und Kulturräumen zu beleben. Es ist ein altes und zugleich wieder ein neues Thema. Zwar ist spätestens seit dem frühen 19. Jahrhundert die Polarität von Fremdheit und Vertrautheit ein Grundthema der philosophischen Besinnung auf die hermeneutische Erfahrung. In seiner ersten Akademierede schlug Schleiermacher bereits im Hinblick auf F. Ast vor, das "Geschäft der Hermeneutik" zwischen den beiden Polen der absoluten Fremdheit und der absoluten Vertrautheit zu betreiben. Von Dilthey über Heidegger bis zu Gadamer läßt sich die Wirkungsgeschichte dieses Motivs nachzeichnen.

Das bedeutet aber noch lange nicht, daß man sich mit den bisher erarbeiteten Vorschlägen zur Vermittlung zwischen den beiden Polen zufrieden geben sollte oder dürfte. Ganz im Gegenteil! Nicht zuletzt weil wir heute, am Ende des 20. Jahrhunderts, bis in den ethisch-politischen Bereich hinein mit ganz andersartigen Erfahrungen des Fremden und des Vertrauten konfrontiert sind, bedarf es einer neuen grundsätzlichen Besinnung auf diese Polarität. Nicht zufällig steht gerade im Bereich der Kulturwissenschaften diese Problematik auf der Tagesordnung.

Die philosophische Hermeneutik hat sich das Spannungsfeld zwischen Fremdheit und Vertrautheit im Lichte des Übersetzungsproblems erschlossen. Das Verstehen einer Fremdsprache zeigt und bewährt sich in der Übersetzung dieser Sprache und so hängen Verstehen und Übersetzen offenbar von denselben Bedingungen ab.

Diese Einsicht ist zum Keim für drei unterschiedliche Entwürfe philosophischer Hermeneutik geworden: Heideggers Daseinsanalytik, die im Verstehen und in der Auslegung einen Vollzug der menschlichen Existenz erblickt; Gadamers Prinzip der Wirkungsgeschichte, das in der kulturellen Tradition einen Wahrheitsanspruch erkennt, der vor die bleibende Aufgabe einer Vermittlung der Gegenwart und der Vergangenheit stellt; Wittgensteins Begriff der Sprachspiele und der Lebensformen, die den tragenden Grund aller Gewißheit und Orientierung in der Wirklichkeit bilden. Diesen dreifach exponierten Verstehensbegriff gilt es an den zeitgenössischen Erfahrungen zu überprüfen. Dabei sollte vor allem kritisch gefragt werden, ob der hermeneutische Begriff des Verstehens nicht von vornherein das Moment der Vertrautheit so überbetont, daß bestimmte Fremdheitserfahrungen gar nicht recht in den Blick kommen können.

Angesichts eben dieses Problems befindet sich die Theologie in einer eigentümlich zwiespältigen Lage. In der Blütezeit der 60er Jahre schien an ihrer hermeneutischen Bestimmung überhaupt kein Zweifel zu bestehen. Nicht nur, daß ihr die philosophische Hermeneutik, zusammen mit der juristischen, aufgrund der Bedeutsamkeit der Applikation im Verstehensprozeß eine exemplarische Rolle einräumte; diese Theologie ging auch selber als Auslegung des Wortes Gottes ein inniges Bündnis mit der geisteswissenschaftlichen Verstehenshermeneutik ein. Es fragt sich aber, ob diese theologische Hermeneutik nicht erfolgreicher gewesen ist, als sie von ihren eigenen Voraussetzungen her sein durfte. Zu diesen Voraussetzungen gehören vor allem die Fremdheit des Textes sowie die Morphologie und Physiognomik der Texte. Die Vermittlungsfunktion des Textes im Aufbau eines gläubigen Selbstverständnisses wurde so ausschließlich, daß die religiöse Funktion etwa nichtsprachlicher Kommunikation aus dem Blick zu geraten drohte.

Inzwischen mehren sich die kritischen Stimmen, die auf die Grenzen dieses Paradigmas hinweisen. Sei es, daß man die Theologie überhaupt aus der Bindung an die Hermeneutik entläßt, oder aber mit W. Nethöfel für eine "Theologische Hermeneutik" plädiert, deren Grundbegriff nicht mehr "Verstehen", sondern "Orientierung" lautet. Mit diesem Wechsel ist der Anspruch verbunden, die Theologie aus der allzu einseitigen Bindung an das Medium der Wortverkündigung zu lösen und sie auch an andere Medien zu verweisen. Es stellt sich die Frage, was dieses neue Paradigma, das auch den "Schein der Zeichen" zu überwinden trachtet und wieder stärker die materielle Kontinuität bestimmter Lebensspuren betont, gegenüber dem klassischen Modell der hermeneutischen Theologie erbringt.

Im Bereich der Kulturwissenschaften scheint sich eine gegenläufige Entwicklung anzubahnen. Während diese sich lange Zeit gegen hermeneutische Modelle gesperrt haben, und zwar besonders hart in jener

Blütezeit (als krasses Beispiel sei erinnert an C. Lévi-Strauss' Weigerung, die Gesprächsangebote von Ricœur anzunehmen), bietet sich heute ein völlig anderes Bild. Nicht nur, daß es nun ein integriertes pragmatisches Modell gibt, in dem Beschreibung, Erklärung und Interpretation sich die Waage halten; bestimmte Forscher bedienen sich überdies ausdrücklich hermeneutischer, etwa dialogischer, Verstehensmodelle (z.B. C. Geertz). Die Gründe für diese erstaunliche Umorientierung sind bisher noch unzureichend erforscht worden.

Aber auch inhaltlich gesehen scheint das hermeneutische Thema "Fremdheit und Vertrautheit" gerade in den Kulturwissenschaften immer wichtiger zu werden, wie neuere, sog. "xenologische" Untersuchungen (J. Assmann, D. Krusche u.a.) belegen. In Frage steht hier die Rolle der kommunikativen Kultur und des kulturellen Gedächtnisses im Aufbau einer individuellen oder sozialen Identität. Es zeigt sich besonders deutlich, daß diese Funktion nicht allein an schriftlichen Überlieferungen festgemacht werden kann, sondern vielschichtige Prozesse der Erfahrung, der Anerkennung von Fremdheit, aber auch der Aneignung, voraussetzt. Aus der Art und Weise, wie die heutigen Kulturwissenschaften mit der Polarität von Fremdheit und Vertrautheit umgehen, können eine philosophische und eine theologische Hermeneutik wichtige neue Anstöße empfangen.

Daß die Thematik von Fremdheit und Vertrautheit im ausgehenden 20. Jahrhundert so dringend wird, hängt sicher nicht nur mit rein wissenschaftsimmanenten Entwicklungen, sondern auch mit der politischen und sozialen Lage der westlichen Industriegesellschaften zusammen. Das macht die Besinnung auf dieses Thema zugleich zu einer nötigen ethischen Aufgabe.

Die Texte im vorliegenden Band entsprechen ihrem Umfang und ihrer Reihenfolge nach ihrem Platz im Programm des Kongresses. Hier wurde zwischen Hauptvorträgen, Referaten (30 Min.) und einleitenden Kurzreferaten (10 Min.) unterschieden. Nicht alles im Kongreß Vorgetragene findet in diesem Band seinen Niederschlag. Die Eröffnungsansprache, die Podiumsdiskussionen und sonstige Diskussionsbeiträge sind nicht aufgenommen worden. Auch fehlen einige wenige der anderen Programmteile. In diesen Fällen haben die Autoren auf Veröffentlichung verzichtet.

Die Herausgeber

Paul Ricœur, Paris

MULTIPLE ÉTRANGETÉ

L'essai que je propose est issu d'une méditation portant sur les rapports entre ce que Platon appelle dans les Dialogues dits métaphysiques les «plus grands genres», parmi lesquels les deux genres derniers du *même* et de l'*autre*, et sur l'usage que la phénoménologie herméneutique fait des notions d'altérité et d'étrangeté. Il faut, selon moi, distinguer soigneusement le niveau de discours que l'on peut appeler métaphysique, en insistant sur la fonction *méta-*, en tant que telle, et le niveau de discours relevant de la compréhension et de l'interprétation du soi humain. Ce sont en effet deux sortes de discours qui relèvent de règles différentes. Ce que je viens d'appeler fonction *méta-* se définit par une double stratégie de hiérarchisation et de pluralisation de ce que Platon appelle «les plus grands genres». C'est bien de hiérarchisation qu'il s'agit chez Platon lui-même entre la théorie des «formes», qui a pour enjeu la participation du sensible à l'intelligible, et la spéculation de second degré sur les «grands genres», qui porte sur les conditions de possibilité de l'opération prédicative de premier degré et donc sur la sorte de participation entre les Idées que cette opération prédicative présuppose. Mais la mise en œuvre de cette hiérarchisation implique d'emblée une série d'opérations de conjonction et de disjonction portant sur les idées de second rang relevant de ce méta-discours, à savoir les idées de «mouvement», de «repos», d'«être» de «non-être», de «même» et d'«autre». Le *Sophiste* pousse la subtilité jusqu'à introduire une hiérarchie supplémentaire entre ces «plus grands genres»: c'est ainsi que la méta-catégorie de l'autre se trouve placée au cinquième rang. Elle est, dit Platon, «répandue à travers toutes. Chacune d'elles en effet est autre que le reste, non en vertu de sa propre nature, mais par le fait qu'elle participe de la forme de l'autre» (225 e). C'est pourquoi elle est la cinquième et la dernière; Platon insiste sur la dignité de ce «grand genre»: «dans toute la suite des genres, la nature de l'autre fait chacun d'eux autre que l'être et par là même non-être» (ibid. 256 e; 258 b et d). Voilà qui nous situe bien au-delà du naïf essentialisme des «amis des formes», lequel a trop souvent servi de paradigme du soi-disant platonisme et de toute sa descendance à travers les siècles. À quoi bon, dira-t-on, ce jeu? Il constitue le prix élevé à payer pour saisir ce que l'homme sophiste donne à penser du seul fait qu'il existe parmi nous — à savoir, la vérité de la fausseté, en tant que la fausseté, qui n'est pas, d'une certaine façon est. Ce qu'on pourrait appeler une phénoménologie de la vérité et de la fausseté trouve ainsi les conditions de son propre discours dans la plus acérée des dialectiques opérant au niveau des plus grands genres. C'est à un détour comparable que je me livrerai ici dans le registre qui m'est propre, celui d'une herméneutique du soi.

Platon n'est pas isolé dans cette tentative de constitution par hiérarchisation et différenciation du discours de second degré relevant de la fonction *méta-* de la métaphysique. C'est à une telle fonction que ressortit chez Aristote, non seulement le Traité des *Catégories* de l'être, mais la mise en ordre de degré plus élevé encore des acceptions multiples de l'être. À cet égard le texte qu'on va citer d'Aristote en *Métaphysique* E, 2 est à mettre sur le même rang que le texte du *Sophiste* évoqué plus haut. Je cite: «L'être proprement dit se prend en plusieurs acceptions: nous avons vu qu'il y avait d'abord l'être par accident, ensuite l'être comme vrai, auquel le faux s'oppose comme non-être; en outre, il y a les types de catégories, à savoir la substance, la qualité, la quantité, le lieu, le temps et tous autres modes de signification analogues de l'être. Enfin, il y a, en dehors de toutes ces sortes d'être, l'être en puissance et l'être en acte» (Met. E 2, 1026 a 33-b 2).

Cela dit, je souhaite montrer que la phénoménologie herméneutique se comprend mieux elle-même lorsqu'elle place son propre discours sous l'égide de la fonction *méta-* illustrée par la théorie platonicienne des grands genres et la théorie aristotélicienne des acceptions multiples de l'être. Je me risque même à suggérer qu'en retour d'une telle explicitation de son propre discours à la lumière du discours de second rang articulé par Platon et Aristote, la phénoménologie fait s'entrecroiser le discours platonicien du même et de l'autre et le discours aristotélicien de l'être en tant que puissance et acte. J'insiste autant sur la seconde proposition – ne pas opposer Aristote et Platon – que sur la première – ne pas faire fi de la fonction *méta-*. Il s'est produit en effet dans les dernières décennies un retour remarqué à Aristote dans le sillage de l'analyse par Heidegger, soit du souci, soit de la conscience. C'est ainsi qu'on a interprété l'une par l'autre *praxis* et *Sorge*, *phronesis* et *Gewissen*. Remontant au-delà des concepts majeurs de l'*Ethique à Nicomaque*, il peut être tentant d'adosser ce discours herméneutique de premier rang au discours métaphysique de second rang engendré par le recours aristotélicien aux notions d'être en puissance et d'être en acte. Je trouve l'entreprise parfaitement légitime – et je m'y suis moi-même essayé –, à la condition toutefois de ne pas perdre de vue la dialectique platonicienne du même et de l'autre, sous peine de reconstituer une ontologie non médiatisée de l'identité où les notions de puissance et d'acte occuperaient à leur tour la place du même – traditionnellement occupée par les notions de substance ou d'essence. Ma thèse est que l'ontologie de l'acte, inspirée d'Aristote, mais aussi de Spinoza, Leibniz, Schelling, ne satisfait aux conditions d'exercice de la fonction *méta-* que si la dialectique du même et de l'autre continue d'envelopper, comme dans le *Sophiste*, les grands genres apparentés à ceux que Platon intitulait «mouvement», «repos» et «être». Je voudrais montrer, dans la suite de cette communication, de quelle façon la phénoménologie de l'altérité, placée sous le signe de la dialectique du même et de l'autre, s'entrecroise avec une phénoménologie de l'agir, elle-même placée sous le signe de l'acception de l'être comme puissance et acte. Par un tel entrecroisement, une phénoménologie de l'agir peut être exemptée du souci de se placer sous la seule égide du même et de reconstruire une dogmatique aussi peu déliée des dialectiques qu'avait pu l'être en son temps une anthropologie dominée par une ontologie de la substance.

Pour aller droit au nœud de la question, je dirais que c'est la fonction de la méta-catégorie de l'être comme acte et comme puissance de *rassembler* les membres épars d'une herméneutique de l'agir, dispersée dans les registres du langage, de l'action, du récit, de l'imputation morale, de la politique, tandis que c'est la fonction de la méta-catégorie de l'autre de *disperser* les modalités phénoménales de l'altérité. Seraient ainsi à distinguer et articuler, d'une part, la fonction de rassemblement exercée par la méta-catégorie de l'être comme acte et puissance à l'égard des diverses manifestations de l'agir humain, et la fonction de dispersion exercée par la méta-catégorie de l'autre au plan phénoménal des figures de l'altérité.

C'est sur cette dispersion au plan phénoménal que je voudrais m'attarder dans le cadre du présent colloque. Mais je voudrais auparavant souligner que ce que le méta-genre de l'autre disperse, c'est précisément ce que le méta-genre de l'acte/puissance a rassemblé, illustrant ainsi une légitime revendication venue de l'idée du même; pour qu'il y ait de l'autre, il faut qu'il y ait du même. S'il faudra tout à l'heure parler de l'autre que l'autre, il faut d'abord dire l'autre que le même.

Dans *Soi-même comme un Autre*, l'accent principal, au regard de l'idée du même, est mis sur la parenté étroite entre les multiples acceptions du verbe *agir*; en des sens différents quoique voisins, parler, faire, raconter, se soumettre à l'imputation morale peuvent être tenus pour des modes distincts d'un agir fondamental. Mais celui-ci ne se donne nulle part ailleurs que dans les actes de parole (quand dire, c'est faire!), dans les initiatives et les interventions pratiques (je peux, je suis capable de faire), dans la mise en intrigue des actions racontées (faire récit d'une vie), ou dans l'acte d'imputer à quelqu'un la responsabilité de la parole, de l'action ou du récit comme à son véritable auteur. Au plan phénoménologique la diversité de ces manifestations de l'agir est manifeste: une chose est de parler, une autre de faire, une autre de raconter, une autre de mettre au compte de quelqu'un une action louable ou blâmable. Bien plus, c'est à des disciplines différentes que ressortissent théorie du discours, théorie de l'action, théorie narrative, théorie morale. Néanmoins, il circule entre ces divers champs ce que l'on peut appeler une analogie que le langage ordinaire ratifie en parlant de l'agir. Cette analogie est renforcée par l'insistance de la question *qui?* placée en tête de chacune des enquêtes considérées: *qui agit?* est ainsi la question commune sous laquelle se placent les réponses relevant des différentes modalités de l'agir énumérées plus haut.

C'est sur cette analogie de l'agir que viennent se greffer les tentatives contemporaines de réappropriation de l'acception aristotélicienne de l'être comme acte et puissance. Je ne les examinerai pas ici, mon centre d'intérêt étant, comme le titre de ma conférence le laisse entendre, du côté de la dispersion des figures d'altérité au plan phénoménologique. Mais il fallait auparavant avoir rendu justice à la fonction de rassemblement, donc de mêmeté, exercée par la méta-catégorie de l'être comme puissance et acte. C'était en outre l'occasion de bien marquer la différence entre les deux niveaux de discours: le discours de premier degré, celui de la phénoménologie herméneutique, et le discours de deuxième degré, le discours métaphysique, pris au sens de la fonction *méta-* exercée par les plus grands genres. A cet égard, on pourrait suggérer qu'il revient à une anthropologie philosophique de faire le lien entre les deux niveaux de discours. En ce sens, l'idée d'une analogie de l'agir, au point de jonction entre la dispersion phénoménologique des modalités de l'agir et la méta-catégorie de l'être comme acte puissance, relèverait de cette anthropologie philosophique et de sa fonction médiatrice.

Le moment est venu de montrer comment s'articulent, au plan d'une anthropologie philosophique, la dialectique du même et de l'autre relevant de la fonction *méta-* et l'expérience phénoménologique de l'altérité. Disons-le tout de suite: autant le privilège accordé à la notion d'être comme acte/puissance avait pour répondant phénoménologique une certaine analogie entre les manifestations de l'agir humain, autant la méta-catégorie de l'autre s'exprime au plan de l'herméneutique phénoménologique par des opérations de caractère disjonctif qui ont pour paradigme les paradoxes platoniciens culminant dans la nécessité et l'impossibilité d'attribuer l'un à l'autre le même, l'être, l'un et l'autre. Je vais droit aux expressions majeures de ces paradoxes au plan de l'herméneutique du soi, encouragé dans mon entreprise par le fait que chez Platon déjà cette dialectique consistait en un long détour, ramenant finalement à la question initiale de la nature du sophiste et de la consistance de son discours réputé fallacieux mais existant véritablement comme précisément fallacieux. C'est à une justification discursive du même ordre que le détour par la dialectique du même et de l'autre concourt dans le champ de la phénoménologie herméneutique du soi.

Pourquoi insister si fortement sur la dispersion? Essentiellement pour prévenir une réduction non critiquée de l'autre à l'altérité de l'autrui? J'ai proposé dans *Soi-Même comme un Autre* de faire éclater dans trois directions l'exploration du champ varié de l'altérité: vers la *chair*, en tant que médiatrice entre le soi et un monde, lui-même pris selon ses modalités multiples d'habitabilité et d'etrangèreté; vers *l'étranger*, en tant qu'il est mon semblable pourtant extérieur à moi-même; enfin vers cet autre que figure le *for intérieur*, désigné par la *voix* autre de la conscience adressée à moi du fond de moi-même.

Dans la rapide exploration que je propose de ces trois registres différents d'altérité, je voudrais souligner la corrélation que l'on peut établir entre les figures rassemblées de l'agir et les figures du subir, à l'enseigne de la dialectique du même et de l'autre.

Commençons par la première figure d'altérité: la *chair*. Ce terme emblématique couvre en effet une grande variété d'expériences vives que l'on peut rapporter dialectiquement aux registres considérés dans une phénoménologie de l'agir et que la catégorie de l'autre disperse, à l'encontre de l'analogie de l'agir. Le subir, le pâtir, ont littéralement même amplitude que l'agir. Cela doit être souligné dès l'abord, afin de donner au mot *chair* une amplitude plus vaste que celle de corps propre ou de corps vivant. A vrai dire, seule l'analogie de l'agir, projetée sur le terme corrélatif du pâtir, donne sens à une analogie du pâtir. Mais c'est plutôt de la disparité du pâtir que je voudrais parler. Et l'on pourrait, avec autant de raisons, suggérer que cette disparité du pâtir, projetée sur le plan de l'agir, lui restitue la diversité que l'analogie de l'agir tend à effacer. C'est pourquoi il paraît particulièrement approprié de repartir de la multiplicité des questions qui?: qui parle?, qui fait?, qui raconte?, qui est tenu pour moralement responsable de l'autre?, et de redéployer les figures corrélatives du pâtir qui rendent le soi étranger à lui-même dans sa propre chair. Corps *propre* –corps *étrange*, dirait-on en raccourci, en élargissant à la variété de la chair ce paradoxe vécu.

Reprenons donc le fil de nos questions.

Qui parle? demandons-nous d'abord. Et toutes nos réponses à cette question ont reconduit au même centre, le phénomène du pouvoir-dire. *Je peux* articuler mes pensées, adresser ma parole à autrui, la réfléchir en soliloque privé, au point de pouvoir me désigner moi-même comme l'auteur de mes paroles, de mes énonciations. Mais le sujet parlant exerce-t-il sur lui-même une maîtrise telle que ce pouvoir-dire soit non seulement entier, mais transparent à lui-même? C'est ici que la psychanalyse peut être invoquée une première fois à titre de discipline annexe, bien qu'irréductible à toute phénoménologie par ses présupposés et sa méthode de traitement. Tenant compte de la caractérisation majeure de la cure psychanalytique comme *talk-cure*, on peut dire que la psychanalyse désigne d'abord, sous l'adjectif devenu substantif d'inconscient, une fondamentale impuissance à dire. Quelles que soient les interprétations données au phénomène du refoulement (et peut-être sont-elles toutes à retenir en fonction des multiples champs de l'agir-pâtir), la première et la moins contestable est celle qui en fait, comme l'avaient proposé Lorenzer et Habermas, un processus de désymbolisation, de dégrammatisation, d'excommunication. L'expérience analytique le vérifie *e contrario* par la place donnée dans le traitement à la parole, à l'exclusion de tout *acting-out*. Faire parler l'inconscient pourrait être la caractérisation la plus simple et la moins sophistiquée de l'entreprise analytique. L'inconscient peut être ainsi désigné – partiellement, il est vrai – comme *parole interdite*. Que des forces soient en jeu qui empêchent de dire, comme le marque le concept de refoulement, cela relève de l'expérience psychanalytique et de son discours spécifique. Mais le phénoménologue reçoit l'instruction de la psychanalyse sous l'aveu du *non-pouvoir dire*. De multiples synonymes gravitent autour de ce pôle. Certains se disent dans le vocabulaire de la non-maîtrise (pulsion et compulsion); d'autres se disent dans le registre de l'extériorité (comme le patient lui-même en rencontre sous les figures multiples de la phobie, de l'obsession, de la jalousie, etc.): de cette vaste synonymie je voudrais mettre à part le phénomène de l'étrangeté auquel Freud a consacré un essai distinct sous le titre fameux *Das Unheimliche*, traduit en français sous le titre *Inquiétante*

Etrangeté. De ce merveilleux petit essai, je voudrais retenir moins la réduction finale à la peur de castration que le parcours sémantique qui précède cette ultime résolution et au cours duquel Freud lui-même se disperse dans une polysémie elle-même étrange et inquiétante autour du *Heim* – le chez soi – et de la négation *Un* – non chez soi –. En vertu de cette polysémie foisonnante, le *Unheimliche* pourrait caractériser l'inconscient lui-même, du moins au niveau des symptômes qui inquiètent – au sens fort du mot – le patient en quête d'une parole moins mutilée et en chemin vers une resymbolisation de sa vie active profonde.

La seconde question: *qui agit?*, au sens de: qui est l'auteur de l'action?, met en mouvement une dialectique nouvelle entre l'agir et le non-agir. On songe d'abord, bien entendu, aux incapacités innées qui font que tout pouvoir faire se découpe sur un fond de non-pouvoirs, et ensuite aux incapacités acquises liées à la maladie, au vieillissement, aux infirmités – comme on dit – infligées au cours de la vie par le cours du monde. Plus remarquables, peut-être, – du moins pour notre présente enquête – sont les incapacités infligées à l'occasion des multiples relations d'interaction. Celles-ci présentent en effet un trait remarquable, à savoir que l'action ne s'épuise pas dans ses effets physiques, mais affecte les autres acteurs qui la reçoivent et la subissent. On touche ici à une dissymétrie fondamentale entre l'agir de l'un et le subir de l'autre. D'où il résulte que faire a deux contraires: ne pas faire (avec toutes ses variantes: omettre, négliger, oublier de faire) et subir. C'est d'ailleurs un axiome connu à l'âge classique et que Descartes reprend au début de son *Traité des Passions de l'Ame*, à savoir que «toute action dans un sujet est passion dans un autre sujet». Le pouvoir faire s'avère ainsi comme pouvoir exercé d'un agent sur un autre. C'est de ce pouvoir sur... que le pâtir est la contre-partie. Faisant un pas de plus, nous sommes confrontés au phénomène majeur de la distribution inégale de la puissance d'agir entre les protagonistes des relations d'interaction. C'est sur cette inégalité que se greffe le phénomène de la violence en tant qu'abus de l'exercice du pouvoir sur.... Celui-ci, à son tour, se ramifie selon les multiples institutions qui encadrent l'exercice du pouvoir et lui confèrent le caractère de l'autorité. La violence physique n'est donc que la forme la plus visible et la plus inquiétante de l'abus de pouvoir. L'intimidation, la menace, l'extorsion de la croyance et de la confiance, sont autant de sources de blessures qui, infligées à notre pouvoir faire, le révèlent fragile, menacé et à ce titre inquiétant *(unheimlich)*. On n'aurait pas de peine à faire entrer en scène une nouvelle fois la psychanalyse, dans la mesure où, selon sa version du «roman familial», les premières relations perturbées sont celles entre le jeune enfant et l'autrui le plus proche, l'autrui rencontré le premier à l'aube de la vie, à savoir le père et/ou la mère. Ce sont ainsi les mêmes structures qui s'avèrent tour à tour et selon les circonstances de la vie structurantes et/ou destructurantes, secourables et/ou hostiles, rassurantes et/ou terrifiantes. Aussi n'est-ce pas par hasard que, dans l'essai de Freud évoqué plus haut, l'exemple paradigmatique soit la menace symbolique de castration déguisée sous l'apparence du marchand de sable menaçant de crever les yeux des petits enfants. C'est bien le cas de le dire, c'est le *chez soi* par excellence, celui de la famille nucléaire, le foyer «familial», qui cumule sur lui-même les significations du *heimlich* et du *unheimlich*.

Je ne m'étendrai pas longuement sur les aventures du pouvoir raconter. Elles concernent directement le problème de l'identité personnelle, en vertu du lien étroit entre la «cohésion de la vie», au sens donné à ce terme par Dilthey, et le récit. Il faudrait parler d'abord de l'*incapacité de raconter* au point d'intersection où la question *qui parle?* et la question *qui raconte?* se recoupent. C'est à cette incapacité que se heurte d'abord l'expérience analytique, comme Freud le rapporte dans l'essai intitulé *Erinnern, Wiederholen und Durcharbeiten*. Il en ressort que la difficulté de se souvenir, donc de raconter, se heurte à la pulsion de répétition qui contraint le patient à répéter le trauma et ses symptômes, plutôt que de se souvenir. Sous le titre *Durcharbeiten* Freud présente le souvenir lui-même comme un travail, terme employé par ailleurs pour parler du travail de deuil. Ce travail du souvenir fait de la mémoire une activité créatrice de sens apparentée à celle du récit. Mais ce travail à son tour ne cesse de raconter l'étrangeté du passé lui-même. En un sens, je le possède, il est mien; cela est si vrai que l'on ne peut transférer une mémoire d'un sujet dans un autre; un souvenir ne peut être rigoureusement partagé, mais seulement communiqué, ce que tente précisément de faire le récit. Mais en même temps la mémoire atteste de l'absence même du passé, non répétable, aboli, et impossible ainsi à changer, du moins quant à la matérialité des événements. Husserl avait aperçu quelque chose de cette étrangeté, lorsqu'il distinguait la mémoire immédiate qui appartient encore au présent, ce qui vient «juste» d'arriver, et ce qui ne peut être rendu présent par un transfert «représentatif» dans la région de ce qui a été et qui n'est plus. Entre le «ne...plus» du passé souvenu, et le «encore» du «tout juste» advenu, un écart se creuse qui entretient le sentiment d'étrangeté du passé lui-même; le sentiment est extrême dans le cas des souvenirs d'enfance dans lesquels le sujet a, comme on dit, peine à se reconnaître. Le sujet est, dans sa propre mémoire, le même et pas le même. Le récit ne réussit pas à masquer cette étrangeté qui affecte le sens même de la «cohésion d'une vie». La cohérence partielle que le récit introduit, au prix d'une sélection mal maîtrisée, peut être légitimement accusée de faire violence au passé. Cela est si vrai qu'un artiste comme Proust se fie plus volontiers aux bouffées de «souvenirs involontaires» qu'aux souvenirs volontaires qui relèveraient plutôt de ce que nous venons d'appeler, avec Freud, le travail du souvenir: ces souvenirs involontaires, surgissant au foyer de la conscience, y apportent l'étrangeté en quelque sorte intacte de ce qui jadis fut et maintenant n'est plus. Ce que nous avons appelé «incapacité de raconter» ne se réduit donc pas aux formes pathologiques placées par Freud sous le titre de la compulsion de répétition, mais s'étend à toutes les modalités de l'inadéquation entre la tentative de maîtrise du temps par le récit et la subtile dialectique de proximité et de distance, de familiarité et d'étrangeté, qui entretient le jeu de la mémoire. Le paradoxe est à son comble dans le cas de la mémoire de la Shoa où se heurte la volonté de ne pas oublier, donc le devoir de raconter encore et encore, et le sentiment exprimé par tant de survivants du caractère finalement incommunicable et en ce sens inénarrable de leurs souvenirs, quand ceux-ci ne sont pas eux-mêmes mutilés par mille inhibitions. Ainsi, avec l'insistance de l'inénarrable, l'incapacité de raconter va bien au-delà de la discordance que la péripétie oppose à la maîtrise du récit avant de s'intégrer à la stratégie de la mise en intrigue. Cette modalité d'étrangeté, liée à la narrativité en tant que telle, atteint un degré supplémentaire de complexité, lorsqu'à l'incapacité de raconter s'ajoute le mésestime de soi, voire la détestation de soi, qui lèse gravement le pouvoir de l'homme agissant d'assumer la responsabilité de ses actes et de s'en tenir comptable.

Il reste à montrer en quoi l'étrangeté du *monde* lui-même est d'une manière ou d'une autre toujours médiatisée par celle de la chair. Cette étrangeté peut revêtir tantôt l'aspect repoussant de la «nausée» de Sartre ou du «il y a», selon le jeune Lévinas, tantôt l'aspect numineux du «mystique», selon la fameuse formule du *Tractatus* de Wittgenstein. Entre les deux, la froide acceptation de la radicale contingence de l'être-là, qu'exprime bien l'expression de *Befindlichkeit* adoptée par Heidegger. «Se trouver là» est l'étrange par excellence. Ce serait sans doute dans une phénoménologie de la spatialité, trop souvent éclipsée par celle de la temporalité, que pourraient être reconnues et exprimées les modalités à leur tour multiples et dispersées d'une telle étrangeté. Pour rester fidèle à l'idée directrice de la présente étude, selon laquelle la phénoménologie dispersée du pâtir reste corrélative de la phénoménologie rassemblée de l'agir, on pourrait prendre pour axe de référence l'acte d'*habiter* dans lequel se conjuguent l'agir et le pâtir relevant de ce qu'on vient d'appeler avec Heidegger *Befindlichkeit*. Ce choix est d'autant plus légitime que l'expression *unheimlich*, dont nous sommes partis à la suite de Freud, fait référence au *Heim*, à la maison, en tant que lieu privilégié de l'habiter. A cet égard, c'est la paire *heimlich-unheimlich* qu'il faudrait prendre en considération. Le côté *heimlich* y serait représenté par l'acte de bâtir, de construire : acte volontaire et planifié, qui fut jadis à la base de la sédentarisation des nomades et qui sous-tend de nos jours le procès forcené d'urbanisation. Mais le côté *heimlich* du couple dialectique ne réussit jamais à éclipser le côté *unheimlich* : il est subi et souffert aujourd'hui par toutes les personnes déplacées, mais aussi cultivé (parfois pour lui-même) dans une éthique de l'errance, du déracinement, pour laquelle la figure d'Abraham constituerait le paradigme opposé à celle d'Ulysse retournant à Ithaque. Mais Ulysse erre et s'attarde avant de rentrer à la maison, et la postérité d'Abraham retourne là où l'errance d'Abraham s'était arrêtée. Moins dramatique, l'idéologie du désert revient hanter d'époque en époque l'imagination des humains établis et installés, quitte à s'atténuer dans le goût de la campagne et à se dissoudre dans la banalité de l'exotisme. Ainsi se croisent et s'entrecroisent *l'action d'habiter et la passion d'errer*. Pour avancer plus loin dans cette phénoménologie du *heimlich-unheimlich* au plan de l'être-au-monde, il faudrait montrer comment les multiples figures de l'étrangeté de la chair, au plan du langage, de l'action, du récit, de l'imputation morale, suscitent des figures corrélatives de l'étrangeté du monde que n'épuise pas la dialectique de l'habiter, déployée entre bâtir et errer.

Je passe maintenant aux deux autres grandes classes d'expérience d'altérité et d'étrangeté : l'*autrui* et le *for intérieur*. Je serai beaucoup plus bref, car les thèmes sont plus connus. Néanmoins, si j'ai quelque chose de spécifique à dire, c'est concernant la corrélation entre l'agir et le pâtir (ou le souffrir), placée dès le début de cette étude sous l'égide de la dialectique du même et de l'autre.

Concernant l'autrui, il importe de diversifier les modalités de l'altérité et d'autrui autant que celles de la chair, et cela en les mettant encore une fois en couple avec les multiples figures de l'agir. On verra ainsi chaque fois une note d'*étrangeté* s'ajouter à la simple altérité. Ainsi, au niveau du langage et à partir de la question *qui parle ?*, il n'est pas difficile de mettre en relation la capacité de dire avec l'altérité de l'allocuteur avec qui la parole s'échange. L'étrangeté revêt ici plusieurs formes. On évoquera d'abord le caractère non transférable de l'expérience personnelle, et principalement de la mémoire, qui fait que les personnes sont insubstituables alors même que leurs rôles s'échangent entre eux. Je comprends *je* quand tu me dis *tu*. Et pourtant mon point de vue sur le monde est si singulier que nul ne peut véritablement occuper ma place. D'où le caractère finalement impénétrable du secret de chaque vie, à l'inverse de la capacité, que Dilthey aimait à souligner, de se transporter dans une conscience étrangère par le truchement de l'expression extérieure du vécu étranger. Les avances de l'*Einfühlung* ne font que rehausser le retrait d'autrui dans son ipséité propre. A jamais invérifiable est la coïncidence entre ce que vous signifiez et ce que vous dites. On ne peut que faire crédit à… – croire en… la véracité d'autrui. Le caractère fiduciaire de la relation d'interlocution est inséparable de cette impénétrabilité du secret de ce qu'on pourrait appeler le propre d'autrui. Cette altérité colorée d'étrangeté dépasse la sphère du discours et s'étend à celle de l'action et du récit. Le déploiement des modalités d'interaction, depuis la lutte jusqu'à la coopération, implique une permanente incertitude concernant le départage entre les rôles d'adjuvant ou d'adversaire au plan pratique. Cette incertitude se reflète jusque dans les théories politiques classiques concernant le prétendu «état de nature»: jusqu'à quel point l'homme est-il un loup pour l'homme? Et jusqu'où s'étendent les sentiments naturels de pitié? On se rappelle que Kant avait inventé le concept remarquable d'«insociable sociabilité» dans son *Idée d'une histoire universelle au point de vue cosmopolitique* (4ème proposition): «J'entends ici par antagonisme l'insociable sociabilité des hommes, c'est-à-dire leur inclination à entrer en société, inclination qui est cependant doublée d'une répulsion générale à le faire, menaçant constamment de désagréger cette société.» Ce concept d'insociable sociabilité résume l'inquiétante étrangeté des rapports sociaux que l'Etat de droit a pour tâche de mettre en ordre. Et comment cette étrangeté ne se reflèterait pas au plan où les histoires de vie s'enchevêtrent les unes dans les autres? L'incommunicabilité ultime des mémoires, dont nous parlions à l'instant, fait que les histoires de vie, aussi enchevêtrées soient-elles, ne sont pas véritablement partagées. C'est finalement au plan de l'imputation morale que ces modalités d'altérité trouvent leur ultime expression: les historiens et les juristes connaissent bien ce problème du départage des responsabilités dans toute interaction complexe: comment mettre au compte de chacun la part qui lui revient dans cet opaque entrecroisement des rôles?

Mais l'étrangeté de l'autrui ne s'articule pas seulement sur le modèle de celle de la chair. Elle a en outre ses manifestations propres résultant de la distinction entre l'autrui des relations interpersonnelles et celui des relations sociales médiatisées par les institutions. Entre le *tu* manifesté par son visage, et le *tiers* auquel nous sommes reliés par des règles relevant de la justice, une immense variété de nuances s'intercalent. C'est même ici que prennent tout leur relief les variations sur le thème de la proximité et de la distance. Il ne faudrait pas croire, à cet égard, que la proximité caractérise mieux les relations interpersonnelles que les relations sociales. L'amitié elle-même connaît ses phases de proximité et de distance, non seulement sur le plan horizontal de l'échange, mais sur le plan vertical, dans la mesure où la supériorité reconnue du maître spirituel, engendre une paradoxale distance dans la proximité. Une paradoxe inverse peut apparaître au plan des rapports avec l'étranger le plus lointain: la compassion en actes, celle d'une Mère Thérésa, instaure un brusque raccourci de toutes les distances, où l'extrême lointain devient l'extrême prochain. Il faudrait placer à la lumière de cette dialectique du proche et du lointain la notion d'hospitalité, non seulement au plan de la vie privée, mais à celui de la vie publique, voire au plan interétatique (je songe ici à la notion d'«hospitalité universelle» formulée par Kant dans le *Projet de la paix perpétuelle*).

Cette phénoménologie différenciée de l'autre en tant qu'autrui permettrait à la discussion récurrente du thème de l'intersubjectivité d'échapper à l'alternative stérile entre le critère simplement perceptif de l'apprésentation d'autrui, comme chez Husserl, et le critère moral de l'injonction inhérente à l'appel à la responsabilité comme chez Lévinas. Aussi bien chez ce dernier la figure du maître de justice, qui se détache sur le fond de l'idée de l'infini dans *Totalité et Infini*, ne coincide pas avec celle du persécuteur, figure centrale du thème de la substitution dans *Autrement qu'être ou au-delà de l'essence*. Ce contraste, que Lévinas introduit au cœur même de sa philosophie de l'autre en tant qu'autrui, trouve sa juste place dans ce que j'appelle ici une phénoménologie différenciée de l'altérité, placée sous la méta-catégorie de l'autre.

Le cas du *for intérieur* est assurément le plus difficile, tant il confine à la problématique morale, dans laquelle je ne veux pas m'aventurer ici. Ce n'est pourtant pas faire excès de purisme que de tenter d'isoler les traits pré-éthiques du for intérieur en tant que *forum* du colloque de soi avec soi-même (c'est pourquoi j'ai préféré le terme de for intérieur à celui de conscience morale, pour traduire l'allemand *Gewissen* et l'anglais *conscience*). Il faut, je crois, garder de la métaphore de la voix l'idée d'une passivité et d'une étrangeté hors pair, à la fois intérieure et supérieure à moi. Il n'est certainement pas question de dissocier entièrement le phénomène de la voix de la capacité de distinguer le bien du mal dans une conjoncture singulière. En ce sens la conscience, au sens du for intérieur, est à peine discernable de la conviction (qui se dit en allemand *Überzeugung*) en tant qu'instance dernière de la sagesse pratique. Elle le reste néanmoins quelque peu, dans la mesure où l'attestation (qui se dit en allemand *Bezeugung*) constitue l'instance de jugement qui fait front au soupçon, dans toutes les circonstances où le soi se désigne lui-même, soit comme auteur de parole, soit comme agent d'action, soit comme narrateur de récit, soit comme sujet comptable de ses actes. Le for intérieur apparaît ainsi comme lieu de l'intime assurance qui, dans une circonstance particulière, balaie les doutes, les hésitations, les soupçons d'inauthenticité, d'hypocrisie, de complaisance à soi, d'auto-déception, et autorise l'homme agissant et souffrant à dire: *ici, je me tiens*. Et pourtant, en ce point culmine la phénoménologie de l'altérité et de l'étrangeté: de l'intime certitude d'exister sur le mode du soi l'être humain n'a pas la maîtrise: elle lui vient, lui advient, à la manière d'un don, d'une grâce, dont le soi ne dispose pas. Cette non-maîtrise d'une voix plus entendue que prononcée laisse intacte la question de son origine (à cet égard, c'est déjà trancher une indétermination constitutive du phénomène de la voix que de dire avec Heidegger que «dans la conscience le *Dasein* s'appelle lui-même» [p. 275]). L'étrangeté de la voix n'est pas moindre que celle de la chair et que celle de l'autrui.

Telles sont quelques-uns des linéaments d'une phénoménologie de l'altérité et de l'étrangeté placée sous l'égide de la méta-catégorie du même et de l'autre.

VITTORIO MATHIEU, Torino

DIE HERMENEUTIK ALS BRÜCKE ÜBER DIE ONTOLOGISCHE DIFFERENZ

I

Was heißt "interpretieren"? Gehen wir auf die Etymologie zurück, so finden wir die Wurzel *pret*, die mit dem griechischen Zeitwort φραζεῖν verbunden ist. Interpretieren heißt "zwischen-reden" bzw. "die Sprache einschieben". Und wozwischen wird die Sprache eingeschoben? Die Antwort ist: zwischen dem Menschen und jedem beliebigen Wesen, mit dem er in einer *menschlichen* Beziehung steht. Der Mensch ist das einzige Wesen, das spricht, und das Sprechen ist das einzige Mittel, wodurch er sich im allgemeinen mit Anderen unterhalten kann. Mit anderen Menschen, natürlich, aber nicht nur mit ihnen. Gott selbst gibt sich durch das Wort im eminenten Sinne kund und spricht zu den Menschen durch die Worte der Propheten. Und auch umgekehrt: nachdem sich Gott durch das Wort manifestiert hat, kann der Mensch zu Gott beten, d.h. zu ihm sprechen und ihn mit *du* anreden.

Durch Worte bedingt sind auch die Beziehungen der Menschheit zur unbeseelten Natur. Um die Welt zu erkennen und um die Dinge zu gebrauchen muß die Menschheit eine gewisse Sprache üben, die wissenschaftlich zu einer mathematischen Sprache wird. Deswegen schiebt der Mensch auch zwischen sich und der gekannten und gebrauchten Natur eine Sprache ein.

Man könnte ein Geviert zeichnen, wo der Mensch in der Mitte steht, von vier verschiedenen Kanten umschlungen. Von oben kommt die Abhängigkeit von Gott herab. Rechts tritt der Mensch in die Auseinandersetzung mit anderen Menschen ein. Links und unten bezieht er sich auf die beseelte und unbeseelte Natur, um sie zu kennen und zu gebrauchen.

Da die Sprache von keiner dieser vier unähnlichen Beziehungen ausgemerzt werden kann, ist jeweils eine sprachliche Interpretation unentbehrlich. Die Offenbarung Gottes muß immer und immer wieder gedeutet werden. Und man hat öfters den Eindruck, daß ihre Form absichtlich paradox sei, um die Versuchung zu vermeiden, sie buchstäblich zu nehmen.

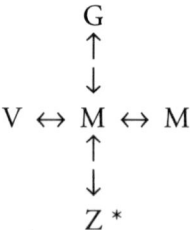

* V = das Vorhandene; Z = das "Zuhandene"

Daß die Kommunikation unter Menschen sprachlich ist, ist kaum zu erwähnen. Wichtiger ist es hervorzuheben, daß die Sprache unentbehrlich ist, auch um die Natur auf einer echt menschlichen Weise zu kennen und zu benutzen. Die Natur muß uns in einer "mathematischen" Sprache reden, damit die Wissenschaft sie interpretieren kann. Deswegen ist die Wissenschaft immer ein "Wissen um", kein direktes Eindringen in die Sache selbst. Und daraus kommt auch die Metapher von den zwei Büchern, der heiligen Schrift und der Natur, als zwei Redeweisen Gottes, die parallel laufen.

Weiter muß die formalisierte Sprache der Wissenschaft in die Alltagssprache übersetzt, also interpretiert werden, um eine praktische Ausnutzung der Erfahrung instandzusetzen.

Wir können uns fragen: warum ist die Sprache in so verschiedenen Fällen unentbehrlich? Die Antwort ist: die Sprache ermöglicht die Verwirklichung eines solchen Wesens, wie der Mensch eines hat, dessen Existenz eine vollkommen innerliche ist, und die gleichzeitig nur aus Beziehungen mit dem Äußeren besteht. Wir könnten diese Lage als die "innerliche Bezogenheit" des Menschen bezeichnen. Die Sprache ist das einzige Mittel, wodurch ein Wesen, das eine in sich geschlossene Welt darstellt, eine indirekte Kommunikation mit anderen Wesen gewinnen kann. Sie ist also eine Bedingung der *Existenz* selbst des menschlichen Subjekts, und da sie ein indirektes Verbindungsmittel ist, muß sie beständig interpretiert werden. Da die Bezogenheit des Menschen eine innerliche ist, muß sie notwendigerweise "ausgelegt" werden. Ohne Sprache würde ein solches Wesen wie der Mensch, entweder in eine solipsistische Isolierung fallen oder sich in ein Netz von äußerlichen Beziehungen auflösen.

II

Um diese Interpretation der "Auslegung" zu bestätigen, kann man Grenzfälle in Betracht ziehen, in denen die Wirkung der sprachlichen Vermittlung so klein wie möglich wird.

Die Göttlichkeit könnte sich z.B. dem Menschen ohne sprachliche Vermittlung manifestieren als religiöses *Gefühl*. Dieser Grenzfall der Offenbarung mündet in die Mystik der Extase, in der sich die menschliche Individualität verliert. Das Gefühl als solches ist zwar einer Interpretation weder bedürftig noch fähig, aber die Glaubwürdigkeit dieser direkten Offenbarung bleibt immer zweifelhaft. Sie kann nämlich als bloß psychologische Phantasie mißdeutet werden. Der Enthusiasmus ("Gott in uns") kann allzuleicht zu Fanatismus entarten. Noch schlimmer wäre es, eine sprachliche Äußerung als Offenbarung anzunehmen, die jedoch keiner Deutung bedarf. Diese Annahme würde die angebliche Offenbarung lediglich falsch, anmaßend und dogmatisch machen. Eine transzendente Wahrheit kann nicht ohne jede Allegorie kundgegeben werden. (Das von der Kirche formulierte Dogma ist zwar eine authentische Interpretation der Wahrheit, doch immerhin eine Interpretation).

Denken wir jetzt an Grenzfälle von Beziehungen unter Menschen, die jeder sprachlichen Vermittlung entbehren. Nehmen wir z.B. einen Geschlechtsakt an, in dem kein Wort gewechselt wird. Ein solcher Verkehr wäre in der Tat untermenschlich. Falls das Paar keine gemeinsame Sprache hat, entwickelt sich vielmehr eine Lehrtätigkeit, die auf englisch "pillow teaching" genannt wird. Die Rolle, die die Rede in jedem Liebesverhältnis spielt, wird auch in dem populären Gebrauch des Zeitwortes *parlare* (sprechen) für "den Hof machen", oder auch "ein Verhältnis haben", deutlich. Ähnlich das altitalienische *donneare*, d.h. "mit Damen von Liebe reden".

Man kann auch an den Grenzfall einer wortlosen wissenschaftlichen Bezugnahme der Menschen auf die Natur denken, und zwar auf eine begriffliche Konstruktion, in der kein Wort der Alltagssprache, sondern nur mathematische Formeln erscheinen. Man behauptet in der Tat oft, die Symbole eines Formalsystems hätten keine Bedeutung. In einem rein formalen Sinne ist dies richtig. Aber das System nimmt nur insoweit auf die Natur Bezug, daß es durch eine Metasprache, bzw. die Alltagssprache interpretiert wird. Auf dem entgegengesetzten Extrem finden wir das Beispiel einer Beziehung zur Natur ohne Vermittlung der Sprache im instinktmäßigen Benehmen des Tieres, das aber in der Menschheit fast verschwunden ist. Nur in Reflexbewegungen, die sich einem instinktiven Benehmen annähern, ist jede sprachliche Vermittlung ausgeschaltet.

In den vier Richtungen, in denen wir die wesentliche Bezogenheit des Menschen klassifiziert haben, erschöpfen sich die Grundformen der menschlichen Tätigkeit. In allen wird ein Diskurs zwischen Subjekt und Objekt, bzw. zwischen einem Subjekt und anderen Subjekten eingeschoben. In allen ist eine Interpretation, d.h. die Einschiebung der Sprache nötig.

III

Wir wollen jetzt die Wirkung dieses Einschubs in Erwägung ziehen, nämlich das Auftauchen eines *Sinns*, der erst durch die Interpretation befreit wird.

In jeder sprachlichen Beziehung gibt es eine gegenseitige asymmetrische Abhängigkeit. Derjenige, der spricht, bittet um Gehör, und hören ist auch horchen und beinahe gehorchen. So gibt Gott im Text der Offenbarung den Menschen sein Gesetz. Aber auch umgekehrt und paradoxerweise schreibt der Mensch, der betet, Gott etwas zu tun vor. Eine ähnliche Lage ergibt sich im Gespräch zwischen dem Menschen und der Natur. Einerseits versteht der Mensch die Natur in dem Maße, indem er sie bezwingt, seine Fragen zu beantworten. Andererseits setzt jede Abnutzung der Natur als Vorbedingung voraus, daß man auf sie horcht und ihr gehorcht: "Naturae non imperatur nisi parendo". Deswegen schließt das Zeitwort hören, *écouter, ascoltare*, in allen Sprachen eine Neigung zur Folgsamkeit ein. Auf deutsch ist "hörig" sogar fast wie "gehörig": ein Mann, der einem anderen gehört.

Wahrscheinlich ist die Urform der Sprache ein Geheiß. *Le cri animal*, der Tierschrei, in dem Rousseau den Ursprung des Gesangs und der Sprache fand, ist vermutlich in der Horde ein Befehl gewesen. In allen Arten der Kommunikation muß man einer Rede folgen, um sie zu verstehen. Der künstliche Interpret, insbesondere in der Musik, hat eine Vorschrift des Autors vor sich, der er treu sein soll. Und der Richter interpretiert treulich das Gesetz in dem Maße, in dem er es befolgt.

Was bedeutet das? Einer Rede gehorchen ist gleichwertig mit überzeugt werden, d.h. eine gewisse Wirkung über sich ergehen lassen, die jedoch von einer physischen Wirkung sehr verschieden ist, weil man sich gegen die Überzeugung keinesfalls bloß passiv benimmt. Im Gegenteil, nur wer im Grunde frei ist, kann überzeugt werden, sonst würde er sich als Sklave benehmen. Gehorsam-sein und gehörig-sein ist also zweierlei. Der Gehorsam ist jene eigenartige Wirkung, die nur ein freies Wesen erleiden kann.

Und welcher Art ist der Befehl, den ein freier Geist befolgt? Der Soldat z.B. gehorcht, wenn er die Stimme des Feldwebels hört. Aber unter solchen Umständen ist der Gehorsam fast mechanisch, nichts mehr als ein Reflex, in dem jede Interpretation streng verboten ist. Im Gegenteil ist eine Auslegung des vorgeschriebenen Benehmens unausbleiblich, wenn zwischen der Formel der Vorschrift und dem Inhalt der Handlung keine automatische Korrespondenz besteht. In solchen Fällen muß das Subjekt zuerst die Vorschrift *verstehen* und erst dann dem Befehl gehorchen. Und das Verständnis ist nicht immer die bloß technische Frage eines *Know-how*. Manchmal handelt es sich um die Auslegung des "Sinnes" der Vorschrift, eine Auslegung, die auf keine einfache Technik reduziert werden kann. Je tiefer dieser Sinn liegt, desto weniger wirkt er als ein mechanischer Antrieb. Er muß zuerst herausgeholt werden, und das ist eben die hermeneutische Aufgabe, in der die Freiheit des Interpreten in Anspruch genommen wird.

Der Gehorsam des Interpreten ist also keine einfache Wahl zwischen gegebenen Alternativen. Er ist ein Vorgang, der eine schöpferische Seite hat, und Schöpfung ist die höchste Form der Freiheit, diejenige, durch die der Mensch als Ebenbild der Gottheit erscheint.

Das kann am besten bei der musikalischen Interpretation dargestellt werden. Die Anweisungen des Tonsetzers sind präzis, doch kann der Interpret sich nicht darauf beschränken, sie mechanisch zu befolgen. Will er den Autor in der Tat mit Treue befolgen, so muß er bis zum *Sinn* der Musik vordringen, und von dieser Tiefe aus einen neuen Schöpfungsakt einführen. Sonst könnte man durch ein elektronisches Apparat die besten Aufführungen erhalten, was nicht der Fall ist. Der strengste Gehorsam fällt also mit der höchsten Freiheit zusammen, und das ruft das Problem der Wahrheitstreue hervor, also das Problem einer Interpretation, die weder eine mechanische Korrespondenz noch eine willkürliche Bezugnahme ist.

IV

Was in der Kunst auffällt, ist überall in der Deutungstätigkeit spürbar. Gottes Wort, haben wir bemerkt, kann nur allegorisch verstanden werden, eben weil es transzendent ist. Wer folgt nun diesem Wort mit der größten Treue nach? Nicht der Pharisäer, der eine buchstäbliche Befolgung des Gesetzes betreibt, sondern der Gläubige, der ständig Gefahr läuft, in Verwirrung zu fallen. Die Freiheit des Gläubigen kann in der Tat keinesfalls mit Willkür verwechselt werden. Seine Freiheit ist eine *erfinderische* Freiheit und sein Gehorsam, ebenso wie der des Künstlers, besteht nicht in der mechanischen Nachahmung eines gegebenen Modells. Der

Gläubige ist nur insoweit frei, als er dem Wort Gottes treulich gehorcht, ebenso wie der Künstler frei ist, in dem er dem echten Sinn seines Werkes folgt.

Verschieden scheint beim ersten Blick der Fall des menschlichen Gesprächs, in dem die Worte und die Sätze eine vorherbestimmte konventionelle praktische Bedeutung haben, kraft derer eine operationelle Kontrolle der Richtigkeit der Verständigung möglich ist. Das erschöpft aber die Tragweite eines Diskurses nicht, in dem jeder Gesprächsteilnehmer zuerst die Intention der Anderen zu verstehen hat. Die Intention wird durch Worte ausgedrückt, fällt aber mit den Worten keineswegs zusammen.

V

Die obigen Betrachtungen erlauben uns, einer neuen Bedeutung der "Einschiebung der Sprache" gewahrzuwerden. Es wird nunmehr ersichtlich, warum jedes freie Subjekt (Gott einbegriffen) sich nur durch die Vermittlung einer Sprache äußert. Der eigentliche Inhalt seiner Äußerung kann nämlich nicht als ein Gegenstand den Gesprächsteilnehmern ausgehändigt werden. Es gibt eine *ontologische Differenz* zwischen dem Inhalt der Mitteilung und dem Mittel, wodurch dieser Inhalt mitgeteilt wird. Da diese Differenz ontologisch und nicht ontisch ist, kann man nie das Wort direkt durch das Mitgeteilte ersetzen, denn das Mitgeteilte ist nur in dem Mitteilungsmittel vorhanden. Statt des Wortes "Stuhl" kann ich beispielsweise einen Stuhl angeben oder zeigen, weil zwischen dem Laut und dem Ding eine ontische Differenz besteht. Dagegen ist die Differenz zwischen der göttlichen Wahrheit und den Ausdrücken, die diese offenbaren, ontologisch und deshalb ist die Kommunikation eine innerlich Sprachliche. Auch in einem streng theologischen Sinne wird der Vater nur durch den Sohn, das Wort ersichtlich.

Dieselbe Lage kommt auch in bloß weltlichen Erfahrungen vor. Was wird eigentlich in einem Gemälde, in einem Schauspiel, in einer Dichtung, Konstruktion, Tonsetzung u.s.w. mitgeteilt? Nicht nur Töne, Farben, Gewichtsverhältnisse; auch nicht die bloße Bedeutung der Worte und der Bilder, sondern der Sinn des gesamtes Werkes. Und was ist der Sinn? In einer schwachen Bedeutung ist er die Meinung, *the meaning*, was der Sprechende meint. Wenn man z.B. das *meaning* einer Aussage den Worten nicht entnehmen kann, fragt man: "In welchem Sinne?" D.h.: mit welcher Absicht haben Sie diese Worte benutzt? Aber der Sinn kann nochmals nur durch andere Worte angegeben werden.

Im Gegensatz zur Bedeutung als Ding kann der Sinn als Absicht nur durch Worte enthüllt und verhüllt werden. Wäre die Differenz ontisch, so könnte man das Wort durch das Ding ersetzen. Hier ist dagegen die Differenz ontologisch und die Ersetzung undenkbar. Die Intention kann nicht außerhalb der Aussage gefaßt werden.

Welcher Schluß ist aus dieser Feststellung zu ziehen? Der Schluß, daß die "Art zu sein" des Sinnes nicht dieselbe Art zu sein der Aussage ist. Sie gehören zwei verschiedenen ontologischen Niveaus an, deshalb können sie nicht nebeneinander gestellt werden, als ob sie zwei Dinge wären. Sie sind ein und dasselbe, aber auf zwei ontologisch verschiedenen Ebenen, worüber nur die sprachliche Intention eine Brücke baut.

Die Sprache läuft durch eine ontologische Differenz hindurch und baut zwischen den beiden Ufern eine Brücke. Der Sinn ist immer "unterwegs zur Sprache" und die Interpretation ist immer auf der Suche eines Sinns. Die Sprache ist das "Haus des Seins" und der Mensch wird erst vermittels einer Interpretation in dieses Haus eingeführt.

VI

Was wir bisher vom "Meinen" gesagt haben, d.h. von der Intention eines Subjekts, das spricht, gilt auch für verschiedene Objekte, die einen Sinn haben, obwohl sie wörtlich nicht sprechen, weil sie scheinbar nur Dinge sind. Nehmen wir z.B. ein Kunstwerk. In ihm finden wir eine immanente Intention, die mit der psychologischen Absicht des Künstlers nicht verwechselt werden darf. Als unabhängiger Sinn des Werkes fällt vielmehr die Intention mit der sog. "Inspiration" zusammen: ein Wort, das sowohl in der Beschreibung eines Kunstprozesses als auch in der theologischen Sprache gebraucht wird. In seinem Verfahren muß der Künstler den Sinn des noch nicht ausgeführten Werkes erraten, auf ihn horchen und ihm gehorchen und ihn in einen empfindbaren Körper einverleiben. Bei diesem Verfahren ist jede Willkür streng ausgeschlossen, wenn es erfolgreich sein soll. Der Künstler soll die Inspiration mit Treue interpretieren und dasselbe muß später auch der empfindsame Ästhet tun. Derselbe Gott der Hermeneutik, Hermes, muß beide auf dem Weg hin und her begleiten.

Dagegen könnte man scheinbar etwas einwenden. Die Sprache wird zwar vom Dichter gebraucht und im allgemeinen vom Kritiker, um den Sinn eines Werkes zu deuten; aber trifft dies beispielsweise auch auf einen Maler zu, kann dieser nicht ohne zu sprechen malen? Sicherlich kann sich der Maler malend ausdrücken, ohne sich dabei der Sprache zu bedienen, dies allerdings unter der Voraussetzung, daß er im Allgemeinen sprachfähig ist. Zwischen dem Gefühl und der Ausführung bewegt sich das Denken des Künstlers, und das Denken, wenn es auch wortlos ist, bleibt immer diskursiv. Nur ein Wesen, das spricht, kann seine Inspiration in irgendeine sinnliche Gestalt übersetzen.

Die Unausbleiblichkeit der Sprache, die einen sachlichen und nicht bloß psychologischen Grund hat, wurde schon von manchen Autoren hervorgehoben. Hier will ich nur hinzusetzen, daß sie in vielen Metaphern auftaucht, wie die folgende: ein Bauwerk, eine Zeichnung usw. enthalten eine "Verkündigung", die freilich wortlos sein kann, aber nicht stumm. Der Hintergedanke dieser Metapher ist eine religiöse oder zumindestens idealistische Deutung der Kunst. Und diese Annäherung der Kunst mit der göttlichen Offenbarung ist schon für sich bedeutungsvoll.

VII

Wir wollen jetzt den Fall des Künstlers betrachten, der eine Inspiration, bzw. eine Eingebung, die bisher keine Gestalt hat, interpretiert. Psychologisch kann man sagen, daß ein noch nicht gekanntes Etwas als eine Anforderung im Gemüte wirkt, was aber eigentlich angefordert wird, weiß der Künstler noch nicht. Wüßte er das genau, dann hätte er sein Werk schon ausgeführt. Und trotzdem ist diese Anforderung so präzis, daß sie jede unangemessene Interpretation verweigert. Allmählich taucht die Richtige auf, sonst würde das Kunstwerk nicht gelingen. Etwas ähnliches erfahren wir, wenn wir einen Namen vergessen haben. Das Gedächtnis bezwingt uns jeden anderen Namen auszuschließen, obwohl es uns nicht erlaubt, den richtigen auszusprechen. Der Unterschied ist, daß wir im Falle der Erinnerung den richtigen Namen schon erfahren hatten, im Falle der Schöpfung gar nicht. Wie kann also dieses Unbekannte so genaue, obwohl nicht formulierte Anweisungen geben? Eine begriffliche Erläuterung dieses Phänomens ist unmöglich, denn die Ursache in diesem Fall ist weder physisch noch psychologisch. Sie ist (wie ich bald erklären werde) eine *ontologische* Ursache. Eben deswegen spricht man von Schöpfung. Im Rahmen einer allgemeinen Ontologie kann man in der Tat einen wichtigen Schluß ziehen. Es ist das Sein selbst des Kunstwerks, daß diese impliziten und geheimnisvollen Anweisungen gibt. Das noch nicht vorhandene Werk verlangt, was es sozusagen "sein *will*". Dasselbe passiert, wenn der Dichter gewisse Änderungen in seinem Werk als nötig anerkennt. Woher könnte er diese Verbesserung entnehmen, wenn das richtige Ganze nicht in seinem Gemüte anwesend wäre?

Das zeigt, daß ein und dasselbe Wesen auf zwei sehr verschiedene Arten sein kann, einmal objektiviert, das andere Mal nicht objektiviert. Das hängt nicht von psychologischen Umständen ab (wie im Fall der Erinnerung), sondern von einer ontologischen Beschaffenheit. Die noch nicht objektivierte Wesenheit entscheidet von sich aus, welchen Körper sie braucht. Wenn dagegen die Willkür sich in diesen Prozeß einschleicht, bleibt die Arbeit erfolglos. Das echte Ziel wird nur dann erreicht, wenn es von der Sache selbst diktiert wird; aber Diktieren heißt in diesem Fall nicht vor-schreiben, denn was zu schreiben sei, ist eben fraglich. Der Dichter muß es versuchsweise erraten. Und trotzdem ist dieses Erraten von einem sehr strengen Wegweiser geleitet, dessen Weisungen man nicht mißdeuten darf, bei Strafe eines totalen Versagens. Der Inbegriff dieser Leitung wird oftmals als eine Gottheit personifiziert, z.B. als Apollon oder, wie bei Dante, als Amor dictator. Seine Eingebung ist nichtsdestoweniger keine Angabe: nicht weil sie vag und unbestimmt wäre, sondern, ganz im Gegenteil, weil sie überdeterminiert ist gegenüber dem Gegenstand, den man sucht.

Das erklärt auch das Problem der Kritik, die ein Dritter an einem Kunstwerk übt. Mit welchem Recht behauptet er, daß das Werk nicht so ist, wie es sein sollte? Er muß bis in den Sinn des Werks getaucht haben, um von hier aus das Urteil zu entnehmen. Das immanente Kriterium seines reflektierenden Urteils muß dasselbe sein, das der Schöpfer brauchte, um sein Werk zu bauen und zu verbessern. Folglich muß ein Werk vorerst einen Sinn haben, um durch sich selbst beurteilt werden zu können. Sonst könnte man nur "ohne Note" sagen, die schlimmste Zensur die man erteilen kann. "Ein Werk durch sich selbst beurteilen", d.h.: das nicht gegenständliche Werk liefert das Kriterium, um über das objektivierte Werk zu urteilen. Das Werk "ist" also zweierlei: einmal als Kriterium, das andere mal als Objekt. Der künstlerische Erfolg besteht darin, eine konkrete Identität von diesen zwei Aspekten zu erreichen, die in ihrer "Art zu sein" gründlich verschieden sind.

VIII

Es gibt einen wesentlichen Unterschied zwischen den beiden Fällen, der psychologischen und der künstlerischen Interpretation. Wenn ich nämlich meinen Sinn durch Worte ausdrücke, ist zwar meine Meinung kein empirischer Gegenstand, in mir ist sie jedoch als eine bestimmte Absicht bewußt. Als Gemütszustand kann diese Absicht nur durch die ausgesprochenen Worte erraten werden, aber in mir ist sie als eine

Begebenheit da. Wir haben also in diesem Fall zwei ontisch verschiedene Begebenheiten, die psychologisch nebeneinander gestellt werden können. Das ist für den innerlichen Sinn eines Kunstwerks nicht der Fall. Der innerliche Sinn kann nicht *neben* dem Werk als ein ontisch gegebener Gemütszustand gestellt werden, denn er ist nicht eine bewußte Absicht des Künstlers. Was im ersten Fall für eine ontische Differenz verwechselt werden kann, tritt im zweiten nur als eine ontologische Differenz auf.

Wir haben also zwei verschiedene Sorten von Interpretationen. Die eine ist die einfache Erläuterung einer Intention, die zweite ist dagegen ein Prozeß, in dem der Interpret ein schon vorhandenes aber unbekanntes Etwas zu ergründen hat. Ein *Deus absconditus* gibt dem Werke das Maß.

Wo liegt dieser Sinn, wo ist sein Ursprung, von dem er den "ersten Sprung" macht? Die Antwort auf diese Frage ist ein rätselhaftes Wort, weil die Lage selbst rätselhaft ist: der ursprüngliche Sinn des unbekannten Werkes ist sein *Sein*: vom Sein aus macht der Sinn den ersten Satz in das Bewußtsein, aus dem dann das so und so beschaffene Werk dank der Arbeit des Künstlers entspringen wird.

Das Sein. Wer kann uns des Gebrauchs eines solchen Wortes zeihen, dem kein Objekt, kein Gemütszustand, keine vorstellbare Wirkung entspricht? Wir müssen eben eine solche Lage durch jenes Wort ausdrücken. Der Terminus "Sein" hat in der Philosophie eine lange Geschichte, die eben darauf zielt: eine Ursache, bzw. eine "ursprüngliche Sache", die jenseits jedes möglichen Bewußtseins wirkt, auszudrücken. Wenn wir uns also fragen: "Ist es der Sinn, der alles wirkt und schafft?", dann können wir nicht einfach schließen "es sollte stehen, im Anfang war die Kraft". Aber auch nicht einfach "die Tat". Wir müssen genauer sagen: eine Tat, die von keinem bewirkt werden kann. Eine Kraft, die kein erschaffener Geist ausübt. Man darf also getrostet schreiben: "im Anfang war das Sein".

Dieser Schluß ist dadurch berechtigt, daß diese Urquelle, das Sein, nicht unbestimmt sondern vielmehr überdeterminiert ist, da sie in sich jede Determination enthält. Aus dieser Verdichtung zerstreut sich dann der Inhalt des Werkes in die Sinnenwelt und verleiblicht sich ohne sich zu verlieren. Im Sein als solchem besteht jede einzelne Determination mit jeder anderen ohne Mischung und ohne gegenseitige Ausschließung zusammen. Ebenfalls im Sinn eines bestimmten Werkes bestehen sämtliche Züge, die später im ausgedrückten Werk mitwirken werden. Auch sie sind in einem einheitlichen Organismus dank der ursprünglichen

Einheit des Seins verbunden: ein Organismus, der nicht geteilt werden kann, ohne zu sterben.

Man könnte etwas einwenden. In der Einheit des Seins ist *alles* enhalten, nicht nur der Sinn eines bestimmten Werkes. Einverstanden. Denn die Wendung "Sinn eines bestimmten Werkes" bezeichnet nicht den absolut ersten Ursprung der betreffenden Erscheinung: sie bezeichnet eine Wesenheit, die schon eine anfängliche Individualisierung erfahren hat. Was diese Individualisierung des Seins anfänglich in Gang setzt (in jenen seltenen Fällen, die wir dem "Genie" zuschreiben), bleibt in der Tiefe des menschlichen Gemüts verhüllt. Aber die Wirkung dieser Individualisierung liegt vor uns. Die Einheit des Kunstwerks ist das Zeichen, daß es seinen Ursprung im Sein hat. Was gestattet uns in diesem Fall, von einer organischen, nicht trennbaren Individualität zu sprechen? Nur der Umstand, daß diese Einheit keinen künstlichen Grund hat, d.h. keinen Grund, den wir imstande sind, durch unsere technische Tätigkeit hervorzubringen. Das echte Kunstwerk ist kein künstliches Werk im Sinne von "artifiziell".

Woher kommt denn diese nicht artifizielle, also nicht zusammengesetzte Einheit? Sie kommt vom Sein, und eben darum können wir sie nicht beeinflussen, denn das Sein liegt jenseits jeder Möglichkeit es zu handhaben. Das Sein ist kein Objekt, es ist der Ursprung einer reinen Tätigkeit, die wir nicht beherrschen. Das Zeichen seiner Anwesenheit ist die nicht zusammengesetzte und nicht trennbare Einheit des Seienden.

Etwas ähnliches ist in jedem Lebendigen spürbar. Leben ist die Einprägung einer ursprünglichen Einheit, die eine vereinende, keinesfalls vereinigte Einheit ist. Auch unsere Individualität, d.h. die Individualität des Ichs, ist eine Individualisierung, die von keinem möglichen Erfahrungsprozeß erreicht werden kann. Kein Prozeß kann die Tatsache erklären, daß eine untrennbare Individualität aus vorigen Verhältnissen entstanden ist, denn das Ich kann absolut nicht das Ergebnis einer Zusammensetzung von Elementen sein. Die nicht zusammengesetzte Einheit des Kunstwerks zeugt ebenfalls die Wirkung der von uns nicht beherrschbaren und nicht erdenkbaren Tätigkeit des Seins. Hierheraus macht jede Schöpfung – auch die metaphorische Schöpfung des Künstlers – seinen "ersten Sprung", den *Ursprung*.

IX

Das Letzte worauf die Interpretation verweist, liegt also noch tiefer als der Sinn: es liegt in dem Sein. Die jeweils verschiedenen Sinne der einzelnen Begebenheiten erscheinen immer im Horizont des Seins, das wir nie direkt entdecken, denn das Sein hat keine Gestalt. Das entspricht theologisch dem Ausspruch: "ihr könnt den Vater [nämlich das Sein] nicht ansehen, ihr könnt ihn nur durch den Sohn, das Wort, ansehen".

Außerhalb der religiösen Offenbarung ist die Anerbietung der Wahrheit nicht mehr eine Initiative Gottes, sie bleibt jedoch immer die Gabe einer Gottheit, denn sie steht nicht zu unserer Verfügung. Die Gottheit kann Apollon genannt werden, dessen Gaben aber nicht fertige Dinge sind, sondern Anregungen, die einen Körper erfordern, denn einen Körper besitzen sie noch nicht. Dazu braucht man einen anderen Gott, um dieser Begeisterung einen Körper zu liefern, und dieser Gott ist Hermes Psychopompos. Er leitet nicht nur die Seelen der Verstorbenen rückwärts in die Unterwelt, sondern auch die Geister von neuen möglichen Lebewesen gegen das Licht.

Hermes ist doch auch ein Betrüger und die Bedeutung dieses Mythos ist für das Interpretationsproblem zweifach. Einerseits bedeutet es, daß wir im Empfang der apollinischen Gabe nicht passiv sind: wir müssen unsere eigene Tätigkeit einsetzen. Zweitens, in der Aufwendung dieser Tätigkeit können wir uns täuschen, und das passiert in der Tat sehr oft.

Hier sind eben die beiden Merkmale, die eine echte Interpretation in jedem Gebiet charakterisieren. Z.B.: der Glaube ist eine Gabe, die wir nicht passiv bekommen. Sie verpflichtet unsere Tätigkeit. Und darum muß die Offenbarung interpretiert und nicht nur erläutert werden. Damit können wir uns auch hinsichtlich des Glaubens täuschen. Ähnlicherweise ist die künstliche Eingebung fortwährend der Illusion unterworfen, ein Künstler zu sein, indem man ein Pfuscher bleibt.

Diese fortdauernd bedrohte Situation hängt davon ab, daß die Fahrt zwischen dem Sinn *in statu nascendi* und dem vollendeten Werk keine räumliche Strecke von Ort zu Ort ist. Sie muß eine Distanz zwischen dem *Nichtort* des Seins und dem Ort der Erfahrung überbrücken: also *a path from nowhere*, weil diese Distanz nicht eine ontische, sondern eine ontologische Differenz ist. Ontisch könnte der Abstand durch bloß technische Mittel überschritten werden. Als ontologisch kann dagegen die Differenz erst durch eine Tätigkeit überschritten werden, in der die Leitung des Seins und die Aufbietung unserer Kräfte zusammenfließen. Aber die Leitung des Seins ist keine gegebene Vorschrift, kein Befehl, dem wir ohne weiteres gehorchen können. Wir müssen dagegen "die Stille hören" und ihr gehorchen, wo kein Wort noch entstanden ist. Die hermeneutische Aufgabe unterscheidet sich von einer technischen Aufgabe eben dadurch, daß die Technik in ihr unentbehrlich ist, aber keinesfalls genügend. Die Gottheit muß Beihilfe leisten, in einem Prozeß, den wir uns nicht vorstellen können, weil er kein physischer Prozeß ist. Es handelt sich nicht um eine Umgestaltung, sondern um die Verwandlung in eine Gestalt von einem Kern, der ursprünglich keine Gestalt hatte.

Statt einer Gottheit können wir auch die Natur zu Hilfe rufen, und mit Kant sagen: "Die Natur gibt der Kunst [der Technik] die Regel". D.h. ein spontaner, von uns nicht beherrschter Prozeß gibt unserem technischen Verfahren die Leitung. Wie ist das möglich? Keine Antwort, denn ein solches Ereignis fällt nicht unter die Kategorie der Möglichkeit. Das Ereignis (in der alten Sprache *Eräugnis*) ist das "zum Auge Kommen" von Etwas, das wirkt, aber von uns noch nicht erkennbar ist. Der Künstler ergreift diese Gelegenheit "unterwegs zur Sprache" und enfaltet sie. Der Interpret folgt rückwärts demselben Pfad. Er hat zwar eine schon entfaltete Möglichkeit vor sich, aber er muß selbst auf der Spur jenes Geistes gehen, der dem Körper des Kunstwerks die Seele gegeben hat. Und auch in dieser Rückfahrt muß uns Hermes begleiten, bzw. muß die Natur der Technik die Leitung geben, denn der Geist wird weder durch das Auge noch durch die Hand gefaßt.

GÜNTER ABEL, Berlin

ZEICHENVERSTEHEN

I. Das Verstehen verstehen

(a) Erfolgreiches Zeichenverstehen

Das *philosophische* Problem des Zeichenverstehens besteht nicht darin, wie man ein Miß- oder ein Nicht-Verstehen beheben kann, sondern darin, zu verstehen, was es heißt, (sprachliche und nicht-sprachliche) Zeichen zu verstehen, das Verstehen also zu verstehen. Aber, so möchte man einwenden, wo liegt denn hier ein Problem? Jeder weiß doch irgendwie, was es heißt, Zeichen zu verstehen. Das praktizieren wir doch fortwährend und problemlos. Aber genau dies scheinen wir nicht oder nur sehr schwer zu verstehen. Irritierend ist, daß man, wie Wittgenstein[1] betont, bei Fragen, die etwas derart Offenkundiges wie das Zeichenverstehen betreffen, die Antwort weiß, solange niemand fragt, sie aber nicht mehr zu wissen scheint, sobald man das, was man da weiß, ausbuchstabieren soll.

Ein erfolgreiches, ein *gelingendes* Verstehen kann ein Verstehen *mit* und eines *ohne* weitere Deutung sein. Das Verstehen *ohne* Deutung ist der philosophisch aufschlußreichere Fall. Denn die Grundfrage nach dem *Verstehen des Verstehens* hat in ihm ihre zugespitzte Instanz. Leitfaden der Betrachtung muß daher sein, daß das Offenkundige, das Selbstverständliche, das Zeichenverstehen *ohne* weitere Deutung, *nicht* als die Ausnahme, sondern als der Normalfall angesehen wird.

Doch wie kann man sich diesem Punkt eines gelingenden Zeichenverstehens in theoretischer Einstellung nähern? Ein Vorschlag ist, bei dem anderen Fall eines ebenfalls *gelingenden* Zeichenverstehens einzusetzen, beim Verstehen *mit* Deutung. Wohlgemerkt: ich setze damit nicht beim Nicht-Verstehen, sondern zwar nicht beim direkten, unmittelbaren Zeichenverstehen, aber eben doch ausdrücklich beim *gelingenden* Verstehen ein. Zweck dieses heuristischen Vorgehens ist jedoch, den grundlegenderen Fall des Verstehens *ohne* Deutung zu verdeutlichen.

---

[1] Ludwig Wittgenstein, 'Philosophische Untersuchungen', in: Wittgenstein, *Schriften*, vol. 1, Frankfurt a.M. (Suhrkamp) 1980[4], Nr. 89.

Bezogen auf ein anderes und in Sachen Zeichenverstehen wichtiges Begriffspaar, nämlich: "Fremdheit und Vertrautheit", läßt sich dieser Punkt auch so ausdrücken, daß das Verstehen *ohne* Deutung als eine Erläuterung der Vertrautheit verstanden werden kann, während Fremdheit umso stärker ins Spiel kommt, je mehrerer dazwischengeschalteter Deutungsschritte es bedarf, um zu einem erfolgreichen Zeichenverstehen zu gelangen. Sind zuviele Schritte erforderlich, dann haben wir es über die Fremdheit hinaus mit einem Nicht- bzw. einem Nicht-mehr-Verstehen und mit Unverständlichkeit zu tun.

(b) Zeichen und Interpretation

Solange man die Zeichen einer Sprache mehr oder weniger fraglos versteht, bemerkt man nicht die bedeutsame Rolle, die die *interpretatorischen* Komponenten in jedem Sprach- und Zeichengebrauch spielen. Man bemerkt dann nicht eigens die im gelingenden Verwenden und Verstehen eines Zeichens stets bereits in Anspruch genommenen perspektivischen, aktiv-kreativen, konjekturalen, konstruktionalen, ein- und auslegenden Komponenten. Erst wenn nach der Bedeutung eines Zeichens gefragt und dann nachgeschaut wird, wie das Zeichen in Verständigungsverhältnissen üblicherweise funktioniert, wird der Interpretationscharakter dieser Verhältnisse deutlich. Zeichenäußerungen werden nicht erst nachträglich und zusätzlich auch, falls erforderlich, interpretiert, sondern Interpretation, und das heißt: Perspektivität; Konstruktbildung; Selektivität; Integration in Gebrauch, Schemata und Muster; und Präferenzierungen zeichnen den Charakter des Verwendens und Verstehens (sprachlicher wie nicht-sprachlicher) Zeichen aus.

Ein erfolgreicher Zeichengebrauch setzt immer schon eine *Praxis*, eine *Regularität* und einen *Horizont* des Interpretierens sowie ein Weltverständnis voraus, aus denen heraus und auf die hin der Zeichengebrauch so erfolgt, wie er erfolgt. Dies gilt in zumindest drei Hinsichten: (i) Die semantischen Merkmale von Zeichen (das heißt: Bedeutung, Referenz, Erfüllungs- oder Wahrheitsbedingungen) sind den Zeichen nicht apriorisch und vorab eingebaut. Sie sind nicht einfach magisch gegeben. Vielmehr werden sie durch eine Interpretationspraxis, das heißt: durch unsere Praxis des Gebrauchs der Zeichen, umgrenzt und jeweils kontext-, situations-, zeit- und individuen-bezogen fixiert. (ii) Die unterschiedlichen Bedeutungs- und Referenzfunktionen der Zeichen können als Interpretationsfunktionen konzipiert werden. Und (iii) zu der Fähigkeit, eine semantische und pragmatische Charakterisierung eines natürlichen Zeichensystems und einer Sprache zu geben, gehört auch die Fähigkeit, Angaben über die als normal zugrunde gelegte Welt machen zu können. Kurz: Interpretation ist nicht bloß Option, sondern Kondition gelingenden Zeichengebrauchs und Zeichenverstehens.

II. Stufenmodell der Interpretation und des Verstehens

(a) Ebenen der Interpretation

Ist die Rede von Interpretation in der skizzierten Weise grundlegend, dann kann sie nicht auf ihren *engen* Sinn als *aneignende Deutung* beschränkt werden. Letztere betrifft nur einen begrenzten Sinn von Interpretation, nur *eine* von zumindest drei heuristisch zu unterscheidenden Ebenen der Interpretationsverhältnisse. In einem dreistufigen Interpretations-Modell[2] kann man diese Interpretationen die "Interpretationen$_3$" nennen (wie z.B. das Deuten eines individuellen Zeichens und Ausdrucks, einer Sprecher-Bedeutung). Sie sind abzugrenzen von den habitualisierten und durch Gewohnheit verankerten Interpretationsmustern, abgekürzt "Interpretationen$_2$" genannt (wie z.B. die Konventionen eines natürlichen Zeichensystems oder einer Sprache). Und von beiden Ebenen wiederum lassen sich die in den kategorialisierenden Zeichenfunktionen selbst sitzenden aktiv-konstruktionalen Komponenten unterscheiden, kurz "Interpretationen$_1$" genannt (wie z.B. der Gebrauch der logischen Begriffe der "Existenz", der "Person", der sortalen Prädikate, die raum-zeitliche Lokalisierung und die Individuationsprinzipien, auf die man sich bereits verstanden haben muß, wenn man einen Zeichengebrauch und eine Sprache beherrscht).

Bezogen auf das Sprechen und Verstehen einer Sprache bedeutet dieses dreistufige Modell: daß der einzelne und individuelle Gebrauch sprachlicher Zeichen, die Sprecher-Bedeutung, zur Interpretation$_3$-Ebene gehört; daß dem eine Interpretation$_2$-Ebene in Gestalt einer besonderen Sprache (z.B. des Deutschen) und einer semantischen Bedeutung vorausliegt; und daß, weitergefaßt, etwa die Sprachlichkeitsaspekte der Struktur des menschlichen "In-der-Welt-seins" (Heidegger) der allgemeinen Interpretation$_1$-Ebene zugehören.

---

[2] Günter Abel, *Interpretationswelten. Gegenwartsphilosophie jenseits von Essentialismus und Relativismus*, Frankfurt a.M. (Suhrkamp) 1993; Günter Abel, 'Interpretation und Realität; Erläuterungen zur Interpretationsphilosophie', in: *Allgemeine Zeitschrift für Philosophie* 21, 1996, 271-288.

Zum Tiefensitz des so akzentuierten Interpretationsbegriffs seien zwei Aspekte angemerkt. Zum einen ist mit der philosophischen Hermeneutik zu betonen, daß Interpretation nicht mehr nur ein zusätzliches Verfahren des Erkennens meint. Vielmehr können der ursprüngliche Charakter des In-der-Welt-seins und das Funktionieren symbolisierender Zeichen in ihrem Charakter als *interpretativ* angesehen werden.[3] Unser In-der-Welt-sein wird nicht nachträglich auch noch interpretiert, sondern, so die Überlegung, es vollzieht sich intrinsisch als ein *interpretatives* Geschehen. Und die Zeichen funktionieren *in ihren Zeichenfunktionen* interpretatorisch. Zum anderen ist zu beachten, daß Interpretationen als *aktive* Tätigkeiten und nicht als passive, nachvollziehende Wiedergabe vorfabrizierter Strukturen oder fertigen Sinns anzusehen sind. "Interpretieren" kann als das gegenüber "deuten" und "aneignen" weitergefaßte und basaler qualifizierende Prädikat konzipiert werden.

(b) Ebenen des Verstehens

Wird der Interpretationsbegriff in diesem Sinne weit und grundlegend angesetzt, dann kann man den Vorgang >Zeichenverstehen< *innerhalb* der Interpretationsverhältnisse sehen. Das skizzierte dreistufige Interpretations-Modell kann produktiv eingesetzt werden, um den Fall zu erläutern, in dem wir es mit *gelingendem* Sprach- und Zeichenverstehen zu tun haben. Wichtig ist, daß das Verstehen nicht einfach nur einer einzigen Ebene zuzuordnen ist. Vielmehr sind die unterschiedlichen Ebenen in- und übereinandergreifend involviert. Dies wird deutlich, sobald man den zunächst vieldeutigen Begriff "Verstehen" präziser faßt und, wie dies in der Tradition der theologischen und der philosophischen Hermeneutik zu finden ist, Stufen des Verstehens unterscheidet. Ein gelingendes Verstehen kann, je nachdem, um welche Stufe des Verstehens es sich handelt, im Rekurs auf eine oder mehrere der Interpretations-Stufen erläutert und verdeutlicht werden.

Für unsere Zwecke lassen sich die folgenden Stufen des Zeichenverstehens unterscheiden, die ich von Wolfgang Künne[4] übernehme, auf nicht-sprachliche Zeichensysteme ausweite und innerhalb des Interpretations-Modells ansiedle, sie mithin in einen interpretationistischen Kontext bringe. Auf einer ersten Stufe (i) geht es um das phänomenale

---

[3] Hans-Georg Gadamer, 'Text und Interpretation', in: Ph. Forget (Hrsg.), *Text und Interpretation*, München (Wilhelm Fink Verlag) 1984, 24-55, hier: 34.
[4] Wolfgang Künne, 'Verstehen und Sinn. Eine sprachanalytische Betrachtung', in: *Allgemeine Zeitschrift für Philosophie* 6, 1981, 1-16.

und perzeptive Diskriminieren und Identifizieren eines syntaktischen Zeichens oder einer syntaktischen Zeichenfolge. Hier sind vorrangig Interpretation$_1$-Aspekte beteiligt. Auf einer zweiten Stufe (ii) handelt es sich um das Erfassen des linguistischen/semantischen Sinns eines Typ-Zeichens T in einem Zeichensystem Z oder einer Sprache S. Hier geht es nicht um den individuellen Sprecher-Sinn auf der Interpretation$_3$-Ebene, sondern um den semantischen Sinn der Interpretation$_2$-Ebene einer gegebenen Sprache, d.h. um den in einer gegebenen Zeichen- und Sprachgemeinschaft habitualisierten und durch Konventionen, Traditionen, Kultur und Zeit sedimentierten Sinn eines Zeichens und einer Äußerung. Dies trifft auch auf die dritte Stufe (iii) des Zeichenverstehens zu, auf der es um das Erfassen des in Situation und Kontext aktualisierten sprachlichen oder nicht-sprachlichen Sinns geht. Hier sind Komponenten der dritten und der zweiten Ebene der Interpretation entscheidend. Eine vierte Ebene (iv) besteht im Erfassen des propositionalen Gehalts eines Zeichens bzw. Ausdrucks. Sie enthält Elemente zum einen der Sprecher-Bedeutung, mithin Elemente der Interpretation$_3$-Ebene des individuellen Zeichengebrauchs, zum anderen Aspekte der semantischen Bedeutung und Referenz, d.h. der in einem gegebenen Zeichensystem und in einer gegebenen Sprache habitualisierten Bedeutung und Referenz. Eine fünfte Stufe (v) besteht darin, den Äußerungsmodus zu identifizieren. Handelt es sich um eine Drohung oder um ein Versprechen oder um eine Prognose? Hier gehen Elemente sowohl der Interpretation$_3$- als auch der Interpretation$_2$-Ebene ein. Denn die illokutionäre Rolle einer Äußerung zu erfassen heißt, die vom Sprecher intendierte Rolle in ihrer Verbindung mit der in einer Zeichen- und Sprachgemeinschaft in einer Zeit, Situation und Kontext üblichen, gewöhnlichen Rolle zusammenzubringen. Das bedeutet zum Beispiel realisieren zu können, daß es sich bei einem Zeichen Z oder einer Äußerung ABC um eine Drohung handelt, und daß dies zu dem paßt, wie in dieser Zeichen- und Sprachgemeinschaft Drohungen normalerweise ausgeführt werden. Auf einer weiteren Stufe (vi) des Verstehens kommt dann Intentionalität entscheidend ins Spiel. Damit geht es, als Sprecher-Intentionalität, um die individuelle Bedeutung, Relevanz und Gerichtetheit, mithin um Aspekte vornehmlich der Interpretation$_3$-Ebene (– unter Einschluß freilich der Überlegung, daß Einer allein und nur für sich nicht individuell sein kann, mithin in seiner Individualität auch je schon ein Zeichensystem und eine Sprache, mithin Interpretation$_2$-Verhältnisse vorausgesetzt sind).

III. Verstehen *mit* Deutung

(a) Konstruktionale Elemente

In jedem erfolgreichen Verstehen von sprachlichen und nicht-linguistischen Zeichen, Äußerungen und Handlungen sind, wie betont, stets bereits eine Vielzahl kreativer, projizierender, empathischer und konstruktionaler, kurz: eine Vielzahl *interpretatorischer Aktivitäten* vorausgesetzt und in Anspruch genommen. Stenogrammartig sind die folgenden[5] hervorzuheben:

(i) Man muß das, was die andere Person da äußert, als eine Sprechhandlung, und nicht z.B. als eine bloße Geräuschproduktion angesehen haben. (ii) Die auftretenden Zeichen müssen desambiguiert worden sein. (iii) Sofern indexikalische und direkt auf die Wahrnehmungssituation bezogene Elemente beteiligt sind, müssen diese erfaßt und die ostensiv herausgegriffenen Gegenstände identifiziert und lokalisiert worden sein. (iv) Im Verstehen eines Zeichens haben wir uns bereits auch auf die mit der jeweiligen Sprache oder dem nicht-linguistischen Symbolsystem gegebenen Regeln der Interpretation verstanden. (v) Im Falle der Übersetzung und des Verstehens einer fremden Sprache müssen stets bereits Übersetzungshypothesen, mithin kreative Interpretationskonstrukte gebildet worden sein.[6] (vi) Man muß die auftretenden Zeichen in Kontext, Situation und Zeit eingebettet haben. (vii) Die eigenen Standards der Logik und der Wahrheit müssen hinter die fremden Äußerungen projiziert worden sein, bevor (viii) die Organisation der Rede und die logische Form der Sätze fixiert werden kann. (ix) Auch muß man sich ansatzweise in die Position der anderen Person, die die zu verstehenden Zeichen hervorbringt, versetzt haben. (x) Die propositionalen Einstellungen (z.B. Überzeugungen, Meinungen, Absichten, Wünsche, Befürchtungen), die die Zeichenäußerungen der anderen Person mitregieren und in die Umgrenzung der situativen Bedeutung der verwendeten Zeichen eingehen, müssen bereits einbezogen worden sein. Man beachte den komplexen und konjekturalen Charakter gerade dieses letzten Punktes: Ich, der Interpret, muß eine Interpretation derjenigen interpretativen Einstellung

---

[5] Günter Abel, 'Zeichen und Interpretation', in: T. Borsche / W. Stegmaier (Hrsg.), *Zur Philosophie des Zeichens*, Berlin, New York (Walter de Gruyter) 1992, 167-191, hier: 185f.

[6] Günter Abel, 'Unbestimmtheit der Interpretation', in: J. Simon (Hrsg;), *Distanz im Verstehen. Zeichen und Interpretation II*, Frankfurt a.M. (Suhrkamp) 1995, 43-71, hier: 48ff.

und Haltung zustandebringen, die, sagen wir, Peter zu seinem interpretatorisch fungierenden Gebrauch der Zeichen einnimmt, – und zwar *ohne* über ein Kriterium dafür zu verfügen, ob das, was sich in meiner, und das, was sich in Peters Interpretation abspielt, dasselbe oder nicht-dasselbe ist.

(b) Zeichendeutung und Zeichenverstehen

›Verstehen *mit* Deutung‹ ist, wie betont, bereits eine Version des gelingenden Verstehens. Aber nun ist auf einen zentralen Aspekt aufmerksam zu machen. Solange man nämlich gezwungen ist, Deutungen/Interpretationen$_3$ zwischen ein auftretendes Zeichen und sein Verstehen zu schalten, können zwei mißliche Problemlagen jederzeit vitiös werden:

(i) Ein auf der Interpretation$_3$-Ebene auftretendes Zeichen ist vieler gleich legitimer Deutungen/Interpretationen$_3$ zugänglich. Vor allem modell-theoretische Argumente Hilary Putnams[7] haben gezeigt, daß es, egal wie eng die Einschränkungsbedingungen formuliert werden, stets viele Interpretationen gibt, die die Erfüllungsbedingungen gleich gut erfüllen. Diese Vielheit reduziert sich im Falle natürlicher Sprachen und Zeichensysteme signifikant, sobald die Interpretation$_{1+2}$-Praxis des Gebrauchs und des Verstehens der fraglichen Zeichen aktiviert ist. Diese Ebene muß ins Spiel kommen, wenn es denn überhaupt zu einem Verstehen eines Zeichens kommen können soll. Umgekehrt bedeutet dies, daß man im erfolgreichen, gelingenden Verstehen eines Zeichens mit den Deutungen/Interpretationen$_3$ "zum Schluß", "zum Ende" gekommen sein muß, um das Zeichen oder einen Ausdruck zu verstehen. Zeichendeuten ist noch nicht Zeichenverstehen. In diesem Sinne müssen, wie Wittgenstein betont, die Deutungen und Erklärungen "irgendwo ein Ende" haben.[8] Anderenfalls würde man weder zum tatsächlichen Gebrauch eines Zeichens noch zu seinem wirklichen Verstehen gelangen. Dieser Aspekt ist bereits auch im *gelingenden* ›Verstehen *mit* Deutung/Interpretation$_3$‹ vorausgesetzt. Wenn sich ein Zeichenverstehen einstellt, dann geht es darin nicht um Deutung/Interpretation$_3$.

---

[7] Hilary Putnam, 'Models and Reality', in: Putnam, *Realism and Reason*, (= Philosophical Papers, vol. 3), Cambridge, New York (Cambridge University Press) 1983, 1-25; Hilary Putnam, *Reason, Truth, and History*, Cambridge, London (Cambridge University Press) 1981; deutsche Übersetzung: *Vernunft, Wahrheit und Geschichten*, Frankfurt a.M. (Suhrkamp) 1982, Kap. 2.

[8] Wittgenstein, op. cit., Nr. 1.

(ii) Das Zeichen-*Deuten* (mittels dazwischengeschalteter Interpretationen$_3$) allein bestimmt das Zeichen-*Verstehen* nicht. Erst wenn, so ist zu ergänzen, die Interpretation$_{1+2}$-Praxis aktiviert ist, hängt das Verstehen nicht mehr, mit einer Wendung Wittgensteins gesprochen, "in der Luft".[9] Erst dann wird ein Zeichen direkt, unmittelbar, d.h. ohne weitere Deutung/Interpretation$_3$, und damit auch erst recht eigentlich "verstanden". Wenn ein >Verstehen *mit* Deutung/Interpretation$_3$< gelingt, dann, so die interpretationsphilosophische Überlegung, beruht dieses Gelingen letztlich nicht auf den dazwischengeschalteten Deutungen/Interpretationen$_3$, sondern darauf, daß über diese hinaus irgendwo bereits auch ein >Zeichenverstehen *ohne* Deutung/Interpretation$_3$< vorausgesetzt und in Anspruch genommen ist. Denn zwar kann man das Verstehen eines Zeichens mit Hilfe anderer Zeichen in Deutungen/Interpretationen$_3$ erklären. Doch wie ist das Verstehen dieser Deutungen dann zu verstehen. Hier droht ein infiniter Regreß. Wir wären, ginge es stets nur um Deutungen, gezwungen, "Deutung hinter Deutung"[10] zu setzen, – und dies ohne Ende. Doch das ist im tatsächlichen gelingenden Zeichenverstehen offenkundig nicht der Fall. Denn dort wird nicht eine Deutung der Deutung, der Deutung ... (mit unbegrenzt vielen Deutungen des Zeichens und der zur Deutung herangezogenen Zeichen) gegeben, sondern das Zeichen wird verstanden. Ein >Zeichen deuten< ist daher nicht dasselbe wie ein >Zeichen verstehen<. Die grundlegende Einsicht besteht mithin darin, daß der Rückgriff auf Deutungen/Interpretationen$_3$ nicht unbegrenzt fortgesetzt werden kann. Es muß einen Punkt geben, an dem das Verstehen eines Zeichens *nicht* mehr parasitär von den Deutungen abhängt. Anderenfalls droht unsere Sprache, drohen unsere Symbol- und Sinnsysteme vom Verstanden- sowie vom Gebrauchtwerden abgekoppelt zu werden. Es muß irgendwann einen Punkt direkten, unmittelbaren Zeichenverstehens geben. Und, wie eingangs betont, lautet die entscheidende Frage, wie genau dieser Punkt zu verstehen ist. Interpretationsphilosophisch wird folgendes Bild vorgeschlagen: Es ist die Interpretation$_{1+2+3}$-Praxis, aus der heraus und auf die hin jene verstehenseröffnende und verstehens-bestimmende Kraft kommt, die es den Zeichen ermöglicht, das zu bedeuten, was sie bedeuten, auf das bezugnehmen, worauf sie bezugnehmen, und die Wahrheits- bzw. Erfüllungsbedingungen zu haben, die sie haben. Gelingendes Zeichenverstehen wird so im Kern zu einer Frage des fraglosen Eingespieltseins einer Interpretations-Praxis.

---

[9] Wittgenstein, op. cit., Nr. 198
[10] Wittgenstein, op. cit., Nr. 201

Und "fraglos" heißt hier: Es bedarf keiner zusätzlichen Deutungen und Erklärungen, um zu verstehen, daß ein Zeichen das bedeutet, was es bedeutet, und den Sinn hat, den es hat.[11] Das ist, wie betont, nicht die Ausnahme, sondern der Normalfall gelingenden Zeichenverstehens.

IV. Kohärenz-Anforderungen an Deutungen/Interpretationen$_3$

Das Verstehen *ohne* Deutung, *ohne* Interpretationen$_3$, fällt jedoch nicht aus der Interpretativität als solcher, nicht aus dem *interpretativen* Charakter des menschlichen In-der-Welt-seins als solchen heraus. >Verstehen *ohne* Deutung/Interpretation$_3$< meint die Erfahrung, daß Zeichenäußerungen in einer Situation, zu einer Zeit und in einem Kontext sowie unter dem gegebenen kulturgeschichtlichen Stand einer Lebenswelt/form ohne weitere Fragen verstanden werden. Interpretationsphilosophisch läßt sich dies wie folgt formulieren: In diesen Fällen steht das Interpretation$_3$-Verstehen eines Zeichens (das individuelle Sprecher-Verstehen) mit der habitualisierten und konventionellen Interpretation$_2$-Ebene (dem semantischen Zeichenverstehen) und weiter mit der Struktur der die semantischen Merkmale der Zeichen und das Verstehen regierenden Interpretation$_1$-Praxis in Übereinstimmung, in Gleichtaktigkeit.

Hinsichtlich der Frage der Angemessenheit einer Interpretation und eines Verstehens kann man weder von einem *hinter* dem Zeichengebrauch stehenden und die Deutungen/Interpretationen$_3$ und das Zeichenverstehen festlegenden Signifikat noch davon ausgehen, daß jede Interpretation so gut wie jede andere ist. Dies gilt sowohl für das >Verstehen *mit* Deutung/Interpretation$_3$< als auch für das >Verstehen *ohne* Deutung/Interpretation$_3$<. Das Verstehen *ohne* Interpretation$_3$ wäre gründlich mißverstanden, wollte man es so auffassen, als sei in ihm Interpretation$_3$ deshalb nicht gegeben, weil >Die Sache selbst<, das Hintergrund-Signifikat, unmittelbar verstanden werde.

Auf der Ebene der >Deutung und Erklärung< der sprachlichen und/oder nicht-sprachlichen Zeichen entsteht schnell die Frage nach der Richtigkeit, Korrektheit und Angemessenheit einer Deutung/Interpretation$_3$. In den Fällen, in denen die Zeichen nicht direkt, nicht unmittelbar verstanden werden, können Kohärenz-Anforderungen an die als akzeptabel geltenden Deutungen/Interpretationen$_3$ wichtig werden. Überhaupt

---

[11] Vgl. dazu auch Josef Simon, *Philosophie des Zeichens*, Berlin, New York (Walther de Gruyter) 1989.

keine regulatorischen Begrenzungen im Spiel zu haben, liefe darauf hinaus, daß jede Interpretation so gut wie jede andere wäre. Doch dies bedeutete, daß wir es gar nicht mit bestimmter Bedeutung und Referenz der Zeichen, mithin auch nicht mit bestimmtem Zeichenverstehen, zu tun hätten. In gelingender Verständigung ist aber genau dies offenkundig nicht der Fall. Allerdings können Kohärenzanforderungen und Standards ihrerseits wiederum nur der Interpretations-Praxis entstammen. Eine externe Instanz steht nicht zu Gebote.

Wenn im folgenden also einige Kohärenz-Anforderungen, genauer: einige Kohärenzanforderungs-Folgen für diejenigen Deutungen/Interpretationen₃ formuliert werden, die bei der Fixierung der Bedeutung eines Zeichens mit im Spiele sind, so ist vorab zu betonen, daß solche Standards ihren Ort auf der Ebene der Zeichen-*Deutungen*, nicht auf der des Zeichen-*Vollzugs/Verstehens* haben.[12] Auf der Ebene des Zeichenvollzugs/verstehens als solchen kommen solche Regeln nicht vor. Es ist eines der wichtigen Ergebnisse der Wittgensteinschen Sprachphilosophie, gezeigt zu haben, daß die Vorstellung, die Regeln der Sprache müßten *vor* dem Vollzug der Sprache vorhanden sein und den Vollzug regeln, ein Mißverständnis ist. Der Vollzug der Zeichen ist nicht vorweg geregelt. Freilich heißt dies nicht, daß es darin ungeregelt zuginge; wohl aber, daß wir nicht in der Lage sind, die dortigen *impliziten* Regularitäten nach Art von *expliziten* Regeln zu benennen. Wollte man das versuchen, dann erginge es einem vermutlich wie jenem Tausendfüßler, der auf die Frage, welcher expliziten Regel er denn die so elegante Bewegung seiner vielen Füße verdanke, eine Antwort geben, und das heißt: die elegante Koordination explizit vorführen möchte, – und sich dabei natürlich hoffnungslos verheddert, keinen Fuß vor den anderen bekommt. In den folgenden Formulierungen kann es also nur um Standards und Regeln der expliziten *Deutung* von Zeichen, *nicht* jedoch um Regelungen des Zeichenvollzugs und nicht um ein *Sollen* des Zeichenverstehens gehen.

Angemessen, korrekt und vernünftig sind die Deutungen/Interpretationen₃ der Ausdrücke einer Sprache oder eines nicht-linguistischen Symbol- und Sinnsystems genau dann, wenn sie die dieser Sprache oder dem Symbol- und Sinnsystem bereits zugrunde liegende Struktur der *Interpretations-Praxis* treffen, zu ihr passen, in Gleichtaktigkeit mit ihr

---

[12] Vgl. zum folgenden Günter Abel, 'Interpretationstheorie der Referenz', in: G. Meggle (Hrsg.), *Analyomen* 2 (= Akten des 2. Kongresses der Gesellschaft für Analytische Philosophie), Berlin, New York (Walter de Gruyter) 1996.

stehen, mit ihr übereinstimmen. Ob dies der Fall ist oder nicht, zeigt sich schlicht daran, ob Verständigung in Gang kommt und flüssig aufrechterhalten und fortgesetzt werden kann oder nicht.

Als Anforderungs- und Regelformulierungen kommen mithin nur solche Aspekte in Frage, die sich *intern* aus dem ergeben, was es heißt, (a) über eine Sprache zu verfügen, (b) die dieser Sprache und den Zeichen zugrunde liegende Interpretations-Praxis zu beherrschen und (c) sich in Verhältnissen der Verständigung, des Gegenstandsbezugs und der Welterschließung zu befinden. Diese Standards artikulieren diejenigen Präsuppositionen, die wir bei uns selbst als erfüllt unterstellen, insofern wir uns als kohärente und sinnvoll sprechende, denkende und handelnde Akteure verstehen. In diesem Sinne kann der Status dieser Standards durchaus transzendental genannt werden. Es muß sich daher um *interne* und in diesem Sinne um analytische, um *verständigungs-analytische*, und es kann sich nicht um *externe* Regularität handeln. Einige der wichtigsten internen Kohärenzanforderung-Folgen sind:

(1) Gib derjenigen Interpretation$_3$ den Vorzug, die eine Verständigung, ein Verstehen in Gang zu setzen, aufrechtzuerhalten und fortzusetzen vermag.

(2) Vermeide Interpretationen$_3$, die mit einer signifikanten Anzahl der eigenen Zeichenverwendung und/oder der Zeichenverwendung der anderer Personen unvereinbar sind.

(3) Wähle diejenige Interpretation$_3$, die dazu führt, die meisten der von den Sprechern einer Sprache akzeptierten und für wahr gehaltenen Sätze auch für wahr zu halten, d.h. bevorzuge solche Interpretationen$_3$, die den Sätzen dieser Sprache Wahrheitsbedingungen oder (im Falle nicht geschlossener Sätze) Erfüllungsbedingungen zuordnen.

(4) Ziehe diejenige Interpretation vor, die die bisher akzeptierten Interpretationen$_3$ und Urteile nicht ohne Not preisgibt.

(5) Bevorzuge diejenige Interpretation$_3$, die dem Sprecher Kontinuität in der Verwendungsweise eines Zeichens und dem Zeichen die gleichen semantischen Merkmale wie in früheren und vergleichbaren Situationen, mithin eine Geschichte zuordnet, in der die bisherigen semantischen Merkmale nicht grundlegend verschieden von den früheren Verwendungen sind.

(6) Bevorzuge diejenige Interpretation$_3$, die die bislang als gut gesichert geltenden inferentiellen und deduktiven Beziehungen zwischen Urteilen nicht ohne Not aufgibt.

(7) Wähle diejenige Interpretation$_3$, die den Äußerungen der anderen Person Übereinstimmung mit deinen eigenen Standards der Logik

und der Wahrheit einräumt (das heißt: Bringe das "Principle of Charity" zur Anwendung).[13]

(8) Bevorzuge diejenige Interpretation$_3$, die, um zu greifen, möglichst weniger zusätzlicher Erläuterungen bedarf, mithin in die Nähe des Verstehens *ohne* Deutung führt.

Sollte jemand bei der Auflistung der Kohärenzanforderungs-Folgen meinen, daß dies alles doch schlichte Selbstverständlichkeiten sind, – umso besser. Es geht exakt um diejenigen Selbstverständlichkeiten, die sich intern aus unserem Selbstverständnis als Sprecher, als Zeichenverwender und als Zeicheninterpret ergeben.

V. Verstehensgleichgewicht

Für das Gelingen von Verständigungsverhältnissen ist es erforderlich, daß Sprecher und Interpret bereit sind, ihre eigenen Interpretationshypothesen, mit deren Hilfe Verständigung und Verstehen in Gang gekommen sind, zu erweitern, abzuändern, oder gar zu revidieren.[14] Dieser wechselseitig zwischen Hörer und Sprecher, zwischen dem Interpreten und den Zeichen oszillierende Vorgang eines dynamischen Justierens dient dem Zweck, das zu erreichen, was man *Verstehensgleichgewicht*, Gleichgewicht im Zeichenverstehen, nennen kann. Darunter sei das reziproke Einbalancieren von Verstehens-Horizonten verstanden, – die darin jedoch nicht, wie in der philosophischen Hermeneutik Gadamers[15] angenommen, "verschmelzen". Die Rede vom Verstehensgleichgewicht schließt Differenz und Diskontinuität ein. Zu den Bedingungen der Möglichkeit von Zeichenverstehen gehört gerade nicht, daß die Horizonte verschmelzen. Kardinal ist vielmehr anzuerkennen, daß die Horizonte anderer Personen irreduzibel verschieden von dem je eigenen sein können. Verstehensgleichgewicht ist das, was bleibt, sofern wir, wie betont, weder von einem *hinter* dem Zeichengebrauch stehenden fertigen Sinn noch davon ausgehen können, daß jede Interpretation

---

[13] Vgl. dazu Günter Abel, *Interpretationswelten. Gegenwartsphilosophie jenseits von Essentialismus und Relativismus*, Frankfurt a.M. (Suhrkamp) 1993, Kap. 19.

[14] Vgl. auch Donald Davidson, *Inquiries into Truth and Interpretation*, Oxford (Clarendon Press) 1984; deutsche Übersetzung: *Wahrheit und Interpretation*, Frankfurt a.M. Suhrkamp) 1986.

[15] Vgl. Hans-Georg Gadamer, *Wahrheit und Methode. Grundzüge einer philosophischen Hermeneutik*, Tübingen (J.C. B. Mohr (Paul Siebeck)) 1965², hier: 289f., 356f., 375.

so gut wie jede andere ist. Das Verstehensgleichgewicht kann daher als der Übergangszustand konzipiert werden zwischen dem ›Verstehen *mit* Deutung/Interpretation$_3$‹ und dem ›Verstehen *ohne* Deutung/Interpretation$_3$‹. Es läßt sich mithin ein Dreischritt eines von epistemischen Vermittlern zunehmend freieren Verstehens konzipieren: (a) das Verstehen *mit* Deutung/Interpretation$_3$, (b) das Verstehensgleichgewicht und (c) das Verstehen *ohne* Deutung/ Interpretation$_3$.

Das Verstehensgleichgewicht ist in zumindest zwei Hinsichten im Spiel. Zum einen geht es um ein Gleichgewicht zwischen dem *allgemeinen*, in einer Zeichengemeinschaft sedimentierten Verstehenshorizont und dem *individuellen*, dem im Zeichengebrauch "hier und jetzt" aktualisierten, *einzelnen* Horizont des Zeichenverstehens. Zum anderen geht es um ein Gleichgewicht zwischen dem *eigenen*, individuellen Horizont und dem Horizont der Zeichenäußerung einer *anderen*, fremden Person. Zu beachten ist, daß es sich in einem so konzipierten Verstehensgleichgewicht schon nicht mehr einfach nur um Subsumption unter einen Allgemeinbegriff handelt, sondern eben um ein Gleichgewicht, um das Einbalancieren *allgemeiner* und *besonderer* sowie um das *eigener* und *fremder* Horizonte geht. Der nächste Schritt ist der ins ›Verstehen *ohne* Deutung/Interpretation$_3$‹. Und dessen äußerster Punkt wiederum bestünde im Verstehen der Individualität eines Zeichens und einer Person.

VI. Verstehen *ohne* Deutung/Interpretation$_3$

(a) Interpretations-Modell

Das direkte Verstehen ohne weitere Deutung/Interpretation$_3$ kann im Rekurs auf die Interpretations-Praxis und das Stufen-Modell der Interpretation erläutert werden: als das direkte, und das heißt: keiner weiteren epistemischen Vermittler bedürftige Ineinanderfassen der drei Stufen der Interpretationsverhältnisse. Wenn ein auf der Interpretation$_3$-Ebene auftretendes Zeichen und die mit ihm verbundene Sprecher-Intention sowie die individuelle Sprecher-Bedeutung sich mit den als Gemeingut in einer Sprach- und Zeichengemeinschaft gewohnheitmäßig verankerten Bedeutungen, Referenzen und Erfüllungsbedingungen der Ausdrücke und Zeichen so trifft, daß keine weiteren Überbrückungen und Erläuterungen dazwischengeschaltet werden müssen (sondern das bloße Auftreten des Interpretation$_3$-Zeichens die Interpretation$_2$-Ebene, mithin die semantische Ebene aktiviert), dann kann eine direkt induzierte Gleichtaktigkeit zwischen Interpretation$_3$- und Interpretation$_2$-Ebene eintreten. Beide stimmen dann, ohne weiterer Deutungen/ Interpretationen$_3$ zu bedürfen, gewissermaßen als eine Art gleichschwingender Syntax-, Semantik- Pragmatik- und Sinnkreis überein. Und diese erste Gleichtaktigkeit (von Interpretation$_3$ und Interpretation$_2$) ist nur dann gegeben, wenn Gleichtaktigkeit bereits auch mit der Grundstruktur der Interpretation$_1$-Praxis, mithin mit unserer Lebensform und der Struktur unseres In-der-Welt-seins, vorliegt. Denn es ist die Interpretation1-Praxis, die letztlich dafür verantwortlich ist, daß die semantischen Merkmale der Zeichen (d.h.: Bedeutung, Referenz, Wahrheits- oder Erfüllungsbedingungen) im gelingenden Verwenden und Verstehen eines Zeichens nun einmal so sind, wie sie sind. Direktes gelingendes Zeichenverstehen ohne weitere Deutung/Interpretation$_3$ liegt vor, wenn, so könnten wir sagen, die Interpretations-Ebenen in solcher Gleichtaktigkeit, in Einklang untereinander stehen. Und dies ist, wie eingangs betont, keineswegs der Ausnahmefall. Es ist vielmehr der Normalfall. Er liegt immer dann bereits vor, wenn man überhaupt etwas versteht. Denn in einer Gemeinschaft gegebenen Zeichengebrauchs werden die bei weitem meisten Zeichen üblicherweise ohne weitere Erklärungen verwendet und verstanden.

In diesem Sinne bildet Vertrautheit die Grundlage eines jeden Zeichenverstehens. Aber sie kann ihrerseits bereits als eine Funktion einer gut eingespielten und fraglos funktionierenden Interpretations-Praxis, einer Lebenspraxis, einer Lebensform und eines In-der-Welt-seins angesehen werden.

Wichtig mithin ist, daß in dem grundlegenden Phänomen des >Zeichenverstehens *ohne* Deutung/Interpretation$_3$< zwar das aneignende und deutend-erklärende Moment, mithin die Interpretation$_3$, gewissermaßen ausgehängt ist, daß dies aber keineswegs bedeutet, damit aus der Interpretativität als solcher, aus dem *interpretativen* Charakter einer Lebenspraxis und eines In-der-Welt-seins herausgetreten zu sein. Menschliches Zeichenverstehen ist – wie sollte es anders sein – Zeichenverstehen nach Menschenmaß. Aber es gibt eben Interpretations-Praktiken, die so fest verankert sind und so selbstverständlich funktionieren, daß wir keines Interpretationsschlüssels und keiner explanatorischen oder inferentiellen Schritte mehr bedürfen und auch gar nicht eigens gewahr werden, *daß* es sich überhaupt um *interpretative* Verhältnisse handelt. Da anderenfalls das im Zeichenverstehen selbst grundlegend in Anspruch genommene Spiel der Selbstverständlichkeiten gestört würde, kann man sogar so weit gehen zu sagen, daß es, um der gelingenden Verständigung willen, geradezu erforderlich ist, den *interpretativen* Charakter des Zeichengebrauchs sowie des Zeichenverstehens zu verdecken.

(b) Übereinstimmung

Um einander ohne weitere Deutungen, Auslegungen, Kommentare, Erklärungen, Verdeutlichungen und Illustrationen, kurz: ohne Interpretationen$_3$ zu verstehen, reicht es nicht, eine Sprache bzw. ein Zeichensystem gemeinsam zu teilen,[16] z.B. deutsch zu sprechen. Es reicht auch nicht, keine Meinungsverschiedenheiten zu haben. Zum Verstehen ist mehr erforderlich. Letztlich muß Übereinstimmung in der Ebene der Interpretation$_{1+2}$-Praxis vorliegen. Dies läßt sich durch einen Blick auf diejenigen Aspekte der in die Tiefe gestaffelten Interpretations-Praxis verdeutlichen, die bereits vorausgesetzt und in Anspruch genommen sind, wenn die Möglichkeit einer Übereinstimmung zwischen Personen über etwas gegeben ist. Im Anschluß an Überlegungen Wittgensteins ist zunächst zu betonen, daß hier auf einer untersten Ebene Übereinstimmung im Verhalten im Sinne einer "gemeinsamen menschlichen Handlungsweise"[17] erforderlich ist. Sie liegt vor, wenn etwa, Wittgensteins Beispiel, bei einer Zeigegeste in Richtung Fingerspitze (und nicht z.B. in Richtung Oberarm) geblickt wird. Auf einer nächsten Ebene ist dann die Übereinstimmung von Handlungen mit ihren Regeln erforderlich. Darin ist bereits die Möglichkeit vorausgesetzt, eine Handlung vorsprachlich (z.B. durch eine Körpergeste) korrigieren zu können. Hierher gehört auch die (meist implizit bleibende) und für das Zeichenverstehen zwischen Personen so überaus wichtige Übereinstimmung in elementaren Erfahrungsurteilen. Wenn, so die These, ein direktes, ein unmittelbares Zeichenverstehen vorliegt, das keiner weiteren Deutungen/ Interpretationen$_3$ bedarf, dann können genau diese Voraussetzungen als erfüllt unterstellt werden bzw. dann sind die genannten Formen der Übereinstimmung gegeben und untereinander wechselseitig einstimmend.

(c) Metapher

Ein weiteres Beispiel für ein >Verstehen *ohne* Deutung/Interpretation$_3$< ist die gelingende Metapher. Bezogen auf den hier erörterten Zusammenhang manifestieren sich in ihr vor allem zwei Komponenten. Erstens artikuliert sich in einer Metapher ein individueller Sprach- und Zeichengebrauch von seiten desjenigen, der das Zeichen metaphorisch verwendet. Zweitens bringt eine gelungene Metapher etwas von der gemeinsamen, im ganzen aber nicht transparenten, nicht überschaubaren

---

[16] Vgl. Wittgenstein, op. cit., Nr. 242.
[17] Wittgenstein, op. cit., Nr. 206.

und nicht in der Vorstellung vor uns hinstellbaren Interpretation$_{1+2}$-Praxis, der Lebensform, der Lebenswelt ans Licht, das man mit Hilfe buchstäblich denotierender und deskriptiver Aussagen nicht erfassen kann. Vornehmlich dadurch ist eine gelungene Metapher, die erhellend sitzt, d.h. direkt, mithin ohne weitere Vermittler, verstanden wird, in bezug auf die Zeichen verständigungs- und verstehens-fördernd. Sie affiziert, induziert, aktiviert die Struktur der tiefsitzenden Interpretation$_1$-Praxis, die als jenes im ganzen nicht distanzierbare Bedingungsgeflecht angesehen werden kann, aus dem heraus und auf das hin wir die Zeichen nun einmal so verstehen, wie wir sie verstehen.

(d) Individualität

Mit der Rede vom "Verstehen" eines Zeichens, eines Satzes oder einer Handlung, können zwei unterschiedliche Lesarten verbunden sein. Es kann sich (i) um Verstehen im Sinne der Subsumption auftretender Zeichen unter einen allgemeinen Begriff handeln. Dann ist, so Wittgenstein,[18] das Verstehen z.B. eines Satzes in dem Sinne gemeint, daß er "durch einen anderen ersetzt werden kann, der das Gleiche sagt". Wir sprechen aber (b) auch – und damit kommt die Frage des Verstehens des *Individuellen* aufschlußreich ins Spiel – in dem Sinne vom Verstehen eines Satzes, daß der betreffende Satz "durch keinen andern ersetzt werden kann. (So wenig wie ein musikalisches Thema durch ein anderes.)" Im ersteren Fall ist der "Gedanke des Satzes" dasjenige, "was verschiedenen Sätzen gemeinsam ist". Im zweiten Falle dagegen handelt es sich um "etwas, was nur diese Worte, in diesen Stellungen, ausdrücken. (Verstehen eines Gedichts.)" In puncto Zeichenverstehen ist mithin wichtig, ob es um Subsumption auftretender Zeichen unter Allgemeinheit, Gleichheit, Gemeinsamkeit, Ersetzbarkeit geht, oder ob es sich um Besonderheit, Nicht-Vergleichbarkeit, Nicht-Rückführbarkeit auf ein Gemeinsames sowie um Nicht-Ersetzbarkeit, kurz: ob es sich um Individualität[19] handelt.

Im Falle zum Beispiel eines musikalischen Themas erweisen sich Ersetzungsversuche offenkundig als unmöglich. Das Verstehen eines musikalischen Themas oder einer Gedichtzeile besteht unter anderem eben darin, das Thema so zu verstehen, daß es nicht durch ein anderes

---

[18] Wittgenstein, op. cit., Nr. 531.
[19] Vgl. Josef Simon, 'Verstehen ohne Interpretation? Zeichen und Verstehen bei Hegel und Nietzsche', in: Simon, *Distanz im Verstehen. Zeichen und Interpretation II*, Frankfurt a.M. (Suhrkamp) 1995, 72-104, hier: 73ff.

ersetzt oder mit einem anderen subsumierend verglichen werden kann. Eben darin versteht man es individuell, direkt in dem, was einen affiziert und bewegt. Der wichtige Aspekt ist, daß in einem musikalischen Thema (und entsprechend auch in einem Gedicht oder in einem Gemälde) zwar Elemente, z.B. ein kleines Sekundintervall oder eine bestimmte Lokalfarbe, auftreten können, die als syntaktische Vorkommnisse auch aus anderen Zusammenhängen bekannt sind, daß jedoch niemand auf den Gedanken kommen würde, vom Verstehen eines musikalischen Themas in dem Sinne zu sprechen, daß das Thema genau dann verstanden sei, wenn man es durch ein anderes ersetzen könne. Entsprechend würde wohl niemand die These vertreten, das Verstehen eines Gedichtes bestehe darin, einzelne (und am besten alle) seiner Zeilen und Wörter durch andere ersetzen zu können. Das klingt trivial, macht aber schlagartig den entscheidenden Punkt deutlich: daß es hier um die *individuellen* (nicht-ersetzbaren und nicht unter einen allgemeinen Begriff subsumierbaren) Zeichen in ihren nicht-reduktiven und nicht-subsumierbaren, kontext- und situations-gebundenen Funktionen geht. Hier kommt der Unterschied entscheidend ins Spiel zwischen >logischem (allgemeinem) Verstehen< und >ästhetischem (individuellem) Verstehen<. (Dieser Unterschied ist auch im Hinblick auf das Verhältnis von Wissenschaft und Kunst bedeutsam.)

Auch in solchem individuellen Verstehen *ohne* weitere aneignende Deutung/Interpretation$_3$ sind Interpretation$_1$-Verhältnisse freilich je schon vorausgesetzt und in Anspruch genommen. Das läßt sich vornehmlich auch am Beispiel des musikalischen Verstehens verdeutlichen. Im unmittelbaren Verstehen von Musik versteht man nicht nur die Individualität eines musikalischen Themas, sondern zum Beispiel auch die Expressivität eines musikalischen Klangs (die eine Person in ihrem Gesamtzustand affizieren und bewegen kann). Diese Expressivität kann auf der Ebene der darin wirksamen Symbolsysteme als eine bestimmte Zeichen- und Interpretationsfunktion gefaßt und symboltheoretisch mit Hilfe der von Nelson Goodman entwickelten Lehre der Exemplifikation reformuliert werden.[20] In terminologischer Abbreviatur kann man dann sagen: erklingende musikalische Zeichen instantiieren unbegrenzt viele Eigenschaften; aber nur einige dieser Eigenschaften fungieren als Eigenschaften des Ausdrucks, der Expressivität; und genau diese Grenzziehung

---

[20] Vgl. Nelson Goodman, *Languages of Art. An Approach to a Theory of Symbols*, Indianapolis, Cambridge (Hackett Publishing Company) 1991⁴; deutsche Übersetzung: *Sprachen der Kunst. Entwurf einer Symboltheorie*, Frankfurt a.M. (Suhrkamp) 1995, Kap. 2.

erfolgt aus einer Interpretation$_{1+2}$/Lebens/Kultur-Praxis heraus und auf diese hin. Indem man also einen musikalischen Klang unmittelbar, ohne weitere Deutung/Interpretation$_3$, als einen expressiven, z.B. als einen heiteren oder als einen traurigen Klang erfährt, manifestiert sich in eben diesem unmittelbaren Verstehen eine Interpretation$_{1+2}$-Praxis, ohne die es gar nicht zu solcher direkt erfahrenen bzw. unmittelbar verstandenen Expressivität gekommen wäre. Direktes, unmittelbares Zeichenverstehen setzt einen Interpretation$_{1+2}$-Horizont und eine fraglos eingespielte Interpretation$_{1+2}$-Praxis, setzt mithin Vertrautheit je schon voraus.

Der bislang auf die Zeichenfunktionen innerhalb von Symbolsystemen bezogene Individualitäts-Gesichtspunkt kann auch hinsichtlich des Verstehens anderer Personen (sowie seiner selbst) angewandt werden. Dann geht es um das Verstehen der anderen Person als Individuum. Das ist, wie vor allem Nietzsche gesehen und betont hat, "schwer".[21] Es sei, liest man bei Nietzsche, "schwer, verstanden zu werden". Im Anschluß an das, was soeben in bezug auf das Verstehen eines musikalischen Themas, eines Gedichts oder eines Gemäldes zu hören war, kann man dieser merkwürdig anmutenden Formulierung durchaus präzisen Sinn abgewinnen. Der Verstehensbegriff der metaphysischen Tradition[22] sieht das Verstehen als einen Vorgang der (logischen) Subsumption unter Allgemeines und im Sinne der Ersetzbarkeit durch anderes, was das Gleiche sagt bzw. ausdrückt. Von diesem Verstehensbegriff her ist es nicht möglich, Individualität zu verstehen. In der Subsumption unter Allgemeines, im Vergleich und in der Ersetzbarkeit droht gerade das unverwechselbar Individuelle der einzelnen Person und ihrer Zeichenäußerungen auf der Strecke zu bleiben. Ein Verstehen der Individualität wäre erst in einem Verstehen erreicht, das, so ist mit Josef Simon[23] und im Anschluß an Hegel und Nietzsche zu betonen, nicht mehr darauf verpflichtet ist, die anderen Zeichen und die andere Person subsumierend, aneignend und bemächtigend unter die eigene Deutung zu zwingen, sondern die Zeichen *als* Zeichen und das Individuum *als* Individuum frei lassen kann.

---

[21] Friedrich Nietzsche, *Sämtliche Werke. Kritische Studienausgabe*, vol. 12, G. Colli / M. Montinari (Hrsg.), Berlin, New York (Walter de Gruyter) 1980, hier 50, Fragment 1 [182].
[22] Simon, *Verstehen ohne Interpretation?* S. 74.
[23] Simon, *Verstehen ohne Interpretation?* S. 77, S. 86.

JEAN GRONDIN, Montréal

DIE HERMENEUTISCHE INTUITION UND INTENTION ZWISCHEN HUSSERL UND HEIDEGGER

Es ist mir eine unermeßliche Ehre und Freude, vor Ihnen und an diesem Ort sprechen zu können. Ich möchte der großen Ehre und der knappen Zeit dadurch gerecht werden, daß ich mir lediglich zum Ziel setze, die Erinnerung an einen der größten Lehrer der Universität Halle – vielleicht auch den größten unseres Jahrhunderts – wachzuhalten: Edmund Husserl. Ich darf auch rein äußerlich daran erinnern, daß Husserls Hauptwerke, etwa die *Logischen Untersuchungen* und die *Ideen*, zu seinen Lebzeiten in Halle erschienen sind. Ich habe noch die schöne Zusammenstellung in diesen dicken Bänden in Erinnerung: Halle/Strich/Saale. Als provinzieller Nordamerikaner hatte ich mir wohl eingebildet, "Saale" sei irgendeine romantische Kleinstadt, an der das Buch auch ediert worden war, etwa nach dem Modell London/Oxford. Es schien mir jedenfalls nicht nötig, die Stadt nebst ihrem Fluß zu nennen, denn für die gelehrte Welt gibt es seit 300 Jahren nur ein Halle, das keiner geographischen Präzisierung bedarf. Da sich unsere Tagung, die diese drei Jahrhunderte kommemoriert, zu Recht in einer epochalen Zeit der Versöhnung die Hermeneutik zum Thema gewählt hat, möchte ich versuchen, Husserls Beitrag zur hermeneutischen Fragestellung zu skizzieren.

Dabei kommt mir die knappe Zeit doch zugute, denn von der Hermeneutik soll Husserl nicht so viel gehalten haben. Gemeint ist hier die philosophische Richtung, die er selber mit Dilthey und seinem in seinen Augen undankbaren Schüler Heidegger identifizierte und ständig bekämpfte. Husserl hatte sich seit langem vom Historismus der hermeneutischen Dilthey-Schule distanziert, wie wir aus seiner direkten Auseinandersetzung mit Dilthey in dem *Logosaufsatz* von 1911 erfahren können. Denselben "Historismus" erkannte er auch später bei Heidegger, der damit gezeigt hatte, wie wenig er den Sinn der phänomenologischen *Epoché* der geschichtlichen Welt begriffen hatte.[1] Für die Probleme der

---

[1] Das Ausmaß der bitteren Enttäuschung Heidegger gegenüber ist jetzt in der verdienstvollen Ausgabe der Briefe Husserls, die wir Karl Schuhmann verdanken, nachzuvollziehen.

Interpretation hatte anscheinend Husserl wenig Verständnis. Einfach ausgedrückt: Was ihn interessierte, waren nicht die Interpretationen der Phänomene, sondern die Phänomene selbst, die berühmten "Sachen selbst". In einer bahnbrechenden Studie[2] hat Paul Ricœur indessen darauf aufmerksam gemacht, daß Husserl doch öfter hermeneutische Begriffe wie *Deutung* oder *Auslegung* verwendete und damit bewiesen, daß dessen hermeneutische Allergie vielleicht nicht vollkommen war. Aber, wenn man nach Husserl die Phänomene interpretieren und die verschiedenen *Abschattungen* der Dinge berücksichtigen soll, so geschieht dies, um sicherzustellen, daß man zum Wesentlichen dieser Phänomene vorgestoßen ist. Die Wesensschau hat nichts Geheimnisvolles für Husserl. Im Laufe der verschiedenen Deutungen stellt sich doch immer heraus, was das Wesentliche an den Dingen ist, d.h. dasjenige, was sich durch alle Interpretationen hindurch als dasselbe, als dieselbe Intention erhält. "Zurück zu den Sachen selbst" bedeutet, daß man sich am Ende von der Herrschaft der Interpretationen befreien soll, um zum Wesentlichen zurückzukehren, zu den Dingen, wie sie sich über alle Interpretationen hinaus behaupten.

Es fragt sich aber, worin diese "Sachen selbst" bestehen. Und an dieser Stelle wird Husserl hermeneutisch interessant. Denn der Begründer der Phänomenologie ist weit weniger ein Freund der reinen "Sachen selbst", als allgemein geglaubt wird oder als er vielleicht selber glauben machen wollte. Denn die Sachen selbst der Positivisten, die reine Gegebenheit der Dinge für die *tabula rasa* des psychischen Lebens, hat er aufs entschiedenste abgelehnt. Diese Art "Sachen selbst" gibt es für Husserl eben nicht, weil die Sachen immer in einer für sie konstitutiven Intentionsrichtung stehen. Die Intentionalität bildet ja für Husserl die Seinsweise des Bewußtseins. Anders als vermittels einer Intention kann nichts bewußt werden. Diese intentionale Auffassung des Bewußtseins, die auch eine intentionale Auffassung aller "Sachen selbst" nach sich zieht, scheint mir im Keim radikal hermeneutisch zu sein. In dieser Einsicht Husserls liegt eine der bedeutendsten Voraussetzungen, die zur Entwicklung des hermeneutischen Denkens in unserem Jahrhundert geführt haben.

Ob sich Husserl dieser hermeneutischen Konsequenzen, aber auch Wurzeln seines Ansatzes bewußt war, ist eine andere Frage. Seinen zentralen Begriff der Intentionalität will er der Psychologie Brentanos entnommen haben. Es muß jedoch auffallen, daß dieser Begriff eher in der

---

[2] Paul Ricœur, 'Phénoménologie et herméneutique', in: *Du texte à l'action. Essais d'herméneutique II*, Paris 1986, 39-73.

Hermeneutik, in der Auslegungslehre zu Hause ist. Unter "Intention" – im Französischen, im Englischen wie im Deutschen – versteht die Umgangssprache ja nicht, daß jedes Bewußtsein ein "Bewußtsein von etwas" sei, wie die klassische Intentionalitätslehre bei Brentano und Husserl lauten will. Intention ist vielmehr dasjenige, worauf das "Bewußtsein" hinaus will, wenn es dies oder jenes sagt, so oder so handelt. Die Intention meint ja den Sinn des Gesagten oder Gehandelten, nicht etwa, daß das Gesagte oder Gehandelte "von etwas" sei. Dieser Begriff der Intention stammt offensichtlich aus dem Interpretationsvollzug. Die Intention meint da das Ziel des Verstehens. Auf das für die Hermeneutik wichtige, wohl aber nicht ausschlaggebende Textmodell angewendet ist die Intention das, was man hinter dem Buchstaben zu erreichen strebt. Intendiert wird immer, wie man es auch ausdrücken kann, das "innere Wort" hinter dem Geäußerten oder Gehandelten. Nach dem "inneren" Sinn des Geäußerten oder Gehandelten zu fragen, heißt, nach dessen Intention zu fragen. Der Begriff der Intention als Grundtatsache unseres deutenden Lebens schlägt also seine Wurzeln in der Hermeneutik und wird eher vereinfacht als beleuchtet durch die Wendung, daß jedes Bewußtsein ein Bewußtsein "von etwas" sei. Die Husserlsche Frage nach der Sinnkonstitution ist bereits hermeneutisch, sofern sie auf die Intentionalität hinter jeder Position, ja hinter jeder angeblichen "Sache selbst" geht. Die Intention meint, daß die Sache in einem verstehenden Vollzug oder Vorgriff steht. Die intentio ähnelt gewissermaßen einem Entwerfen.

So drängt sich die Frage auf, wie sich auf die "Sachen selbst" zurückgehen läßt, wenn sie immer nur intentional anvisiert werden können? Anders gefragt: Welches Prinzip ist fundamentaler für die Phänomenologie, das der "Sachen selbst" oder das der Intentionalität? Husserls große Entdeckung für die Entfaltung der Hermeneutik liegt gerade darin, daß dies eine schiefe Alternative darstellt. Die "Sache selbst" ist für ihn (und erst recht für seine hermeneutischer gesonnenen Schüler) nichts anderes als die Intentionalität. "Zurück zu den Sachen selbst" besagt: Zurück zur Intentionalität als Erschließungsquelle jeder Sachhaltigkeit überhaupt.

Es ist nur seltsam, daß Husserl es versäumt hat, diese Einsicht hermeneutisch zu nennen. Das mag an seiner Opposition zu Dilthey oder an der relativen Unbekanntheit des Titels "Hermeneutik" zu Beginn des Jahrhunderts liegen. Der erste, der wirkungsvoll[3] den Zusammenhang

---

[3] Wirkungsvoll, denn von der Sache her fanden sich bereits ähnliche Einsichten bei Gustav Spet, *Die Hermeneutik und ihre Probleme* (Moskou 1918), Freiburg / München

zwischen der Phänomenologie und der Hermeneutik auf den Begriff brachte, war Heidegger. Es ließe sich natürlich unschwer zeigen, daß Heidegger diese hermeneutische Wende in die Phänomenologie allererst gebracht hat und zum Teil gegen die Phänomenologie seines Lehrers ausspielte. Aber für unseren Zusammenhang ist es aufschlußreicher, daß der früheste Heidegger sie bereits bei Husserl ertappte. Theodore Kisiels vor kurzem publizierte und sorgfältige Analyse der Genese von *Sein und Zeit* hat nämlich nachgewiesen, daß das erste Aufkommen des Terminus "hermeneutisch" in den frühen Vorlesungen Heideggers im Zusammenhang einer Diskussion des phänomenologischen Intuitionsbegriffs erfolgt.[4] Von einer "hermeneutischen Intuition" ist die Rede auf der letzten Seite oder in der letzten Stunde des Kriegsnotsemesters von 1919.[5] Es ist ja bekannt, wie sehr der Lehrer Heidegger seine leitenden Impulse in der dichten, letzten Stunde seiner Vorlesungen zusammenraffte. Die Stelle von 1919 ist in der Tat von einer auch für den jungen Heidegger außerordentlichen Dichte und sei hier nur ihrer keimzellenhaften Bedeutung wegen angeführt: "Das bemächtigende, sich selbst mitnehmende Erleben des Erlebens ist die verstehende, die *hermeneutische Intuition* [die einzigen Worte übrigens, die Heidegger im Satz hervorhebt], originäre phänomenologische Rück- und Vorgriffs-bildung, aus der jede theoretisch-objektivierende, ja transzendente Setzung herausfällt."

Husserl wird hier nicht unmittelbar genannt. Die Diskussion um den Sinn der Intuition sowie die Erklärung der hermeneutischen Intuition durch den Rekurs auf die "originäre phänomenologische Rück- und Vorgriffs-bildung" bezeugen doch auf unmißverständliche Weise, daß an dieser Stelle Heidegger von Husserl ausgeht. Das Grundfaktum bleibt bei Heidegger das intentionale Sehen, das aber immer stärker als das heraustritt, was es bei Husserl stillschweigend war, d.h. als ein "bedeutungsträchtiges" Intuitionieren, das unter einer Intention, einer Leitung, d.h. einem Vor- und Rückgriff steht. Die primäre Sache selbst sei sozusagen die "hermeneutische Intuition". Hier bekundet sich auch die hermeneutische Radikalität Heideggers gegenüber Husserl: die Intuition, um die es sich handelt, ist aber so sehr "hermeneutisch", daß sie kaum noch "Intuition" genannt werden kann, wie es Husserl vorschwebte.

1993. Für eine Würdigung und hermeneutische Einordnung seiner Arbeit, vgl. Frithjof Rodi, 'Hermeneutische Logik im Umfeld der Phänomenologie: Georg Misch, Hans Lipps, Gustav Spet', in: Christoph Jamme und Otto Pöggeler (Hrsg.), *Phänomenologie im Widerstreit*, Frankfurt a. M. 1989, 352-372, bes. 364 ff.

[4] Cf. Theodore Kisiel, *The Genesis of Heidegger's Being and Time*, Berkeley 1993, 498.
[5] "GA" 56/67, 117.

Denn das Wort Intuition läßt immer noch die Möglichkeit einer reinen Gegebenheit anklingen, die aber gerade Husserls Begriff der Intentionalität verbietet. Heidegger zieht daraus Konsequenzen: Die hermeneutische Intuition ist weniger eine Intuition als ein *Verstehen*. Das "Verstehen als...", das in *Sein und Zeit* zu einem grundlegenden Existenzial avanciert, fließt ursprünglich aus Husserls Lehre von der intentionalen Intuition ("intuitionieren oder intendieren als...") heraus.

Der Zusammenhang der ersten Husserlrezeption von 1919 ist auch unter einem weiteren Blickwinkel besonders lehrreich. An der gedrängten Stelle, die wir anführten, erläuterte Heidegger die "hermeneutische Intuition" durch den Zusatz: "originäre phänomenologische Rück- und Vorgriffs-bildung".[6] Rückgriff, verdeutlichte kurz vorher Heidegger, sei ein anderes Wort für "Motivation" und Vorgriff ein anderes für "Tendenz".[7] Es fällt auf, daß Heidegger hier die phänomenologische Intuition durch Momente charakterisiert, die man "volitiv", oder besser, "hermeneutisch" nennen könnte. Die der Intuition innewohnende Intention faßt Heidegger als eine motivational ausgerichtete Tendenz unseres faktischen Lebens. In jedem Intendieren ist ein Können des Verstehenden im Spiel, ein "sich auf etwas verstehen". Die phänomenologische Intuition ist eine hermeneutische geworden.

Die hermeneutische Wende, vor die Heidegger die Phänomenologie stellt, war also *ursprünglich* nicht als eine Kritik Husserls, sondern als eine Aneignung seiner Einsichten gemeint. Darin ist Jean-François Courtine und Jean Greisch mit aller Entschiedenheit zuzustimmen.[8] Es war aber Heideggers Verdienst, und nicht etwa sein Mißverständnis, den phänomenologischen Begriff der Intention auf den Boden der

[6] Ebd.
[7] Ebd., 116. Auf diese "ethische" Umbiegung der Phänomenologie Husserls weist mit Recht Manfred Riedel, 'Die Urstiftung der hermeneutischen Phänomenologie. Heideggers Auseinandersetzung mit Husserl', in seinem Buch *Hören auf die Sprache. Die akroamatische Dimension der Hermeneutik*, Frankfurt a.M. 1990, 77ff. hin. Zu dieser ethischen Radikalisierung, in der wir auch den maßgeblichen Beitrag Heideggers oder der Hermeneutik zur Sache der Phänomenologie sehen, vgl. unsere Arbeiten: 'Das junghegelianische und ethische Motiv in Heideggers Hermeneutik der Faktizität', in: *Der Sinn für Hermeneutik*, Darmstadt 1994, 89-102, sowie Husserl's 'Silent Contribution to Hermeneutics', in: *Sources of Hermeneutics*, Albany, 1995, 35-46.
[8] Jean-François Courtine, Phénoménologie et/ou ontologies herméneutiques, in: *Comprendre et interpréter. Le paradigme herméneutique de la raison*, Paris 1993, 151-175; Jean Greisch, *Ontologie et temporalité. Esquisse d'une interprétation intégrale de Sein und Zeit*, Paris, PUF, 1994, 26. Daß aber Heideggers Hermeneutik darüber hinaus eine ethische Radikalisierung nach sich zieht, versuchen wir in *L'herméneutique dans Sein und Zeit* (im Erscheinen) zu zeigen.

hermeneutischen Fragestellung zurückzustellen. Heidegger war vielleicht sogar "phänomenologischer" als sein Lehrer, als er diesen hermeneutischen oder bedeutungshaften Momenten im Begriff der Intention nachging, die Husserl zugunsten einer rein transzendentalen Analyse des Bewußtseins zum Teil ausgeblendet hatte.

Husserls stillschweigender Beitrag zur Hermeneutik liegt in seiner Auffassung der Intuition, die er faktisch als eine hermeneutische verstand oder die Heidegger verstand, als er sie "hermeneutische Intuition" nannte. In seinen *Ideen* von 1913 hatte Husserl zwar das Prinzip aller Prinzipien (§ 24) in der alles legitimierenden Funktion der Intuition festgemacht.[9] Aber der Denker, der zu Beginn unseres hermeneutischen Jahrhunderts die Intuition als Erkenntnisquelle eigenen Rechtes rehabilitierte, war auch und vor allem der Denker der Intention als der Grundverfassung des psychischen Lebens. Es mag sein, daß Husserl diesen Begriff in Brentanos erkenntnistheoretisch gerichteter Psychologie gefunden hat. Der Begriff der Intention ist aber eigentlich in der Hermeneutik oder in der Handlungstheorie zu Hause. Die Intention ist ja nichts anderes als der motivierende Hintergrund, das Woraufhin eines jeden Textes, aber auch einer jeden Handlung, sofern sie halbwegs bewußt vollzogen wird. In dem Begriff der Intention kreuzen sich damit Motive des Text- und des Handlungsverstehens, denen Paul Ricœur in seinen Überlegungen über den Weg "Du texte à l'action" nachgegangen ist. Sofern er eine intentionale Struktur aufweist, läßt sich ein Text wie eine Handlung verstehen. Aber es gibt auch den umgekehrten Weg "De l'action au texte". Denn eine Handlung läßt sich wiederum nur verstehen, sofern sie sich als Text lesen läßt – eine Einsicht, die an Blumenbergs Thesen über die Lesbarkeit der Welt gemahnt.[10]

Es könnte sehr wohl möglich sein, daß die Aufwertung des Textmodells in der Hermeneutik unseres Jahrhunderts ebenso wie die Rehabilitierung

---

[9] Hua III, 51: "Doch genug der verkehrten Theorien. Am Prinzip aller Prinzipien: daß jede originär gebende Anschauung eine Rechtsquelle der Erkenntnis sei, daß alles, was sich uns in der 'Intuition' originär, (sozusagen in seiner lebhaftigen Wirklichkeit) darbietet, einfach hinzunehmen sei, als was es sich gibt, aber auch nur in den Schranken, in denen es sich da gibt, kann uns keine erdenkliche Theorie irre machen." Es ist doch bemerkenswert, daß Husserl selber hier "Intuition" in Anführungszeichen stellt. Auffallen muß aber auch, daß dieses Prinzip erst relativ spät, nämlich nicht vor dem § 24 seine Formulierung findet. Es setzt eben eine gewisse Einübung in die intentionale Ausrichtung der phänomenologischen Intuition voraus. Das Prinzip ist auch ganz abwehrend gerichtet, was der Aufrufcharakter des Prinzips unterstreicht ("doch genug... kann uns keine Theorie irre machen" – es ist nur seltsam, daß Husserl am Ende das Aufrufungszeichen vergessen hat!).

[10] Hans Blumenberg, *Die Lesbarkeit der Welt*, Frankfurt a.M. 1981.

der Handlungstheorie ihre verborgene Quelle, ihren Möglichkeitsgrund in Husserls stillschweigend hermeneutischen Begriff der Intuition oder der Intention haben. Daß hier geradezu die Sprache selbst das Ineinanderfließen von Intuition und Intention nahelegt, liegt in der Sache begründet. Denn ihre Zusammengehörigkeit stiftet auch die essentielle Solidarität zwischen dem jungen Heidegger und Husserl.

HANS INEICHEN, Erlangen

METAKRITIK VON RICHARD RORTY'S KRITIK DER HERMENEUTISCHEN PHILOSOPHIE

Konnte man vor wenigen Jahren noch von einem Gegensatz zwischen hermeneutischer und sprachanalytischer Philosophie sprechen,[1] so ist dieser im Werk von R. Rorty nicht mehr sichtbar; im Gegenteil, Hermeneutik rückt in die Stelle ein, welche früher fundamentalphilosophische Entwürfe, zumal erkenntnistheoretischer Art, eingenommen haben, ohne aber ihre fundierende Aufgabe zu übernehmen; Hermeneutik soll vielmehr das Gespräch zwischen den verschiedenen Denktraditionen und Kulturen in Gang halten und über das Vertraute hinaus das Fremde erschließen und erkennbar machen. Gadamer – als Vertreter der Hermeneutik – und Rorty – als Sprachanalytiker – sprechen beide von einem Gespräch, welches die Philosophie fortsetzen soll. Die Annäherung zwischen so verschiedenen Denkweisen kann, so ist zu erwarten, nicht bruchlos vor sich gehen. Vielmehr darf schon Rortys beinahe negativ-gehaltlose[2] Charakterisierung der Hermeneutik – er sagt, sie sei unsystematisch, nicht-normaler Diskurs im Sinne von Kuhns Wissenschaftstheorie, verwende historische Fakten auf ungewohnte-unvorhersehbare Weise, ermögliche Bildung und lege das Gespräch über beliebige Themen nahe, die zu unserer Erbauung und geistigen Reife führen sollen –, diese negative Charakterisierung ist ein Anzeichen für Spannungen und Ungereimtheiten und dies umso mehr, als er sich dabei auf Gadamers Rede von einem umfassenden Gespräch beruft.

---

[1] W. Stegmüller hat den Gegensatz zwischen analytischer und hermeneutischer Philosophie sogar als "Zustand der totalen Kommunikationslosigkeit" bezeichnet und ihn am Beispiel von Existenzphilosophie (Jaspers und Heidegger) und analytischer Philosophie illustriert. Vgl. Stegmüller, W., *Hauptströmungen der Gegenwartsphilosophie*, Stuttgart 1965³, XLII ff.; man vergleiche auch: Habermas, J., 'Analytische Wissenschaftstheorie und Dialektik', in: *Der Positivismusstreit in der deutschen Soziologie*, Berlin / Neuwied 1969, 155-191; Habermas bezieht sich auf denselben Gegensatz, versucht aber die Sprachlosigkeit zu durchbrechen. Wir zitieren mit Kurztitel; vollständige bibliographische Angaben finden sich in der Bibliographie.

[2] Vgl. Rorty, R., "Spiegel", Kap. VII und VIII; vgl. Holówka, 'Philosophy and the Mirage of Hermeneutics', in: A. Malachowski (ed.), *Reading Rorty* 1990, 187ff.

In den folgenden Ausführungen werden wir uns zum einen auf das Sprachverständnis von Rorty, auf seine Sprachkonzeption konzentrieren und zum anderen fragen, ob man den Einwand des Ethnozentrismus[3] aufrechterhalten muß, und insbesondere untersuchen, ob daraus folgt, daß ein Erfassen und Verstehen von fremden Kulturen und Lebenswelten nicht möglich ist, weil wir unwiderruflich in unserer Sprach- und Handlungswelt gefangen sind. Beide Fragen hängen, wie uns Gadamer belehrt hat, zusammen: ist Sprachlichkeit – die Eigenschaft, auf Sprache bezogen zu sein – in gleichem Maße für Autor und Interpret, aber auch für Überlieferung und Auslegung kennzeichnend, so scheint Verständigung über verschiedene Kulturen, im Prinzip zumindest möglich. Entfällt nun, wie bei Rorty, die ontologische Sprachkonzeption, dann scheint der Ethnozentrismus unausweichlich zu sein. Ich möchte nachweisen, daß auch ohne ontologische Konstruktionen der Ethnozentrismus auf die Position reduziert werden kann, daß wir jeweils von unserem Wissen und unseren Meinungen – also von unseren Vorurteilen aus – fremde Texte, fremde Kulturen erschließen müssen. Der Ethnozentrismus soll in den folgenden Überlegungen nicht von oben (wie Ricœur sagte) von einer Ontologie her, sondern von unten, im Durchgang durch die Sprachphilosophie, von unserem Sprachverständnis her entschärft werden.

Nach unserem Verständnis ist die Hermeneutik eine Lehre vom Verstehen und Auslegen von sprachlichen und nichtsprachlichen Sinngebilden. Verstehen und Auslegen beziehen sich nicht nur auf Sprache, sondern auch auf Handlungen und überhaupt auf menschliche Schöpfungen, vor allem der schönen Künste. Eine Hermeneutik wird nun, je nach dem Paradigma des Verstehens und Auslegens, verschieden akzentuiert sein; sie kann sich mit den Altphilologen auf antike Texte richten, mit den Theologen auf heilige Schriften oder mit den Kunstkritikern auf die Interpretation verschiedener Kunstwerke beziehen; sie kann sich aber auch, wie Foucault, auf latent wirksame Machtstrukturen konzentrieren oder sich im Sinne der Ethnologie mit dem Erschließen fremdartiger Kulturen, die zunächst jenseits unseres Lebenskreises liegen, beschäftigen. Rorty selbst orientiert sich nicht nur am Problem der Überlieferung und ihrer therapeutischen Aneignung, sondern auch an der Ethnologie; sie liefert den Hintergrund für den Vorwurf des Ethnozentrismus.

[3] Unter "Ethnozentrismus" versteht man eine Position, nach welcher unser Verständnis fremder Kulturen nicht nur von unseren Vorurteilen ausgeht, sondern die Auffassungsweisen anderer Kulturen unablösbar an die eigenen Sprachmuster, Begriffe und Werte gebunden sind und bleiben.

1. Rortys Sprachauffassung

Für unsere Überlegungen bildet die Sprachauffassung Rortys einen geeigneten Ausgangspunkt; denn wenn Hermeneutik die Lehre vom Verstehen und Auslegen von Sinngebilden, vor allem Sprachgebilden ist, dann ist es sinnvoll, von der Sprachkonzeption auszugehen; der Sinnbegriff nämlich läßt sich an sprachlichen Ausdrücken, von der Sprachkonzeption her erläutern.

Darüber hinaus stellt für Rorty die Kritik bestimmter Sprachauffassungen ein besonderes Anliegen dar, soll doch Sprache im Sinne der Tradition von James und Dewey, des Pragmatismus also, als Werkzeug und nicht als Medium und als Ersatz für den idealistischen Geist oder Bewußtseinsbegriff in den Blick kommen. Sie soll weniger in ihrer (beschreibenden) Darstellungsfunktion, sondern als Regelwerk unseres sozialen Handelns thematisiert werden.[4] Allerdings gilt es zu beachten, daß Rorty die Darstellungs- bzw. Repräsentationsfunktion nicht einfach eliminieren kann, wie seine Ausführungen zum "Reden über", also dem "Bezeichnen von etwas"[5] belegen. Denn es wäre sinnlos, verneinen zu wollen, daß Diskurse, welcher Art auch immer, von etwas handeln, also über etwas sprechen, und wir nur so verstehen können, wovon – von welchen Gegenständen – jeweils etwas ausgesagt wird.

In seinem Buch "Der Spiegel der Natur"[6] unterscheidet Rorty zwischen einer reinen und einer unreinen Sprachphilosophie. Die reine Sprachphilosophie wird durch Freges Werk oder durch Carnaps "Necessity and Meaning" illustriert. Unreine Sprachphilosophie ist aus dem Versuch entstanden, erkenntnistheoretische Positionen mit sprachphilosophischen Mitteln zu rekonstruieren. Unreine Sprachphilosophie versuche,

"Kants Bild von der Philosophie als einer Disziplin beizubehalten, die der Forschung in Gestalt einer Theorie der Erkenntnis ein beständiges ahistorisches Begriffssystem bereitstellt".[7]

Dieses Zitat bringt die Hauptthese seines Buches zum Ausdruck, nämlich: die Geschichte der Philosophie kann als Versuch aufgefaßt werden, "die Gültigkeit der Erkenntnisansprüche von Wissenschaft, Moralitat, Kunst und Religion zu garantieren oder ihre Ungültigkeit zu

---

[4] Vgl. Rorty, "Phil. Pap. 1", 151ff.
[5] Vgl. "Spiegel", 317ff.
[6] Vgl. ebd., S. 283.
[7] Ebd., S. 283f.

entlarven".[8] Die Philosophie ergreift diese Aufgabe, weil sie die Fundamente der Erkenntnis zu bestimmen sucht; Erkenntnis selbst, so Rorty, werde dabei als genaue Darstellung dessen, was sich außer unserem Bewußtsein befindet,[9] mißverstanden; Erkenntnis und mit ihr Philosophie erscheine als Spiegel der Natur.

Entscheidend für unseren Zusammenhang ist die These Rortys, daß auch der "linguistic turn"[10] im Prinzip nichts an dieser Ausrichtung auf Erkenntnisfundamente geändert habe; vielmehr soll nun fundamentalistische Erkenntnistheorie mit sprachanalytischen Mitteln betrieben werden. Rortys Rede von einer unreinen Sprachphilosophie bringt diese Vermengung von fundamentalistischer Erkenntnistheorie mit Sprachphilosophie deutlich zum Ausdruck.

Es scheint mir wichtig, entgegen anderslautenden Meinungen festzuhalten, daß Rorty damit nicht Erkenntnistheorie überhaupt ausschließt, sondern Erkenntnistheorie insofern, als sie im Gewande einer Cartesianischen Letztbegründung von Erkenntnis auftritt.[11] Rorty erkennt auch weiterhin die Berechtigung einer Sprachphilosophie an, aber sie darf nicht erkenntnistheoretisch ausgerichtet sein. So verweist er mit Nachdruck auf das Werk von Davidson als Beispiel einer gelungenen Sprachphilosophie.

Davidson zieht darin die Konsequenzen aus Quines Kritik der Dogmen des Empirismus; aber anders als Quine versucht er nicht eine behaviouristische, stimulus-response-Bedeutungstheorie[12] zu entwickeln, sondern er geht von propositionalen Einstellungssätzen, insbesondere vom Für-wahr-halten und Meinen als Anknüpfungspunkt für seine Bedeutungstheorie aus. Man kann darin die Abwandlung des berühmten Problems der Übersetzung von *Word and Object*[13] erkennen. Ich möchte hier nur auf Davidsons Analyse der Syntax und Semantik der Umgangssprache im Anschluß von Tarskis Definition des Wahrheitsprädikates hinweisen.[14] Rorty begrüßt dieses Unternehmen, weil Davidson ein undogmatischer Empirist sei und das Wahrheitsproblem auf die Definition des Wahrheitsprädikates als Prädikat von Sätzen beschränke.

---

[8] Ebd., S. 13.
[9] Ebd.
[10] Vgl. ebd., S. 186ff. und 284f.
[11] Vgl. auch Bieri (Hrsg.), *Analytische Philosophie der Erkenntnis*, Einleitung.
[12] Vgl. Quine, *Word and Object*.
[13] Vgl. ebd., Kap. 11.
[14] Vgl. Ineichen, "Einstellungssätze", 1987.

"Davidsons Auffassung von Sprache ist weder reduktionistisch noch expansionistisch. Sie gibt nicht vor, wie manche analytischen Philosophen sonst, reduktive Definitionen von semantischen Begriffen wie 'Wahrheit' oder 'Intentionalität' oder 'Referenz' anzubieten. Sie ähnelt auch nicht Heideggers Versuch, Sprache zu einer Art Gottheit zu stilisieren, so daß menschliche Wesen bloß deren Emanationen wären ... (und) Sprache ... eine übersetzte Version der idealistischen Apotheose des Bewußtseins wäre".[15]

Für Davidson und damit auch für Rorty ist Sprache insbesondere kein Schema zwischen Wirklichkeit und Sprecher. Sie ist, wie schon für Dewey, ein Instrument im Umgang mit der Umwelt oder mit uns selbst; aber man kann Sprache als Instrument nicht von ihrem Gebrauch durch Sprecher trennen. So schließt auch Rorty nicht etwa ein bestimmtes Vokabular aus, auch nicht wie Quine das Vokabular der psychologischen oder intentionalen Einstellungsverben. Der Gebrauch solcher Verben läßt sich vielmehr als Flagge verstehen, die signalisiert "daß die Verwendung eines bestimmten Vokabulars wünschenswert ist, wenn man mit Organismen einer bestimmten Art zurechtzukommen versucht".[16] Schließlich hat schon Davidson gezeigt, wie man propositionale Einstellungsverben, Meinen und Beabsichtigen insbesondere, in eine kausale Handlungserklärung integrieren kann.

Halten wir fest! Sprache ist für Rorty ein Instrument für verschiedenste praktische Zwecke. Sie darf nicht zu etwas Umfassenden, zu *der* Sprache oder zur Eigenschaft der Sprachlichkeit, hypostasiert werden, zu einem Medium zwischen Sprecher und Wirklichkeit. Es besteht keine Möglichkeit, Sprache zu hintergehen in dem Sinne etwa, daß wir uns zu überlegen beginnen, wie die Wirklichkeit, die Dinge ohne sprachlichen Zugriff beschaffen sind; denn die Dinge sind uns nur durch, mit oder in einer Sprache gegeben.

2. Philosophische Hermeneutik ohne ontologische Fundierung

Gadamer kommt bekanntlich das Verdienst zu, im Anschluß an die Heideggersche Daseinsanalyse die Hermeneutik auf der Ebene der Ontologie entfaltet zu haben. Hatten noch im 19. Jahrhundert Schleiermacher, Boeckh, Droysen oder Dilthey Hermeneutik als Lehre vom

---

[15] Rorty, "Kontingenz", 34.
[16] Ebd., S. 40.

Verstehen und Auslegen von sprachlichen und nicht-sprachlichen Sinngebilden entwickelt, so beziehen Heidegger und Gadamer Verstehen und Auslegen auf die Daseinsanalyse. "Verstehen" wird nicht als schlichtes Dispositionsverb behandelt und Verstehen von Sinngebilden einfach als Verstehen von sprachlichen Ausdrücken oder Handlungen, die mit Absicht vollzogen werden; Verstehen wird vielmehr als Existenzial, als kategoriale Wesenbestimmung des Menschen betrachtet.

Gadamer hat nun auf dem Hintergrund der Deutung des Verstehens als Existenzial die Vorurteilsstruktur allen Verstehens hervorgehoben. In seiner Ausdrucksweise bedeutet dies, daß Verstehen nicht ohne Vorverständnis zustande kommt.

Diese These läßt sich von der Sprachanalyse her einsichtig machen: nämlich vom Gedanken, daß selbst das Verständnis eines Wortes, etwa eines Namens, viel mehr einschließt, als etwa bloß die Kenntnis des Ortes, dessen Name er ist. Vielmehr sind damit, implizit zumindest, Kenntnisse grammatikalischer Art, wie Worte zu Sätzen zusammengefügt werden, Kenntnisse über Art, Gattung und ähnliches mehr eingeschlossen. Nur wer über solche impliziten Kenntnisse verfügt, kennt den Namen und weiß, daß er sich von anderen Namen unterscheidet. Verstehen eines sprachlichen Ausdrucks heißt, einen einzelnen sprachlichen Ausdruck gebrauchen können und dies schließt immer auch die Kenntnis der übrigen Sprache mit ein. Nach Gadamer ist dieses Vorverständnis einmal der Grund dafür, daß wir über kein rein objektives Verstehen verfügen; wir verstehen immer von unserem Vorwissen aus. Verstehen wird aber auch als Geschehen gedeutet, welches Interpreten, Text und Autor verbindet und überschreitet. Den Autor überschreitet es, weil das, was er sagt, in seiner Bedeutung über das hinausreicht, was er meint. Und für den Interpreten besagt dies, daß er nur von seinem Vorverständnis aus Texte erschließen kann. Sein Vorverständnis wird wie die Texte selbst von diesem Geschehen umfaßt:

> "Geschichtliche Überlieferung kann nur so verstanden werden, daß die grundsätzliche Fortbestimmung durch den Fortgang der Dinge mitgedacht wird, und ebenso weiß der Philologe, der es mit dichterischen und philosophischen Texten zu tun hat, um deren Unausschöpfbarkeit. In beiden Fällen ist es der Fortgang des Geschehens, durch den das Überlieferte in neuen Bedeutungsaspekten herauskommt".[17]

Gadamer hebt auf den Geschehenscharakter der Sprache selbst ab. Als Indizien dafür führt er die Sprachvergessenheit beim Sprechen, so

---

[17] Gadamer, "W.u.M.", 355.

wie den dialogischen Charakter des Verstehens, erläutert am Spielbegriff, an.

Für Gadamer ist Sprache das Medium der konkreten Lebenswelt wie auch das Medium der allgemeinen Sinnerschließung.

> "Die eigene Sprachwelt, in der einer lebt, ist nicht eine Schranke, die die Erkenntnis des Ansichseins verhindert, sondern umfaßt grundsätzlich alles, wohinein sich unsere Einsicht zu erweitern und zu erheben vermag. Gewiß sehen die in einer bestimmten sprachlichen und kulturellen Tradition Erzogenen die Welt anders als anderen Traditionen Angehörige. Gewiß sind die geschichtlichen 'Welten', die einander im Laufe der Geschichte ablösen, voneinander und von der heutigen Welt verschieden. Gleichwohl ist es immer eine menschliche, d.h. sprachverfaßte Welt, die sich, in welcher Überlieferung auch immer, darstellt".[18]

Sprache tritt uns als Teil der Lebenswelt entgegen; sie ist aber auch Medium der Welterschließung und noch mehr, sie ist Garant dafür, daß es eine *gemeinsame* Welt ist, die erschlossen wird, weil sie als "sprachlich verfaßte ... von sich aus für jede mögliche Einsicht und Erweiterung ihres eigenen Weltbildes offen und entsprechend für andere zugänglich ist".[19]

Die Schwierigkeiten eines ontologischen Sprachbegriffs scheinen mir vor allem darin zu liegen, daß Sprache zu einem diffusen Geschehen hypostasiert wird, in welchem der passive Aspekt einseitig dominiert. Auch ist nicht einzusehen, wie Syntax und Semantik – die moderne Form der Grammatik – innerhalb von Gadamers Sprachkonzeption überhaupt berücksichtigt werden können. Aber dennoch bildet die ontologische Struktur den Garanten dafür, daß Fremdverstehen im Prinzip zumindest möglich ist, und dies, weil sie umfassend ist.

Versuchen wir nun, diese ontologischen Einsichten sprachanalytisch einzuholen und zu erläutern.

Wir können dann hoffen, Rortys Konzeption so zu erweitern, daß sein Ethnozentrismus nicht dem Verstehen von anderen Menschen und Kulturen im Wege steht und in diesem Sinne überwunden werden kann.

3. Hermeneutik ohne Ethnozentrismus?

Wäre der Ethnozentrismus korrekt, so wäre nicht mehr einsichtig, wie wir andere Menschen, besonders Angehörige fremder Kulturen je

---

[18] Ebd., S. 423.
[19] Ebd.

verstehen könnten. Wir wären Gefangene unserer Wertmuster und Normen und die Worte von Angehörigen anderer Kulturen wären uns unverständlich. Nun hat Davidson[20] die These von der radikalen Interpretation entwickelt, welche im Extremfall zur Auslegung und zum Verstehen von Sprachen und fremden Kulturen dient.

Anders aber als bei Gadamers Hermeneutik ist es nicht Sprachlichkeit, welche die Verständigung garantiert, d.h. nicht ontologische Überlegungen, sondern ein empirisches Vorgehen aufgrund von Annahmen. Die These von der radikalen Interpretation erlaubt uns deshalb, die Thesen von Rorty in einen akzeptablen sprachphilosophischen Zusammenhang zu stellen.

Die radikale Interpretation soll uns erschließen helfen, was ein Sprecher unserer eigenen oder einer völlig fremden Sprache mit seinen Worten meint und sagen will. Die radikale Interpretation liefert ein Verfahren, welches uns erlaubt, aufgrund von Beobachtungen der Situation, in welcher der Sprecher sich befindet, darüber zu berichten, was er meint/glaubt und was seine Worte bedeuten. McGinn schreibt dazu treffend: "Davidson's fundamental idea is to use evidence about the external causes of assent simaltaneously to ascribe beliefs and meanings to the subject: the truth conditions of the subject's beliefs and sentences are given by the external states of affairs that prompt him to hold sentences true".[21] Wenn z.B. ein Sprecher aufgrund einer Beobachtung dem Satz zustimmt, daß ein Hase vorbeihoppelt, dann sagt uns Davidsons Verfahren, daß wir dem Sprecher die entsprechende Meinung zusprechen dürfen. Vorausgesetzt wird, daß wir annehmen, der Sprecher glaube aufgrund derselben Beobachtung dasselbe wie wir.

Das Prinzip der Nachsicht ("Schreibe einem Sprecher so wenig falsche Meinungen zu wie möglich!") bildet dabei den Steigbügel dafür, daß wir interpretieren können. Denn wir könnten Wesen, deren Meinungen im allgemeinen falsch wären – und nicht auf die Situation bezogen wären wie in unserem Beispiel – überhaupt nicht verstehen.

Das Prinzip der Nachsicht bildet den Ausgangspunkt der Interpretation; es besagt nicht, daß unsere Interpretationen nicht falsch sein können. Irrtum ist nicht ausgeschlossen, weil sich etwa zeigen könnte, daß der Satz nicht mit den übrigen Sätzen kohärent ist, die wir für wahr oder falsch halten.

[20] Vgl. D. Davidson, "Truth and Interpretation", 125f.; M. Root, 'Davidson and Social Science', in: LePore (ed.), *Truth and Interpretation*, 272, 304. McGinn, 'Radical Interpretation and Epistemology', in: LePore (ed.), o.c., 356, 368.

[21] McGinn, 'Radical Interpretation and Epistemology', o.c., 357.

Wenn wir dem Sprecher aber Sätze zusprechen, die wir nicht für wahr halten, so müssen wir dafür plausible Gründe vorlegen. Die These von der radikalen Interpretation ist deshalb von Interesse, weil sie von minimalen plausiblen Annahmen aus, aufgrund von Beobachtungen zu Berichten darüber kommt, was ein beliebiger Sprecher sagt und meint.

Wenn nun aber radikale Interpretation eines Sprechers möglich ist, so ist nicht einzusehen, warum wir seine Wertmuster und Normen nicht auch erschließen können. Auch wenn dies ein höchst mühsames Unterfangen ist, so scheint es keine Gründe zu geben, warum das nicht möglich sein sollte. Und es ist weiterhin nicht einzusehen, warum wir dann nicht gemeinsam mit den Sprechern aus einer anderen Kultur auch nach gemeinsamen Wertmustern und Normen suchen könnten.[22]

Das wäre nur dann unmöglich, wenn wir die fremde Sprache im Prinzip nicht übersetzen könnten. Der Gedanke einer unübersetzbaren Sprache ist aber kein kohärenter Gedanke, wie Davidson[23] zeigt; denn wie könnten wir überhaupt erkennen und behaupten, daß es sich um eine Sprache handelt und nicht velmehr um ein abstruses Gebilde.

Fassen wir zusammen: Hermeneutik wird hier als Lehre vom Verstehen und Auslegen von sprachlichen und nichtsprachlichen Sinngebilden verstanden. Rortys Weg, einer nicht ontologisch fundierten Hermeneutik braucht nicht einem radikalen Ethnozentrismus zu verfallen, wenn der Gedanke der radikalen Interpretation herangezogen wird. Sie liefert ein Verfahren, wie wir aufgrund von Beobachtungen der Situation, in welcher ein fremdsprachiger Sprecher etwas sagt, zu Berichten darüber kommen können, was er glaubt und was seine Worte bedeuten. Wenn aber die Worte eines fremdsprachigen Sprechers im Prinzip zumindest interpretiert werden können, dann können wir auch dessen Wertmuster und Normen erkennen und mit ihm in einen Dialog eintreten auf der Suche nach gemeinsamen, verbindlichen Normen. Verstehen und Interpretieren gehen von unserem Verständnis aus, aber sie reichen darüber hinaus, weil und insofern wir interpretieren können. Der radikale Ethnozentrismus vernachlässigt diese Möglichkeiten der radikalen Interpretation.[24]

---

[22] Für eine solche Untersuchung empfehlen sich verschiedene Strategien. Vgl. Alexy, *Theorie der juristischen Argumentation*, Frankfurt a.M. 1983.
[23] Vgl. Davidson, 'On the very idea of a conceptual scheme', in: Davidson, *Truth and Interpretation*, 183ff.
[24] Vgl. zum Aufsatz: Ineichen, Hans, 'Philosophie ohne Wahrheit?'; in: *Studia hermeneutica* 1, 1996, 71–81.

Bibliographie

Adorno, Th. v. (et al.), *Der Positivismusstreit in der deutschen Soziologie*, Berlin / Neuwied 1969.
Alexy, R., *Theorie der juristischen Argumentation*, Frankfurt a.M. 1983.
Bieri, P. (Hrsg.), *Analytische Philosophie der Erkenntnis*, Frankfurt a.M. 1987.
Davidson, D., *Truth and Interpretation, Perspectives on the Philosophy of D. Davidson*, E. LePore (Hrsg.), Oxford 1986, rep. 1992.
Gadamer, H.-G., *Wahrheit und Methode*, Tübingen 1965²; zitiert W.u.M.
Habermas, J., 'Analytische Wissenschaftstheorie und Dialektik', in: *Der Positivismusstreit in der deutschen Soziologie*, Berlin / Neuwied 1969, 155-191.
Holówka, J., 'Philosophy and the Mirage of Hermeneutics', in: Malachowski, A., (Hrsg.), *Reading Rorty*, Oxford 1990.
Ineichen, H., *Einstellungssätze. Sprachanalytische Untersuchungen zur Erkenntnis, Wahrheit und Bedeutung*, München 1987.
Kögler, H.-H., *Die Macht des Dialogs. Kritische Hermeneutik nach Gadamer, Foucault und Rorty*, Stuttgart 1992.
LePore, E. (Hrsg.), *Truth and Interpretation*, Oxford 1986, repr. 1992.
Malachowski, A. (Hrsg.), *Reading Rorty*, Oxford 1990.
McGinn, C., 'Radical Interpretation and Epistemology', in: LePore (Hrsg.), *Truth and Interpretation*, Oxford 1986, 356-368.
Quine, W.O., *Word and Object*, Cambridge, Mass. 1960.
Root, M., 'Davidson and Social Science', in: LePore (Hrsg.) *Truth and interpretation*, Oxford 1986, 272-304.
Rorty, R., *Der Spiegel der Natur, Eine Kritik der Philosophie*, Frankfurt a.M. 1987; Übersetzung von: *Philosophy and the Mirror of Nature*, Princeton 1979
Rorty, R., *Objectivity, relativism and truth*; Philosophical papers vol. I, Cambridge 1991. *Essays on Heidegger and others*, Philosophical papers, vol. II, Cambridge 1991.
Rorty, R., *Kontingenz, Ironie und Solidarität*, Frankfurt a.M. 1991; zit. Kontingenz.
Stegmüller, W., *Hauptströmungen der Gegenwartsphilosophie*, Stuttgart 1965³.

MACIEJ POTĘPA, Warszawa

DIE FRAGE NACH DEM SUBJEKT IN DER PHILOSOPHISCHEN HERMENEUTIK

Für die Entwicklung der Hermeneutik hatte das Scheitern des Reflexionsmodells des Selbstbewußtseins eine fundamentale Bedeutung. Was verstehe ich unter dem Begriff "das Reflexionsmodell des Selbstbewußtseins"? Ich verstehe darunter die Vorstellung eines sich selbst dank der Reflexion begründenden Subjekts. Gerade die Reflexionstheorie des Subjekts kann man klar anhand der Kantischen Theorie des Subjekts darstellen.

Kant denkt das Ich als jenen Akt, in dem das Subjekt des Wissens von allen besonderen Gegenständen absieht, sich in sich selbst zurückwendet und so die stetige Einheit seiner mit sich bewahrt. Er nennt das Selbstbewußtsein die "transzendentale Apperzeption", die in der Vorstellung "Ich denke" zum Vorschein kommt. Die "transzendentale Apperzeption" ist nicht weiter zurückführbare Vorstellung, die 1) schon der Vielfalt sinnlicher Anschauung, 2) dann der der Begriffe, 3) selbst der der Kategorien notwendigerweise zugrunde liegt (B 130, 131). Die ursprüngliche Synthesis bedeutet nichts anderes, als daß alle Mannigfaltigkeit in der Anschauung verbunden werden muß, um Erkenntnis zu werden, daß die Verbindung nicht aus der Anschauung vorgegeben ist, sondern vom Denken geleistet werden muß, und schließlich, daß die Leistung des Denkens erst aufgrund einer noch über den Kategorien stehenden Verbindung möglich wird. Die transzendentale Einheit der Apperzeption ist gleichbedeutend mit der Tatsache, daß alles Bewußtsein ein mögliches Selbstbewußtsein einschließt, was Kant am Anfang des §16 einer berühmten Formel ausgedrückt hat: "Das *Ich denke* muß alle meine Vorstellungen begleiten können [...]"

Wenn Kant vom "Ich denke" spricht, das alle meine Vorstellungen begleiten können muß, so meint er, daß Vorstellungen nicht kraft des vorgestellten Inhalts meine Vorstellungen sind, sondern deshalb, weil ich sie mir vorstelle, weil ich mir ihrer bewußt werden kann. Aber die transzendentale Apperzeption, die aller Erkenntnis zu Grunde liegt, ist nicht wie bei Descartes eine denkende Substanz (res cogitans). Dieses

"Ich denke" wird nicht erkannt, sondern nur gedacht. Kant ist sich im klaren darüber, daß das individuelle Selbst, das zum empirischen Ich gehört und das zu einer bestimmten Zeit in der Welt lebt, nicht das transzendentale Ich ist.

Das transzendentale Selbstbewußtsein kann also als höchstes Prinzip des Kantischen Systems und als Deduktionsgrund der metaphysischen und transzendentalen Deduktion der Kategorien nicht unabhängig von seiner objektkonstituierenden Funktion rein für sich analysiert werden. Wir können eigentlich niemals das Ich-Subjekt für sich allein wie irgendeinen Sachverhalt fassen. Wo wir es denken, da haben wir es in unseren eigenen Gedanken vorausgesetzt und somit das gedachte Ich-Subjekt zum Objekt gemacht. Wir können uns also nur in einem beständigen Zirkel um es herumdrehen. Dieser Umstand hat zur Folge, daß im Selbstbewußtsein für sich keine Erweiterung unserer Erkenntnis von der Wirklichkeit geschieht.

Die Kantische Vorstellung faßt das Wesen des Ich als Reflexion. Diese Theorie vom Wesen des Ich nimmt zunächst ein Subjekt des Denkens an und betont, daß dieses Subjekt in einer stetigen Beziehung zu sich selbst steht. Diese Beziehung komme dadurch zustande, daß sich das Subjekt dank der Reflexion zu seinem eigenen Gegenstand macht; die Fähigkeit des Vorstellens, die ursprünglich auf Gegenstände bezogen ist, ist auf sich selbst zurückgewendet und so ergibt sich der Einzelfall, daß Gedanke und Gedachtes, Haben und Gehabtes, Tätigkeit und Getätigtes nicht voneinander zu unterscheiden sind. Ist nun dies Subjekt selbst Gegenstand seines Wissens, so eben kraft seiner tätigen Subjektivität.

Die Theorie vom Ich als Reflexion bewegt sich stets im Zirkel. Diese Versuche zur Erklärung des Selbstbewußtseins können wir die Interpretation des Selbstbewußtseins nach dem Reflexionsmodell nennen. Man glaubt daran, daß das Zustandekommen von Selbstbewußtsein durch Selbstbeziehung erhellt wird. Indem das Selbstbewußtsein sich von der Welt abwendet und sich selbst zuwendet und es sich selbst Objekt wird, löst sich quasi-automatisch das Geheimnis des Selbstbewußtseins. Das Reflexionsmodell des Subjekts verwickelt sich in auswegslose Schwierigkeiten, die als Identifikationsschwierigkeiten bekannt sind.[1] Fichte ist

---

[1] Das traditionelle Modell des Selbstbewußtseins hat zuerst D. Henrich in seinem Aufsatz 'Fichtes ursprüngliche Einsicht', in: *Subjectivität und Metaphysik*, Festschrift für W. Cramer, Frankfurt a.M, 1966, behandelt; später hat auch K. Gloy in ihrem Aufsatz 'Selbstbewußtsein als Prinzip des neuzeitlichen Selbstverständnisses', in: *Fichte-Studien*, Bd. 1, dieses Problem ausführlich dargestellt.

der erste gewesen, der den Zirkel der Reflexionstheorie des Subjekts klar erkannt und Konsequenzen aus ihm gezogen hat. Er schreibt in der *Wissenschaftslehre nova methodo* von 1798

> "Man hat bisher so gefolgert: Entgegen gesetzter Dinge oder äußerer Objekte können wir uns nicht bewußt sein, ohne uns selbst bewußt zu sein, d.h. uns selbst Objekt zu sein. Durch den Akt unseres Bewußtseins, dessen wir uns dadurch bewußt werden können, daß wir uns wieder als Objekt denken, und dadurch Bewußtsein von unserm Bewußtsein erlangen. Dieses Bewußtseins von unserm Bewußtsein werden wir aber wieder nur dadurch bewußt, daß wir dasselbe abermals zum Objekt machen, und dadurch Bewußtsein von dem Bewußtsein unseres Bewußtseins erhalten, und so ins Unendliche fort. – Dadurch aber wurde dieses unser Bewußtsein nicht erklärt, oder es gibt dem zufolge gar kein Bewußtsein, indem man es als Zustand des Gemüts oder als Objekt annimmt, und daher immer ein Subjekt voraussetzt, dieses aber niemals findet. Diese Sophisterei lag bisher allen Systemen – selbst dem Kantischen – zum grunde."[2]

Wenn wir annehmen, daß das Ich erst aus der Rückwendung des Subjekts auf sich als Objekt die Kenntnis seiner Subjekt-Objekt-Einheit gewinnt, dann ist seine Identifikation ausgeschlossen, denn das Subjekt weiß nicht, wonach es suchen soll. Durch bloße Rückwendung auf sich kann das Subjekt seine Identität nicht zustande bringen. Wenn man hingegen annimmt, daß das Subjekt bereits eine Kenntnis von seiner Subjekt-Objekt-Einheit mitbringt, dann bereitet die Identifikation der Subjekt-Objekt-Einheit keine Schwierigkeiten, doch bewegt sich die Theorie im Zirkel, weil sie die Identifikationsleistung schon am Anfang des Vorgehens voraussetzen muß. Das reflektierte Selbstbewußtsein verdankt sich einer Reflexion auf das denkende Ich. Dadurch aber entsteht der bekannte Zirkel, daß nämlich die Reflexion, die das Selbstbewußtsein erklären will, ein Wissen um das Selbstbewußtsein bereits voraussetzt. Selbstbewußtsein kann man demzufolge nicht als Reflexion beschreiben. Die dem Subjekt eingeschriebene Reflexion gibt kein Kriterium, auf Grund dessen ich feststellen könnte, daß tatsächlich ich es bin, den ich betrachte. Diese Einsicht muß ich schon gehabt haben, bevor sie ins Spiel gebracht wird.

Die Stadien in der Entwicklung der Wissenschaftslehre sind ebensoviele Versuche, dem Phänomen des Selbstbewußtseins auf den Grund zu kommen. Aber niemals ist es Fichte gelungen, die Theorie des Selbstbewußtseins zur vollen Klarheit herauszuarbeiten.

---

[2] J.G. Fichte, *Nachgelassene Schriften*, hrsg. v. H. Jacob, Bd II, Berlin 1937, 356.

Die Rede vom Ich, das sich selbst setzt, ist das negative Bild des Reflexionsmodells, dessen Mängel Fichte erkannt hat. Der Grundgedanke Fichtes ist der, daß kein Ich-Subjekt dem Selbstbewußtsein vorausliegt, sondern daß auch das Subjekt erst zugleich mit dem ganzen Bewußtsein Ich=Ich hervortritt. Ausgehend von einem Ich-Subjekt, läßt sich also das Selbstbewußtsein nicht ableiten.

Also geht kein Setzendes dem Setzen vorher. Das Ich ist Setzen, durch das sein Fürsichsein entsteht. Was schlechthin sich setzt, das kommt ohne weiteren Grund zum Fürsichsein. Schleiermacher hat die Schwierigkeit des Fichteschen Produktionsmodells des Subjekts richtig erkannt. Im Falle des Setzens ist jenes Handeln als ein realer produktiver Akt der Tätigkeit genommen, das Produkt als Wissen von jenem Akt.

Die Lehre vom Sich-Setzen des Ich vermeidet zwar den Zirkel der Reflexionstheorie, sie setzt nicht das Ich voraus, doch sie hintergeht das Wissen des Ich von sich, ohne zu ihm zurückzuführen.

Aber im Fichteschen Modell der Erklärung, nach dem die Existenz des Ich überhaupt hervorgerufen wird, schleicht sich ein reflexionslogisches Moment in die Theorie ein, weil das Ich davon wissen muß, daß es sich setzt und nicht etwas anderes. Im Fichteschen Modell des Ich ist die Rückbezüglichkeit keineswegs eliminiert und kommt erst recht zustande durch ein selbstbezügliches Handeln, "ein Handeln auf ein Handeln", wie Fichte in der *Zweiten Einleitung in die Wissenschaftslehre*[3] sagt. Man könnte gegen Fichte einwenden, daß der Akt des Setzens, in sich selbst zurückgehen soll, so sich bereits voraussetzen und zwecks Identifikation ein Wissen von sich mitbringen muß, da andernfalls weder Selbstsetzung noch Selbstidentifikation zustande kämen. Dann aber wäre das Fichtesche Modell des Selbstbewußtseins noch unverständlicher als das Reflexionstheorem des Selbstbewußtseins. Fichte liefert nicht den Nachweis einer notwendigen Zusammengehörigkeit und Einheit von Selbstproduktion und Sich-Wissen.

Schleiermacher hat als erster den Grundgedanken der Wissenschaftslehre von 1794, d.h den Satz: "Das ich setzt schlechthin sich selbst"[4] in Frage gestellt. Das Subjekt ist sich Schleiermacher zufolge bewußt, daß es eine Einheit ist, sieht aber zugleich ein, daß es weder Urheber dieser Einheit selbst noch des Wissens um diese Einheit sein kann. Anders gesagt: Schleiermacher expliziert in der *Dialektik* eine konstruktive

---

[3] J.G. Fichte, *Sämtliche Werke*, Bd I, hrsg. v. J.H. Fichte, Berlin 1845, 459 (="SW"). Wenn möglich werden auch Band und Seitenzahl der Fichte-Gesamtausgabe gennant ("GA" I, 4, 213).

[4] "SW" I, 96=("GA" I, 2, 259).

Entfaltung des unmittelbaren Selbstbewußtseins als Abhängigkeitsgefühl des Subjekts. Schleiermacher "ergänzt" durch den Begriff "unmittelbares Selbstbewußtsein-Gefühl" die "fehlende Einheit" des Bewußtseins, die die Vertrautheit eines individuellen Existierenden mit sich repräsentiert.

Der Begriff des unmittelbaren Selbstbewußtseins weist darauf hin, daß das Subjekt nicht imstande ist, sein Sein mit Hilfe von Reflexionen zu vermitteln. Seine absolute Macht zerbricht an der Faktizität der ihm unzugänglichen Selbstvermittlung. Das Selbstbewußtsein ist für Schleiermacher im Gegensatz zu Fichte und Hegel kein Raum, in dem das für sich transparente Subjekt dank der Reflexion sich selbst und die Welt begründet. Für den Autor der *Dialektik* ist es nicht möglich, aus dem Selbstbewußtsein das Wissen um die Wirklichkeit zu deduzieren.

Schleiermacher versteht unter unmittelbarem Selbstbewußtsein nur die Vertrautheit des Bewußtseins mit sich, nicht die Kenntnis eines Ich (gleichsam als des Inhabers des Bewußtseins) von sich. Das unmittelbare Selbstbewußtseins-Gefühl unterscheidet sich nicht nur von dem reflektierten Selbstbewußtsein Ich, welches die Identität des Subjekts in der Differenz der Momente umfaßt, sondern auch von der Empfindung, welche mittels der Affektion gesetzt das subjektiv Persönliche ist.[5] Schleiermacher ist sich völlig bewußt, daß das Selbstbewußtsein nur aus sich heraus nicht verständlich gemacht werden kann, sondern daß man, um es zu erklären, den als notwendig zu postulierenden Einheitsgrund des Selbstbewußtseins in die Transzendenz, in ein jenseitiges Absolutes verlagern muß. Schleiermacher kritisiert vor allem das frühere und das "mittlere" Modell des Selbstbewußtseins, das Fichte bis 1800 in der Wissenschaftslehre entwickelt hat.

Für Schleiermacher läßt sich im Gegensatz zu Fichte die Einheit des Selbstbewußtseins lediglich konstatieren, aber nicht theoretisch erklären. Man kann nicht vermittels der Reflexion die Einheit des Selbstbewußtseins deduzieren. Dies gerade ist vom Standpunkt der endlichen menschlichen Erkenntnis aus undurchführbar. Um die faktisch vorliegende und von uns jederzeit konstatierbare Einheit des Selbstbewußtseins zu legitimieren, muß daher ein transzendentaler Vermittlungs- und Einheitsgrund unterstellt werden, den Schleiermacher in der *Dialektik* den "transzendenten Grund" nennt.

Hinter der Frage nach dem transzendenten Grund (Gott) und nach dem Verhältnis des menschlichen Selbstbewußtseins zu Gott in der *Dialektik* Schleiermachers verbirgt sich eigentlich die Frage nach der

---

[5] F.D. Schleiermacher, *Dialektik*, hrsg. v. Odebrecht, Leipzig 1942, 290 (="DO").

Voraussetzung der Möglichkeit der Einheit des Selbstbewußtseins, die jeder Mensch erfährt. Es hat sich nämlich erwiesen, daß die Reflexion außerstande ist, die Einheit des Selbstbewußtseins sowohl von sich abzuleiten als auch in sich zu begründen, weil sie dem Subjekt vor jeglicher Reflexion gegeben ist. Das Selbstbewußtsein ist keine Instanz, die fähig wäre, sich selbst von sich selbst aus dank einer Kette von Selbstvermittlungen zu kreieren; es läßt sich lediglich als etwas erfassen, was durch etwas von ihm abweichendes vermittelt worden ist.

Die angebliche absolute Macht des Subjekts scheitert an der Faktizität der ihr unzugänglichen Selbstvermittlung. Einerseits ist sich das Subjekt seiner Einheit bewußt, andererseits erfährt es darin seine Abhängigkeit von dem transzendenten Grund. Schleiermacher geht über das Bewußtsein hinaus, indem er den Begriff des transzendenten Grundes (Gott) einführt. Er fragt also danach, was außerhalb des Bewußtseins diesem Bewußtsein zugrunde liegt und was es eigentlich erst ermöglicht.

Das Subjekt faßt sich selbst als bedingt und, durch das Absolute, das es auf dem Wege der Reflexionen nicht zu erfassen vermag, als beschränkt auf.

Der Hauptbegriff der *Dialektik*, der transzendente Grund, weist darauf hin, daß das Subjekt sein Daseinsfundament außerhalb seiner selbst hat und daß sein Fundament der Reflexion unzugänglich ist, weil es jeglichem Denken vorausgeht und deshalb in keiner bestimmten Zeit erscheint.

Der Begriff des unmittelbaren Selbstbewußtseins richtet sich polemisch gegen das Reflexionsmodell des Selbstbewußtseins. Anstelle des Begriffs des absoluten Ich der Philosophie Fichtes und des frühen Schellings führte Schleiermacher den Begriff des unmittelbaren Selbstbewußtseins ein, um auf diese Weise die endliche Dimension der Existenz des Menschen hervorzuheben. Die gegen das reflektierte Selbstbewußtsein der idealistischen Philosophie gerichtete Prämisse des unmittelbaren Selbstbewußtseins verbietet es, die Instanz des Selbstbewußtseins als Ort einer "absoluten" Wahrheit zu beanspruchen.

Das Wissen ist sozusagen von seiner Natur her auf das Nicht-Absolute und Endliche beschränkt. Damit widerspricht Schleiermacher dem Selbstverständnis der Philosophie, die von Descartes bis Husserl Subjektivität als das grundlegende Prinzip der Welterklärung betrachtet hat. In der Philosophie gibt es nicht den Platz für die Vorstellung eines sich selbst begründenden Subjekts. Schleiermacher verneint die Annahme eines unendlichen Bewußtseins, in welchem der Sinn von Sein zu einer letzten übergeschichtlichen Gestalt käme. Das Subjekt ist unfähig, in monologisch verfahrender Deduktion, wie das sich vor allem in der deutschen Tradition im Begriff des transzendentalen Ich geäußert hat, über die geschichtliche Welt zu urteilen.

Das Subjekt ist nach Schleiermacher immer das sprechende Subjekt und von vornherein in einem dialogischen Vollzug begriffen. Das Gespräch ist damit kein entbehrliches Mittel des Gedankenaustausches, sondern bezeichnet den notwendigen Weg zum Erkennen und zum Wissen. Daher bedeutet die Dialektik für Schleiermacher soviel wie Wissenschaftslehre, in welcher die Idee des Wissens im Geist der Sprache und des Gesprächs begründet wird. Dialektik ist die Kunst, im Gespräch durch methodisch sich vollziehende Gedankenentwicklung Übereinstimmung herzustellen. Deshalb liegt die Aufgabe der Dialektik als einer Kunstlehre des reinen Denkens darin, Anweisungen zur Schlichtung des Streites im reinen Denken selbst zu geben.[6] Die Regeln, die die Kunstlehre des reinen Denkens geben soll, müssen selbst vom Erkenntnisprozeß her gefunden werden, weil es kein System a priori streitfreier, in unmittelbarer Anschauung erfaßter Sätze gibt, das als apriorischer Bedingungs-Begründungs-Zusammenhang des Wissens fungieren könnte. Die Dialektik ist wesenhaft Methodenlehre, ihre Fragen und Antworten empfängt sie aus der inneren Dynamik des Erkenntnisprozesses, dessen Gesetzmäßigkeit sie aufzeigt und formuliert. In der Dialektik fragt Schleiermacher transzendental nach der Möglichkeit der ersten Bedingung der dialogischen Gedankenentwicklung, die zum Wissen führt.

Als erste Bedingungen des Gesprächs erweisen sich der "transzendente Grund" und die Idee der Welt, die aber als transzendente Voraussetzungen des Denkens an sich selber nicht gedacht werden können. Nur im unmittelbaren Selbstbewußtseins-Gefühl als der Bedingung der Möglichkeit der Einheit von Denken und Wollen soll ein Analogon zum transzendenten Grund gedacht werden. Das Auszeichnende des Selbstbewußtseins ist, das wir uns unseres Selbst als schlechthin abhängig bewußt sind.

Das unmittelbare Selbstbewußtsein verzichtet in der religiösen Einstellung ausdrücklich darauf, die Bestimmtheit seiner selbst, als in sich selbst gegründet, einholen zu wollen; sie nimmt sie als unverfügliches Widerfahrnis. Das Geprägtsein durch Gott bedeutet nicht, daß

---

[6] Schleiermacher beruft sich bei der Bestimmung des Wortes "Dialektik" gemäß der Ableitung von διαλεγεσθαι als "Kunst ein Gespräch zu führen" auf Platon, vgl. *Dialektik*, 47.

Schleiermacher die Subjektkategorie preisgibt, sondern er läßt das Subjekt seine Krise reflektieren, ohne es abdanken zu lassen. Gerade weil die ursprüngliche Einheit dem Subjekt fehlt und ihm im Grunde Selbstvergegenwärtigung verwehrt ist, ist das einzelne Subjekt "geöffnet gegen die Gesamtheit des Außer uns". Dieser Mangel des Subjekts bietet ihm die Möglichkeit, sich auf Bedeutungen hin zu überschreiten; er ist der Grund für die Weltoffenheit des Subjekts überhaupt.[7]

Die Unverfügbarkeit des Seins für den Begriff, die Abhängigkeit der Macht unserer Reflexion von einem in ihr mitgesetzten Anderen (in unserem unmittelbaren Selbstbewußtsein ist immer etwas außer uns als mitbestimmendes gesetzt) zwingt uns, das Gebiet der Reflexion zu überschreiten, um den transzendenten Grund derselben in der Geschichte durch Dialektik und Hermeneutik wiedereinzuholen. Schleiermacher stellt damit das idealistische "Subjekt" durch den Gedanken der multiplen Individualität in Frage. Individuen, die die Geschichte ihres Dialogs im Denken entwickeln, sind für ihn als jeweils konkrete Subjekte geschichtlich seiendes Denken. Der Vollzug des Denkens ist nicht Sache des bloßen Denkens, sondern geschieht in der Sphäre des organisch-leiblichen Miteinanderseins. Das Subjekt als sprechendes Individuum begreift sich als Gegenüber eines mit ihm im Dialog befindlichen Anderen.

Logos hat in der Dialektik den Charakter des dialogischen Prozesses. Wenn die Streitparteien durch das Gespräch ihre Anschauungen in Einklang bringen sollen, so wird damit stillschweigend angenommen, daß sie über ihre ursprünglichen beschränkten Standpunkte hinausgehen und gemeinsam neue, höhere Erkenntnisse gewinnen. Das gemeinsame Denken und Sprechen hat zum Ziel, das Wissen zu festigen.

Auf diese Weise gibt Schleiermacher der kantischen Konzeption der Transzendentalphilosophie eine bedeutsame Wendung. Er reflektiert nicht nur über die Möglichkeiten, die dem Subjekt zur Erkenntnis der Gegenstände gegeben sind, sondern zieht auch den Kommunikationsbezug zwischen dem einen und dem anderen Subjekt und deren gemeinsamen apriorischen Erkenntnisbewegungen in Betracht. Das andere Subjekt ist für mich weder bloßer Gegenstand noch reiner kommunikativer Mitvollzug des von mir behaupteten Standpunktes und der von mir geleisteten Akte. Das andere Subjekt ist ein sprechendes Subjekt, das für mich organisch-leiblich gegenwärtig ist. Die Kommunikation zwischen Subjekten ist die Geschichte der sprechenden Subjekte, an deren Anfang der Streit und an deren Ende die Übereinstimmung steht.

---

[7] F. Schleiermacher, *Sämtliche Werke* III, Bd. 6, *Psychologie*, Berlin 1834, 64.

Das Scheitern des Reflexionsmodells des Subjekts hat hermeneutische Konsequenzen, weil die Subjekte die Wahrheit ihrer Erkenntnisse auf dem Feld zwischenmenschlicher Verständigung suchen müssen. Weil die absolute Wahrheit unerreichbar ist, müssen die Subjekte die Intersubjektivität ihrer Übereinkünfte in dem Gespräch zu erreichen suchen.

Die Methode, die die philosophische Hermeneutik wählt, unterscheidet sich diametral von der des Rationalismus. Die rationalistische Konzeption maß dem Gespräch keine wahrheitskonstituierende Kraft bei; wohl nahm sie an, daß die Universalität analysierter Konzepte und vernünftiger Urteile in einem potentiell unbegrenzten Gespräch zu manifestieren und zu bewähren sei. Doch war diese Allgemeinheit nicht dialogisch gedacht: Was wahr ist, ist wahr aus der eigentümlich gewaltlosen Kraft seiner Evidenz (seines Aus-sich-heraus-Einleuchtens).

Das hat als erste Implikation die Absonderung der Vernunftwahrheit von dem durch Rede und Gegenrede Bewährten zur Folge. Wahre Sätze sind Repräsentationen entweder von (kantisch gesprochen) Grundsätzen der Vernunft oder von empirisch gehaltvoll gemachten (angewandten) Verstandesbegriffen; nicht daß sie Satz-Elemente der Grammatik sind, begründet ihre Dignität. Das Sprachliche läßt sich vom Reich des Intelligiblen fernhalten. Anders die philosophische Hermeneutik: sie legt Wert auf die Feststellung, daß das Dialektische nicht als spekulativer Monolog der Vernunft nur mit sich entsteht, sondern als "eigentliches Gespräch"[8] verstanden werden möchte. Die Vorstellung von einem sprachunabhängigen (also: nicht-artikulierten) Denken entspringt einer baren Abstraktion. Differenzen im Medium des Ideellen können sich nur auf der Grundlage eines materiellen (z.B. phonischen) Unterschieds darstellen; andernfalls bliebe das Denken eine amorphe Nebelmasse.[9]

Gerade dieses Argument zehrt ja vom Angriff aufs Repräsentations-Modell des 17./18. Jahrhunderts, demzufolge das Sprechen gleichsam nomenklatorisch die einfachen Ideen (oder Urimpressionen) der Seele und die von der Vernunft zwischen ihnen gestifteten Verknüpfungen benennend wiedervergegenwärtigt. Ist aber einmal gezeigt, daß gedankliche Unterscheidungen an Differenzen zwischen Ausdrucksträgern gebunden sind (was nicht schon heißt, daß sie durch dieselben generiert werden, sondern nur, daß sie nicht ohne dieselben bestehen), dann reduziert sich der vermeintliche Unterschied zwischen Denken und

---

[8] F. Schleiermacher, *Dialektik*, op.cit., 9.
[9] F. Schleiermacher, *Hermeneutik und Kritik*, hrsg. v. M. Frank, Frankfurt a.M. 1977, 367.

Sprechen, wie schon Hamann und Herder in freilich undeutlicher Intuition geahnt hatten, auf das innerliche oder das laute Sprechen.

Die Sprache ist von ihrem Wesen her sozial und daher nur der innere Reflex unzähliger Gesprächsführungen, deren semantische Struktur auch in der Übung des spekulativen Selbstgesprächs erhalten bleibt; mithin, so lautet der Schluß, muß die Dialektik jedenfalls im eigentlichen Gespräch fundiert werden[10] und die Ebene der realen Interaktion einbeziehen. Es muß wirklich mit anderen gesprochen worden sein, wo immer ein reales und nicht nur begrifflich-monologisches Wissen in Anspruch genommen wird. Schleiermacher drückt das auch in den Worten aus, daß der dialektische Widerspruch sich als ein realer Widerspruch in der Kontinuität eines Gesprächs geltend machen müsse. Anders könne kein Partner sicher sein, wirklich die Sphäre seiner subjektiven Vorstellungen zu überschreiten und dem Andern in seiner irreduziblen Alterität zu begegnen. Jede Sprache induziert ein bestimmtes Weltbild. In ihr ist die Gesamtheit der Interpretation enthalten, die eine bestimmte Gemeinschaft in einem bestimmten geschichtlichen Kontext hinsichtlich ihres praktischen Verhältnisses zum Sein liefert. Eine bestimmte Gemeinschaft kodifiziert dank der Sprache eine sie als solche definierende Weltansicht.[11]

Ich bin der Meinung, daß in der philosophischen Hermeneutik sich die Leistung des philosophischen Begreifens vom dialogischen Fortgang nicht ablösen läßt. Der Dialog belehrt durch seinen folgerichtigen Aufbau darüber, daß in der Sachfrage gar nicht voranzukommen ist ohne das Einbringen von Vorverständnissen, die der Prüfung bedürfen, von alternativen Vorschlägen aus der philosophischen Tradition, deren Dogmatismus zu brechen ist, sowie von selbstkritischen Überlegungen zum Gang der Diskussion oder zur Revisionsbedürftigkeit der vertrauten Konzeptionen.

Nur dank einer enormen Vereinfachung lassen sich die innovativen, kritischen, problematisierenden, perspektivischen oder systematischen Beiträge des realen Dialogverlaufs allesamt auf den einen Nenner der "äußeren Reflexion" (Hegels Deutung der Dialektik Platons und Schleiermachers) bringen. Der Dialog stellt eine selbständige Methode

---

[10] F. Schleiermacher, *Dialektik*, 9.

[11] M. Frank, *Das individuelle Allgemeine*, Frankfurt a.M., 1977, 182. Dieser Standpunkt wird heute fast ausschließlich als Formulierung von W. v. Humboldt zitiert. Er ist weitgehend identisch mit der Definition der Grammatik des Neohumboldtianismus und des linguistischen Relativismus, vgl. B.L. Whorf, *Sprache, Denken, Wirklichkeit. Beiträge zur Metalinguistik und Sprachphilosophie*, Reinbek 1971, 12.

der Wahrheitserkenntnis auf dem Wege schrittweiser Klärung von geltenden Meinungen unter Rückgriff auf die Mitarbeit der Beteiligten dar. Hier hat sowohl die Rhetorik als auch die Hermeneutik ihren Ort.

Die jeweils gemachten und immer neu zu machenden Voraussetzungen liefern die materialen Gesichtspunkte der Orientierung und Kritik, ohne die der formale Redeaustausch im wohlgeregelten Leerlauf endete.

Die allgemeinen Strukturverhältnisse der Zusammenfassung des Vielen zu Einem oder der Zergliederung des Allgemeinen in seine Besonderungen, die Plato und Schleiermacher dem Wissen des Dialektikers überantworten, geben die methodische Anleitung. Der richtig organisierte Dialog spiegelt diese Verhältnisse so, daß das gemeinsame Untersuchungsinteresse, das die verschiedenen Partner verbindet, den Einheitspol abgibt für die gleichwohl bestehende Pluralität der Positionen und Äußerungen, die im Fortgang auf jene Einheit hin immer wieder geordnet werden.

In der Hermeneutik, als Lehre vom Verstehen und Auslegen von Texten, oder allgemeiner von Sinngebilden, aufgefaßt, müssen wir auf die Kategorie des Subjekts rekurrieren. Aber was heißt nun eigentlich "Text"? Im allgemeinen nennt man "Text" eine schriftlich fixierte Rede. Mag die Schriftlichkeit indes konstitutiv sein für die Sache des Textes, ein ausreichendes Kriterium liefert sie offenbar nicht. Denn das, was der Text aufzeichnet, ist ja doch die Rede, also eine geordnete Reihe von "événements de la parole", wie de Saussure sagen würde. Aber die Rede erleidet, wie Paul Ricœur überzeugend gezeigt hat,[12] beim Übergang zur Schrift nicht nur eine Verwandlung in ihrem Ausdrucksmaterial (Graphie statt Stimme); die Texte werden auf eine nie ganz kontrollierbare Weise sowohl von ihren Bedeutungen wie vom Mitteilungskontext und den Intentionen des Autors entkoppelt. Aus diesem Grunde sehen wir am Beispiel des geschriebenen Textes, daß die Zuweisungen im Laufe der Geschichte einer verbindlichen Vorschrift der "Decodierung" ihres Sinnes entgleiten können und mithin an eine Mitarbeit des Lesers/Übersetzers appellieren. Das Fließen des Sinns eines Textes in der Geschichte geht damit weit über das hinaus, was die Informationstheorie "Decodierung" nennt. Decodieren, d.h. entschlüsseln, lassen sich nur solche Symbolsysteme, die jedem Ausdruck dauerhaft eine ganz bestimmte Bedeutung zuordnen. Dieser Mangel an einer natürlichen und bleibenden Bedeutung,

---

[12] P. Ricœur, 'Qu'est-ce qu'un texte?', in: R. Bubner, K. Cramer, R. Wiehl (Hrsg.), *Hermeneutik und Dialektik* (Festschrift für H.G. Gadamer), Tübingen 1970, II: 181-200. J. Derrida, *De la grammatologie*, Paris 1967 (dt.: *Grammatologie*, Frankfurt a.M. 1974).

die das geschriebene Wort ein für allemal in seinem Wesen definierte, zwingt das Individuum auf die Bahn der Auslegung, der Rhetorik und der Übersetzung. Unter "Verstehen" begreife ich eine schöpferische Tätigkeit, die den Sinn des Textes in jedem Augenblick neu entwerfen muß. Texte und ihre Auslegungen lehren uns, daß zwei verschiedene Lektüren die ursprünglichen Bedeutungen nicht intakt lassen.

Derrida behauptet sogar: eine individuelle Äußerung aufschreiben und sie im Akt der Lektüre reproduzieren (also wieder erschaffen) bedeutet nicht, dieselbe sprachliche Kette noch einmal artikulieren, sondern: eine andere Artikulation derselben sprachlichen Kette vornehmen. Dasselbe hat eigentlich sogar schon August Boeckh (einer der großen, vergessenen Methodiker unseres Fachs aus der zweiten Hälfte des letzten Jahrhunderts) bemerkt: "[...] man kann nie dasselbe noch einmal produzieren".[13] Darum ist jede Artikulation nicht nur re-produktiv (d.h. eine starke Konvention wiederholend), sondern auf systematisch unkontrollierbare Weise erfinderisch. Immer verschiebt das Individuum die bis dahin geltenden Grenzen der sprachlichen Normalität. Darum hat die Entscheidung über den wirklichen Sinn einer Äußerung prinzipiell hypothetischen Charakter.[14]

Vom Text sagt Hans Martin Gauger, daß er ein Gewebe sprachlicher Elemente untereinander ist und zugleich ein Gewebe von Sprachlichem und Nichtsprachlichem, wobei das Sprachliche im Text das Vehikel des Nichtsprachlichen in ihm ist.[15] Hier kommt zum Vorschein, daß jeder Text wie auch jede Rede situationsbezogen ist und durch einen spezifischen Kontext zusammengehalten wird. Und der Kontext ist die Verknüpfungsweise syntaktischer und semantischer Elemente durcheinander und untereinander. Deshalb hat jeder Text und jede Rede eine unverwechselbare Individualität, und nicht etwa die Textsorte ist für einen bestimmten Text entscheidend, sondern nur – um mit F. Paepcke zu sprechen – die Übersummativität seiner Gestalt. Denn es werden weder Sprachen noch Wörter, sondern Texte übersetzt und verstanden.[16]

Tatsächlich steckt eben nicht nur in der schriftlich tradierten, sondern in jeder Zeichenkette mehr Sinn, als sich zu einer bestimmten Zeit

---

[13] A. Boeckh, *Enzyklopädie und Methodologie der philologischen Wissenschaften*, hrsg. v. E. Bratuschek, Leipzig 18862 (Neudr.: Darmstadt 1966).

[14] M. Frank, Einleitung (des Herausgebers), in: Schleiermacher, *Hermeneutik und Kritik*, Frankfurt a.M. 1977, 47.

[15] Hans-Martin Gauger, *Sprachbewußtsein und Sprachwissenschaft*, München 1967, 11-72.

[16] F. Paepcke, 'Übersetzen als Hermeneutik', in: *Im Übersetzen Leben, Übersetzen und Textvergleich*, Tübingen 1986, 107.

und durch ein bestimmtes Subjekt entdecken läßt. Erst die Tatsache, daß die Zeichen im Laufe der Geschichte einer unendlichen Auslegung unterzogen werden, ist die Ursache dafür, daß Texte überhaupt eine Wirkungsgeschichte haben können. Intervention des Sprechenden kommt in jeder Rede zur Erscheinung; sie kann minimal, aber niemals gleich Null sein. Die Sprache ist nie Herr ihrer eigenen Anwendung ohne Intervention handlungsfähiger, sinnstiftender Subjekte. Die Sprache als System (Schleiermacher spricht von der Totalität der Sprache, Gadamer von der Ganzheit der Sprache – man könnte auch, wie Derrida, sagen: Differenzialität der Sprache), ist gewiß eine notwendige Voraussetzung der Sinnerzeugung (ohne différence gäbe es keine Bedeutungen und keine Bedeutungsveränderung), was nicht heißt, wie Derrida behauptet, daß Bedeutungen allein durch sprachliche Differenzialität entstehen.[17] Ohne Sprache als System kann nicht gesprochen und verstanden werden; ohne die Leistung des Subjekts hätten wir jedoch überhaupt keinen Sinn und keine Verständnismöglichkeit.

Ich bin der Meinung, daß der hypothetisch bezogene Interpretationsprozeß sich nicht verstehen läßt, wenn man die Dimension von Bewußtsein, von Praxis einfach ausschaltet oder für einen Effekt der differenziellen Beziehung zwischen den Wortmarken erklärt. Derrida hat nicht recht, wie es mir scheint, wenn er behauptet, daß Zeichen stets richtungslos aufeinander verweisen, ohne je etwas Nachvollziehbares zu meinen, gleichsam ohne jegliches *vouloir dire*. Die Versteifung auf ein Anderes, Unerreichtes, ist purster Positivismus. Es heißt die Metaphysik der schlechthinnigen Vorhandenheit fortzusetzen, Sprache als reinen Laut hinzunehmen, der ohne auf das Subjekt zu rekurrieren, nichts anderes als sich selbst auszusagen hätte.[18]

Nur in der Dimension eines vorgängigen Bewußtseins lassen sich hypothetische Urteile fällen und Motivierungen vollziehen, wie es Interpretationen sind.

Das Geschäft der Hermeneutik macht die Tatsache aus, daß wir einander nie ganz verstehen. Alles Verstehen impliziert wesentlich ein Nicht-Verstehen. Darauf hat schon Friedrich Schlegel hingewiesen.[19] Das Nicht-Verstehen will sich niemals gänzlich auflösen. Die hermeneutische Pra-

---

[17] J. Derrida, vgl. *La voix et le phénomène*, Paris 1967 (dt.: *Die Stimme und das Phänomen*, Frankfurt a.M. 1979).
[18] Vgl. J. Grondin, *Einführung in die philosophische Hermeneutik*, Darmstadt 1991, 179-193.
[19] F. Schlegel, *Kritische Friedrich Schlegel Ausgabe in 35 Bänden*, Bd II, 370, Paderborn 1958.

xis liefert kein letztgültiges Kriterium der Wahrheit. Das Moment des Nicht-Verstehens läßt sich nie gänzlich in der Hermeneutik auflösen. Die Hermeneutik spielt dabei eine fundamentale Rolle, weil die Einlösbarkeit des Sinns des Textes (oder der Zeichen) nur in einer Hermeneutik fundiert sein kann. Die im Text selbst verwobenen Zeichen erwerben den Status von Zeichen nur kraft einer Interpretation. Äußerung (Text) und Interpretation sind nicht zwei Seiten einer teilbaren Arbeit – der Produktion und der Rezeption: Nicht die Auslegung verfehlt gegebenenfalls den ursprünglichen Sinn der Äußerung, die Äußerung selbst besitzt Sinn nur "dia hypothesin", nur vermutungsweise.

Aus strukturellen Gründen kommt noch stärker zum Vorschein, daß die hermeneutische Praxis kein letztgültiges Kriterium der Wahrheit liefert. Das liegt in der Beziehung zwischen der Sprache als System (langue) zu ihrer konkreten Sprachverwendung (parole). Jede Zeichenidentifikation schließt eine Interpretation ein, nämlich eine vom System der Sprache aus nicht deduzierbare Interpretation, die das Wort von Kommunikation zu Kommunikation als immer wieder anderes Zeichen versteht. Die individuelle Anwendung der Sprache kann niemals aus der Semantik und der Grammatik deduziert werden. Die Sprache ist nicht Vollzugsorgan der Vorschriften des universellen Code. Es gibt keinen Code, der die jedesmal individuellen Anwendung der Sprache völlig zu entschlüsseln imstande wäre. Die individuelle Anordnung, die z.B. einen Stil ausmacht, ist niemals aus einem vorgängigen Code abzuleiten.[20] Das zeigt sich besonders deutlich im "Verstehen des Textes". Vom Verstehen eines Textes wird mehr verlangt als die Aufzählung der Regeln und Konventionen, nach denen seine einzelnen Äußerungen und Äußerungskomplexe codiert sind. Man sollte in der Linguistik endlich damit aufhören, unsere menschlichen Sprachen als Codes zu bezeichnen, von Codierung und Decodierung zu sprechen. Die Sprache ist etwas ganz anderes als ein Code, sie ist viel mehr als ein Code. Die Sprache läßt sich nicht als ein System "abgeschlossener Oppositionen" darstellen. Vom System der Sprache her erreicht man nur die davon erfaßten und formulierten Typen und die besonderen Fälle dieser allgemeinen Typen. Was man nicht erfaßt, ist das, was das sprechende Individuum durch die vom System her unvorhersehbare Art und Weise seines Umgangs mit den sprachlichen Möglichkeiten ihnen zugefügt hat. Dieser unüberbrückbare Abstand zwischen universellem System

---

[20] O. Marquard, 'Frage nach der Frage, auf die die Hermeneutik die Antwort ist', in: *Abschied vom Prinzipiellen*, Stuttgart 1981, 134-138.

und einzelner Aussage ist der unverlierbare "individuelle Beisatz", um mit einem Ausdruck Boeckhs zu sprechen. Die Intervention des Sprechenden kommt in jeder Rede zur Erscheinung; sie kann minimal, aber niemals gleich Null sein.

Eines der auffallendsten Merkmale unserer Sprachen ist ihre systematische Polymorphie. Gerade dieses unberechenbare Auftreten mehrerer Formen für die gleiche Funktion unterscheidet unsere Sprachen von jeder Computersprache.[21]

All diese paradigmatischen, lexikalischen, grammatischen und syntaktischen Polymorphien, bei denen eine Vielzahl von Formen die gleiche Funktion aufweisen, aber auch alle Polysemien, die umgekehrt die gleiche Form für mehrere Funktionen haben und komplementäre Phänomene zur Polymorphie darstellen, sind ganz asystematisch in unsere Sprachen eingestreut.[22]

Das, was auf den ersten Blick höchst unrational und unökonomisch zu sein scheint – mehrere Formen für die gleiche Funktion, die gleiche Form für mehrere Funktionen –, bietet immer auch die Möglichkeit, die vorhandenen Formen besser, geistreicher zu verwenden. Polymorphien zusammen mit Polysemien sind die größte Stärke unserer Sprachen. Polysemie bedeutet, daß wir jede Wendung in immer wieder neuen Zusammenhängen, in immer wieder etwas anderer Bedeutung verwenden können. Polysemie bedeutet "Biegsamkeit, Geschmeidigkeit, Beweglichkeit".[23]

Deshalb können wir uns auch in der hermeneutischen Praxis niemals auf blinde Anwendung der erlernten Regeln verlassen. Außerdem kann die Anwendung der Regeln des Verstehens nicht auf Regeln gebracht werden.[24]

Selbst Kontextregeln, wenn es sie gäbe, könnten die Einmaligkeit und Aktualität der kontextuellen Situation nicht bis ins letzte antizipieren und determinieren.

Das Reden und Verstehen hat mit der Erlernbarkeit einer bloßen Technik wenig zu tun, weil die Anwendung der Regeln des Redens und Verstehens nicht auf Regeln gebracht werden kann. Es ist ja eine ganz ähnliche Interferenz, die zwischen Verstehen und Auslegen statthat, wie die, die zwischen Reden und Redekunst besteht. In beiden Fällen ist der

---

[21] M. Wandruszka, *Die Mehrsprachigkeit des Menschen*, München / Zürich 1979, 36.
[22] M. Wandruszka, *Interlinguistik. Umrisse einer neuen Sprachwissenschaft*, München 1971, 56-74.
[23] Ebenda, S. 72.
[24] E.D. Hirsch, *Validity in Interpretation*, New Haven / London 1967, 201.

Anteil der regelbewußten Anwendung so untergeordnet, daß es einem richtiger scheint, in der Rhetorik wie in der Hermeneutik, ganz ähnlich wie im Falle der Logik, von einer Art theoretischer Bewußtmachung zu sprechen, d.h. einem "philosophischen Rechenschaft-Geben", das von ihrer Anwendungsfunktion mehr oder minder abgelöst ist.

Der Rhetor und der Hermeneut sind nur in geringem Maße Theoretiker, vor allem aber Spieler. Die Dimension des Spiels, womit nicht das subjektive Verhalten des Interpreten bezeichnet wird, ist etwas Umfassendes, das nicht nur für die Position des literarischen Interpretierens gilt, sondern das sprachliche und textuelle Verhalten des Lesers und Redners überhaupt transparent macht. Dieser Gedanke wurde schon von Hans-Georg Gadamer in *Wahrheit und Methode* fruchtbar gemacht, in Frankreich wird er unter u.a. von Roland Barthes, Jacques Derrida und Pierre Bourdieu wieder aufgegriffen; unter den Sprach-und Übersetzungswissenschaftlern hat in den letzten Jahren vor allem Mario Wandruszka auf die Relevanz der Spielmetapher hingewiesen.

Das Fundamentale am Spielbegriff scheint mir zu sein, daß an ihm deutlich zum Vorschein kommt: wer spielt, geht in einer Totalität auf, die die eigene Subjektivität übersteigt; wer aus dem Spiel heraustritt, wird zum "Spielverderber". Man kann Spiel nicht fraglos mit Freiheit identifizieren, weil der Spielende immer schon an Regeln gebunden ist, die er sich nicht ausgewählt hat, die er aber akzeptieren muß, um überhaupt spielen zu können. Es gibt hier (wie in der Sprache) ein Regelsystem mit Regelanweisungen, jedoch ohne kausallogische Begründungsmöglichkeiten der Regelanwendung. So beruht das Spiel wie das Schreiben, Sprechen, Verstehen und Übersetzen auf Konventionen, die aber das Kreative weder zerstören noch ausklammern, sondern man kann geradezu sagen, daß die Kreativität erst im Umgang mit dem Regelsystem ins Spiel kommt.[25]

Der Hermeneut als Spieler erklärt die Formulierungen des Textes nicht durch die Theorie der Spielregeln. Denn die Verwirklichung des Verstehensspiels ist zwar an die Einhaltung der syntaktisch-semantischen Spielregeln, an die Freiheit der textspezifischen Formulierungen und an die Verknüpfung von Vermutung und Beobachtung gebunden, aber nicht an die Verkettung von Ursache und Wirkung sowie an Gesetzmäßigkeiten. Die sprachlichen Gesetzmäßigkeiten sind nur die Bedingungen, unter denen ein sprachliches Ereignis eintreten kann.

---

[25] Dazu die klaren und weiterführenden Ausführungen von Fritz Paepcke. Vgl. auch H. Gadamer, *Wahrheit und Methode*, Tübingen 1972, 97-105.

Daß gerade diese Möglichkeit in einem Text oder in einer Auslegung gewählt wird und nicht eine andere, daß gerade dieser Weg einer Formulierung beschritten wird und nicht ein anderer, unterliegt keiner Gesetzmäßigkeit. So gehört zum Verstehen die spezifische Fähigkeit, auf die Eigenart der Texte zu hören, das Wesentliche in sich aufzunehmen, um es dann angemessen wiederzugeben, aber auch ein hochentwickeltes Gespür für sprachliche Wertigkeiten. Zwischen Text und Verstehen gibt es eine permanente Beweglichkeit und Unberechenbarkeit wie zwischen Regel und Spiel, ein Ineinander von punktueller Verdeutlichung und variabilitätsorientierter Auswahl. Die "spezifische Genauigkeit", wie sie wissenschaftlicher Objektivierung entspricht, erfüllt sich in einer "unspezifischen Genauigkeit", wie sie der Kunst eigen ist.[26] Der Verstehende hat keine dekorative Funktion, sondern eine spracherschließende Aufgabe, er bewegt sich zwischen demonstrativer Zweckmäßigkeit und welterschließender Textbedeutung.[27]

Im strengen Sinne gibt es keine Verstehenswissenschaft, es gibt nur ein von der Theorie geleitetes Verstehen. Verstehen ist Rhetorik und Hermeneutik, denn es wird nur eine *doxa* (Meinung, Vorstellung), nicht aber eine *episteme* (Wissen, Kenntnis) übertragen.

Über die Wahrheit einer Interpretation kann nicht endgültig "entschieden" werden. In diesem Sinne gibt es nicht die letzte, beste Interpretation von Reden oder Texten, weil ja nach Lebenserfahrung, Standort, Weltansicht und Sprachbeherrschung von verschiedenen Interpreten verschiedene Differenzierungen von Worten in einem Text vorgenommen werden, deren Sinn nur von einem außerhalb der Kommunikation liegenden Standort zu kontrollieren wäre. Diesen Standort gibt es nicht, denn nur in einer Kommunikation (und nicht außerhalb ihrer) können Wörter einen Sinn haben. Der Sinn eines Satzes ist nicht objektiv, d.h. ist nicht außerhalb der Kommunikation entscheidbar. Nur in sozialer Praxis hat sich der Sinn stets auf neue und ohne letzte Garantie seiner Objektivität zu bewähren. Die Interpretation wird damit unendlich. Diese Unendlichkeit der Interpretation läßt sich durch die Intervention eines sinnschaffenden und sinndeutenden Subjekts erklären.

Die Sprache als System ist ein Unendliches, weil jedes Element auf eine besondere Weise bestimmbar ist durch die übrigen. Das heißt

---

[26] H. Domin, *Wozu Lyrik heute? Dichtung und Leser in der gesteuerten Gesellschaft*, München 1968.
[27] Vgl. H. Gadamer, *Wahrheit und Methode*, op.cit., 415.

nicht, daß jedes Element determiniert ist durch eine endliche Menge von Oppositionen (Exklusionen), die – um seine Identität zu garantieren – von ihm fernzuhalten sind, sondern daß die Art und Weise der Bestimmung offen ist und jedesmal in letzter Instanz von der Interpretation abhängt.

Aus dem, was schon über die Hermeneutik gesagt wurde, ist der Schluß zu ziehen, daß der Rekurs auf die Individualität (auf das Subjekt) für die Hermeneutik unvermeidbar ist. Das Subjekt stellt die letzte Instanz dar, durch die Sinn geschaffen und verstanden werden kann. Damit plädiere ich für eine Hermeneutik, die am Begriff eines sinnstiftenden Subjekts festhalten kann und will.

Eine generelle Schlußfolgerung aus den bisherigen Überlegungen ist folgende: die Sprache ist ein geschichtlich bestimmtes System, das im konkreten Gebrauch seinen Sinn konstituiert und verändert. Für die Konstitution und Transformation der Bedeutung der sprachlichen Äußerungen ist das Individuum verantwortlich.

In diesem Zusammenhang möchte ich gegen Gadamers Hermeneutik den Vorwurf erheben, daß sie das Subjekt verflüssigt, weil es nicht mehr für sich gesetzt wird. Eigentlicher Akteur dieses Gesprächs mit der Überlieferung, um welches es vor allem in Gadamers Hermeneutik geht, ist nicht ein einzelnes Subjekt, sondern das Gespräch selbst im Gespräch mit der Überlieferung. Dieses Gespräch ist eigentlich das geschichtliche Geschehen selbst, in dem wir schon immer stehen und durch das wir immer schon vermittelt sind.

Gadamer stellt mit seiner Theorie des Verstehens, der gemäß alles, was wir verstehen können, unter Antizipationen (er spricht von Vorurteilen) steht, eindringlich die Macht der Vergangenheit überhaupt heraus, um die Ohnmacht des Menschen aufzuzeigen. Das äußert sich vor allem im Verstehen von Überlieferung, wo wir durch ein "wirkungsgeschichtliches Bewußtsein" bestimmt sind. Das Verstehen von Überlieferung ist niemals ein subjektives Verhalten zu einem gegebenen "Gegenstand", sondern zur Wirkungsgeschichte, die "zum Sein dessen gehört, was verstanden wird".[28] Auf diese Weise dominiert bei Gadamer über dem Interpreten und dem Verfasser eines Werkes das sog. "Sinngeschehen".

Bei Heidegger nimmt es die Form des "Seinsgeschicks", bei Gadamer die Gestalt der "Horizontverschmelzung" an. Dieser hier ausschließlich zulässige Typ der Rationalität dominiert jedes individuelle Verstehen und jede Verständigung. Deshalb auch sind diese Philosophien keine

---

[28] H.G. Gadamer, *Wahrheit und Methode*, op.cit., XIX.

wirkliche Überwindung der Fehler der sich von Descartes bis Husserl hinziehenden sogenannten Bewußtseinsphilosophie. Heidegger und Gadamer haben daran festgehalten, daß Subjektivität und Selbstbewußtsein eine Ableitung aus einer ursprünglichen Realität – sei es das Verstehen, sei es die Sorgestruktur – sein muß. Bei Gadamer übernimmt die Tradition die Funktion des Subjekts. Der hermeneutische Einspruch Gadamers gegen die Subjektivität bewahrt Grundrisse des Modells der Reflexivität, weil der von Gadamer sogenannte spekulative Charakter des Verstehens – der darin besteht, daß Eines (zum Beispiel eine Tradition) sich im Anderen (aktuelles Verstehen) als in sich selbst spiegelt – die Struktur der Reflexion – in sich hat. Gadamer ersetzt das idealistische "Subjekt" durch die "Tradition", hält aber dennoch die idealistische Reflexionsstruktur aufrecht. Es ergibt sich letztlich bei ihm, daß das Verstehen und die Sprache in der Form des Gesprächs das Geschehen der Geschichte selbst ist. Dieses Geschehen ist nicht mehr relativierbar, weil es alles in sich einschließt. Als das Spiel, das sich selber spielt, ist es das absolute Subjekt. Wenn man diesen Ansatz zur geschichtlichen Entwicklung in Beziehung setzt, so zeigt sich, daß die Bewegung von Hegel über Heidegger zur modernen Hermeneutik durchaus konsequent ist. Wie Walter Schulz überzeugend gezeigt hat, ist sie bestimmt durch eine immer radikalere Historisierung, der eine paradoxe Selbstauflösung der Philosophie der Subjektivität als Gang zu ihrer Vollendung hin entspricht.[29]

Das Subjekt verflüssigt sich, es wird nicht mehr für sich gesetzt. In Hegels Philosophie umgreift das Geschichtssubjekt die Geschichte als ein anderes, das als anderes zu negieren ist. Heideggers Geschichtssubjekt, das Sein, ist weit weniger als der Geist vom Geschehen abzutrennen, das Sein soll nichts für sich sein, dann wäre es ja ein Seiendes. Bei Heidegger können wir überhaupt nicht vom Sein als Subjekt der Geschichte reden, weil nach Heidegger der Bestimmung "Subjekt" keine positive Bedeutung zukommt. So erscheint es unangebracht, die Hermeneutik noch in irgendeiner Weise von der Philosophie der Subjektivität her zu begreifen. Aber diese Unangemessenheit gründet gerade darin, daß der Vorgang der Subjektivierung nun absolut geworden ist: es gibt kein Seiendes, das außerhalb der Geschichte steht. Geschichte ist nun selbst das Subjekt geworden. Geschichte – Sprache – Spiel: all dies sind – das ist das Entscheidende – vertauschbare

---

[29] W. Schulz, 'Anmerkungen zur Hermeneutik Gadamers', in: R. Bubner, K. Cramer, R. Wiehl (Hrsg.), *Hermeneutik und Dialektik*, Tübingen 1970, Bd. 1, 314.

Größen.[30] Jetzt sind alle metaphysischen außergeschichtlichen Reste abgestoßen (wie Geist bei Hegel), weil Geschichte nur an ihr selbst das absolute Subjekt geworden ist. Das Problem des historischen Relativismus ist damit gelöst.

Ich teile mit Gadamer die Überzeugung, daß man die Hermeneutik heute nicht mehr, wie das bei Schleiermacher der Fall war, als Kunst des Verstehens, oder wie bei Dilthey und bei Betti[31] als Methode der Geisteswissenschaften begreifen kann und sollte. Es macht nicht viel Sinn, noch heute eine Kunstlehre des Verstehens, wie die ältere Hermeneutik beabsichtigte, zu entwickeln. Auch die Beschreibung und die Begründung des methodischen Verfahrens der Geisteswissenschaften gehört meiner Meinung nach nicht zur Aufgabe der philosophischen Hermeneutik. Die Auffassung der Aufgabe der Hermeneutik, die Gadamer in der Vorrede zur "Wahrheit und Methode" beschreibt, liegt mir nahe: "Mein eigentlicher Anspruch war und ist ein philosophischer. Nicht, was wir tun, nicht, was wir tun sollten, sondern was über unser Wollen und Tun hinaus mit uns geschieht, steht in Frage".[32]

Im Falle der Hermeneutik befinden wir uns heute eher in einer platonischen als in einer aristotelischen Situation. Das heißt, daß man nicht mehr daran glaubt, in der Philosophie eine letzte Begründung liefern zu können. Die Überzeugung, daß die Philosophie zu letzten Evidenzen führen kann, ist eigentlich mit der transzendentalen Philosophie verabschiedet worden. Gerade dort, wo sich Philosophie nicht mit Hilfe von Reflexion begründen kann, braucht sie notwendig Hermeneutik und Rhetorik. Sie ist auf Rhetorik und Hermeneutik angewiesen, auf Disziplinen, die den Kontingenzanteil der Philosophie zum Vorschein bringen.

Schon bei Plato ist die Philosophie auf etwas anderes angewiesen, nämlich auf Frömmigkeit, die zu begründen sie selbst nicht imstande ist. Plato zufolge lehrt Philosophie etwas, was sie nicht als evident und wahr nachweisen kann. Deshalb braucht sie Rhetorik und Hermeneutik. Beide, sowohl Rhetorik als auch Hermeneutik, resultieren aus dem Kontingenzanteil der Philosophie. Wo, wann, wie Philosophie jemanden zum Wahren führen kann, das bestimmt bei Plato die Rhetorik. Gerade deshalb ist ihm die Rhetorik als Überzeugungskunst auf das Wissen um das Wahre (Philosophie) angewiesen. Nachdem Plato im

---

[30] Ibidem, S. 314.

[31] Vgl. E. Betti, *Die Hermeneutik als allgemeine Methodik der Geisteswissenschaften*, Tübingen 1962.

[32] H.G. Gadamer, *Wahrheit und Methode*, op.cit., XVI.

"Georgias" die gesamte Rhetorik als bloße Schmeichelkunst mit der Kochkunst gleichsetzt und allem wirklichen Wissen entgegengesetzt hat, versucht er im Dialog "Phaidros", der Rhetorik einen tieferen Sinn zu verleihen und eine philosophische Rechtfertigung zuteil werden zu lassen. Dieser Dialog will zeigen, daß die Rhetorik mehr eine Philosophie des menschlichen Lebens, das durch Reden bestimmt ist, darstellt als eine Technik der Redekunst. Plato zeigt im Dialog "Phaidros", daß Rhetorik stets auf die Dialektik als das höchste Wissen angewiesen ist. Denn die eigentliche Kunst der Rhetorik sei weder vom Wissen um das Wahre ablösbar, noch vom Wissen um die Seele des Zuhörers, an dessen Affekte und Leidenschaften die rhetorischen Mittel zwecks Überredung appellieren. Das, was im "Phaidros" über die Erhebung der Rhetorik von einer bloßen Technik zu einem wahren Wissen (das Plato freilich *techne* nannte) gesagt wird, muß sich letztlich auf die Hermeneutik als die Kunst des Verstehens anwenden lassen. Das Verstehen muß ebenso vom Wissen her gedacht werden. Nun geht es wahrer dialektischer Philosophie um das "Gute", und das stellt sich nicht als ein *ergon* dar, das durch das Machen hergestellt wird, sondern als Praxis, das heißt als *energeia*.

Offenbar sind Redenkönnen und Verstehenkönnen von der gleichen Weite und Universalität. Man kann über alles reden, und alles, was einer sagt, sollte man verstehen. Rhetorik und Hermeneutik sind hier eine sehr enge innere Beziehung eingegangen. Auch bezieht Aristoteles später die Rhetorik engstens auf die Dialektik, und das heißt, daß er ihr kein besonderes Gebiet zuordnet, sondern ihre allgemeine Anwendbarkeit und Nützlichkeit unterstreicht.

MANFRED RIEDEL, Halle

DIE ERFINDUNG DES PHILOLOGEN. FRIEDRICH AUGUST WOLF UND FRIEDRICH NIETZSCHE

"Der achte April 1777, wo F. A. Wolf für sich den Namen stud. philol. erfand, ist der Geburtstag der Philologie".[1] Dieser lapidare Satz steht an der Spitze von Notizen zu einem Buchprojekt unter dem Titel: 'Wir Philologen', womit der junge Nietzsche die Reihe seiner "Unzeitgemäßen Betrachtungen" fortzusetzen gedachte. Denn "unzeitgemäß", so erscheint Nietzsche, knapp 100 Jahre nach diesem Datum, der Berufsweg des Philologen. Betrachtungen darüber finden sich sowohl während der späten Leipziger Studentenjahre als auch zu Beginn der Lehrzeit des unter so glücklichen Umständen arrivierten Professors an der Universität Basel, der so bald mit seinen Standesgenossen zerfallen sollte. Stets hat dabei die Erinnerung an Wolf eine besondere Rolle gespielt.

Kein Wunder, daß Nietzsche dieses Ereignis als eine Art von Gründungslegende der klassischen Philologie in Deutschland betrachtet, der er nachsinnt, um sich daran ein Stück ihrer Geschichte und die Entfernung vom Ursprung zu vergegenwärtigen. Kein Wunder auch, daß sich der junge Nietzsche in diesem Bemühen mit Wolf identifiziert, den er "seinen großen Vorgänger" nennt.[2] Das klassische Altertum, heißt es am Schluß der dritten 'Unzeitgemäßen Betrachtung' über 'Schopenhauer als Erzieher' (1874), die das Thema von 'Wir Philologen' anschlägt, "ist zu einem beliebigen Altertum geworden und wirkt nicht mehr klassisch und vorbildlich. Wohin ist der Geist Friedrich August Wolfs hinverflogen, von dem Franz Passow sagen konnte, er erscheine als ein echt patriotischer, echt humaner Geist, der allenfalls die Kräfte hätte, einen Weltteil in Gärung und Flammen zu versetzen – wo ist dieser Geist hin?"[3]

---

[1] Friedrich Nietzsche, *Sämtliche Werke. Kritische Studienausgabe*, hrsg. von G. Colli / M. Montinari (= KSA), Berlin / New York 1967 ff., Bd. 8, 15.
[2] Nachgelassene Fragmente, Ende April 1870 – April 1871, 7 [79], KSA 7, 156.
[3] Schopenhauer als Erzieher, 8, KSA 1, 424.

Bevor ich Nietzsches Auseinandersetzung mit Wolf und der klassischen Philologie seiner Zeit am Leitfaden dieser Frage nachgehe, sei es mir erlaubt, den geschichtlichen Kern der Legende freizulegen und einiges über die Gründerfigur des Faches zu sagen, F. A. Wolf, den Freund von Goethe und Humboldt, den Lehrer Schleiermachers und Schopenhauers. Zwei Versionen sind überliefert. Nach der *einen* besucht der kaum 17jährige, von der Liebe zur lateinischen Sprache getrieben, den berühmten Altertumsforscher Heyne an der Universität Göttingen, um unter seiner Leitung Philologie zu studieren, und Heyne erklärt ihm, dafür gebe es kein akademisches Studium, man müsse Jurisprudenz oder Theologie wählen, sonst könne man nicht immatrikuliert werden. Die Abfuhr vermochte Wolf nicht zu beirren. Soll er doch nach der *zweiten* Version ein Jahr später mit demselben Wunsch beim Göttinger Prorektor erschienen sein, einem Mediziner, der ihn verlacht und darauf hingewiesen habe, *Medicinae studiosos* gebe es wohl, auch *Juris* und *Theologiae*, ja selbst *Philosophiae*. Aber auch, wer Mathematik oder ein anderes Fach des philosophischen Studiengang betreibe, gehöre in die Matrikel der Theologischen Fakultät. Ein Student der Philologie sei ihm in praxi noch nicht vorgekommen. Habe Wolf aber die Absicht, Gymnasiallehrer zu werden, so müsse er ihn dennoch als Theologen einschreiben.[4] Am Ende hat sich der Prorektor überreden lassen und trug Wolf unter dem 8. April 1777 als *Philologiae studiosus* an der Universität Göttingen ein, zum nicht geringen Erstaunen von Heyne, wie die Legende abschließend berichtet, der Wolf kurz abfertigte, als er den Eintrag las.

Der Geburtstag der Philologie, das ist, wenn er sich denn datieren ließe, freilich eher Wolfs Gründung des Philologischen Seminars an der Universität Halle, wohin der Autodidakt, dem in Göttingen einzig der Orientalist Michaelis etwas lehren konnte, im Sommer 1783 als Pädagogik-Professor berufen worden war. Ähnliche Einrichtungen gab es auch anderswo, so bei Gesner in Leipzig oder Heyne in Göttingen. Aber es gab sie nicht unter dieser für die Geschichte der klassischen Philologie in Deutschland entscheidenden Konstellation, jener Verbindung altsprachlicher Gelehrsamkeit mit dem zeitgenössischen Erziehungsgedanken, die es Wolf erlaubte, sie als selbständiges Universitätsstudium

---

[4] Vgl. W. Körte, *Leben und Studien Friedrich August Wolf's des Philologen*, 1. Teil, Essen, 1833, 40f. und 46f.; zur Legende E. Schröder, 'Philologiae studiosus', in: *Neue Jahrbücher für das klassische Altertum* 32 (1913), 168ff.; zum geschichtlichen Standort A. Horstmann, "Die 'klassische Philologie' zwischen Humanismus und Historismus: Friedrich August Wolf und die Begründung der modernen Altertumswissenschaft", in: *Berichte zur Wissenschaftsgeschichte* 1 (1978), 51-70.

mit höchstem Bildungsanspruch für die Schullaufbahn durchzusetzen und ihr jenen Rang zu verschaffen, den vormals die Theologie besaß. Das hat Nietzsche richtig gesehen; und darum ist seine Nativitätsbestimmung im Recht. Denn es geht ihm in der geplanten Schrift 'Wir Philologen' im wesentlichen um den Versuch, die Schicksale des Faches aus dem Gestirnstand seiner Geburtsstunde vorherzusagen. Was dem jungen Nietzsche zweierlei besagt: einmal die Erkundung der glücklichen Aspekte einer unvorhergesehenen Herkunft aus geschichtlich einmaligen Umständen der Freundschaft zwischen Goethe und Wolf auf dem Höhepunkt der klassischen deutschen Dichtung und Philosophie und zum anderen die Suche nach Aspekten des Unglücks, dem Verhängnis der Gegenwart, davon abgefallen und für die Zukunft dem Verfall ausgesetzt zu sein. Beide Gesichtspunkte möchte ich im folgenden behandeln.

I

Den Ruf an die Universität Halle verdankte Wolf seiner Ankündigung, einen "Grundriß der Dialoge Platons" zu verfassen, als "Einleitung in das Studium dieses Philosophen". Sie ist in der Vorrede zu der von ihm besorgten Ausgabe des 'Symposions' (1782) erschienen, und ihre Hauptthese, daß Platon in diesem Dialog keineswegs verfehlte Ansichten über die Liebe zusammengestellt und dann von der Sokrates-Rede abgehoben habe, sondern eine jede vorgetragene Rede etwas Wahres sagt, konvergiert aufs Merkwürdigste mit Nietzsches These in seiner Pfortenser Schularbeit zu demselben Thema,[5] so daß hier, vielleicht auf der Grundlage des nach Wolfs Tod noch einmal aufgelegten Textes (1828), früheste Berührungen stattfinden. Durch Wolf ist Halle, nach schweren Anfangskämpfen sowohl gegen die naturalistische Aufklärungspädagogik mit ihrem philanthropischen Nützlichkeitsideal als auch gegen supranaturalistische Ansichten von der Erziehungsaufgabe der Philologie im Dienst des christlichen Glaubens, in mehr als 23jähriger Lehrtätigkeit noch einmal zur Muster- und Pflanzstätte für das akademische Studium in ganz Deutschland geworden, und dies umso mehr, als Wolf im Zusammenhang mit den äußeren Kämpfen um die Anerkennung eines selbständigen Lehramts die innere Reformation des philologischen Studiums und dessen grundsätzliche Loslösung von der Theologie und Jurisprudenz gelang.

---

[5] 'Ueber das Verhältnis der Rede des Alcibiades zu den übrigen Reden des platonischen Symposions' (1864), in: *Nietzsches Werke*, Bd. 2: Jugendschriften 1861 – 1864, hrsg. von H. J. Mette, München 1934, 420-424.

Was den Weltteil, um mit Nietzsche zu reden, in Gärung und Flammen versetzte, war die bei Wolf von Anbeginn verfolgte Absicht humaner Erziehung von Erziehern durch eine an dieser Universität erarbeitete neue Gesamtansicht des "klassischen" Altertums. Deutlich wird sie uns an der die Platon-Edition ergänzenden Schulausgabe der *Ilias* und *Odyssee* (1784), worin sich das spätere Homer-Projekt ankündigt, und am Zyklus seiner Lehrveranstaltungen. Er reicht von Vorlesungen über Mythologie und Geschichte der griechischen und römischen Literatur bis hin zu Einleitungskursen in die griechische Tragödie und das Studium der klassischen Philologie.[6] Sieht man von der für Wolfs Gesamtansicht vom "klassischen" Altertum zentralen Vorlesung über die "Antiquitäten von Griechenland" und die Römische Literaturgeschichte einmal ab, so sind es eben jene Themen, die auch Nietzsche behandelt hat, und in seiner Behandlung besitzt Wolfs Verständnis des Griechentums bei aller Kritik an neuhumanistisch-klassizistischen Verzeichnungen des antiken Bildungs- und Erziehungsideals eine Leitfadenfunktion.

Obwohl Wolf der Plan einer Neuedition des *Corpus Platonicum* über die Halleschen Jahre hinaus begleitet,[7] hatte sich das Schwergewicht seiner Vorlesungen schon bald auf die griechische Literatur und hier besonders auf die epische Dichtung verschoben, woraus dann als Probe auf das Exempel die 'Prolegomena ad Homerum' (1795) erwachsen. Nach dem Vorbild von Lessing, der an Homer die Regeln aller erzählenden Poesie darlegte, und von Herder, der daran den Charakter volksmäßiger Dichtung erläuterte, drang Wolf in Anknüpfung an die Arbeiten der alten Grammatiker auf dem historisch-kritischen Weg in die stilistisch heterogene Komposition der *Ilias* und *Odyssee* ein. Dabei gelangte er zu dem umstürzenden Ergebnis, daß sie unmöglich von einem Autor verfaßt gewesen sein können, sondern aus mündlicher Überlieferung und somit aus kleineren, liedhaften Gebilden entstanden sein müssen. Diese Untersuchungen, der Streit um das darin aufgestellte, neue Ideal der Philologie und sein Kampf um ihre Anerkennung als unabhängiges Lehrfach haben Wolfs Kraft derart in Anspruch genommen, daß er das Platon-Unternehmen immer wieder aufschieben und schließlich, nicht

---

[6] Vgl. die Übersicht von Wolfs Leitfaden zu seinen Vorlesungen bei W. Körte, Bd. 1, 164ff. sowie des Lehrkurses, ebd., S. 174ff.

[7] Vgl. M. Fuhrmann, 'Friedrich August Wolf. Zur 200. Wiederkehr seines Geburtstages am 15. Feb. 1959', in: *Deutsche Vierteljahrsschrift für Literaturwissenschaft und Geistesgeschichte*, Bd. 33, 1959, 196. Was Wolf während der Berliner Zeit von seinem Plan ausführte, war lediglich der erste Teil einer Platon-Auswahl (Platonis dialogorum delectus pars I: Euthyphro etc., 1812).

ohne persönliche Verbitterung, mit ansehen mußte, wie es sein Schüler Schleiermacher, seit 1805 Theologie-Professor an der Universität Halle, zusammen mit Friedrich Schlegel realisierte.

Wenn Wolfs *Prolegomena* den Geist philologischer Kritik in Deutschland wachriefen, so hat Dilthey die Aspekte dieses in der Tat folgenreichen Zusammenspiels zweier geistesgeschichtlich bedeutsamer Ereignisse umschrieben, so begann mit Schleiermachers Platonwerk die "bewußt-kunstmäßige Behandlung der Interpretation" als hermeneutischer Aufgabe. In Erinnerung an Schleiermachers Abgrenzungsversuch gegenüber seinem Lehrer in dem Berliner Akademievortrag vom 13. August 1829: 'Über den Begriff der Hermeneutik mit Bezug auf F. A. Wolfs Andeutungen und Asts Lehrbuch' (aus dem Jahre 1805) fährt Dilthey dann fort: "Das Studium der inneren Form eines schriftstellerischen Werkes, die Erforschung des Zusammenhangs der einzelnen Schriften eines Autors untereinander und im Geiste ihres Urhebers, eine hierdurch bedingte straffe und kunstmäßige Methode der Interpretation, und daraus fließend das unverbrüchliche Festhalten daran, daß erst, wenn die Kunst der Auslegung ihre ganze Schuldigkeit getan, die Messer der Kritik ansetzen dürfen – dies alles geht aus von der Kunst, die Schleiermacher an Platon übte, und dem Bewußtsein, das in seiner Hermeneutik und Kritik zum Ausdruck gelangte".[8]

So richtig dies dem sachlichen Verhältnis nach und im Blick auf Diltheys Selbstverständnis sein mag, so falsch erscheint mir das von Wolf gezeichnete Porträt als des nach rückwärts blickenden Homerforschers, dem die historisch-kritische Methode zum Selbstzweck gerät. Unter diesem Gesichtspunkt läßt sich Wolf in der von Dilthey beeinflußten Geschichtsschreibung der neueren Hermeneutik gar nicht unterbringen. Und damit muß auch Nietzsches Stellung fallen oder sein Ort, trotz der Nähe zu Heidegger, in der Schwebe bleiben. Denn seine Auffassung, daß Hermeneutik und Kritik zusammengehören, ja, daß sie im Interesse des Lebens eine Einheit bilden müssen, hängt ganz von Wolfs Bestimmungen dieses Verhältnisses in dem Methodenteil der 'Vorlesungen über die Altertumswissenschaft' (I, 1839) ab, die Nietzsche offensichtlich zur Vorlage seines Baseler Einleitungskollegs in das Studium der klassischen Philologie (1871) gedient haben. *Wie wird der Philologe* und *unter welchen Bedingungen wird er erfunden*? Das ist ihre

---

[8] 'Leben Schleiermachers', 2. Halbband (1803 – 1807), hrsg. von M Redeker, in: W. Dilthey, *Gesammelte Schriften* Bd. XIII2, Göttingen 1970, 38. Vgl. auch: *Der Aufbau der geschichtlichen Welt in den Geisteswissenschaften* (1910), hrsg. von M. Riedel, Frankfurt a.M. 1981², 111f.

Leitfrage, und Nietzsche beantwortet sie in der Zeichnung von Wolfs Portrait. "Jetzt lese ich 'Einleitung und Enzyklopädie'", teilt er während der Ausarbeitung des Kollegs Erwin Rohde mit, "zum Staunen meiner Zuhörer, die sich schwerlich in dem Bilde wiedererkennen, das ich von dem idealen Philologen entwerfe".[9] Der Entwurf, so wird sich zeigen, ist an Wolfs Gestalt und seiner Tat orientiert, die in Nietzsches Sicht auf halbem Wege stecken blieb, weil sie die Zeitgenossen nur unvollkommen verstanden. Bevor ich darauf eingehe, möchte ich etwas weiter ausholen und auf dem Hintergrund der Freundschaft zwischen F. A. Wolf und Goethe einige Aspekte der Entstehung der klassischen Philologie als Lehr- und Fachdisziplin zur Sprache bringen, die uns beim jungen Nietzsche wiederbegegnen.

Goethe hat Wolf in Halle wiederholt besucht und gelegentlich, von dessen Tochter hinter eine Tapetentür geführt, den häuslichen Vorlesungen über philologische Enzyklopädie zugehört, die ihn als eine aus der Fülle der Kenntnis hervortretende freie Überlieferung des Altertums tief beeindruckten.[10] Wolf verstehe es mit einer fast magischen Gewandtheit, Ort und Zeit der Schriftsteller zu bestimmen, und sei in der Lage, sich die Vergangenheit im höchsten Grade zu vergegenwärtigen, trägt Goethe in sein Tagebuch ein.[11] Beeindruckt zeigt sich Goethe mit den meisten seiner Zeitgenossen auch von Wolfs Homerforschung, bleibt aber hier in seinem Urteil schwankend. Teils schien ihm das kritische Verfahren die "fruchtbarsten Gärten des ästhetischen Reichs" zu verwüsten, teils ermunterte ihn die kühne Zerlegung des homerischen Epos in liedhafte Gebilde mit verschiedenen Urhebern zu 'Hermann und Dorothea', dem lyrischen Versuch eines epischen Gedichts auf dem Boden der Moderne, womit er Wolfs *Prolegomena* wenigstens "praktischen Beifall" spendet.[12] Und als Wolf nach der Schließung der Universität Halle durch Napoleon bei dem Freund um Hilfe sucht, da rät ihm Goethe,[13] seine "archäologischen" Hauptvorlesungen zum Druck zu bringen. Was mit der 'Darstellung der Altertumswissenschaft' im Jahre 1807 geschehen ist, die in der Gründungsgeschichte des Faches Epoche macht.

---

[9] Brief vom 7. Juni 1871, in: Briefe, KSB 3, 197.

[10] Vgl. E. Grumach, *Goethe und die Antike*, Bd. 2, Potsdam 1949, 943f.

[11] Vgl. 'Tag- und Jahreshefte 1805', in: *Goethes Werke*, hrsg. von E. Trunz, Bd. X, Hamburg 1960², 473f.

[12] Vgl. Brief an Schiller vom 17. Mai 1795 mit Brief an Wolf vom 26. Dezember 1796.

[13] Brief an Wolf vom 28. November 1806, in: *Goethe-Briefe*, hrsg. von Ph. Stein, Bd. 5, Berlin 1924, 265f.

Die Vorrede wendet sich an Goethe, den "Kenner und Darsteller des griechischen Geistes", und bekennt sich im Namen der Altertumswissenschaft zu dem Programm, "das weite Gebäude von Kenntnissen aufzuklären, in welchen jener das Leben verschönernde Geist ursprünglich wohnte".[14] Es ist der Grundsatz des neuhumanistischen Philologenideals, seines Bündnisses mit der deutschen Humanitätsdichtung und ihrem Glauben an eine Wiedergeburt der klassischen Schönheitsidee auf dem Boden der Moderne. Danach hatte zuerst Schiller in dem denkwürdigen Brief an Goethe vom 23. August 1794 dessen Dasein als Reinkarnation antiker Lebensformen gedeutet.[15] Goethe hatte, zusammen mit Wolf, diese Deutung auf Winckelmann bezogen, der im Leben "einen wirklich altertümlichen Geist" besessen und ihn auch in seinen kunstgeschichtlichen Studien zur Geltung gebracht hat.[16] Wolf wendet sie nun auf das von ihm begründete Altertumsstudium im Ganzen und auf Goethe selbst an, "in dessen Werken und Entwürfen, mitten unter abschreckenden modernen Umgebungen, jener wohltätige Geist sich eine zweite Wohnung nahm".[17]

Goethe als *Musaget* der Kunst *und* jener Wissenschaften vom klassischen Altertum, der Geschichte, Hermeneutik und Kritik, die über die "engen Kreise und Tummelplätze des gewöhnlichen heutigen Lebens" hinausweisen: das ist die Konstellation, die uns am Eingang des Weges der neuhumanistischen Philologie in Deutschland entgegentritt. Der Dichter, dem sich im "natürlich verwandten Gemüt" das "innere Heiligtum der altertümlichen Musenkünste" aufschloß, gilt als Bürge einer Wiederkehr der Antike, die herbeizuführen der deutschen Nation durch ihre dichterisch verwandelte Sprache und Verwandtschaft mit den Griechen aufgegeben ist, wie das auch Humboldt (den die 'Darstellung' zitiert) behauptet hatte. Obwohl Wolf die Verdienste der italienischen und englischen Philologen genauestens kennt, verstärkt er unter dem Eindruck von Goethe, aber auch von Schiller und Klopstock (dem er "ein griechisches Ohr" nachsagt), seine Behauptung mit dem Argument, wir Deutschen stimmten "am willigsten unter den Neueren in die Weisen des griechischen Gesanges und Vortrages", wir allein verschmähten "immer mehr die einfache Würde ihrer Werke verschönern, ihre

---

[14] *Darstellung der Altertumswissenschaft nach Begriff, Umfang, Zweck und Wert* (1807), mit einem Nachwort hrsg. von J. Irmscher, Weinheim 1986, III.
[15] Vgl. H. G. Gräf / A. Leitzmann (Hrsg.), *Der Briefwechsel zwischen Schiller und Goethe*, Frankfurt / Wien / Zürich o. J., 11f.
[16] 'Winckelmann und sein Jahrhundert', in: *Goethes Werke*, Bd. XII, 100.
[17] *Darstellung der Altertumswissenschaft*, Vorrede IV.

berühmten Unanständigkeiten meistern zu wollen".[18] Ja, Wolf geht zuletzt sogar so weit, Goethe die Rolle des *Hypopheten* zuzuschreiben: ein *Künder* und *Deuter* jener philologischen *Aufgabe* zu sein, der "nicht allein die Sprüche und Ideen der verstummten Orakel auslegte, sondern selber viel Auslegungswürdiges hervorbrachte".[19]

Diese gleichsam vorwissenschaftlichen Aspekte hat Nietzsche im Auge, wenn er das Leben und Werk von F. A. Wolf im Horizont der frühhumanistischen *Poeten-Philologen* betrachtet. Es sind die uns bekannten Dichternamen: von Dante über Petrarca und Boccaccio bis hin zu Landini und Politiano, Träger der Renaissance-Tradition, womit die klassischen Studien im reineren, durchaus christenfeindlichen Sinne beginnen, nachdem es der Kirche gelungen war, die philologischen Hilfsmittel der antiken Kultur zu ihrem geistigen Schutz umzuwenden: ein "Erwachen der *Ehrlichkeit* im Süden, wie die Reformation im Norden".[20] Nietzsche kennt diese Tradition aus Wolfs "Allgemeiner Übersicht der Bearbeitung der alten Literatur", die im *Anhang* zu dessen 'Vorlesungen über die Altertumswissenschaft' (1839) aus dem Nachlaß ediert worden war; ein für unser Verständnis des Zusammenhangs von Hermeneutik und Kritik bei Wolf wichtiger Text, den Schleiermacher noch nicht benutzen konnte. Und Nietzsche erkennt die Bedeutung, die Goethe als dem "deutschen Poet-Philologen" für Wolfs Befreiungstat zukommt. Denn als Dichter und Mensch hatte Goethe seinen Zeitgenossen die im Verlauf der Reformation verlorengegangene Ehrlichkeit vorgelebt, die südliche Sinnenfreude und die freudige Anteilnahme am Reichtum der antiken Überlieferung, das Bewußtsein der Vorbildlichkeit und den darin enthaltenen Glauben an die erzieherische Kraft ihrer Zeugnisse, deren Bewahrung und Pflege nicht allein dem Interesse der Wissenschaft, sondern der Menschenbildung und Ausbildung aller menschlichen Seelenkräfte dienen sollte. Goethes dichterisches Dasein inspiriert und belebt die Hoffnung des Gelehrten, daß der Deutsche, wie es Wolf in der *Vorrede an Goethe* formulierte, ohne den philologischen Kenner und Sammler zu verachten oder den bloßen Liebhaber zurückzuweisen, für die Zukunft der "tiefere Forscher und Ausleger des aus dem Altertum fließenden Großen und Schönen" bleiben werde.[21]

---

[18] *Darstellung der Altertumswissenschaft*, Vorrede, VI.
[19] Ebd.
[20] "Notizen zu: 'Wir Philologen'", nachgelassene Fragmente, Frühling – Sommer 1875, KSA 8, 68.
[21] *Darstellung der Altertumswissenschaft*, ebd., S. 31ff.

Das ist nicht nur im Blick auf Goethe, sondern im Vorblick auf die 'Darstellung der Altertumswissenschaft' gesagt, die von eben diesem Bund des Dichters mit dem Forscher und Ausleger getragen wird. Sie behandelt die Überlieferung im Ganzen wie das einzelne, überlieferte Monument, das schriftlich fixierte wie das künstlerische Werk der Zeichnung, Plastik und Architektur, ja, selbst die Dokumente des Alltagslebens, stets unter einem Doppelaspekt: dem *philologischen* Aspekt der Erforschung des Grundes historischer Zustände im Altertum und dem *ästhetischen* Aspekt der Betrachtung jener daraus erwachsenen Zeugnisse, worin sich das Große mit dem Schönen vereinigt. Die innigste Einheit bezeugt sich in den griechischen Kunstwerken, die für Wolf nach der bei Winckelmann getroffenen Unterscheidung zur römischen Antike auf dem Höhenweg des Klassischen im perikleischen Zeitalter Kunde geben von den Grundformen altertümlicher *Menschheit* im Sinne höchster *Humanität*. Dazu muß der Philologe in seiner Auslegung den liberalen menschlichen Gesichtspunkt festhalten, so daß er nicht etwa fragt, wie viele wichtige Sachen er aus einem solchen Werk lerne, "sondern: wie hoch hat der Künstler seine Kunst getrieben, wie rührt er unser Herz, wie verfeinert er unsere Empfindung?"[22] Erst wenn der Philologe die ästhetischen Momente des künstlerischen Schaffens und der Empfänglichkeit für die Kunst in sich aufnimmt, erreicht er den Wolf vorschwebenden Standpunkt einer geschichtlich vergleichenden, produktiven Aneignung des Altertums. Erst dann wird er "geschickt", die überlieferten Werke "gründlich zu verstehen und mit Einsicht in ihren Inhalt und Geist, mit Vergegenwärtigung des altertümlichen Lebens und Vergleichung des späteren und des heutigen, zu genießen".[23]

Die seit dem Beginn unseres Jahrhunderts regelmäßig wiederholte Behauptung, Wolfs Darstellung der Altertumswissenschaft zerfalle gleichsam in zwei Bestandteile, einen "geschichtsphilosophischen" und einen positiv-wissenschaftlichen Teil,[24] scheint mir darum die Sachlage zu verkennen. Von einer "Geschichtsphilosophie" in der Tradition des deutschen Idealismus und seiner Rechtfertigung des aufgeklärten Fortschrittsglaubens vermag ich nichts zu erkennen. Wolfs geschichtlich vergleichende Betrachtungen gehören vielmehr zum Problemkreis seiner

---

[22] 'Vorlesungen über die Altertumswissenschaft', ebd., S. 18.
[23] *Darstellung der Altertumswissenschaft*, 30.
[24] So argumentiert bereits E. Spranger, *W. von Humboldt und die Humanitätsidee*, Berlin 1909, 489f. Vgl. dazu aus heutiger Sicht: A. Hentschke / U. Muhlack, *Einführung in die Geschichte der klassischen Philologie*, Darmstadt 1972, 80ff.

Hermeneutik, worin die *Vergleichung* zwischen Antike und Moderne durch Parallelen und Analogien ein *Mittel des Verstehens* ist. Was er zur Aufgabe der Vergegenwärtigung altertümlicher Lebensformen zu sagen weiß, steht unter ästhetischen Vorzeichen der *Empfindung des Eigentümlichen der Kunstwerke* in ihrer Zeit und der Empfänglichkeit für das Klassische, Vorbildliche, das als solches gegenwärtig bleibt und den höchsten Urteilsmaßstab im Verstehen und Auslegen abgibt. Nicht dadurch, so lautet sein hermeneutisches *Credo*, daß wir mit einem Autor übereinstimmend denken, verstehen wir, sondern das "Verstehen in höherer Bedeutung" ist dasjenige Verständnis, "wodurch der Ausleger, allenthalben einheimisch, bald in diesem, bald jenem Zeitalter mit ganzer Seele wohnt, und hier einen trefflichen Schriftsteller der Bewunderung, dort einen unvollkommenen dem Tadel des Lesers mit Beweisen seiner Urteile ausstellt".[25]

In der Tat sind das nur "Andeutungen" zum Verhältnis von Hermeneutik und Kritik, die erst in den Schleiermacher noch nicht vorliegenden 'Vorlesungen über die Altertumswissenschaft' entfaltet werden. Zwar ruhen sie auf dem breiten Fundament der *Grammatik oder dem Sprachstudium*. Aber weit davon entfernt, mit philologisch gelehrter Sprachkunde oder Linguistik im Sinne des positivistischen Wissenschaftsbegriffs zusammenfallen, wird darunter die philosophische Grundlegung des Faches im Rückgang auf den menschlichen *Sprachinstinkt* und seine teils natürlich, teils geschichtlich modifizierte Entwicklung durch den konkreten *Redegebrauch der Völker* verstanden, und dies immer in dem kritischen Bewußtsein, daß "wir mit aller stolzen Philosophie nicht in das innere Triebwerk, in das Wie?" der Sprachwerdung kommen können.[26] Philologe sein, das heißt nicht nur, sich mit Sprachstudien und dadurch vermittelten historischen Kenntnissen zu beschäftigen, sondern dem griechischen Grundsinn dieses Wortes und der Sache gemäß müssen dazu philosophische Erkenntnisse kommen, vor allem das in spätantiker Zeit zu Unrecht aus der Philologie verbannte Studium der Kunstwerke.[27]

Von den *Poeten-Philologen* der Renaissance und ihrem deutschen Nachfahren Goethe inspiriert, ist es die *philosophische Ästhetik*, die für Wolf die Brücke schlägt zwischen den drei *Fundamentalteilen* der Altertumswissenschaft: zur *Grammatik* auf der einen Seite und auf der anderen

---

[25] *Darstellung der Altertumswissenschaft*, ebd., S. 38.
[26] 'Vorlesungen über die Altertumswissenschaft', 51-53.
[27] Ebd., S. 11.

zur *Hermeneutik und Kritik*. Die Entfaltung der in der 'Darstellung' gegebenen Hinweise über den inneren Zusammenhang dieser Teile erfolgt unter dem *Gesichtspunkt ästhetischer Urteilskraft*, die sich an den klassischen Werken der Kunst betätigt. Bei den Griechen, argumentiert Wolf, und wir werden dabei immer wieder an Goethes Gespräch mit Winckelmann erinnert, wohnte das Schönheitsgefühl im Herzen, während es bei den Neueren durch diese Muster, "als eine zweite Natur aufgestellt", gebildet werden muß. Diese Bildung hat ihren Mittelpunkt in der *Hermeneutik des Kunstwerks*, die alle Seelenkräfte des Menschen in Tätigkeit bringt, vom Gedächtnis über die Einbildungs- und Urteilskraft bis hin zum Sinn für das Wahrscheinliche hier und jetzt. Nach Wolf gibt es kein Fach außer der Philologie, worin sie auf gleichmäßigere Weise ausgebildet werden, und die Fundamentalteile beschäftigen sie alle zusammen, vorzüglich die *Hermeneutik*: "Bei ihr ist ein beständiges Raten, ehe man entscheiden kann, welcher der eigentliche Sinn sei. Da können die Kräfte vorzüglich gebildet werden. Diese Entwicklung des Wahrscheinlichen ist uns so nötig im Leben, in welches man durch ein geschicktes Erklären (Wolfs Terminus für 'Interpretieren', M.R.) eingeleitet wird, wie durch keine andere Kunst".[28] Noch mehr ist das Sache der *Kritik*, die den Scharfsinn im Einzelfall übt und die "praktische Kenntnis der ganzen Altertumskunde" umfaßt. Nimmt man dann die Reihe der von Wolf so genannten szientifischen Teile der Verfassungs- und Literaturgeschichte der Griechen und Römer hinzu, die unsere Urteilskraft *in factis* üben, und erweitert sie zur Einübung in Beurteilungsprinzipien menschlich schöner Lebensformen überhaupt durch Vergleichung der Alten mit den Neueren, wird über dieses Studium "das Gedächtnis, die Beurteilungskraft, der Scharfsinn, die Einbildungskraft und der Geschmack, bald bei diesem, bald bei jenem Teile gebildet. So wird es eine Schule der Ausbildung aller Seelenkräfte".[29]

Ich kann hier nicht erörtern, ob es Wolf tatsächlich gelungen ist, den ästhetischen mit dem hermeneutischen und kritischen Gesichtspunkt zu verschmelzen. Was er für die Philologie anstrebte, war die harmonische Bildung des ganzen Menschen in praktisch-erzieherischer Absicht. Als Auslegungs*kunst* kann uns die Hermeneutik kein System von Regeln verschaffen, sondern hier ist es, wie bei allen Künsten, das *Nachahmen*, was zur Erlangung eigener Fertigkeit führt. Darum muß ihre Darstellung so

---

[28] Ebd., S. 40, 271ff. und 444.
[29] Ebd., S. 41.

eingerichtet werden, daß sie zur Praxis anleitet, und darum ist die Hermeneutik analog zur Ästhetik eine "völlig philosophische Disziplin",[30] nämlich ein Bestandteil der praktischen Philosophie. Die erste Frage bei der philosophischen Lektüre eines klassischen Textes muß immer sein, was die "Alten" für eine Ästhetik hatten, welche Prinzipien ihrer Kunstpraxis zugrunde liegen. Denn nach ihren ästhetischen Grundsätzen müßten sie beurteilt werden, wozu aber noch wenig geschehen wäre. Die verderblichste Art sei es, "wenn man sich weniger mit den Ursachen und mit der Entwicklung des Schönen, als mit einem bloßen, wilden Enthusiasmus beschäftigt".[31]

Was Wolf am Ende anvisiert, ist die Ergänzung des hermeneutischen *Organon* durch einen *ästhetischen Formenkanon* der Altertumswissenschaft, die Lehre vom *Stil* und die *Kunst der Komposition*, einschließlich der antiken Metrik und Musik. Und die Musik hängt wiederum mit der *Rhapsodik* zusammen, aus der sich die *Orchestrik* entwickelt, die Schauspiel- und hohe Tanzkunst. Wolf spricht von den *mimetischen Künsten*, die "zwischen den *redenden* und *bildenden* mitten inne stehen", Künste, die sich spielerisch darstellen und *nichts als Spiel sein können*, "deren Darstellungen alle vorübergehend sind und keine eigentlichen Denkmale hinterlassen".[32] Im Spiel ahmen sie das Leben selbst nach, seine *Zeitigung im Augenblick* wie sein *Vorübergehen*, und einzig darin vermag die Kunst wie das Leben zu sein. Nicht ohne Grund weist Wolf den mimetischen Künsten keine dienende, sondern eine vermittelnde, ja, herrschende Funktion zu, und aus diesem Anlaß dürfen wir uns wohl daran erinnern, daß die *Orchestra* bei den Griechen von alters her der Ort ist, wo der *Chor* im kultischen Festspiel zu singen und zu tanzen pflegt. Läßt sich auch nicht genügend angeben, was sie in jeder ihrer Funktionen waren, merkt Wolf an, "so gilt doch ein Schluß für ihren Wert aus der Vortrefflichkeit der übrigen Künste, in deren Gefolge sie von Richtern des zartesten Schönheitsgefühls geschätzt wurden".[33] Wie aus dem Kontext der Anmerkung hervorgeht, bezieht sich Wolf dabei auf das Kunstwerk der *Tragödie*, die "genaue Verbindung dieser Kunst mit der theatralen Poesie, deren Muster zu den glänzendsten Erzeugnissen des griechischen Genius gehören".[34]

---

[30] Ebd., S. 292.
[31] Ebd., S. 285.
[32] *Darstellung der Altertumswissenschaft*, 65.
[33] Ebd.
[34] Ebd., Anm.

II

Wer zwischen den Zeilen lesen konnte, wie der junge Nietzsche, der fand hier genügend Stoff zum Nachdenken. Und es sind nicht nur *diese* Gedankenblitze, die bei Nietzsche auf einen fruchtbaren Boden fallen. Der von Wolf gebahnte Weg zur Philologie bot Anknüpfungspunkte und Perspektiven genug, um weiterzugehen und neue Aussichten für die Erforschung des klassischen Altertums zu gewinnen. Aber seine Befreiungstat wurde nicht völlig verstanden, zumal die Schüler andere Richtungen einschlugen. Sieht man von Nietzsches Lehrern Otto Jahn und Friedrich Ritschl einmal ab, so hat kaum einer von ihnen das Gespräch mit dem Künstler gesucht. Und wer hätte es wohl gewagt, seine Wissenschaft von der Kunst inspirieren zu lassen oder daran zu begrenzen? So wird nach Nietzsches Auffassung ein "angreifendes, aktives Element", wie es den Poeten-Philologen der Renaissance anhaftet, in Deutschland nicht entwickelt: "Die Befreiung kam der Wissenschaft, nicht dem Menschen zugute."[35] Den Hauptgrund für diese Fehlentwicklung sieht Nietzsche im Abfall des wissenschaftlichen Geistes vom Höhenweg der klassischen deutschen Dichtung. Er zeigt sich am schmerzlichsten im Sprachverfall des Gelehrten-Philologen, an seinem Unverständnis für den künstlerischen Formensinn von Goethes Poesie, jenen Sinn, den Wolf sich erschlossen hatte. Nach dem jungen Nietzsche gibt es "keine klassische Bildung, die ohne diesen erschlossenen Sinn für die klassische Form wachsen könnte", keinen Weg zurück zur "rechten und einzigen Bildungsheimat" des griechischen Altertums, ohne durch dichterische Musageten geführt zu werden. Nietzsche nennt sie mit einem an Wolf orientierten Ausdruck die *Mystagogen* der Philologie: ihre Geheimlehrer, die das Innerste philologischer Gelehrsamkeit aufschließen.[36]

Mit solchen Bekundungen hat sich Nietzsche am Anfang seiner philologischen Laufbahn um den Kredit gebracht. In Wahrheit spielen sie auf Wolfs Bestimmung der Würde aller Grammatik, Hermeneutik und Kritik sowie des Werts der eigentlichen "Real-Doktrinen" der Altertumswissenschaft an, von der Geographie und der politischen Geschichte über die Mythologie bis hin zur Literatur- und Kunstgeschichte. Nach Wolf sind sie nur Mittel und Wege zum letzten Ziel der Wissenschaft, Stufen des methodischen Studiums und der Forschung, die durchlaufen werden müssen, um sich im Zugang zu *einer* Bemühung zu vereinigen,

---

[35] 'Notizen zu: 'Wir Philologen", Frühjahr – Sommer 1875, 5 [107], KSA 8, 68.
[36] 'Über die Zukunft unserer Bildungsanstalten', II, KSA 1, 686.

"gleichsam zu dem, was die Priester von Eleusis die *Epoptie* oder Anschauung des Heiligsten benannten."[37] Für Wolf, dem die stufenweise erreichten Gewinne im Verhältnis zu den hier zu erwerbenden "im Grunde nur wie Vorbereitungen" sind, ist das nichts anderes als die *Gesamtanschauung des Altertums*, jene gesuchte *Kenntnis der altertümlichen Menschheit*, die nach diesem Gleichnis in der Orientierung am geschichtlichen Dasein klassisch-griechischer Lebensformen erworben wird. Gerät damit der Stand der Philologen nicht unversehens in die Rolle des Priesterstands? Erhält gar die hier greifbare Übertragung des Klassischen als eines ästhetischen Prädikats von Kunstwerken auf Institutionen humanen Lebens eine religiöse Weihe, die an die mystische Gottesschau am Ende scholastischer Wissensgebäude gemahnt?

So haben Wolfs gelehrte Fachkollegen gefragt, die solche Vergleiche wissenschaftlich unpassend fanden, und die Philologen des 19.Jahrhunderts haben ihnen darin recht gegeben. Einer ausgenommen, und das ist Nietzsche. Als er zu Beginn der Baseler Lehrtätigkeit erkannte, kein Muster zu haben und in der Gefahr des "Narren auf eigene Hand" zu sein,[38] hat er für sich das Vorbild des Poeten-Philologen erfunden und zum Regulativ jenes Gelehrten-Philologen erhoben, der nach dem Entschwinden von Wolfs Geist die Entwicklung der Altertumswissenschaft in Deutschland beherrscht.

Vor diesem Hintergrund setzt sich Nietzsche mit Wolf auseinander. Den Anstoß gibt das von seinem Vorgänger in der Schwebe gelassene Verhältnis zwischen hermeneutisch-kritischen und ästhetischen Verfahrensweisen der Philologie. In seiner Hermeneutik hatte Wolf ausdrücklich zugestanden, nur das eigene produktive Talent befähige dazu, "fremde Produktionen gleicher Art ganz zu verstehen", und am Ende dürften nur die Wenigen zu echter vollendeter Kennerschaft gelangen, die das künstlerische mit dem gelehrten Talent zu verbinden vermögen.[39] Es sind Einschränkungen des Methodenanspruchs strenger Wissenschaft, denen Nietzsche kraft seiner Doppelbegabung folgt. Und es ist für uns interessant zu sehen, daß er in diesem Zusammenhang auch Wolfs merkwürdigem Urteil über die Liebhaber philologischer Kenntnisse zustimmt, die bei innerer Verwandtschaft mit dem altertümlichen Geist oftmals durch "halbe Bekanntschaft mit den besten Schriftstellern mehr von dem Reichtume jener kraftvollen Naturen und großen Muster im

---

[37] *Darstellung der Altertumswissenschaft*, 124.
[38] An E. Rohde, Ende Januar und 15.Februar 1870, in: 'Briefe', KSA 3, 94.
[39] *Darstellung der Altertumswissenschaft*, 44 u.69; KSA 8, 261.

Denken und Handeln" an sich hätten als die meisten "Dolmetscher" von Beruf.[40]

Der *sachliche Berührungspunkt* mit Wolfs Ansatz ist die humanistische Bestimmung der klassischen Bildungsidee durch die *Idee der Kultur*. Nietzsche versteht darunter das *höchste menschliche Gut*, das aus der "Meisterschaft der Kunst über das Leben" erwächst, wobei der Grad der Güte der Kultur, um mit Nietzsche zu sprechen, abhängt vom *Grad der Herrschaft* und vom *Wert der Kunst selbst*.[41] Das setzt voraus, daß die Herrschaft nicht bei einer sozialen Kaste oder Klasse liegt, die sie im Namen des wissenschaftlich-technischen Fortschritts oder des gesellschaftlichen Nutzens ausübt; eine Voraussetzung, die für Wolf wie für Nietzsche die Griechen geschaffen haben. Ihnen verdankt Europa die Wertschätzung der Kunst, weshalb die europäischen Völker nicht nur das Nützliche, sondern stets das Schöne gesucht und das *menschliche höchste Gut* der *Kultur* nicht gänzlich ihrem Glauben an den wissenschaftlichen Fortschritt geopfert hätten.[42]

Hier finden wir den Zugang zu Nietzsches Gespräch mit Wolf. Sein Leitfaden, darauf deuten die Vorarbeiten zu Nietzsches *Griechenbuch* hin, das ebenso eine schrittweise "Gesamtanschauung des griechischen Altertums" anstrebt,[43] liegt in Nietzsches Verständnis des Zusammenhangs von Kunst und Leben. Das Gespräch bewegt sich um den verborgenen Mittelpunkt der griechischen Kultur, jener ästhetisch unbestimmte Mittlerstellung der *mimetischen* Künste zwischen der *redenden* und *bildenden* Kunst, die Wolf in einigen wenigen Anmerkungen über das Verhältnis zwischen Musik und Orchestrik als Bindeglied zur "theatralischen Poesie" behandelt hatte. Nietzsche bestimmt über den Begriff der *nachahmenden Handlung* das *Drama* als ein Stück dargestellten *Mythos*, der sich im Dionysosdienst der Griechen auf die Gründung des Kultus bezieht;[44] so daß Nietzsche im Verlauf seines langen Nachdenkens über die Mimesisfunktion des tragischen Mythos zu dem Ergebnis gelangt, das Drama der Griechen stelle im Grunde keine Handlung dar, sondern müsse als "Ereignis" und "Anlaß" verstanden werden, jene Gründungs-Legende zu vergegenwärtigen.[45]

---

[40] 'Nachgelassene Fragmente', März 1875, KSA 8, 261.
[41] 'Bayreuther Horizontbetrachtungen', (1873), KSA 7.
[42] F. A. Wolf-Zitat in: 'Notizen zu: 'Wir Philologen'', KSA 8, 30.
[43] An E. Rohde vom 28.März 1870, in: 'Briefe', KSA 3, 112.
[44] 'Der Gottesdienst der Griechen' (1875/76), Philologica III, 14.
[45] 'Nachgelassene Fragmente', Frühjahr 1888, 14 [34], KSA 13, 235. 'Der Fall Wagner' (1888), 9, Anm., KSA 6, 32.

An diesem Punkt, so scheint mir, werden die frühen Studien zur griechischen Literaturgeschichte und Geschichte dieser Disziplin seit Wolf[46] für Nietzsches eigenen Weg zu einer Erkundung der ästhetischen Prinzipien des Altertums im Ausgang vom *griechischen Musikdrama* fruchtbar.[47] Der Baseler Vortrag zu diesem Thema ist das erste Stück in dem geplanten Griechenbuch, das historische Untersuchungen zur *Orchestra* als Geburtsstätte des Theaters mit philologischen und ästhetischen zum musikalisch-rhythmischen Periodenbau des Chorliedes kombiniert und in seinen verwegenen Gedankensprüngen, prinzipiell nicht anders als die strenge Gedankenführung von Wolf, auf eine *Epoptie* zielt.[48] Darunter dürfen wir im Blick auf die Verschiebung der Konstellation des Poeten-Philologen vom Epos auf die Tragödie, vom Musageten Goethe auf den Mystagogen Wagner zweierlei verstehen, *erstens* die *Einweihung* in die Geheimlehren der Weltauffassung, welche die Griechen im apollinisch-dionysischen Antagonismus ihrer Kunstgottheiten aussprechen und zugleich verschweigen,[49] und das heißt in Nietzsches Sicht: als Heiligstes anschauen und durch das Werk ihrer harmonischen Vereinigung in der Tragödie wie eine höchste Erscheinung des Göttlichen im Gegenüber zum Menschlichen ehren; und *zweitens* das *Einleben* in diese Erscheinung, um mit ihr zu verwachsen und so die Kunst ins Leben aufzunehmen, das Leben selbst aber unter der Führung dieses höchsten aller Kunstwerke zu heiligen.

Ohne die Entfaltung von Nietzsches Gedankengang auf dem von Wolf kaum betretenen Feld einer *Ästhetik der griechischen Tragiker*[50] weiter zu verfolgen, möchte ich doch festhalten, daß Nietzsche trotz der veränderten Konstellation bis in die Mitte der 70er Jahre hinein das Kontinuierliche ihrer Aspekte unterstreicht, etwa in der Notiz vom Frühjahr 1875: "Goethe als *deutscher Poet-Philolog*; Wagner als noch höhere Stufe: Hellblick für die einzig würdige Stellung der Kunst; nie hat ein ähnliches Werk so mächtig gewirkt, wie die Oresteia auf Wagner."[51] Oder aus der selben Zeit: "Zwischen *unserer* höchsten Kunst und Philosophie und zwischen dem *wahrhaft* erkannten *ältern* Altertum ist kein Widerspruch: sie stützen und tragen noch."[52]

---

[46] 'Notizen zu: 'Encyclopädie der Philologie'', in: *Schriften der Studenten- und Militärzeit* 1866-1868, hrsg. von H. J. Mette / K. Schlechta, *Historisch-kritische Gesamtausgabe*, Münschen 1933-1940, Werke Bd. 4, 3ff (="BAW").
[47] Vgl. *'Das griechische Musikdrama'*, KSA 1, 518ff.
[48] Das vermerkt G. Colli, *Distanz und Pathos. Einleitung zu Nietzsches Werken*, Frankfurt a.M. 1982, 16.
[49] Vgl. 'Die dionysische Weltanschauung', KSA 1, 533f.
[50] Vgl. an Carl von Gersdorff vom 28. September 1869, in: 'Briefe', KSA 3, 60.
[51] KSA 8, 69.
[52] Ebd.

So hebe ich an dieser Stelle den zentralen Punkt des Verhältnisses von Kunst und Leben heraus, um den sich das ganze Gespräch dreht, um dann den ganz unmysteriösen Sinn der Nietzsche-Wolfschen Epoptie zu bestimmen. Dreh- und Angelpunkt sind und bleiben die gegenwendigen Aspekte in der Konstellation des Poeten- und Gelehrtenphilologen, hinter denen Nietzsche – zum ersten Mal, soweit ich sehe, in der Baseler Antrittsvorlesung über Homer – den Antagonismus von Wissenschaft und Kunst aufdeckt: "Das Leben ist wert, gelebt zu werden, sagt die Kunst, die schönste Verführerin; das Leben ist wert, erkannt zu werden, sagt die Wissenschaft. Bei dieser Gegenüberstellung ergibt sich der innere (...) Widerspruch im *Begriff* und demnach in der durch diesen Begriff geleiteten Tätigkeit der klassischen Philologie."[53] Nietzsche verdeutlicht ihn an der dichterischen Reaktion gegen die historische Textkritik in Wolfs 'Prolegomena' durch Goethe, der sich das belebende Gefühl eines poetischen Ganzen nicht nehmen lassen mochte und an der *Ilias* im homerischen Geist weiterdichtete; eine Gegenerschaft in der Freundschaft des Philologen mit dem Poeten, die nach Nietzsches Deutung Wolf am meisten zu denken gab und ihm mit der künstlerisch ernsten und strengen Gewöhnung im Gebrauch der deutschen Sprache den ästhetischen Sinn für das "Geheimnis der Form" erschloß.

Von hier aus gelingt es Nietzsche, Wolfs unverstandene Leistung zu würdigen und den ursprünglich klassischen Bildungsgedanken gegen seine Halbierung zugunsten pseudogelehrter Tendenzen in der Philologie zur Geltung zu bringen. Wolfs Tat gilt der Befreiung des Menschen im Gelehrten durch den Versuch, im Rückgang von den *bildenden* und *redenden* Künsten auf die *mimetischen* die verkannte "Ästhetik des Altertums"[54] hermeneutisch zurückzugewinnen. Weit davon entfernt, sich gegen die Schätzung der Gelehrsamkeit zu richten, wendet sie sich lediglich gegen ihre Überschätzung. Und in der Ergänzung der historisch-kritischen Verfahren um die Dimension einer ästhetisch vertieften Hermeneutik versucht Wolf, den Hang der Philologie zu fortschreitender Spezialisierung mit deren eigenen Mitteln zu überwinden, die zerstreute Überlieferung im methodischen Stufengang philologischer Erkenntnisse zusammenzufassen und alle menschlichen Seelenkräfte an ihrer auslegend-mitteilenden Erschließung zu beteiligen. Wobei Wolf zur Erläuterung des *Epopten*-Gleichnisses bemerkt, daß sich Erkenntnisse dieser Art weniger mitteilen lassen als die meisten anderen, und dies keineswegs

---

[53] 'Homer und die klassische Philologie', in: *Schriften der letzten Leipziger und ersten Baseler Zeit 1868-1869*, hrsg. von C. Koch / K. Schlechta, Historisch-kritische Gesamtausgabe, Werke Bd. 5, 287.
[54] Vgl. 'Vorlesung über die Altertumswissenschaften', 285

darum, weil das Verstehen an Grenzen stößt, sondern weil es hier um das Geschehen menschlicher Selbstbildung und dahinter um das Geheimnis geschichtlichen Fortlebens der Überlieferung geht. Denn eben darin ist die Philologie nach Wolf "aller Philosophie ähnlich, daß sie nur diejenigen fördert und belehrt, die sich ein Studium daraus machen und mit ihrer fortgesetzten Erwerbung beschäftigt sind."[55]

Was Wolf am Gleichnisbild des Eingeweihten in den höchsten Grad der Erkenntnis, der alles sieht und sehen darf, als Ähnlichkeitsbeziehung erscheint, dieses Bild hat Nietzsche im Zuge seiner Auseinandersetzung auf die ihm vorbestimmte Aufgabe übertragen und so das philologische Tun gleichsam von der anderen Seite her durchleuchtet. Denn ich möchte meinen, daß die Formeln für den Ansatz der 'Geburt der Tragödie': ihr Versuch, die Wissenschaft unter der Optik des Künstlers zu sehen, die Kunst aber unter der Optik des Lebens,[56] auf den hier untersuchten Zusammenhang verweisen. Wohl steigen bei Nietzsche die Erkenntnisstufen nirgendwo kontinuierlich an, sondern entstammen Erfahrungen aus sozusagen antagonistischen Bereichen,[57] die aber doch am Ende zusammenfließen und einen Blick auf das Dasein im Ganzen freigeben, der frei genug ist, um alles, auch das Furchtbare und Entsetzliche an seinem Grunde, mitansehen zu dürfen.

III

Mit einem Sprung ins Blaue, so hat Nietzsche das Verdikt des Mystizismus gegen Wolfs Rechtfertigung einer divinitorischen Hermeneutik (denn darum handelt es sich) in den Vorträgen: 'Über die Zukunft unserer Bildungsanstalten' (1872) abgewehrt, kommt niemand ins Altertum.[58] Und doch sei die ganze Art, wie man auf Schulen mit antiken Schriftstellern verkehre, das redliche Kommentieren und Paraphrasieren, ein solcher Sprung, solange es ohne Philosophie betrieben werde. Daraus folgt, und diese Folgerung zeigt die Baseler Einleitungsvorlesung im Ausgang von der Bildbeschreibung der *großen Philologen*, die nach Wolfs Vorbild entworfen ist und darin das Resultat der Auseinandersetzung mit dem "großen Vorgänger" festschreibt: die Philologie ist der Philosophie nicht nur ähnlich, sie setzt sie auf jeder Stufe ihrer methodischen

---

[55] *Darstellung der Altertumswissenschaft*, 129.

[56] *'Die Geburt der Tragödie aus dem Geist der Musik, Versuch einer Selbstkritik'*, 2, KSA 1, 14.

[57] Vgl. G. Colli, *Distanz und Pathos*, 17.

[58] 'Über die Zukunft unserer Bildungsanstalten', KSA 1, 686.

Untersuchungen voraus, von der Grammatik über die Hermeneutik bis hin zur Kritik.

Diese Stufenfolge und ihr innerer Zusammenhang veranlassen uns, zum Abschluß unserer Untersuchungen einen Blick auf *Nietzsches frühe Hermeneutik* zu werfen. Sie zieht das methodische Fazit der Auseinandersetzung mit Wolf und reicht zugleich über Methodenfragen weit hinaus. Alle Philologie ist nach Nietzsche philosophisch fundiert, nicht aus Zufall oder persönlicher Neigung des Philologen, sondern dafür gibt es sachliche Gründe. Der erste Grund lautet: Sie hat es mit der Sprache zu tun, dem alltäglichsten Phänomen des Sprechens und Hörens im menschlichen Zusammenleben, das alle zeitlich erfahrenen Lebensvorgänge und die Erfahrung der Zeit selbst, des Werdens, der Bewegung, stillschweigend begleitet oder ausdrücklich bezeugt. Und mit der Verwunderung über das Alltägliche, Unscheinbare und darum Verborgene, *beginnt* die Philosophie. Der *zweite* Grund ist: Die klassische Philologie geht mit ihrem Beiwort von der Annahme eines der Zeit enthobenen "klassischen Daseins" und seiner künstlerischen Überlegenheit aus, das als Muster der modernen Welt zum Maßstab der Vergleichung mit dem gegenwärtigen Dasein dient; wobei es ihr darauf ankommen muß, vor allem die nächstliegenden, *altbekannten Tatsachen* als erklärenswert zu erkennen. In dieser Würdigung des Nächstliegenden, Allbekannten, darin besteht das "wahre Charakteristikum des Philosophen".[59]

Soweit der klassische Philologe für das Altertum Klassizität beansprucht, kann er nicht umhin, sich fortwährend an der Philosophie festzuhalten; denn er spricht ein Urteil aus, das zu begründen ist, damit sein Anspruch gegenüber der modernen Welt nicht wie eine "lächerliche Anmaßung" klingt. Deshalb, so schließt Nietzsche, "dürfen wir mit der philosophischen Behandlung des Altertums den Anfang machen. Wenn der Philolog erst seinen *Instinkt der Klassizität* durch Gründe gerechtfertigt hat, dann darf er sich näher in das Einzelne einlassen, ohne befürchten zu müssen, den *Faden* zu verlieren. Gerade hierin ist diese Wissenschaft so gefährlich, und man kann so leicht im Einzelnen hängenbleiben: während für den umfassenden philosophischen Geist nachher auch das *Einzelste* nach allen Seiten hin ihm Licht gibt".[60]

---

[59] 'Die vorplatonischen Philosophen', in: *Nietzsches Werke* Bd. XIX, 3. Abt.: Philologica, hrsg. von O. Crusius / W. Nestle, Bd. 3, Leipzig 1913 (="GOA"), 131.

[60] Ebd., S. 334 u. 336. Vgl. dazu die Erörterung des "Klassischen" als hermeneutischen Beispieles bei H.-G. Gadamer, *Wahrheit und Methode. Grundzüge einer philosophischen Hermeneutik* (1960), Tübingen 1986, 290. (= Ges.Werke Bd. I)

Dieser Gefahr sind, wie Nietzsche unter Berufung auf Wolfs Urteil über Winckelmann notiert, jene Philologen und Kritiker des Altertums erlegen, die sich zu den "großen und allgemeinen Aussichten des Ganzen" erheben und ebenso zur "tiefsinnig aufgefaßten Unterscheidung der Fortgänge in der Kunst und der verschiedenen Stile" vordringen, ohne kritisches Vermögen zu besitzen oder es methodisch zu gebrauchen; denen sich die "Sorge um hundert an sich geringfügige Dinge mit einem alles beseelenden, das Einzelne verschlingenden Feuer und einer Gabe der Divination" vermischt, was dem "Ungeweihten" ein Ärgernis ist, so daß sich dann angesichts der aufkommenden Unsicherheit auf der anderen Seite eine krankhafte Sucht geltend macht, um jeden Preis zu *glauben* und methodisch *sicher* sein zu wollen.[61]

Gegen die Überschätzung kritischer Verfahrensweisen wie der Wortstatistik und Athelese in der mit der Wolf-Schule konkurrierenden Schule Gottfried Herrmanns (der sein Lehrer Ritschl entstammt) weist Nietzsche die Notwendigkeit einer *Vorbereitung der Kritik durch die Hermeneutik* nach. Sie ist die Methode, etwas Überliefertes zu *verstehen* und *abzuschätzen*. Beide Momente sind nur auf den niedersten Stufen philologischer Erkenntnis getrennt, in der Mitte gehört das Verstehen mit dem Abschätzen und Beurteilen zusammen. Die Kritik selbst kann kein Ziel sein. Sie ist Vorarbeit in kathartischer Absicht: zur *Feststellung der Überlieferung* in ihrer Authentizität, wie sie der Philologe Nietzsche mit vergleichenden Studien über die griechische Dichtung und Philosophiegeschichtsschreibung auf den Schultern seiner Lehrer geleistet hat. Und da die Überlieferung die Schrift ist, stellt sich von der Kritik her die hermeneutische Aufgabe, "wieder *lesen* zu lernen: was wir, bei der Übermacht des Gedruckten, verlernt haben."[62]

Die Aufgabe, das Werk eines Autors zu verstehen,[63] erscheint leicht, ist aber in Wahrheit durch die Unvergleichbarkeit der ältesten mit der neueren Überlieferung außerordentlich erschwert. Gerade die "ältesten" Werke der Griechen haben keinen Autor, wie das zum ersten Mal Wolf

---

[61] 'Notizen zu: 'Wir Philologen'', KSA, 8, 24.

[62] 'Einleitung in das Studium der klassischen Philologie', GOA Bd. XVII, Philologica Bd. 1, hrsg. von E. Holzer, Leipzig 1910, 337.

[63] In dieser Richtung stellt sich das hermeneutische Problem bei Wolf, während Nietzsche sich von vornherein an der Sachauslegung (von "historischen Tatsachen" im sprachlichen Überlieferungskontext) orientiert. Vgl. M. Flashar, 'Die methodisch-hermeneutischen Ansätze von Friedrich August Wolf und Friedrich Ast – Traditionelle und neue Begründungen', in: H. Flashar / K. F. Gründer / A. Horstmann (Hrsg.), *Philologie und Hermeneutik im 19. Jahrhundert. Zur Geschichte und Methodologie der Geisteswissenschaften*, Göttingen 1979, 221.

in seiner Kritik der homerischen Tradition nachgewiesen hat. Gewiß: sie repräsentieren eine hohe Bildung, aber keine literarische; wie überhaupt die klassisch-griechische Literatur ihren Vorzug gegenüber der literarischen Kultur des neueren Europa darin hat, daß sie nicht mit Rücksicht auf den Leser entstanden ist. In vollem Bewußtsein ihres Gewichts überträgt Nietzsche Wolfs These vom *Epos* auf das *Drama* und behauptet dann: *Verstehen* lasse es sich nur unter der Voraussetzung, daß es *nicht als Lesedrama* behandelt werde. Vielmehr sei die klassische Literatur *wie die Kunst des Mimen* "*für den Augenblick*" bestimmt: um vor dem *gegenwärtigen Hörer* und *Zuschauer* aufgeführt zu werden. In dieser Aufführung – hier greift Nietzsche, vielleicht unbewußt, auf Wolfs Andeutung über die herausragende Rolle der "theatralen Poesie" bei den Griechen zurück – verbinden sich die redenden mit den mimetischen Künsten der Musik, des Gesanges, der Orchestrik.[64]

Das ist, in wenigen Worten, der kritische Ansatz des Philologen Nietzsche in seinen von Wolfs Befreiungstat angestoßenen Untersuchungen zur Frühgeschichte der griechischen Literatur; eine Tat, die auch deshalb nicht verstanden wurde, da man das darin enthaltene *hermeneutische Problem* der Auslegung ihrer Sprachkunstwerke verkannte, indem man sie, durch falsche Analogien zum modernen Schriftsteller und Lesepublikum irregeleitet, vom lebendigen Aufführungsanlaß wie von der zugehörigen Kunstpraxis loslöste. Gegen diese doppelte Verkennung versucht Nietzsche, den Verbund zwischen diesem Anlaß im Leben und der Lebenspraxis des Künstlers in seinem Verhältnis zum Publikum wiederherzustellen, um den engen Zusammenhang einer jeden Kunst mit den anderen Künsten aufzuzeigen.

Von der epischen und lyrischen Dichtung angefangen bis hin zum Gesamtkunstwerk der Tragödie sind sie nämlich alle "praktische" Künste,[65] die sich nicht in der geschriebenen Literatur erschöpfen, sondern verlebendigt, das heißt: *dargestellt* werden müssen. Und auf diesem Element der Praxis und des Lebens, der Wiederbelebung des schriftlich Überlieferten, darauf beruht nach Nietzsches kritischer Einsicht in die Voraussetzungen und Folgen von Wolfs kritischer Befreiungstat die Idee einer wahrhaft klassischen Bildung.

Die *Kritik* an der philologisch üblichen Verwechslung von antiker und moderner Bildungsidee, oder anders ausgedrückt: der "kunstmäßigen Behandlung der Sprache bei den Griechen" mit dem neuzeitlichen

---

[64] 'Geschichte der griechischen Literatur', 3.Teil (1875/76), GOA Bd. XVIII, Philologica, Bd. 2, hrsg. von O. Crusius, 134.
[65] Vgl. 'Die griechische Lyrik' (1869), BAW 5, 307.

Begriff der "Literatur", bildet, so behauptet Nietzsche in der Baseler Einleitungsvorlesung, ein "Mittel für das volle Verständnis."[66] Insofern ist die Kritik eine "Phase der Hermeneutik", die das Verstehen und Auslegen unter sich befaßt, ausgenommen die *allerhöchsten Fragen* der Abschätzung des Überlieferten durch die "höhere Kritik", das heißt: die "Beurteilung einer antiken Erscheinung von einem überzeitlichen und –räumlichen Standpunkt aus, so daß das Hellenentum z.B. *nur* als eine *Überlieferung* ewig gültiger Gesetze betrachtet wird, die hie und da alteriert sind."[67] Damit verweist die Kritik von philologischen Fragen eines Werkes auf seine ästhetische Form und ihren Zusammenhang mit den Formverhältnissen der Kunst im Ganzen, worin sie letztlich an die philosophischen Grundfragen der *Metaphysik der Kunst* (Nietzsches "Artistenmetaphysik") rührt.

Die Stellung der Hermeneutik zwischen Ästhetik und Kritik ergibt sich aus der Verwandtschaft von Philologie und Philosophie. Ihre Nähe hatte schon Wolf sagen lassen, die Philologie sei eine "völlig philosophische Disziplin, welche aber noch nicht genug von der Philosophie bearbeitet ist."[68] Als Philologe von Beruf hat das auch Nietzsche nicht leisten können. Doch unternimmt er einen ersten Versuch, die geschichtlichen Vorbedingungen des Verstehens zu klären –, was wir nach heutigem Sprachgebrauch als "Vorverständnis" bezeichnen. Dabei läßt sich sein Klärungsversuch instinktiv vom *hermeneutischen "Vorgriff der Vollkommenheit"* leiten,[69] indem er fragt, wie ein *volles Verständnis des Überlieferten möglich ist.*

"Historisches Verständnis" heißt für Nietzsche nichts anderes als das "Begreifen bestimmter Tatsachen unter philosophischen Voraussetzungen."[70] Was begriffen werden muß, ist einmal die *Genesis und Vorbildung des klassischen Philologen* und zum anderen die *Genealogie des Klassischen* als Vorzugsgegenstand seiner Wissenschaft: was das Vorzügliche und möglicherweise Vorbildliche der von ihm erforschten Tatsachen ausmacht. Den ersten Aspekt lasse ich hier beiseite.[71] Ich deute lediglich an, daß der *Genesis* im Kontrast zum Unverstandenen an Wolfs Befreiungstat

---

[66] 'Einleitung in das Studium der klassischen Philologie', GOA Bd. XVII, Philologica Bd. 1, 338.
[67] Ebd.
[68] Ebd., S. 337 u. 339.
[69] Ich beziehe mich auf H.-G. Gadamer, *Wahrheit und Methode*, Ges. Werke Bd.2, 229.
[70] 'Einleitung in das Studium der klassischen Philologie', aaO., S. 329.
[71] Vgl. 'Notizen zu: 'Wir Philologen'', Frühjahr-Sommer 1875, 5 [107], KSA 8, 68, mit 'Die Geburt der Tragödie aus dem Geiste der Musik', 20, KSA 1.

nach seinem Vorbild das "Bild der großen Philologen" eingraviert wird. Seine Größe liegt eben darin, die reine *Wissensgier* des Gelehrten mit *pädagogischen Neigungen* und der *Freude am Altertum* in sich vereinigt zu haben, ohne daß der eine den anderen Trieb überlagert. Es ist zuletzt eine Umschreibung für das neuhumanistische Bildungsideal der "harmonischen Bildung aller Kräfte", an dem der junge Nietzsche festhält, wenn er verlangt, daß die Befreiungstat nach Wolfs ursprünglicher Absicht nicht der Wissenschaft, sondern dem Menschen zu Gute kommen soll.[72]

Ich beschränke mich auf einige abschließende Bemerkungen zum zweiten Aspekt, wobei ich das Mißverständnis ausräumen möchte, als ob der Begriff des Klassischen konstitutiver Gegenstandsbegriff der Wissenschaft vom Altertum oder gar ein überzeitlicher Stilbegriff sei: das "objektive" Merkmal von Werken der Kunst zu einer bestimmten Zeit. Auch für Nietzsche ist "das Klassische", was dieser Begriff seiner Genealogie nach von der Spätantike bis hin zur Neuzeit immer gewesen ist: *ein Beispiel*, das einer Zeit im wirkungsgeschichtlichen Geschehen des Verstehens und Abschätzens von Überliefertem eine gewesene Lebensmöglichkeit als vorbildlich und immer wieder möglich zuspielt.[73] Während die hermeneutisch-kritische Methode nichts ist als eine "korrekte Form, sich dem Altertum zu nähern", zielt das Verständnis des Klassischen immer schon auf ein Richtmaß, das "charakteristisch Griechische" (oder Römische) "unserer modernen Welt gegenüber. Denn für *uns* reden wir von Klassizität, für unsere moderne Welt, nicht im Hinblick auf Inder, Babylonier und Ägypter."[74]

Nietzsche knüpft die *Genealogie des Klassischen* an die Prämisse, daß man erst *Mensch* sein muß, um Wissenschaft für das Leben treiben zu können: Daß das "Erlebnis", die "Freude am Altertum", die *unbedingte Voraussetzung eines Philologen* ist.[75] Den Ausgangspunkt bildet, ganz im Geist von Wolf, der "Wunsch", ein "klassisches Dasein" am Beispiel des griechischen in seiner Überlegenheit gegenüber dem modernen Dasein unter dem Aspekt der Frage zu begreifen, wie jenes Volk sein mußte, um eine so hohe Kunst zu erzeugen. Nietzsche scheint damit in die Fragerichtung des Neuhumanismus einzuschwenken. Das scheint nur so. Denn was ihn seit der Begegnung mit Schopenhauer und Wagner

---

[72] KSA 8, 68.
[73] Vgl. den Abschnitt: 'Das Beispiel des Klassischen', in: *Wahrheit und Methode*, ebd., S. 290ff.
[74] 'Einleitung in das Studium der klassischen Philologie', ebd. S. 342.
[75] 'Notizen zu: 'Wir Philologen'', März 1875, KSA 8, 31f.

bewegt, ist nicht mehr die Frage, wie der Geisteskampf von Schiller und Goethe um die Bildung des "ganzen Menschen" unter den Bedingungen der Gegenwart fortgesetzt werden kann. Die *Urfrage* des Menschen ist nicht, ob er *ganz* oder *geteilt*, *harmonisch* oder *zerrissen* lebe, sondern wie er gegen das Dasein stehe; wie er der leidvollen und schrecklichen Erfahrung der Nichtigkeit und des Nichtseins am Grunde der Welt Stand hält. Nach ihr richtet sich die *Höhe der philosophischen Voraussetzungen*, die unvergleichliche Spannkraft und Kühnheit, mit der das griechische Dasein in seiner Frühzeit inmitten der erfahrenen Leiden und Schrecknisse des Lebens dichtend und denkend zu sich selbst steht.[76] Danach bemißt sich dann die *Höhe der Erscheinungen* in den erhaltenen Monumenten der frühgeschichtlichen Kunst und Spruchweisheit, worin uns, wie Nietzsche im Zuge der Abschätzung des Überlieferten für seine dem optimistischen Wissenschafts- und Fortschrittsglauben verfallene Zeit schreibt, das "furchtbar schöne Gorgonenhaupt des Klassischen" entgegenblickt.[77]

Wir sind damit am Scheideweg von Nietzsches Auseinandersetzung angelangt: dort, wo sie sich auf dem Weg zur 'Geburt der Tragödie' von Friedrich August Wolf zu verabschieden beginnt. Der Abschied kündigt sich an in der Unterscheidung zwischen dem *Humanen* und *Menschlichen*,[78] der Nietzsche nötigt, den Bogen des Humanitätsgedankens weiter auszuspannen, als dies der Neuhumanismus mit seiner Orientierung des Klassischen am Bild des Perikleischen Zeitalters zu tun vermochte. "Die philosophische Voraussetzung der klassischen Philologie," heißt es in der Baseler Antrittsvorlesung, "ist die Klassizität des Altertums. Wir wollen die allerhöchste Erscheinung begreifen und mit ihr verwachsen."[79] Diese Voraussetzung erfüllt das von Nietzsche gezeichnete *Bild der aeschyleischen Zeit*: der fromme Grundzug der Tragödie, ihre tiefe Weltbetrachtung auf dem Hintergrund des Mythos, der kühne philosophische Standpunkt, die Freiheit vom Körper, Politiker, Künstler, Gesetzgeber: "Alles ganz und harmonisch."[80] Das klassische Zeitalter, das ist das "tragische", worin mit dem Kampf zwischen Kunst und Wissenschaft

---

[76] Vgl. H.-G. Gadamer, 'Denken als Erlösung' (1980), in: *Platon im Dialog*, Tübingen 1991, 411 (= Ges.Werke Bd. 7)

[77] 'Homer und die klassische Philologie', BAW 5, 287. Vgl. zu dieser Formel: U. Hölscher, 'Selbstgespräch über den Humanismus', in: *Die Chance des Unbehagens. Drei Fragen zur Situation der klassischen Studien*, Göttingen 1965, 71.

[78] 'Notizen zu: 'Wir Philologen'', März 1875, 3 [12], KSA 8, 17.

[79] Einleitung in das Studium der klassischen Philologie, ebd, S. 329.

[80] Ebd., S. 334.

jener wissenschaftliche Geist in Griechenland entbunden wird, der Europa von Asien unterscheidet. Die *höchste wissenschaftliche Klassizität*, fügt Nietzsche hinzu, und dieser Zusatz deutet an, daß er am Ende des Weges der europäischen Wissenschaft die Zeugnisse dieses Kampfes noch einmal anzuhören gedenkt, "haben sie als *Philosophen* erreicht: nie wieder ist nur annähernd eine solche Reihe von Denkern dagewesen, in denen sich alle philosophischen Möglichkeiten gleichsam ausleben konnten."[81]

---

[81] Ebd., S. 349.

Wolfgang Nethöfel, Hamburg

DIE ANDEREN, DAS ANDERE, DER ANDERE.
THEOLOGISCHE HERMENEUTIK ZWISCHEN
MEDIEN UND MÄCHTEN

"Theologische Hermeneutik" ist aus auf *den ganz anderen*.[1] Auf einem europäischen Hermeneutikkongreß, der 1994 in Halle, in Deutschland, stattfindet, kann sie das nicht, ohne *die anderen* in den Mittelpunkt zu stellen. Denn es läuft natürlich darauf hinaus, daß uns im Fremden der ferne Gott ganz nah ist. Weil wir das wissen, verschlingen sich "Fremdheit und Vertrautheit", die im Leitthema des Kongresses

---

[1] Zur neueren Diskussion des Verhältnisses Hermeneutik und Theologie vgl. u.a. Christoph Dohmen / Günter Stemberger, *Hermeneutik der Jüdischen Bibel und des Alten Testaments*, Stuttgart 1996; Theo Sundermeier, *Den Fremden verstehen. Eine praktische Hermeneutik*, Göttingen 1996; Hans Hübner, *Biblische Theologie als Hermeneutik*, Ges. Aufs., hrsg. von Antje u. Michael Labahn, Göttingen 1995; Annette Noller, *Feministische Hermeneutik. Wege einer neuen Schriftauslegung*, Neukirchen-Vluyn 1995; Gunter Scholtz, *Ethik und Hermeneutik. Schleiermachers Grundlegung der Geisteswissenschaften*, Frankfurt a.M. 1995; Klaus Grünwaldt (Hrsg.), *Was suchst du hier, Elia? Ein hermeneutisches Arbeitsbuch*, Rheinbach-Merzbach 1995; Hedwig Jahnow, *Feministische Hermeneutik und erstes Testament. Analysen und Interpretationen*, Stuttgart 1994; Ulrich H. Körtner, *Der inspirierte Leser. Zentrale Aspekte biblischer Hermeneutik*, Göttingen 1994; Peter Müller, *"Verstehst Du auch, was du liest?" Lesen und Verstehen im Neuen Testament*, Darmstadt 1994; Peter Opitz, *Calvins theologische Hermeneutik*, Neukirchen-Vluyn 1994; Hartmut Raguse, *Der Raum des Textes. Elemente einer transdisziplinären theologischen Hermeneutik*, Stuttgart 1994; Charles J. Scalise, *Hermeneutics as Theological Prolegomena. A Canonical Approach*, Macon, Ga 1994; Harald Schnur, *Schleiermachers Hermeneutik und ihre Vorgeschichte im 18. Jahrhundert. Studien zur Bibelauslegung, zu Hamann, Herder und F. Schlegel*, Stuttgart 1994; Klara Butting, *Die Buchstaben werden sich noch wundern. Innerbiblische Kritik als Wegweisung feministischer Hermeneutik*, Berlin 1993; Wolfgang Greive (Hrsg.), *Hermeneutik des Bekannten. Neue Zugänge zur Bibel*, Rehburg-Loccum 1993; David Tracy, *Theologie als Gespräch – eine postmoderne Hermeneutik* (am. 1987), Mainz 1993; Anthony C. Thiselton, *New Horizons in Hermeneutics. The Theory and Practise of Transforming Biblical Reading*, London 1992, sowie die *Hermeneutischen Blätter*, hrsg. vom Institut für Hermeneutik an der Theologischen Fakultät der Universität Zürich. Vgl. auch Martin Honecker, *Einführung in die Theologische Ethik*, Berlin / New York 1990, 247-288 (Quellen christlicher Ethik); zu Ricœur s.u. Anm. 20.

beieinanderstehen, in so eigentümlicher Weise, daß ich sie zum Ausgangspunkt mache und einige Zeit dabei verweilen werde – in hermeneutischer Absicht.[2]

1. Das ganz andere der Hermeneutik

Anders als der Stern von Bethlehem, der den ersten christlichen Theologen den Weg wies, waren für Hermeneutiker und hermeneutische Theologen (Männer wie Frauen) die Trümmereinschläge des Kometen Shoemaker-Levy 9 auf dem Jupiter das Nichtereignis schlechthin. Dieses Natur- oder besser: dieses naturwissenschaftliche Ereignis steht quer zu den gängigen Hermeneutikbestimmungen. Hier war kein Text zu verstehen, keine Existenz hätte sich vom Sinn dieses Ereignisses her "geschichtlich" oder gar "eigentlich", in theologischer Deutung: "von Gott her" verstehen können. Ohne technische Vermittlung hätte es nicht einmal ein beschreibbares Phänomen gegeben. Doch gerade im Kontrast zu den herkömmlichen thematischen Bezügen einer modernen Theologie (d.h. einer, die sich selbst als Hermeneutik versteht) kann die Reflexion dieses "ganz anderen" Ereignisses dazu beitragen, deren gegenwärtige Krise wie ihre Entwicklungschancen zu erkennen. Und ohne eine solche kritische Reflexion wird sie auch ethisch nicht orientieren können.

Zunächst: Die Beobachtungen jener Himmelsereignisse waren zwar innerhalb mathematisierter Theorien hypothesenabhängig. Aber die Ergebnisse waren verblüffend, sie werden Gegenstand jahrelanger Auswertungen sein und viele Annahmen über den Haufen werfen; vielleicht werden sie die Theorien über Ursprung und Evolution des irdischen Lebens revolutionieren. Diese Grundlagenforschung ist dennoch Teil eines "wissenschaftlich-technisch-industriellen (WTI-) Komplexes", der sich von potentiellen Anwendungen her definiert.[3] Dabei ist eine Wiederauflage des SDI-Projektes, diesmal als "Krieg gegen die Sterne", um

---

[2] Hermeneutik ist ursprünglich die Kunst der Orientierung in schwierigem Gelände – aus ihr wurde die Kunst der Orientierung in schwierigen Situationen. In der Neuzeit regredierte die Kunst, sich in schwierigen Situationen mit Hilfe alter Texte zu orientieren, zur Fertigkeit, sich in schwierigen Texten zu orientieren. Vgl. Vf., *Theologische Hermeneutik. Vom Mythos zu den Medien* (NBST 9), Neukirchen 1992, bes. Kap. I (Die Geburt der Hermeneutik aus dem Geist der Semiotik); im folgenden zit. als "TH".

[3] Vgl. Rolf Kreibich, *Die Wissenschaftsgesellschaft. Von Galilei zur High-Tech-Revolution*, Frankfurt a.M. (1986) 1993².

unseren ganzen Planeten zu schützen, fast trivial. Der WTI-Komplex funktioniert über die Zuteilung von Drittmitteln als Evolutionsbedingung für Beobachtungssatelliten, Teleskope und Forscherkarrieren, ehe er als Entwicklungsbedingung jener Hypothesen wirkt, die dann die Natur so überraschend neu in Erscheinung treten lassen können wie ein neuer Qumranfund die Umwelt Jesu.

Wir können einen Schritt weiter gehen. Natur, wie sie bei den Jupiter-Explosionen beobachtet wurde, antwortet heute, oft überraschend und immer unbeliebig, auf Hypothesen, die Ausdruck einer globalen technisch-ökonomischen Kultur sind. Ihre Daten werden eingefangen in einem weltumspannenden Beobachtungssystem, sie werden in weltweiten Rechnernetzen gespeichert, bearbeitet und interpretiert. Dieser "objektive Geist", die faktische Voraussetzung eines jeden neuen Forschungsschrittes, lebt allerdings möglicherweise in einem kranken, nämlich "gespaltenen" ökonomischen Körper. Während oder weil in den hochproduktiven Zentren Information und Kapital in immer größeren Geschwindigkeiten umgeschlagen werden, versinken die Peripherien im entropischen Chaos aus Gewalt, zerfallender Infrastruktur, Unwissenheit und Umweltschäden.

Löst die quasi immaterielle Informationsvermittlung durch elektronische Medien solche materiellen Probleme? Sie haben wohl für die Mehrzahl der Menschen die Vorgänge auf dem Jupiter wirklich zum ganz anderen: zum Ereignis außerhalb ihrer auf die nackte Existenz fixierten Lebenswelt gemacht. Die Explosionen auf jenem Planeten waren ein Medienereignis im doppelten Sinn: Sie waren einmal Produkt unseres vernetzten elektronischen Techniksystems, das sich am deutlichsten im Computer verkörpert. Der ist wiederum zu Recht zum Realsymbol der gegenwärtigen Produktionsweise und unserer Ökonomie geworden. Solche elektronischen Medien bilden die technische Infrastruktur eines globalen Marktes, der über Grenzen hinweg nicht nur Wissenschaft und Technik vermittelt, sondern auch die Preise für Waren und Dienstleistungen reguliert. Jene Explosionen waren sodann ein weltweites publizistisches Medienereignis – wobei hier die elektronischen Medien im engeren Sinne eine besondere Rolle spielten, vor allem das Fernsehen. Der journalistische Troß erzwang tägliche Pressekonferenzen, und der Ergebnishunger ließ, wie einer der erschöpften Forscher sagte, einen neuen Forschungszweig entstehen: "instant astronomy". Ein strategisches Forschungsfeld, da hier der direkte Draht zu den Politikern verläuft, die Drittmittel bewilligen. Und die erkannten dessen Bedeutung spätestens, als die Nachrichtenwelle bis vor die Kirchentüren schwappte und angesichts astrologischer Spekulationen und hysterischer Religiösität Astronomen in Interviews und in Talkshows seelsorgerliche Funktionen wahrnahmen.

Hermeneutische Theologinnen und Theologen, etwa auf einem europäischen Hermeneutikkongreß in den neuen Bundesländern, geht ein solches Medienereignis nichts an – unbedingt nicht; es ist in ihren Kategorien das ganz andere Ereignis. Sie stehen dennoch im Schnittpunkt jener technischen, medialen, ökonomischen und sozialen Netze und Systeme. Computer und Fernsehen, elektronischen Medien im weiten und im engen Sinn, wachsen zusammen zur neuen technologischen Schlüsselindustrie. Mit den strategisch wichtigen Datenautobahnen ist – nicht zuletzt wegen der durchgängigen Glasfaserverkabelung der neuen Bundesländer – Europa für den weltweiten Konkurrenzkampf der drei großen Weltproduktionszentren gut gerüstet. Da die USA mit Mexiko, Japan mit dem südostasiatischen Raum über genau jene Kombination von Hochtechnologie und gut ausgebildeten billigen Arbeitskräften in ihrem Vorfeld verfügen, die allein weltmarktfähige Produkte hervorbringen kann, kommt der Nahtstelle zwischen Ost und West in Europa noch einmal eine besondere Bedeutung zu.

Nun kann das Verhältnis zwischen medialem Aufwand und Ertrag bei jenem astronomischen Jahrhundertereignis ein Schlaglicht auf den europäischen Kontext jenes Nichtverstehens werfen. Als Orientierungspunkte leuchten dann Namen auf wie Silvio Berlusconi, Leo Kirch oder Rupert Murdoch. Es erscheint ein Wesen namens "europäische Forschungspolitik", das, wenn es existiert, noch eine davon unterscheidbare Größe sein müßte. Ernsthaft muß gefragt werden, wofür denn das Projekt Europa steht, wenn dadurch kein Druck entsteht, jenem weltweiten Konkurrenzverhältnis, in das es als mitbestimmende Größe eintritt, nach dem Muster der Sozialen Marktwirtschaft eine rechtliche und soziale Rahmenordnung zu geben. Oder ist eine hermeneutische Besinnung auf Europa auch hierzu eine Alternative? Dann würden wir uns nicht an einer christlich inspirierten Soziallehre orientieren, sondern diese gehörte nur zum Marketing eines Medienprojekts "christliches Abendland", das im strategischen Bündnis mit jenen Medienmächten nur noch auf ideologische Integration zielt.

Shoemaker-Levy 9 belehrt uns, ob wir das wahrhaben wollen oder nicht, daß sich Geschichte so nicht machen läßt. Selbst wenn die Medien die Informationen nicht transportieren könnten oder wollten: die Mediensysteme selbst, in denen er sich für uns ereignet, belehren uns, daß wir in global vernetzten Abhängigkeitssystemen leben. Auch hat das Systemdenken, das in ihnen gegenständlich wird, seit der ersten

Club-of-Rom-Studie bereits vom kollektiven Bewußtsein Besitz ergriffen. Europa ist eine Kabine im "Raumschiff Erde", das wie der Jupiter die Sonne umkreist. Es wird weder ökonomisch noch kulturell überleben, wenn es nicht gelingt, weltweit die kritischen ökologischen und sozialen Parameter in seinem Überlebenssystem zu stabilisieren.

Der Wertewandel, der nicht nur Wähler und Konsumenten, sondern Politik und Ökonomie selbst sensibel macht für die Systemrückwirkungen von Umwelt- und sozialen Schäden: er wird von jenem ganz anderen Weltraumereignis noch einmal in Frage gestellt. Der Kometeneinschlag auf dem Gasplaneten belehrt uns ja nicht nur über den möglichen Beginn der Lebensevolution bei uns – die Einschlagtrichter, die größer sind als die Erde selbst, lassen uns irdische Einschlagspuren mit anderen Augen betrachten. Das Ende der Evolution, das Ende aller Geschichte, eines jeden Engagements für die Verwirklichung von Werten auf dieser Erde wäre ein kosmisch banales Ereignis.

2. Das andere als hermeneutische Alternative

Das Beispiel jenes in jedem Sinn fernen Ereignisses erlaubt es immerhin, den naturwissenschaftlich-technischen Gegenstandsbezug assoziativ zu vergegenwärtigen, der die vorherrschende Alternative zu hermeneutischen bzw. hermeneutisch-theologischen Verstehensbemühungen darstellt. Hermeneutische Apologetik rekonstruiert in jenem Zugriff nur einen defizitären Verstehensmodus. Fassen wir ihn jedoch genauer ins Auge, indem wir über jenes Beispiel hinausgehen, so werden auf den zweiten Blick alle hermeneutischen Fragestellungen erkennbar. Sie sind allerdings so eingebettet, daß sich bereits hier Vertrautheit und Fremdheit mischen – in hoffentlich beunruhigender Weise.

"Sein und Zeit" werden auch hier zusammengedacht – allerdings so, daß sich eine zugrundeliegende Einheit in einem Zeitbaum entfaltet, der alle Ereignisräume strukturiert.[4] "Phänomene" erscheinen auch hier als unableitbar, allerdings nur für den "strukturell gekoppelten" Beobachter im System.[5] Wer das System von außen beobachtet, kann den

---

[4] Vgl. Friedrich Cramer, *Der Zeitbaum. Grundlegung einer allgemeinen Zeittheorie*, Stuttgart 1993.

[5] Vgl. Humberto R. Maturana, *Erkennen. Die Organisation und Verkörperung von Wirklichkeit. Ausgewählte Arbeiten zur biologischen Epistemologie*, Braunschweig / Wiesbaden (1982) 1985²; ders. / Francisco J. Varela, *Der Baum der Erkenntnis. Die biologischen Wurzeln des menschlichen Erkennens* (sp. 1984), Bern / München / Wien (1987)

Zeitstrahl rückwärts lesen und auch innerhalb komplexer Entwicklungen kausale Zuschreibungen vornehmen – allerdings um den Preis, daß er ein neues System konstituiert hat, in dem er selbst als Subjekt unter denselben eingeschränkten Erkenntnisbedingungen steht und Objekt solcher Zuschreibungen ist.[6] So ist auch die "ganzheitliche Wahrnehmung" in ihrer grundlegenden Funktion festgeschrieben, jedoch zusammengebunden mit einer analytischen Perspektive. Beide sind nicht nach dem Korpuskel-Welle-Schema komplementär, sondern sie rufen sich nach dem hermeneutisch wohlvertrauten Wechselspiel von Figur und Hintergrund gegenseitig auf den Plan.

"Geschichte" ist deshalb keine Alternative zur Evolution, weil sich in jenem zeitlichen Gesamtsystem Ordnungsstrukturen aufbauen, die in Zuständen "fern vom Gleichgewicht" interagieren.[7] In ihnen werden singuläre Konstellationen zu unbeliebigen Ausgangsbedingungen, so daß Anfangs- und Endzustände beschrieben, Gestaltveränderungen "erzählt" werden müssen. Systeme und Funktionen setzen die Morphologie voraus; vielleicht liefert deshalb längst die Biologie und nicht mehr die Physik die prägenden Leitmetaphern und Denkbilder. Solche kontingenten Standpunkte, Ergebnisse evolutionärer Prozesse, werden im jenem Gesamtsystem wissenschaftlich-technisch-industrieller Entwicklung immer wieder zum Ausgangspunkt theorie- oder modellgesteuerter Naturerkenntnis, die das Prädikat "geschichtlich" in hohem Maße verdient. Denn bei aller Fragilität und Korrumpierbarkeit im einzelnen entfaltete sich durch die Erfassung singulärer Konstellationen in den immer wieder revidierten Theorie- und Modellnetzen der Naturwissenschaften unser Bild der Natur in einem irreversiblen Bewußtseinsprozeß.

Ort- und Zeitkoordinaten würden auch ein technisches Meßsystem charakterisieren. Die Existenzgebundenheit von Naturerkenntnissen drückt sich nicht bloß in einem formalen Perspektivismus aus – wenngleich dieser die tiefe Wahrheit festhält, daß wir bis in den Grundlagenstreit der Mathematik hinein zugleich entweder nur das Ganze oder seine Teile betrachten können. Wir sind selbst die letzte Station in der

---

1991, und dazu Raija F. Weidhas, *Konstruktion – Wirklichkeit – Schöpfung. Das Wirklichkeitsverständnis des christlichen Glaubens im Dialog mit dem radikalen Konstruktivismus unter besonderer Berücksichtigung der Kognitionstheorie Maturanas*, Frankfurt a.M. 1994.

[6] Vgl. Niklas Luhmann, *Soziale Systeme. Grundriß einer allgemeinen Theorie*, Frankfurt a.M. (1984) 19945, und dazu Hans-Ulrich Dallmann, *Die Systemtheorie Niklas Luhmanns und ihre theologische Rezeption*, Stuttgart 1994.

[7] Vgl. Ilya Prigogine / Isabelle Stengers, *Dialog mit der Natur. Neue Wege naturwissenschaftlichen Denkens* (fr. 1979), München 19906.

Evolutionskette der Hypothesen, die wir verwenden. Daß wir uns hineingeben in die Netze, die wir auswerfen, daß wir die Ergebnisse, die wir erhalten, auch erzeugen, enthüllen uns von der formalen Seite her Chaos-[8] und Kreativitätstheorie.[9] Wie die Theorie des "Paradigmenwechsels"[10] erklären sie das Entstehen neuer Gestalten durch einen Dimensionssprung bei der Tieferverlagerung der Konstruktionssysteme: Der Albert Einstein im Flächenland sieht in den vertrauten Quadraten die Vorderseite von Würfeln; sein Kollege Kurt Gödel wüßte, daß auch das neue System seinen blinden Fleck hat, der erst von "draußen" sichtbar wird.[11] Solche schöpferischen Sprünge führen von einer individuellen Gestalt zu einer neuen, die nur intuitiv verstanden werden kann, da sie auch einen neuen Hintergrund erschließt. Sie ist unableitbar – vorwärts. Ihre Entdeckung kann aber im Nachhinein rekonstruiert, sie kann von außen erklärt werden.

Das läßt sich leicht ins Ethische wenden, denn der Konstruierende wird durch die Wahl der kritischen Parameter verantwortlich für die Integrität systemischer Grenzen wie für die Möglichkeiten systemischer Evolution. Jene spezifische Erkenntnisform impliziert immer, daß Neues sich zeigen oder entstehen kann; sie garantiert nie, daß es gut entsteht oder gut ist. Da Natur sich am Rande individueller und kollektiver Sinnhorizonte stets als unbeliebige Antwort auf die Fragen zeigt, die ihr gestellt werden, da diese Fragen aufs tiefste mit der menschlichen Fähigkeit oder Unfähigkeit verknüpft sind, die jeweils angemessene Fragedimension zu finden, zeigt sich an den Rändern unserer Kultur stets auch die Natur, die wir erzeugen und die wir verdienen.

Sollte man diese Verantwortlichkeit nicht ein "Existential" nennen? Und ist "Geschichtlichkeit" nicht eigentlich der Prozeß zwischen diesen

---

[8] Zur theologischen Relevanz der Chaostheorie vgl. Alexandre Ganoczy, *Chaos, Zufall, Schöpfungsglaube. Die Chaostheorie als Herausforderung der Theologie*, Mainz 1995.

[9] Zum Formalismus vgl. "TH" III, 3 ('Wie Israel den Heiden das Heil brachte'), Vf., 'Creatio, creatura, creativitas. Im Spannungsfeld zwischen Schöpfungslehre und Kreativitätsforschung', "BThZ" 5,1988, 68-84.

[10] Zu theologischen Übernahmen im Anschluß an Thomas S. Kuhn, *Die Struktur wissenschaftlicher Revolutionen* (am. 1962), Frankfurt a.M. 19732, vgl. (mehr oder weniger spezifisch) z.B. Christian A. Schwarz, *Die dritte Reformation. Paradigmenwechsel in der Kirche*, Neukirchen-Vluyn 1993; Jürgen Moltmann / David Tracy (Hrsg.), *Das neue Paradigma von Theologie. Strukturen und Dimensionen*, München 1986, sowie Vf., *Strukturen existentialer Interpretation. Bultmanns Johanneskommentar im Wechsel theologischer Paradigmen*, Göttingen 1983.

[11] Vgl. anschaulich Douglas R. Hofstadter, *Gödel, Escher, Bach: ein endlos geflochtenes Band* (am. 1979), Stuttgart 1995[14].

Fragen, die wir stellen, und denjenigen Antworten, die Natur als das andere uns gibt: als unbeliebige Voraussetzungen unser neuen Fragen? In ihrer wissenschaftlichen, technischen und industriellen Gestalt prägen diese irreversiblen Veränderungen auch unsere soziale Lebenswelt inniger, als dies Sinnkonstruktionen tun könnten, die sich "geschichtlich" nennen.

Mit der entscheidenden hermeneutischen Gegenfrage öffnet sich spätestens die religiöse Dimension: Bleibt nicht gerade durch die soeben beschriebene Erkenntnis- und Lebensweise die Existenz auf Seiendes fixiert? Entzieht sie sich so nicht ihrer Ausrichtung auf das "Sein selbst" – auf das, was bzw. den, der uns unbedingt angeht? – Darauf ließe sich zunächst erwidern, daß in der Skizzierung des gegenwärtigen Naturbezuges nicht ein flaches "Sein bei den Dingen" hervortrat. Eine "Existenzdialektik", die gewöhnlich bloß beschworen wird, wurde anschaulich. Die stärkere Behauptung wäre, daß jene Beziehung zum Sein bzw. zum Schöpfer sich regelmäßig abarbeitet in kreativen Prozessen, die in spezifischer Weise ethisch eingebunden sind. Ich mache mir diese stärkere Behauptung zu eigen und werde sie im folgenden weiter erläutern und zu stützen versuchen. Gerade deshalb möchte ich jedoch die Reflexion über den Naturbezug unserer Kultur: jenes andere, das der Hermeneutik so vertraut-fremd ist, noch einen Schritt weiterführen.

3. Hermeneutik des Ressentiments

Der neuzeitliche Naturbezug, das andere der Hermeneutik wie der modernen Theologie, ist deren abgespaltener Ursprung. Beide sind geboren aus dem anti-neuzeitlichen, und d.h. aus einem anti-naturwissenschaftlichen Ressentiment. Diese These faßt das bisher Gesagte zusammen und spitzt es zu; ihre systematischen und historischen Aspekte führen es aber auch weiter auf die und den anderen zu.

Der Kampf, den besonders hermeneutische Theologinnen und Theologen gegenwärtig gegen die Postmoderne führen, läßt auf ein tiefes Trauma schließen. Sucht man nach einem Anlaß, so erscheint zunächst ein Paradigmenwechsel im Bereich der Naturwissenschaften. Er fordert die Geisteswissenschaften allerdings in besonderer Weise heraus. Das mechanistische Weltbild wird dabei durch den Systemgedanken abgelöst, die allgemeingültige Formel durch die systemabhängige Konstruktion. Kulturprägend wirken dabei die Neu- (nicht Wieder-) Entdeckung einer ganzheitlichen Naturbetrachtung, jener "postmaterialistisch" genannter

"Wertewandel" – beides weit über Umweltfragen hinaus –, und vor allem eine konstruktivistische Ethik. Sie verbindet die Unbeliebigkeit meines gewerteten Eindrucks mit einem Verfahren, das den anderen nie zum bloßen Objekt meiner Wertungen oder Veränderungswünsche macht. Seine wiederholte Rekonstruktion als Konstrukteur seiner bzw. ihrer Weltsicht bewirkt jene "strukturelle Koppelung", die selbst systemische Spuren hinterläßt.

Man kann nun sagen: die Naturwissenschaften haben die Soziologie, den Menschen oder gleich: die Hermeneutik entdeckt. Aber einmal profitieren eher die Kulturwissenschaften – vor allem von biologischen Modellen. Zum anderen wird nur der Weise vom Berge, der von allem unbetroffen den Zeitgeist immer wieder vorbeieilen sieht, den Eindruck einer Rückkehr zur Hermeneutik haben – nicht jemand, der solche Modelle anwendet und in diesen Prozessen steht. Die Ergebnisse sagen: Es ist alles anders! Und schließlich: die oben angezeigten partiellen Parallelitäten folgen einem Gesetz. Wenn der Postmoderne-Nebel sich verzogen haben wird, werden wir über ein Natur-Kultur-Paradigma verfügen, aus dem sich sämtliche hermeneutischen Größen und Bezüge ableiten lassen werden – und das Umgekehrte wird nicht der Fall sein. Die geistesgeschichtliche Dramatik der kulturpolitischen Auseinandersetzungen um Moderne und Postmoderne liegt in dieser Möglichkeit, die Geisteswissenschaften systematisch von diesem neuen Paradigma aus zu rekonstruieren. Hermeneutische Theologie erscheint dann in der Tat als deren Inbegriff, philosophische Hermeneutik als das Herausgreifen des ganzheitlichen Teilaspektes der Wahrnehmung. Hier werden der Dimensionswechsel radikalisiert und die "Illuminationsphase" im kreativen Prozeß ontologisiert, der bei jeder Erschließung und geglückten Integration von Neuem abläuft.

Die philologische Hermeneutik verweist dagegen auf die zu Ende gehende Phase, in der vor dem Hintergrund eines radikalen Gegensatzes zwischen Geistes- und Naturwissenschaften schmutzige Kompromisse, man kann auch sagen: kleine Synthesen möglich und erfolgreich waren. Die Boeckhsche Philologie koexistierte mit dem historischen Positivismus. In der Person Rudolf Bultmanns befruchteten sich Historische Kritik und Existenztheologie – allerdings, wie die gegenwärtige Misere der Hermeneutischen Theologie zeigt: unwiederhol-, weil nicht prinzipialisierbar.[12] Studierende wissen, daß sie nicht existentiell, sondern theoretisch und methodisch "springen" müssen, wenn sie in Proseminararbeiten

---

[12] Vgl. Vf., "Strukturen", zit. Anm. 10.

von den mit Wahrscheinlichkeitsgraden rekonstruierten historischen Funktionen eines Bibeltextes zur Gültigkeit hier und heute kommen wollen: zu seiner gegenwärtigen Bedeutsamkeit für Seelsorge, Unterricht und ethische Orientierung. Als ob sie es dabei nicht schon schwer genug hätten, werden sie dabei gegenwärtig zwischen Peter Stuhlmacher und Gerd Lüdemann von akademischen Lehrern verunsichert, die nicht über die modernen Positionen hinaus-, sondern hinter sie zurückführen oder sich fruchtlos in ihnen verheddern.[13]

So erscheint die Erfahrung des unableitbar einzelnen, die singuläre Konstellation, als jene paradigmatische "Störung", die als unbewältigter Rest die Tieferverlagerung der gesamten Ausgangskonstellation unabwendbar macht. Als zu Beginn der Neuzeit die einen: die Vertreter des Alten sich an die heiligen Texte voller Bedeutsamkeit klammerten, die anderen sich aber nur mit ein bißchen Mathematik der Erforschung des einzelnen zuwandten, da hatten, wie sich zeigt, diese letzteren den besseren Teil erwählt. Selbst das schließlich herbeibeschworene bedeutsame Phänomen ist kein Ersatz für die erfolgreiche Kombination von mathematischer Konstruktion und Erfahrung. Wenn wir darauf verweisen, welche Lücken im kulturellen Orientierungswissen dadurch entstanden sind, so wollen wir nicht vergessen, daß nach Odo Marquards überzeugender Deutung ein humanes Anliegen dabei zugrundelag: Hermeneutik entstand zur Zeit des Dreißigjährigen Krieges; "Verstehen" ist ursprünglich eine Befriedungstechnik im konfessionellen Bürgerkrieg. Der Streit der Gelehrten um den Wortsinn der Schrift sollte den Streit der Waffen überflüssig machen.[14]

Die Neuzeit setzt ein mit der "Geburt der Hermeneutik", der programmatischen Trennung von Welt verstehenden und Welt erklärenden Wissenschaften.[15] Die Sinnfrage gehört in den Bereich der Geisteswissenschaften, die sich mit dem Überlieferten beschäftigen. Das, "was der Fall ist", erforschen die Naturwissenschaften bzw. stellt, von ihrer experimentellen Praxis ausgehend, die Technik her. Jenen Streit um den Sinn des schriftlich Überlieferten methodisch vom Streit davon zu trennen,

---

[13] Zu Stuhlmacher vgl. z.B. *Wie treibt man biblische Theologie?*, Neukirchen-Vluyn 1995; "'Aus Glauben zum Glauben' – zur geistlichen Schriftauslegung", in: 'Theologie als gegenwärtige Schriftauslegung', Zeitschrift für Theologie und Kirche Beih. 9, 1995, 133-150 (und das gesamte Themenheft); zu Lüdemann z.B. ders. / Alf Özen, *Was mit Jesus wirklich geschah. Die Auferstehung historisch betrachtet*, Stuttgart 1995; Hansjürgen Verweyen (Hrsg.), *Osterglaube ohne Auferstehung? Diskussion mit Gerd Lüdemann u.a.*, Freiburg i.B. 1995.

[14] 'Frage nach der Frage, auf die die Hermeneutik eine Antwort ist' (1981), in: ders., *Abschied vom Prinzipiellen. Philosophische Studien*, Stuttgart 1987[2], 117-146.

[15] Vgl. "TH", bes. VII ('Religiöse Orientierungsmuster in der Moderne').

wie die Dinge wirklich sind – und worum sich die Naturwissenschaften gerade mit Hilfe von Experiment-Interpetationen zu kümmern begannen: das war der Preis, den die Geisteswissenschaften zahlten. Sie trennten sich von der Wirklichkeit: dem Bereich der Wirkungen. Die Naturwissenschaften lösten im Gegenzug bis in die gegenwärtige Trendwende hinein Stück für Stück alle anthropologischen und geschichtlichen Größen auf, an denen sich ethische Bezüge festmachen konnten; ihre ganzheitliche und Wahrnehmungskomponente versank ins methodisch Unbewußte. Und die tiefste Gemeinsamkeit: die Aufspaltung in eine nun beiden neuzeitlichen Erkenntnisverfahren gemeinsame semiotische Dreieckkonstellation von Zeichen-, Bedeutungs- und Sachstruktur, blieb fast bis zum Schluß verborgen.

Nicht die technische Unproduktivität der hermeneutisch sich verstehenden Geisteswissenschaften hat also systematischen Rang – der Gegenstandsbezug der konkurrierenden Naturwissenschaften ist ein anderer –, wohl aber ihre Unfähigkeit, das theoretische und methodische Instrumentarium so zu verfeinern, daß jene Sinnbezüge in einem lehr- und lernbaren Verfahren kontrolliert und kritisierbar fortschreitend erschlossen werden. Während dort die analytische Philosophie das naturwissenschaftliche Verfahren prinzipialisierte, leben hier gerade phänomenologische Reflexion und Hermeneutische Theologie von unkontrollierbaren Sinneingebungen. Vorurteile erhielten philosophische und theologische Weihen und krasse Irrtümer stehen neben tiefen Einsichten, die sich als zufällig richtig erweisen, wenn man auf ihren theoretisch-methodischen Status blickt.

Nun kann man eine Gegenbilanz zu Lasten des naturwissenschaftlichen Ansatzes aufmachen. Es scheint mir aber kein Zufall zu sein, daß trotz dieses Befundes gerade die philologieferne Hermeneutik als letzte Kränkung ihre eigene geschichtliche Relativierung ohne innere Widerstandskraft erlebt. Ich nenne jene letzte Kränkung, die Hermeneutik und darauf vertrauende Theologie gemeinsam erfahren, "mediengeschichtlich". Sie ist der jetzt noch notwendig im Hintergrund bleibende Begründungsrahmen dieser kritischen Ortsbestimmung. Den Begriff "Medium" verwende ich weder nachrichtentechnisch oder bloß publizistisch, sondern in einem paradigmatischen Sinn für das Leitmedium einer bestimmten Kultur. Es ist jenes Medium, in dem sie – unter Wahrung einer relativen Medienvielfalt im übrigen – typischerweise und so das Kultursystem im ganzen prägend ihre generationsübergreifenden identitätsstiftenden Informationen übermittelt. Die hermeneutische Ursprungssituation zu Beginn der Neuzeit fällt zusammen mit der

Möglichkeit, Manuskripte, Tabellen und Konstruktionsskizzen massenhaft mechanisch zu vervielfältigen: mit dem beginnenden "Zeitalter des Buchdrucks".

Im beginnenden "Zeitalter der elektronischen Medien" wird nicht nur dessen Ende sichtbar, sondern unser zuende gehendes Zeitalter der "zwei Kulturen" erscheint auch in einer Epochenreihe. An ihrem Anfang stand die Revolutionierung traditionaler Gesellschaften durch die Einführung der Schrift. Auf die religiöse Dimension all dieser kulturellen Revolutionen verwiesen am Anfang Philosophen und Propheten, die Lehr-Gestalten von Philosophenschulen und Schriftreligionen, später die Reformatoren und Gegenreformatoren und schließlich die Stifter der säkularen Ideologien. So wissen wir heute, daß die Konstante im Wandel von der Antike zur Neuzeit, von der Moderne zur Postmoderne die Funktion des neuen Mediums im jeweiligen Transformationsprozeß war. Schrift, Buchdruck und elektronische Medien bedingen eine je typische Strukturierung von Wissen, die nicht erst Begriffe wie Offenbarung, Schöpfung, Religion, Geschichte oder Natur definiert, sondern sie eigentlich erst entstehen läßt: als kontingente Wahl von Wahrheit, als Mitteilung von nicht-faktischem Wissen, als transzendental begründete Immanenz, als Interpretation von Sinn .... Jene neuzeitliche Grundkonstellationen des modernen Wissens läßt erst die Fragen entstehen, die uns heute entweder als aporetisch oder schon als veraltet erscheinen. Und die neuen Orientierungs- und Vergewisserungsbedürfnisse lassen dann auch neue Gemeinschaftsformen entstehen. Religion jedenfalls ist als ganz durch jene neuzeitlichen Fragestellungen konstituiert, sie reproduziert diese, und so partizipiert sie auch an den Sinnkrisen der Moderne.[16]

Der heutige Wandel hin zu den elektronischen Medien läßt nun vor allem neue Zusammenhänge hervortreten, die zuvor zerrissen waren – ohne daß sich natürlich dadurch vormoderne Konstellationen einfach so wiederherstellten, wie sie waren. Dies ist nicht nur eine unbegründete Angst, sondern eine der typischen und erwartbaren perspektivischen Täuschungen, mit denen wir heute bei unseren Bemühungen zu rechnen haben. Das ganz andere: die Natur als Gegenstand der Naturwissenschaft und später auch die menschliche Natur als Gegenstand der Sozialwissenschaften lassen sich also gerade als Medienereignis im qualifizierten Sinn lesen wie der dunkle Hintergrund zu Hermeneutik und Hermeneutischer Theologie. Ohne ihn lassen sich beide nicht verstehen.

---

[16] Vgl. Jacques Waardenburg, 'Über die Religion der Religionswissenschaft', "NZSTh" 26, 1989, 238-255.

Dies gilt schon von ihren Objekten. Angefangen vom "Sinn", der überall da ist, wo keine Kausalität nachweisbar sein soll, sind alle ihre Bezugsgrößen negativ zu den positiven Wissenschaften und ihren Verfahren definiert. Wie die Geistesgeschichte zeigt, setzt sich dadurch die traumatische Ursprungssituation fort, weil der Erkenntnisfortschritt der Natur- und dann der positivistischen Sozialwissenschaften die Hermeneutiker zu immer radikaleren Negativbestimmungen über immer weiter zusammenschmelzende Gegenstandsbereiche zwingt. Dies gilt sodann für die Sprache, die in jenem "dialektischen" Digitalitäts- und Überbietungsmodus verharrt. In den mathematisierten Naturwissenschaften, von der Integral- und Differentialrechnung bis zur Katastrophentheorie zeigt sich hingegen gerade im Abarbeiten des Unendlichkeitskomplexes an unendlich großen, unendlich kleinen und unendlich komplexen singulären Konstellationen der Erkenntnisfortschritt gerade auch als eine Kette von Theorie- und Methodenrevolutionen: zwar nicht vorhersehbar, aber in einem theoretisch eindeutigen Bezug aufeinander und irreversibel. Der Eindruck eines angeblich postmodernen *Anything goes* stellt sich vor diesem Hintergrund eher bei den immer wieder völlig anderen anthropologischen Entwürfen in der Hermeneutik und der Theologie ein.

Wir sind, um uns in der gegenwärtigen Übergangssituation ethisch und religiös zu orientieren, auf das genauere Verständnis dieser hier nur skizzierbaren Differenzen und der darin sich andeutenden Beziehungen angewiesen. So erscheinen die postmodernen Dekonstruktionen in der Tat als Derri-Dadaistisches Satyrspiel zur Heideggerschen Tragödie, wenn man sieht, wie dieser – gleichsam im nachträglichen Protest gegen den Logos – lediglich die literale Kulturrevolution verdinglichte. In solchem Scheinradikalismus wie im bloßen Verharren behält das traumatisch Verdrängte im hermeneutischen Ursprungsgeschehen seine desorientierende Kraft. Was geschichtlich aussteht, ist ein Paradigmenwechsel, in dem mit der Komplementarität von Natur- und Geisteswissenschaften beide "aufgehoben", d.h. in ihren Beschränkungen wie in ihrer relativen Leistungsfähigkeit erkennbar sein werden.

Festzuhalten ist: Sowohl das, was der Fall ist, als auch das, was Sinn ist, wird durch diese Trennung erst so konstruiert, wie wir dies in unserer heutigen Frage nach dem Sinn voraussetzen. Dies gilt auch für die dazu parallele Trennung bzw. für das Verständnis von Transzendenz und Immmanenz. Man kann sich (ich knüpfe hier an ein theologisches Prinzip Bultmanns an) einer solchen Wissenskonstellation, einem Weltbild, nicht durch einen Willensakt entziehen. Wir alle orientieren uns lebensweltlich zunächst an Gewißheiten, die sämtlich in jenem zweiten Bereich zuhause sind. Dieser ist uns nah, die Transzendenz ist uns fern gerückt. Wir leben, verglichen mit der Antike, in einer umgewerteten Welt. – Oder doch schon in einem Wertewandel?

Was ansteht und was durch solch ein mediengeschichtliches Verstehen möglich ist, ist gerade vor dem Hintergrund dieser tiefen Differenzen nicht nur ein im emphatischen Sinne hermeneutischer Blick auf das ganz andere, wie es sich in jenem fernen kosmologischen Medienereignis angemeldet hat. Wir können auch schon Ausschau halten nach den anderen, die in jeder einzelnen dieser Konstellation neu konstruiert werden, und wir können schließlich unsere Beziehung zu dem anderen neu bedenken, der uns hier wie dort begegnet oder der sich uns entzieht.

4. Die Hermeneutik und die anderen

Die anderen, auch sie, müssen als Medienereignis verstanden werden. Sie sind es, wie es sich bei den afrikanischen Hungerkatastrophen immer wieder mit grauenhafter Eindeutigkeit zeigt, weil wir durch die Berichterstattung über ihr Schicksal verantwortlich für sie werden. Weil sie sterben, wenn das Auge der Kamera nicht so auf ihnen ruht, daß wir sie als unsere Nächsten (auch hier und im folgenden: Frauen wie Männer) erkennen. Weil ihre jetzt überlebenden Kinder sterben werden, wenn das Auge der Kamera bewirkt, daß Katastrophenhilfe Strukturhilfe verhindert, die künftigen Katastrophen zuvorkommen könnte. Ob der andere verstanden wird als Landsmann oder Angehöriger des mörderischen anderen Stammes, als bosnischer Nachbar oder moslemischer Feind, als hilfsbedürftiger Fremder oder als unerwünschter Asylbewerber, als gewalttätiger Skin oder Jugendlicher, dem man zuhören muß – dies alles wird durch Medien vorentschieden.

Diese publizistische und publizistisch vermittelte Verantwortlichkeit bewegt sich aber nun in einem Netzwerk medialer Informationsspeicherung und -vermittlung, die anderen in einem viel elementareren Sinn zu Nachbarinnen und Nachbarn im Weltmediendorf macht. Denn hierzu gehört neben den quasi natürlichen Möglichkeiten, durch Körper und Sprache Informationen zu speichern und weiterzugeben, die informationstechnische Infrastruktur, die nicht nur Medien wie Brief und Telefon bereitstellt, sondern auch Produktion und Logistik steuert: auf andere hin oder an ihnen vorbei. Verstehen lernen müssen wir diese anderen, die uns zu Nächsten werden können und sollen, im Übergang vom

Buch- zum elektronischen Zeitalter, was bestimmten Medien und Installationen bei der sozialen Konstruktion der anderen einen für unsere Kultur paradigmatischen Rang gibt. Sie lassen nun zwar zwischen existentiellem Verstehen des oder der einzelnen anderen in konstruierter Unmittelbarkeit auf der einen und naturwissenschaftlicher Anthropologie auf der anderen Seite ein neues Begegnungsfeld erkennen. Aber welche Mißverständnisse dort lauern, davon gibt die Diskussion um "virtuelle", statt um medienvermittelte Wirklichkeit und Begegnung einen Vorgeschmack.

Wir können dagegen gegenwärtig nicht mehr tun, als vertiefte Anschauungen und vorwärtsweisende Verfahren zusammenzustellen – aber das sollten wir auch tun, um zunächst uns selbst und dann andere ethisch und theologisch angemessen vorzuorientieren. Erst anschließend ist die Frage zu stellen, ob solche Brücken überhaupt tragen, die etwa Emmanuel Lévinas zu schlagen versuchte, der in der Moderne gerade vom Engagement für den anderen, die anderen aus auf die traditionalen Orientierungen der Religion zurückverweisen wollte.[17]

In der schon erwähnten konstruktivistischen Perspektive erscheint mein potentiell Nächster in einer theologischen wie nichttheologischen Hermeneuten und Hermeneutinnen sicher anstößigen Weise zunächst als Quelle von "Störungen an meiner Umweltgrenze". Aber dabei ist zugleich ein prinzipiell medial vermittelter Systemkontakt gesetzt. Das eingangs betrachtete andere, das ein radikaler Standpunkt hier als "bloße Konstruktion" einbezieht, sehe ich in seiner auch geschichtlich wirksamen Widerständigkeit aufgehoben in "naturalen Unbeliebigkeiten", an denen sich alle medialen, sozialen und kulturellen Konstruktionen der anderen brechen.[18] Die neuere französische Sozialphilosophie – ich beziehe mich hier auf Jean-Marc Ferry – knüpft daran an, indem sie zur einen Seite hin die Reflexion der Kommunikation durch Empfinden und Handeln unterfüttert, zur anderen Weltverständnisse und kommunikative Identitäten sich wechselseitig ausprägen sieht: narrativ-mythisch,

---

[17] Vgl. Emmanuel Lévinas, *Die Spur des anderen. Untersuchungen zur Phänomenologie und Sozialphilosophie*, hrsg. von Wolfgang Nikolaus Krewani, Freiburg i.B./ München 1983; dazu: Henning Luther, "'Ich ist ein Anderer'. Die Bedeutung von Subjekttheorien (Habermas, Lévinas) für die praktische Theologie", in: Dietrich Zilleßen u.a. (Hrsg.), *Praktisch-theologische Hermeneutik. Aufsätze, Anregungen, Aufgaben*, Rheinbach-Merzbach 1991, 233-254. Vgl. auch Jürgen Habermas, *Die Einbeziehung des Anderen. Studien zur politischen Theorie*, Frankfurt a.M. 1996.

[18] Nach dem glücklichen Ausdruck von Wilhelm Korff, *Norm und Sittlichkeit. Untersuchungen zur Logik der normativen Vernunft*, Freiburg (1973) 1985², bes. 76-112 ('Die naturale Unbeliebigkeitslogik menschlicher Normativität').

interpretativ-metaphysisch, historisch-rekonstruktiv oder argumentativ-kritisch.[19] Die Anerkennung der anderen Individuen und Nationen wird ausdrücklich als Ziel aller Kommunikation festgehalten, Steuer-, Rechts- und Mediensysteme werden identifiziert als die gegenwärtig entfremdenden Mächte. Vor diesem Hintergrund erscheint in hegelianisch-religiöser, also zugleich geschichtlicher wie ontologischer Perspektive die Erinnerung an koloniale und faschistische Verbrechen als Geheimnis künftiger Erlösung.

Damit werden allerdings diagnostische Ansprüche erhoben, die Therapien in weite Ferne rücken. Vor dem von mir prognostizierten und ansatzweise diagnostizierten paradigmatischen Wechsel plädiere ich für integrative Verfahren, und zwar zunächst im Umgang mit den anderen, in dem sich synthetische, d.h. hermeneutische, und analytische, d.h. von den neueren Naturwissenschaften entwickelte Komponenten einander ablösen. Damit läßt sich jetzt schon beiden Aspekten dieser real wirksamen Konstruktionen Rechnung tragen. Als Beispiel mag die Integration von "Erklären" und "Verstehen" in der Interpretationstheorie von Paul Ricœur dienen.[20] Der Kommunikationsprozeß mit den anderen über die Welt wird darin als Wechselspiel betrachtet: zwischen strukturaler Analyse eines fremden Textes und Übernahme dieser Struktur als Interpretationsraster für die singuläre Konstellation, die sich aus "meiner" Perspektive erschließt – worauf ein neuer Text entsteht. Es entfaltet sich also ein Algorithmus, in dem Außen- und Innenperspektive einander ablösen und der wesenhaft auf Kreativität bezogen ist. Denn Ricœur setzt voraus, daß in einem geglückten Kommunikationsprozeß eine Tiefendimension des Textes geschichtlich wirksam wird. Festzuhalten ist daraus, daß diese Tieferverlagerung der Perspektiven sich kausalen und auch intentionalen Kategorien entzieht, selbst wenn sie sich auf Drittes und Dritte bezieht. Sie ändert mich. Und sie ändert das Bild, das der andere von mir erhält, wenn ich dieses zum Ausdruck bringe. Andere werden an mir und uns Veränderungen feststellen.

[19] Vgl. Jean-Marc Ferry, *Philosophie de la communication*, Paris 1994.
[20] Vgl. nach *Der Konflikt der Interpretationen* (Bd.1: Hermeneutik und Strukturalismus, Bd. 2: Hermeneutik und Psychoanalyse; fr. 1969), München 1973. 1974, bes. 'Zeit und Erzählung', 3 Bde. (fr. 1983-1985), München 1988-1991, und dazu u.a. James Fodor, *Christian hermeneutics. Paul Ricœur and the refiguring of theology*, Oxford 1995; Joseph Putti, *Theology as hermeneutics. Paul Ricœur's theory of text interpretation and method in theology*, San Francisco, Ca 1994; Kevin J. Vanhoozer, *Biblical narrative in the phenomenology of Paul Ricœur. A study in hermeneutics and theology*, Cambridge u.a. 1990; Franz Prammer, *Die philosophische Hermeneutik Paul Ricœurs in ihrer Bedeutung für eine theologische Sprachtheorie* (Innsbrucker theol. Stud. 22), Innsbruck / Wien 1988.

Doch was läßt sich von diesem integrativen Verstehensmodell in jenen Kontext übertragen, in dem zusammen mit den anderen das andere begegnet und in dem jene paradigmatische Unterscheidung ins Wanken geraten ist? Zunächst muß die Einschränkung von Systemkontakten auf Texte fraglich werden – jedenfalls sobald dieser Begriff nicht linguistisch, sondern im Alltagssinn verstanden wird. Mit dem Wegfall der methodisch klugen Selbstbeschränkung der Hermeneutik auf philologische Objekte scheint deren ontologischer Anspruch wieder aufzuleben. Es universalisiert sich aber dann stattdessen das kreative Verfahren. Zwischen den Systemen werden – in wechselnden Medien – orientierende Nachrichten ausgetauscht, die in einen neuen Kontext immer "übertragen", also "notwendige Metaphern" sein werden. Die Frage ist, ob sie durch eine Umorganisation der internen Verarbeitungshierarchien eine bleibende Systemspur hinterlassen oder nicht. Und schließlich universalisiert sich in diesem gegenseitigen Orientierungsprozeß der Wechsel von synthetischer bzw. Innenperspektive und analytischer bzw. Beobachterperspektive. Er löst das Dreierschema ab von Zeichen, Zeichensinn und jedenfalls noch einmal gesondert zu betrachtender Bedeutung dieses Zeichensinns für die Orientierung in der Welt. Und er schreibt eine Beziehung fest: zwischen der Unmöglichkeit, jene Systemkontakte kausal zu reduzieren und der Möglichkeit, die dann zu beobachtenden Regelmäßigeiten neuen: medialen Systemen zuzuschreiben. All dieses zusammen bietet sich nun an als Gerüst für qualitative Interpretationen, in denen singuläre Gestalten beschrieben und deren Veränderungen erzählt werden, sowie für ethische Interpretationen, die kontrollierbar und strukturiert sind.

Der andere wird zum Feind, Fremden oder Nächsten, weil er durch seine Position im politischen, ökonomischen oder religiösen System so definiert ist. Die Definitionen im medialen, sozialen und Rechtssystem stellen die Fragen, dessen Antwort er ist. Sie entfalten in Erwartungs- und Rückkoppelungsschleifen materielle Gewalt. Ein sterbendes Paradigma wirkt dabei tödlich: Nach dem Ende der Geschichte werden imperialistische Zwecklügen, ungläubige Vorurteile und ideologische Konstruktionen beschworen. Anachronistisch erfassen Rassen, Religionen und Nationen als quasi natürliche Zuschreibungen die anderen (und uns?), hetzen sie aufeinander, grenzen sie aus, markieren sie als Zielobjekte freundlicher und feindlicher Intentionen. Kein einziger kollektiver Sinnentwurf wird sich dadurch temporal entfalten, sondern es entstehen lokale Katastrophen in globalen Systemen. Wenn die Zerstörungen beseitigt sein werden, stellen sich – wenn es leidlich gut gegangen ist –

dieselben Regelungsprobleme, denen man mit der unmöglich gewordenen Flucht in die Geschichte entfliehen wollte.

Verantwortung übernehmen für die anderen bedeutet also zunächst Verantwortung für die eigene Position zu übernehmen, die zum Ausgangspunkt der Netze wird, in denen wir sie definieren. Sie betrifft die Wahl zwischen Codierungen, die Systemhierarchien festlegen, in denen sie werden, was sie dann sind. Es bedeutet demokratische, gegebenenfalls institutionelle Mitverantwortung für die politische Gestaltung des Rechtssystems und seine Durchsetzung, in denen die anderen, z.B. im Asylverfahren, zu Objekten von routiniertem Verwaltungshandeln werden. Entscheidend ist dabei, wo die Grenze zwischen Figur und Hintergrund verläuft, d.h. ob der andere eingeordnet wird in mein eigenes Routinehandeln oder ob er zum Auslöser eines kreativen Prozesses wird, in dem sich diese Grenze verschiebt, ggfs. paradigmatisch tiefer verlagert. Angemessen versprachlichen läßt sich das nur, wie allzu deutlich geworden sein dürfte, durch die Beschreibung der Ausgangssituation bzw. durch die Erzählung des Prozesses, in denen sich mit der Kontextualisierung singulärer Erfahrung die Gesamtkonstellation ändert, in der die anderen zum Thema werden. Man kann das eine prophetische Erfahrung nennen – jedenfalls wird sie zur unbeliebten Voraussetzung bei der Weiterentwicklung der vielfältigen sozialen Systeme, in denen die anderen definiert werden. Im us-amerikanischen Kommunitarismus brach sich diese Erfahrung typischerweise zugleich theoretisch- und praktisch-ethisch Bahn.

Eben in solchen Übergängen, das ist das Problem, unsere Chance – meine These: offenbart sich Gott "zwischen den Zeiten", den Paradigmen, heute.

5. Die Hermeneutik und der andere

Nach dieser langen, aber vielleicht doch notwendigen hermeneutischen Buß- und Pilgerfahrt über das andere hin zu den anderen erscheint der ganz andere nicht mehr als der Jenseitige, Ewige, Gerechte. Denn das Jenseitige, Ewige, das Gesetz selbst sind Größen, mit denen sich eine Schriftkultur aus dem Terror des jeweils Überlieferten herausorientiert, indem sie das schriftlich Fixierte als das für alle bleibend Gültige festhält. Der ganz andere ist auch nicht der personalisierte Inbegriff alles dessen, was sich als sinnhaft dem erklärenden Zugriff der Naturwissenschaften entzieht. Er offenbart sich auch nicht einem Subjekt, einer Person geschichtlich im Überlieferungszusammenhang einer positiven Religion: denn dies sind sämtlich Größen, die gebunden sind an das Kulturparadigma der Printmedien. Sie erzwingen eine individualisierte Überlieferungs- und Erfahrungsorientierung und ermöglichen sie, indem sie Kultur und Natur voneinander trennen. Mit der kulturprägenden Kraft der modernen Leitmedien verschwimmen die Differenzen, über denen die Hermeneutik operiert. Die Hermeneutische Theologie ist davon besonders betroffen. Jenseits einer positivistischen Exegese sind ihre tragenden Begriffe bloße Personalisierungen und Verdinglichungen jener abstrakten Kultur-Natur-Differenz. Ihre Aussagen versuchen rhetorisch zu vertiefen, was sich im Übergang zu den elektronischen Leitmedien mit dem erneuten Wandel der Paradigmen gegenwärtig unwideruflich einebnet.

Dies ist die Negativfolie. Positiv ist das neue Paradigma, das sich im konstruktivistischen Wandel des Weltbildes besonders deutlich abzeichnet, durch Entgrenzungen und neudefinierte Felder zwischen Natur und Kultur gekennzeichnet, in denen die alten Großen Erzählungen neu ihre orientierende Kraft entfalten können. Die Schöpfungsüberlieferungen, bezogen auf die kulturellen Konstruktionen von Natur, erschließen wieder begründend die Institutionen, aus denen sie hervorgehen, ohne dadurch "entmythologisiert" zu werden und ihre naturerschließende Kraft zu verlieren. Vor allem aber werden sie in jetzt noch unausdenkbarer Weise das Feld zwischen jenen schlechten alten Abstraktionen Natur und Kultur durch ein Hypothesennetz potentiell gültiger Beziehungen erschließen, in dem das andere und die anderen gemeinsam begegnen. Von den Netzwerken des neuen elektronischen Leitmediums aus werden Technik, Ökonomie und Ökologie erstmals paradigmatisch und damit auch eigentlich erst theologisch erschlossen werden können. Nicht in Heideggers "Gestell" werden wir uns dann wiederfinden, sondern eher in Charles Peirce's Kategorie der Drittheit.[21] Aber dort informieren nicht Zeichen über etwas, sondern wir orientieren uns wechselseitig über quasi-holographische Muster, für deren Deutlichkeit in neuen Texten wir theologisch verantwortlich sind.

In den elektronischen Medien wird die systemverändernde Funktion orientierender Muster anschaulich. Spuren der Erlösung sind gegenwärtig als erlösende Spuren. Denn die Tradition ist aufgehoben in den unbeliebigen

---

[21] Vgl. Charles Sanders Peirce, *Religionsphilosophische Schriften*, hrsg. von Hermann Deuser / Helmut Maßen, Hamburg 1995, und dazu: Hermann Deuser, *Gott: Geist und Natur. Theologische Konsequenzen aus Charles S. Peirce' Religionsphilosophie* (TBT 56), Berlin 1993.

Ausgangskonstellationen der Erfahrung ermöglichenden Weltentwürfe. "Geschichte" ist aufgehoben im Zeitpfeil der Systeminteraktionen. Modellhafter Träger solchen "Fortschritts": orientierter Veränderung, ist jetzt bereits die Scientific community, wie sie sich in der Kommunikationsgemeinschaft von Netzwerkteilnehmern darstellt. Verantwortung bildet sich im elektronischen Medium ab als Prozeß zwischen Berichterstattung über lokale Katastrophen, logistischer Hilfsorganisation und kritischer Berichterstattung, wie er sich in offenbar typischen Phasen entfaltet. Wir wissen darüber noch zu wenig, und wenn auch die Bekämpfung der Ursachen, die wir heute schon kennen, vordringlich ist, zeichnen sich mit den Systemen und Prozessen, die so in den Blick kommen, neue Eingriffsmöglichkeiten ab. Ethik und Verantwortung werden aus einem abstrakten Reich der Freiheit vertrieben und müssen sich immer wieder neu einlassen in das paradigmatisch grundlegende Wechselspiel zwischen Entwurf, Rückmeldung und Gültigkeit.

Hier zeigt sich dann das Jenseitige im Diesseitigen am anschaulichsten in den Phasen des kreativen Prozesses, die sich in jedem systemverändernden Orientierungsvorgang beobachten lassen. Zu seinen Voraussetzungen gehört, das andere und den anderen nicht zum Objekt meines Lebensinteresses zu machen, sondern mich – im Gegenteil – vom anderen berühren zu lassen, meine Grenzen zu öffnen für das Neue. Anschließend ist zu entscheiden, ob ich diesen Eindruck routinemäßig verarbeiten oder mich umorientieren, umorganisieren will. In diesem Fall entscheide ich mich für eine Krise. Es gibt, jedenfalls in der Innenperspektive, keine Kontinuität von der alten zur – hier erhält der Terminus seinen neuen Ort: offenbarten neuen Sicht der Dinge. Diese drückt sich dann aus in einer neuen Gestalt, die Ausgangspunkt paradigmatisch tiefergelagerter Konstruktionen und Gegenstand alternativer Orientierungen ist – oder in der diese mißlingen und sich angesichts neuer Herausforderungen der alte Adam neu bestätigt.

Trotz oder gerade wegen dieser Überlagerung von Ästhetik, Ethik und Religion läßt diese Vorwegnahme künftiger paradigmatischer Konstellationen ahnen, daß in ihnen die Hermeneutik als Ganzes auch im positiven Sinn aufgehoben sein wird. Einmal wegen der spekulativen Abstraktheit einer Sprache, die nach einzelnen Ergebnissen und erzählten Beispielen ruft. Sie wird dadurch sodann in ihrer kritischen Funktion erkennbar, die sie wohl in der neuen Gesamtkonstellation erst entfalten kann: Sie muß die Mächte benennen und von ihrem Wirken erzählen, die in der Gestalt von Systemen, Organisationen und Institutionen die Wahrnehmungen des und der anderen fördern oder behindern. In den Medien verkörpern sich die Mächte ihrer Anerkennung oder Abweisung. Schließlich aber bleibt Hermeneutik stets verknüpft mit einer Unterkomponente des gesamten Paradigmas, mit einem Aspekt und Takt im Erkenntnisprozeß, der ganz im Zeichen klassischer hermeneutischer Tugenden und Erfahrungen steht: der wertenden Wahrnehmung singulärer Konstellationen, der Gestaltwahrnehmung als Unterscheidung von Figur und Hintergrund, der Kunst des Lassens und der nicht-intentionalen Anschauung.

War aber Hermeneutik irgend zu Recht Bewahrerin religiösen Erbes, hat irgend zu Recht Hermeneutische Theologie an sie angeknüpft, so wird Hermeneutik in diesem Paradigma, gerade indem sie "der Erde treu" bleibt, Platzhalterin der Überlieferung von dem ganz anderen sein. Im Übergang von den mechanischen und literarischen zu den elektronischen Medien, vom modern-hermeneutischen zum postmodern nachhermeneutischen Paradigma – ein Wechsel, der in jedem Fall selbst die Struktur eines kreativen Prozesses hat – offenbar er sich im Kategoriensprung, zu dem die Wahrnehmung des ganz anderen Ereignisses bei der Wahrnehmung der ganz anderen zwingt. Nicht indem wir dabei in den virtuellen Welten eines technischen Schlaraffenlandes "von Wegen unabhängig … raumlos", "auf Tun, Machen oder Warten nicht angewiesen … zeitlos" würden;[22] im "rasenden Stillstand" des Begehrens unsterblich, aber unfrei. Sondern so wie die Liebenden in Rake's Progress am Ende singen: "Freu Dich Geliebter, im elysischen Gefilde/ kann Raum nicht unsre Liebe ändern, so daß sie mit der Zeit vergeht;/ im Hier muß alles Ferne, Fremde schweigen, weil sich das Jetzt nicht aufs Zu spät versteht."[23]

Hier käme eine Reise ans Ziel, zu der der Stern zu Bethlehem die Magier in die Fremde aufbrechen ließ zu jenem ganz anderen, der so ganz anders geboren wurde als die Herrscher und der so ganz anders aussah als die Götter dieser Welt. So gingen diese Sternkundigen ein in jene Große Erzählung von dem, der zu den anderen in Israel ging und

---

[22] Vgl. Günter Anders, *Die Antiquiertheit des Menschen* (Bd. 1. Über die Seele im Zeitalter der zweiten industriellen Revolution, Bd. 2. Über die Zerstörung des Lebens im Zeitalter der dritten industriellen Revolution, 1956.1980), München 1988, hier: II, 335 ('Die Antiquiertheit von Raum und Zeit', 1959), sowie Paul Virilio, *Rasender Stillstand* (fr. L'inertie polaire, 1990), München 1992.

[23] Wystan H. Auden / Chester Kallmann, *The Rake's Progress*, Music by Igor Stravinsky, London u.a. 1951, 56 (III,3).

der dann zu den ganz anderen: auch zu uns Abendländern kam. Als Orientierungsmuster werden solche Erzählungen eine auch im europäischen Kontext unersetzliche Funktion behalten, in deren Dienst sich keine Hermeneutische Theologie stellen kann, aber eine neue Hilfswissenschaft stellen sollte: Theologische Hermeneutik.

INGOLF U. DALFERTH, Zürich

FREMDAUSLEGUNG ALS SELBSTAUSLEGUNG.
VORÜBERLEGUNGEN ZU EINER TRINITARISCHEN
HERMENEUTIK DER ABWESENHEIT GOTTES

1. Verstehen und Auslegen

Hermeneutik ist die Kunst des Umwegs – des Umwegs zum Verstehen. Weil direkte Wege des Verstehens oft nicht gangbar sind (wie bei Abwesenden) oder weil sie im Nicht- oder Mißverstehen zu enden drohen (wie oft auch bei Anwesenden), sucht die Hermeneutik Mittel und Wege, das Ziel indirekt zu erreichen. Sie setzt voraus, daß menschliches Leben sich immer schon als vielschichtiger Prozeß des Wahrnehmens, Erlebens, Handelns und Verstehens in Sinnzusammenhängen vollzieht. Sie entsteht aus der Erfahrung, daß diese Verstehensprozesse keineswegs selbstverständlich gelingen, sondern im Gegenteil immer wieder mißglücken, ihr Ziel also nicht oder nur unzulänglich erreichen. Sie reagiert darauf, indem sie dieses Ziel bewußt anstrebt und angesichts mißlingenden Verstehens durch reflektierte Verfahren gezielt besseres Verstehen zu erreichen sucht. Und sie wählt dazu den Weg der kunstgemäßen Verfeinerung eines Verfahrens, das wir lebenspraktisch zur Lösung unserer Verstehensprobleme entwickelt haben: der *Auslegung*.

2. Die Unhintergehbarkeit des Verstehens

Daß wir auslegen, ist keineswegs selbstverständlich. Wie selbstverständlich gehen wir vielmehr davon aus, daß wir *verstehen*, daß wir also – und das verstehe ich unter 'verstehen' – die Fähigkeit besitzen, unser Verhalten und Handeln situationsgerecht an anderes Verhalten und Handeln, von uns selbst oder von anderen, anzuschließen. Das setzt nicht nur ein Wahrnehmen, Wissen, Wollen und Wünschen voraus, ohne das wir gar nicht in der Lage wären, uns zu verhalten oder zu handeln. Es erfordert darüber hinaus vor allem auch Einsicht in das, was in der anstehenden Situation relevant, erforderlich, nötig, möglich oder sinnvoll ist.

Was das jeweils ist, hängt davon ab, in welchem Lebenszusammenhang und damit auch Sprachzusammenhang eine Situation erlebt, verstanden und gelebt wird: Was *wir* jeweils für relevant, erforderlich, nötig, möglich oder sinnvoll *halten*, ist das im Zusammenhang unserer jeweiligen Lebensformen, Traditionen und gemeinsamen Lebensgeschichten, nicht an sich, als solches und für sich genommen. Aber das schließt nicht aus, sondern ein, daß es immer auch Verstehensrelevantes gibt, das nicht nur in manchen, sondern in allen Lebenssituationen unter allen Beschreibungen zu beachten ist, weil es ohne das weder ein Verstehen von etwas noch etwas zu verstehen gäbe; und dazu gehört an hervorgehobener Stelle das, was Religion und Glaube als *Gottes Gegenwart* symbolisieren: diejenige Gegenwart nämlich, von der gilt, daß es keine Gegenwart gibt, der sie nicht gegenwärtig wäre, weil es keine Gegenwart gäbe, wenn sie nicht gegenwärtig wäre. Das mag und muß nicht jeder wahrnehmen, bemerken und verstehen: Religiöse Sensibilität und Einsicht sind so wenig eine anthropologische Grundkonstante oder Normalität wie Musikalität oder die Fähigkeit zuzuhören. Wie diese kann man allerdings auch jene üben und vertiefen, wenn man lernt wahrzunehmen und zu verstehen, daß und wie Gottes Gegenwart zu dem gehört, was in einer Situation zu beachten ist, was in ihr also relevant, erforderlich, nötig, möglich oder sinnvoll ist. Doch auch wer diese religiöse Einsicht nicht hat, kommt nicht ohne jede Einsicht in die Strukturen, Erfordernisse und Bedingtheiten von Lebenssituationen aus. Nur wer zumindest ansatzweise etwas von diesen versteht, sich also durch solche Einsichten bestimmen läßt, kann in seinem Verhalten und Handeln verständlich an das anknüpfen, was vorliegt, also situationsgerecht (weiter)leben.

Verstehen ist dafür die Voraussetzung, aber es bewirkt nicht, daß dies tatsächlich auch geschieht. Man kann verstehen, aber nicht entsprechend weiterleben wollen oder können, weil die Umstände so sind, daß man den Erfordernissen der Situation aus subjektiven oder objektiven Gründen nicht nachkommen kann. Wir verstehen sehr wohl, was hier und jetzt gut, erforderlich, nützlich oder sinnvoll wäre, und sind doch außerstande, es auch zu tun, weil wir uns selbst behindern oder durch andere und anderes daran gehindert werden. Verstehen als solches ist also keine Verhaltens- oder Handlungsursache. Es hat eher mit Urteilskraft, Geschmack und Gefühl für das hier Relevante und Richtige und jetzt Wichtige und Wesentliche zu tun. Wer versteht, weiß, wie hier und jetzt weiterzuleben ist oder weiterzuleben wäre, auch wenn er es – aus welchen Gründen auch immer – nicht kann, nicht will oder nicht tut.

Verstehen ist aber nicht nur selbst keine Ursache, es ist auch kein Selbstzweck. Wir leben ja nicht, um zu verstehen, sondern wir suchen zu verstehen, um leben zu können. Das heißt nicht, daß wir uns nicht auch ganz gezielt um Verstehen bemühen könnten, wenn wir etwa mit einer nicht ganz einfachen Person zu tun haben oder einen schwierigen Text lesen. Aber auch in solchen Fällen streben wir Verstehen nicht um seiner selbst willen an, sondern als unerläßliche Voraussetzung dafür, uns adäquat verhalten und sachgemäß handeln und leben zu können. Denn ob wir verstehen oder nicht, ist keineswegs beliebig. Solange wir leben, können wir aufs Verstehen nicht verzichten, und zwar aus zwei eng miteinander verknüpften Gründen. Zum einen leben wir nicht nur momentan und im Jetzt, sondern in einer mehr oder weniger deutlich wahrgenommenen Sukzession sinnvoller Akte des Wahrnehmens und Handelns, vollziehen unser Leben also als immer wieder neu zu konstruierende *Lebensgeschichte*. Das nötigt uns, unser Wahrnehmen und Handeln an jedem Punkt unseres Lebens an unser jeweils schon vorliegendes Wahrnehmen und Handeln anzuschließen, dieses also so zu verstehen, daß wir in sinnvoller, d.h. unser Leben erhaltender und fördernder Weise daran anknüpfen und in der Kontinuität unserer Lebensgeschichte weiterleben können. Zum andern leben wir nicht allein, sondern zusammen mit anderen, sind also – wie vermittelt auch immer – auf das Leben anderer bezogen und in ihr Handeln und Tun, Wahrnehmen und Erleiden verwoben: Wir leben unser Leben stets in *Gemeinschaft mit anderen*. Von und mit anderen haben wir zu leben gelernt. Und ohne andere können wir auf Dauer nicht leben. Die Unvermeidlichkeit des Verstehens ist Implikat dieser unaufhebbaren Geschichtlichkeit und Gemeinschaftlichkeit unseres Lebens: Wir müssen verstehen, weil wir nicht nur jetzt und nie allein leben.

Verstehen ist deshalb auch keine Privatangelegenheit, die wir mit uns selbst abmachen könnten. Wir haben nicht verstanden, wenn wir meinen, verstanden zu haben, und wir entscheiden nicht als einzelne darüber, ob wir verstanden haben. Am Verstehen selbst zeigt sich vielmehr der Geschichts- und Gemeinschaftscharakter unseres Lebens. Müssen wir nämlich, um leben zu können, verstehen, und ist Verstehen selbst ein Vollzug unseres Lebens, dann setzen wir mit jedem Verstehensvollzug schon Verstehen voraus und gehen von wie rudimentär auch immer Verstandenem aus. Wir beziehen uns auf das, was andere vor uns und was wir zuvor schon verstanden haben, und wir suchen es für unser Leben hier und jetzt fruchtbar zu machen. Insofern ist Verstehen ein Grundzug unseres gemeinsamen Lebens, den wir in unseren individuellen

Lebensgeschichten weder vermeiden noch hintergehen können. Wir nehmen ihn selbst dann noch in Anspruch, wenn wir etwas nicht verstehen, nicht verstehen wollen oder zu verstehen bestreiten. Denn dafür müssen wir zumindest verstehen (können), daß wir nicht verstehen. Zweifellos verstehen wir nicht immer alles, und häufig verstehen wir so gut wie nichts. Stets gibt es für uns nur endlich viele Möglichkeiten des Verstehens, aber unendlich viele Möglichkeiten des Mißverstehens. Doch würden wir nicht überhaupt verstehen, also die Fähigkeit zum Verstehen haben und gebrauchen, könnten wir Bestimmtes weder verstehen noch mißverstehen und uns auch nicht um besseres Verstehen bemühen. Solange wir leben ist unumgänglich, daß wir irgendetwas verstehen, auch wenn kontingent bleibt, was wir jeweils verstehen bzw. nicht verstehen. Weil wir aber nicht nicht verstehen können, sind wir an jedem Punkt unseres Lebens auf Verstehen angewiesen, also auf unsere Fähigkeit, das wahrzunehmen, auszuwählen und zu berücksichtigen, was in der jeweiligen Situation für unser Verhalten und Handeln in dieser relevant ist, das nicht Relevante aber im Hintergrund zu lassen.

3. Das Risiko des Verstehens

Diese Unterscheidung ist fundamental und ein Schlüssel zum Verständnis des Verstehens. Denn zum einen entscheiden wir zwischen hier und jetzt Relevantem und Nichtrelevantem weder beliebig und nach eigenem Gutdünken, noch drängt sich diese Unterscheidung stets in einer eindeutigen und für alle gleichermaßen einsichtigen Weise auf. Wir folgen dabei vielmehr *Gepflogenheiten* und *Gewohnheiten*, die wir in unserer jeweiligen Gemeinschaft gelernt haben und die unser Verstehen dessen, was revelant ist, steuern. Zum andern müssen wir, um so unterscheiden zu können, nicht nur stets *mehr* verstehen, als wir je und je faktisch erleben und zum Handeln benötigen, sondern wir müssen zugleich diesen Hintergrund auch *anders* verstehen als das, was wir als für uns hier und jetzt relevant gegen ihn abheben. Das macht diesen Hintergrund aber nicht weniger bedeutsam als das, worauf wir uns im Vordergrund konzentrieren. Denn das, was wir im Hintergrund belassen, wird dadurch ja nicht beseitigt, sondern bleibt potentiell als Erlebens- und Orientierungsressource, also als Sinn, verfügbar: Es bildet den Sinn-Hintergrund der besonderen Sinn-Konfiguration, die wir in der zur Debatte stehenden Situation für handlungs- und lebensrelevant halten.

Genau darin liegt das grundlegende *Risiko des Verstehens*: Das, was wir hier und jetzt für nicht relevant erachten, bleibt zwar als potentieller Sinn prinzipiell verfügbar. Es ist aber für uns faktisch dann nicht mehr zugänglich, wenn wir durch die Unterscheidungen unseres Verstehensvollzugs das – von seinen Konsequenzen her beurteilt – Falsche privilegieren und uns für ein Verhalten und Handeln entscheiden, das unser Weiterleben erschwert, gefährdet oder – im Extremfall – beendet.

Es wäre daher ein Irrtum zu meinen, die Aufgabe des Verstehens sei harmlos, weil sie sich nicht vermeiden läßt. Das Gegenteil ist richtig. Es geht letztlich immer um unser Weiterleben und dessen Qualität, und weil wir ohne andere weder leben noch gut leben können, benötigen wir die anderen. Wir sind aber immer dann besonders gefährdet, wenn wir allein oder gemeinsam unser Leben, Verhalten und Handeln so ausrichten und bestimmen, daß es mit unseren Lebensgrundlagen in Konflikt gerät, also dem widerspricht, ohne das wir auf Dauer entweder nicht gut oder überhaupt nicht leben können. Dazu gehören die materiellen Lebensgrundlagen, die wir durch kurzsichtiges Handeln zerstören, weil wir ihre Bedeutung für uns und die nachfolgenden Generationen nicht verstehen, oder verstehen, aber nicht würdigen. Dazu gehören die personalen Lebensgrundlagen unserer Angewiesenheit auf gelebte Gemeinschaft mit anderen Menschen, die wir nicht dadurch auf Dauer unterminieren können, daß wir, um uns selbst zu erhalten, unsere Eigeninteressen anderen gegenüber nur wie Wölfe zur Geltung bringen, die nicht sehen, daß sie gerade aus Selbsterhaltungsgründen für die Erhaltung anderer Selbste eintreten und deren Selbsterhaltung befördern müssen. Dazu gehören aber auch die religiösen Lebensgrundlagen und vor allem der Gottesbezug, die wir bei unseren Sinnentscheidungen nicht permanent nur als unthematisierten Sinnhintergrund mitansprechen oder selbst als solchen ausdrücklich ignorieren können, ohne unser Leben einzeln und gemeinsam mit dem in Konflikt zu bringen, was *Leben überhaupt* ermöglicht, also zu den notwendigen Bedingungen jeder Lebenssituation gehört, was zu *gutem Leben* befähigt, also zu den mehr als notwendigen Möglichkeiten des Lebens gehört, und was jenseits allen Nutzens, Bezweckens und Ermöglichens *geglücktes Leben gelingen läßt*, weil es immer wieder überraschend Neues zuspielt und unerwartbare Lebenschancen eröffnet, die das weit übersteigen, was Lebenssituationen aufgrund ihrer geschichtlichen Genese an Lebensmöglichkeiten nahelegen und erwartbar machen. Zum Verstehen, das zu einem situationsgerechten menschlichen Leben führt, gehört – theologisch geurteilt – entscheidend die Offenheit für das Nichterwartbare, die Sensibilität für das Nutzlose, die Einsicht in das nur zu Erhoffende und die Wahrnehmung der Würde des Irrelevanten, also kurz all das, was Theologie thematisiert, wenn sie in Auslegung einer bestimmten Verstehenspraxis von *Gott* spricht.

4. Verstehenspraktiken

Als verstehende Wesen leben wir grundsätzlich aus einem Mehrwert an Sinn und eben deshalb prinzipiell risikoreich mit Alternativen des Verhaltens und Handelns. Denn einerseits können wir nicht nicht verstehen, wenn wir leben wollen. Andererseits können wir nicht verstehen, ohne im Blick auf das hier und jetzt Relevante eine Differenz zwischen aktuellem und potentiellem Sinn in unserer jeweiligen Lebenssituation zu setzen. Diese Differenz kann durchaus verschieden ausfallen. Sie variiert nicht nur mit unseren individuellen Standpunkten, Vorgeschichten, Wünschen, Gefühlen, Verhaltensanforderungen und Handlungsabsichten, sondern auch mit den geschichtlich-kontingenten gemeinsamen Sinnhorizonten, in denen wir uns dabei zusammen mit anderen jeweils faktisch befinden. So knüpfen wir an Vorangehendes und Vorliegendes nie isoliert und für sich, sondern im Rahmen bestimmter Sinnhorizonte an, in deren Licht wir gegen einen potentiell unendlichen Hintergrund des Nichtthematisierten das abheben, was wir für relevant halten und woran wir in unserem Lebensvollzug konkret anschließen. Wir verstehen also stets im Kontext von Sinnzusammenhängen, die sich nicht uns und unserem Verstehen verdanken, sondern dieses leiten. Nur in Anknüpfung an das, was andere verstanden haben, können wir verstehen.

Diese Anknüpfung muß keineswegs unkritisch sein und sie ist stets mit Modifikationen des Vorgefundenen verbunden, aber sie ist im Prinzip lebensnotwendig und normalerweise auch gerechtfertigt. Würden wir in der Regel das für uns Relevante verfehlen, wenn wir an das anknüpfen, was andere verstanden haben, würden wir kaum lange weiterleben. Prinzipiell vermeiden können wir dieses Risiko aber nicht. Deshalb müssen wir es beschränken, und dafür sind wir auf andere und die Weitergabe ihres Wissens und des von ihnen Verstandenen angewiesen. Haben wir doch weder individuell noch gemeinsam die Zeit, die Möglichkeiten und die Ressourcen, in jeder Lebenssituation aufs neue durch Versuch und Irrtum das für uns Relevante in jeder vielleicht wichtigen Hinsicht zu erkunden. Deshalb sind wir darauf angewiesen, uns auf sozial eingespielte *Verstehenspraktiken* verlassen zu können, also auf uns gemeinsam vertraute Formen der Wahrnehmung von Lebenssituationen, die uns für bestimmte Arten von Situationen ein Repertoire von Sinndifferenzen und Unterscheidungen zwischen Relevantem und Nichtrelevantem zur Verfügung stellen, deren Beachtung das Weiterleben erfahrungsgemäß eher ermöglicht als behindert oder beendet. Sie garantieren das nicht, weil sie selbst Resultate geschichtlicher Prozesse sind, die sich angesichts der Veränderung unserer Lebenswirklichkeit verändern können oder müssen, um nicht obsolet zu werden. Sie bilden aber den Zusammenhang dessen, was wir jeweils für selbstverständlich halten und auf das wir uns zurückbeziehen, wenn es zu Verstehenskontroversen kommt. Verstehenspraktiken bieten also keine irreversiblen Letztbegründungen, sondern verläßliche Lebensorientierungen. Sie sind Gepflogenheiten des Wahrnehmens, Erfassens und Strukturierens von Lebenssituationen, die Verhaltens- und Handlungsweisen auf eine in der Regel verläßliche Weise bestimmen. Sie weisen uns also nicht primär in eine offene Kette von Deutungen, Interpretationen, Auslegungen und Begründungen ein, sondern in eine gemeinsame Lebensweise und geregelte Form der Tätigkeit, mit der wir auf Situationen dieser Art gewöhnlich reagieren und sie verändern.

5. Verstehenspraktiken als Kern der Kultur

Solche Verstehenspraktiken bilden den institutionellen Kern einer Kultur. Es gibt sie für alle einigermaßen regelmäßig sich wiederholenden Lebensvollzüge: von den elementaren Vorgängen des biologischen und sozialen Lebens (Nahrung, Gesundheit, Sexualität, Familie, Arbeit, Spiel) über dessen mannigfache Ausdifferenzierungen in Gesellschaft, Wirtschaft, Recht, Wissenschaft und Kunst bis hin zu den diversen rituellen Praktiken und Symbolsystemen der Religionen. Sie bestimmen unsere Lebensweisen und definieren das, worauf wir uns in diesen Bereichen in der Regel verlassen, was wir in ihnen gemeinhin für selbstverständlich halten und was wir in Situationen der entsprechenden Art gewöhnlich wie selbstverständlich tun. Wie und in welcher Weise diese verschiedenen Verstehenspraktiken ausgebildet sind und ob und wie sie untereinander zusammenhängen, kann erheblich variieren. Es können auch durchaus unterschiedliche Verstehenspraktiken in einzelnen Bereichen nebeneinander bestehen, auch wenn sie nicht gleichzeitig von denselben praktiziert werden können. Eine Kultur läßt sich dementsprechend inhaltlich und dem Umfang nach anhand der Verstehenspraktiken charakterisieren, die sie privilegiert. Und wir leben jeweils in der Kultur, auf deren Verstehenspraktiken wir uns normalerweise verlassen.

In modernen Gesellschaften ist die Übereinstimmung von Kultur und Gesellschaft Vergangenheit, so daß heute Menschen in ein und derselben Gesellschaft in höchst verschiedenen Kulturen leben (können). An der einen oder anderen Kultur indes muß jeder partizipieren, weil wir, um verstehen und damit leben zu können, auf Verstehenspraktiken und Verstehensgemeinschaften angewiesen sind, die uns vorgegeben sind. So erschließen wir uns im Verstehen unsere aktuellen Lebenssituationen konkret so, daß wir sie im Rahmen einer etablierten Verstehenspraxis gegen einen Hintergrund von Nichtthematisiertem im Horizont kontingenter, geschichtlich gewordener Sinnzusammenhänge unter ausgewählten Gesichtspunkten auf andere – frühere aktuelle und künftige mögliche – Lebenssituationen beziehen. Wir suchen sie so von Regeln her zu erfassen, an denen sich unser Verhalten und Handeln in Situationen dieser Art gewöhnlich ausrichtet. Insofern ist Verstehen die grundlegende Fähigkeit, unserem individuellen und gemeinsamen Leben über den einzelnen Vollzug hinaus einen sinnhaften und damit erlebbaren Zusammenhang zu geben, indem wir unsere Lebensvollzüge im Anschluß an vorfindliche Verstehenspraktiken vor einem umfassenden Möglichkeitshintergrund in bestimmten und bestimmenden Sinnhorizonten über die jeweilige Situation hinaus verknüpfen.

So verstanden ist Verstehen nicht nur eine grundlegende, sondern auch eine komplexe und unüberschaubar vielfältig praktizierte Fähigkeit. Denn fragen wir, was es heißt, verstanden zu haben, also in der Lage zu sein, situationsadäquat weiterzuleben, dann wird die Antwort unterschiedlich ausfallen je nach Art der zur Debatte stehenden Lebenssituation, des anstehenden Entscheidens, Verhaltens und Handelns, der Sinnzusammenhänge, in denen die Situation steht, sowie der physischen, psychischen und sozialen Sachverhalte, die die Situation mitbestimmen. Ein situationsgemäßes Anschließen an gegebenes Verhalten und Handeln von uns und anderen erfordert nicht nur, dies alles zureichend zu verstehen, sondern auch den Hintergrund der natürlichen, geschichtlichen und kulturellen Rahmenbedingungen des jetzt anstehenden Handelns angemessen wahrzunehmen, die Konventionen, Regeln, Verhaltensmuster und eingespielten Selbstverständlichkeiten zu berücksichtigen, die unser Interagieren durch die dadurch aufgespannten wechselseitigen Erwartungshorizonte leiten, die Sinnzusammenhänge zu sehen, in deren Horizont Anschlußhandlungen für uns und andere verständlich werden können, und nicht zuletzt auch die Erwartungen, Wünsche, Gefühle und Absichten der aktuell Interagierenden richtig einzuschätzen. In all diesen Hinsichten kann unser Verstehen fehlgehen, und es ist höchst unwahrscheinlich, daß es nicht tatsächlich auch in mehr als einer Hinsicht oft fehlgeht.

Wir entscheiden, verhalten uns, handeln und leben gerade deshalb stets unter höchst riskanten Bedingungen, weil wir die Unwahrscheinlichkeiten des Verstehens nicht vermeiden können. Nicht von ungefähr besteht ein wesentlicher Aspekt unserer Sozialisations- und Bildungsprozesse dementsprechend darin, uns die Verstehensselbstverständlichkeiten, Auswahlgesichtspunkte, Erwartungshaltungen und Verhaltensgewohnheiten der Verstehenspraktiken zu vermitteln, die wir in den für uns relevanten Typen von Lebensumständen beachten müssen, um angesichts erheblicher Unwahrscheinlichkeiten einigermaßen gelungen leben zu können. Eingebunden in eingespielte Lebensvollzüge und kulturelle Gepflogenheiten verstehen wir vieles gefühlsmäßig, intuitiv und wie selbstverständlich, auch wenn sich diese Selbstverständlichkeiten selbst komplizierten Sozialisationsprozessen verdanken und nie prinzipiell unhinterfragbar sind. Ohne Rekurs auf solche eingespielten, kontingenten Selbstverständlichkeiten könnten wir als Menschen nicht leben. Wir alle gehen deshalb in vielen Bereichen wie selbstverständlich davon aus, daß wir verstehen.

Erst die erschreckende und manchmal auch erheiternde Erfahrung, daß dies keineswegs so selbstverständlich ist, wie wir meinen, nötigt uns zum *Auslegen*. Wir beginnen auszulegen, weil und wenn wir wahrnehmen, daß wir die Welt von Menschen, in der wir leben, nicht (mehr) und nicht in jeder Hinsicht verstehen oder von ihr nicht (mehr) und nicht in jeder Hinsicht verstanden werden. Insofern ist *Auslegung* die im gemeinsamen Leben praktizierte und in der Hermeneutik kunstmäßig entwickelte Methode, unsere durch Miß- und Nichtverstehen unterbrochenen oder behinderten Verstehensprozesse reflektiert zum Ziel zu führen.

6. Auslegen

Anders als Verstehen ist Auslegen keine unserer grundlegenden menschlichen Fähigkeiten. Es ist eine Tätigkeit, die wir lernen müssen, und eine Fertigkeit, die wir uns bewußt anzueignen haben. Mit Auslegen reagieren wir auf Lebenserfahrungen, die wir ohne Verstehen gar nicht machen könnten: die Erfahrung, nicht verstanden zu werden oder etwas nicht zu verstehen. Verstehen gehört daher notwendig, Auslegen dagegen nur kontingent zu unserem Leben: Es ist kein Selbstwiderspruch, unser Leben so zu denken, daß es der Auslegung nicht bedarf. Verstehen dagegen ist nichts, was wir wählen oder nicht wählen können: Wir können nicht nicht verstehen, selbst wenn wir das wollten, weil wir nicht leben können, ohne zu verstehen. Erst das Ende unseres Lebens beendet auch unser Verstehen.

Das heißt nun aber keineswegs, daß es im Bereich des Verstehens nichts zu lernen gäbe. Auch wenn wir nicht leben können, ohne zu verstehen, können wir doch fast immer besser oder schlechter verstehen und gibt es immer Bereiche, in denen wir noch kaum oder gar nichts verstehen. Wir müssen also durchaus lernen, was es zu verstehen gibt, was es jeweils heißt, richtig zu verstehen, und wie wir unser Verstehen intensiv verbessern und extensiv erweitern können. Denn auch wenn wir nicht nicht verstehen können, verstehen wir doch häufig nicht richtig, oft nicht sachgemäß, selten genug und niemals alles. Und obgleich Verstehen selbst kein Gegenstand unserer Wahl ist, können wir sehr wohl wählen, was, wie und auf welche Weise wir verstehen. Nicht die Grundfähigkeit des Verstehens, wohl aber die Verstehenspraktiken unserer jeweiligen Kultur müssen wir uns in oft komplizierten Prozessen aneignen. So wesentlich es daher zu unserem Menschsein gehört, daß wir verstehen, so kontingent ist es, wie wir diese Fähigkeit konkret realisieren. Wir leben in einer Welt von Menschen, mit denen wir durch komplexe Verstehensprozesse verwoben sind. Als Menschen unter Menschen können wir nicht vermeiden zu verstehen, auch wenn wir nie in der Lage sind, alles zu verstehen. Nicht notwendig, wohl aber faktisch vermeiden wir freilich auch nicht, uns häufig mißzuverstehen und vieles nicht oder nur unzureichend zu verstehen, was wir durchaus verstehen könnten und besser verstehen sollten. Auslegen ist unsere Reaktion auf diese Sachlage.

Diese Reaktion ist ebenso verbreitet wie vielfältig. Sie kann sich auf das ganze Feld des Verstehens beziehen, überall auftreten und viele Formen annehmen. So legen wir Handlungen aus, indem wir ihren Sinn erläutern. Wir legen Texte aus, indem wir sie durch andere Texte ersetzen. Wir legen Personen aus, indem wir uns ein Bild von ihnen zurechtlegen. Wir legen Institutionen aus, indem wir ihre Funktionen beschreiben. Wir legen Regeln aus, indem wir Beispiele für das Befolgen dieser Regeln geben. In jedem Fall – und das verstehe ich unter "auslegen" – machen wir dabei den Versuch, Verstehensbehinderungen dadurch zu überwinden, daß wir das Nicht- oder Mißverstandene durch eine Darstellung des zu verstehen Gesuchten ersetzen, von der wir erwarten, daß sie ihren Adressaten verständlich ist und ihnen erlaubt, ihr Verhalten im

Blick auf das Dargestellte sachgerechter zu bestimmen und zu einem situationsadäquateren Anschlußhandeln zu kommen, als es ohne diese Darstellung möglich (gewesen) wäre. Wir setzen dabei nicht nur voraus, daß die Adressaten unserer Auslegungen im Prinzip in der Lage sind, zu verstehen, sondern daß sie die konkrete Fähigkeit haben, die von uns verwendeten Zeichen zu verstehen. Ersetzen wir das zu Verstehende doch durch einen bestimmten Zeichenkomplex (legen es also *als* etwas aus), von dem wir unterstellen, daß ihn die Adressaten aufgrund ihrer spezifischen Zeichenkompetenz besser verstehen können als das, was sie ohne diese Darstellung nicht- oder mißverstanden haben.

Minimalbedingung einer erfolgreichen Auslegung ist daher, daß sie für die Adressaten verständlicher ist als das, was sie auslegt. Dazu muß sie sich eines Zeichenmediums bedienen, das diesen vertraut ist. Und sie muß dasjenige Medium wählen, das auszudrücken erlaubt, was sie vermitteln will.

7. Medien und Methoden der Auslegung

Als Medium der Auslegung kommt prinzipiell alles in Frage, was im Zusammenhang eines Regelsystems Zeichenfunktion übernehmen kann: Körperbewegungen, visuelle Differenzen, akustische Signale, taktile Unterschiede usf. Es muß nur in der Lage sein, unsere Wahrnehmungsfähigkeit zu affizieren, durch prägnante Kontraste unsere Aufmerksamkeit auf sich zu lenken, durch geregelte Organisation dieser Kontraste uns Sinn zu vermitteln und sich einfach und ohne großen Aufwand von uns gebrauchen lassen. Das trifft vor allem auf Zeichen zu, die wir über den Gesichts-, Hör- und Tastsinn wahrnehmen. Zwar ist unsere Wahrnehmungsfähigkeit viel umfassender: Sie schließt auch den Geruchs- und Geschmackssinn, vor allem aber das weite Spektrum kaum spezifizierbarer Gefühle ein, die unser instinktives und intuitives Verhalten in Situationen oft entscheidend bestimmen. Doch diese können wir kaum oder nur mit Schwierigkeiten manipulieren. Allenfalls wissen wir sie zu verursachen oder nahezulegen, wie Gefühle durch Gerüche oder Stimmungen durch Töne, Wärme, Licht und die Atmosphäre von Umgebungen. Das ist – die Musik lebt davon – von kaum zu überschätzender Bedeutung, da wir nicht nur mit Kopf und Herz, sondern gleichsam mit allen Poren verstehen. Als Medien zur Kommunikation von davon unterscheidbarem Sinn aber taugen diese Gefühle und ihre Auslöser nicht oder nur sehr eingeschränkt. Nicht von ungefähr haben diese Funktion in unserer kulturellen Tradition vor allem – in abnehmender Bedeutung – Medien des Sehens, Hörens und Tastens übernommen. Wo immer es möglich ist, treten diese freilich nicht allein auf, sondern werden verknüpft, um sich wechselseitig zu verstärken. Das geschieht nicht nur spontan. Jede Kultur kennt vielmehr geregelte Gestalten solcher Verknüpfung für bestimmte Arten von Anlässen, die in ihr als komplexe Ausdrucks-, Darstellungs- und Auslegungsmedien fungieren. Diese sind dem Auslegen in jedem Fall vorgegeben. Sie sind kulturelle Gebilde, die nicht wir erfunden haben, an denen wir vielmehr partizipieren und deren wir uns bedienen müssen, wenn wir uns verständlich machen wollen. Unsere Auslegungen sind daher nur in dem Maße verständlich, als wir uns der Medien und Auslegungskultur unserer Gesellschaft bedienen, an denen die, für die wir auslegen, auch partizipieren.

Das garantiert freilich nicht, daß unsere Auslegungen auch sachgerecht verstanden werden. Und es erspart uns auch nicht, uns für ein bestimmtes Medium zu entscheiden, wenn wir auslegen. Das wird davon abhängen, was wir vermitteln und verständlich machen wollen. Wählen wir Bewegungen und nichtsprachliche Handlungen als Auslegungsmedium, wie in Tanz, Kult oder Ritual, dann werden unsere Darstellungen manches, aber keineswegs all das verständlich machen können, was etwa durch Musik oder Sprache vermittelt werden kann. Musikalische Auslegungen wiederum haben eine weitaus größere Fähigkeit als andere Auslegungsarten, die emotionale Qualität von Situationen zu vermitteln, nicht indem sie diese darstellen, sondern indem sie die entsprechenden Stimmungen erzeugen: Sie sind, bei aller kulturellen Prägung ihrer Ausdrucksformen, deshalb meist unmittelbarer verständlich als sprachliche Auslegungen. Geht es uns aber nicht um die Erzeugung von Stimmungen, sondern um die Kommunikation von bestimmtem Sinn, dann vollziehen wir unsere Auslegungen in der Regel in sprachlichen Texten. Denn die Sprache ist das geschmeidigste Medium zur Darstellung von etwas anderem, über das wir verfügen.

Keine Auslegung, ob sprachlich oder nicht, ist aber selbst einfach eine Anschlußhandlung an das, was sie auslegt und verständlich zu machen sucht. Sie ist immer eine Reaktion auf dessen Nicht- oder Mißverstehen, setzt den anstehenden Handlungszusammenhang also nicht fort, sondern unterbricht ihn durch Einführung eines (sprachlichen oder nichtsprachlichen) Textes, über dessen Verstehen sie dasjenige Verstehen zu bewirken sucht, das ihren Adressaten sachgemäßen Anschlußhandlungen an jenen Zusammenhang überhaupt erst möglich macht. Insofern sind

Auslegungen stets Unterbrechungen eines Lebenszusammenhangs, die durch gezielten Zeichengebrauch Nicht- und Mißverstehen korrigieren, (besseres) Verstehen bewirken und damit – in dem je anstehenden Zusammenhang – sachgemäßeres Leben ermöglichen wollen.

Das kann auf unzählige Weisen geschehen, und es gibt deshalb auch viele verschiedene *Methoden der Auslegung*, durch die wir das Auslegen zu einer Kunst verfeinern. Keine dieser Methoden hat prinzipielle Priorität. Die Wahl der Methode hängt vielmehr von den Interessen und Zielen ab, die wir beim Auslegen verfolgen, und die können vielfältig sein. In jedem Fall aber geht es darum, angesichts unseres verbreiteten Nicht- und Mißverstehens das Ziel des Verstehens durch gezielten Zeichengebrauch auf Umwegen zu erreichen. Insofern sind alle Auslegungsmethoden Versuche, eine Aktivität zu gestalten, die auch anders und meist auch besser praktiziert werden kann.

8. Die Zeichenstruktur des Auslegens und die Differenz zum Verstehen

Jede adäquate Methode muß allerdings die *Struktur* dieser Aktivität berücksichtigen. Die läßt sich mit der Formel fassen: "Jemand legt etwas für jemanden in einem Medium im Blick auf etwas als etwas aus". Diese Formel reflektiert die *Zeichen- und Interpretationsstruktur* unseres Auslegens und damit das Mittel, mit dessen Hilfe wir im Auslegen unser durch Nichtverstehen behindertes Bemühen um Verstehen indirekt zum Ziel zu führen suchen. So orientieren wir uns im Auslegen bewußt an der Zeichenstruktur, um die Momente erheben zu können, die unser Verstehen prägen und deren Nichtbeachtung es in unterschiedlicher Weise scheitern läßt: die pragmatischen, syntaktischen und semantischen Differenzen und Beziehungen zwischen *uns* und *anderen*, zwischen unseren *Zeichen*, zwischen den *Zeichen* und dem mit ihnen *Bezeichneten*. Alles Auslegen ist so bewußter Umgang mit den am Zeichenbegriff zu gewinnenden und für das methodische Verstehen konstitutiven Differenzen und Beziehungen zwischen *Ausleger* (jemand), *Auszulegendem* (etwas), *Ausgelegtem* (als etwas), *Auslegungshinsicht* (im Blick auf etwas), *Auslegungsmedium* (Sprache) und *Adressaten der Auslegung* (für jemanden).

Es wäre nun aber ein Irrtum zu meinen, damit würde das Verstehen selbst als eine Art des Auslegens erschlossen. Das Gegenteil ist der Fall. Auslegungen sind indirekte Versuche, über die Darstellung einer Sache deren Verstehen zu befördern. Verstehen dagegen ist kein Auslegungsvorgang, in dem ein verständlicher Zeichenkomplex an die Stelle eines nicht oder nicht zureichend verstandenen Sachverhalts oder Zeichenkomplexes tritt. Verstehen ist auch nicht auf Auslegen hin angelegt oder ausgerichtet, sondern läßt die Nötigung zum Auslegen gar nicht erst aufkommen. Denn während Auslegungen auf ein Verstehen zielen, in dem ein Nicht- oder Mißverstehen überwunden wird, zielt Verstehen weder direkt noch indirekt auf anderes oder weiteres Verstehen, sondern gerade umgekehrt auf ein Ende des Verstehens und den Übergang zu situationsadäquaten Anschlußhandlungen des Wahrnehmens, Erlebens und situationsverändernden Gestaltens. So wird im Lebensvollzug von Religion und Glaube der Gottesbezug wahrgenommen, verstanden und gelebt, in der theologischen Explikation dieses Wahrnehmens, Verstehens und Lebens dagegen ausgelegt und dargestellt. Wie zum *Verstehen* daher der *gelebte Gottesbezug* einer gemeinschaftlichen Glaubenspraxis gehört, so gehört zum *Auslegen* der *Gottesgedanke* in einer gemeinsamen Denkpraxis. Theologische Auslegungen gelebter Gottesbezüge entfalten *Gottesgedanken*, um im Blick auf Mißverständnisse, Unverständnisse, Nichtverständnisse, vorschnelle Selbstverständnisse und unkritische Einverständnisse von Glaubenden und Nichtglaubenden sowohl gegenüber solchen, die an der religiösen Lebenspraxis des Glaubens partizipieren, als auch solchen, die sie ignorieren, ein sachgemäßes oder sachgemäßeres Verstehen Gottes zu ermöglichen, auf indirektem Wege also zur rechten oder besseren Wahrnehmung des Gottesverhältnisses anzuleiten. In solchem Wahrnehmen aber wird kein Gottesgedanke ausgelegt, sondern Gott in bestimmter, mehr oder weniger deutlicher, in vielfältiger Weise verdeutlichungsbedürftiger und verdeutlichungsfähiger Weise verstanden, und dieses Verstehen zielt nicht auf theologische Auslegung in einem Gottesgedanken, sondern auf den Vollzug eines Lebens, das von der wahrgenommenen Gottesgegenwart geprägt ist. Jedes Verstehen Gottes läßt sich zwar in die Auslegung eines Gottesgedankens überführen, aber während theologisches Auslegen angesichts von Miß- und Nichtverstehen auf Verstehen zielt, zielt Verstehen auf durch dieses Verstehen bestimmtes Leben.

Verstehen erfüllt sich so in der adäquaten Fortsetzung des Lebensprozesses, das Auslegen dagegen in Darstellungen, die angesichts vorliegenden Nicht- oder Mißverstehens neues und besseres Verstehen ermöglichen. Auslegungen benützen daher das Mittel der symbolischen Darstellung, um über das Verstehen dieser Darstellungen ein Verstehen des zuvor Nicht- oder Mißverstandenen auf indirektem Wege zu befördern. Verstehen dagegen bedarf keiner besonderen Darstellungen. Es erreicht sein Ziel ohne dazwischengeschaltete symbolische Explikationen. Denn wer versteht, weiß situationsadäquat zu handeln und damit ohne die Hilfe von Auslegungen und Darstellungen weiterzuleben. Wäre er auf solche angewiesen und wäre das Verstehen selbst ein (impliziter) Auslegungs- und Darstellungsvorgang, könnte er immer wieder nur zu neuem Verstehen, gerade nicht aber zum Handeln, Erleben und Leben kommen. Darum ist Verstehen ein Lebensvollzug oder eine Lebenspraxis, Auslegen dagegen eine Zeichenoperation: Wer versteht, weiß zu handeln und zu leben. Wer auslegt, ersetzt Handlungen durch Darstellungen und Darstellungen durch andere Darstellungen, und dieser Prozeß kann nur willkürlich abgebrochen oder dadurch beendet werden, daß verstanden, also gerade *nicht* mehr ausgelegt und dargestellt, sondern situationsgerecht gelebt wird.

9. Verengtes Verstehen und die Unendlichkeit des Auslegens

Verstehen ist daher keine Art der Auslegung. Auslegungen operieren im Horizont und im Medium bestimmter konventioneller (natürlicher oder künstlicher) Sprach- und Zeichensysteme und können deshalb nur in dem Maße verstanden werden, als ihren Adressaten diese Systeme vertraut sind. Verstehen dagegen ist nicht an diese konventionellen Zeichensysteme einer Interpretengemeinschaft gebunden. Wir können Menschen verstehen, also an ihr Verhalten und Handeln verständlich anschließen, auch wenn wir ihre Sprache und damit ihre in dieser gegebenen ausdrücklichen Auslegungen ihres Verhaltens und Handelns nicht verstehen. Solches nicht über und durch Auslegungen vermitteltes Verstehen ist zwar risikoreich, aber keineswegs unmöglich. Im Gegenteil, im Umgang mit Menschen fremder Kulturen und unbekannter Sprachen ist es die Voraussetzung dafür, sich die Voraussetzungen zum Verstehen ihrer sprachliche und sonstige konventionelle Zeichen gebrauchenden Auslegungen überhaupt aneignen zu können. Nur auf der Basis schon vorhandenen lebenspraktischen Verstehens können wir ihre entsprechenden Auslegungen und Texte verstehen, und fehlt uns der lebenspraktische Verstehenszugang zu ihnen und verstehende Lebensumgang mit ihnen, bleiben unsere über das Auslegen ihrer kulturellen Artefakte und Auslegungen vorgenommenen Verstehensversuche von einer unüberwindlichen Grenze der Fremdheit, Unzugänglichkeit und letzten Unverstehbarkeit geprägt. Ähnliches gilt auch für das Verstehen musikalischer Lebensäußerungen. Sie werden uns nicht erst dadurch zugänglich, daß wir die einschlägigen Kompositionsregeln,

Notationssysteme oder Konventionen der Aufführungspraxis kennen, die solche Musik zu schreiben und aufzuführen erlauben, auch wenn uns solche Kenntnisse unbestreitbar andere Dimensionen musikalischen Verstehens überhaupt erst erschließen. Doch man muß nicht die Partitur lesen können, um Mozarts *Zauberflöte* zu verstehen, und wer nur ihre Partitur kennt und die in ihr notierten Zeichenfolgen auszulegen weiß, ohne je eine Aufführung dieser Oper gehört oder erlebt zu haben, hat den Reiz, die sich einfach gebende Raffinesse und die kunstvoll erzeugte Natürlichkeit und Wirkkraft dieser Musik nur in sehr eingeschränktem Sinn verstanden. Verstehen ist daher mehr und grundlegender als Auslegen, und das Verstehen von Auslegungen ist nur eine und nicht die grundlegendste Art des Verstehens.

Ein Hauptgrund dafür ist, daß Auslegungen in der Regel nur eine bestimmte Art des Verstehens befördern. Indem wir unsere Verstehensvorgänge mittels der Zeichenstruktur des Auslegens rekonstruieren, projizieren wir eine Struktur auf unsere Verstehensprozesse, die nur bestimmte Momente an ihnen erfaßt, sie also nur abstrakt begreift. So werden in dieser Sicht die Momente des Affektiven, Emotionalen und Gefühlsmäßigen weitgehend ausgeblendet, die unser Verstehen in konkreten Lebenssituationen doch entscheidend leiten. Stattdessen konzentrieren wir uns auf das, was sich durch konventionelle Zeichen darstellen und vermitteln läßt: die *kognitive Dimension* des Verstehens. Heißt auslegen, etwas in (anderen) Zeichen darstellen, und legen wir aus, um über das Verstehen dieser Darstellungen das Verstehen des Dargestellten zu befördern, dann kann das Dargestellte auf diesem Weg nur in dem Maße verstanden werden, in dem seine Darstellung verstanden wird. Um die aber zu verstehen, müssen wir die verwendeten Zeichen kennen und verstehen, was mit ihnen im Rahmen der mit ihnen aktualisierten kulturellen Darstellungsmuster dargestellt wird. Wir müssen sie also – in jedem Fall und vor allem – in ihrer semantischen Funktion im Zeichen- oder Sprachsystem der entsprechenden Sprach- und Interpretengemeinschaft begreifen.

Genau das aber erschließt uns das Dargestellte nur in kognitiver Perspektive. Nicht von ungefähr werfen Auslegungen daher die *Wahrheitsfrage* auf. Diese setzt Zeichenstrukturen und die mit ihnen gesetzten Differenzen zwischen Zeichen und Bezeichnetem, Darstellung und Dargestelltem voraus. Auslegungen können daher wahr und falsch sein und müssen auf ihre Wahrheit oder Falschheit hin befragt werden. Verstehen dagegen kann nur situationsadäquat sein oder nicht, und das eine wie das andere zeigt sich daran, welches Anschlußhandeln an vorangehendes Handeln es ermöglicht. Verstehen hat es daher mit Handeln, Auslegung dagegen mit Wahrheit zu tun. Und wie Auslegungen auf Verstehen bezogen sind, so ist auch die Wahrheit von Auslegungen auf das Handeln bezogen. Handeln aber ist ein viel umfassenderer Vorgang als nur die Umsetzung von Wahrheit in Praxis, und ebenso ist Verstehen ein viel reicherer Lebensvollzug als nur die Wahrnehmung des Wirklichen in einer Lebenssituation. So gewiß das dazugehört, um situationsadäquat handeln zu können, so wenig geht Verstehen darin auf. Und so sehr Auslegen und Wahrheit zusammengehören, so wenig ist mit dieser kognitiven Konzentration auf die Wahrheit die Lebensqualität des Verstehens erfaßt. Beschränkungen und Gewinn des Auslegens gegenüber dem Verstehen sind daher beide zu nennen: Die Zeichenstruktur des Auslegens erlaubt uns zwar eine klarere Sicht des Wahrheitsproblems, der Preis dafür aber ist eine eingeschränktere Wahrnehmung des Verstehens- und Lebensvorgangs.

Anders als Verstehen, das in konkrete Lebensvollzüge eingebunden, intrinsisch situationsbezogen und insofern endlich ist, ist das Auslegen ein *potentiell unendlicher Prozeß*. Aufgrund seiner spezifischen, auf kognitive Verdeutlichung und Einsicht zielenden Zeichenoperationen in einem konventionellen Zeichenmedium tritt das Auslegen im Lebensvollzug in semiotische und kognitive Distanz zu diesem. Es resultiert in Texten, in denen etwas ausdrücklich als etwas dargestellt wird und die sich aufgrund ihrer spezifischen Text-Sinn-Struktur vielfältig, aber nicht beliebig verstehen und auslegen lassen. Durch seine Textresultate löst sich das Auslegen nicht nur von der Einbindung in eine bestimmte Situation, sondern eröffnet zugleich einen offenen Prozeß der Textauslegungen. Auslegungen zielen auf (besseres) Verstehen, setzen aber aufgrund des Zeichenmediums, in dem sie vorgenommen werden, und der Textgestalt, in der sie resultieren, die Möglichkeit immer neuer Auslegungen in immer neuen Situationen frei. Der Versuch, unser faktisches Mißverstehen im Auslegen durch bewußtes Eingehen auf die Strukturmomente des Verstehens zu überwinden, führt so zur Einsicht in die unaufhebbare *Differenz zwischen Ausgelegtem und Auszulegendem*, die offene *Vielzahl von Auslegungsmedien* oder Sprachen, die Vielfalt von *Auslegungsgesichtspunkten* oder -hinsichten, die *Verschiedenheit der Adressaten* von Auslegungen und die irreduzibel *vielfältigen Perspektiven* der Ausleger. Zusammengenommen wird so deutlich, warum Auslegen weder zu einem einheitlichen noch einem endgültigen Verstehen führen kann: Nie deckt sich das Verständnis eines Auslegers vollständig mit seiner Auslegung; stets variiert die Gestalt einer Auslegung mit wechselnden

Medien, Perspektiven, Gesichtspunkten und Adressaten; immer läßt sich daher eine Auslegung durch andere ablösen, fortsetzen, vertiefen. Da Adressaten das einer Auslegung zugrundeliegende Verständnis des Auslegers dieser nie ungebrochen und eindeutig entnehmen können, gibt es ein Verstehen auf der Basis von Auslegungen faktisch nur als offenen Prozeß des Überwindens von Nicht- und Mißverstehen. Der Auslegungsvorgang ist daher für Ausleger und Adressaten von Auslegungen gleichermaßen unendlich, der hermeneutische Umweg zum Verstehen nie so am Ziel, daß er nicht noch weitergegangen werden könnte, Verstehen, das sich auf hermeneutische Operationen gründet, also nie so gewiß, daß es aufgrund dieser Methode Eindeutigkeit und Endgültigkeit beanspruchen könnte.

10. Selbstauslegung, Fremdauslegung und die Differenzierung des Wahrheitsproblems

Selbstauslegung ist keine Ausnahme von dieser Regel. Sie bringt nicht zum Abschluß, was auf anderem Wege unabschließbar ist, sie artikuliert nicht die immer schon verstandene Basis allen Verstehens und sie garantiert keine Eindeutigkeit, die auch Fremdauslegungen abgeht. Die Differenz zwischen Selbstauslegung und Fremdauslegung ist in dieser Hinsicht hermeneutisch irrelevant: *Selbstauslegungen unterliegen keinen anderen Verstehensbedingungen als Fremdauslegungen, und es gelten für sie auch keine anderen Wahrheitsbedingungen.*

Trifft das zu, dann löst der theologische Versuch, das Verstehen Gottes im Rekurs auf historische Offenbarung zu befördern oder zu sichern, die ihrerseits nach dem Modell der Selbstauslegung gedacht wird, kein einziges hermeneutisches Problem und verdient insofern nicht, theologisch privilegiert zu werden. Trifft das zu?

Zunächst: Selbstauslegung ist unvermeidbar. Wer etwas auslegt, legt damit immer auch sich selbst aus. Das heißt nicht, daß Gegenstand aller Auslegung der Ausleger selbst ist. Offensichtlich – und zum Glück – reagieren wir auf Nicht- und Mißverstandenwerden in der Regel nicht damit, daß wir uns selbst zum Thema machen. Daß alle Auslegung immer auch Selbstauslegung ist, besagt vielmehr, daß jede Auslegung durch die kontingente Perspektive des Auslegers geprägt ist und nur in dem Maße richtig verstanden wird, als diese mitverstanden wird. Dazu muß sie als solche wahrgenommen werden, und das setzt voraus, daß der Adressat einer Auslegung in seiner eigenen Perspektive zwischen der an ihn adressierten Auslegung und der Auslegungsperspektive des Auslegers zu differenzieren vermag.

Das bewußte Wahrnehmen dieser Differenz unterscheidet das durch Auslegung erzielte reflektierte Verstehen vom selbstverständlichen ("naiven") Verstehen. Jenes ist komplexer als naives Verstehen, weil es die Spuren des Nichtverstehens und Mißverstehens und keineswegs Nur-so-verstehen-Müssens, durch die hindurch es vermittelt ist, in Gestalt wahrgenommener Differenzen bewahrt. Es weiß um seine Nichtselbstverständlichkeit und ist insofern differenzierungsstärker. Diese höhere Differenzierungsfähigkeit hat Folgen. Sie macht vor allem die Wahrheitsfrage komplexer, insofern die *Wahrheit der Auslegung* und die *Wahrheit des Verstehens der Auslegung* auseinandertreten: So sind Auslegungen wahr, wenn das, was sie auslegen, so ist, wie sie es auslegen. Das Verstehen dieser Auslegungen dagegen ist wahr, wenn anhand dessen, wie sie es auslegen, verstanden wird, was sie auslegen, und wenn das, was sie auslegen, von denen, für die sie es auslegen, so verstanden wird, wie es ist, wenn die Auslegung wahr ist.

Gerade dieses Verständnis aber kann keine Auslegung garantieren. Insofern können Ausleger nur darauf achten, daß ihre Auslegungen klar und wahr sind, so daß sich wahres Verstehen ergeben *kann*. Ob sich dieses tatsächlich *ergibt*, entscheidet sich erst – und damit immer wieder neu – in ihrer Rezeption. Dort aber stellt sich das Wahrheitsproblem in der Differenz der beiden Fragen nach dem *wahren Verstehen der Auslegung* und dem *Verstehen der Wahrheit der Auslegung*. Beide Arten des Verstehens haben verschiedene Bedingungen und sind insofern wohl zu unterscheiden. Im ersten Fall geht es darum, das, was ausgelegt wird, so zu verstehen, wie es ausgelegt wird (Sprachverstehen). Im zweiten dagegen darum, das, was ausgelegt wird, so zu verstehen, wie es ist, wenn die Auslegung wahr ist (Sachverstehen). Das Erste erfordert die hermeneutische Kompetenz, Gegenstand und Perspektive einer Auslegung zu verstehen. Das Zweite erfordert darüber hinaus, das, was ausgelegt wird, an dem zu messen, was ist, wenn die Auslegung wahr ist. Das freilich ist nie anders als in Form weiterer Auslegungen gegeben und zugänglich. Sind das weitere Fremdauslegungen, muß der Verstehende die Wahrheit der Sache aus deren Vergleich eruieren – ein Verfahren, das prinzipiell nur auf Wahrscheinlichkeitsurteile führen kann, wie jeder Historiker weiß. Auf eigene Auslegung dagegen kann nur rekurrieren, wer noch einen anderen, unabhängigen Zugang zu dem besitzt, was die zur Debatte stehende Auslegung auslegt.

11. Verstehen des Abwesenden durch Auslegung

Gerade das führt beim Versuch, Abwesendes zu verstehen, in prinzipielle Schwierigkeiten. All unser Verstehen vollzieht sich ja in der Gegenwart, auch wenn es sich keineswegs nur auf Gegenwärtiges richtet. Das, was wir zu verstehen suchen, muß allerdings in irgendeiner Weise – als Erinnerung, als Text oder als sonstiges Zeugnis – anwesend sein, damit es verstanden werden kann. Nicht, weil wir nur Anwesendes verstehen könnten oder alles Anwesende von uns ohne weiteres auch verstanden würde. Doch ohne Gegebensein in der Gegenwart gäbe es weder Anlaß zum Verstehen noch Anreiz zum Finden von Sinn. Der kann nicht nur in Anwesendem, wohl aber nur anhand von Anwesendem gefunden werden. Wird uns Abwesendes daher nicht in irgendeiner Form vergegenwärtigt, können wir es nicht verstehen. Das geschieht direkt, wenn das Abwesende selbst zum Anwesenden wird, also aufhört, abwesend zu sein. Das kann aber auch indirekt geschehen, indem Abwesendes anhand von (davon verschiedenem) Anwesendem so vergegenwärtigt wird, daß wir es hier und jetzt verstehen können, ohne daß es selbst anwesend sein müßte. Abwesendes in dieser Form verstehbar zu machen, ist Funktion der *Auslegung*.

Nun sind Auslegungen stets zeit- und ortsgebunden, also perspektivisch, und sie sind entweder Fremd- oder Selbstauslegungen ihres Gegenstands. Gerade dieser letzte Zug von Auslegungen aber spielt für das Verstehen von Abwesendem keine Rolle. Es ist hermeneutisch unerheblich, ob uns Abwesendes in Gestalt einer Fremdauslegung oder einer (tradierten) Selbstauslegung vergegenwärtigt wird, auch wenn es faktisch wichtig sein mag zu wissen, ob es sich um eine Selbst- oder Fremdauslegung handelt: Das Verstehen – und zwar sowohl das Sprach- wie das Sachverstehen – steht in beiden Fällen prinzipiell vor denselben Problemen. So unterscheiden sich Selbstauslegungen in ihrer reflexiven Perspektive, nicht (oder nicht notwendig) dagegen in ihrem Inhalt von Fremdauslegungen. In Selbstauslegungen sucht sich der Auslegende anderen gegenüber reflexiv als eigentümliches Selbst verständlich zu machen, indem er sich bemüht, ihnen angesichts ihres scheinbaren oder tatsächlichen Nicht- oder Mißverstehens seiner selbst ausdrücklich seine eigene Perspektive auf sich als maßgebliche Auslegungsperspektive für die wahre Sicht seiner selbst nahe zu bringen. Die für alle Auslegung konstitutive Differenz zwischen Ausleger und Ausgelegtem wird dadurch aber keineswegs aufgehoben. Die Adressaten der Auslegung können und müssen vielmehr auch hier zwischen dem, was ausgelegt wird, und der kontingenten Perspektive, in der es ausgelegt wird, differenzieren. Muß ein sachgerechtes Verständnis aber die Differenz zwischen Gegenstand und Perspektive einer Selbstauslegung ausdrücklich wahrnehmen, dann kann der Ausleger anhand seiner Selbstauslegung nur verstanden werden, wie er sich versteht, weil und insofern er zugleich auch anders verstanden wird.

Ähnliches ergibt sich auch im Blick auf das Verstehen der Wahrheit einer Selbstauslegung. Da uns der Zugang zur reflexiven Perspektive eines Auslegers verschlossen ist, können wir die Wahrheit seiner Selbstauslegung immer nur an Fremdauslegungen messen, also daran, wie wir und andere ihn verstehen: Wie er sich selbst versteht, ist uns nur über seine Selbstauslegung zugänglich. Deren Wahrheit aber können wir nur im Vergleich mit unseren jeweiligen Fremdauslegungen eruieren. Jeder von uns vorgenommene Vergleich seiner Selbstauslegung mit unseren Fremdauslegungen kann aber nur in einer weiteren Fremdauslegung resultieren. Das Ziel von Selbstauslegung, dem Nicht- oder Mißverstandenwerden durch andere entgegenzuwirken, kann deshalb nur dadurch erreicht werden, daß die eigene Selbstauslegung in Fremdauslegung übergeht, und das kann nichts anderes heißen, als daß andere den – u.U. komparativ auszumittelnden – wahrheitsfähigen Inhalt, nicht aber die (für sie ja gar nicht zugängliche) Perspektive einer Selbstauslegung in ihre eigene Auslegung übernehmen. Da die Differenz zwischen Selbst- und Fremdauslegung aber allein auf dieser Perspektive beruht, spielt sie für das Verstehen der Wahrheit einer Auslegung keine Rolle und kann deshalb vernachlässigt werden.

Daraus folgt, daß Selbst- und Fremdauslegungen Abwesender für Rezipienten keine prinzipiell verschiedenen Verstehensprobleme aufwerfen. Sprachverstehen und Sachverstehen auf der Basis von Texten als Auslegungsresultaten stellen in beiden Fällen vor analoge Schwierigkeiten. Selbstauslegungen haben Fremdauslegungen also weder im Blick auf Klarheit noch auf Wahrheit etwas voraus. Sie sind ipso facto weder eindeutiger noch endgültiger. Die Differenz zwischen ihnen ist insofern hermeneutisch und alethisch irrelevant.

12. Selbstverstehen und Selbstauslegen

Das unterstreicht auch die Genese unseres *Selbstverstehens*. Ist dieses – wofür ich jetzt nicht argumentieren kann – wesentlich sprachlich aufgebaut, also von der Art, daß es nicht unmittelbar gegeben ist, sondern nur über Kommunikation mit anderen ausgebildet wird, in der mit der Differenz zwischen ihnen und uns auch die zwischen ihrem Fremdbild von uns und unserem Selbstbild wahrnehmbar wird, dann ist es immer sozial über andere vermittelt und nicht aus unserer bloßen Selbstbezüglichkeit zu gewinnen. Nicht notwendig seine emotionale Tönung, wohl aber sein wahrheitsfähiger Inhalt ist deshalb entsprechendem Fremdverstehen nicht prinzipiell unzugänglich, da es von diesem allein durch seine Lozierung und Indexikalität ("hier", "jetzt", "ich") unterschieden ist. Wer die Aussage "Peter hat Schmerzen" versteht, muß nicht Peters Schmerzen empfinden, um seine Aussage "Ich habe Schmerzen" zu verstehen, weil diese keine anderen Verstehens- und Wahrheitsbedingungen hat als jene: Beide Aussagen sind aufgrund derselben Bedingungen wahr oder falsch.

Selbstauslegungen, also die Kommunikation unseres Selbstverstehens an andere, haben ein wesentliches Kriterium ihrer Adäquatheit deshalb darin, daß ihr Wahrheitsgehalt in Fremdauslegungen übernommen werden kann: Andere müßten mich auch so verstehen können, wie ich mich laut meiner Selbstauslegung verstehe. Umgekehrt haben auch Fremdauslegungen darin ein Adäquatheitskriterium, daß sie ins Selbstverstehen übernommen werden können: Ich müßte mich selbst auch so verstehen können, wie andere mich verstehen (auch wenn ich mich – aus welchen Gründen auch immer – selbst nicht so verstehen will). Beides gilt, ohne daß damit die Differenz zwischen Selbstwahrnehmung und Fremdwahrnehmung aufgehoben, der Unterschied zwischen mir und anderen nivelliert oder die Andersheit der anderen ignoriert würde. Im Gegenteil: Diese läßt sich erst jetzt präzis benennen als unaufhebbare Differenz der *Perspektiven*, die wir jeweils einnehmen, ohne daß sich daraus – wie immer wieder versucht wird – auch die Notwendigkeit einer Differenz des *Inhalts* oder der *Wahrheit* unserer Perspektiven ableiten ließe: Die Differenz der Perspektiven hebt deren immer auch vorhandene Verflechtung nicht auf, sondern schließt gerade ein, daß in jeder Perspektive auch die jeweils andere in bestimmter, semiotisch vermittelter Weise auftritt und so wahrgenommen wird, daß Übersetzungsprozesse zwischen ihnen stattfinden können. Deshalb ist das, wie andere uns verstehen, für uns nicht prinzipiell unzugänglich und damit irrelevant und bedeutungslos für unser Selbstverstehen. Und deshalb gilt für das Verstehen anderer, seien sie abwesend oder anwesend, daß unsere Auslegungen von ihnen sich daran messen lassen müssen, daß sie in deren Selbstverstehen übernommen werden könnten, daß diese sich also auch so verstehen können müßten, wie wir sie verstehen, und umgekehrt.

Wer das bestreitet, bestreitet nicht nur die wechselseitige Korrektur von Fehlern und Falschem, sondern auch unsere Fähigkeit, von anderen zu lernen.

13. Gottes Abwesenheit als Modus seiner Anwesenheit

Auch der berechtigte Einwand, die Kategorie des Abwesenden sei bislang nur ganz unzureichend analysiert worden, ändert nichts an diesem Befund. *Abwesend* nennen wir in der Regel ja das, was gegenwärtig nicht mehr oder noch nicht anwesend ist, aber durchaus anwesend sein könnte: Abwesendes ist mögliches, aber gegenwärtig nicht aktuelles Anwesendes. Was nie und nimmer anwesend sein kann, vermag strenggenommen auch nicht abwesend genannt zu werden. Nichtanwesenheit ist deshalb keineswegs dasselbe wie Abwesenheit. Was nicht anwesend ist, könnte ja auch überhaupt nicht sein (wie ein rundes Quadrat) oder nur so, daß es mit der Alternative von Anwesenheit und Abwesenheit nicht zu fassen ist (wie Zahlen oder griechische Götter).

Die Alternative von Anwesenheit und Abwesenheit ist aber nicht nur keine vollständige, sondern auch keine wechselseitig exklusive Disjunktion. Nicht alles, was anwesend ist, ist deshalb nicht abwesend. Personen etwa können in bestimmter Hinsicht anwesend, in anderer Hinsicht abwesend sein. Und bei Gott ist Abwesenheit geradezu eine Voraussetzung seiner Anwesenheit: Wäre Gott nicht in bestimmter Weise abwesend, könnte er nicht in umfassender Weise anwesend sein. Seine universale Anwesenheit hat seine spezifische Abwesenheit zur Voraussetzung. Nun ist Gott offenbar nicht so anwesend, daß er immer und überall wie selbstverständlich wahrgenommen wird. Andererseits kann Gott auch nicht weder abwesend noch anwesend sein, ohne aufzuhören, Gott zu sein, weil es zur Gottheit Gottes gehört, jeder Gegenwart gegenwärtig zu sein. Ist Gott daher, muß er auch dann anwesend sein, wenn er nicht so wahrgenommen und verstanden wird, und das heißt: Gottes Abwesenheit ist als ein spezifischer Modus seiner Anwesenheit zu verstehen.

Doch wie soll Gott abwesend sein können? Heißt Gottes Anwesenheit zu bestreiten nicht, Gottes Sein zu bestreiten? Nicht deshalb, weil Anwesenheit ein Merkmal des Seins wäre, wie Heidegger meinte, sondern weil es zu Gottes Gottsein gehört, anwesend zu sein: Daß Gott ist, heißt, daß Gott anwesend ist. Es wäre ein Selbstwiderspruch, das eine zu behaupten und das andere zu bestreiten.

Die Rede von der Abwesenheit Gottes scheint dann aber keine theologische Aussage über Gott, sondern allenfalls eine erkenntniskritische Aussage über uns sein zu können, also zu besagen, daß wir Gottes Anwesenheit nicht wahrnehmen. Denn daraus, daß etwas anwesend ist, folgt ja keineswegs, daß es auch wahrgenommen wird.

In der Tat: Anwesendsein impliziert nicht Wahrgenommenwerden, sondern allenfalls Wahrgenommenwerdenkönnen. Daß wir Gott nicht wahrnehmen, spricht daher nicht gegen seine Anwesenheit, sondern kennzeichnet den Zustand unserer Wahrnehmungsfähigkeit. Der könnte anders sein, denn wir sind weder notwendig noch selbstverständlich unfähig zur Wahrnehmung Gottes, wie die christliche Lehre von der Sünde klarstellt. Dennoch ist mit diesem epistemischen Verständnis der Rede von der Abwesenheit Gottes nicht schon alles gesagt. Christliches Denken versteht diese nicht nur als *hamartiologische* Aussage über uns, sondern auch als *theologische* Aussage über Gott, und zwar aus christologisch-soteriologischen Gründen. Inwiefern?

14. Der gute Sinn der Abwesenheit (Gottes)

Um diese Frage zu beantworten, ist deutlicher als bisher theologisch und damit auf der Basis der christlichen Glaubenspraxis zu argumentieren. Daß Jesus Christus nicht mehr da ist, scheint innerhalb und außerhalb dieser Praxis unstrittig. Jedenfalls ist er nicht mehr so da, wie wir es sind: nebeneinander in Raum und Zeit und uns gegenseitig Platz und Raum wegnehmend. Denn – wie Schiller im Wallenstein notierte – hart im Raume stoßen sich die Sachen, wo eines Platz greift, muß das andere weichen. Platz greifen und weichen – das sind Grundzüge unserer Existenz und unseres menschlichen Lebens. Wo wir sind, machen wir uns breit, und wo wir uns breit machen, hat anderes nur noch begrenzt Platz. Wir drängen es zur Seite, wenn es darauf ankommt, mit nicht gerade zimperlichen Mitteln, und wir werden selbst zur Seite gedrängt, zunächst vielleicht mehr oder weniger deutlich, aber früher oder später ganz. Leben vollzieht sich als Ausloten und Ausdehnen von Grenzen im Begrenztwerden von anderen und durch anderes. Es lebt auf Kosten anderer, und andere leben auf seine Kosten, es schafft sich Raum, indem es in des Leben anderer ausgreift und sich ausbreitet, und es wird selbst durch das Ausgreifen und Sichausbreiten anderen Lebens begrenzt. Das ist keine überwindbare Beschränktheit des Lebens, sondern Bedingung seiner Möglichkeit. Leben braucht Grenzen, Distanzen, Differenzen.

Werden diese abgebaut, ohne daß andere aufgebaut werden, verliert es seine Bestimmtheit und damit früher oder später sich selbst.

Das gilt keineswegs nur in dem banalen Sinn des Einnehmens von Raum. Der Sachverhalt hat anthropologisch fundamentalere Bedeutung. Weil wir nicht sein können, ohne uns breit zu machen, und zwar immer irgendwie auch auf Kosten anderer breit zu machen, bleiben wir in entscheidender Hinsicht immer bei uns selbst. Je näher wir anderen kommen, desto deutlicher wird die unüberbrückbare Kluft, die uns von ihnen trennt: Wir bleiben an unserem, sie an ihrem Ort. Das ist die innere Grenze jeder menschlichen Beziehung und Gemeinschaft: Letztlich bleibt jeder bei sich selbst, weil er sich nicht in andere hinein auflösen kann. Gute Gemeinschaftsformen nehmen das nicht nur zur Kenntnis, sondern schützen diesen Ort des Einzelnen als seinen Freiraum. Sie geben Zeit und Raum zur Abwesenheit, um Nähe nicht erstickend werden zu lassen. Gesunde Nähe gibt es nur um den Preis einer letzten unaufhebbaren Distanz, sie lebt von der Möglichkeit der Abwesenheit. Diese Distanz ist nicht etwa ein Mangel, sondern eine Bedingung der Möglichkeit menschlicher Gemeinschaft. Wird sie ignoriert, wird eine Gemeinschaft krankhaft überanstrengt und eine Gemeinschaftsform leicht unmenschlich: Sie zielt dann auf volle Identität und permanente Gemeinsamkeit und kann doch auch durch Zwang nicht mehr als zeitweilige äußere Konformität erzielen.

Auch die Gemeinschaft mit Gott – als Gottes Beziehung zum anderen seiner selbst in Schöpfung und Erlösung und als menschliche Beziehung zu Gott in Religion und Gaube – lebt von diesen letzten Differenzen, Distanzen und Möglichkeiten wechselseitiger Abwesenheit. Sie ist keine Zwangsgemeinschaft und zielt auf kein mystisches Einswerden mit Gott. Der christliche Glaube spricht aus einer ganz anderen Gotteserfahrung, wenn er die unaufhebbare christologische Vermittlung aller Gemeinschaft mit Gott betont. Gottesgemeinschaft – und zwar wiederum sowohl als Gottes Beziehung zum anderen seiner selbst in Schöpfung und Erlösung als auch als menschliche Beziehung zu Gott in Religion und Glaube – ist stets durch Jesus Christus vermittelt. Dieser steht an der Stelle der letzten Distanz, die das Geschaffene und den Menschen von Gott trennt, immer trennen wird und trennen muß, wenn der geschöpfliche Freiraum und das Leben von Menschen durch Gottes Gegenwart nicht gefährdet sein soll. Das hebt diese letzte Distanz nicht auf, sondern nimmt ihr ihre soteriologische Opakheit und hermeneutische Undurchdringlichkeit. Denn indem Jesus Christus in der Einheit eines Lebensvollzugs Gottes Wesen und Gegenwart für uns und unsere Wirklichkeit für Gott so auslegt, daß sich in seiner Auslegung menschlichen Lebens vor Gott indirekt die Selbstauslegung Gottes und in seiner Auslegung Gottes vor uns indirekt die göttliche Fremdauslegung menschlichen Lebens vollzieht, wird die letzte Distanz zwischen Gott und Mensch durch Gottes indirekte Selbstauslegung im Lebensvollzug Jesu Christi so gedeutet, daß sie nicht als lebensfeindliche Kluft oder lebensbeschränkende Grenze, sondern als lebensermöglichende und lebensförderliche Differenz verstehbar wird.

15. Zur christologischen Auslegung der Abwesenheit Gottes als Modus seiner Anwesenheit

Christus kommt im christlichen Denken damit eine doppelte Funktion zu. Auf der einen Seite markiert er Gottes Distanz zu uns, der sich der geschöpfliche Freiraum des Menschen verdankt: Das ist der theologische, genauer: *soteriologische* Sinn des Gedankens der Abwesenheit Gottes. Die reine Anwesenheit Gottes wäre zuviel für uns. Erst seine sich selbst zurücknehmende Abwesenheit gibt Menschen die Möglichkeit, zu leben und sich frei und freiwillig zu Gott ins Verhältnis zu setzen, also in ein *personales Gottesverhältnis* zu treten. Auf der anderen Seite stellt Jesus Christus klar, daß die Abwesenheit Gottes keineswegs heißt, daß dieser die Menschen ihrem existentiellen Egoismus und seinen sozialen Folgen überläßt. Christus markiert nicht nur Gottes Distanz von uns, sondern seine immer noch tiefere Beziehung zu uns, zeigt also, daß seine Distanz kein Desinteresse, seine Abwesenheit keine Abwendung ist. Niemand kann Gott nahekommen, ohne die unaufhebbare Distanz wahrzunehmen, die uns von ihm trennt. Der christliche Glaube aber betont, daß diese letzte Distanz eine Gestalt und einen Namen hat, der Gottes Zuwendung zu uns manifestiert.

Daß dies von grundsätzlicher und nicht nur partikularer Bedeutung ist, unterstreicht das Bekenntnis von Jesu Tod und Auferweckung. Während seines geschichtlichen Lebens konnte Jesus nur einigen und nicht allen nahe sein. Wie wir an unseren, so war er an seinen Ort gebunden. Er konnte deshalb nur denen, die mit ihm kopräsent waren, Gottes Gegenwart in Person vermitteln. Diese personale Vermittlung durch ihn selbst war nicht durch eine mediale Vermittlung seiner Botschaft zu ersetzen, die nicht an die lokalen Grenzen seines Lebenskreises gebunden gewesen wäre. Jesu Botschaft vom anbrechenden Reich der Liebe Gottes wirkte nicht allein oder primär aufgrund ihres Inhalts überzeugend, sondern vor allem durch seine Person und die konkrete Auslegung, die sein Leben für seine Botschaft bot: Seine Anhänger folgten ihm nicht bloß aufgrund dessen, was sie hörten, sondern auch aufgrund dessen, was sie sahen und mit ihm und durch ihn erlebten. Solange er lokal präsent war, konnte für sie keine andere Vermittlungsweise der Gegenwart Gottes mit der Konkretheit seiner personalen Präsenz konkurrieren. Nachdem er nicht mehr präsent war, konnten sie seine Botschaft deshalb auch nur dadurch weitertragen, daß sie zwei Konkretionen vornahmen: Einerseits wurde er selbst in diese Botschaft aufgenommen, das Evangelium Jesu also semantisch zum *Evangelium von Jesus Christus* fortbestimmt, andererseits trat an die Stelle der überzeugenden Präsenz seiner Person die gewißheitstiftende *Präsenz seines Geistes*, wurde die Akzeptanz des von Menschen verkündeten Evangeliums also an das freie Wirken des Geistes Gottes gebunden. Beides zusammen erst entschränkte Jesu Botschaft vom anbrechenden Gottesreich semantisch und pragmatisch so, daß sie universal vermittelbar wurde.

Voraussetzung dieser entschränkenden Überführung der Überzeugungskraft der personalen Präsenz Jesu in die Doppelgestalt der christologischen Bestimmtheit des Evangeliums und der pneumatologischen Bindung seiner Vermittlung und Akzeptanz an das je gegenwärtige Wirken des Geistes war die *Abwesenheit Jesu*. Erst sein Tod und damit seine lokale Abwesenheit schuf die Voraussetzung dafür, Gottes sich durch ihn vollziehende Zuwendung nicht nur einigen, sondern allen vermitteln zu können, und zwar so, daß die konstitutive Bindung der Beziehung zu Gott als einem liebenden Gegenüber an die personale Vermittlung durch Jesus Christus im Inhalt und in der Vollzugsgestalt des Evangeliums gewahrt wurde. Erst Jesu Abwesenheit und Tod erlaubten es, die *Bestimmtheit der Vermittlung der Heilsbeziehung zu Gott durch ihn* mit der *unbeschränkten Universalität der Gültigkeit und Zugänglichkeit dieser Vermittlung für alle Menschen* zu kombinieren, die Botschaft Jesu ohne Bestimmtheitsverlust also universal zu entschränken.

Jesu Tod ist theologisch freilich nicht an sich, sondern nur aufgrund seiner Auferweckung so zu verstehen. Mit diesem Bild der *Auferweckung Jesu durch Gott* bringen Christen den Grund ihres Glaubens zum Ausdruck, daß Jesu *Abwesenheit von uns* nicht als nihilierende Auflösung seiner Person in ihre natürlich-materielle Umwelt, sondern als von Gott selbst bewirkte heilschaffende *Anwesenheit bei Gott* zu verstehen ist: Jesus ist nicht abwesend, weil er (wie alle Toten) nicht mehr bei und unter uns lebt, sondern weil er (als eschatologisch Erster aller Toten) bei Gott und damit mit diesem für uns lebt. Oder in einem anderen Bild gesagt: Gott ist bleibend so bestimmt, wie Jesu Auslegung ihn bestimmt hat, nämlich als barmherzige Liebe, weil er sich in seinem Verhalten zum Gekreuzigten zu dieser Bestimmung seines Wesens bekannt hat. Ist aber Gott wesentlich so zu verstehen, wie Jesus ihn durch sein Lehren und Leben auslegte, weil diese Fremdauslegung Gottes durch Jesus am Kreuz von Gott selbst als Selbstauslegung seines Wesens übernommen und in Geltung gesetzt wurde, dann ist Gott allen und allem so nahe, wie er in dieser Auslegung ausgesagt ist: als schöpferische, barmherzige Liebe.

Erst Kreuz *und* Auferweckung, erst die (im Wort vom Kreuz und damit im Glauben erfolgte) Auslegung von Jesu Abwesenheit als Teilgabe an der Anwesenheit des jeder Gegenwart gegenwärtigen Gottes selbst stellt also klar, daß und wie Jesus Christus Gottes Zuwendung allen und nicht nur einigen vermitteln kann: so nämlich, daß er nicht nur geschichtlich auf einige Menschen wirkt, sondern ewig den Charakter der Nähe Gottes prägt und diese als Gegenwart schöpferischer Liebe bestimmt, die allem näher ist als dieses sich selbst – deren schöpferische Gegenwart uns aber gerade deshalb als Abwesenheit erscheint, weil sich ihre Anwesenheit nicht als Beieinander im Raum oder Nacheinander in der Zeit vollzieht, sondern solches Beieinander und Nacheinander überhaupt erst ermöglicht. Die christliche Rede vom Geist konkretisiert, wie das je und je wahrgenommen wird: dadurch, daß es zum Glauben, zur freien Anerkennung der Anwesenheit Gottes angesichts der ambivalenten Erfahrung seiner Abwesenheit kommt.

Die als Anwesenheit bei Gott verstandene Abwesenheit Jesu Christi begründet also die christliche Auslegung der Abwesenheit Gottes als Modus seiner Anwesenheit. Sie ist zugleich die Voraussetzung dafür, daß die Späteren den ersten Anhängern Jesu nicht nachgeordnet sind und Augenzeugenschaft kein Kriterium höheren oder besseren Christseins ist. Nicht Zeitgenossenschaft mit Jesus, sondern Glaube an ihn als Christus und d.h. an seine Vermittlung und Verdeutlichung der besonderen Weise von Gottes Gegenwart ist entscheidend. Durch ihn, sein Lehren, Leben, Sterben und Auferwecktwerden wird Gottes erfahrene Abwesenheit als Modus seiner Anwesenheit ausgelegt, nämlich als diejenige Anwesenheit, die Leben ermöglicht und Raum und Zeit für ein freies, personales Verhältnis zu Gott einräumt. Ein Gott, der einfach anwesend wäre, bedürfte keiner Auslegung: Er wäre, wenn es da überhaupt für irgendjemanden etwas zu verstehen gäbe, im Prinzip selbstverständlich. Ein Gott, dessen Abwesenheit als Modus seiner Anwesenheit wahrgenommen werden muß, ist dagegen bleibend auf Auslegung angewiesen, weil sich das nicht von selbst versteht – weder im Blick auf die Welt, in der Gott nicht anwesend zu sein scheint, noch im Blick auf Gott, dessen weltliche Abwesenheit als Modus seiner göttlichen Anwesenheit zu erhellen ist.

16. Christliche Theologie als trinitarische Hermeneutik

Nicht von ungefähr vollzieht sich die theologische Reflexion des christlichen Glaubens deshalb als unablässiger Prozeß der Auslegung – der Auslegung unserer Welt durch die Auslegung der Gottesauslegung Jesu Christi. Ist diese doch – und genau das bringt die Denkfigur der Trinität auf den Begriff – als der einzigartige Fall zur Geltung zu bringen, in dem eine Fremdauslegung Gottes dessen Selbstauslegung ist, diesen also so verständlich macht, wie er wahrhaft ist und sich, uns und unsere Welt versteht. Erst in dieser Zuspitzung kommt das in den Blick, was christliche Theologie *Offenbarung* nennt: Damit ist nicht einfach die Selbstauslegung Gottes gemeint und auch kein sich selbst erschließender Transzendenzbezug, den wir immer schon verstehen oder uns selbst verständlich machen könnten, sondern diese ganz bestimmte Fremdauslegung, die als solche Gott selbst als ursprüngliche und unerschöpfliche Liebe zu uns verständlich macht und die gerade deshalb immer neuer Auslegung bedarf, weil sich das hier und jetzt alles andere als von selbst versteht.

Werner G. Jeanrond, Lund

VERTRAUTHEIT UND FREMDHEIT ALS KATEGORIEN THEOLOGISCHEN INTERPRETIERENS

In der hermeneutischen Diskussion innerhalb der Theologie zeichnen sich gegenwärtig drei Haupttendenzen ab: (1) In der Nachfolge Karl Barths wird Hermeneutik als innertheologische Erörterung biblischer Auslegungsschritte begrüßt, aber als philosophische Zumutung abgelehnt, sobald es darum geht, die Theologie in eine ihr als wesensfremd empfundene Reflexion über das menschliche Verstehen an sich hineinzuziehen. Gott allein ermöglicht menschliches Verstehen. (2) Die sogenannte Neue Hermeneutik der frühen 60er Jahre stellt eine theologische Bewegung dar, deren Vertreter sich zwar am internationalen Gespräch über Hermeneutik beteiligen, die aber doch vorwiegend daran interessiert sind, hermeneutische Modelle zur sprachontologischen Absicherung reformatorisch-theologischer Einsichten heranzuziehen. (3) Eine dritte Strömung schließlich entwickelte sich in konstruktiver Auseinandersetzung mit Friedrich Schleiermachers Forderung nach einer theologischen Anerkennung der Notwendigkeit einer allgemeinen Hermeneutik und mit Rudolf Bultmanns hermeneutischen Denkversuchen. Hier wird versucht auszuloten, inwiefern die Theologie zur hermeneutischen Debatte unserer Zeit beitragen kann und inwieweit diese Debatte das Selbstverständnis der kritischen Theologie zu verändern im Stande ist.

In diesem Artikel werde ich diese drei heute nebeneinander existierenden hermeneutischen Bewegungen in der Theologie etwas näher untersuchen. Dabei möchte ich beobachten, inwieweit Vertreter der jeweiligen Ansätze daran interessiert sind, sich im Akt des theologischen Verstehens der Dialektik von Fremdem und Vertrautem zu stellen. Anders ausgedrückt: Soll es Ziel der theologischen Hermeneutik sein, Vertrautheit mit dem Fremden, also z.B. dem fremden Text zu schaffen, oder soll theologische Hermeneutik gleichzeitig die Fremdheit des Anderen, hier also des Textes, immer wieder bestätigen, um auf diese Weise eine kreative Spannung zwischen Fremdheit und Vertrautheit zu kultivieren? Es geht mir also sowohl um die Methodologie als auch um die Zielsetzungen der jeweiligen theologischen Hermeneutik.

1. Allgemeine oder spezielle Hermeneutik?

Friedrich Schleiermachers Insistieren darauf, daß die Schriftinterpretation keine hermeneutische Sonderstellung beanspruchen dürfe, sondern sich vielmehr an allgemeinen hermeneutischen Gegebenheiten orientieren müsse, wird von Karl Barth und seinen Gefolgsleuten scharf zurückgewiesen.

> "Die biblische Hermeneutik muß sich gegen den Totalitätsanspruch einer allgemeinen Hermeneutik gerade darum wehren, sie muß gerade darum diese besondere Hermeneutik sein, weil die allgemeine Hermeneutik so lange totkrank ist, als sie sich nicht durch das allerdings höchst besondere Problem der biblischen Hermeneutik auf ihr eigenes Problem mindestens hat aufmerksam machen lassen. Sie muß also gerade um einer besseren allgemeinen Hermeneutik willen es wagen, diese besondere Hermeneutik zu sein."[1]

Dieses Zitat zeigt deutlich, daß Barth nicht zwischen dem Phänomen des gelungenen menschlichen Verstehens einerseits und dem von ihm als allein notwendig gesehenen Glaubensinhalt andererseits unterscheiden möchte. Für Barth ist es Ziel theologischen Denkens, dem Wort Gottes auf die Spur zu kommen. Dies kann nur in der Auseinandersetzung mit den biblischen Texten selbst geschehen.

> " 'Was dasteht' – in den Texten dieses Buches nämlich – ist die Bezeugung des Wortes Gottes, ist das Wort Gottes in dieser seiner Bezeugung. Eben daß und inwiefern das 'dasteht', will aber fort und fort entdeckt, ausgelegt und erkannt, will also, was ohne Bemühung darum nicht abgehen wird, erforscht sein."[2]

Um diese Bemühung mit dem Text zu befördern, empfiehlt Barth drei Momente der Bibelarbeit, nämlich Beobachtung, Nachdenken und Aneignung.[3] Die Absicht dieser Bibelarbeit ist es demnach, dem Wort Gottes neues Gehör zu verschaffen. "Die Theologie hat ihren Ort also ein für allemal unterhalb dessen der biblischen Schriften."[4] Es geht nicht darum, daß wir Gottes Wort meistern, sondern darum, daß Gottes Wort uns ergreift.[5]

---

[1] Karl Barth, *Kirchliche Dogmatik* I, 2, Zürich (Theologischer Verlag) 1983⁷, 523.
[2] Karl Barth, *Einführung in die evangelische Theologie*, Gütersloh (Gütersloher Verlagshaus Gerd Mohn) 1980³, 34.
[3] *Kirchliche Dogmatik* I, 2, op. cit., 825.
[4] *Einführung in die evangelische Theologie*, op. cit., 31.
[5] *Kirchliche Dogmatik* I, 2, op. cit., 522.

Barths Hermeneutik ist folglich klar und deutlich eine Hermeneutik der Offenbarung und nicht der Signifikation.[6] Die technischen Gegebenheiten menschlicher Kommunikation wurden von Barth deswegen auch keiner innertheologischen Aufarbeitung unterzogen, wie sie etwa von Schleiermacher gefordert und auch schon teilweise durchgeführt worden war. Fremd ist für Barth einzig und allein das Wort Gottes, dem wir unser Vertrauen schenken dürfen, um so Gottes gnädiger Selbstoffenbarung im Wort teilhaftig zu werden. Alles, was uns auch noch so vertraut an Gottes Wort erscheinen mag, muß immer wieder unter das Gericht des sich wirklich ereignenden Wortes gestellt werden. Die letztgültige Fremdheit des göttlichen Wortes kann infolge unserer menschlichen Verfassung demnach nie auf dem Wege methodologischer Instruktion in Vertrautheit überführt werden. Vertrautheit mit dem Wort Gottes ist und bleibt immer ein Resultat göttlicher Gnade.

2. Die beschränkte Offenheit der Neuen Hermeneutik

Der Schein trügt: Die sogenannte Neue Hermeneutik war nur begrenzt neu und auch nur begrenzt an einem offenen Dialog zwischen Theologie und Philosophie interessiert. Zwar sahen Ernst Fuchs und Gerhard Ebeling das Verhältnis zwischen theologischer und philosophischer Hermeneutik weit weniger verkrampft als Barth.[7] Ebeling betonte erst kürzlich wieder, "wie dicht theologische Hermeneutik in die allgemeine Hermeneutik verflochten [sei,] und wie dringend notwendig [es sei], bei dem Verdacht drohender Entmachtung des Wortes Gottes den hermeneutischen Horizont weit zu spannen, statt ihn zu verengen."[8] Doch Ebeling geht es letztlich nicht um eine Mitarbeit an hermeneutischen Projekten der Moderne bzw. Postmoderne. Vielmehr möchte er aus seinem besonderen Hermeneutikverständnis heraus einen angemessenen Zugang zum Wort Gottes beschreiben, wie er seines Erachtens

---

[6] Vgl. hierzu Eberhard Jüngel, *Gottes Sein ist im Werden*, Tübingen (J.C.B. Mohr [Paul Siebeck]) 1976³, 27.

[7] Siehe z.B. Gerhard Ebeling, *Einführung in theologische Sprachlehre*, Tübingen (J.C.B. Mohr [Paul Siebeck]) 1971, 221. Für eine ausführlichere Behandlung der Neuen Hermeneutik siehe Werner G. Jeanrond, *Theological Hermeneutics: Development and Significance*, London (SCM) 1994, 148-58.

[8] Gerhard Ebeling, 'Hermeneutik zwischen der Macht des Gotteswortes und seiner Ermachtung', *Zeitschrift für Theologie und Kirche* 91 (1994), 89. –Nun auch in Ebeling, *Theologie in den Gegensätzen des Lebens*, Tübingen (J.C.B. Mohr [Paul Siebeck]) 1995, 218.

seit der Reformation als zutreffend empfunden wird. Dabei stellt sich für ihn nicht die Frage, ob es außer diesem Zugang zu Gott durch dessen Wort in der Bibel womöglich auch noch andere Erfahrungsbereiche von Gottes Wirklichkeit geben könne, auch und gerade angeregt durch die Vermittlung der biblischen Schriften. Stattdessen wird bei der Lektüre seines imponierenden Werkes immer wieder deutlich, daß Hermeneutik für Ebeling als ein vielversprechendes Hilfsmittel zur Absicherung reformatorischer Denkansätze in der heutigen Glaubenskrise taugen soll.

Dabei ist besonders interessant zu sehen, daß für Ebeling die hermeneutische Bemühung in der Theologie allein durch die von ihm diagnostizierte Sprach- und Verstehenskrise legitimiert ist. Das heißt, Ebeling steht in der Tradition derer, die nach Hermeneutik vor allem aufgrund von diagnostizierten Sprachstörungen rufen, und damit nicht in der Tradition derer, die Hermeneutik als Reflexion über menschliches Verstehen insgesamt für notwendig halten, also als Reflexion über die Möglichkeiten, Grenzen und Behinderungen menschlichen Verstehens.

> "Sprachstörungen sind Gefährdungen, Verdunkelungen, Zerstörungen, die es nicht dazu kommen lassen, daß sich im Sprachvorgang Wahrheit ereignet. Und Sprachhilfe kann letztlich nur in dem bestehen, was dazu hilft, den bedrohten und schon verdorbenen Sprachvorgang zur Wahrheit zu bringen und der Wahrheit dienen zu lassen."[9]

Und er fährt fort:

> "Theologische Sprachlehre wird als gesondertes theologisches Unternehmen dann erforderlich, wenn die Theologie in eine Sprachkrise gerät. ... Theologische Sprachlehre als gesondertes Unternehmen ist also ein Krisensymptom und eine Notmaßnahme, dazu bestimmt, bestenfalls sich selbst überflüssig zu machen."[10]

So wird deutlich, daß Hermeneutik hier wie bei Barth als Offenbarungshermeneutik verstanden wird und eben nicht trotz gelegentlicher Öffnungen als Signifikationshermeneutik. Mit anderen Worten, der theologische Gehalt dessen, was bei der Textinterpretation gefunden werden soll, bestimmt immer schon die Methode.

In diesem Zusammenhang hat Ebeling sicherlich Recht, wenn er behauptet, daß Martin Luthers reformatorischer Durchbruch als ein hermeneutisches Ereignis zu betrachten sei.

---

[9] Ebeling, *Einführung in theologische Sprachlehre*, op. cit., 217.
[10] Ibid., 227-8.

"Schon laut den frühesten Zeugnissen seines [Luthers] exegetischen Bemühens schlug das mühsam angestrengte Ringen mit einem dunklen oder anscheinend unergiebigen Text je und je einmal um in die entgegengesetzte Erfahrung eines befreienden Überwältigtwerdens durch den Text. Die entscheidende interpretatorische Bewegung verläuft nicht vom Ausleger her zur Bibel hin, vielmehr von der Bibel her zum Ausleger hin."[11]

Man muß nun aber an Ebeling die Frage richten, warum er dem heutigen Bibelleser nicht die gleiche Freiheit des Neulesens bzw. Tieferlesens der Texte zubilligen möchte, die er bei Luther so sehr bewundert. Wenn Luther erst nach eifrigem Ringen mit der Bedeutung des Textes zur Sinnoffenbarung des Textes gelangen konnte, so bedeutet dies doch schließlich, daß bei ihm der Weg zur Hermeneutik der Offenbarung über die Hermeneutik der Signifikation geführt haben muß. Allein von daher schon empfiehlt sich eine Untersuchung der Signifikationsmöglichkeiten menschlicher Kommunikation, und dies nicht nur aus der Perspektive einer Glaubenskrise heraus.

Unterscheidend ist also weniger das jeweils herrschende religiöse Grundethos, das die diversen theologischen Ansätze bestimmt, als die Beurteilung der Rolle, die die Sprache für unser Verstehen spielt. Wohl sind Karl Barth, Ernst Fuchs und Gerhard Ebeling, was menschliche Denkvollzüge angeht, pessimistischer als etwa Rudolf Bultmann. Aber Bultmanns hermeneutischer Einwand gegen Barth galt doch hauptsächlich der Tatsache, daß alle Verstehensvollzüge auf Sprache angewiesen sind, daß also an der Notwendigkeit menschlicher Interpretation auch des von der Bibel bezeugten Wortes Gottes niemals vorbeizukommen sei.[12]

Allerdings hat, wie Paul Ricœur einst kritisch bemerkte, auch Bultmann selbst sich nicht der ganzen Mühe einer intensiven Auseinandersetzung mit sprachlichen Vorgängen unterzogen.[13]

3. Wie hermeneutisch ist die Theologie?

Die Debatte zwischen den theologischen Schulen von Yale und Chicago in den Vereinigten Staaten führt die Barth-Bultmann Debatte

---

[11] Ebeling, 'Hermeneutik zwischen der Macht des Gotteswortes und seiner Ermachtung', *Zeitschrift für Theologie und Kirche* 91, 83 (=*Theologie in den Gegensätzen des Lebens*, op. cit., 212).
[12] Zur Barth-Bultmann Debatte siehe Jeanrond, *Theological Hermeneutics*, op. cit., 127-48.
[13] Paul Ricœur, *Hermeneutik und Strukturalismus: Der Konflikt der Interpretationen* I, übers. Johannes Rütsche, München (Kösel) 1973, 197-8.

in gewisser Weise und mit veränderten Gewichtungen weiter. Die sogenannte Yale Schule, die Theologen wie Hans Frei, George Lindbeck und David Kelsey einschließt, optiert lediglich für ad-hoc Anleihen bei philosophischen Denkmodellen, wann immer es ihrer inhaltlichen Zielsetzung entspricht, wogegen die Chicagoer Schule um David Tracy eine wirklich wechselseitige kritische Korrelation zwischen Theologie und anderen Denkdisziplinen fordert.[14]

Auch die Auseinandersetzung zwischen diesen beiden theologischen Richtungen betrifft also wiederum nicht die Frage, ob biblische Texte interpretationsbedürftig seien, sondern ob eine bestimmte theologische Tagesordnung allein den Interpretationsvorgang leiten solle oder nicht. Dazu kommt aber noch, daß die Yale-Theologen eine allein aus dem christlichen Glaubensbereich selbst stammende "thick description" des christlichen Glaubens, also eine Selbstbeschreibung, leisten möchten, ohne dabei irgendwelche Wahrheitsansprüche über den binnenkirchlichen Bereich hinaus geltend zu machen. Die Chicagoer Theologen suchen dagegen nach Wegen, wie jegliche Wahrheitsansprüche, nicht nur christliche, heute kritisch überprüft werden können. Das hermeneutische Programm in Yale beschränkt sich also nur auf den innerkirchlichen Bereich, während die hermeneutische Bemühung in Chicago auf ein globales Gespräch über die Wahrheitsansprüche jeglicher Tradition zielt.

George Lindbeck zum Beispiel wehrt sich energisch gegen jeden fundamentaltheologischen Ansatz in der Theologie. Erfahrungen werden durch die Glaubensgemeinschaft ermöglicht. "Wie eine Kultur oder Sprache, ist es ein gemeinschaftliches Phänomen, das die Subjektivitäten von Individuen gestaltet, anstatt zunächst eine Manifestation solcher Subjektivitäten zu sein."[15] So ist das linguistisch-kulturelle Modell, das Lindbeck vorschlägt, "Teil einer Perspektive, die den Grad unterstreicht, in dem menschliche Erfahrung von kulturellen und sprachlichen Formen gestaltet, geformt, und in gewissem Sinn konstituiert wird."[16] Entsprechend uninteressiert ist er auch an einer allgemeinen Hermeneutik, der

---

[14] Zur Debatte zwischen Yale und Chicago siehe Jeanrond, 'Theology in the Context of Pluralism and Postmodernity: David Tracy's Theological Method', in: David Jasper (Hrsg.), *Postmodernism, Literature and the Future of Theology*, London (Macmillan) 1993, 143-63.

[15] George A. Lindbeck, *The Nature of Doctrine: Religion and Theology in a Postliberal Age*, Philadelphia (Westminster Press) 1984, 33 (alle Lindbeck-Zitate in meiner Übersetzung).

[16] Ibid., 34. – Hier unterscheidet sich Lindbeck von Ebeling. Lindbeck veranschlagt die konstitutive Bedeutung der Sprache für das menschliche Verstehen deutlich höher als Ebeling.

sich die Bibelinterpretation dann unterzuorden hätte. Stattdessen empfiehlt Lindbeck eine immanente Textinterpretation dergestalt, daß intratextuelle Theologie die Wirklichkeit innerhalb des biblischen Rahmens beschreibt, anstatt die Schrift in extra-biblische Kategorien zu übersetzen. "Es ist der Text, der sozusagen die Welt aufsagt, und nicht umgekehrt die Welt den Text."[17] Wie auch sein 1988 verstorbener Kollege Hans Frei will Lindbeck eine christliche Selbstbeschreibung leisten, die auf der Erhebung des literarischen Sinnes (*literal sense*) der biblischen Texte, vor allem der Evangelien, fußt. Beiden geht es also nicht um die Erarbeitung einer theologischen Methode, sondern um eine Selbstbeschreibung.[18]

Für David Tracy stellt sich die hermeneutische Situation christlicher Theologie heute dagegen wesentlich komplizierter dar. Er diagnostiziert zwar auch, wie vordem Ebeling, eine Interpretationskrise in unserer heutigen westlichen Kultur, die uns dazu auffordert, über das Interpretieren selbst erneut nachzudenken. Dann aber kommt er, anders als Ebeling und anders als die Kollegen in Yale, zu folgendem Schluß: "Interpretation scheint nebensächlich zu sein. Aber der Schein trügt. Jedesmal, wenn wir handeln, erwägen, urteilen, verstehen oder sogar erfahren, interpretieren wir. Überhaupt verstehen heißt also: interpretieren."[19] Tracys hermeneutischer Ansatz greift demnach entschieden weiter als derjenige Ebelings. Interpretieren wird nun als allgemein menschliches Phänomen betrachtet. Tracy folgt im wesentlichen den hermeneutischen Erwägungen und Theorien Hans-Georg Gadamers und Paul Ricœurs und beachtet dabei vor allem Ricœurs Warnung an Bultmann, nicht zu schnell den hermeneutischen Bogen abzukürzen, sondern den ganzen Weg durch die menschliche Ausdrucksvielfalt hindurchzugehen.[20]

Tracy schlägt vor, die Möglichkeiten auf diesem langen Weg des In-der-Welt-Seins, die von den klassischen Texten des Christentums angeboten werden, in einer Art offenem Gesprächs zwischen Leser und Text zu erschließen. Ein aufrichtiges Gespräch ist allerdings kein alltägliches Ereignis.

---

[17] Ibid., 118.
[18] Hans Frei, *Types of Christian Theology*, New Haven und London (Yale University Press) 1992, 19: "...letztlich glaube ich wirklich nicht an ein unabhängiges methodologisches Studium der Theologie." (Meine Übersetzung).
[19] David Tracy, *Theologie als Gespräch: eine postmoderne Hermeneutik*, übers. Susanne Klinger, Mainz (Grünewald) 1993, 21.
[20] Ricœur, *Hermeneutik und Strukturalismus*, op. cit., 197-8.

"Zuallererst ist ein Gespräch ein Erforschen von Möglichkeiten auf der Suche nach Wahrheit. Wir müssen, wenn wir der Spur irgendeiner Frage folgen, der Verschieden- und Andersheit Rechnung tragen. Sobald wir es zulassen, daß die Frage die Führung im Gespräch übernimmt, werden wir bemerken, daß dem Anderen als Anderem und dem Verschiedenen als Verschiedenem Beachtung zu schenken auch bedeutet, das Verschiedenartige *als* möglich zu erachten. Wenn wir etwas als möglich anerkennen, setzt dies voraus, daß wir eine gewisse Ähnlichkeit mit dem, was wir bereits erfahren oder verstanden haben, feststellen. Doch muß Ähnlichkeit hier als Ähnlichkeit-in-Unterschiedenheit, das heißt als Analogie, qualifiziert werden."[21]

Gute Interpretation setzt demzufolge ein Analogievermögen beim Interpreten voraus. Ein aufrichtiges Gespräch mit einem Text ergibt sich erst dann, "wenn wir bereit sind, uns selbst aufs Spiel zu setzen".[22] Folgt man diesem Gedankengang weiter, so wird man sich notwendigerweise sowohl mit dem Phänomen des Anderen als mit dem der Sprache näher beschäftigen müssen.

Tracy warnt energisch davor, einfach Andersheit und Verschiedenheit in Gleichheit oder Ähnlichkeit zu überführen. Vielmehr gilt es zu sehen, daß Andersheit und Verschiedenheit zur echten Möglichkeit werden können: "das Andere, das Verschiedene wird das Mögliche."[23]

Man muß Tracy nun dafür dankbar sein, daß er uns immer wieder vor Augen hält, daß jedes aufrichtige Gespräch, sei es zwischen Leser und Text oder zwischen zwei einander gegenüberstehenden Gesprächspartnern, nur gelingen kann, wenn die Bereitschaft buchstäblich zur Aus-ein-ander-setzung gegeben ist. Nur in einer solchen Interaktion kann sich Wahrheit ereignen. Wie zuvor schon Hans-Georg Gadamer betont auch Tracy diesen Ereignischarakter von Wahrheit.[24] Aber anders als Gadamer stimmt er mit Paul Ricœur und Jürgen Habermas darin überein, daß es schon eines gewissen Maßes an Methode und Erklärung bedürfe, einmal um einer derartig aufrichtigen Gesprächssituation nahe zu kommen und zum anderen um einem komplexen Verstehensobjekt wie einem biblischen Text gerecht zu werden. Sowohl ein Methodenmonismus als auch die Ablehnung jeglicher Methode bei der Textinterpretation (wie bei Gadamer)[25] werden so als unangemessen entlarvt.

---

[21] Tracy, *Theologie als Gespräch*, a.a.O., 36.
[22] Ibid., 37.
[23] Ibid., 38.
[24] Siehe ibid., 48.
[25] Zu Gadamers Verstehensbegriff siehe Werner G. Jeanrond, *Text und Interpretation als Kategorien theologischen Denkens*, Tübingen (J.C.B. Mohr [Paul Siebeck]) 1986, 14-41.

"Überdies ist durch das historische Bewußtsein die Geschichtlichkeit eines jeden Textes, Interpreten und Gesprächs erhellt worden. Gewißheit existiert nicht mehr. Relative Angemessenheit indes bleibt ein erstrebenswertes Ideal für alle Interpretationen. Die Geschichts- wie auch die Human- und sozialwissenschaften sind wesenhaft hermeneutische Disziplinen. Veränderungen im hermeneutischen Verständnis beeinflussen schließlich die Begründungsverfahren, Methoden und Erklärungstheorien aller Wissenschaften."[26]

Wenn man so will, beginnt Tracy mit einer Signifikationshermeneutik, zielt aber letztlich auf eine Offenbarungshermeneutik. Sein Interesse gilt der Eröffnung von Wahrheit, aber sein Weg zu diesem Ziel führt durch die Interpretation aller Gestalten von Signifikation hindurch. Der große Vorzug dieser Vorgehensweise liegt darin, daß das verstehende Subjekt durchweg offen bleibt für die Manifestation des Anderen, auch und gerade des Anderen in ihm selbst. Dadurch entsteht ein Pluralismus in der Wahrheitssuche, der zwar auch immer wieder von Totalisierungstendenzen bedroht sein mag, der aber dennoch letztlich unaufhebbar bleibt.[27]

Wie weiland Fuchs und Ebeling geht Tracy dann auch auf das Phänomen der Sprache ein, jedoch weder mit übereilten Ontologisierungstendenzen noch mit dem Bestreben, in diesem Phänomen alle Lösungen für eine wie auch immer geartete Glaubenskrise zu orten. Im Gegenteil: Er überschreibt seine Sprachreflexion mit dem Titel "Radikale Pluralität".[28] Tracy würdigt die neueren Beiträge zur Diskussion um Sprache, die von Strukturalisten und Post-Strukturalisten gleichermaßen geleistet wurden. "Sie haben hermeneutische Interpretationen der Sprache, wie zum Beispiel Heideggers 'direkten Weg' zur Ontologie und Gadamers 'direkten Weg' zur Hermeneutik durch das Gespräch mit der Überlieferung, angefochten."[29] Immer wieder betont Tracy die Pluralität und Andersheit, die auf der langen, indirekten weil durch die Interpretation von Texten hindurch verlaufenden Auseinandersetzung mit der Wirklichkeit zu Tage treten.

Aus diesen Untersuchungen schließt Tracy, daß Theologie wie alle Wissenschaften einer kritischen Theorie bedarf, welche den Interpreten vor sich selber und vor den aus ihm hervorgehenden Verzerrungen und Illusionen schützt. Eine Aufgabe solch einer kritischen Theologie muß es demnach sein, Widerstand gegen jegliche Versuchung zu leisten,

---

[26] Tracy, *Theologie als Gespräch*, a.a.O., 64.
[27] Siehe ibid., 54.
[28] Ibid., 73.
[29] Ibid., 94-5.

Andersheit in Gleichheit aufzulösen. Dabei kann sie sich auf das oben bereits referierte analogische Denkvermögen berufen. Sie muß jedoch, wie Tracy unterstreicht, beachten, daß "jede Interpretation eines Anderen meine Appropriation einer Möglichkeit [ist], die nicht mehr genau die ist, die sie in ihrer ursprünglichen Form war."[30]

Tracys Interpretationsziele sind also gleichzeitig bescheidener aber auch weiter als die der beiden anderen oben von mir referierten Hermeneutiken. Zum einen bescheidener, weil er weiß, daß jede Interpretation bestenfalls nur eine Annäherung sein kann; und weiter, weil er aufzeigt, wie eine aufrichtige Anerkennung des Anderen zu Möglichkeiten des Anderswerdens, also zur Konversion, führen kann. Aus dieser Einsicht heraus lehnt er es auch ab, nur dem Gläubigen ein Recht auf gelingende Interpretation religiöser Klassiker zuzubilligen. "Wer behauptet, daß nur Gläubige Religionen interpretieren können, vertritt zudem eine Position, die letztlich die religiösen Klassiker ihrer Wahrheitsansprüche beraubt."[31]

Tracys hermeneutisches Credo, das hier natürlich nur in der notwendigen Knappheit dargestellt werden konnte, verpflichtet also christliche Theologie zu einer öffentlichen Verdeutlichung ihrer Wahrheitsansprüche, die aus ihrem öffentlich verantworteten Interpretationsverfahren hervorgehen. Dabei sind sowohl Fremdheit als auch Vertrautheit Leitkategorien eines theologischen Interpretierens, das auf analogischem Denken fußt.[32]

Folgt man diesem Gedankengang, so sind Fremdheit oder Andersheit im Interpretationsgeschehen niemals aufzulösen. Dann ist man nicht, wie bei Gadamer, aufgefordert, in einen Traditionsfluß einzurücken.[33] Ziel der Interpretation ist nicht die Wiederherstellung einer aus den Fugen geratenen Tradition, sondern die fortlaufende Schaffung neuer Traditionsmöglichkeiten. Letztes Ziel der Interpretation bleibt der Versuch der Annäherung an das Fremde. Diese Annäherung ist nur deshalb möglich, weil auf der Basis des Vertrauten das Fremde erst richtig fremd erscheint und im Zuge der Auseinandersetzung mit dem Fremden das Vertraute neu zum Fremden werden kann. Der Preis einer verkürzten

---

[30] Ibid., 135.

[31] Ibid., 156.

[32] Tracy hat seinen Begriff des analogischen Denkens in seinem Buch *The Analogical Imagination: Christian Theology and the Culture of Pluralism*, New York (Crossrad) 1981, genauer expliziert.

[33] Vgl. Hans-Georg Gadamer, *Wahrheit und Methode: Grundzüge einer philosophischen Hermeneutik*, Tübingen (J.C.B. Mohr [Paul Siebeck]) 1975[4], 274-5.

Hermeneutik wie bei Barth, Fuchs, Ebeling, Frei und Lindbeck ist immer eine Reduzierung der Andersheit, die gerade in dem Sprachgeschehen liegt, das von den genannten Theologen in der einen oder anderen Weise vorschnell theologisch qualifiziert worden ist. Leistet man diesen Verkürzungen Widerstand, indem man die Spannung zwischen Fremdheit und Vertrautheit im theologischen Interpretieren neu herstellt, so eröffnen sich uns vielleicht neue und ungeahnte hermeneutische Erfahrungen, die denen von Luther und Calvin in ihrer Durchschlagskraft ähnlich sein mögen, aber die eben als unsere eigenen Erfahrungen bei der Wahrnehmung der Wirklichkeit Gottes durch Text und Traditionen hindurch doch von denen der Kirchenväter verschieden sein können.

Obwohl Tracy sich so nachhaltig für den langen Weg zur Offenbarung von Wahrheit und Gottes Wirklichkeit eingesetzt hat, hat er selbst die sprachliche Verfaßtheit der Interaktion zwischen Verstehendem und Verstehensobjekt nicht im Detail erörtert. Auch die für jegliche Kommunikation grundlegenden gemeinschaftlichen Bedingungen, also z.B. die Rolle der christlichen Gemeinschaft für die Auslegung christlicher Texte, sind von ihm nur schemenhaft skizziert worden. Hier kann ich nur in der gebotenen Kürze auf beide Problembereiche eingehen.

Wie ich es anderswo zu beschreiben versucht habe, sind sowohl Text als auch Interpretation dynamische Komponenten einer jeden Textinterpretation.[34] Ohne ein gewisses Maß an investierter Subjektivität seitens des Lesers entläßt kein Text sein Sinnpotential. Jeder Text wird durch eine bestimmte Lesart mehr oder weniger angemessen entschlüsselt. Eine angemessene Lesart orientiert sich stets an der kommunikativen Perspektive eines Textes. Im Prozeß der Interpretation muß sich dabei immer wieder erneut herausstellen, ob eine gewählte Lesart der jeweiligen Textart entspricht.

So kann man z.B. versuchen, biblische Texte als geschichtliche Quellentexte zu lesen. Nur kann man, wie sich in der Interpretation dieser Texte selbst zeigt, niemals behaupten, die Texte auf diese Weise *voll* verstanden zu haben. Zu einem tieferen Verständnis muß man stattdessen eine umfassendere Lesart wählen, die dem jeweiligen kommunikativen Potential eines Textes besser gerecht zu werden verspricht.

Aber selbst wenn man eine solchermaßen angemessene Lesart gewählt hat, muß diese immer auch individuell vom Leser konkretisiert

---

[34] Vgl. Jeanrond, *Text und Interpretation als Kategorien theologischen Denkens*, op. cit., 119-26. Siehe auch Jeanrond, 'Les délacements de l'herméneutique au XXe siècle', in: Pierre Bühler und Clairette Karakash (Hrsg.), *Quand interpréter c'est changer: Pragmatique et lectures de la Parole*, Genf (Labor et Fides) 1995, 15-31.

werden. Daraus folgt, daß jedes dem Text angemessene Lesen sowohl vom Text als auch vom Leser ermöglicht werden muß. Ein in den Grenzen des Textes angesiedelter Lesepluralismus ensteht also notwendigerweise auch dann schon, wenn eine dem Text entsprechende Lesart gewählt wurde. Selbst eine noch so große Vertrautheit mit dem Text kann bei unterschiedlichen Lesern immer wieder zu einander fremden Interpretationen führen.

In diesem Zusammenhang spielt die Gemeinschaft von Lesern eine besondere Rolle. Zum einen vermittelt sie aufgrund ihres Erfahrungsschatzes immer schon gewisse Typen von Lesarten, die von dem einzelnen Leser dann im Akt des Lesens jeweils konkretisiert werden. Zum anderen ist sie der Ort, an dem unterschiedliche Lesarten und auch unterschiedliche Konkretisierungen von tradierten Typen von Lesarten in Konflikt geraten können. Solche Konflikte vermögen sehr wohl produktiv zu werden, wenn sich die Lesegemeinschaft pluralistisch verfaßt. Herrscht jedoch ein Lesemonismus, so wird die Entfaltung unterschiedlicher, aber dennoch jeweils angemessener Lesarten behindert, und damit droht dem Text eine schwere Beschränkung der Entfaltung seines Sinnpotentials.

Die Lesegemeinschaft hat überdies die Aufgabe immer wieder zu überlegen, was in ihr als Text gilt. Diese Überlegung ist besonders für die biblischen Texte von großer Bedeutung. Was ist ein biblischer Text? Ist es der gesamte jeweilige Kanon mit den einzelnen Schriften als Teiltexten? Oder ist der einzelne Text innerhalb des Kanontextes oder innerhalb eines Lektionars der zu verstehende Text?[35] Und welche Bedeutung spielt der rituelle Kontext beim Lesen biblischer Texte?

Und schließlich wird jede Lesegemeinschaft darüber befinden wollen, was in einem jeweils markierten Rahmen als angemessene Interpretation gelten darf.

4. Wie theologisch ist die Hermeneutik?

Wie wir gesehen haben, kann sich eine kritische und selbstkritische Theologie ihrer hermeneutischen Bedingtheit nicht entziehen. Theologie hat vielmehr von der Teilnahme an der hermeneutischen Diskussion heute nicht nur keine materiale Überfremdung zu befürchten, sondern

---

[35] Vgl. hierzu auch Jeanrond, 'Criteria for New Biblical Theologies' in: *The Journal of Religion* 76, 1996, 233-49.

kann sowohl von dieser Diskussion profitieren als auch ihren eigenen Beitrag zu ihr leisten. Theologie kann zum Beispiel alle Interpreten von Texten, Symbolen und anderen menschlichen Gestaltungen erneut dazu aufrufen, für eine immer tiefere Wahrnehmung offen zu bleiben und sich auf diese Weise dem radikal Anderen erneut zu stellen. Sie kann zum anderen Lesen der biblischen Texte ermutigen und zum anderen Verstehen der menschlichen Situation aufrufen. Sie kann die Ausbildung neuer Les- und Seharten unterstützen. Theologie kann auch sich selbst immer wieder kritisch dazu auffordern, die Andersartigkeit Gottes über die ihr vertrauten Schemata hinaus neu in den Blick zu bekommen. Sie kann sich z.B. verdeutlichen, daß nicht alles Wesentliche nur im Wortgeschehen zu erkennen ist, sondern auch in anderen Dimensionen menschlichen Daseins in Erscheinung treten kann. Theologie kann schließlich Widerstand gegen sich selber leisten, gegen ihre eigenen Worte über Gott. Solange sie die Spannung zwischen dem ihr Vertrauten und dem ihr Fremden aufrecht erhält, kann sie analogisch immer wieder neu ansetzen, so daß das ihr Vertraute als Fremdes neu in den Blick rücken kann. Auf diese Weise kommen wir vielleicht trotz der notwendigen Kritik an Karl Barths theologischer Methode seinem theologischen Hauptanliegen und damit auch einer wahrhaft dialektischen Theologie ein Stück näher.

Claude Geffré, Paris

L'HERMÉNEUTIQUE COMME NOUVEAU PARADIGME DE LA THÉOLOGIE

Il serait passablement naïf de prétendre qu'il ait fallu attendre notre modernité pour voir l'herméneutique faire son entrée en théologie. Il est bien évident que l'herméneutique comme lecture interprétative des textes est coextensive à la théologie chrétienne depuis les origines. Quand on parle aujourd'hui d'herméneutique en théologie, on peut l'entendre dans un sens faible et descriptif, on désigne alors l'herméneutique théologique comme un courant parmi d'autres à l'intérieur du champ théologique. Mais on peut l'entendre aussi dans un sens fort et critique. On désigne alors une dimension intérieure de la raison théologique ou encore un nouveau paradigme dans la manière de faire de la théologie. C'est bien à ce niveau que j'entends me situer dans les pages qui suivent. Et il est tout de suite clair que le «tournant herméneutique» de la théologie ne peut avoir de sens que par rapport à un certain devenir de la raison philosophique qui prend ses distances aussi bien à l'égard de l'ontologie classique qu'à l'égard des philosophies du sujet et des philosophies de la conscience pour considérer l'être dans sa réalité langagière. Il s'agit en effet de s'interroger sur le destin de la raison théologique à «l'âge de la raison herméneutique» pour reprendre l'expression mise en avant par Jean Greisch. Que devient la raison théologique quand on prend acte non seulement de la rupture avec l'ancienne métaphysique mais du passage des philosophies du sujet à une philosophie du langage?

Dans un premier temps, je chercherai à réfléchir sur la raison théologique comprise comme raison herméneutique et je voudrais m'expliquer sur l'originalité d'une théologie conçue comme science herméneutique. Dans un second temps, je chercherai à préciser certaines conséquences d'un *modèle* herméneutique en théologie, tout spécialement quant à notre approche de l'Écriture, quant à notre relecture de la tradition et quant à une compréhension de la théologie qui dépasse l'opposition entre un savoir théorique et un savoir pratique. Enfin, on s'attachera à montrer comment la prise au sérieux de la notion de *récit* au sens de

Ricœur permet de concilier les théologies narratives et les théologies herméneutiques dans le champ contemporain de la théologie.

1. La raison théologique comme raison herméneutique

Durant des siècles, la raison théologique a été identifiée à la raison spéculative au sens aristotélicien de la connaissance théorétique. La rupture avec la métaphysique nous invite aujourd'hui à identifier la raison théologique avec un comprendre historique au sens de Heidegger et de Gadamer. Il s'agirait pour la théologie de tirer les conséquences herméneutiques de la différence entre une compréhension métaphysique et une compréhension historique de la réalité.

La *théologie-science* de Thomas d'Aquin prenait comme point de départ la compréhension axiomatique de la science selon Aristote, c'est-à-dire une science qui procède à partir de principes nécessaires ou axiomes que la raison perçoit de façon immédiate. En identifiant les articles de foi à des principes premiers, saint Thomas a réussi à montrer comment la théologie vérifie les critères de la science aristotélicienne. Cette volonté de mettre la foi à l'état de *science* demeure un modèle classique et exemplaire de la théologie comprise comme *intellectus fidei*. Et comme la science de la foi n'est pas autre chose que l'explication ultime de l'ordre de l'univers, la théologie a la prétention d'être «la reine des sciences».[1] Mais quand la notion métaphysique d'*ordre* se trouve remise en cause comme c'est le cas à l'époque moderne, on passe nécessairement d'une compréhension axiomatique à une compréhension empirique et historique de la science qui se définit par l'expérimentation. Son objet en effet n'est pas la vérité éternelle mais l'histoire et l'ensemble des phénomènes. Puisque Dieu échappe aux limites de la raison, l'objet de la théologie se transforme. Elle tend à se comprendre non plus comme un discours sur Dieu, mais comme discours sur un langage qui parle humainement de Dieu. Et de fait, on constate depuis le XIXème siècle le privilège accordé aux méthodes historiques et phénoménologiques dans l'étude de la religion.

C'est en fonction de cette rupture épistémologique qu'il faut comprendre la pertinence d'un modèle herméneutique en théologie. La théologie herméneutique est bien un discours qui porte sur un discours

---

[1] Je me suis déjà exprimé sur cette prétention scientifique de la théologie au Moyen-âge dans une autre étude: 'Nouvelle pratique scientifique et pratique de la théologie' in *Teologia e scienze nel mundo contemporaneo*, Milan (Massimo) 1989, 16 ss.

sur Dieu. Mais elle ne pratique pas une complète *epoché* par rapport à la question de Dieu comme c'est le cas aujourd'hui dans certaines philosophies de la religion anglo-saxonne. Elle se pose justement la question du rapport de l'interprète à son texte dans l'horizon de la notion de Dieu qu'il reçoit de la révélation. Je me contenterai ici de trois remarques concernant la théologie comprise comme herméneutique.

1. J'ai essayé, dans mon ouvrage *Le Christianisme au risque de l'interprétation* de montrer la différence entre un *modèle dogmatique* et un *modèle herméneutique* en théologie.[2] Depuis le concile de Trente, la théologie catholique a été dominée par un modèle *dogmatique.*[3] Le point de départ était toujours l'enseignement du magistère et l'Écriture et la tradition intervenaient seulement à titre de preuves. Selon cette perspective, le discours théologique comme reflet de l'Église institutionnelle tend à devenir un système irréfutable au sens poppérien du mot, voire à se dégrader en idéologie.

Adopter un modèle *herméneutique* en théologie, c'est toujours prendre comme point de départ un *texte,* l'Écriture et les relectures de celle-ci dans la tradition. Comme le souligne Gadamer, c'est parce que je m'inscris dans la même tradition qui a suscité le texte que je puis essayer de le comprendre. Nous sommes toujours inscrits dans une certaine tradition de langage qui nous précède. A partir de la longue tradition textuelle du christianisme, le théologien cherche à retrouver l'expérience fondamentale d'un salut offert par Dieu en Jésus-Christ. Sa tâche sera de restituer cette expérience fondamentale en la dissociant des représentations et des interprétations qui appartiennent à un monde d'expérience maintenant révolu. Ce travail risqué d'interprétation n'est possible qu'à partir de notre situation historique et de notre expérience actuelle de l'existence humaine.

2. La théologie comprise comme herméneutique tient compte de la rupture avec la pensée métaphysique comme pensée de la *représentation,*[4]

---

[2] Cl. Geffré, *Le Christianisme au risque de l'interprétation* (Cogitatio Fidei, 120), Paris (Cerf) 1983, 1988. Voir en particulier p. 65 ss.

[3] C'est ce que montre bien W. Kasper dans son petit livre: *Renouveau de la méthode en théologie* (trad. franç.), Paris (Cerf) 1968.

[4] On se reportera aux réflexions de Jean Ladrière sur la tentation de la pensée métaphysique comme pensée de la représentation: cf. *L'action comme discours de l'effectuation*, Centre d'Archives de M. Blondel, Louvain, Ed. de l'Institut supérieur de philosophie, 1974, 26.

mais elle ne renonce pas à la portée ontologique des énoncés théologiques. S'il est vrai qu'aujourd'hui la raison est entrée dans son âge herméneutique, il est permis d'identifier la raison théologique à un «comprendre» historique au sens de Heidegger, c'est-à-dire non pas un acte de la connaissance noétique selon le schème du sujet et de l'objet, mais un existential ou un mode d'être pour lequel il n'y a pas de connaissance du passé sans précompréhension et sans interprétation vivante de soi.

C'est dire que l'objet immédiat de l'acte théologique ne sera pas une série d'énoncés dogmatiques dont je cherche l'intelligibilité mais l'ensemble des textes compris dans le champ herméneutique de la Révélation. C'est dire aussi qu'une telle compréhension théologique se gardera des pièges de la représentation conceptuelle propre à la pensée métaphysique pour adopter le chemin plus modeste et risqué de l'interprétation qui procède par approximations successives. C'est dire enfin que la vérité dont se réclame une théologie herméneutique sera moins de l'ordre de l'adéquation formelle entre le jugement de l'intelligence et la réalité que de l'ordre de l'attestation ou encore de l'interprétation inchoative de la plénitude de vérité qui coïncide avec le mystère de la Réalité divine. Mais il convient de souligner qu'en adoptant un modèle herméneutique, on ne donne nullement congé à l'ontologie. On cherche plutôt à prendre au sérieux l'ontologie du langage dans la ligne du second Heidegger et du dernier Ricœur. Selon la vision de Heidegger en effet, le langage, avant d'être l'instrument de la communication entre les hommes, est un certain *dire* du monde. Ainsi peut-on dire que la pratique théologique coïncide avec une écoute, une audition de ce qui nous est dit non seulement dans le langage du monde, mais dans ce grand Code qu'est le texte biblique. Une théologie de la Parole de Dieu a comme présupposé la fonction *ontophanique* du langage: c'est parce que le langage a déjà une portée ostensive quant à l'être du monde qu'il peut être repris par le théologien pour être manifestation de l'Etre divin.

3. La bonne situation herméneutique qui conditionne l'intelligence du message chrétien pour aujourd'hui repose sur une corrélation critique entre l'expérience chrétienne de la première communauté chrétienne et notre expérience historique contemporaine.[5] L'herméneutique a toujours

---

[5] Je m'inscris ici dans le courant *herméneutique* de la théologie illustré par des auteurs comme E. Schillebeeckx en Europe et D. Tracy aux Etats-Unis.

à faire à des textes. Or la Révélation est inséparablement message et expérience. On peut même dire avec Edward Schillebeeckx que «le christianisme n'est pas d'abord un message qui doit être cru, mais une expérience de foi qui devient un message».[6] C'est le mérite de Schillebeeckx d'avoir insisté sur le lien indissociable entre expérience et langage. L'expérience religieuse est toujours structurée par des modèles théoriques de pensée et insérée dans le cadre d'une tradition d'expériences qui nous précèdent.[7] Le risque permanent de l'herméneutique théologique, c'est d'adapter le contenu du message chrétien aux intérêts et aux impératifs d'une époque historique donnée. Il faut donc avoir le souci de faire à la fois un bon diagnostic de notre expérience historique et de déterminer les structures constantes de l'expérience chrétienne d'un salut en Jésus-Christ. Il n'y a tradition vivante que pour autant qu'il y a actualisation de l'expérience chrétienne fondamentale de la Révélation même si c'est selon des interprétations différentes. Pour garantir l'actualité permanente du message chrétien, on doit donc pratiquer un discernement entre les structures constantes de l'expérience chrétienne fondamentale et puis des schèmes de pensée, c'est-à-dire des éléments d'interprétation contingents qui relèvent soit du monde d'expérience du Nouveau Testament, soit de la tradition ultérieure de l'expérience chrétienne. Il n'y a pas de transmission de la foi sans réinterprétation créatrice. Il s'agit de faire en sorte que la Révélation comme irruption gratuite de la Parole de Dieu soit un événement toujours actuel, c'est-à-dire non pas la transmission d'un passé mort, mais une parole vivante qui interpelle et qui soit interprétante pour l'homme de tous les temps.

2. Les conséquences d'un modèle herméneutique en théologie

J'ai déjà suggéré les déplacements de notre pratique théologique entraînés par l'adoption d'un paradigme herméneutique. Je voudrais le vérifier plus précisément quant à notre approche de l'Écriture, quant à notre relecture de la tradition et quant à l'articulation entre le discours théorique et la pratique.

---

[6] E. Schillebeeckx, *Expérience humaine et foi en Jésus-Christ* (Trad. franç.), Paris (Cerf) 1981, 50.

[7] On peut se reporter au long développement d'E. Schillebeeckx sur le concept d'expérience dans son rapport au langage dans son livre, *Christ. The Experience of Jesus as Lord*, New York (Cross Road) 1981, 30-78.

1. La lecture de l'Écriture

On me permettra ici d'insister sur la fécondité de l'«Herméneutique textuelle» de Paul Ricœur pour une nouvelle intelligence des sources scripturaires de la théologie. On sait que sa philosophie herméneutique ne se fie pas à la prétendue transparence du sujet et recherche une compréhension de soi qui soit médiatisée par des signes, des symboles et des textes. Une telle herméneutique intéresse tout particulièrement le théologien dans la mesure où elle prend ses distances tant vis-à-vis de l'illusion positiviste d'une objectivité textuelle que vis-à-vis de l'illusion romantique d'une congénialité entre le lecteur d'aujourd'hui et l'auteur des textes du passé. «Se comprendre, c'est se comprendre devant le texte et recevoir de lui les conditions d'un soi autre que le moi qui vient à la lecture».[8] On peut au moins en tirer deux conséquences quant à notre intelligence de la Révélation et quant à une lecture non fondamentaliste de l'Écriture.

– Une herméneutique qui s'attache au «monde du texte» et non à l'idée d'un sens déjà là qu'on pourrait déchiffrer en rejoignant le vouloir dire de l'auteur nous aide à dépasser une conception imaginaire de la Révélation identifiée à l'inspiration conçue comme insufflation de sens par un «auteur» divin. Il faut prendre au sérieux les formes du discours mises à jour par l'analyse structurale et comprendre que les contenus de foi d'Israël sont à chaque fois étroitement dépendants des formes ou genres littéraires propres à la Bible hébraïque. Entre les formes du discours et la compréhension de soi du lecteur se tient le déploiement du monde du texte. On pourrait soutenir que la Bible est *révélée* parce qu'elle est déjà en elle-même, dans sa facture textuelle, révélatrice d'un certain monde, le «monde biblique», c'est-à-dire qu'elle déploie un «être nouveau» par rapport à mon expérience ordinaire du monde. Et cet être nouveau, en rupture avec la réalité quotidienne, qu'il soit désigné comme «nouvelle Alliance» ou «Royaume de Dieu», va engendrer en l'homme un *être nouveau*, à savoir cette nouvelle possibilité d'existence qu'est la foi, et avec elle la volonté de faire exister un monde nouveau.

– En second lieu, une herméneutique centrée sur le texte est mieux en mesure de respecter l'équilibre entre *parole* et *écriture,* alors que la tentation de la théologie moderne, surtout depuis Karl Barth, est de magnifier la Parole de Dieu en oubliant la situation herméneutique de la première communauté chrétienne. Le rapport «parole-écriture» est

---

[8] P. Ricœur, *Encyclopédie philosophique universelle,* t. I, Paris (PUF) 1990, 70.

constitutif de ce que nous appelons le kérygme primitif. Ce message a un rôle médiateur entre le Premier Testament et ce que nous appelons le Nouveau Testament. Mais à son tour, le témoignage apostolique devenu une Écriture médiatise deux paroles, la prédication de la première communauté chrétienne et la prédication de l'Église aujourd'hui.[9] Contrairement à tous les fondamentalismes qui ont l'obsession d'une parole originelle qui soit l'*ipsissima vox* du fondateur absent, nous sommes confrontés à une multitude de témoignages divers sur les gestes et les paroles de Jésus à la lumière de l'événement pascal. La tâche d'une théologie chrétienne, c'est de prendre au sérieux cette relativité historique à l'intérieur des Écritures canoniques. Aux origines du christianisme, il n'y a pas la «voix» même d'un fondateur, mais un texte, à condition d'ajouter aussitôt que la *chose* dont il s'agit dans le texte ne peut nous atteindre que dans la foi sous l'action de l'esprit.

2. *La relecture de la tradition*

La *traditionalité*, pour reprendre une expression de Ricœur, désigne un acte de transmission sous le signe de la dialectique entre l'éloignement et la distanciation.[10] C'est ce que Gadamer cherchait à exprimer en parlant de «fusion des horizons» au cœur de l'acte herméneutique, la fusion entre l'horizon du texte et celui de notre présent historique pour conquérir un horizon nouveau. Finalement, il s'agit de se placer à égale distance entre l'historicisme qui prétend restituer un sens objectif des textes du passé et l'herméneutique romantique qui voudrait assurer une contemporanéité parfaite avec les événements du passé.

Le conflit moderne des théologiens et du magistère est souvent ramené à une opposition entre une lecture historique et une lecture dogmatique de l'Écriture. En fait, il s'agit plutôt de deux lectures historiques différentes. Il est possible de faire une lecture croyante des documents historiques sans tomber dans une lecture *dogmatiste*, c'est-à-dire une lecture non critique qui cherche seulement dans l'Écriture et la tradition des appuis textuels, des «autorités», pour confirmer une position déjà tenue par ailleurs. Il y a là tout un champ ouvert à la recherche théologique et qui contient des dossiers doctrinaux brûlants. La tâche d'une herméneutique théologique est de discerner l'expérience historique

---

[9] Cf. P. Ricœur, 'Herméneutique philosophique et herméneutique biblique', dans *Du texte à l'action*, Paris (Le Seuil) 1986, 124-125.

[10] Au sujet de la distinction entre *traditionalité, traditions et tradition*, voir P. Ricœur, *Temps et récit*. III. *Le temps raconté*, Paris (Le Seuil) 1985, 328 s.

sous-jacente à certaines formulations théologiques qui ont été plus tard consacrées par des définitions dogmatiques. Un tel travail ne peut être mené à bien qu'en faisant appel à une herméneutique du *soupçon* qui s'interroge sur les conditions de production des textes du passé. Il s'agit de dévoiler les présupposés conscients ou inconscients des interprétations historiques et de démasquer les intérêts en jeu qui conditionnent la production de tel ou tel discours ecclésial. Mais en même temps, il faut entreprendre le même travail critique à l'égard de nos évidences spontanées d'aujourd'hui.

Surtout depuis le concile de Trente, la théologie catholique a privilégié la méthode qui consiste à partir des formulations dogmatiques ultérieures. Cette méthode est légitime. Mais il y a une manière d'opposer lecture historique et lecture dogmatique qui concrètement aboutit à rendre nul le travail critique de l'historien. On peut et même on doit lire l'Écriture à la lumière de la tradition de l'Église, mais à condition de pratiquer l'opération inverse, c'est-à-dire de relire les définitions dogmatiques à la lumière des résultats les moins contestables de l'exégèse scientifique et à condition de se livrer à une lecture herméneutique des formules dogmatiques, c'est-à-dire de les restituer dans leur contexte historique et de les soumettre au jeu de la «question et de la réponse».[11]

Une définition dogmatique est une réponse qui ne peut être comprise que par rapport à la question historique qui l'a provoquée. Comme on le sait, le mot «dogme» a une valeur quasi juridique. C'est un décret d'application de la loi fondamentale dont vivent les chrétiens à un moment historique donné, généralement une situation de crise.[12] Il ne s'agit pas de démontrer que ce qui était vrai hier est devenu faux. Mais à la lumière de notre nouvelle expérience historique, il convient de restituer une définition dogmatique dans la totalité de la foi. Elle exerce en effet une fonction différente quand elle fait l'objet d'une possession tranquille par l'ensemble de la communauté croyante. Ce projet d'herméneutique conciliaire soulève immédiatement la question délicate des critères d'interprétation. Plutôt que de faire appel à un unique critère ou un «canon dans le canon», la tradition catholique invoquera l'*analogie de la foi*, c'est-à-dire un jeu d'autorités différentes. Le champ herméneutique ouvert par la révélation chrétienne n'est pas indéfini. On dispose au moins de trois critères pour évaluer la justesse d'une interprétation actuelle du message chrétien.

---

[11] Cette règle élémentaire de toute herméneutique conciliaire a souvent été soulignée par E. Schillebeeckx. Voir en particulier son article 'Le problème de l'infaillibilité ministérielle', *Concilium,* n° 83, 1973, 83-102.

[12] Cf. B. Sesboüé, *Jésus-Christ dans la tradition de l'Eglise,* Paris (Desclée) 1982.

Il y a d'abord les textes du Nouveau Testament comme témoignage de l'expérience chrétienne fondamentale. Ensuite, la tradition théologique et dogmatique comme témoignage d'expériences historiques ultérieures, enfin le contenu de notre expérience historique d'aujourd'hui. Ce dernier critère coïncide avec celui de la communicabilité. Toute la question est de savoir si je puis reproduire l'expérience chrétienne fondamentale dans les conditions nouvelles de mon expérience historique. Ce troisième critère, celui de la *réception* est fondamental. Il correspond à ce qu'on appelle le *sensus fidei*. Mais c'est une notion encore trop abstraite. Il est préférable de parler du *consensus fidelium*. Dans le mot *consensus*, il n'y a pas seulement l'adhésion à un même contenu de foi: il y a l'idée d'un partage ou d'une unanimité dans la foi.

3. *Herméneutique du sens et herméneutique de l'action*

En adoptant un modèle herméneutique dans la ligne de Gadamer et de Ricœur, c'est-à-dire une herméneutique qui consent à la précédence d'une tradition, il faut être conscient des risques d'idéologisation. C'est là où la critique des idéologies au sens de Habermas est un correctif salutaire à l'égard de tout impérialisme de la tradition. Je me contenterai seulement de deux remarques. D'une part, l'herméneutique théologique n'est pas seulement une herméneutique du sens: elle conduit à l'action. D'autre part, l'herméneutique théologique comporte nécessairement un moment de réflexion critique sur ses présupposés idéologiques.

– J'ai cherché à identifier la raison théologique à une raison historique. Mais elle est aussi inséparablement une raison *pratique*.[13] Comme l'herméneutique philosophique elle-même, l'herméneutique théologique ne peut être une pure herméneutique du sens. Elle comporte nécessairement une dimension pratique. Déjà chez Gadamer, elle conduit à l'*application*. Et chez Ricœur, son herméneutique textuelle n'est pas seulement la célébration d'un certain type de monde. Le monde du texte conduit justement le sujet à actualiser ses possibles les plus propres en vue d'une transformation du monde. «Dire, c'est faire», pour reprendre le mot d'Austin. L'herméneutique des textes conduit à une pratique sociale et

---

[13] Je n'entends pas ici *raison pratique* au sens kantien de l'obligation morale mais plutôt comme *action sensée* conformément à la définition qu'en donne P. Ricœur: «l'ensemble des mesures prises par les individus et les institutions pour préserver ou restaurer la dialectique réciproque de la liberté et des institutions, hors de laquelle il n'est pas d'action sensée», cf. *Du Texte à l'action*, Paris (Le Seuil) 1986, 256.

politique. Et l'épistémologue, Jean Ladrière, voit justement dans la notion de «paradigme» ou de «modèle» un phénomène de coadaptation entre un système d'interprétation et un système d'action.[14]

Ainsi, une théologie responsable ne se contente pas de proposer de nouvelles interprétations du message chrétien. Elle prend au sérieux les sujets concrets de l'histoire et conduit à un «faire», c'est-à-dire une certaine transformation de la pratique des hommes et des sociétés en vue du Royaume qui vient. La théologie comprise comme science herméneutique est donc indissociable d'une dialectique incessante entre théorie et pratique. Et la pratique n'est pas seulement la vérification d'un discours théorique. Elle est un lieu théologique, c'est-à-dire une matrice de sens. La pratique est beaucoup plus que le champ d'application d'une doctrine déjà toute constituée. Elle est un principe de discernement qui nous conduit à une réinterprétation du christianisme. Les théologies de la libération, par exemple, sont des théologies herméneutiques qui se livrent à une réinterprétation fondamentale du salut chrétien à partir de ce lieu théologique qu'est l'histoire des opprimés et elles montrent que le Royaume de Dieu comme royaume de justice et de paix s'expérimente déjà dans les processus historiques de libération humaine. Il faudrait en dire autant de toutes les théologies contextuelles comme les théologies du tiers-monde et les théologies féministes.

Cependant, cette insistance sur la dimension pratique de la théologie ne nous conduit pas à une sorte de pragmatisme théologique. La théologie comme herméneutique garde nécessairement une dimension spéculative. Elle est un discours de second degré à la différence du discours de la prédication ou du témoignage. En tant que discours de la foi, la théologie doit sauvegarder une dimension *doxologique,* c'est-à-dire une dimension de célébration, car la vérité du christianisme dont elle cherche à dire le sens ne s'épuise pas dans son utilité pour le monde.

– En second lieu, la raison théologique comme raison pratique comporte nécessairement un moment critique à l'égard des risques de déformation dans l'interprétation de la tradition de l'Église. En parlant de raison pratique, on souligne que la recherche de la vérité doit tenir compte des pratiques sociales. On affirme du même coup les limites d'une pure herméneutique du sens. La raison pratique est au service d'une *communication* plus vraie entre les hommes. On devine l'enjeu

---

[14] Je me suis exprimé ailleurs sur la pertinence de la notion de paradigme appliquée à l'histoire de la théologie chrétienne: cf. Cl. Geffré: 'Die politische Dimension eines neuen theologischen Paradigmas', in: H. Küng / D. Tracy (Hrsg.), *Das neue Paradigma von Theologie,* Zürich (Benziger Verlag) 1986, 151-155.

pour la théologie du statut social et communicationnel de la vérité.[15] Et c'est justement une des tâches essentielles d'une théologie herméneutique d'exercer une fonction critique à égard des pratiques ecclésiales à commencer par les pratiques catéchétiques, en faisant l'analyse des légitimations théoriques qui cherchent à les justifier.

3. Narrativité et herméneutique

Dans la mesure où l'on adopte une pratique théologique selon un paradigme herméneutique, il est permis de déceler une «ressemblance de famille» entre la théologie et les sciences herméneutiques. Comme dans le cas de ces dernières, la méthodologie de la théologie sera caractérisée par la présence du «cercle herméneutique». Il n'y a pas de démarche herméneutique sans une certaine précompréhension et sans une contribution du sujet interprétant, c'est-à-dire sans une interaction vécue entre l'objet textuel à étudier et l'interprète. Il s'agit toujours de comprendre les textes fondateurs et leur relecture dans l'histoire à partir de notre propre précompréhension historique. Et comme nous l'avons déjà suggéré, l'orientation herméneutique de la théologie favorise l'interdisciplinarité, en particulier le dialogue entre la théologie et les sciences du langage. On sait que Paul Ricœur distingue trois moments à l'intérieur de l'arc herméneutique, la précompréhension, l'explication et la compréhension. Or c'est au niveau de l'explication que les sciences du langage, les sciences humaines et les sciences sociales sont convoquées au service d'une meilleure compréhension. En fonction de cette formule qui désigne tout un programme: «expliquer, c'est comprendre mieux», Ricœur revendique une complémentarité entre la compréhension herméneutique et l'explication.

Ainsi dans cette perspective, la théologie herméneutique cherche à expliquer le sens des textes, non seulement à partir de toutes les ressources d'une analyse linguistique, mais aussi à partir des sciences humaines qui nous permettent de mieux appréhender notre expérience présente de l'être au monde. On cherche donc à décoder le sens des textes en fonction de notre précompréhension actuelle de l'existence. On ne peut rejoindre la vérité des textes bibliques en faisant abstraction de tous les autres récits dans lesquels s'exprime l'originalité de l'existence humaine.

---

[15] Pour une première approche de la «théorie consensuelle de la vérité» telle que la comprend J. Habermas, nous recommandons volontiers son ouvrage: *Morale et communication* (Trad. franç.), Paris (Cerf) 1986.

Or il convient de rappeler qu'aux États-Unis, il y a tout un courant exégétique dans le sillage de Hans Frei et de l'Ecole de l'Université de Yale, qui conteste cette démarche herméneutique et son recours à des catégories philosophiques, qu'elles soient existentielles ou ontologiques.[16] Plutôt que de dévoiler le sens des textes à partir de la précompréhension du sujet interprétant, il s'agit de faire retour aux textes bibliques pris en eux-mêmes et de les *décrire*. Il faut déployer le sens d'un texte à partir du texte lui-même. Le sens ne se trouve ni en deçà, ni au-delà, ni à côté, ni devant le texte (pour parler comme Ricœur). Le sens est dans le texte pris en lui-même et «l'éclipse» des récits bibliques est due à l'introduction des méthodes critiques et herméneutiques qui ont dissocié le sens de la forme du texte. Les tenants du courant narratologique reprocheraient volontiers à une herméneutique comme celle de Ricœur de trahir le privilège historique des récits bibliques. L'histoire de Jésus deviendrait une allégorie de l'existence humaine en général. Jésus ne serait plus que le «chiffre» des possibilités existentielles de tout homme. Pour l'auteur de *Temps et récit* en effet, l'histoire n'est jamais purement descriptive. Elle «refigure» toujours en quelque manière les événements. Ce qu'il y a de commun au récit de fiction et au récit historique, c'est qu'il fait voir la sorte de monde auquel il renvoie. Certains se demanderont alors si une telle herméneutique qui est tellement soucieuse de souligner les possibilités créatrices du monde du texte pour l'expérience humaine en général ne risque pas de privilégier la poésie au détriment de l'histoire.

Sans pouvoir développer davantage, je voudrais seulement dire en terminant que Paul Ricœur – surtout à partir de ses derniers travaux sur la narrativité – cherche justement à concilier les exigences de la narrativité comme prise au sérieux du texte et de sa résistance et les exigences de l'herméneutique comme manifestation du sens du texte à partir de la précompréhension du sujet interprétant. Cette nouvelle possibilité existentielle qu'est la foi est directement liée aux récits bibliques et à leur possibilité de refigurer le monde. Les récits de fiction et les récits historiques qui sont les deux modes principaux du discours narratif partagent le privilège de la métaphore en vue de «refigurer» le monde et d'ouvrir de nouveaux possibles de l'homme.

Ainsi en conclusion, l'herméneutique comme nouveau paradigme de la théologie invite les théologiens à réfléchir sur les conséquences pour le

---

[16] Comme exemple de ce courant américain anti-herméneutique, on peut citer surtout H.W. Frei, *The Eclipse of Biblical Narrative*, New Haven & London (Yale University Press) 1974.

discours théologique d'une raison théologique comprise non seulement comme raison cognitive et comme raison pratique, mais aussi comme raison *esthétique*. C'est là toute l'ambition d'une véritable «poétique de la foi». *Décrire, raconter, prescrire,* tels sont les trois moments d'une poétique du récit selon Ricœur. La théologie chrétienne ne se contente pas de fournir une description exacte des faits et gestes de la vie de Jésus. Elle ne conduit pas seulement à une nouvelle pratique d'ordre éthique. Elle raconte la vie de Jésus comme une histoire qui a la beauté d'un récit poétique. Et par là même, elle devient une histoire *exemplaire* qui est susceptible d'interroger la conscience des hommes et des femmes de tous les temps.

GERHARD OBERHAMMER, Wien

OFFENBARUNGSGESCHICHTE ALS PROBLEM DER RELIGIONSHERMENEUTIK

Offenbarungsgeschichte wird zunächst und unmittelbar zum Problem, wenn sie sich im Fragen nach ihrem Wirklichkeitsbezug von dem ablöst, was wir im Sinne eines historischen Verständnisses "Geschichte" nennen, und zu einer literarischen Geschichte *von* der Offenbarung wird, ohne daß in dieser irgendwelche historische Ereignisse erzählt werden würden. Dennoch ist Offenbarungsgeschichte keine reine Dichtung im Sinne des englischen Wortes *fiction*. Sie ist aber auch keine Historiographie im Sinne der Geschichtswissenschaft. Im Horizont der so zum Problem gewordenen Geschichte von der Offenbarung wird dann aber auch das Phänomen der "Offenbarungsgeschichte" als solches, d.h. als geschichtlicher Vorgang, der in der gläubigen Deutung historischer Ereignisse faßbar ist, zu einem Problem der Religionshermeneutik. Denn erst durch die Religionshermeneutik kann das Wesen der "Offenbarungsgeschichte" und ihr Bezug zur "Religion" zur Erscheinung gebracht werden; andererseits wird die Geschichte der Offenbarung als Vorgang *in* der Geschichte immer nur faßbar, wenn er in einer Geschichte *von* der Offenbarung thematisch wird, d.h. wenn er in einer Erzählung Gestalt gewinnt. So wie alle Ereignisse erst dann zur "Geschichte" werden, wenn von ihnen erzählt wird.

Gestatten Sie mir zunächst am Beispiel eines Textes aus hinduistischer Tradition, den ich in seinem Inhalt hier nur ganz kurz skizzieren möchte, zu zeigen, wie eine solche gleichsam "geschichtsleere"[1] Geschichte der Offenbarung erzählt wird, und diese trotz der fehlenden historischen Ereignisse dennoch den Charakter von "Offenbarungsgeschichte" bewahrt. Es handelt sich um den Text Paramasaṃhitā I 1 ff.:[2]

---

[1] Mit der Bezeichnung "geschichtsleer" wird nicht ausgeschlossen, daß die Geschichte von der Offenbarung nicht doch gewisse "religionshistorische" Fakten erkennen läßt, sondern nur zum Ausdruck gebracht, daß die in ihr erzählten Ereignisse *als solche* nicht objektive Fakten meinen, die sich, wenn auch subjektiv erzählt, jemals ereignet haben.

[2] Die Paramasaṃhitā (ein Text der religiösen Tradition des Pāñcarātra; in der überlieferten Form vermutlich 2. Hälfte des 1. Jt. n. Chr.) gehört zu jenen autoritativen Texten des Hinduismus, die, als göttliche Offenbarung geglaubt, die Vorschriften und die Beschreibung der zum Heil führenden Riten usw. enthalten.

"Einst suchte Devala den großen Weisen Mārkaṇḍeya auf und fragte ihn: 'Ehrwürdiger! Ich habe die Veden mit ihren Hilfswissenschaften einschließlich der Dialektik gelernt und habe dennoch in ihnen allen keinen Weg zum höchsten Heil gefunden, der frei von Zweifeln wäre. Sage Du mir, was mir den Zweifel beseitigen könnte'." Dies ist zwar frei erfundene Erzählung, dennoch wirkliche Befindlichkeit menschlichen Daseins.

Auf seine Frage antwortete ihm Mārkaṇḍeya mit der Erzählung, wie er selbst einst vor vielen Weltperioden in solchen Zweifeln befangen war und wie er selbst, nachdem er während tausend und acht Jahren Viṣṇu Verehrung erwiesen habe, und von diesem an die Vollkommenen von Śvetadvīpa, dem Land der Viṣṇufrommen, verwiesen worden sei, um von ihnen die Heilslehre zu hören, die Viṣṇu selbst am Anfang der Schöpfung dem Gott Brahmā verkündet hatte, und die Brahmā dann auf Geheiß Viṣṇus den Viṣṇufrommen auf Śvetadvīpa mitgeteilt hatte. Diese drei ineinander verschachtelten Geschichten von der Verkündigung der Offenbarung Viṣṇus an drei verschiedene, in den selben Überlieferungsvorgang eingebundene Adressaten umrahmen ihrerseits die zentrale Erzählung von der ersten Verkündigung der Offenbarung Viṣṇus an den Gott Brahmā:

"Diese [Welt] war Finsternis, unerkannt, ohne Merkmal, unerforschlich, der Erkenntnis unzugänglich gleichsam völlig in tiefem Schlaf befangen", erzählt die Paramasaṃhitā, indem sie auf altes mythisches Material zurückgreift.

"Darin weilte der höchste Puruṣa (= Viṣṇu), der sich selbst Licht ist, lange Zeit in *yoga*-artigem Schlaf (49). Dann entschloß sich dieser, [die Welt] hervorzubringen.

Nachdem der Herr von neuem *yoga*-hafte Gestalt (*yogamayaṃ rūpam*) angenommen hatte, (50) brachte er da zuerst den Keim der Welt hervor, einen weiß leuchtenden Lotos, [dessen Blüte] aus tausend Blütenblättern bestand, im Innern einen Kreis von Blütenfäden besaß (51), in [deren] Mitte die Samenkapsel war, und der [seinem] Nabel entsprungen war. Darin ließ er den Hervorbringer ins Dasein treten, den viergesichtigen Schöpfer[gott] (= Brahmā), (52) den Herrn alles Wissens, dessen Selbst in Meditation versunken war, den Herrscher. Nachdem dieser die fünf Elemente hatte entstehen lassen, schuf er (= Brahmā), der Herr, die Wesen (53) mit Hilfe der Elemente (*bhūtiḥ*) einzeln für sich genommen und zusammen, und zwar die unbeweglichen und jene, die sich bewegen [können].

Als [dieser,] der Ur-Vater, der große Yogī, die ganze Welt geschaffen hatte, (54) verharrte er in unerschütterlicher Versenkung. In diesem

Zustande überwältigte ihn eine Ungewißheit, die in seinem Herzen entstand. (55)

Während sein Denken mit dieser beschäftigt war, trat in seinem Bewußtsein [etwas] Großes ein. Er sah den höchsten Gott (= Viṣṇu), der im Milchmeer ruhte, (56) den Lotosäugigen, gelagert auf der Schlange Ananta, seinem Ruhebett, den Vierarmigen, der Muschel, Diskus, Keule und Lotos [in seinen Händen] hielt, (57) den Dunkelfarbenen, zu dessen Füßen [die Göttin] Śrī gelagert war; er war gelb gekleidet, [trug] das Śrīvatsa-Zeichen [und] den Kaustubha, der der [personifizierten] Klarheit glich, auf der Brust." (58)

Nachdem Brahmā dieses höchste Wesen erblickt hatte näherte er sich und fragte ehrfurchtsvoll und mit Vertrauen, "wie man das Nirvāṇa erlangt, das keine Furcht vor den Prägungen [durch begangene Taten] kennt, die den Wesenskreislauf [bedingen], das frei von den Banden der Werke ist, das [nur] am Ātma seine Freude hat und [allem anderen gegenüber] indifferent ist". Seinem Wunsch willfahrend offenbart der höchste Gott dann den Text der Paramasaṃhitā, dessen Inhalt im wesentlichen die Vorschriften des Rituals zu seiner Verehrung betreffen, durch die man Wohlergehen in der Welt und Befreiung aus dem Wesenskreislauf erwirbt. Soweit die Geschichte von der "Herabkunft der Lehre" in der Paramasaṃhitā, die in vier narrativen Schüben die Geschichte von der Offenbarung Viṣṇus von der Urzeit bis zu Devala erzählt.

Gestatten Sie mir, um das Phänomen der Offenbarungsgeschichte näher zu bestimmen, auch auf die Gefahr hin, Eulen nach Athen zu tragen, einige ergänzende Bemerkungen, die sich aus dem Befund der hinduistischen Erzählung von der "Herabkunft der Lehre" – sie findet sich nicht nur in der Paramasaṃhitā, sondern in irgendeiner Form in den meisten Texten dieser Art – ergeben.

(a) Nicht jedes Ereignis der Epiphanie eines Gottes, noch die Erzählung von einer solchen ist schon Offenbarungsgeschichte, sondern nur dort, wo solche Ereignisse im Horizont eines, die einzelnen Ereignisse in eine Sinneinheit einbindenden Geschehens erzählt werden, handelt es sich um eine solche.

(b) Offenbarungsgeschichte hat immer eine bestimmte religiöse Tradition der 'Gegenwart', d.h. ihrer Entstehungszeit, als Wirklichkeitsbezug. In dieser Weise ist sie auch und vor allem Theologie der Tradition aus der Kraft der gläubigen "Memoria". Sie ist keine religionsgeschichtliche Darstellung dieser Tradition.

(c) In diesem Sinne gibt es eine solche Offenbarungsgeschichte nicht nur im Christentum, das in dieser Offenbarungsgeschichte gleichsam sein Wesen gewinnt (vgl. das Schema: Christentum als Erfüllung des Alten Testaments und seiner Verheißung), sondern auch in mythisch-transzendental grundgelegten Religionen, wie das eben erwähnte Beispiel der Paramasaṃhitā zeigt.

Hier stellt sich bereits die erste Frage: Gibt es Offenbarungsgeschichte ohne geschichtliche Offenbarung, d.h. ohne eine Offenbarung im Kontext der Geschichte, wobei "Kontext der Geschichte" ein doppeltes meinen kann: Einmal Offenbarung, die in einem historischen Ereignis konkret wird, zum anderen Offenbarung als ein sich durchhaltender Sinngehalt der Menschheitsgeschichte.

Die Frage ist im Grunde falsch gestellt. Jede "Offenbarung", sofern in ihr Transzendenz in einer bestimmten Erfahrung zur Erscheinung kommt, ist geschichtlich, gleich ob solches Erscheinen der Transzendenz mit einem äußeren Ereignis verbunden wird oder sich nur in einer inneren Erfahrung durchhaltend ereignet. Denn jedenfalls ist der Empfänger der Offenbarung und seine Erfahrung der Transzendenz geschichtlich bestimmt.

So falsch diese Fragestellung auch ist, so macht sie dennoch auf das Problem aufmerksam. Fragen wir daher besser: Was meint "Offenbarung" als *geschichtliches* Ereignis? Doch offenbar ein Ereignis, von dem erzählt werden kann, und das so in den Zusammenhang einer Tradition eingeordnet werden kann oder, weniger konkret gesagt, durch die überindividuelle Erinnerung (*memoria*) der Tradition in einen diachronen Sinnzusammenhang gebracht werden kann.

Hier kommt das eigentliche Problem erstmals in den Blick: Wenn nämlich die gläubige Rezeption eines äußeren Ereignisses als Offenbarung, beispielsweise im Christentum die Menschwerdung Gottes in Jesus von Nazareth, auch eine innere Erfahrung ist, so ist diese dennoch eine Erfahrung in der Begegnung mit einem genau bestimmbaren Ereignis, von dem erzählt werden kann. Wie kann aber von einer inneren Erfahrung erzählt werden, die nicht an ein einmaliges oder an mehrere, in einem bestimmten Zeitpunkt in Erscheinung tretende Ereignisse gebunden ist, sondern dauernd als bleibendes Existenzial des Menschen gegeben ist, das lediglich in sich wandelnden "mythischen" Entwürfen[3] dieser Erfahrung immer wieder in einer Begegnung mit der Transzendenz konkret wird, ohne daß sich das Ereignis dieser Begegnung mit der Transzendenz in einem oder mehreren Ereignissen erschöpfen würde,

---

[3] Zum hier verwendeten Begriff des "mythischen Entwurfes" einer Transzendenzerfahrung vgl. Verf., *Versuch einer transzendentalen Hermeneutik religiöser Traditionen*, (Publications of the De Nobili Research Library, Occasional Papers 3), Wien 1987.

sodaß der Vorgang der Offenbarung als abgeschlossen betrachtet werden könnte?

Dies scheint jedoch in den nicht historisch gestifteten Religionen der Fall zu sein. Die sich kontinuierlich als "Spiritualität" ereignende und durch kein äußeres Ereignis als Offenbarung festlegbare Erfahrung der Transzendenz zum Heil wird in der "Communio der Tradition" als die eingeholte, "anfanglos" in einer mythischen Zeit immer schon erfolgte *eine* Offenbarung verstanden und als solche bezeugt, indem ihr "Herankommen" in der Zeit, und in diesem Sinne ihre "Geschichte" erzählt wird. Denn das In-Erscheinung-Treten der Transzendenz zum Heil in einer Erfahrung gewinnt, ganz gleich, ob dieses durch ein äußeres Ereignis bedingt ist oder nicht, den Charakter einer Offenbarung als Grundlage einer religiösen Tradition (= Religion) nur dann, wenn von ihm erzählt wird.

Lassen Sie mich diesen Gedanken deutlicher entfalten: Damit von diesem In-Erscheinung-Treten der Transzendenz als Heil erzählt werden kann, muß die zur Erfahrung kommende Transzendenz immer schon "mythisiert", das heißt in einem im weitesten Sinne sprachlichen Entwurf entworfen sein. Kennzeichnend für diese Mythisierung ist unter anderem der Umstand, daß sie in ihren historischen Anfängen nicht eingeholt werden kann. Wann immer sie in einer Transzendenzerfahrung als deren Entwurf faßbar ist, verweist sie bereits auf eine frühere, die ihr im weitesten und diffusesten Sinne des Wortes als "Rede" von der Transzendenz vorausgegangen sein muß, da ansonsten die Gegenwart der Transzendenz gar nicht zur Sprache kommen könnte. In diesem Sinne entsteht sie wie das Sprachehaben des Menschen "anfanglos" zusammen mit dessen Zusichkommen; und ist als Entwurf der Transzendenzerfahrung, der in dieser als konkrete Erfahrung eingeholt wird, dann auch notwendige Bedingung dafür, daß von dieser Erfahrung erzählt werden kann, wenn immer die Erzählung von der geglückten Transzendenzerfahrung in der "Communio" der Tradition überhaupt verstanden und so ihrerseits wieder zu einem neuen Entwurf religiöser Erfahrung (= Glaubenserfahrung) werden soll.

"Offenbarung" wird daher als solche schon durch die Bedingungen ihrer Möglichkeit in einem zeitlichen Geschehen Wirklichkeit und hat so ihre "Geschichte". Und dies ist nicht nur die Geschichte ihrer Mythisierung, weil die Mythisierung ohne tatsächliches In-Erscheinung-Treten der Transzendenz kein Entwurf ihrer Erfahrung sein könnte. Vielmehr zeigt sich in der Geschichte der Mythisierung gerade die Geschichtlichkeit der "Offenbarung" selbst. Es ist das "In-der-Erfahrung-Erscheinen" der Transzendenz selbst, das in der "Communio" der Tradition als in die Zeit eingebunden geschieht und das einzelne Ereignis seiner selbst überdauert; überdauert, indem die einzelnen Ereignisse als Ereignisse derselben "Offenbarung" (Glaubenserfahrung) verstanden werden.

Durch dieses "Verstehen" als Ereignisse derselben Offenbarung aus der Kraft der überindividuellen "Erinnerung" der Tradition wird das gegenwärtige "Offenbarungs"-Ereignis der religiösen Erfahrung in der erinnernden Perspektive als ein neues Geschehenselement einer schon früher erfolgten Offenbarung, nämlich der religiösen Erfahrung vergangener Generationen, gesehen, die ihrerseits als Zeugnis einer Offenbarung "im Anfang" verstanden wird; und so ergibt sich durch die Synthese der Erinnerung der Sinnzusammenhang einer "Geschichte" der Offenbarung, die jedoch nur möglich ist, indem von einem den einzelnen Zeitpunkt überdauernden Geschehen dieser "geschichtlichen" Offenbarung erzählt wird. Und so wird die Geschichte der Offenbarung (als geistige Gestalt eines im Glauben erfaßten diachronen Offenbarungsgeschehens) zu einer "Geschichte", d.h. einer Erzählung *von* der Offenbarung und ihrer Herabkunft (*avataraṇa*).

In der Paramasaṃhitā gewinnt diese Geschichte in der Erzählung von vier verschiedenen und doch hinsichtlich des Inhaltes dieser Offenbarung ununterschiedenen Offenbarungssituationen ihre Gestalt. Denn solange dieser Inhalt nicht als konkreter Text vom Menschen (= Devala) vernommen wurde, ist dieser noch nicht wirklich "Offenbarung" geworden. In dieser vierfachen Offenbarungssituation entsteht durch die Synthese der zeitlich unterschiedenen und doch den gleichen Inhalt betreffenden Situationen ein zeitliches Kontinuum "erinnerter Geschichte".

Aber gerade diese "erinnerte Geschichte" ist in ihrer Textgestalt, im konkreten Falle der Paramasaṃhitā, die vierfache Wiederholung einer Offenbarungssituation, die als gemeinsamen "Code" das sich im Vergehen der Zeit Gleichbleiben von Viṣṇus Heilswillen enthält, sich aber als solche nicht schon in ihrem textlichen "Inhalt" erschöpft, Offenbarungsgeschichte wird, um als "Text" möglich zu sein, über die erzählten Ereignisse hinaus zum "Erzählen", das den Hörer oder Leser in das erzählte Geschehen einbezieht, indem sie *ihm* diese Ereignisse erzählt und so das Erzählen selbst zu einem Element der Offenbarungsgeschichte werden läßt. Denn das letzte jeweils erzählte Ereignis ist nicht das letzte Ereignis der Offenbarungsgeschichte. Das letzte Ereignis der Offenbarungsgeschichte ist das jeweilige Hören oder Lesen ihrer Erzählung, wodurch diese gleichsam ein offenes Ende erhält, indem sie die Dimension der erzählten Ereignisse verläßt und den Text als Text übersteigend, die Dimension der diachronen Gemeinschaft der Tradition eröffnet. Ricœur drückt dies, wenn ich ihn richtig verstehe, in einer rezenten Arbeit so aus: "Précisement par ce que le texte ne vise aucun dehors, il a pour seul dehors nous-mêmes qui, en recevant le texte et nous assimilant à lui, faisons du livre un miroir ... De ce moment, le langage, poétique en soi, devient kérygmatique pour nous."[4] Auch wenn Ricœur hier den "Text" biblischer Überlieferung im Auge hat, so gilt im Sinne des Gesagten Analoges auch für die autoritativen Texte hinduistischer Traditionen, in denen der kerygmatische Aspekt nur implizit thematisch wird, und es unmittelbar um Vorschriften zur Durchführung der Riten durch eine eher begrenzte Adressatengruppe geht.[5] Wenn dies alles richtig ist, dann bleibt in dieser Sicht noch ein nicht unwichtiger Aspekt der Offenbarungsgeschichte zu erklären.

In der hier versuchten Hermeneutik des Phänomens der Offenbarungsgeschichte läßt sich "Offenbarung", d.h. das Zur-Erscheinung-Kommen der Transzendenz zum Heil, und ihre "Geschichte" nicht mehr unterscheiden; vielmehr ist die Geschichte ihres Vorsichgehens selbst ein Aspekt der Offenbarung, nämlich der Ausdruck ihrer Geschichtlichkeit.[6] Einerseits ist nämlich "Offenbarung" als geistige Realität immer nur in der "Geschichte" von ihr in der jeweiligen religiösen Tradition gegenwärtig und kommt ihrerseits erst in der überindividuellen "Erinnerung" dieser Tradition als solche zur Erscheinung, andererseits

---

[4] P. Ricœur, 'Expérience et langage dans le discours religieux', in: *Phénoménologie et Théologie. Présentation de Jean-François Courtine*, Paris 1992, 28.

[5] Dieses kerygmatische Schema des offenen Endes erhält im Kontext der tantrischen Offenbarungsgeschichte einen spezifischen Charakter. Denn die Offenbarung, die im Tantra an den Menschen herantritt, richtet sich zunächst nicht an alle Menschen, nicht einmal an alle Menschen der eigenen religiösen Tradition. Sie richtet sich zunächst nur an den "Praktizierenden" (*sādhakaḥ*), der durch die geoffenbarten Riten sich selbst ins Heil bringen will, beziehungsweise seinen Schüler, der durch die Durchführung dieser Riten ebenfalls selbst ins Heil kommen will. Nur durch deren Annahme des Textes als Offenbarung, indem sie gläubig die Riten durchführen, die der Text vorschreibt, offenbart sich Viṣṇus Heilswille als "Offenbarung" auch den anderen Anhängern dieser religiösen Tradition, die nicht selbst als "Praktizierende" diese Riten ausführen. Von der Offenbarung angesprochen sind als eigentliche Adressaten nur die "Praktizierenden".

[6] Dies kommt beispielsweise schon dadurch zum Ausdruck, daß in den hier untersuchten hinduistischen Texten, aber auch in den Texten der hebräischen und christlichen Bibel, die "Geschichte der Offenbarung" integrierendes Element der autoritativen Texte selber ist, ohne die die "Offenbarung" als solche nicht erkennbar wäre; im Falle der Bibel, in der es nicht, wie im Falle der Tantren, ein eigenes Kapitel über die "Herabkunft der Lehre" (*Śāstrāvataraṇa*) gibt, ist die literarische Struktur insofern modifiziert, als es sich bei ihr im wesentlichen um Berichte von "Heilsereignissen" und nicht um einen normativen Ritualtext handelt.

ereignet sich "Offenbarung", d.h. das Zur-Erscheinung-Kommen der Transzendenz zum Heil, aber auch als solche immer nur als Moment einer diachronen "Communio" der Tradition, die in die anfanglose Geschichte der Mythisierung von Transzendenz, damit aber auch des Erscheinens der Transzendenz zum Heil, zurückgeht.

In dem hier verwendeten Begriff der "diachronen Communio" wird einerseits die Geschichtlichkeit jeder Offenbarung thematisiert, von der bereits die Rede war, andererseits aber auch das für die Geschichtlichkeit von Offenbarung konstitutive Auf-einander-Verwiesensein von Erfahrung und Sprache.[7] Offenbarung ist immer Erfahrung der Transzendenz, die in Sprache "mythische Gegenwart" gewinnt. In ihrem Verwiesensein auf Sprache entsteht Offenbarung immer in der Gemeinschaft der Tradition und stiftet ihrerseits durch das Verwiesensein der Sprache auf Erfahrung immer wieder Tradition als Gemeinschaft:

Um Offenbarung sein zu können, muß die Transzendenzerfahrung den Möglichkeitsgrund ihrer selbst und ihrer Bezeugung bereits in sich selbst tragen, nämlich die Struktur mythischer Vermittlung der Gegenwart der Transzendenz. Sprache und Erfahrung könnten anderenfalls nicht mehr zur Synthese gebracht werden. Im Sinne solcher mythischen Vermittlung ereignet sich Offenbarung grundsätzlich in der geschichtlichen Dimension der "Begegnung", in der sich das Subjekt immer schon dem "Anderen", dem Anderen der Transzendenz und dem Anderen des Mitmenschen und der Welt radikal und vorbehaltlos geöffnet hat.[8]

Diese "radikale" und vorbehaltlose Offenheit der Begegnung zeigt sich einerseits darin, daß das Subjekt sich in seiner eigenen Transzendenzerfahrung, diese zur Sprache bringend, frei dem Mitmenschen preisgeben muß, um so dem anderen in der Teilhabe an der eigenen Transzendenzerfahrung Gemeinschaft mit sich gewähren zu können, so daß die Rede von der Transzendenz grundsätzlich nicht nur "mitteilende" Erzählung ist, sondern den Charakter der "Bezeugung" erhält. Andererseits entspricht der Selbstpreisgabe des Bezeugenden, um Begegnung sein zu können, die Entblößtheit des empfangenden Subjektes in seiner Bedürftigkeit und die Annahme der gewährten Gemeinschaft, indem es die Bezeugung als Entwurf der eigenen Erfahrung der Transzendenz in das Innerste seiner Subjektivität hinein nimmt und sich so

---

[7] "Sprache" ist hier im weitesten Sinne als Medium jeder Sinn-Vermittlung, sei es das Wort (Metapher), das Bild (Symbol) oder Tun (Ritual), verstanden.

[8] Zur "Begegnung" als Kategorie der Religionshermeneutik vgl. G. Oberhammer, *'Begegnung' als Kategorie der Religionshermeneutik*, (Publications of the De Nobili Research Library, Occasional Papers 4), Wien 1989.

vom anderen in seiner ureigensten Erfahrung der Transzendenz zum Heil bestimmen läßt. In der sich so als Prinzip der "diachronen Communio" ereignenden Begegnung öffnet sich die Erfahrung der Transzendenz zum Heil als Offenbarung in ihrer Geschichtlichkeit und damit in einer Geschichte, in der die Offenbarung als Aufbrechen dieser Erfahrung, und ihre Überlieferung als Teilhabe an dieser Erfahrung in diachroner Gemeinschaft, in ihrer gegenseitigen Verwobenheit nicht mehr zu trennen sind.

Vielleicht sollte an dieser Stelle der Umstand der mythischen Vermittlung der Transzendenz in die Erfahrung nochmals kurz zur Sprache gebracht werden, damit dieses Phänomen der "diachronen Communio" nicht zu sehr verkürzt in den Blick kommt. Wenn auch die "Communio" der Tradition zunächst in der Gemeinschaft der Bezeugung geglückter Transzendenzerfahrung und der Annahme dieser Bezeugung durch den anderen als Entwurf der eigenen Transzendenzerfahrung gesehen wurde, so geschah dies deshalb, weil die Dimension mythischer, und das bedeutet zunächst sprachlicher Vermittlung der Transzendenz in die Erfahrung unverzichtbare Grundlage einer solchen "Communio" ist. "Sprache" ist aber keineswegs die einzige Dimension dieser Vermittlung, wenngleich sie nicht fehlen kann. Vielmehr ist "Communio" der Tradition überall dort möglich, wo "Begegnung", in welcher Vermittlung auch immer, im Horizont der Transzendenzerfahrung zum Heil geschieht; auch dann, wenn sie im Sinn vermittelnden "Handelns" etwa der Verehrung mythisch gegenwärtiger Transzendenz und der diese raumzeitlich zum Ausdruck bringenden Riten, Wirklichkeit wird.

Im Falle der Paramasaṃhitā und anderer Texte der gleichen Art wird dies insofern auch textlich deutlich, als der Inhalt der Offenbarung, deren Geschichte erzählt wird, nicht eine Art "Glaubensbekenntnis" darstellt – ein solches kommt meist nur implizit zur Sprache – sondern einen Codex von Vorschriften zur Verehrung des Gottes, um einerseits Emanzipation (*mukti*) aus dem Wesenskreislauf, andererseits Wohlergehen (*bhukti*) im Leben zu erlangen. Diese Vorschriften sind letztlich nichts anderes als die Text gewordenen Riten selbst, die als von Gott geoffenbart geglaubt werden und ihrerseits die "diachrone Communio" der Tradition Wirklichkeit werden lassen, wenn sie ausgeführt werden.[9]

---

[9] Die Diachronie dieser "Communio" ergibt sich schon deshalb, weil die "Communio" auch beim Vollzug der Riten in der "Begegnung" verschiedener Generationen entsteht; und auch wenn das Individuum den Ritus nicht in der Gemeinschaft vollzieht, führt es diesen nach dem Glauben vergangener Generationen aus und übernimmt so die Form gläubigen Tuns vom "anderen" seiner Tradition.

Der in dieser "diachronen Communio" der Tradition gründenden Einheit von Offenbarung und Überlieferung, wie sie in der bisherigen Reflexion der Offenbarungsgeschichte sichtbar wurde, scheint jedoch, beispielsweise im Christentum, ein anderer Typus von Offenbarung und Offenbarungsgeschichte gegenüberzustehen, sofern hier ein einmaliges, äußeres Ereignis als Offenbarung verstanden wird, nämlich die Menschwerdung Gottes als Offenbarung seiner selbst in der Geschichte. Versucht man jedoch diesen Typus der hier unternommenen religionshermeneutischen Analyse zu unterziehen, und ihn zu den bisherigen Ergebnissen in Beziehung zu setzen, so scheint sich dieser bei aller Unterschiedenheit dennoch demselben Verständnis von Offenbarungsgeschichte zu erschließen:

In der gläubigen Annahme dieses äußeren Ereignisses als Offenbarung weist gerade dieses selbst trotz des Beschränktseins auf einen bestimmten Zeitpunkt der Geschichte notwendig zurück in die Vergangenheit, konkret des Alten Testamentes, und durch diese hindurch hinein in die Anfangslosigkeit mythischer Gegenwart der Transzendenz.[10] Es ist diese anfanglose Vergangenheit, die in der Perspektive gläubiger "Erinnerung" (*memoria*) immer schon auf dieses Offenbarungsereignis hingeordnet erscheint. Denn erst im Rückblick öffnet sich der Horizont des Verstehens für das äußere Ereignis als Offenbarung, das seinerseits der Geschichte mythischer Gegenwart der Transzendenz die Eindeutigkeit der Erfüllung verleiht, sodaß die Vergangenheit in der "diachronen Communio" der Tradition zusammen mit dem Ereignis selbst exklusivistisch als die *eine* Offenbarungsgeschichte erfahren wird, die mit diesem Ereignis ihre Erfüllung und ihr Ende erlangt hat.

Gerade das Integrieren und Verdichten der einzelnen Ereignisse der Vergangenheit im Erzählen der Offenbarungsgeschichte erweist aber dieses Ereignis, trotz seines Festgelegtseins auf einen bestimmten Zeitpunkt der Geschichte, zufolge seiner für das Verstehen des Ereignisses als Offenbarung notwendigen "anfanglosen" Mythisierung als ein die Zeit überdauerndes Geschehen, das in der Vergangenheit immer schon "im Kommen" war, wie beispielsweise die Offenbarung Viṣṇus in der Paramasaṃhitā. Als erfüllendes und abschließendes Moment der Offenbarungsgeschichte wandelt dieses Ereignis jedoch im Offenbarungsverständnis etwa des Christentums, anders als dies in der Paramasaṃhitā geschieht, die beständige Gegenwart seines Herankommens in die

---

[10] Woher wußte das Neue Testament sonst von Gott und, daß Er Himmel und Erde erschaffen hat usw.?

erfüllende Gegenwart des Eingetretenseins und distanziert so die ihm vorausgehenden Entwürfe der Transzendenzerfahrung, indem es sie zu sich in Beziehung setzt und so selbst zum Authentizitätskriterium der mythischen Gegenwart der Transzendenz wird.[11]

Hier könnte in der Tat ein echter Unterschied zur Offenbarungsgeschichte in nicht-christlicher Tradition sichtbar werden, der ein einheitliches Verständnis des Phänomens der Offenbarungsgeschichte in der Sicht der Religionshermeneutik in Frage stellen würde. Denn in der Paramasaṃhitā und in den Texten dieser Art gibt es kein äußeres singuläres Ereignis, durch das die Offenbarungsgeschichte ihre bleibende Eindeutigkeit erhalten würde, wenn man vom geoffenbarten Text selbst absieht, dessen "Geschichte" in der Offenbarungsgeschichte erzählt wird.[12] Hier steht die Eindeutigkeit und Endgültigkeit der Offenbarung am Anfang und nicht am Ende. Daher gewinnt auch die Offenbarungsgeschichte hier ihre literarische Form als Erzählung von der "Herabkunft der Lehre" (Śāstrāvataraṇam). Zwar gibt es auch hier ein "Herankommen" der Offenbarung in der erzählten Geschichte von ihr, aber es gibt kein geschichtliches Werden eines Glaubens, der in einem historischen Ereignis eine eindeutige Erfüllung findet. Der Hauptakzent der Offenbarungsgeschichte liegt auf der Erzählung, wie die einmal geoffenbarte Lehre die Menschen erreicht hat; während die Geschichtlichkeit des "Offenbarungsereignisses" auf den Offenbarungsakt im mythischen Anfang der Schöpfung reduziert erscheint. Dennoch läßt die Offenbarungsgeschichte als Erzählung keinen Zweifel daran, daß sich der in

---

[11] In diesem Sinne wird beispielsweise die Überlieferung der hebräischen Bibel in der Perspektive der Menschwerdung zum *alten* Testament, dem ein *neues* Testament und nicht bloß ein weiteres Buch hinzugefügt wird (vgl. P. Knauer, 'Das Verhältnis des Neuen Testaments zum Alten als historisches Paradigma für das Verhältnis der christlichen Botschaft zu anderen Religionen und Weltanschauungen', in: G. Oberhammer (Hrsg.), *Offenbarung, geistige Realität des Menschen*, [Publications of the De Nobili Research Library 2]. Wien 1974, 153 ff.).

[12] Ist aber nicht auch dieser Text "historisches Ereignis" einer Offenbarung, von dem man nicht absehen darf? Der Text als solcher ist zunächst gewiß ein historisch objektiv faßbares Phänomen, und zwar so sehr, daß er als Text vom Menschen emendiert, erweitert und umgeschrieben werden kann. Gerade dies zeigt aber, daß der Text selbst kein Offenbarungsereignis sein kann, sondern lediglich Bezeugung einer Offenbarung. Als Ereignis einer Offenbarung tritt er erst dann in sein Wesen, wenn er tradiert und "vernommen" wird und letztlich, wenn sein Inhalt "geistige Realität" wird, und beispielsweise die in ihm "geoffenbarten" Riten im Glauben tatsächlich ausgeführt werden. Es sind diese Riten, die als "Ereignis" gewordener Inhalt des Textes das "Geoffenbarte" sind, das in jeder Generation neu im Horizont der im Text bezeugten Offenbarung letztes und in der Geschichte sich gleichbleibendes Ereignis dieser Offenbarung sind.

diesem Akt zum Ausdruck kommende Heilswille Viṣṇus in der Geschichte, d.h. in der *Herabkunft* der Lehre, bleibend durchgehalten hat und immer noch durchhält.

Betrachtet man daher die Offenbarungsgeschichte der christlichen Tradition näher, so scheint sie in religionshermeneutischer Sicht einen Ansatz grundlegender Konvergenz mit jener der nicht-christlichen Tradition zu enthalten. Indem nämlich das entscheidende Offenbarungsereignis, die Menschwerdung Gottes, als das das Herankommen der Offenbarung abschließende Element die Offenbarung als ganze in die Endgültigkeit entläßt,[13] wird dieses Ereignis selbst in seiner historischen Gegenständlichkeit zu einem *Inhalt* des Glaubens und so zum bleibenden und unrelativierbaren Erfahrungsentwurf der mythischen Gegenwart der Transzendenz zum Heil.

Den Dogmatiker und systematischen Theologen mag vielleicht befremden, daß von Gottes Menschwerdung als "Erfahrungsentwurf der mythischen Gegenwart der Transzendenz zum Heil" geredet werden kann. Dennoch muß von diesem Ereignis, nämlich dem Leben Jesu von Nazareth, als Gottes Selbstoffenbarung zum Heil des Menschen *erzählt* werden. Denn als solches war es selbst für die Zeitgenossen Jesu kein historisches Ereignis, sondern ein Ereignis, das erst im Glauben der Menschen seine wahre Bedeutung enthüllte und so der Bezeugung bedurfte, um zur Erscheinung zu kommen.

Darüber hinaus ist aber auch das äußere Ereignis, das als Offenbarung vernommen wurde, gerade wegen seiner Historizität und des in ihr gegebenen Beschränktseins auf einen bestimmten Zeitpunkt der Geschichte bereits vergangen und erreicht die Gegenwart in seiner historischen Ereignishaftigkeit nicht mehr, sondern wie die Erstoffenbarung Viṣṇus in der Paramasaṃhitā nur in Form eines "Textes", der von ihm gläubig bezeugend spricht. Wenn aber dieses Offenbarungsereignis nur faßbar ist, indem von ihm erzählt wird, und von ihm immer von neuem erzählt werden muß, damit es beim Menschen späterer Zeit ankommt,[14] wird dieses Ereignis als Selbstoffenbarung Gottes grundsätzlich zur mythischen Vermittlung der Transzendenz in der Gegenwart und so zum mythischen Entwurf der Erfahrung dieser Transzendenz zum Heil.

---

[13] Es kann kein weiteres Ereignis kommen, das diese Offenbarung relativieren könnte, weil Gott über sich selbst hinaus nichts hätte, was er noch offenbaren könnte.

[14] Letztlich bedarf es derselben mythischen Vermittlung auch beim historischen Zeitgenossen des Geschehens, auch dort bedarf es des Erfahrungsentwurfes im Glauben, um es in seiner Offenbarungsdimension zu verstehen.

Wenn dies richtig ist, dann erhält auch die Offenbarungsgeschichte christlicher Tradition, und zwar nicht nur als *Erzählung* von der Offenbarung sondern auch als historisches Geschehen, so wie jene der Paramasaṃhitā, ein offenes Ende und läßt sich letztlich das Offenbarungsereignis als solches nicht mehr von der Überlieferung dieses Ereignisses in der "diachronen Communio" der Tradition abheben. Denn in dieser Sicht bedeutet dieses Ereignis erst dann Endgültigkeit und Erfüllung seines Herankommens in der Geschichte, wenn es vom konkreten Menschen der jeweiligen Gegenwart als mythische Vermittlung der Heilsgegenwart der Transzendenz angenommen wurde.[15]

---

[15] Die diesem Beitrag zugrundeliegenden Untersuchungen der Texte, ihre Übersetzung und der Versuch ihrer hermeneutischen Erschließung sind in der Arbeit des Verfassers: *Offenbarungsgeschichte als Text. Religionshermeneutische Bemerkungen zum Phänomen in hinduistischer Tradition*, (Publications of the De Nobili Research Library, Occasional Papers 5), Wien 1994, veröffentlicht.

MARIO RUGGENINI, Venezia

HERMENEUTIK DER ENDLICHKEIT.
DER UNENDLICHE GOTT DER METAPHYSIK UND DER ENDLICHE GOTT DER OFFENBARUNG

1. Philosophie, Theologie, Metaphysik. Eine hermeneutische Fragestellung

Was ist in der Philosophie aus Gott geworden? Seit geraumer Zeit scheint die Philosophie Gott verloren und sich zu einem radikalen Atheismus bekehrt zu haben. Der radikalste Ausdruck dieses Verlustes ist aber nicht in der ausdrücklichen Negation Gottes zu suchen, die mit Beginn des 18. Jh. zu einem relevanten Phänomen wird. In der ausdrücklichen Ablehnung ist das Verhältnis zwischen Gott und dem Menschen nämlich noch lebendig: Aus ihr heraus entsteht die dramatische Szene – die Krise –, in welcher der Mensch über sein eigenes Sein noch in Bezug auf Gott entscheidet, auch wenn er sich von ihm befreien will. Mehr noch, der verneinte Gott bleibt noch auf der Bühne, und diese seine Präsenz plagt die Philosophie wie ein verfänglicher Gewissensbiß, wie eine dunkle Mahnung vielleicht; sie verharrt jedenfalls im Zweifel, sich über ihre eigenen Grenzen hinaus gewagt zu haben. Es drängt sich deshalb der Verdacht auf, daß diese "übermäßige" Verneinung letztlich mit der Bejahung in seinem tiefen Grunde verwandt ist, der sie sich – innerhalb einer gemeinsamen metaphysischen Prävarikation – entgegensetzt. Das Paradoxon besteht also darin, daß selbst die höhnische, blasphemische Gewalt der Ablehnung wahrscheinlich eine obskure "pietas" verdeckt, nämlich die Ahnung, daß das Verhältnis zwischen der endlichen Existenz des Menschen und dem Göttlichen – *das Verhältnis, aus dem sich die Philosophie von Beginn an nährt* – tiefgreifender ist und mehr Wahrheit enthält, als alles, was in den Kontrollbereich von These und Antithese – für oder gegen Gott – fallen kann.

Der Ausgang dieser dramatischen Verflechtung von metaphysischen Motiven, die den expliziten Atheismus durchzieht, ist durch etwas gegeben, das mir letztlich als der radikalste Ausdruck des Verlusts Gottes von seiten der Philosophie erscheint. Die Phase der gewaltsamen Entgegensetzung zwischen der Bejahung und der Verneinung Gottes scheint nämlich in einem Anspruch auf Neutralität ihre Versöhnung gefunden zu haben, den die Philosophie als eine Art Pflicht ansieht, um die "wissenschaftliche" Strenge der eigenen Diskurse nicht zu gefährden. Dies führt dazu, daß sich die Philosophie in Bezug auf Gott als notwendigerweise unwissend definiert, als wesentlicher Agnostizismus, indem sie sich vom Gesichtspunkt der Religion aus, der ihr fremd bleibt, als "grundsätzlich atheistisch" bekennt. Deswegen stellt das, was "religiös gesprochen" als "eine Handaufhebung gegen Gott" angesehen werden muß – wie der junge Heidegger erklärt –, für die Philosophie die einzige Möglichkeit dar, "ehrlich" vor Gott zu stehen.[1]

Diese in vollem Bewußtsein durchgeführte Beseitigung Gottes, welche auch nicht mehr der Mühe der Widerlegung (das Drama des "gottlosen" Zarathustra) bedarf, stellt *den "metaphysischen" Tod* Gottes dar. Die Philosophie erfüllt also dann ihr metaphysisches Geschick, wenn sie erklärt, Gott kein einziges Wort mehr widmen zu können, nachdem sie ihn an die Spitze ihrer Gedanken gesetzt hat – besser, nachdem sie ihn zum letzten Grund aller Dinge verwandelt hat. *Gott ist der Philosophie fremd geworden*: Sie braucht ihn nicht mehr; allenfalls muß sie sich vor ihm schützen, sein Eindringen kann nämlich die Strenge ihrer Gedanken, eine "rein rationale", ausschließlich wissenschaftliche Strenge, nur stören. Schon Zarathustra gab zu bedenken: "Gott ist ein Gedanke, der macht alles Gerade krumm und alles, was steht, drehend."[2] Aber auf seine Leidenschaft, auf seine Angst und seinen Enthusiasmus angesichts der neuen Horizonte, die sich auftun, nachdem der metaphysische Gott beseitigt worden ist, folgt das ehrliche Gewissen des Philosophen, der, könnte man sagen, *ein Atheist von Berufs wegen* geworden ist. So ist die Leidenschaft der Philosophie für das Göttliche einfach erloschen. "Gott ist gestorben, Gott bleibt tot!" Die neutrale Indifferenz gegen Gott ist der tiefste Atheismus.

Das Überraschendste dabei ist, daß der Ausruf des "tollen Menschen" Nietzsches, den die Philosophie ausgenutzt hat, um "die Sache mit Gott" für erledigt zu halten und sich von jedem religiösen Band endlich gelöst zu fühlen, in der Zwischenzeit auch die Theologie nicht mehr zu betrüben scheint. Die Zeit der Verwirrung scheint vorbei zu sein, und die Theologie scheint dazu zu neigen, sich in die "Positivität" ihres Glaubens – der Offenbarung, der sie sich fügt – zurückzuziehen, in einen Immunitätszustand, der vom Übernatürlichen garantiert wird.

[1] M. Heidegger, 'Phänomenologische Interpretationen zu Aristoteles' (der sogenannte "Natorp-Bericht", 1922), *Dilthey Jahrbuch*, VI, 1989, 246.
[2] F. Nietzsche, *Also sprach Zarathustra*, II, Auf den glückseligen Inseln.

Wahrscheinlich wehrt sie sich somit gegen den Anfall von Reue und gegen die Einsicht in die Verantwortung, der sie sich aber letztlich – als christliche Theologie – nicht entziehen kann. Der Verlust Gottes von seiten der Philosophie erfolgt nämlich nicht nur aufgrund der von den Philosophen von Mal zu Mal angegebenen Gründe. Ihre geheime Kraft, ihre tatsächliche Wirksamkeit beziehen diese nämlich vielmehr aus der Theologie; es ist eine entgegenwirkende Kraft, die aus der Notwendigkeit entspringt, auf die Behauptungen der Theologie zu reagieren, um sie umzudrehen. Die Revolte gegen Gott, die in der Philosophie des 19. Jh., nach dem allerletzten Versöhnungsversuch Hegels, voll ausbricht, ist nämlich im Wesentlichen eine antitheologische, eine Art Vergeltung für die *metaphysische* Art, durch welche die entstehende christliche Theologie das ontologische Verhältnis zwischen Gott und der Welt geprägt hat. Ausschlaggebend dafür ist die revolutionäre Einführung des Wahrheitsprimats des Glaubens, als direkte Zustimmung zur "übernatürlichen" Offenbarung Gottes, und die daraus resultierende Unterordnung der Vernunft, und daher der Philosophie, der nur mehr die einfache "natürliche" Offenbarung zukommt.

Die Dynamik der Kräfte, die über den Erfolg des Christentums entschieden haben, und daher über die Unterordnung der Philosophie unter die Theologie, erweist sich in Wirklichkeit als sehr komplex und sicherlich nicht einspurig. Man kann auch behaupten, daß sich der Glaube der griechischen metaphysischen Tradition bemächtigt hat, daß er aber, obwohl er diese zu seinen eigenen Zwecken gebeugt hat, in ihr gefangen blieb, und sich auf entscheidende Weise zu ihr bekehrt hat, auch wenn es unmöglich bleibt, dies zu berechnen. Er hat also für seine Eroberung einen Preis bezahlt. Daran kann aber kein Zweifel bestehen, daß er die griechische Tradition verändert hat, und daß aus dieser – in vielen Fällen ungeheuerlichen – Verbindung das historische Christentum entstanden ist, etwas Neues, das nicht aus der griechischen Geisteswelt und aus der jüdischen Religion – unabhängig voneinander betrachtet – ableitbar ist.[3] Es ist sicherlich auch etwas viel Komplexeres als das, was wir die "christliche Offenbarung" nennen können, welche, auch wenn sie der jüdischen Geisteswelt, auf die sie sich beruft, entstammt,

---

[3] Nietzsche war davon voll bewußt, wenn auch seine Ausdrucksweise dieses tiefen Verständnis von seinem antichristlichen Wut verstellt wurde: vgl. in diesem Sinne *Die fröhliche Wissenschaft*, § 52. Nietzsche ist an dem Christentum verzweifelt, darum wurde seine Reaktion eine Verunstaltung der Größe, von der er sich verraten fühlte. Dieses tiefe Leiden hat zugleich Nietzsche so empfindlich gegen das Verhängnis gemacht, das das Christentum in sich barg.

schon die grundlegende Vermittlung der griechischen Kultur, welche durch den Hellenismus möglich geworden war, voraussetzt.

All dies – in der Spannung zwischen den Schriften der Offenbarung und den Versuchen der theologischen Aneignung – stellt uns vor die rätselhafte Neuheit eines Schicksals, das immer nur aufgrund der Elemente, die es in Verbindung gebracht hat (weniger in harmonischer Synthese, als vielmehr konfliktgeladen), entziffert werden kann. Dies bedeutet, daß es nie möglich sein wird, sich auf einseitige Weise für das eine oder das andere zu entscheiden, außer man vertraut sich einer gewaltsamen und vereinfachenden Hermeneutik an, und versucht somit das zu trennen, was sich in Wirklichkeit als vereint zu erkennen gegeben hat. Das heißt aber nicht, daß dem Theologen und in erster Linie dem Gläubigen die authentische hermeneutische Aufgabe erspart bleibt, aufgrund dessen, was er als christliche Offenbarung erkennen kann, in das Geheimnis einzudringen, welches die geistige Erfahrung des Christentums aufzubewahren hat und welches die geheimnisvolle Verschiedenheit jeder christlichen Selbsterfahrung ausmacht. Aber auch der Philosoph, und sei es auch außerhalb des Glaubens, wird sich der einfachen und bescheidenen hermeneutischen Ausarbeitung eines so paradoxen "Faktums" nicht entziehen können, das aus einer Offenbarung besteht, die sich kühn göttlich nennt, auch wenn sie gewiß nichts anderes als menschliche (oft allzu menschliche) Texte und Überlieferungen hervorbringen kann.

Auf rein hermeneutischer Ebene bedeutet dies, mit Worten von Menschen zu tun zu haben, die allein aufgrund der Tatsache, daß sie ihrer Sprach- und Erfahrungswelten entstammen, seit je her schon überladen sind mit historisch-semantischen Implikationen, die schwer kontrollierbar sind, auch wenn sie als direkte Äußerungen der offenbarenden Quelle überliefert werden. Um es klarer auszudrücken: Man muß bedenken, daß die Texte der Offenbarung immer schon theologische Schriften sind, noch bevor die Definition des Kanons die für das Glaubensbekenntnis bindenden Texte von den leidenschaftlichen, notwendigerweise unerschöpflichen, Aneignunsversuchen der Theologen trennen konnte. Ja der Wahl selbst der kanonischen Schriften ist von Grund aus eine theologische Entscheidung, nichts mehr und nichts weniger. Wenn es also keine "ipsissima verba" gibt, außer vielleicht innerhalb eines dichten, unentwirrbaren Geflechts der Worte in den Reden, dank dessen jedes einzelne Wort seine Bedeutung erhält, wie wird es möglich sein, eine strikte Trennung vorzunehmen, zwischen dem, was für den Glauben unverzichtbar ist, und seinem theologischen Verständnis?

Aus hermeneutischer Sicht ist es deshalb notwendig, die theologisch-exegetische Reflexion von einem Fetisch zu befreien. Es hat keinen Sinn daran zu glauben, die letzten Worte erreichen zu können, die "eigentlichen Worte" einer so komplexen Botschaft – der Offenbarung Gottes den Menschen gegenüber –, indem man vom unberechenbaren Feld absieht, das jedes Wort, in Bezug auf Kontexte und Erwartungen, öffnet; und dies um so mehr, je reicher an Bedeutung es sich offenbart. Trotzdem ist es notwendig sich zum Unterschied zwischen den Worten zu bekennen und ihn daher mit aller Sorgfalt zu achten, weil es ohne ihn keine Rede gäbe, nicht zwischen den Menschen und noch weniger zwischen Gott und den Menschen. Dieser Unterschied aber ist nie gegeben und er kann auch durch keine dogmatische Definition bestimmt werden, weil er immer erst erreicht, d.h. interpretiert werden muß. Wenn man auch, so wie es erforderlich ist, die Gleichstellung aller Worte auf einer Ebene verweigert (die Reduzierung der Sprache auf eine von Gesetzen regulierte Kommunikation, als ob nicht jedem Wort, das Gehör hervorruft, ein eigenes Geschick, jenseits aller berechenbaren Gesetzmäßigkeit, innewohnen würde), bleibt es trotzdem wahr, daß jene Worte, die aufgrund ihres semantischen Gewichts über die offenbarende Kraft der Rede entscheiden, nur in der lebendigen Interpretation von ihrem Reichtum zeugen, und nie ausschließlich aufgrund einer äußerlichen, fetischistischen Definition des Katalogs der Worte des Glaubens, oder der Philosophie, oder der Poesie. Kein Wort spricht für sich allein, noch entscheidet es allein über etwas; es spricht aber, insofern es sich immer schon durch andere Worte, in anderen Reden, kompromittiert hat, mit denen es die Kraft des Sagens austauscht, und von denen es gleichzeitig die notwendige semantische Begrenzung erfährt. Dies bedeutet, *daß die Interpretation weder in der Philosophie noch in der Theologie je beendet sein wird*, ohne jedoch deshalb zu implizieren, daß alles gesagt und alles mit allem vertauscht werden könnte, da wir so in jene undifferenzierte semantische Vertretbarkeit zurückfallen würden, die wir gerade durch die hermeneutische Erfahrung des Gesagten ausgeschlossen haben. Es ist deshalb sinnvoll, ja sogar notwendig, sich zu fragen was christlich und was philosophisch, was metaphysisch und was theologisch ist. *Es ist notwendig die Unterschiede zu suchen*, ohne welche das Gespräch stockt und das Denken erlischt. Es ist jedoch absurd nach der Definition zu fragen, die unüberschreitbare Grenzen setzt, oder die sich anmaßt die Bedeutung der Worte intakt und unangetastet zu erhalten. Diese Darlegungen dienen als Einführung in die Betrachtungen, die wir über die *Endlichkeit der Offenbarung* anstellen werden, jenseits des für die bisher bekannte Geschichte der christlichen Botschaft kennzeichnenden dogmatischen Anspruchs auf die letzte, unüberwindbare Wahrheit, *demgemäß die Offenbarung unter den metaphysischen Begriff der absoluten Wahrheit subsumiert worden ist.*

2. Das Rätsel des Nihilismus und die Verantwortung der Theologie

Wenn also das, was die Philosophie als "metaphysischen" Tod Gottes denken muß, sie dazu zwingt ihr eigenes, jahrhundertelanges Schicksal in Frage zu stellen, um dem Denken, jenseits des unwiderruflichen Ereignisses der Ankündigung Nietzsches, einen Weg zu öffnen, wird sich dann nicht auch der Theologie die Notwendigkeit aufdrängen, sich zu fragen, was am Christentum christlich und was hingegen metaphysisch ist? Sie kann nämlich nicht das Skandalon, den radikalen Verlust Gottes von seiten der Philosophie, ignorieren, um im Fundamentalismus der Offenbarung ihre letzte verzweifelte Zuflucht zu finden. Sie ist nämlich am Ereignis, das Zarathustra in den Wahnsinn treibt, nicht unschuldig. Auch sie, oder vielleicht sie in erster Linie, muß die öde Landschaft des "europäischen Nihilismus" durchwandern und ihre eigene grundlegende Verantwortung am Hervorbringen einer Welt, aus der alle Götter entflohen sind, einsehen. Auch "der letzte Gott", der Gott der christlichen Theologie, der für sich in Anspruch nahm der einzig wahre zu sein, indem er alle Götter, die er auf seinem Weg antraf, als trügerisch abtat, hat nämlich diese Welt verlassen; auch dieser Gott, oder sogar er mehr als alle anderen, ist höchst unglaubwürdig geworden. Hatte er tatsächlich die Welt nicht schon verlassen, aufgrund seiner absoluten Transzendenz, seiner Allmacht, die ihn entfernt und sogar gefährlich erscheinen ließ, aufgrund seiner höchsten Vollkommenheit, die ihn metaphysisch, in seiner seligen und undurchdringlichen Selbstgenügsamkeit vom Bezug zur Welt ausschloß? *Verbarg sein Anspruch auf Vollkommenheit also nicht schon seine geheime Schwäche, seine Unverträglichkeit mit der Welt?*

Die Frömmigkeit des Glaubens kann den Gedanken nicht zurückhalten, daß durch die schöpferische Allmacht Gottes die Welt zu einem bloß kontingenten Wesen reduziert wird, ohne eigenen ontologischen Wert; eine von sich aus überflüssige Wirklichkeit, da sie dem vollkommenen Sein Gottes nichts wegnimmt und nichts hinzufügt. Dies folgt aus der Tatsache, die auf dogmatischer und theologischer Ebene noch Gültigkeit hat, daß Gott nicht nur die Welt hätte nicht schaffen, sondern auch die einmal geschaffene hätte zerstören können. *Der allmächtige Gott wird so notwendigerweise vom beängstigenden Schatten des absoluten Nichts verfolgt*, von dem sich das griechische Denken hingegen befreit hatte, indem es, vom Gesichtspunkt der philosophischen Betrachtung des Seins der Dinge aus, seine Unfruchtbarkeit erklärt hatte. Das war die unvergeßliche "antinihilistische" Leistung von Platons "Sophistes", die seinen unaufhebbaren Abstand vom theologisch-christlichen Kreationismus bestimmt, den aber Nietzsche in Erwägung nicht ziehen konnte. Nietzsches Verdammung Platons ist nur die Kehrseite der christlichen Aneignung; das bedeutet, daß der Altphilologe Nietzsche Platon nur als christlicher verkehrter Theologe liest.

Die Frage des Nihilismus der christlichen Theologie ist auf jeden Fall komplex und überaus heikel, und bedürfte einer weitaus ausführlicheren Erörterung als dies hier möglich ist. Ich habe selber dieses Thema in einem Aufsatz von 1988, *La filosofia, la fede, la perdita di Dio*, behandelt.[4] Was fest steht ist, *daß das Göttliche nach dem Christentum nicht mehr in der Welt wohnt*, daß der Mensch die Welt auf dem Weg nach einer anderen Heimat durchwandert, angezogen von einem Schicksal, das ihn von der Erde abwendet, indem es sie als nichtig entwertet. *Das Skandalon der onto-theo-logischen Transzendenz ist dann die Zerstörung des Geheimnisses der Welt* durch ihre Erniedrigung zu einem reinen Diesseits, das vom transzendenten Grund seines Seins unendlich entfernt und von einer unüberbrückbaren Kluft getrennt ist (zumindest vom Diesseits ausgehend). Diese diesseitige Welt aber, nachdem sie durch die heißen philosophischen Debatten der Neuzeit hindurch zum metaphysischen Bereich der Immanenz geworden ist, wird Ressentiment und Revanche hegen und gegen Gott all das zurückfordern, was Gott ihr geraubt hat. Deswegen setzt die Wiederbehauptung des Wertes der Welt die Selbstbehauptung der Subjektivität als metaphysisches Prinzip voraus. *Die Welt der Immanenz ist also das theologische Produkt der metaphysischen Gottesentfernung*, vermittelt durch das Sichbehaupten des modernen Subjektivitätsprinzips; seine progressive Selbstversicherung wird den Gott loswerden, der sich eifersüchtig in seine sterile Absolutheit eingeschlossen hat, ganz zum Vorteil des Menschen-Subjekts, der in der ihm gehörenden immanenten Welt wirksam ist. Der Fortschritt der Subjektivität verlangt und löst den Gottesverlust aus. Gott ist eine übertriebene, unaushaltbare "Mutmaßung", wie Zarathustra sagt: "Wenn es

---

[4] M. Ruggenini, *'Il Dio assente. La filosofia e l'esperienza del divino'*, Bruno Mondadori, Milano 1997.

Götter gäbe, wie hielte ich's aus, kein Gott zu sein! Also gibt es keine Götter".[5] Knapper und stringenter hätte die subjektivistische Beseitigung Gottes nicht argumentiert werden können.

Die Frage, die dem theologischen Denken gestellt werden muß, könnte wohl als eine blasphemische Provokation erscheinen – und tatsächlich könnten wir sie als *eine Frage im Sinne Nietzsches* einführen, nicht weil sie direkt von Nietzsche stammt, sondern weil sie, ausgehend von den angeführten Hinweisen, einige Grundmotive seines Denkens neu interpretiert. Sie zielt darauf ab, die Theologie für ihr eigenes Denken, ihre Beziehungen zur Metaphysik einerseits, zur Heiligen Schrift andererseits, verantwortlich zu machen, und sich schließlich mit der atheistischen Revolte gegen die theologische Unterbewertung der Welt zu messen. Die Frage lautet: *Versteht Ihr, Theologen der christlichen Offenbarung, woher der Nihilismus kommt? Versteht ihr wie und warum die Philosophie Gott verloren hat?* Die Frage will nichts einfach abtun – sie meldet sich nicht als die Frage des Antichrists an, und eben darum, auch wenn wir sie auf Nietzsche zurückführen können, ist sie keine Frage von Nietzsche. Sie entsteht viel mehr aus der Überzeugung heraus, daß sich Philosophie und Theologie gegenseitig befragen müssen, weil der Nihilismus für die Theologie wohl mehr ist als nur ein Feind von außen, eben eine mit ihrem metaphysischen Schicksal verbundene Verantwortung; für die Philosophie hingegen ist der Verlust Gottes nichts Geringeres als der Verlust des tiefen Grundes ihres eigenen Fragens, welches eben als Frage nach dem Gott, nach dem zu fragen man nicht umhin kann, beginnt; mehr noch, als Frage nach dem Fragen selbst nach Gott. Für die Antike ist dies aber nicht so sehr ein Fragen nach der Existenz Gottes, oder besser der Götter, sondern vielmehr ein Versuch, *das Geheimnis der wesentlichen Beziehung der Existenz mit der Alterität, die sie sein läßt*, tiefgründig zu bedenken. Ist es der Philosophie also überhaupt erlaubt nicht nach Gott zu fragen? Woher kommt ihr aber diese Frage, auf welchen Ruf antwortet sie, und warum kann sie sich dieser Aufgabe nicht entziehen? "Die Weisen aber behaupten, o Kallikles – wie Sokrates erklärt –, daß auch Himmel und Erde, Götter und Menschen nur durch Gemeinschaft bestehen bleiben und durch Freundschaft und Schicklichkeit und Besonnenheit und Gerechtigkeit

---

[5] F. Nietzsche, *Also sprach Zarathustra*, II, Auf den glückseligen Inseln. Der Sinn diese Schlußes ist auf diese Weise erläutert: "Gott ist eine Mutmaßung; aber ich will, daß euer Mutmaßen nicht weiter reiche als euer schaffender Wille ... Hinweg von Gott und Göttern lockte mich dieser Wille; was wäre denn zu schaffen, wenn Götter da wären!"

und betrachten deshalb, o Freund, die Welt als ein Ganzes (τό ὅλον) und Geordnetes (κόσμον)...".[6] Ist es für die Philosophie überhaupt möglich nicht nach dem Göttlichen (für Sokrates, der Welt), das alle Dinge umfaßt und regelt – wie sich Anaximandros nach Aristoteles ausdrückt – zu fragen?[7] Es vereint Götter und Menschen in der Differenz, die sie gemeinsam sein läßt, sie aber nicht durcheinander bringt.

Die Frage im Sinne Nietzsches, welche die metaphysisch-theologische Auffassung des Verhältnisses zwischen dem Gott und der Welt ins Feld bringt, muß durch eine zweite Frage ergänzt werden, die der ersteren in gewissem Maße vorausgeht, und die sich, wie schon angedeutet, auf die Unterordnung der Vernunft unter den Glauben bezieht. Das Verhältnis, das zwischen den beiden entsteht, ist ambivalent, da der Glaube Intelligenz sucht und deshalb die Vernunft braucht, ja sich sogar ausdrücklich an die Philosophie wendet, wie wir schon gesehen haben. Aber während der Glaube von der Vernunft Gebrauch macht, beansprucht er gleichzeitig sie zu erleuchten und unter Kontrolle zu halten, aufgrund der höheren Wahrheit – im Vergleich zur rein menschlichen –, zu der er Zugang zu haben glaubt. Diese Demütigung der Vernunft stellt die schwere Verantwortung der christlichen Glaubenserfahrung dar, so wie sie sich in theologisch-metaphysischer Hinsicht entwickelt und gerechtfertigt hat. Um unterdrückt zu werden, muß sie nämlich *entgöttlicht*, d.h. auf *eine rein natürliche Vernunft* (Kants "bloße Vernunft") reduziert werden, welche also nicht den ursprünglichen, sozusagen den reinen Zustand der Vernunft darstellt, sondern ihre theologische Reduktion in Funktion des Glaubensprimats. Die "*sola ratio*", welche Anselm von Canterbury zum Zweck seiner Lehre vom *intellectus fidei* einführt, ist also jene Vernunft, die ihre Beziehung zum Göttlichen in der Welt, was den aristotelischen *noûs* auszeichnet, verloren hat. Letzterer ist der wahre Grund des menschlichen Lebens, weil er das göttliche Element darstellt; als solches offenbart er die Zugehörigkeit des menschlichen Daseins zur göttlichen Ordnung des Ganzen.[8] Es ist also der Glaube, der diese "natürliche" Öffnung dem Göttlichen gegenüber für unzulänglich erklärt, und folglich eine Vernunft schafft, die darauf drängt, sich als "einfache Vernunft" zu definieren, aus Ehrfurcht vor der höheren, offenbarten Wahrheit. Einer solchen Vernunft muß der Gott des Glaubens

---

[6] Gorgias, 507 e – 508 a.
[7] Phys. III, 4, 203 b 6 (Anaximandros A 15).
[8] "Was einem Wesen von Natur eigentümlich ist, ist auch für es das beste und genußreichste. Für den Menschen ist dies das Leben nach dem noûs, wenn der noûs am meisten der Mensch ist" (Eth. Nic., X, 7, 1178 a 6-8).

fehlen, denn sie kann nicht anders als sich – als "natürliche" Vernunft – ihre Untauglichkeit für das "Übernatürliche" einzugestehen. Die Autonomie aber, die ihr zugestanden wird, sobald sie sich in den Dienst des Glaubens stellt, wird sie darauf vorbereiten, in sich selbst die Kraft des Aufstands und der subjektivistischen Selbstbehauptung gegen die metaphysischen Stränge einer transzendenten Wahrheit zu finden.

3. Der Gott der Endlichkeit

A) Der Gott der Metaphysik und das Göttliche der Philosophie

Eine Theologie, die imstande ist, rücksichtslos – der Wahrheit, nicht dem eigenen dogmatischen Bild, zuliebe – ihr eigenes metaphysisches Verständnis des Glaubens in Frage zu stellen, muß also *auf Apologie verzichten*, d.h. auf die Annahme, von Rechts wegen auf der Seite der Wahrheit zu stehen. Jenseits der prinzipiellen Apologetik entsteht die Notwendigkeit (die Pflicht) einer ehrlichen und anstrengenden Suche nach einer Wahrheit, die, wenn sie göttlich ist, mit keiner menschlichen, theologischen, philosophischen oder poetischen Botschaft einfach gleichgesetzt werden darf; die aber, wenn sie eine Wahrheit für Menschen ist, nie die Grenzen des menschlichen Verständnisses überschreiten kann. Die göttliche Wahrheit kann nur auf menschliche Weise angekündigt und aufgenommen werden. "Denn wenn Gott zum Menschen wirklich spräche, so kann dieser doch niemals wissen, daß es Gott sei, der zu ihm spricht. Es ist schlechterdings unmöglich, daß der Mensch durch seine Sinne den Unendlichen fassen, ihn von Sinnenwesen unterscheiden, und ihn woran kennen solle" (Kant).[9] Keine übernatürliche Gnade – keine metaphysische Glaubensauffassung – kann die Theologie von diesem ihren Schicksal der Endlichkeit befreien, und daher auch nicht vor der "Notwendigkeit" schützen, gewaltig zu irren, um das zu finden, was sie sucht.

Die Frage, die eben im Sinne Nietzsches gestellt worden ist, zeigt – in ihren zwei Aspekten –, daß die Theologie nicht auf Kosten der Philosophie ihre Seele retten kann, indem sie die Vernunft, die sich befreit hat, des Verlustes Gottes beschuldigt. *Bevor sie nämlich ihre eigene Unabhängigkeit beanspruchte, ist die Vernunft autonom gemacht worden, ja fast dazu gezwungen worden, um dem Glauben Platz zu machen.* Dies heißt

---

[9] I. Kant, *Der Streit der Fakultäten*, A 103.

aber, wie schon gesagt, daß sie ihrer Erfahrung des Göttlichen entleert wurde, und so, in einen untergeordneten Zustand versetzt, sich selbst, mit eigenen Mitteln, auf diese Suche begeben mußte. Um die plötzliche Beängstigung der mittelalterlichen Theologen zu verstehen, das letzte Argument für den Beweis der Existenz Gottes zu finden, oder jedenfalls sichere Wege zu begehen, um Gott von der obersten Frage in die absolute Gewißheit der Vernunft zu verwandeln, muß man sich den Verlust der Beziehung zum Göttlichen ins Gedächtnis rufen, der sich die griechische Vernunft, vor dem Ereignis des christlichen Glaubens, geöffnet hatte. Die von der Theologie entgöttlichte Vernunft hat, als bloße Vernunft, einen immer weniger göttlichen Gott suchen müssen, weil dieser immer mehr, zuerst ihren spekulativen Übungen, dann ihren Postulaten, unterworfen wurde. Einen Gott, der immer mehr seine Alterität einbüßte, und, trotz seiner Transzendenz, immer weniger Geheimnis war, weil ihn die metaphysische Vernunft immer enger an ihr eigenes Herrschaftsbedürfnis gebunden hatte. Immer weniger der Gott einer nicht begründbaren Offenbarung, immer mehr der Gott der Rechtfertigung der wirklichen Welt, der Theodizee: Vor das Gericht der Vernunft gerufen, um über die Welt und über sich selbst Rechenschaft abzulegen. Nachdem die Welt metaphysisch entwertet worden war, übergab Gott sie der Überprüfung und der Rechtfertigung der Vernunft und fand sich damit ab, überflüssig zu sein. Ein nicht nur für die Wissenschaft, sondern auch für die Philosophie überflüssiger Gott konnte nur noch aus dem Weg geräumt werden. Aus Sparsamkeit, die sich, wenn sie angebracht ist, als eine Form intellektueller Ehrlichkeit erweisen kann (was nicht heißt, daß sie es immer ist).

Wenn also die Autonomie der Vernunft von der Theologie geschaffen wird, kann diese, anstatt von der Vernunft, die Gott verloren hat, Abstand zu nehmen und sich in einen Glauben zurückzuziehen, der von der eigenen geschichtlichen Verantwortung befreit ist, sich selbst – ihr eigenes post-metaphysisches Geschick – nur dann wiederfinden, wenn sie der Philosophie hilft, sich erneut der eigenen Erfahrung des Göttlichen zu öffnen. Sie muß der Philosophie das zurückgeben, was sie ihr genommen hat, das heißt ihr, soweit es ihr zusteht, erlauben, die Erinnerung an den eigenen religiösen Ursprung wiederzufinden. Philosophie und Theologie müssen sich in diesem wesentlichen An-denken wiederfinden, in der Notwendigkeit für das Denken also, die eigene grundlegende Beziehung zum Göttlichen wiederzuerkennen, um sich der unausweichlichen Erfahrung der Mannigfaltigkeit seiner Erscheinungen zu öffnen. Die Theologie wird so dem Fundamentalismus der Offenbarung entsagen, der ihr die Immunisierung gegen jeden Zweifel ermöglicht, während sich die Philosophie ihrerseits der heiligen Unruhe des Geheimnisses aussetzen wird, das dem wesentlichen Fragen des Denkens vorenthalten bleibt, da es sich nicht erklären läßt. Die Wahrheit, welche die authentische philosophische Spekulation verlangt und hervorruft – jenseits der Abrechnungen der Vernunft-, wird also nicht jene sein, die dank dieser Spekulation nun zur endgültigen Klarheit gelangt, sondern jene, die sich offenbarend sich suchen, aber sich versteckend sich nie besitzen läßt. *Die Theologie muß so der Philosophie die Erfahrung des Geheimnisses zurückgeben* und sie dazu auffordern ihm nicht zu entweichen; während *die Philosophie die Theologie dazu auffordern muß, ihren eigenen Glauben zu denken*; sich der Spannung auszusetzen, zwischen der Dringlichkeit zuzustimmen und der Notwendigkeit zu denken, die den Glauben ausmacht.

B) Ist eine Theologie ohne Metaphysik möglich?

Wenn die Theologie die religiöse Erfahrung vom Zwang der christlichen Hegemonie und ihrer jahrhundertealten Wirkungen befreit, kann sie es dem Denken ermöglichen, sich als Befragen des Geheimnisses zu verstehen, ohne die Notwendigkeit, sich zum Glauben zu bekehren. Wenn Denken grundsätzlich Fragen heißt, so ergreift dieses, da es ja fragt, nie die Initiative, es antwortet viel mehr auf die Fragen mit denen die Alterität, worüber es keine Rechenschaft ablegen kann, es in Anspruch nimmt, und in Krise versetzt. Als solches wesentliches Fragen bedeutet das Denken, falls es nicht der Berechnung des Seienden verfällt, ein grundsätzliches Offenstehen und Verantwortlichsein der Alterität gegenüber, die ihm seit je her vorausgeht: insofern es im ursprünglichen Staunen, in der Angst, in den ersten Leidenschaften, nicht unterdrückt, sondern hervorgerufen wird. Das An-denken der Philosophie und der Theologie muß *diese grundlegende Abhängigkeit des Denkens* wiederfinden, die Erfahrung vom *Ruf des Anderen* vorausgegangen zu werden, das sich in den Worten der anderen Menschen ankündigt, sein Geheimnis aber von keinem Diskurs erschöpfen läßt. Diese Erfahrung des Anderen, durch die die Existenz endlich wird, weil es sie ins Sein holt, ist *die grundlegende Religiosität des Denkens*, auch wenn dieses nicht Glaube ist. Die Theologie muß diese Religiosität anerkennen und achten, nicht trotz ihres eigenen Glaubens oder in Funktion desselben, sondern aus dessen Kraft heraus. Sie selbst muß sich davon ernähren, denn ihr Glaube ist nichts anderes als eine Antwort – nicht die einzige – auf die "Positivität" der Offenbarung des Anderen, die an bestimmte Ereignisse, Personen und Schriften gebunden ist. *Eine andere Antwort – die Antwort auf eine andere Offenbarung – ist die Philosophie.*

Die Wiederentdeckung des Göttlichen als Alterität, nämlich des grundlegenden Verhältnisses des endlichen Daseins des Menschen, offenbart, daß *die Erfahrung des Religiösen das Element des Philosophischen ist.* Die Philosophie ist die religiöse Erfahrung des In-der-Welt-Seins des Menschen: *Sie bestimmt nicht was Religion ist, sie interpretiert.* Die Offenbarung der Alterität, auf die sie antwortet, ereignet sich in ihrem Fragen. Die Religion der Alterität wird nie zur Philosophie im Sinne der Selbsteinsicht des Absoluten, denn diese ist nichts anderes als der metaphysische Traum von der Aufhebung der Endlichkeit. Der Traum Hegels, d.h. der Traum eines Gottes ohne Geheimnis, der Traum der Auflösung des Ganzen in die Identität, als Geist. Die Philosophie hingegen sieht ihre eigene grundlegende Endlichkeit vor der Undurchdringlichkeit des Geheimnisses ein. Sie hebt die Religion also nicht auf, im Gegenteil, sie bewohnt das Geheimnis. Das Denken antwortet insofern auf die Alterität, als es sein unerschöpfliches Geheimnis achtet. Das ist seine *"pietas",* was die Griechen *"aidós"* nannten, der Respekt mit Verehrung verbunden.

Der Traum Hegels ist in Wirklichkeit der uneingestandene Traum der metaphysischen Theologie. Hegel ist der letzte Theologe, weil er das ans Licht bringt, was die Theologie als Metaphysik und was die Metaphysik als Theologie ist (nicht jede Metaphysik ist Theologie: der atheistische Humanismus, der Agnostizismus, selbst der Szientismus sind Metaphysik, nicht aber Theologie). *Die Theologie ist Metaphysik, weil sie zwar die Endlichkeit annimmt, aber nur um sie zu erlösen oder ihr das Recht auf Entschädigung zu sichern.* Die Metaphysik ihrerseits ist Theologie, da sie sich Gottes bedient, um die Endlichkeit aufzuheben (die metaphysische Ordnung des Seins scheint sich fast des Endlichen zu schämen und es zu erleiden; daher begründet sie es, um es im Un-endlichen verschwinden zu lassen). *Die Philosophie, die das Rätsel der Endlichkeit nicht erträgt, sondern es in eine untragbare Bürde verwandelt, wird zur Metaphysik.* Diese weist also *die Differenz des Göttlichen* zurück – sie erträgt das Verhältnis zur Alterität nicht, welche die Existenz sein läßt und ihre Endlichkeit respektiert; sie verwandelt dieses Verhältnis in die Abhängigkeit des Endlichen vom Unendlichen, und löst sie somit als Beziehung auf. Das Endliche ist nämlich da nur noch als provisorisches Anderes, im Hinblick auf seine Auflösung ins Identische, das zwar sein Dasein als ein Anderes unter den Anderen beibehält, aber als aufgehoben.

Ist also eine Theologie ohne Un-endlichkeit möglich? Für sie, wie für die Philosophie, *ist der Scheidepunkt die Endlichkeit,* was bedeutet, die

Möglichkeit die Alterität des Göttlichen anzuerkennen. Das heißt denken zu können, daß, egal welche Botschaft auch immer das Göttliche dem Menschen erteilt, *es immer nur seine Abwesenheit offenbaren wird*. Wir müssen aber begreifen, daß der Mensch aufgrund dieser Abwesenheit existiert, die Erde bewohnt und auf den Spuren des Engels schreitet, der immer schon vorbei ist. Der Mensch ist der, der mitten in der Nacht ein Licht für sich selbst entzündet, wie ein Fragment von Heraklit (B 26) herrlich andeutet. Die Dunkelheit umgibt ihn aber nicht nur mit Betrübnis, sie behütet nämlich die notwendige Abwesenheit des Gottes und deshalb die "heilige Nacht", die, nach Hölderlins Elegie "Brot und Wein", von seinen Priestern von Land zu Land durchwandert wird. Dies ist das Herz des *Paradoxon des Tragischen*, welches die große philosophische und poetische Meditation Hölderlins inspiriert. Es beschert uns eine völlig neue Perspektive, das Skandalon des Atheismus zu überdenken; er bleibt nämlich ein Skandalon, weil an seinem Ursprung eben eine Theologie steht, die – als Metaphysik – nicht imstande ist die Beziehung zum Göttlichen als Geheimnis zu ertragen. Was somit paradox erscheint ist, daß die Theologie, die sich christlich nennt, nicht imstande war, das Skandalon der Endlichkeit auszuhalten, vor ihrer Abgrund nicht zurückzutreten. Diese Ungeduld der Endlichkeit, diese Angst vor ihrem Geheimnis, ist das sichere Zeichen des metaphysischen Betrugs an der Offenbarung, die der Theologie anvertraut ward, damit sie sie deute und aufbewahre.

C) Das Göttliche: Die Abwesenheit

Das Paradoxon der christlichen Theologie besteht also in der Tatsache, daß, während die Offenbarung, der sie zustimmt, die religiöse Erfahrung auf radikalste Weise vor das Geheimnis der Endlichkeit stellt, sie in die Richtung einer triumphalistischen Auffassung der Allmacht und Vollkommenheit Gottes und letztlich der Glorifizierung des menschlichen Seins eingebogen hat. Schließlich müßte man den Verdacht hegen, daß das, was der Glaube unter der Maske der Sünde oder des Bösen in der Welt bekämpft hat eher die Endlichkeit als solche gewesen sei. Wie manchmal auch selbst in der Theologie bemerkt wurde, hat die Schöpfung, welche Gott unendlich über die Welt hinaushebt – bis zum Punkt ihn von der Bedingtheit des Seins der Welt als vollkommen frei zu erklären – vor der Fleischwerdung die Überhand gewonnen, die hingegen dem Sein Gottes die Endlichkeit der Existenz übereignet und aus ihr somit *das "notwendige" Bindeglied und nicht ein Hindernis für die Offenbarung macht*. Die neuere Theologie hat den

Platonismus wegen seiner Verachtung des Sinnlichen, seiner Flucht von der Welt angeprangert, sie hat sich aber nicht dazu entscheiden können bis ans Letzte zu denken, daß *der einzige Ort, an dem Gott dem Menschen begegnen kann, seine Endlichkeit ist.* All das, was eingeführt wird, um diese Endlichkeit zu beschwören und die unendliche "Vollkommenheit" Gottes vor der Beschmutzung durch die notwendige menschliche "Unvollkommenheit" zu schützen, führt dazu, daß der Gott vom Menschen getrennt wird, während letzterem nur die metaphysische Entstellung des göttlichen Geheimnisses vorgelegt wird. Die Anstrengung des theologischen Denkens über die Grenzen des Menschlichen hinaus – statt sich dem unerreichbaren Anderssein des Göttlichen zuzuwenden – erweist sich auf diese Weise als nur allzu menschlich: Es erlöst den Menschen nicht, sondern setzt ihn einem Wunsch nach Sicherheit aus, der nicht der Wahrheit seines In-der-Welt-Seins, sondern der Überheblichkeit der Metaphysik entspringt. Das Über-menschliche (das Übernatürliche) droht somit immer unter das Menschliche hinabzufallen, indem es die Treue zur Erde verrät.

Wenn das Sein des Menschen endlich ist, ist die einzige Wahrheit, die ihn erreichen kann, jene, die die grundlegenden Grenzen seines Seins annimmt. Eine höhere Wahrheit ist nicht für den Menschen bestimmt, weil der Mensch nicht für sie existieren kann: "Quae supra nos, nihil ad nos", wie Luther (!), auf die Weisheit des Sokrates zurückgreifend, sagte. Diese bleibt *eine Weisheit der Endlichkeit,* die in ihrem Fragen die undurchdringliche Alterität als solche anerkennt, welche durch die Grenze allen Wissens und durch die Notwendigkeit immer von neuem fragen zu müssen angekündigt wird. Die christliche Theologie hat ihrerseits eine Metaphysik des Glaubens aufgebaut, die versucht immun zu werden gegen Unsicherheiten, gegen die Vergänglichkeit, gegen die Rätsel des menschlichen Zustands. Diese Funktion wird offenkundig vom Supranaturalismus des Glaubens ausgeübt: Das Licht des göttlichen Beistands, das von oben auf die unsicheren Worte der Menschen herabfällt, um sie zum Hohn jeder menschlichen Unsicherheit und Zerbrechlichkeit völlig sicher und klar zu machen. Vor allem unter Mißachtung der Tatsache, daß die Menschen gerade wegen der Unmöglichkeit sich immer alles zu sagen, also der Notwendigkeit sich nie vollständig zu verstehen, im Gegenteil sich mißzuverstehen, miteinander sprechen und sich verstehen. *Das volle Wort ist nie das, das alles sagt, sondern das, das nie aufhört zu sprechen.*

Der aggressive Aspekt dieses metaphysischen Supranaturalismus findet in der triumphalistischen Überheblichkeit der theologischen Wahrheit seinen Ausdruck, die glaubt als einzige und unüberwindbare Wahrheit mit ihren Definitionen und dogmatischen Formulierungen für alle

Gültigkeit zu haben. Es sei erlaubt zu bemerken, daß in Wirklichkeit nichts weniger christlich klingt als der Gedanke einer Wahrheit, die sich als Diktat und Herrschaft versteht. Wer nicht über die Wahrheit verfügt, sondern ihr gehorcht, indem er sich ihr aussetzt, ist bereit ihr zu dienen: Er verfügt deshalb nicht über sie, sondern wird durch sie verfügt. Der Auszug aus Lukas hat die Härte eines Urteilsspruch über Jahrhunderte metaphysischer Theologie: "Die Könige der Völker herrschen über sie, und die Gewalthaber lassen sich Wohltäter nennen... Ich aber bin in eurer Mitte wie einer der dient".[10] *Für die Existenz gibt sich die Wahrheit, die philosophische oder die offenbarte, als Ereignis der Alterität und dieses bleibt für sie Geheimnis.* Genau das fehlte der christlichen Theologie: Sich an einer Wahrheit zu messen, die sich von keinem Glauben und keiner philosophischen Argumentation besitzen läßt. Sie ist göttlich, weil sie zwischen den Worten der Menschen hindurchscheint als das Geheimnis, das sie miteinander reden läßt, dessen sich aber kein Diskurs ausschließlich aneignen kann – auch nicht jener, der die direkte Offenbarung des einzigen Gottes den Menschen gegenüber ankündigt. Die außerordentliche Ankündigung ist, daß Gott zu den Menschen mit ihren Worten spricht, *daß das Göttliche die Menschen im Gespräch hält,* aber daß er deshalb Anderes bleibt, in jedem Wort unerschöpflich, an keines auf ausschließliche Weise gebunden, weil eben notwendigerweise, dem Geheimnis überlassen. Nach dem Verfall des metaphysischen Absoluten, können sowohl die Philosophie als auch die Theologie *den Gedanken von der notwendigen Pluralität des Wahren ertragen?*

Das Geheimnis bleibt die Weihe der Endlichkeit, welche Gott und Mensch vereint, aber auf eine Weise, daß Gott dem Menschen fehlt und daß er folglich dazu bestimmt ist, durch die Nacht zu irren, um die Abwesenheit Gottes zu offenbaren. Das Verhältnis, welches die Offenbarung ankündigt und welche die Philosophie befragt, ist also ausschließlich als Ereignis einer radikalen Differenz möglich: Unter der Bedingung, daß der Mensch menschlich bleibt, d.h. endliche Existenz, weil er in Beziehung zu Gott steht, der ihm aber fehlt; ebenso unter der Bedingung, daß Gott göttlich bleibt, d.h. Anderssein, mit anderen Worten: Geheimnis. Aber um ein solches zu bleiben, muß sich Gott der Freiheit des Menschen anvertrauen und somit seine eigene Schwäche offenbaren: Sein Bedürfnis nach dem Menschen, der allein seine Abwesenheit bewahren kann. Ihm kommt der Wunsch des Menschen zu Hilfe, der nur Mensch, endliche Existenz bleibt, solange ihm Gott fehlt.

[10] Lk. 22, 24-27; Mk. 10, 42-45; Mt. 20, 20-28.

MARIA CRISTINA BARTOLOMEI, Milano

DIE RELIGION ALS HERMENEUTIK

1. Einleitende Klarstellung

1.1. Thema und Absicht dieser Überlegungen ist die Klärung, oder wenigsten die Hinterfragung des in ihrem Innersten hermeneutischen Charakters der Religion. Dazu werden einige hermeneutische Dimensionen aufgedeckt, die die Gestalt bestimmter Formen der Religion kennzeichnen. In dieser Perspektive geht es weniger darum, die Religion zum Objekt der Hermeneutik zu machen, sonder die hermeneutische Bewegung zu erfassen, die diese konstituiert und die in ihr zum Ziele kommt. In dieser Dynamik lassen sich – in heuristischer Absicht – drei Momente unterscheiden. Das erste Moment versteht die Hermeneutik der Religion im Sinn eines subjektiven Genitivs, d.h. als die Hermeneutik, die die Religion ist; das zweite erfaßt die Hermeneutik, die in der Religion als ihr wesentliches Bestandteil erhalten ist; das dritte veranlaßt dazu, jene Aspekte der Religion zu betrachten, die aus der Hermeneutik hervorgehen.

1.2. Um Missverständnisse zu vermeiden, sind an diesem Punkt zwei Klarstellungen nötig. Zum einen könnte es so aussehen, als ob die Richtigkeit der folgenden Überlegungen von der "vexata quaestio" einer korrekten Definition dessen, was unter "Religion" verstanden wird, abhinge. Dies ist jedoch nicht das Thema unserer Diskussion und seine Behandlung würde über den Rahmen dieses Beitrags hinausgehen. Dennoch sei wenigstens angedeutet, in welchem Sinn hier von "Religion" gesprochen wird. Es gibt Definitionen von Religion, bei welchen der definierende Terminus dem zu definierenden Phänomen innerlich ist, und Definitionen, die hingegen die Religion auf Elemente zurückführen, die ihr äußerlich sind; das entspricht der Alternative zwischen dem Verstehen der Religion und ihrer Erklärung.[1] Der vorliegende Vorschlag gehört

---

[1] Vgl. G. Filoramo, 'Religione e religioni. Metodo, oggetto e scopi della storia delle religioni', in: B. Bernardi – G. Filoramo – E. Pace – L. Pinkus – G. Riconda – A. N. Terrin, *Introduzione allo studio della religione*, UTET, Torino 1992, 13-47.

sicherlich in die Linie solcher Arbeiten, die bestrebt sind, die Religion zu "verstehen", zur Hermeneutik der religiösen Erfahrung, die in der phänomenologischen Erfassung sowie der historischen Konkretisierung ihrer konstitutiven Elemente begründet ist. Was die Bestimmung (individuazione) dessen, was verstanden werden soll, angeht, so ist der Bezugspunkt dieses Vortrags zunächst nicht ein bestimmter Begriff von Religion, sondern ein religiöses Faktum. Anders gesagt, indem wir die Definitionsfrage suspendieren, richten wir unsere Aufmerksamkeit auf einige Gestaltungen der Religion, vor allem der jüdisch-christlichen Überlieferung, und heben auch phänomenologisch faßbare Berührungspunkte mit anderen religiösen Überlieferungen hervor. Wenn die ans Licht gebrachten Dimensionen für die positiven Religionen, die in Betracht gezogen werden, als wesentlich und konstitutiv erachtet werden müssen, dann muß dies auch auf der Definitionsebene berücksichtigt werden. Vielleicht wird dies nicht in gleicher Weise für jede Religion gelten, aber ohne Zweifel gehört dies zum Wesen und deshalb zum Begriff und zur Definition wenigstens einiger Formen der Religion. Man muß überdies berücksichtigen, daß sich im Begriff der Religion selbst, auf den sich die Wissenschaft und die Religionswissenschaften beziehen und mit dem sie arbeiten, einige eigentümliche Kennzeichen der jüdisch-christlichen Überlieferung sich festgesetzt haben.

1.3. An zweiter Stelle muß klargestellt werden, daß es in diesem Vorschlag darum geht, die Religion, und nicht den Glauben oder auch nur die Theologie als Hermeneutik zu bestimmen. Es könnte so aussehen, als ob gerade der Glaube jenes unwägbare "quid" ("Etwas") an subjektiver Entscheidung enthält, das der kritischen Reflexion entzogen ist, und daß dieser infolgedessen als höchster Punkt der hermeneutischen Verwirklichung zu betrachten ist. Diese allerdings verstanden als unüberschreitbare und nicht zu rechtfertigende Optionalität der Meinungen, welche, falls sie bis zur letzten Konsequenz durchdacht wird, die Nicht-Konfrontierbarkeit der Meinungen impliziert, und schließlich das Ende jeder überzeugenden Argumentation und jeder philosophischen und rationalen Suche des Wahren. Da es unmöglich ist, hier eine Theorie des Glaubens aufzustellen, sagen wir nur, daß wir "Glaube" in seiner theologischen Bedeutung auffassen, im Sinn der christlichen Überlieferung, wonach er nicht zu trennen ist von der göttlichen Offenbarung, deren Aufnahme, Frucht und Ziel er zu sein bekennt ("Glauben ist das zum Ziel kommen des Wortes Gottes", nach einer glücklichen Formulierung G. Ebelings), und wonach er also nicht auf den subjektiven Gesichtspunkt einer Gläubigkeit reduziert werden darf. Kurz: die Objektivität der Offenbarung ist ein Postulat des theologischen Glaubens. Ein solches Postulat kann auch nicht unterschrieben und angenommen werden, aber es wäre unkorrekt, den Begriff "Glaube" ohne Rücksicht auf dieses konstitutive Selbstverständnis zu verstehen. Es muß deshalb anerkannt werden, daß der Glaube in bezug auf die Hermeneutik auf der Seite des geschenkten, unverfügbar Ursprünglichen angesiedelt ist, von dem jene Bewegung interpretierender Aufnahme ausgeht, die das Gewebe der bewußten Existenz ausmacht, jenseits des reflexen Wissens. Wenn wir hier von der hermeneutischen Dimension der Religion sprechen, dann meinen wir nicht nur die Theologie als reflexen Diskurs, sondern gehen darüber hinaus, nicht im Sinn einer Gegenbewegung, sondern einer Ausweitung der Perspektive. Dieser Vorschlag will in der gesamten religiösen Symbolgestaltung, *zu der* der ursprüngliche Glaubensantrieb (fides qua) führt, *worin* er sich ausdrückt, immer in kulturell ganz bestimmten Formen, und *mittels derer* er historisch positive Überlieferung wird, ohne sich in ihr aufzulösen oder sich mit ihr zu identifizieren, eine umfassende Sprache erblicken, und mithin einen umfassenden Niederschlag einer hermeneutischen Bewegung, innerhalb derer nicht zufälligerweise das gesprochene und geschriebene Wort und dessen Auflegung den zentralen Kern ausmacht. Es kann also nicht nur das, was man von der Theologie sagt, auf die Religion in ihrer Gesamtheit ausgedehnt werden, sondern in einem gewissen Sinn kann das, was man von der Theologie sagt, gerade deshalb gesagt werden, weil sie ein Höhepunkt einer konstitutiven Eigenart des Religiösen ist und deshalb dieses ihrerseits wieder als Quelle nährt.

2. Die Hermeneutik der Religion

2.1. Der Sinn des religiösen Diskurses (und das gilt *ex professo* für die biblische Verkündigung), auch wenn er scheinbar Botschaften bringt, die eine andere Dimension der Wirklichkeit, die Transzendenz, die "andere Welt" (das Jenseits, wie man gemeinhin sagt) betreffen, ist es, einen neuen, nicht offenliegenden, sinnlich nicht unmittelbar faßbaren Sinn dieser Welt und der menschlichen Existenz anzuzeigen. Die religiöse Sprache "beherbergt" nicht nur zahlreiche Symbole, sie ist nicht nur aus zahlreichen Symbolen gewoben, sie muß wesentlich und buchstäblich als metaphorisch und symbolisch anerkannt werden.[2] Metaphorisch,

---

[2] Vgl. den Beitrag von E. Jüngel, in: P. Ricœur – E. Jüngel, *Metapher. Zur Hermeneutik religiöser Sprache*, Kaiser V., München 1974 und P. Ricœur, 'Parole et Symbole', *Revue des Sciences Religieuses* 49, 1975, nn. 183-184, pp. 142-161.

weil ihre Bewegung darin besteht, "jenseits" dessen, was unmittelbar den fünf Sinnen zugänglich ist, zu führen; symbolisch, weil sie das Band zwischen hier und jetzt einerseits und dem Ursprung und Ziel andererseits ausdrückt und schafft; zwischen den verschiedenen Erfahrungssplittern und der Totalität des Sinns; zwischen dem, was man sieht, und dem Unsichtbaren. Man könnte einwenden, daß, wenn der religiöse Diskurs sich als scheinbare Beschreibung anderer "Gegenstände" der Wirklichkeit (an Stelle eines anderen Sinns, der an eine andere Bedeutung, an die Bedeutung des Anderen, gebunden ist) entwickelt, wenn er die Gestalt einer Verdoppelung der Wirklichkeit annimmt, anstatt eine Beleuchtung ihrer zu sein, das als sein Zerfall, als eine Verdinglichung betrachtet werden kann. Die Religion als solche erscheint dann gleichzeitig als eine *Lektüre* (*Lesart*) der Lebenswirklichkeit, der Welt, der Existenz und als eine *Sprache*, die ihre Bedeutungs- und Mitteilungsfähigkeit bewahrt, im Grenzfall und paradoxerweise auch unabhängig von und jenseits der Annahme im Glauben der Existent des außersprachlichen Bezugspunktes jeder Rede der religiösen Sprache, d.h. der Gottheit.

In einem gewissen, weder bewertenden noch entwertenden Sinn ist die Religion als solche ein großer mytho-logischer Komplex,[3] gerade weil sie ursprünglich erschließend ist: sie öffnet eine Welt in dem Sinn, daß sie "eine-Welt-von-Sinn" öffnet. Deshalb kann das, was von der Theologie als sprachlicher Praxis[4] gesagt wird, von der Religion als solcher gesagt werden, insofern nicht nur die Diskurse der Religion, sondern auch die Dynamik (Bewegung) der Religion und die religiösen Verhaltensweisen als symbolische Sprache und metaphorische Konkretion anerkannt worden sind.

3. Die Hermeneutik in der Religion

3.1. In diesem weiteren Kontext kann auch die Beziehung zwischen Religion und Schrift besser verstanden werden, und muß also die Rolle des geschriebenen Textes, der SCHRIFT in der jüdisch-christlichen Überlieferung betrachtet werden. Er (der geschriebene Text) steht bekanntlich am geschichtlichen Ursprung der zeitgenössischen Methodologie und der hermeneutischen Theorie. Allerdings wurde und wird dies im

---

[3] Vgl. A. Vergote, *La teologia e la sua archeologia. Fede, teologia e scienze umane*, Ed. Esperienze, Fossano / CN 1972.

[4] Vgl. G. Ebeling, *Wort und Glaube*, Mohr, Tübingen 19673 (19601), bes. *Wort Gottes und Hermeneutik*, Bd. I, 319-348.

allgemeinen als Hermeneutik, die auf (biblische) Texte angewendet wird, verstanden. Aber man muß die hermeneutische Bewegung, die in mehrfachem Sinn zu Beginn der Entstehung der (biblischen) Texte selbst steht, in Betracht ziehen, als spezifischen Fall (und innerhalb unserer kulturellen Überlieferung als Prototyp) des Spiels zwischen Schrift und Interpretation das der Textwerdung und dem Wachtum jedes Textes voransteht, und, *par excellence*, jedes Buches (das sich aus Texten bildet, die sich aufgrund eines präzisen Kriteriums ansammeln, das ihre sinn- und bedeutungsvolle Interpretation schafft).

3.2. Die konstitutive Überschneidung von Schrift und Interpretation, die die biblische Überlieferung charakterisiert, sedimentiert sich und ist erkennbar in einer Vielzahl von Schichten, die in synthetischer Form wie folgt unterschieden werden können:

3.2.1. In der ersten Schicht finden wir die gläubige Selbstauslegung der Geschichte eines Volkes, das im Glauben das Einbrechen und die Gegenwart Gottes in seine Geschicke und also in das Universum erfährt. Diese auf die Ereignisse bezogene Interpretation bleibt vor allem und auf lange Zeit mündliche Überlieferung.

3.2.2. In der zweiten Schicht finden wir das Sich-Ablagern dieser Überlieferung in Schriften. Zu bemerken ist die Tatsache, daß die Schriften sehr bald Meditationen werden über die Lehren, die aus Fakten gezogen werden sollen, die sich schon ereignet haben (und schon erzählt worden sind), und daß hernach Schriften hervorgebracht werden, die wieder über diese älteren Schriften meditieren, die über solche Taten sprechen, indem sie sie zitieren, wieder lesen und als Bundesgeschichte, als Geschichte der Verheißung und Erfüllung auslegen. Ein vorher existierender Text wird zitiert, kommentiert und dieser Kommentar wird seinerseits zu einem biblischen Text in einer Bewegung, deren geschichtlich-materielles Ende die Fixierung des Kanons ist, aber deren Dynamik sich in jene biblische Hermeneutik verlängert, *die eben nicht von aussen her dazukommt, sondern sich zum Widerhall und zur Fortsetzung der urprünglichen Intention und Struktur des biblischen Textes selber gestaltet.*

3.2.3. Nach dem biblischen Zeugnis hat Gott in diesen Taten mittels der ("inspirierten") Interpreten solcher Taten gesprochen. Die Schrift zeichnet dieses wirkungsvolle "Sprechen" Gottes auf, das immer von neuem verstanden und gehört werden muß; das immer von neuem wie das Wort eines lebendigen Zwiegesprächs aufgenommen werden muß. Von da her wird die theoretische Inadäquatheit der Kategorie "Buchreligionen" deutlich, auch wenn sie eine wirkungsvolle Umschreibung ist. Für die jüdisch-christliche Überlieferung handelt es sich um eine Religion des Sprechen-Handelns (des sprechenden Handelns) Gottes in den Taten, in ihren inspirierten (schriftlichen und prophetischen) Interpretationen und vor allem auch im Veranlassen, einen geschriebenen Text hervorzubringen, in welchem und mittels dessen ein "Tat-Wort" (Dabar) Gottes für immer gleichzeitig bleiben und ein wirksames, dialoghaftes und "performatives" Wort für alle, überall und immer sein kann. So werden nicht nur Texte zum Gegenstand einer Neuinterpretation, sondern auch Fakten und deren gläubige Lektüre werden zum Gegenstand einer neuen Aktualisierung. So wird die Interpretation, die Isaias von der assyrischen Herrschaft und von der verheißenen Befreiung gibt, zur hermeneutischen Regel für andere Situationen (von der babylonischen Herrschaft bis zu jedem anderen Typus von Unterdrückungsherrschaften), und dieser Interpretationsprozeß wächst und wird zum Körper des biblischen Buchs.[5]

3.2.4. Um im Bereich der jüdischen Schriften zu bleiben: die verschiedenen Texte, einschließlich derer, die nicht ausdrücklich in Bezug auf die Geschichte des Bundes des Volkes mit seinem Gott oder auf andere Texte, die davon sprechen (z.B. das Hohelied) geschrieben wurden, werden als Teil dieser Geschichte des Volkes und der einzelnen anerkannt und tragen zur Bildung der Bibel bei. Alle Texte werden re-interpretiert aufgrund eines sie einigenden, festlegenden und versiegelnden Kriteriums (der durch den Glauben konstituierte Paratext), das dann auch wieder der Schlüssel zur Erschließung des einheitlichen Sinns ist.

3.2.5. Der christliche Glaube, das neutestamentliche Kerygma, ist eine religiöse Lektüre der Geschichte, die sich als Neu-Lektüre von "religiösen" Texten, d.h. der jüdischen Schriften verwirklicht. Diese werden nicht nur zitiert, sondern der Bezug auf sie geschieht, um zu zeigen, wie das Ereignis Jesu Christi die Erfüllung ihrer Verheißungen sei ("gemäß den Schriften"[6]), und konstituiert so die theologische Struktur und die materielle Substanz der Schriften, die ihrerseits SCHRIFT werden: Das

---

[5] Dazu verweise ich auf meine Arbeit, die ein erstes Mal in nicht endgültiger Form veröffentlicht wurde und jetzt neu bearbeitet wird: M. C. Bartolomei, *Intersezioni tra scrittura e interpretazione: la Bibbia*, CUEM, Milano 1990. Zum weiteren Hintergrund der philosophischen Betrachtung des Textes und des Buches vgl. G. Genette, *Seuils*, du Seuil, Paris 1987 und J. Greisch et al., *Le texte comme objet philosophique*, Beauchesne, Paris 1987.

[6] Vgl. C. H. Dodd, *According to the Scriptures*, James Nisbet & Co., 1952, 1.

Neue Testament, das seinerseits in eine hermeneutische Einheit mit dem ersten Testament gestellt wird, wodurch die Bibel der Christen konstituiert wird. Damit ist klar, daß die "religiösen" Texte nicht als "Gegenstände" vorgestellt, sondern als "Gesetze" gesehen werden, von denen dynamische Kräfte ausgehen.[7] Dies kommt in gedrängter, starker Form in der Episode zum Ausdruck, die Jesu Predigertätigkeit einleitet (Perikope Lukas 4, 16-20). Eine christliche Gemeinde verkündet Jesus, indem sie ihn durch Lukas in dem Augenblick vorstellt, da er einen hermeneutischen Zirkel verwirklicht zwischen dem Ereignis seiner Ankunft einerseits und den Schriften andererseits. Die Erklärung, daß die Prophetie des Trito Jesaias sich erfüllt, fällt mit der Botschaft Jesu ineins. Die Dynamik solcher Texte-Gesetze ist also hermeneutischer Natur, derart, daß man nur in einer hermeneutischen Bewegung sich mit ihr in Gleichklang setzen kann. Die Hermeneutik im engen und wörtlichen Sinn steht demnach als Vehikel und Dynamik im Herzen einer positiven Gestalt von Religion, welche unsere kulturelle Überlieferung bestimmt.

4. Die Religion der Hermeneutik

4.1. Das Verhältnis zwischen Schrift und Interpretation, das sich im biblischen Text zeigt und ihn ausmacht, muß seinerseits nach Kontinuität und Differenz in dem Verhältnis zwischen Schrift – gleichermaßen verstanden als Schreibakt und als dessen Resultat – und Religion untersucht werden. Der sakrale Text stimmt tendenziell mit jeder Religionsphänomenologie überein.[8] Die Schrift ist tatsächlich eine Praxis, die den Ausgang aus dem wilden Zustand, die Kulturfähigkeit und die Fähigkeit, kulturell prägend zu sein, signalisiert und realisiert. Wenn allein schon das Wort, d.h. die verbale Symbolisierung, von der Gegenwart der "Sache" absehen kann, zeigt die Schrift, indem sie die zeitlichen und räumlichen Grenzen der Aufbewahrung und der Mitteilbarkeit des Wortes überwindet, daß sie eine "sakrale", "göttliche" Bedeutung hat, und ihr Band mit den Religionen drückt deshalb ein solches Bewußtsein aus. Schrift und Religion sind aber auch in einem ambivalenten Punkt verwandt. Die Schrift ist auch ein Niederschlag

---

[7] Vgl. P. Beauchamp, *L'un et l'autre Testament. Essai de lecture*, 2 voll. Seuil, Paris 1976-1989.
[8] Vgl. F. Dornseiff, s.v. 'Buchstaben', "RLAC", II, 775-778; A. M. Di Nola, s.v. 'Libro sacro, Scritto sacro', in: *Enciclopedia delle religioni*, Vallecchi, Firenze 1971, 1506-1513.

(ein Sich-Sedimentieren) des Wortes. Wenn die Schrift selbst als *Text* gesehen wird, so wird die plastische Kraft des Wortes immer im unendlichen Spiel der Interpretation leben.[9] Wenn die Schrift nicht als Diskurs-Text erkannt wird, fixiert sie sich und läßt sich als magische Formel gebrauchen, eine heilige Schrift, die nicht nur unentzifferbar ist, sondern auch nicht entziffert werden soll, nicht mehr ein interpretiertes-interpretierendes Wort, das den Gedanken bewegt, sondern ein Wort-Ding, eine Wort-Handlung (ein "Agiertes" im psychoanalytischen Sinn), das den Gedanken blockiert und dessen Grenze bezeichnet. In dieser Art von Gestaltung kann man sagen, daß die Schrift "im Dienste" des religiösen Verhaltens steht und ein Instrument ist, das von der Religion gebraucht wird.

4.2. Spiegelbildlich verschieden und gegensätzlich ist die Bewegung, die ohne jeden wertenden Akzent registriert werden muß, wenn im Innersten einer religiösen Überlieferung ein Buch liegt, dessen fundamentaler Charakter als *Text* anerkannt ist, wie zum Beispiel im Fall der jüdisch-christlichen Religion. Hier ist der heilige Text aktiv (nicht "gebraucht"), nicht wegen einer magisch-religiösen Aktion, sondern wegen einer bedeutunggebenden Lektüre; er verlangt immer von neuem ausgelegt zu werden, indem er sich als ersten Beitrag zu einem Dialog gibt,[10] der sich im verstehenden Hören, in der unterscheidenden, interpretierenden, kommentierenden Annahme erfüllt. Er wird nicht zu kultischen Zwecken "verwendet", noch ist er Gegenstand eines tabuisierenden Kultes. Vielmehr umreißt er den Kult von neuem als Kult der Lektüre-Interpretation eines Wortes und einer interpretierenden Schrift. Indem es auf solche Weise den Kult neu umreißt, umreißt er auch das gesamte religiöse Verhalten als aktives Eingehen in die Bewegung der symbolischen Re-Interpretation (was die praktischen Verhaltensweisen, die Praxis des Glaubens, ein- und nicht ausschließt), des Wirklichen und der Existenz.

4.3. Auch die Religion (wie die auf sie bezogene Schrift) oszilliert zwischen dem Lebendig-Sein und ihrem symbolischen Gelebt-Sein einer unbedingten Öffnung, einer "Ontologie der Beziehung" (G. Ebeling[11]) und dem Sich-Strukturieren als Fixierung von "etwas" (Verhalten, Praktiken, Lehren, Kulte), von etwas Wiederholbarem und *Verwandelbarem*,

---

[9] Vgl. P. C. Bori, *L'interpretazione infinita*, il Mulino, Bologna 1987.

[10] Vgl. dazu die Bemerkungen von R. Mancini in seinem Buch: *L'ascolto come radice. Teoria dialogica della verità*, ESI, Napoli 1995, vor allem 95-131.

[11] Dieser Ausdruck wiederholt sich oft in: G. Ebeling, *Dogmatik der christlichen Glaubens*, Mohr, Tübingen 1979.

als ein Agieren aufgrund und mittels des kodifizierten, aber auch versachlichten Symbolischen. Aulus Gellius (*Noctes Atticae* 4, 9[12]) zitiert den Vers eines alten Lieds: "*Religentem esse oportet, religiosus nefas*". Das "*religentem*" kann man als die immer lebendige, neu verwirklichte Praxis verstehen, die in der immer von neuem hergestellten Bindung (das Symbol![13]) mit dem Ursprünglichen, in einer pausenlosen Bewegung der (praktischen und reflektierten) Interpretation des Lebens, der Wirklichkeit und der Texte, die solche Interpretation registrieren und verarbeiten, besteht: "*Religiosus*" kann man nicht nur als quantitative, fanatische Exaltation des "*religens*" (wie Gellius nahelegt) verstehen, sondern auch als Haltung der nicht interpretierenden Wiederholung einer festgelegten religiösen Ordnung, die fix und in ihrem Charakter als Interpretation nicht anerkannt ist. Das Sich-Festsetzen auf eines der zwei Pole läßt sich als Korrelat einer Interaktion erkennen, wie von Ursache-Wirkung, mit der von Mal zu Mal verschiedenen Rolle, die der Schrift und der Interpretation in der Religion selbst zugeschrieben wird.

---

[12] Siehe A. Gellii, *Noctium Atticarum Libri XX*, hrsg. von M. Hertz, Hertz V., Berlin 1932.

[13] Dieser begrenzte Beitrag führt zur Schwelle der Betrachtung der Dimension des Symbolischen und dessen Problematik, ohne diese Thematik ausführlich behandeln zu können. Aus der reichhaltigen Bibliographie verweise ich daher nur auf das kurze und dichte *Essay* von H. Saner, 'Der Mensch als symbolfähiges Wesen', in: G. Benedetti – U. Rauchfleisch (Hrsg.), *Welt der Symbole*, Vandenhoeck, Göttingen 1989, 11-12, der zeigt, wie das Menschsein symbolisch *ist* und kraft dessen auch fähig ist, Symbole zu erzeugen und zu interpretieren, und auf den Vorschlag von F. Kaulbach, *Philosophische Grundlegung zu einer wissenschaftlichen Symbolik*, Hain, Meisenheim a. G. 1954, der auf die Notwendigkeit hinweist, eine 'Kritik der symbolischen Vernunft' zu entwickeln.

Břetislav Horyna, Brno

DIE INTERKULTURELLE HERMENEUTIK IN DER RELIGIONSWISSENSCHAFT

Die klassischen Auslegungsformen der religionswissenschaftlichen Problematik, besonders historische und komparative Forschungen, eröffnen eine Frage, die ihren eigenen Teilhorizont bei weitem überschreitet: nämlich die Frage nach dem Sinn und der Bedeutung der Religionen und der religiösen Tatbestände, und damit verbunden auch nach der soziokulturellen Bedeutung und dem Sinn der kulturellen Bewertung der Religionswissenschaft überhaupt. Die historischen, vergleichenden oder kontextuellen Religionswissenschaften verweisen zwar auf die Existenz dieser Frage, geben aber keine befriedigenden Antworten. Große Aufmerksamkeit wird in dieser Hinsicht der Hermeneutik der Sinngehalte, die den Religionen inhärent sind, gewidmet. Dieser Aufmerksamkeit liegt das Streben zugrunde, einen Ausweg aus der gegenwärtigen Lage der Religionswissenschaft zu finden, eine Lage, die aufgrund der herrschenden Paradigmen in der Religionswissenschaft wohl als eine Krise dieser Disziplin zu bezeichnen ist. *"Die Sprache vollzieht sich nicht in Aussagen, sondern als Gespräch"*, schrieb H.-G. Gadamer in *Grenzen der Sprache* (S. 98), und wenn man die Ursachen der für die Gegenwart bezeichnenden Unsicherheit der Religionswissenschaft suchen will, muß man eben hier beginnen.

Schon am Ende des 19. Jahrhunderts trat nämlich die Religionswissenschaft in einen für sie fast schicksalhaften Konflikt ein, der ihr Wesen vorbestimmte: in den Konflikt um das ganz Andere. In diesem Konflikt geht es neben anderen Fragen auch darum, wer innerhalb eines religiösen oder im breiten Sinne sozio-kulturellen Systems die Definitionsmacht besitzt oder sie im Verlauf des Kontakts in seinen Besitz bringt, um bestimmen zu können, was das Andere zu dem Anderen macht und wie das Eigene, das Vertraute, vor dem Anderen zu legitimieren ist. Daß die Andersartigkeit des Anderen nicht adäquat in einem Kategoriensystem des europäischen Wissens erfaßt werden kann, ist natürlich eine längst bekannte und unumstrittene Tatsache. Daß aber das Verlangen nach einer möglichst genauen und eindeutigen Interpretation des Fremd-Seins mit der fortschreitenden Umwandlung der polyzentrischen Welt in eine Synchronwelt der eurozentrischen Werte, Vorstellungen, Verhaltensnormen und -weisen immer eindringlicher wird, ist ebenso gut bekannt. Die Religionswissenschaft stand und steht nach wie vor unter dem Druck der verschiedenen Wissens- oder Vernunftformen, die sich in ihr langfristig auswirken: sie weiß, daß sie mit einer ganz anderen Wirklichkeit in Berührung kommt, die eigene Gesetze ihres Aufbaus, ihre eigene Autonomie und ihre geschichtliche Dynamik aufweist, zugleich aber weiß sie auch, daß sie eine Sprache spricht, die auf dem Boden einer kulturell spezifischen Wirklichkeitsauffassung aufgewachsen ist.

Die europäische Begrifflichkeit und ihre Klassifikationsprinzipien unterliegen in doppelter Weise einer kulturellen Infragestellung: einerseits als Teil des christlichen Anliegens, die fremd vorgefundenen Religionsformen zu überwinden oder deren Erscheinungsformen und Inhalte eigenen Erklärungsmodellen und -normen anzupassen, andererseits durch die vorherrschende Stellung der Machtwortsprache in den immer auf die Abgrenzung des Eigenen vom ganz Anderen orientierten Kontaktaufnahmen. Aber diese Sprache, die auch zur Sprache der Religionswissenschaft geworden ist, ist prägend, nicht determinierend; sie ist kein Schicksal, sondern sie hat ihre Voraussetzungen, Motive und Ziele, die man heute, in der Zeit des wachsenden Bewußtseins der Multikulturalität und der kulturellen Polyvalenz, kritisch hinterfragen muß. Dieses Hinterfragen zeigt relativ eindeutig, daß in der Religionswissenschaft die durch europäisches Gedankengut geprägte Vernunft zum sprachlichen Weltbild wurde, das als Leitfaden nicht nur der geschichtlichen Rekonstruktion der Religionen, sondern auch dem aus der Objektivierbarkeit von religiösen Tatbeständen resultierenden Sprachverstehen dient.

Beides, die Rekonstruktion der Religionen so wie auch das Sprachverstehen, tut aber der Andersartigkeit der Anderen in manchen Fällen Gewalt an; diese Art der Sprache zwingt zum Konflikt. Was den Anlaß für die kulturelle Befangenheit in Konflikten mit dem ganz Anderen gibt, wurde schon mehrmals zum Gegenstand von anthropologischen, philosophischen, soziologischen und auch religionswissenschaftlichen Überlegungen. Clifford Geertz z.B. sucht die Gründe für solche Konflikte, die er allerdings als "ethnische Konflikte" auffaßt, "*im Umkreis der Phänomene kollektiver Identität und ihrer Forderungen – nach Anerkennung, Autonomie und den verschiedenen Arten von Dominanz und materiellen Vorteilen*".[1]

---

[1] Vgl. C. Geertz, 'Angestammte Loyalitäten, bestehende Einheiten. Anthropologische Reflexionen zur Identitätspolitik', in: *Merkur. Deutsche Zeitschrift für europäisches Denken* 5, Mai 1994, Jhg. 48, 392-403, Zitat S. 392.

Mit einem Worte, diese Forderungen entsprechen einem allgemein kulturellen Stabilitätsbedürfnis. Dieses Stabilitätsbedürfnis, das durch die eigene Weltsicht erfüllt wird (sei diese eine religiöse – dies natürlich unter Voraussetzung, daß die Religionen das maßgebliche Orientierungs- und Kontingenzbewältigungssytem darstellen –, oder auch eine philosophische oder wissenschaftliche), wird nämlich durch den verstehenden Kontakt zu dem Anderen bedrohlich gestört. Es ist die Unberechenbarkeit, weil Andersartigkeit des Fremden, die am meisten ängstigt. Dahinter steckt eine wichtige historische Erfahrung: das entscheidende Nein zur Dominanz und Sonderstellung des kulturellen Zentrums ist immer nur von der Peripherie gekommen. So war das Christentum als prinzipielle Ablehnung der römischen Weltordnung fast vom Rand des mit der zivilisierten Welt identifizierten Imperiums verbreitet worden. Auch heute können wir analoge Erscheinungen beobachten, besonders in etlichen Formen der neuen Religiosität, die ihren Ursprung in Gebieten haben, die für uns nur als Randgebiete der noch effektiven Wirkung unserer Kultur gelten.

Dieses Gefühl, im Kontakt mit dem Anderen bedroht zu sein, scheint auf den ersten Blick irrational; ist es aber nicht. Denn es entspringt aus real werdenden Verhältnissen und ihren gedanklichen Voraussetzungen, unter denen ich eine betonen möchte: die Aufteilung der Wirklichkeit ins Eigene, d.h. bekannte, beherrschende und auf Grund dessen auch dienende, und in das ganz Andere, das sich durch seine Fähigkeit auszeichnet noch andere kulturell genuine Weltvorstellungen zu repräsentieren, und sich damit gegenimperial auswirkt. Diese Sichtweise, diese Aufteilung in das Eigene und das ganz Andere, das seine Gefährlichkeit umso mehr verliert, je mehr es erkannt, beschrieben, eingeordnet und damit zum Eigenen wird, das erst Recht auf Leben bekommt, gehört zu den wichtigsten Bestandteilen der europäischen Religions- und Geistesgeschichte, zu der Geschichte des Katholizismus, der Politik und der Wissenschaft. Paradoxerweise ist diese Wirklichkeitsauffassung auch in der Religionswissenschaft spürbar; in der Religionswissenschaft, die mindestens in einigen Hinsichten als Gegenprinzip zur christlich-katholischen einheitlichen Erklärung des religiösen Weltraumes entwickelt worden war und die durch die Nachahmung dieser Metropolis-Politik fast zu einer Kopie der metadiskursiven Mentalität wurde.

Was bedeutet das alles für die heutige Religionswissenschaft? Im Grunde genommen dreht sich die Auslegungshypothese der heutigen Lage der Religionswissenschaft um die Begriffe 1) Zentriertheit auf die

Wissenschaftlichkeit, 2) Loyalität mit den Mono-ismen und 3) Metadiskursivität. Die Überlegenheit der Wissenschaftlichkeit bedeutet eine ganz bestimmte Auffassung von Realität, Rationalität, Wissen, Evidenz und Beweis. Diese Auffassung kann man als die westliche Rationalismus-Tradition bezeichnen, die dazu tendiert, der kulturell bedingten wissenschaftlichen Vernunft den Metastatus zu verleihen. Die westliche rationalistische Tradition übernimmt dann in der Religionswissenschaft die Funktionen der Urteilskraft. Die Auswirkungen dieser Funktionen bilden wahrscheinlich den Grund für die religionswissenschaftliche Loyalität mit den Universalismus-Vorstellungen, rufen den Sinn für das Universelle ins Leben, der einerseits immer wieder zu sogenannten allgemeingültigen Definitionen drängt (besonders zur Definition der Religion) und andererseits die an und für sich unverständliche Naivität aufbringt, eine universale Religionsgeschichte zu betreiben. Folglich wird damit die Religionswissenschaft in einen Typus der Sprache involviert, der immer mehr den kommunikativen Charakter verliert und der referentiellen, bzw. selbstreferentiellen Intention unterliegt. Es ist eben die Sprache der Aussagen, und nicht eine sich im Gespräch erst entwickelnde Sprache, es ist die Sprache der mehr oder weniger unbewußten Isolierung, und nicht die Sprache der Teilhabe.

Neue Ansätze in dieser Richtung erwartet man umgekehrt von der interkulturellen Hermeneutik und von der hermeneutischen Idee der Verständigung, die die Möglichkeiten von verschiedenen Kommunikationsarten zwischen unterschiedlichen Wirklichkeitsauffassungen akzentuiert, ohne daß dabei die bloße Entdeckung der Unterschiede, also der Vergleich von Ähnlichkeiten und Unähnlichkeiten, den Sinn dieser Kommunikation erschöpfte. Ob aber diese Erwartungen in Erfüllung gehen können, hängt von der inneren Umwandlung der Religionswissenschaft ab; was wir an der Religionswissenschaft vermissen, ist eine Theorie der Religionswissenschaft, die im Hinblick auf die Tradition der Religionswissenschaft zeigen würde, was diese Disziplin will, was sie kann und auf welchen methodologischen Grundlagen sie den Anforderungen der heutigen religiösen und geistigen Lage der Menschheit gerecht zu werden vermag. Es ist diese Lage, die die Religionswissenschaft dazu auffordert, etwas Nachvollziehbares zu präsentieren. Die interkulturelle Verständigung verlangt so aus der Sicht der Religionswissenschaft die Verständigung der Religionswissenschaft mit sich selbst; und es wird keine einfache Aufgabe sein, denn damit stehen wir vor der Frage, wie eine Theorie der Religionswissenschaft möglich ist.

Mit einer Theorie der Religionswissenschaft wird hier das gemeint, was man üblicherweise auf anderen Wissenschaftsgebieten als eigenes

Vorfeld bezeichnet und was dieses Gebiet als ein System begründeter Aussagen darzustellen ermöglicht. Im Falle der Religionswissenschaft halte ich es noch für vorzeitig, von einem solchen Vorfeld zu sprechen, denn zum einen hat die Religionswissenschaft, abgesehen von einigen verstreuten Ansätzen dazu, diesen Zermürbungskampf mit sich selbst bisher immer verloren, und zum anderen müßte für eine solche Redeweise zuerst das Umfeld und das Wesen der Religionswissenschaft geklärt werden. Statt dessen möchte ich lieber von etlichen Schritten in Richtung einer Grundlagenreflexion reden, die zeigen, daß die innere Umwandlung der Religionswissenschaft entscheidend wird, zugleich aber andeuten, welche Möglichkeiten sich von diesem Hintergrund abheben. Es müßte sich allerdings um wohl erwogene Schritte handeln, weil, mit den Worten des Religionsphilosophen Richard Schaeffler, *"Horizonte zerbrechen können, ohne daß sich neue auftun"*,[2] was sicherlich zu vermeiden wäre. Jedenfalls aber werden solche Erwägungen durch eine Reflexion der heutigen Lage der Religionswissenschaft angeregt, eine Reflexion, die keine übertrieben erfreulichen Gedanken hervorbringt, vielmehr berechtigte Bedenken aufzwingt.

Für manche Forscher, wie z.B. für Hans G. Kippenberg, ist die heutige Lage in der Religionswissenschaft schlicht "chaotisch". Angesichts der Zerstückelung der Religionswissenschaft als eines akademischen Lehrfachs und ihrer institutionellen Bedingungen stellt er fest: *"Solches Chaos ist unerhört und befördert selbstverständlich die Neigung, alle Ansätze als gleichberechtigt anzusehen. Die großen internationalen Kongresse spiegeln diesen Sachverhalt ungetrübt wider"*.[3] Anderseits geht es aber nicht so sehr um solche wörtliche Bestimmung – auch Chaos ist letztendlich nur eine andere Form von Ordnung und umgekehrt – sondern um die Auswirkungen, die diese Lage auf die Religionswissenschaft hat. Und die sind, allgemein ausgedrückt, doppelter Art. Es sind die äußeren Auswirkungen, die die Nachvollziehbarkeit der in mancher Hinsicht unersetzbaren religionswissenschaftlichen Erkenntnisse in der Praxis der interkulturellen Verständigung und der gelebten Multikulturalität radikal mindern. Und gar nicht zweitrangig sind die inneren Auswirkungen, die das Wesen und Selbstverständnis der Religionswissenschaft betreffen

---

[2] Vgl. R. Schaeffler, *Fähigkeit zur Erfahrung. Zur transzendentalen Hermeneutik des Sprechens von Gott*, Freiburg-Basel-Wien 1982, 11.

[3] Vgl. H.-G. Kippenberg, 'Diskursive Religionswissenschaft. Gedanken zu einer Religionswissenschaft, die weder auf einer allgemein gültigen Definition von Religion noch auf einer Überlegenheit von Wissenschaft basiert', in: B. Gladigow, H. G. Kippenberg (Hrsg.), *Neue Ansätze in der Religionswissenschaft*, München 1983, 9.

und die diese Disziplin von den anderen Wissenschaften, die zum Thema Religion und Religionen etwas zu sagen haben, wie Kulturanthropologie, Philosophie, Soziologie, neue Ethnographie usw., weiter entfernen. Diese Disziplinen verfügen über das, was der Religionswissenschaft eben nicht zur Verfügung steht, nämlich über ihre eigenen Theorien als Vorfelder für die eigene Selbstdarstellung. Und um die Ausbreitung dieser immer offensichtlicheren und, was zu befürchten ist, auch immer schwerer überbrückbaren Kluft zu verhindern – einer Kluft nicht nur zwischen Religionswissenschaft und anderen Wissenschaften, sondern auch zwischen ihr und ihrer kulturellen Rezeption – halte ich eine Konsolidierung des Jetztzustandes für nicht mehr möglich, und, wie ich meinen möchte, auch für unerwünscht. Damit wird aber eine Theorie der Religionswissenschaft um so notwendiger.

Lehrsame Beispiele in diesem Sinne gibt es viele; als eines der hervorragenden Beispiele kann man die Wege betrachten, die die schon erwähnte Kulturanthropologie durchgegangen ist. Noch allgemeiner und daher nützlicher ist aber das Beispiel der Wissenschaftstheorie oder Wissenschaftsphilosophie – man kann auch den Begriff "Wissenschaft über Wissenschaft"[4] verwenden – die als ein metatheoretischer Gedanke folgende Probleme thematisiert:

- das Problem der Struktur und des Denkens der Wissenschaft, der Entwicklung der Wissenschaft als ein System von begründeten Aussagen und wechselseitigen Beziehungen zwischen solchen Aussagensysteme;
- Probleme des prädikativen und explanativen Verfahrens in der Wissenschaft, die eigentlich mit der Frage der Wissenschaftsfunktionen zusammenfallen können;
- Probleme der wissenschaftlichen Sprache, d.h. die terminologische und begriffliche Seite der Wissenschaftssprache, die Regeln ihres Aufbaus und ihrer Anwendung, deren Klärung dann weitere Erwägungen in Richtung Definitionsaufbau, Satzformeln, Symbolformeln, Bedeutung, Sinn usw. ermöglicht: bezüglich der Religionswissenschaft und ihrer potentiellen Theorie wird dieser Punkt wahrscheinlich entscheidend;

---

[4] Diesen Begriff benutzten 1935 Marie und Stanislav Ossovskij; inzwischen läßt sich die sehr rasch entwickelte Wissenschaftstheorie in eine allgemeine und in viele spezielle, den differenten Gegenstandsbereichen entsprechende Wissenschaftstheorien unterteilen; diese Entwicklung, wie auch besonders die in der deutschen Theorie beheimatete grundsätzliche Unterscheidung zwischen der Theorie der Naturwissenschaften und der Theorie der Geisteswissenschaften, lasse ich hier beiseite.

- Probleme der Voraussetzungen, Postulate, Prinzipien, Normen, Zielsetzungen und folglich der dadurch ermöglichten Selbstdarstellungen gegebener Wissenschaften;
- Probleme der Inferiorität, bzw. Superiorität in der Wissenschaft, sowie der Unterscheidung des Wissenschaftlichen von dem Un- oder Gegenwissenschaftlichen;
- Probleme der Hypothesenbildung und der Paradigmenbildung.

Dies ist nur ein grob skizzierter Umriß alldessen, was die Wissenschaft machen muß, um zu ihrem Vorfeld, also zu der Wissenschaftstheorie, die ihr erst einige Antworten auf die Fragen ihrer Stellung, Bedeutung, Legitimität geben kann, zu gelangen. Trotzdem ist daraus ersichtlich, daß das, was in der Religionswissenschaft manchmal als Hauptfrage betrachtet wird, nämlich die Frage der Paradigmen- und Hypothesenbildung und der sich daraus entwickelnden Prioritäten in den Darstellungen des Religiösen und den Selbstdarstellungen des Religionswissenschaftlichen, unumgänglich nach der Erfüllung der vorhergehenden Aufgaben verlangt und eigentlich als das Letzte an die Reihe kommt. Daraus ergibt sich eine wichtige Feststellung: die in der Religionswissenschaft natürlich häufig diskutierte Paradigmen- und Methodenfrage kann die Theoriefrage nicht ersetzen und darf nicht für eine solche gehalten werden. Eine Neigung eben zu dieser Entwicklung war bekanntlich nicht nur in der Religionswissenschaft, sondern seinerzeit auch in der Wissenschaftstheorie spürbar. In den Spezialwissenschaften, wie z.B. in der Religionswissenschaft, ist sie dadurch begründet, daß eine Paradigmenbezogenheit auch eine Gegenstandsbezogenheit impliziert. Man erhofft sich von einer Bestimmung im Bereich des Makro- und Mezzo-Paradigmatischen auch eine sich fortwährend präzisierende Gegenstandsbestimmung, also in unserem Fall eine genauere Bestimmung des Religionsbegriffs. Zwei Dinge sind dazu zu sagen: erstens, die Theorie einer Wissenschaft hat zum Gegenstand nicht das, wovon diese Wissenschaft spricht, sondern diese Wissenschaft selbst. Es ist leicht einzusehen, daß eben dies der Religionswissenschaft schwer fallen wird, da sie eine ganz andere Entwicklung hinter sich hat und solche wissenschaftlich theoretische Denkweise als entfremdend empfinden wird. Ohne Rücksicht darauf muß aber betont werden, daß die Rede von einer Wissenschaftstheorie das Vorfeld für eine Wissenschaft als ihre Priorität verfolgt und daß sie mit dieser "Gegenstandsvergessenheit" vorübergehend leben muß. Diese Gegenüberstellung von Forschung und Darstellung nennt man in der neueren Diskussion *Entdeckungszusammenhang (context of discovery)* und *Rechtfertigungszusammenhang (context of justification*).[5] Sie soll der methodischen Unterscheidung zwischen den kognitiven Geltungsansprüchen einer Wissenschaft und den sozio-kulturellen Umständen ihrer Entdeckung dienen; besonders für die Religionswissenschaft, die auf einer "Entdeckungs-Rationalität" aufgebaut ist, ist es wichtig zu durchdenken, wie ihre begründende Interpretation eigener Geltungsansprüche zu legitimieren wäre.

Zweitens, selbst in der Wissenschaftstheorie hat der Paradigmenbegriff Schwierigkeiten und Unklarheiten hervorgerufen, besonders was seine Verwechselung oder besser gesagt, seine zu eindeutige Identifizierung mit dem Theoriebegriff angeht. Deswegen versuchte Thomas S. Kuhn[6] ihn durch den Begriff "disziplinäre Matrix" zu ersetzen, dessen Zusammensetzung schon ausreichend klar zeigt, warum Paradigma und eine das wissenschaftliche Vorfeld bildende Theorie nicht gleichbedeutend sind. Im Begriff disziplinäre Matrix heißt "disziplinär", daß sie einen gemeinsamen Besitz (Besitz von Einsichten, Überzeugungen) einer bestimmten Gruppe von Wissenschaftlern in einer gegebenen Fachdisziplin ausdrückt, und "Matrix", daß sie aus verschiedenen geordneten Elementen zusammengesetzt ist, die systematisch wissenschaftlich präzisiert werden. Die disziplinäre Matrix hat vier Grundbestandteile: es sind sog. *symbolische Verallgemeinerungen* (*Generalisationen*), die die leicht formalisierbare Komponenten der wissenschaftlichen Theorien darstellen, in der Regel in logischer Form; dann sog. *metaphysische Behauptungen* (*ontologische Modelle*), deren Aufgabe ist, eine wissenschaftliche Gemeinschaft zusammenzuhalten, vorwiegend durch gemeinsame Teilung bestimmter Vorstellungen, die zwar heuristisch bedeutsam sein können, früh oder später aber auf die Grenzen eigener Unbegründbarkeit stoßen, wie z.B. die Vorstellung, daß so etwas wie universale Religionsgeschichte möglich ist; weiter sind es *Werte* wie innere Konsistenz, Unkompliziertheit, kulturelle Nutzbarkeit u. ä., die dazu beitragen sollen, den Charakter von Problemen näher zu bestimmen, die die gegebene Wissenschaft auszeichnen; und erst dann, letztlich, handelt es sich um die *Modelle* oder *Vorbilder* (*Beispielsfälle*) für die eigentlichen wissenschaftlichen Vorgänge, also um *Paradigmen* im ursprünglichen Sinne des Wortes.

Damit hat sich wieder herausgestellt, daß das Grundlegendste für religionswissenschaftliche Explikationen des Sinnes religiöser Tatbestände,

---

[5] Diese Unterscheidung wurde bereits 1938 von H. Reichenbach eingeführt; vgl. Ders., *Experience and Prediction. An Analysis of the Foundations and the Structure of Knowledge*, Chicago – London 1938, § 1.

[6] Vgl. Th. S. Kuhn, *The Structure of Scientific Revolutions,* 2. rev. Aufl. 1976, mit Postscriptum von 1969; siehe auch Ders., 'Second Thoughts on Paradigms', in: F. Suppe (ed.), *The Structure of Scientific Theories*, 19772, 459 – 482.

nämlich die wissenschaftlich neutrale, reine Beobachtungssprache (die sog. Observationssätze), erst nach Festlegung des Beobachteten auf eine bestimmte Theorie der Religionswissenschaft möglich wird. Ohne eine solche Theorie bleibt Religionswissenschaft paradigmenbezogen und auch die Versuche ihrer Weiterentwicklung und Transformation werden auf Grund dieser Bezogenheit bloße ad-hoc-Modifizierungen bleiben. Es mag zwar wie ein zu hartes und ungerechtes Urteil klingen, aber von dem Gesichtspunkt der Wissenschaftstheorie aus betrachtet, erscheint diese nur paradigmenbezogene Selbstauffassung der Religionswissenschaft zu kontingent, durch Zeitgeist bedingt und dem *approach* anderer Disziplinen (wie Geschichtsschreibung, Soziologie, Philosophie, Kulturanthropologie) verpflichtet. Sie wird durch diese anderen Disziplinen auch innerlich bedroht, da die Abhängigkeit von ihnen sie einem permanenten Objektivitätszwang aussetzt.[7] Diesem Zwang kann dann leicht entgehen, daß solche Objektivität, zumal szientistisch verstanden, nur auf dem Wege einer Außerkraftsetzung der Situiertheit, der kulturellen Bedingtheit und der semantischen Vorbestimmtheit (Bestimmtheit des begrifflichen und des propositionales Gehaltes) der zu erforschenden religiösen Tatbestände zu erreichen ist. Und so entsteht der wohlbekannte Problemkreis, der mit der heutigen Lage der Religionswissenschaft verbunden ist. Diese Probleme sind keine Frage der gewaltsamen Einführung eines neuen Systems (die innere Systematik des Faches entspricht generell seinen Bedürfnissen und braucht nur gelegentliche Korrekturen), es ist auch keine Frage eines neuen Willens zum System, und besonders keine Frage der *Religionstheorie*: die übliche Denkweise, daß eine Religionstheorie das Wesentlichste für die heutige Diskussion darstelle, verfehlt die aktuellsten Bedürfnisse der Religionswissenschaft. Wesentlich ist die Frage einer durchreflektierten Theorie der Religionswissenschaft. Erst in diesem Boden können neue methodologische Ansätze keimen, unter anderem auch solche, die das Erfassen des vielschichtigen Phänomens der Religion in den Koordinaten der interkulturellen Kommunikation, der hermeneutischen Idee der Verständigung und der Verständigung der Religionswissenschaft mit sich selbst begründen.

---

[7] Daß dies keine Besonderheit der Religionswissenschaft darstellt, zeigt die Tatsache, daß diese Tyrannei der Objektivität schon längst zu einem Bestandteil der philosophischen Begrifflichkeit geworden ist: z. B. W. V. O. Quine nennt sie *"objective pull"*; vgl. ders., *Word and Object*, Cambridge, Massachusetts 1960.

Paul Beauchamp, Paris

LE RÉCIT BIBLIQUE:
L'HERMÉNEUTIQUE BIBLIQUE ET
LE CHOIX ÉTHIQUE DE LIBERTÉ

N.B. La présente note a été rédigée sous forme de propositions dont chacune était de nature à susciter un débat entre les participants de l'atelier de travail d'herméneutique biblique. Elle tente de présenter les arêtes vives, les moments critiques de ma recherche entreprise depuis déjà longtemps, et qui porte sur le rapport mutuel de l'Ancien et du Nouveau Testament, aussi bien au point de vue de l'herméneutique générale que de l'herméneutique théologique. Le lieu choisi n'est pas seulement un champ d'application pour une herméneutique, il est aussi un des principaux points de départ de l'herméneutique dans notre culture.

Les moments de la recherche auxquels je viens de donner le nom de «moments critiques» forment un ensemble articulé, et je me suis attaché à manifester le plus possible cette articulation, plutôt qu'à développer chacun d'entre eux isolément. Il reste donc beaucoup d'espace entre chaque proposition, et chacune est condensée. J'ai choisi ce parti parce qu'il me paraissait le plus apte à rendre sensible la pertinence de la problématique et son enjeu, et donc à susciter une relance critique, puisque c'est avant tout d'ouvrir un échange de vues qu'il s'agissait alors. Je m'éloignerais trop de cette visée et des circonstances du colloque si je donnais ici à ces quelques propositions la forme d'un véritable exposé. Mais je ne peux pas ignorer quels sont les inconvénients d'avoir ainsi contracté chaque proposition, réduite à peu de mots: ne pas expliciter laisse place aux initiatives du lecteur et à ses élans, mais peut aussi frustrer son attente. J'opte pour l'espérance d'une issue positive, m'appuyant sur le fait que le dialogue entre auteur et lecteurs s'échelonne sur une longue durée.

0. Considérant comme acquise la différence entre interprétation et explication, et portant notre intérêt sur la *décision* dans l'acte d'interprétation, nous enregistrons que, pour Israël, la Bible est finalisée par la décision d'observer la Loi et, pour le destinataire chrétien, sur la décision d'obéir à l'Evangile. La catégorie d' «urgence» met en relation celle de «durée» et celle d' «interprétation».

01. Nos analyses portent, selon une démarche dont la portée sera exposée ensuite, sur les *faits d'interprétation* internes à la Bible elle-même (*infra* n° 50). La Bible s'auto-interprète par une série de relectures, chaque moment de crise trouvant le chemin d'une décision dans une anamnèse, à l'issue de laquelle surgit un sens nouveau donnée aux anciennes traditions. Il est stérilisant de croire ce processus limité à la réinterprétation de l'Ancien Testament par le Nouveau.

1. Nous reconnaissons comme moment central de l'herméneutique biblique chrétienne l'acte d'interprétation qui éclaire et vérifie *les deux testaments l'un par l'autre*. Sa centralité ne lui vient pas d'être isolé, sinon dans la mesure où il est foyer fondateur d'une série d'actes apparentés inachevés, antérieurs et postérieurs.

10. Pour fonder cet acte, les Evangélistes l'ont *imputé à Jésus* lui-même (Mc 14,49; Mt 5,18; Jn 5,46s; au ressuscité dans Lc 24,27: διερμήνευσεν), unissant ainsi l'acte d'interpréter l'Écriture qui le précède et l'acte de l'accomplir. L'acte accomplissant illumine, la lumière agit. Or cet acte est présenté comme acte de liberté par excellence (Jn 10,18: «[Ma vie], personne ne me l'enlève, je m'en dessaisis de moi-même»).

101. «Acte» n'est pas résultat. L'accomplissement est commencement, lancement d'un processus auquel son terme est immanent.

2. Au lieu extrême de la crise, dans l'acte central d'interprétation désigné ci-dessus en 1, la décision se prend face à l'alternative du «tout ou rien»: obscurité ou clarté, portant sur une totalité. *Radicalité* du choix (intensif), *totalité* de l'objet (extensif) s'accompagnent. Corrélativement aussi, l'acte de liberté donné comme foyer de l'acte interprétatif a pour lieu de réalisation la non-liberté, c'est-à-dire qu'il affronte le «Il fallait» qui oppose à la liberté l'obstacle de l'enchaînement déterministe de la faute et de la mort. Il brise cet enchaînement du fait de ne pas s'y dérober. Du côté noétique, la lumière affronte l'extrême de l'opacité.

20. Le même trait («tout ou rien», caractère global de l'objet) se rencontre dans les relectures d'ensembles prophétiques (Is 6,9s; cf Dn 9,2), dans les visions de l'apocalyptique, dans les paraboles dites du Royaume, et finalement dans la totalité de l'Écriture (le «voile»: 1 Co 3,13-15). Le caractère énigmatique des paraboles de Mc (4,11s; cf Is 6,9s) rejoint les *apocalypses* (voir bibliographie).

201. La stylistique des apocalyptiques est celle d'un langage codé, l'ouverture du code ne peut se faire que d'en-haut (ange interprète). La stylistique des paraboles est plus complexe: Mc 4 utilise un langage

quotidien, en complet contraste avec celui des apocalypses, et pourtant *a)* l'expression «*Mystère du Royaume*» est de provenance apocalyptique; *b)* le sens est obturé, l'opacité opposée à la lumière est un déterminisme (Mc 4,10 citant Is 6,9s) du ne-pas-voir (d'autres paraboles, relevant d'un autre style, racontent l'invraisemblable: ouvriers de la onzième heure, vignerons homicides, etc.). Il est remarquable que le moment *inaugural* de tout le message prophétique d'Isaïe (le récit de sa «vocation», de rédaction peut-être postérieure à Isaïe 40-55) annonce avant qu'il soit même prononcé l'obturation de ce message en totalité, annonce qui sera transférée par Mc 4 à «toutes les paraboles» d'un Jésus, lequel ne dit rien sauf en paraboles (!) (Mc 4,34).

2010. De même que la centralité de la réinterprétation de l'Ancien Testament par le Nouveau n'efface pas la série d'actes ambigus, inachevés, de même il existe, entre la lumière et les ténèbres, ce qui est simplement *voilé*. La prise en compte de ce statut intermédiaire est la condition pour que le foyer central lui-même soit pris en compte.

21. La totalité est atteinte finalement sous la forme narrative joignant une *protologie* à une *eschatologie*, qui sont les deux «excès» du récit biblique, promu en «récit total». Le récit qui va de l'alpha à l'oméga est le récit de la fin des temps: il est dissymétrique, récapitulant un passé très long et anticipant (ce qui est une forme spécifique de «narration») une catastrophe finale considérée comme proche, si proche qu'elle est déjà commencée: le temps se précipite dans une brèche déjà habitée par le narrateur et par la société qui est la sienne. En cela il n'est «récit total» que dans la mesure où sa fin (en tant que fin, c'est-à-dire mort) est catégorie d'existence actuellement vécue.

3. Comme protologie et eschatologie excèdent les possibilités de la saisie humaine, la décision d'interprétation est débordée elle aussi. Elle l'est objectivement, comme dit plus haut, selon la modalité de l'*apocalupsis*, ou «révélation vs occultation». Ce débordement se transpose au niveau de la communication de ce qui est à interpréter. Il s'agit de la relation qui s'établit entre le destinateur d'un message qui est de la nature des paraboles, ou de la prophétie isaïenne selon Is 6,9s, et les destinataires. L'Isaïe qui s'entend appelé pour un message annoncé comme finalisé pour la non-écoute et le personnage rejeté en Is 52,13-53,12 sont en lien nécessaire (par dessus, il va sans dire, tout critère purement littéraire).

30. La communication du récit est, dans le corpus biblique, objet de récit. La Bible *raconte les moments où la Bible a été racontée* (récits de

l'énonciation narrative). Le dispositif dit «de l'alliance» se prête particulièrement à cet alignement de reprises successives, toute alliance supposant et régulant un contentieux.

301. Les récits d'énonciation narrative étant déjà récits au second degré (la Bible étant récit de récits), il se construit à un palier supérieur, une *série de récits d'énonciation narrative*.

302. Ladite série fait apparaître le caractère *segmentaire* ou *«discret»* des récits bibliques, en même temps qu'elle est elle-même récit.

31. Le «récit total» est, de ce fait, *récit fragmenté* (rythmé par une variation signifiante d'un «module narratif»: Jos 24; Jg 11; 1 S 12, 1 R 8,14-21; Os 1-3; Jr 32,17-23; Ez 16; Esd 9, Ne 9; Dn 9,4-19). *Ainsi est conjuré le fantasme d'un diktat du sens sur une totalité*. Le temps d'énonciation du récit-anamnèse est temps d'une crise, d'une césure, d'un hiatus qui s'ouvre toujours d'un segment à l'autre.

4. L'énonciation narrative met en scène *la relation narrateur-narrataire* («hommes-récits»: Todorov). L'acte d'interprétation décide de la vérité de cette relation.

40. La substance narrative du récit de récits est assurée par une ligne ascendante vers la *manifestation de l'énonciation*: – relief croissant de l'identité des partenaires et de la dramatique instaurée entre eux par le récit (transition entre récits distants de la Torah et récits 'à bout portant' assurée par le Moïse du Deutéronome: récits allocutifs, ou «intentés» [Ricœur]). L'anamnèse totalisante finit par être prise en charge par un narrateur dont l'énonciation est présentifiée dans le récit lui-même: le lecteur du Deutéronome assiste à la scène de Moïse «parlant le récit» récapitulateur de l'alliance à l'intention du peuple. La loi venue de Dieu est venue s'intituler *diverey Moshé*, «paroles de Moïse» (Dt 1,1; cf. Ne 1,1). Cet effet de rapprochement signale une étape de l'accomplissement.

401. Au niveau immanent, il y a distinction signifiante entre le «récit total» et *le récit individuel de l'homme-récit*.

4010. Une particularité remarquable du récit biblique est la distinction qu'il maintient et l'équilibre qu'il atteint entre trois segments principaux du «récit total»: récit de l'humanité, récit du peuple, récit individuel de l'homme-récit. Le Pentateuque déjà réussit à faire aboutir le récit de l'humanité et le récit du peuple sur un texte où le discours allocutif de l'individu Moïse et son destin personnel se rejoignent. Le drame se joue entre le «Je» de Moïse et le «tu» ou «vous» du peuple. Le Deutéronome n'inclut pas le récit de l'humanité, mais l'assume en tant qu'il clôture le

Pentateuque dans la configuration canonique, laquelle, à notre niveau d'analyse, est signifiante.

41. La relation induite par l'énonciation du récit est de nature *éthique*, engageant le choix du peuple entre la vie et la mort, le bien et le mal. Elle engage aussi le destin du narrateur.

42. Le caractère extrême de l'objet à interpréter est intériorisé dans la dramatique: *la relation devient eschatologique* elle-même quand le récit a pour réponse la mise à mort du narrateur. La fonction tenue par Moïse est tenue par les prophètes donnés comme ses successeurs (Dt 18,15; Mc 9,13 témoigne d'une tradition qui introduit même Elie dans le cadre du prophète souffrant passion). La scansion de cette situation forme une série narrative, qui a son propre eschaton avec le moment correspondant aux propositions n° 1, n° 10.

5. Le débordement de la décision face à cet eschaton est signalé par l'attribution du refus à la divinité («endurcissement»), ou à une nécessité (*dei* des apocalypses, ou *edei*) et le débordement du débordement est manifesté dans le pardon et par *l'effet déterminant du pardon sur la communication du sens* (voir bibliographie).

50. L'acte qui se propose lui-même comme central (n° 1) est donné à lire comme émergeant de l'intérieur d'une série antérieure d'interruptions de récits, correspondant à des drames d'interprétation. C'est de ces récits narratifs qu'il est le dénouement comme il en est le fondement et, à ce titre, l'accomplissement. La nature de l'acte herméneutique se manifeste dans la relation entre le moment central et les autres, entre le dévoilement et les voilements. *Ainsi est offert à la lecture un «niveau médian»* (Paul Ricœur) *qui, en liant le sens aux formes du langage, qualifie l'interprétation de la Bible comme travail* (voir bibliographie), qui ne peut relever exclusivement de l'illumination. Son côté discursif est amplement illustré par la seconde partie de l'œuvre lucanienne.

Bibliographie.

Sur le n° 20, les «apocalypses»:
P. Beauchamp,
- *L'Un et l'Autre testament. Essai de lecture*, Paris, Seuil 1976, 200-228.
- 'Paraboles de Jésus, vie de Jésus. L'encadrement évangélique et scripturaire des paraboles', in A.C.F.E.B. éd., *Les paraboles évangéliques. Perspectives nouvelles*, (lectio divina, 135), Paris, Cerf, 1989, 151-170.

- 'Théologie Biblique', in *Initiation à la Pratique de la Théologie. Introduction*, Paris (Cerf) 1982, 220-222.
- article «Biblique (Théologie)» in *Dictionnaire critique de théologie*, sous la direction de J.-Y. Lacoste, Paris, Presses universitaires de France 1998.

Sur le n° 21, «récit total»:
- *Le récit, la lettre et le corps*, Paris (Cerf) 19922, chapitre XI.

Sur les n° 33 à 31, 4 à 42, série d'énonciations narratives, «récit de récits»:
- *L'Un et l'Autre testament. Accomplir les Écritures*, vol. 2, Paris (Seuil) 1990, ch.X: «le module narratif».

Sur le n° 4, «hommes-récits»:
T. Todorov,
- «Grammaire du Décaméron», dans *Approaches to Semiotics*, vol. 3, Mouton 1969.

Sur le n° 5, «pardon et sens»:
P. Beauchamp,
- 'La Bible et les formes du langage, ou le texte du pardon', in: *Le récit, la lettre et le corps*, ch. XII (repris de Esprit, 1988, fasc. 7-8: numéro d'hommage à Paul Ricœur).

Sur le n° 50, «niveau médian» (Paul Ricœur):
P. Ricœur,
- *Lectures 3. Aux frontières de la Philosophie*, Paris (Seuil) 1994, 307-326.

MARIA VILLELA-PETIT, Paris

MIMESIS ET VÉRITÉ.
LIMITES DE L'APPROCHE HERMÉNEUTIQUE DE L'ART

L'horizon où notre question d'abord s'inscrit est celui où le rapport de l'art à la vérité demeure problématique et indécidé. D'où le *et* de coordination du titre. Il accueille, au moins principiellement, le registre entier des tensions et des crises susceptibles d'affecter le rapport entre *art* et *vérité*, sans préjuger de «leur régime d'incidence».[1] Si l'on tient compte de deux moments décisifs que l'herméneutique heideggérienne assigne à l'histoire de la métaphysique: celui de son commencement avec Platon, celui de sa fin avec Nietzsche, ne voyons-nous pas la tension entre l'*art* et la *vérité* y atteindre un point critique, à telle enseigne que l'on a pu croire que chez les deux penseurs, mais pour des raisons inverses, *art* et *vérité* s'éloignent, voire s'opposent?

Ayant réfléchi ailleurs sur la question de la *mimesis* artistique chez Platon,[2] et sur l'interprétation heideggérienne du rapport de Platon à l'art,[3] mentionnons simplement le déplacement, si souvent escamoté, qu'opèrent le *Phèdre* et surtout le *Sophiste* vis-à-vis du livre X de la *République*.[4] Quant à l'aphorisme de Nietzsche: «nous avons l'art pour ne pas périr de la vérité»,[5] qui semble pousser la tension entre art et vérité

---

[1] Nous empruntons cette notion à Henri Maldiney. Cf. 'Image et Art', in: *L'art, l'éclair de l'être*, (Editions Compact) 1993.

[2] Voir 'La question de l'image artistique dans le *Sophiste*', in: *Etudes sur le Sophiste de Platon*, publiées sous la direction de P. Aubenque, textes recueillis par M. Narcy, coll. Elenchos XXI, Naples (Bibliopolis) 1991, 53-90.

[3] Voir 'Heidegger, Platon et l'art grec', in: *Contre Platon* (2), publié sous la direction de Monique Dixsaut, Paris (Vrin) 1995.

[4] Ce déplacement, déjà à l'œuvre dans le *Phèdre*, infirme la déclaration péremptoire de Heidegger à propos du Livre X de la *République,* selon laquelle «c'est là (mais seulement d'un point de vue particulier) qu'est jugée de façon décisive la relation de l'art à la vérité.» (Cf. *Nietzsche I*, trad. fr. par P. Klossowski, Paris (Gallimard) 1971, 155).

[5] Cf. F. Nietzsche, *Œuvres philosophiques complètes*, éd. G. Colli et M. Montinari, vol. XIII. Voir, à ce propos, 'Nietzsche's last words about art *versus* truth', in: Erich Heller, *The importance of Nietzsche*, Ten essays, Chicago Press 1988, 158-172.

jusqu'à l'extrême point de la rupture, son interprétation ne va aucunement de soi. Est-il si sûr qu'on doive la prendre pour une affirmation de caractère général et atemporel, ou ne faut-il pas plutôt en faire l'objet d'une interprétation circonstanciée? Et si la vérité fustigée par Nietzsche, tout en ayant à voir avec le fond de l'existence ou de la réalité dans sa «laideur», concernait aussi, et surtout, la prétendue exactitude du naturalisme artistique de son temps? Ce courant artistique ne croyait-il pas pouvoir se réclamer de la vérité en proposant un «morceau de vie», une «photographie» fidèle de la réalité (la photographie venait alors de naître), voulant par là à la fois «ignorer» son propre travail de distanciation, de cadrage, voire de fiction? Si l'on en tient compte, la position de Nietzsche n'aurait pas été aussi déroutante qu'il paraît. A la même époque, dans ses écrits théoriques, Robert Louis Stevenson, lui-aussi, fustigeait le naturalisme au nom des droits de l'art et de la valeur de la fiction.

Parmi les positions qui confortent le caractère unitif du *et* ici en jeu, la première à s'imposer est celle d'Aristote. Comparant la poésie à la chronique des faits (à l'*histoire*), la *Poétique* affirme la proximité plus grande de la poésie mimétique à l'égard de l'essence et, par conséquent, à l'égard de la vérité. Mais vérité de qui ou de quoi? Assurément, la vérité de l'homme dans ses traits essentiels. Cette position garde toujours sa pertinence. En témoigne une récente interview de V.S. Naipaul. Interrogé sur la part de fiction de son récent ouvrage plus ou moins autobiographique *A way in the World*, et sur les raisons de le présenter comme un roman, *(a novel)*, Naipaul répond: «*To deliver the truth, really, to deliver a form of reality. Because if you were dealing with real people, when you start writing about them, it becomes too particular: and one wants to make a larger point, so you fabricate*».[6]

Un témoignage ancien, moins connu que celui d'Aristote mais pas moins digne d'intérêt, est celui de Philostrate de Lemnos, né vers 190 de notre ère. Le prologue de ses *Eikones*,[7] commence par une déclaration liminaire et sans appel: «Ne pas aimer la peinture, c'est mépriser la vérité même, c'est mépriser ce genre de mérite que nous rencontrons chez les poètes.»[8]

Arrêtons-nous sur ce propos et notons la référence, non à l'art en général, mais à la peinture et à la poésie. Remarque-t-on suffisamment

---

[6] Interview faite par Aamer Hussein et publiée par le *Times Literary Supplement* du 2/9/1994, p. 3.

[7] Cf. Philostrate, *La Galerie de Tableaux*, traduit par Auguste Bougot, revisé et annoté par F. Lissarrague, Préface de Pierre Hadot, Paris 1991.

[8] *Ibidem*, Prologue, p. 9.

que les Anciens se référaient à tel art ou à tel autre plutôt qu'à l'art? Ce n'est qu'à partir du XVIIIème siècle que théoriciens et philosophes vont penser l'*art* au singulier. Calqué sur celui de «belles lettres», le terme et la notion de *Beaux-Arts* a rendu possible la transition entre le pluriel des arts, nommé chacun par son nom, et le singulier: *Art*, préparant ainsi ce qu'on a pu appeler la sacralisation romantique de l'art.[9]

Dans cette communication, tournée plutôt vers l'herméneutique gadamérienne que vers la pensée de M. Heidegger – pour qui la notion de *mimesis* relèverait encore d'une compréhension métaphysique de l'art-, nous avons pris le parti de considérer la question «art et vérité» à travers celle de «*mimesis* et vérité». Mais une première précision s'impose: les notions d'art et de *mimesis* n'ont pas toujours été comprises comme coextensives au sein de notre tradition. Et on aurait tort de croire que cette non-coextensivité n'ait pu se manifester que grâce au destin de l'art en notre siècle. Même chez Platon et chez Aristote –au contraire de ce qu'on imagine habituellement-, les notions de *mimesis* et de poésie ne semblent pas se recouvrir entièrement.

Chez Platon, en plus des emplois variés de la notion de *mimesis*, se fait jour un usage plus restreint appliqué au domaine du langage; d'où la distinction entre *diegesis* et *mimesis (Resp. III)*, si bien mise en valeur par Gérard Genette. Quant à Aristote, il est difficile de ne pas tenir compte des vues de Roselyne Dupont-Roc et Jean Lallot, selon lesquels, si la poésie lyrique est absente de la *Poétique* «l'explication (de cette absence) ne peut être que celle-ci: la poésie lyrique *n'est pas mimétique* et, comme telle, elle ne *pouvait* entrer dans la perspective de la *Poétique*».[10]

En somme: ni Platon ni Aristote n'ont soutenu que toute poésie est mimétique.[11] Au sein de la culture grecque, sont surtout tenues pour mimétiques: l'épopée, la tragédie et la comédie, mais non pas les autres genres de poésie (hymnique, lyrique), que la *Poétique*, peut-être pour cette raison même, laissait de côté.[12] En outre, la notion de *mimesis* au

---

[9] Voir là-dessus la réflexion de Jean-Marie Schaeffer in *L'Art de l'âge moderne-L'esthétique et la philosophie de l'art du XVIIIe siècle à nos jours,* Paris (Gallimard) 1992, en part. le chapitre III.

[10] Cf. l'Introduction à leur édition, avec traduction et notes, de la *Poétique*, Paris (Ed. du Seuil) 1980, 21.

[11] Il semble ainsi difficile d'entériner l'affirmation de Gadamer selon laquelle pour Aristote le concept d'imitation «doit s'appliquer à l'essence de tout art poétique». Cf. 'Kunst und Nachahmung', in: *Gesammelte Werke*, n° 8, Ästhetik und Poetik, Tübingen (Mohr) 1993, 31.

[12] C'est autour du statut imitatif, ou non, de la poésie lyrique que se noue le débat entre l'abbé Batteux et son traducteur allemand Johann Adolf Schlegel, lequel, ainsi que le

sens de représentation, d'imitation, n'a pas pu, à elle seule, accaparer la pensée des arts. Elle n'a cessé d'être entremêlée à des notions relevant de critères relatifs au beau et faisant appel au *logos*. C'est ce qu'atteste cette autre remarque de Philostrate:

> «Ne félicite pas le peintre de nous avoir représenté des chèvres bondissantes et capricieuses, d'avoir donné aux brebis une démarche paresseuse comme si leur laine était un pesant fardeau; laissons les syrinx et ceux qui en jouent; ne louons pas la façon dont ces derniers pressent le roseau de leurs lèvres fermées, ce serait estimer la plus humble partie de la peinture, celle qui relève de l'imitation, et ce ne serait pas rendre justice à la profonde raison du peintre, à son sentiment de la convenance, c'est-à-dire à ce qu'il y a de meilleur dans l'art»[13]

Dans la négation de Philostrate, la dénégation n'est pas loin. Il est impossible, sous-entend-il, de ne pas s'extasier devant ce qui est patent à la vue du tableau: l'habilité imitative du peintre. Celle-ci néanmoins est subordonnée au sens de l'harmonie, voire au *logos* implicite au travail de tout grand artiste. A l'œil, qui reconnaît le représenté, doit ainsi s'ajouter le regard, qui discerne la proportionnalité, la convenance des parties, l'équilibre des couleurs. En bref: chez les Anciens, la *mimesis* n'a jamais été tenue pour le seul «principe» de l'art. Il faudra attendre l'âge classique européen pour voir l'imitation de la *belle nature,* érigée en un *principe* unique. Tel est le sens du traité de l'abbé Batteux: *Les Beaux-Arts réduits à un même principe.*[14]

Or, pendant toute l'élaboration de la «théorie classique» de l'art comme imitation de la nature, la valeur dominante est la vraisemblance, dont le rapport à la vérité est ambigü. Comme le dit Batteux, l'art n'est un mensonge ayant les caractères de la vérité que là où la vraisemblance est accomplie. En fait, avec la séparation qui, peu à peu, s'établit entre les sciences et les lettres, le vrai sera accaparé par les sciences, tandis que le beau deviendra l'apanage des arts. Partage dont l'idéalisme allemand contestera jusqu'à un certain point la validité, mais, que généralement, on ne met pas en cause, soit parce que la vérité est de plus en plus

---

dit Batteux, «ne peut pas comprendre comment l'ode ou la poésie lyrique peut se rappeler au principe universel de l'imitation». Pour Batteux, à l'inverse, faire déroger la poésie lyrique au «principe universel» ne peut qu'être le fruit d'un examen superficiel. L'importance d'un tel débat ne saurait être minimisée, si l'on veut comprendre ce qui a préparé l'avènement du romantisme allemand. Curieusement Gadamer est ici du côté de Batteux...

[13] Philostrate, *op. cit.*, p. 25.

[14] Cf. Charles Batteux, *Les Beaux-Arts réduits à un même principe*. Edition critique de Jean-Rémy Mantion, Paris (Aux Amateurs de Livres) 1989.

comprise, sous l'égide des sciences, dans le sens réducteur d'objectivité vérifiable, soit parce qu'elle se place en dernière instance, comme chez Hegel, sous l'égide du concept philosophique, au-delà du beau. Cela n'empêche pourtant pas Hegel d'affirmer la vérité de l'art, car c'est précisément cette vérité qui lui permet de constituer une science du beau, comme science du *bel art*.

Mais revenons à la théorie classique. Une fois qu'elle eût accompli l'unification des arts sous le principe de l'imitation, avec tout ce que cela comportait de rigidité, d'académisme, l'heure de la contestation allait sonner. Et l'un des motifs les plus puissants de la mise en cause de l'imitation est la crise qui, à partir de la deuxième moitié du XVIIIème siècle, affecte les rapports entre poésie et peinture.

L'*ut pictura poesis*,[15] adage horatien auquel le classicisme se voulait fidèle, est alors mis à mal par ceux qui essayaient de libérer la poésie d'un excès de pictorialisme ou de zèle *descriptif*, l'empêchant de jouer de toutes les ressources propres à son milieu d'expression: le langage. Tel est le thème du *Laokoon* (1763) de G.E. Lessing, qui, dans une démarche typique du XVIII ème siècle, entendait tracer les limites entre poésie et arts plastiques,[16] et par là même abolir les préceptes contestables qui obligeaient le poète et le peintre à se régler l'un sur l'autre. De même, pour Edmund Burke, si l'on excepte la poésie dramatique, «la poésie n'est pas rigoureusement un art imitatif».[17]

Ces brèves allusions font entrevoir combien la compréhension aussi bien de l'imitation que du rapport entre peinture et poésie avait subi des altérations considérables depuis la *Poétique* d'Aristote, chez qui il ne s'agissait aucunement de faire imiter un art par l'autre, mais d'une analogie de proportion entre peintres et poètes.[18] Ce que, dans *Temps et Récit I*, Paul Ricœur a mis en relief à propos de la conception aristotélicienne de la *mimesis* comme activité de configuration impliquant une intervention créatrice sur la masse des données transmises par la tradition ou prises à l'expérience de la vie, on le retrouve dans les réflexions de Robert Louis Stevenson sur l'art de la fiction romanesque. Que met-il

---

[15] Cf. l'excellent ouvrage de Rensselaer W. Lee, *Ut Pictura Poesis; The Humanistic Theory of Painting*, New York (W.W. Norton) 1967.
[16] Cf. G.E. Lessing, *Du Laocoon ou des limites respectives de la Poésie et de la Peinture*, traduit par Charles Vanderbourg, Paris (chez Antoine-Augustin Renouard) 1802.
[17] E. Burke, *Recherche Philosophique sur l'Origine de nos Idées du Sublime et du Beau*, Partie V, section VI, trad. fr. de E. Lagentie de Lavaisse, Avant-Propos de Baldine Saint Girons, Paris (Vrin) 1973, 308.
[18] Cf. notre essai 'Les Peintres de la *Poétique*', in: *La Part de l'œil*, n°8, Bruxelles 1992.

en avant, si ce n'est le travail de sélection, de simplification et d'arrangement impliqué par l'œuvre littéraire et qui la différencie de la vie dans sa réalité empirique? S'opposant à une affirmation de Henry James qui assignait au roman le but «de rivaliser avec la vie», Stevenson réplique: «Aucun art ne peut rivaliser avec la vie»,[19] voulant par là non dénoncer la faiblesse de la fiction, mais mettre en relief la vérité de l'art, dans son incommensurable différence avec la vie. Pour faire œuvre les artistes doivent «détourner les yeux de la nature surabondante».[20] «Ils répètent, ils arrangent, ils clarifient les leçons de la vie».[21] Autrement dit, ils imposent un ordre, créent une harmonie là où la vie est chaos, désordre difficilement maîtrisable et succession toujours inachevée. Aussi la réalité empirique n'est-elle pas la mesure de l'art, comme le naturalisme avait cru pouvoir le supposer.

Cela converge avec l'herméneutique ontologique de Gadamer dans son ambition de renouveler la pensée de l'art comme (re)présentation ou présentation (*Darstellung*). Se référant à l'action dramatique, Gadamer écrit: «Elle ne tolère plus d'être comparée à la réalité (*Wirklichkeit*), comme la mesure inavouée (*heimlichen Maßstab*) de toute ressemblance imitative».[22] Et cela, non pour critiquer la notion d'imitation, mais pour arracher celle-ci aux contraintes de la ressemblance «réaliste» et, enfin, pour souligner que l'œuvre d'art institue son propre espace, lequel, comme tout espace de jeu (*Spielraum*), ne saurait ni être mis bout à bout avec celui de la réalité quotidienne, ni mesuré, dimensionné par lui.

Dans *Vérité et Méthode*, retrouvant le sens ancien de la *mimesis*, Gadamer, souligne qu'en tant que (re)présentation (*Darstellung*), l'œuvre d'art comporte une fonction éminente de connaissance, de *reconnaissance*. Une œuvre représente pour autant qu'elle est une «configuration» (*Gebilde*), autrement dit «dans la mesure où elle se présente comme une totalité dotée de sens».[23] Dans son étude «Art et Imitation» (*Kunst und Nachahmung*), Gadamer va même plus loin puisque, remontant au-delà d'Aristote, – tout en suivant une suggestion de *Métaphysique* (cf. *Met.* I,

---

[19] Cf. R.L. Stevenson, *Essais sur l'art de la fiction*, éd. établie et présentée par Michel Le Bris, trad. de l'anglais par Marie Watkins et M. Le Bris, Paris (Petite Bibliothèque Payot) 1992, en particulier, 'Une humble remontrance'.

[20] *Ibidem*.

[21] *Ibidem*.

[22] H.-G. Gadamer, *Wahrheit und Methode,* J.C.B. Mohr, Tübingen, 1986, 117, trad. fr. d'E. Sacre, revue et complétée par P. Fruchon, J. Grondin et G. Merlio, Paris (Ed. du Seuil) 1996, 130; (trad. modifiée).

[23] Cf. *Wahrheit und Methode*, 123, trad. fr. 135.

6, 987 b) selon laquelle Pythagore avait déjà employé le terme-, il essaie de rejoindre le sens le plus originaire («pythagoricien») de *mimesis*. Ce sens est celui de «présentation d'un ordre» (*Darstellung von Ordnung*).[24] Aux yeux de Gadamer, un tel sens rend le concept de *mimesis* apte à être appliqué, contre toute attente, à un art non-représentatif. Le concept de *mimesis* engloberait aussi bien l'art représentatif que non-représentatif (ou non-figuratif), et par là même pourrait s'étendre jusqu'à l'architecture.

Insistons sur l'intérêt, pour une pensée de l'art, de la notion d'ordre. On peut, cependant, recourir à cette notion sans pour autant la faire apparaître comme nécessairement liée à la *mimesis*, car, en ce qui concerne cette dernière, on saurait difficilement mettre entre parenthèses son caractère référentiel et (re)présentatif de ce qui est déjà. Ce qui caractérise la *mimesis*, ce n'est pas tant de présenter un ordre, que de le faire comme «(re)présentant» un ordre qui lui sert de paradigme. La référence à une réalité «extérieure» est constitutive de la notion de *mimesis*, comme Gadamer lui-même l'admet. N'insiste-t-il pas sur le fait qu'il est inhérent à son sens de donner à «reconnaître» (*wiedererkennen*) quelque chose? Ce «quelque chose» pouvant, sans doute, être l'ordre du monde, comme c'était le cas, lorsque «Pythagore» employait la notion de *mimesis*. Mais, peut-on encore montrer «quelque chose» se donnant à *reconnaître* dans l'*ordre* inouï que présentent certains tableaux non-figuratifs? Autrement dit, convient-il encore de parler de *mimesis*, et si oui, sous quelles réserves (ou à partir de quelles transformations), là où, comme c'est le cas d'une œuvre telle que le *Carré blanc sur fond blanc* de Malévitch, il n'est plus question de «quelque chose», mais plutôt d'une «suspension du monde», qui n'est pas sans analogie avec la réduction transcendantale husserlienne, ou encore avec le «rien» de l'être dans sa différence avec l'étant, si l'on veut la penser en termes heideggeriens?

Il reste également à se demander si la distance prise par Gadamer à l'égard de l'esthétique des temps modernes, que, dans le sillage de Heidegger, il tient pour un simple corrélat de la métaphysique de la subjectivité, ne fait pas obstacle à une considération prenant davantage en compte les aspects plus proprement formels de la mise en œuvre, pourtant inhérents à son être d'œuvre en tant que «présentation» (*Darstellung*). Une telle prise de distance ne compromet-elle pas, tout compte fait, sa réhabilitation de la notion de *mimesis*? *Vérité et Méthode* détermine l'œuvre d'art comme «configuration» (*Gebilde*), entendue comme

---

[24] H.-G. Gadamer, 'Kunst und Nachahmung' (1967) in: *Gesammelte Werke*, vol. 8, Ästhetik und Poetik, Tübingen (Mohr) 1993, 36.

«une totalité de sens», sans beaucoup se soucier de l'avènement du sens à même l'apparaître (*Erscheinen*), toujours esthétiquement singulier. Une telle prise en considération esthétique des œuvres ne signifie nullement que l'on tente de réintroduire subrepticement la dichotomie forme/contenu, mais, au contraire, que l'on accueille l'œuvre d'art en tant qu'événement formel de par l'indissociabilité entre ce qu'une analyse dérivée et seconde tenterait, vainement, de distinguer comme une forme opposée à un contenu.

Prenant comme fil conducteur, dans *Vérité et Méthode*, les arts de la performance (en particulier l'art dramatique, mais aussi l'art musical), Gadamer a cherché à surmonter ce qu'il y désigne comme *différenciation esthétique,* celle que l'on suppose exister entre l'œuvre et son exécution. Ce faisant ne refoulait-il pas un autre sens de la d*ifférenciation esthétique*, à savoir l'acte même par lequel, faisant fond sur son apparaître, on distingue une grande œuvre d'art d'une autre de moindre portée. Sans doute, craignait-il la menace d'un retour en force de la problématique kantienne du jugement de goût, qui demeure en-deçà de la problématique ontologique qu'il souhaitait promouvoir. Aussi a-t-il été amené à faire l'impasse sur la dimension esthétique, pourtant inséparable de la portée ontologique de l'art. Presque jamais, chez Gadamer, les œuvres picturales ne sont envisagées dans leur singularité.

C'est ce que montre la réflexion sur les «nature-mortes» (*Stilleben*) de l'école hollandaise.[25] Premier dépassement, dit Gadamer, de la peinture narrative. Cela ne veut pas dire la suppression du sens symbolique, puisque beaucoup d'éléments y attestent la «vanité» de toute cette richesse sensuelle, dont la nature morte est la célébration non-naïve. C'est le cas d'un motif récurrent dans beaucoup de natures-mortes du XVII ème siècle: le citron à demi épluché. Ce qui motive cette récurrence, d'après Gadamer, c'est la relative rareté du fruit, la dialectique de la peau non consommable et du fruit aromatique, son acidité à la fois attirante et repoussante.[26] Quelle que soit la justesse de l'interprétation iconographique, elle n'en laisse pas moins entièrement de côté les aspects proprement picturaux de la présentation du citron, en particulier ce jaune qui, une fois peint sur la toile, y apparaît en tension avec les autres autres notes de couleur du tableau. Oubliant ainsi tout ce qui fait d'un tableau une composition picturale singulière, Gadamer oblitère l'être proprement pictural des œuvres. Dès lors l'herméneutique ontologique

---

[25] H.-G. Gadamer, 'Vom Verstummen des Bildes' (1965) in: *op. cit.*, 315-322.
[26] Cf. art. cit., p. 317.

n'est plus capable de penser la dimension proprement phénoménologique de l'œuvre d'art.

Peut-être l'impasse s'annonce-t-elle déjà dans la définition de l'«image» ou de «la figure» (*Bild*) comme «totalité dotée de sens», pour autant que la réflexion évite la question du rapport du sens à sa mise en forme. Un «sens» ayant toujours un caractère d'*idéalité* par rapport à une incarnation singulière, cette définition contribue en fait à éluder le comment de l'émergence du sens dans des œuvres individualisées et donc l'avènement-événement de leur apparaître *(Erscheinen)*. Il est à craindre qu'à être considérée comme totalité dotée de sens, et ce dans une conception du sens où celui-ci est essentiellement confié à la *Sprache*, l'œuvre ne finisse par se trouver réduite à son thème ou à ses «mots directeurs». Mais une œuvre picturale se laisse-t-elle réduire aux significations langagières du commentaire iconologique, voire de l'interprétation ou de la méditation qu'elle suscite? Quel sens y a-t-il à faire d'un tableau, ou d'une sculpture (de même à propos d'une œuvre musicale et même d'un poème) une totalité dotée d'un sens à déchiffrer – ce qu'assurément *est* et *doit être* chaque œuvre-, si l'on ne prête pas en même temps attention à la façon dont ce «sens» se constitue à travers ses composants jamais réductibles sans reste au langage: le rythme de ses lignes, l'ampleur de ses masses, leur sens directionnel, enfin l'espace requisitionné dans et par l'œuvre, pour ne rien dire du jeu des couleurs et / ou de la lumière en peinture.

Certes, faisant allusion à l'art non-représentatif, à l'art non-objectif *(gegenstandslose Kunst)*, Gadamer mentionne, dans une généralité vague, le jeu des formes et des couleurs. Cependant, à faire l'impasse sur l'esthétique, à maintenir, en fait, le sentir et les constituants sensibles à l'écart, Gadamer ne peut faire autrement que de considérer le ou les sens de l'œuvre comme des sémantèmes relevant d'un «comprendre» régi par la *Sprache*. Ne soumet-il pas ainsi la peinture à ce que, dans son ouvrage *Peinture et Réalité*, Etienne Gilson nommait «la dictature du langage»? Comme le dit Henri Maldiney, «*ni la forme ni l'image ne sont des sémantèmes*». «*Pourtant,* poursuit Maldiney, *elles ont un sens. Quelle espèce de sens? La première et fausse réponse serait de dire: une forme a un sens symbolique; une image a un sens représentatif: elle renvoie à un être ou à un objet dans le monde. Une forme ne peut devenir symbole que thématisée en* Gestalt. *Mais alors n'étant plus* Gestaltung, *forme en voie d'elle-même, elle se trouve déchue de ce qui constitue sa dimension formelle, de ce par où justement elle est forme, de son rythme générateur*».[27]

---

[27] Henri Maldiney, 'Image et Art', in: *op.cit.*, 287.

Lorsqu'il s'agit de la forme et non pas du signe, le procès de sa formation et celui de sa signification sont un. Dans une œuvre picturale ou plastique, l'attention doit se porter sur la «signifiance» inhérente à la forme, et la forme signifie pour autant qu'elle sait «garder vivante en elle, dit encore Maldiney, la marque du sentir».[28]

Même si Gadamer s'efforce de penser plus originairement le concept de *mimesis*, comme «présentation d'un ordre», jamais il ne se soucie d'enraciner cette «présentation» *(Darstellung)* dans la dimension esthétique. A aucun moment, Gadamer ne cherche à articuler sa compréhension plus originaire de la *mimesis* comme «présentation d'un ordre» à la notion fondamentale de «rythme», reconnue par Aristote comme le trait commun à la plupart des arts.[29] Bien qu'à propos de la peinture, ce dernier ne mentionne que les figures *(skhemata)* et les couleurs *(khromata)*, une pensée plus approfondie de la forme picturale envisagée à même sa formation, en tant que forme non figée mais vivante, en appelle au rythme et par là aussi renvoie au sentir.[30] Déjà Schelling affirmait du dessin qu'il est le rythme de la peinture, pour abolir ensuite l'opposition entre le coloris et le dessin et reconnaître par là le caractère formateur de la couleur.

Quelle que soit son «ouverture» à l'art contemporain non-représentatif, Gadamer soumet tout, en dernière analyse, à l'ordre de la *Sprache* puisqu'il persiste à interpréter la peinture selon le topos classique d'un dire muet, confirmant ainsi ce que nous soupçonnions tout à l'heure: qu'il n'interprète les «jeux de la forme et de la couleur» qu'inféodés subrepticement à des sémantèmes. Certes, ces jeux-ci rendent présent un *logos*, mais *logos* ne renvoie pas nécessairement à l'ordre de la *Sprache*. Au sens grec de *rapport*, il peut aussi renvoyer à ce que Cézanne appelait la «logique des sensations organisées». Que ce soit pourtant la *Sprache* qui domine l'approche gadamérienne des arts se trouve abondamment confirmé par les positions qu'il assume dans ses essais sur l'esthétique et la poétique. Des trois catégories les plus générales qu'il reconnaît à la pensée de l'art: l'imitation, l'expression et le signe, la première, d'après lui, précède par son universalité les deux autres. Mais, n'entend-il pas aussi montrer – oubliant la possible «antériorité» de la danse pour la constitution de la notion – qu'en réalité le concept originaire de *mimesis*

---

[28] *Ibidem*, p. 287.
[29] *Poétique* 1447 a 18.
[30] Cf. Maldiney, 'Image et Art' in: *op.cit.*, 285. On y lit: «La *dimension formelle* est la dimension selon laquelle la forme se forme, c'est-à-dire sa dimension rythmique».

«rend possible de légitimer l'essentielle priorité de la poésie vis-à-vis des autres arts»?[31]

Développant la pensée heideggérienne sur le *Dichten*, la *Dichtung*, Gadamer affirme que «la pensée, qui pense tout art comme condensation ou densification poétique (*Dichtung*) et qui dévoile l'être-langagier de l'œuvre d'art est elle-même en chemin vers le langage».[32] Ne rend-il pas alors patent que, pour lui, c'est de ce *Sprachesein des Kunstwerks* que l'œuvre non-langagière en dernière analyse tire son sens essentiel? Ce faisant, n'occulte-t-il pas entièrement ce qui relève de la spatio-temporalité de l'art, voire de sa chair sensible, autrement dit de sa dimension proprement esthétique?

Gardons ici présent l'enseignement de Kant au sujet de l'espace. Comme les *Prolégomènes* le soulignent, certaines caractéristiques spatiales, données immédiatement dans l'intuition sensible, demeurent irréductibles à leur compréhension conceptuelle. Cette irréductibilité dernière de la spatialité (qui rappelle celle de la *chora* platonicienne) ne peut *a fortiori* qu'être vraie des images et formes artistiques. Même si, d'après Kant, en elles, l'idée esthétique «doit être produite par un concept de l'objet», elles ne sont pas saisissables à part l'intuition sensible.[33] De cette vérité tout art pictural ou plastique témoigne. Lorsque Kandinsky affirme que «le haut (du Plan Originel) évoque l'idée d'une plus grande souplesse, une sensation de légèreté, d'ascension et finalement de liberté», ou qu'il distingue la signifiance de l'orientation vers la gauche de celle vers la droite, le «sens» est celui d'une direction significative de l'espace, et non pas un sens que le langage pourrait entièrement appréhender en dehors de son effet sur la sensibilité et la mobilité.

Il en va de même pour ce que le poète Joseph Brodsky ressent à la vue de l'intervalle entre la paume de la main de la Vierge et le pied de l'enfant Jésus, dans le tableau de Bellini dans la *Chiesa della Madonna dell'Orto* à Venise. L'impact affectif de ce *inch-wide interval* est lié à l'intuition sensible et ne saurait entièrement passer dans le langage. Au langage, il revient d'exalter et de célébrer, dans une sorte de transmutation, ce qu'a donné à voir le tableau et les pensées qu'il a fait naître.

---

[31] H.-G. Gadamer, 'Dichtung und Mimesis' (1970) in: *op.cit.*, 81.

[32] Cf «Zur Einführung», placée à la fin de l'édition Reclam de *Der Ursprung des Kunstwerkes* de M. Heidegger, 125.

[33] Cf. Kant, *Critique de la Faculté de Juger*, § 51. Les «arts de l'image et de la forme» y sont dit «arts de l'expression des idées dans l'intuition sensible». Cela signifiant aussi que le langage n'en est pas quitte.

Malgré son vœu explicite, l'herméneutique gadamérienne pense l'œuvre d'art comme une totalité de sens capable, en dernière analyse, de se passer de son propre corps. Elle laisse sans *reconnaissance* véritable ce qui caractérise en propre les œuvres picturales, plastiques ou musicales dans leur auto-donation sensible. C'est peut-être le prix à payer pour une pensée de l'art n'ayant pas compris que la notion de *mimesis*, même à la prendre dans un sens plus originaire, ne pouvait, à elle seule, ressaisir ce qui se donne à penser dans une œuvre d'art, surtout non langagière. Que malgré sa fécondité, elle laisse échapper quelque chose de la vérité ontologique des œuvres d'art et qui n'est pas sans rapport avec ce que, dans *L'Origine de l'œuvre d'art,* Heidegger nomme la Terre.

Comme le disait déjà Henri Focillon faisant référence à «la forme dans la matière»:

> «*c'est là, sans doute, dans un art apparemment voué à l'imitation', qu'apparaît le mieux ce principe de non-imitation, cette originalité créatrice qui, des matériaux fournis par la nature, extrait le matériel et la substance d'une nature nouvelle, et qui ne cesse de se renouveler*. Et il ajoute: *'même si nous ne faisons pas intervenir la couleur, nous voyons bien que la matière varie dans sa composition et dans le rapport évident de ses parties. Et si nous évoquons la couleur, il est clair que le même rouge, par exemple, acquiert des propriétes différentes, non seulement selon qu'il est traité à la détrempe, à l'œuf, à la fresque, à l'huile, mais, chacun des procédés, selon la manière dont il est posé.'*»[34]

«La forme dans la matière», qui manifestement ne relève pas de l'imitation, quelle que soit la façon de comprendre celle-ci, est-elle extrinsèque au sens de l'œuvre? Faudrait-il voir comme n'appartenant pas au sens d'un tableau tout ce qui dépend du coup de pinceau, de la modulation ou du traitement de la surface peinte? C'est bien à quoi nous serions contraints, si la catégorie de la *mimesis* se donnant dans l'horizon de la question herméneutique du sens pensé uniquement à partir de la *Sprache*, prétendait à elle seule dominer une considération pensante de la vérité de l'art.

Ainsi une herméneutique ontologique ne sera à la hauteur de la vérité ou de «l'éclair de l'être»[35] resplendissant dans certaines œuvres, que lorsque, faisant véritablement retour à la phénoménologie, elle pourra faire place aux traits qui, dans une œuvre, relèvent de ce que le langage peut seulement indiquer, suggérer, interpréter, mais non pas véritablement dire, pour autant qu'ils renvoient à la *singularité* d'une auto-donation, où la dimension proprement esthétique, voire spatio-charnelle, est irrévocable.

[34] Henri Focillon, *Vie des formes,* Paris (PUF) 1964, 64.
[35] Cf. le recueil d'Henri Maldiney, *L'art, l'éclair de l'être*. Ces «traversées» de l'art constituent une référence essentielle d'une approche phénoménologique de l'art et des œuvres d'art.

JACQUES DE VISSCHER, Gent / Nijmegen

L'HERMÉNEUTIQUE COMME UN DÉFI À L'ESTHÉTISME

> Si le silence favorise la transmission d'un 'message', c'est d'abord parce que la négation silencieuse supprime ou atténue le secteur le plus tapageur de l'expérience. La recherche du silence est la recherche d'un au-delà métempirique ou supra-sensible plus essentiel que l'existence tonitruante et rugissante: elle nous prépare donc sinon à connaître, du moins à recevoir la vérité.
>
> Vladimir Jankélévitch

A la fin de sa vie d'esthète, Jean des Esseintes, le héros (ou anti-héros) du roman *A rebours* de Joris-Karl Huysmans, se sent inquiet et dépaysé dans le monde de l'art littéraire et poétique. Tout d'abord il veut réorganiser sa bibliothèque afin de préserver seulement ces livres qui contentaient ses secrets désirs. Malheureusement il découvre qu'il y en a plus. Ce qui lui intéressait était le tempérament de l'écrivain et le travail de sa cervelle, «quel que fût le sujet qu'il abordât». Hélas, cette forme d'appréciation était devenue inapplicable, «par ce simple motif que, tout en désirant se dégager des préjugés, s'abstenir de toute passion, chacun va de préférence aux œuvres qui correspondent le plus intimement à son propre tempérament et finit par reléguer en arrière toutes les autres». L'attitude intentionnée de Jean des Esseintes est exemplaire pour un esthétisme particulier: il veut participer à la logique de la création artistique dans son sens absolu du génie divin.

> En se sondant bien (...) il comprenait d'abord que, pour l'attirer, une œuvre devait revêtir ce caractère d'étrangeté que réclamait Edgar Poe, mais il s'aventurait volontiers plus loin sur cette route et appelait des flores byzantines de cervelle et des déliquescences compliquées de langue; il souhaitait une indécision troublante sur laquelle il pût rêver, jusqu'à ce qu'il la fît, à sa volonté, plus vague ou plus ferme selon l'état momentané de son âme. Il voulait, en somme, une œuvre d'art et pour ce qu'elle était par

elle-même et pour ce qu'elle pouvait permettre de lui prêter; il voulait aller avec elle, grâce à elle, comme soutenu par un adjuvant, comme porté par un véhicule, dans une sphère où les sensations sublimées lui imprimeraient une commotion inattendue et dont il chercherait longtemps et même vainement à analyser les causes.

Il est remarquable que Jean des Esseintes, réorganisant sa réception esthétique, s'éloigne de plus en plus de la réalité «et surtout du monde contemporain qu'il tenait en une croissante horreur» et qu'il se détourne «le plus possible des tableaux et des livres dont les sujets délimités se reléguaient dans la vie moderne». En somme, il se replit sur soi-même et évite la confrontation avec le monde. Pour lui l'œuvre d'art ne peut pas être liée avec son historicité authentique. N'est ce pas nier une des possibilités de la lecture et de la contemplation esthétique, c'est-à-dire l'ouverture sur le monde d'autrui, de la communauté, qui est, normalement aussi son propre univers? Jean des Esseintes connaît l'horreur et il veut retarder le désastre par une attitude radicale d'esthétisme afin d'échapper d'un monde qui ne peut que décevoir. Nous nous trouvons ici dans un esthétisme qui déconceptualise le monde et qui se réjouit dans son désintéressement (qui n'est au fond qu'un intérêt en soi-même). Jean des Esseintes rejoint ici un certain kantisme qui trouve dans le jugement de goût une finalité sans fin, qui veut rester purement contemplatif, sans susciter d'intérêt pour l'objet et le monde extérieur qu'il représente. Comme dit Kant, ce plaisir esthétique recherché comprend

> en lui-même une causalité consistant à *conserver* sans autre intention l'état de la représentation même et l'activité des facultés de connaître. Nous nous *attardons* à la contemplation du beau, parce que cette contemplation se fortifie et se reproduit elle-même; c'est un état analogue (mais non pas identique) à l'arrêt de l'esprit (*Verweilung*), lorsqu'une propriété attrayante dans la représentation de l'objet éveille à plusieurs reprises l'attention, – état en lequel l'esprit est passif.

Ce passage du par. 12 de la *Critique de la faculté de juger* (*Kritik der Urteilskraft*) donne une excellente description de l'attitude esthétisante qui implique un ascétisme, une grande discipline pour se concentrer sur l'objet de contemplation en déployant un mode de représentation sans aucun intérêt. Comme nous avons vu, Jean des Esseintes n'y parvient pas; il n'a que ses passions et ses préférences. Et comme il s'abstient du monde qui l'englobe il ne peut que jouir des formes qui ne disent ou n'évoquent plus rien. Comprendre une œuvre est devenu une passion inutile. Se protégeant contre l'horreur du monde l'esthétiste radicale se referme dans un bastion d'autodéfense où l'art ne peut être qu'autoréférentiel. Ici l'esthétisme doit toujours être en contradiction avec l'herméneutique qui prend l'ouverture de l'œuvre au sérieux. L'art d'interpréter, de chercher à rendre compréhensible ce qui à première vue semble inintelligible ne peut que défier l'esthétisme qui défend à tout prix l'inintélligibilité du libre jeu des formes littéraires et plastiques, comme si toutes ces formes ne seraient que de la musique pure – et par conséquent abstraite, car sans aucune suggestion d'un contenu. L'esthétisme qui se défend contre l'attitude herméneutique se trouve obligé de faire abstraction de la dimension expressive de l'œuvre d'art par laquelle elle nous renvoie au monde.

Cette position anti-herméneutique implique aussi un anti-intellectualisme qui veut défendre l'authenticité de l'art contre tout approchement rationnel ou toute méthode qui vise la compréhension qui rétablit l'œuvre dans son contexte mondain. Cet esthétisme qui affirme l'autonomie absolue de l'art se méfie de toute soi-disante traduction ou de toute explication. Une interprétation serait une trahison impardonnable qui ne peut que gâter la jouissance esthétique. Nous retrouvons une position analogue dans les réflexions sur l'art de l'essayiste américaine Susan Sontag, auteur d'un très beau livre sur la photographie. Dans ses dix propositions concernant l'interprétation – l'essai s'intitule 'Against Interpretation' – elle soutient une polémique acharnée contre toutes les herméneutiques, soit-elle structuraliste, psychoanalytique, phénoménologique ou marxiste. Enfin elle conclut avec la proposition laconique finale: «In place of a hermeneutics we need an erotics of art» (Au lieu d'une herméneutique nous avons besoin d'un érotisme de l'art). Evidemment on peut se demander si l'érotisme n'implique pas une notion de compréhension, ou si la pratique herméneutique n'exige pas une dimension érotique dans son sens platonicien. En tout cas cette proposition de Susan Sontag est exemplaire pour l'attitude esthéticiste qui veut préserver l'autonomie de l'art contre chaque approche herméneutique qui pourrait établir un lien entre un poème ou tableau avec le monde éthique, politique ou religieux. Pour cet esthétisme l'herméneutique est un défi dangereux qu'il faut dépasser, surmonter ou vaincre à tout prix. Mais, cela, n'aboutirait-il pas à un nihilisme qui substituerait le cogito moral, une notion de Jankélévitch, au cogito esthétique qui dans son reflet solipsiste ne peut résulter que dans une autojouissance? En somme, l'autoréférence de l'œuvre d'art si souvent réclamée, mais mal défendue, nie que toute référence est co-référence, référence dialogique ou dialogale, comme dit Paul Ricœur, dans *Temps et récit*; et je conclus avec Ricœur qu'on n'a pas à choisir entre esthétique de la réception et une ontologie de l'œuvre d'art. Ce que reçoit un lecteur, c'est non seulement le sens de l'œuvre mais, à travers son sens, sa référence, c'est-à-dire l'expérience qu'elle porte au langage et, à titre ultime, le monde et sa temporalité qu'elle déploie en face d'elle.

L'esthétisme qui se protège contre le monde et son invitation à l'herméneutique préfère à la fin de compte une esthétique de la réception en la mutilant par le démembrement de ses références dialogales. A partir de cette position qui nie la réponse à l'invitation herméneutique l'esthétiste ne peut que s'éloigner du monde, comme Jean des Esseintes dans le silencieux repos de sa maison de Fontenay.

CORNELIA VISMANN, Frankfurt (Oder)

VON DER POESIE DES RECHTS ODER VOM RECHT IN DER DICHTUNG. FRANZ KAFKA UND JOHANN PETER HEBEL

1. Zugang zum Recht: Schranken

Von der Unzugänglichkeit des Rechts ist schon oft die Rede gewesen. In Franz Kafkas Erzählung "Vor dem Gesetz" wird diese nicht nur thematisiert, sie hat darin beinahe selbst den Status eines Gesetzes angenommen: eines Gesetzes der Unzugänglichkeit von Recht und Literatur gleichermaßen, wenn man an die unzählig vielen Deutungsversuche denkt. *Ein* Zugang findet sich allerdings in der Erzählung selbst, genauer in Kafkas Roman "Der Proceß", in den diese eingebettet ist. Es heißt dort, daß neben einer Treppe ein kleiner Zettel aufgehängt sei, auf dem "in einer kindlichen, ungeübten Schrift" geschrieben stehe: "Aufgang zu den Gerichtskanzleien".[1] Dieser Hinweis, der Josef K. bekanntlich durch einen schier endlosen Instanzenweg schicken wird, weist zugleich den Weg, den das Recht durch den Roman nimmt. Er führt über die "Kanzlei", frühneuzeitlich *cancellaria,* die "in der Entwicklung des abendländischen Staates von nicht geringer Bedeutung ist."[2] Und in dem Maße, in der die Herausbildung des Staates mit der des Rechts verknüpft ist, läßt sich beides anhand der Genealogie der Kanzleien nachvollziehen.

Die Kanzlei hat die Geschichte des Rechts gespeichert. Nicht zuletzt deswegen besitzt sie im Roman jene Anziehungskraft und Abstoßungsmacht zugleich, die etwas über Zugang und Unzugänglichkeit des Rechts aussagt, über den Verstehensimperativ und die Verstocktheit der Gesetze,

---

[1] Franz Kafka, *Der Proceß* (1925), Roman in der Fassung der Handschrift, herausgegeben von Malcolm Pasley, New York City 1990; 87f.
[2] Hans Walter Klewitz, 'Cancellaria. Ein Beitrag zur Geschichte des geistlichen Hofdienstes', in: *Deutsches Archiv für die Geschichte des Mittelalters,* 1.Jg. (1937), 45-79, 47, vgl. auch 78f.

über Öffentlichkeit und Geheimnis schließlich als Strategien des Staates. In einem Arbeitspapier können und sollen diese großen Themen allein als Programm einer möglichen Forschung skizziert werden, die sich im Feld der Überschneidungen von Recht mit Literatur ergibt. Mit Verschiebung auf das Terrain des Literarischen – jener imaginäre Ort der Kanzleien in Kafkas Roman – wird eine andere Perspektive auf die Geschichte des Rechts und der juridischen Formen eröffnet, wie im Folgenden angedeutet werden soll.

Die *cancelli*, aus denen nicht nur etymologisch die Kanzlei entstanden ist, bezeichnen zunächst "die mit einer Gittertür versehenen Schranken, die den Platz einer politischen oder amtlichen Versammlung, namentlich den des Gerichtshofes absperren."[3] Schranken regulieren den Zugang zum Gericht. Im Proceß-Roman kommen sie als "Tor zum Gesetz" an exponierter Stelle vor: in der bereits genannten Türhütergeschichte, die eben vom Zugang zum Recht handelt. Ein Mann vom Lande begehrt Einlaß durch das Tor zum Gesetz und wird von einem Türhüter immer wieder abgewiesen. Der Türhüter dieser Erzählung hat im *cancellarius* des römischen Rechts einen historischen Verwandten. Er erhält im antiken Rom des vierten vorchristlichen Jahrhunderts seinen Titel aus der Tätigkeit, die Schranken des Gerichts zu bedienen, um den Verkehr zwischen Beamten und Publikum zu regeln. "*Cancellarius* bedeutet [darum] ursprünglich den Thürsteher."[4]

Es liegen Jahrhunderte dazwischen, bis sich in der zweiten Hälfte des 12. Jahrhunderts n. Chr. aus den *cancelli* die *cancellaria*, aus den Gittern oder Schranken vor Gericht Ort und Organisationsform einer Kanzlei entwickelt. Sie ist ein "abgeschlossener, vergitterter Ort", wo mündlich erteilte Befehle ihre "Ausfertigung in Schrift" erhalten, wie es im Grimmschen Wörterbuch heißt.[5] Mit Jacob Grimm, der 1813 "Von der Poesie im Recht" schreibt,[6] wäre auch der umgekehrte Weg zu dem bisher nahegelegten eingeschlagen, der nicht allein rechtshistorische Daten in literarischen, sondern auch die poetische Kraft in rechtlichen Texten aufsucht. Von dieser Kraft wird schließlich auch der Roman des Juristen Kafka getragen und sie ist es, die den Versuch legitimiert, die Geschichte des Rechts, oder genauer einen Aspekt daraus, über die Geschichte des

---

[3] O. Seeck, 'Cancelli', in: *Paulys Real-Encyclopädie der classischen Altertumswissenschaft* (1988), Sp. 1459.

[4] Ebd. Sp. 1456 f. und Sp. 1458.

[5] 'Kanzlei', in: *Deutsches Wörterbuch von Jacob und Wilhelm Grimm*, Bd. 11, Leipzig 1873 (Nachdruck München 1984).

[6] Jacob Grimm, *Von der Poesie im Recht*, Darmstadt 1963 (mit Dank an Rainer Enskat).

Romans zu erschließen. Kafkas Kanzleien sind ebenso wie ihre historischen Vorbilder komplexe Systeme aus Schranken und Toren, Schrankenwärtern und Torhütern, Boten- und Befehlswegen. Es sind Schaltstellen des Rechts, Transmissionen zwischen Publikum und Herrschaftszentrum; Öffentlichkeit und Arkanum, Ort der Übersetzung von mündlichem Mandat in schriftliche Gesetze.

Die *cancellarii,* die im historischen Verlauf von subalternen Schrankenwärtern über Kanzleibeamte zum politischen Amt des Kanzlers in der heute noch gültigen Form aufsteigen, haben in den *tabelliones* und *tabularii* der römischen Antike ein verwandtes Institut. Sie sind Notaren vergleichbar, die ebenso wie ihre Kollegen in den Kanzleien der römischen Kaiser Schriftstücke juristischer Art abfassen und überbringen. Eine der ausführlichsten Untersuchungen zu dieser Vermittlerfigur des Rechts stammt von Ivo Pfaff,[7] dessen Vorlesungen zur Rechtsgeschichte der Jurastudent Franz Kafka um die Jahrhundertwende besucht hat. Sie erschien 1905, also einige Jahre vor Abfassung der Türhütergeschichte. Im Duktus juristischer Gutachten, Relationen, werden darin die verschiedenen Ansichten zur historischen Funktion des *tabularius* aufgeführt und gegeneinander abgewogen. Unschwer ist dieser Stil, mit dem ein Urteil vorbereitet, nicht aber gefällt wird, in dem exegetischen Votum des Priester-Richters anläßlich der Türhütergeschichte wiederzufinden. – Man muß nur *tabularius* durch Türhüter ersetzen. Kafkas Aufmerksamkeit, geschärft nicht zuletzt vielleicht durch rechtsgeschichtliche Vorlesungen wie die Pfaffs, gilt solchen Agenten des Rechts. Im Roman kommen Türhüter, Boten und Kanzleibeamte – *cancellarii* aller Art – vor. Sie übernehmen Relaisfunktionen. Sie eröffnen den Zugang zum Recht. Anders ausgedrückt: aus Rechtsfragen werden, wenn man sich von der Funktion einer Kanzlei leiten läßt, Zugangsfragen.

Die Zugänglichkeit zum Recht ist ebenso eine Angelegenheit der Verschriftlichung wie der Verräumlichung, der Ausführung in Schrift wie der Errichtung von Schranken, der Graphisierung wie der Topographisierung von Gesetzen. Beide Vorgänge finden in den Kanzleien statt, in den vergitterten Schreibstuben und an den Gerichtsschranken. Dabei stehen ebenso wie die *cancellarii* der Geschichte des Rechts auch die der Geschichte des Romans jeweils an einer bestimmten Zugangsbarriere und dürfen sich ausschließlich mit dem Teil befassen, "der vom Gesetz

---

[7] Ivo Pfaff, *Tabellio und Tabellarius. Ein Beitrag zur Lehre von den römischen Urkundspersonen,* Wien 1905.

für sie abgegrenzt ist".[8] Diese Regelung bringt die Architektonik des Rechts hervor: eine gestaffelte Ordnung aus Schranken, Schwellen, Stationen, ein Instanzenzug oder Geschäftsgang, ein hierarchisches Gebäude. Es ist allerdings nicht statisch zu denken, als Bau-Werk, sondern in Bewegung, von seinen Relais' her, so daß die hier skizzierte Architektonik eher einer Mechanik, einer Gesetzesmaschine nach Deleuze/ Guattari gleicht.[9]

Im Überrennen und Übersehen von Schranken, in ihrer Entschränkung entfaltet sich schließlich die metabolische Architektur Kafkas. Kanzleien gehen unmerklich in Dachböden über, Sitzungssäle werden Mietwohnungen und Bureaux' Schlafzimmer. Auch dies hat sein Analogon in der Rechtsgeschichte. Dort wo – historisch gesehen – noch keine Schranken errichtet sind, wo also 'das Amtliche' noch nicht streng von Privatheit getrennt ist, ähnelt die Architektur der von Kafka beschriebenen imaginären, in der die als unüberwindliches Hindernis aufgebauten Schranken überraschend fallen, um dann an unerwarteter Stelle wieder errichtet zu werden. So ist zum Beispiel die in der Tradition des römischen Rechts stehende päpstliche Kanzlei im 12. Jahrhundert "die Wohnung des Vizekanzlers [...] und seiner *familia* – seine livrée [...]. Es gab also nicht getrennte 'Amtsräume' und Wohnung des Vizekanzlers."[10] Kanzleischreiber der Kurie nahmen die Briefe, die auszufertigen waren, mit zu sich nach Hause und arbeiteten nach freier Zeiteinteilung.[11] Auch die willkürliche Festlegung der Bürozeiten findet seine Entsprechung im Proceß-Roman, in dem Josef K. etwa auf einen Sonntag ins Gericht bestellt wird oder wichtige Verhandlungen vorzugsweise nachts stattfinden.

[8] Kafka, *Der Proceß*, 158; zu diesem Aspekt auch Jacques Derrida, *Préjugés. Vor dem Gesetz*, aus dem Französischen übersetzt von Detlev Otto und Axel Witte, Wien 1992.

[9] Demnach wäre ein juristischer Satz oder ein Urteil "als Gebrauchsanweisung für die Maschine" zu lesen. Im "Treffpunkt der technischen Maschine und des juristischen Satzes" ließe sich die Mechanik eines Gesetzes-Werkes analysieren; Gilles Deleuze und Félix Guattari, *Kafka. Für eine kleine Literatur*, aus dem Französischen übersetzt von Burkhard Kroeber, Frankfurt a.M. 1976, 113; ähnlich hat auch Ferdinand Fellmann ausgehend von der Diagnose des Verlustes von Autorschaft und der "Anonymität des Zitats" (die für einen Gesetzestext übrigens Programm ist) darauf hingewiesen, daß die Bau-Metaphorik für Literatur bei Kafka eher als Prozeß-Vernetzung denn als monumentales und unumstößliches Bau-Werk zu begreifen ist, 'Poetische Existentialien der Postmoderne', in: *Deutsche Vierteljahresschrift für Literaturwissenschaft und Geistesgeschichte*, 63. Jg. (1989), 751-763, 761f.

[10] Brigide Schwarz, *Organisation kurialer Schreiber*, Tübingen 1972, 139f.

[11] Vgl. ebd., S. 70f, 145.

2. Auslegung des Rechts: Präambeln

Die Kanzlei als Ort der Schriftproduktion umfaßt also beide Aspekte, Architektur und Text des Rechts. Innerhalb eines Gesetzestextes findet sich die Operation wieder, Schranken zu errichten und damit allererst Zugangsmöglichkeiten zu eröffnen und das heißt, das Begehren nach Zugang zum Gesetz zu stimulieren. Innerhalb eines Gesetzeswerks übernehmen Präambeln die Funktion von Schranken. Präambeln leiten ein Gesetz ein und sollen nachfolgend als Auslegungshilfen dafür herangezogen werden.[12] Weil sie dem Gesetz bloß vorangestellt sind, besitzen sie unmittelbar keine Gesetzeskraft. Vielmehr vermitteln sie das Anliegen des Gesetzgebers und den historischen Kontext, in dem das Gesetz zu lesen ist. Sie haben die Funktion, die Geschichte, und zwar die Geschichte der Entstehensbedingungen, der Motive und Zielvorstellungen des Gesetzgebers zu erzählen und in Erinnerung zu halten. Geschichten, die das allgemeingültige Gesetz nicht enthält und aus Gründen der Allgemeingültigkeit auch nicht enthalten darf, stehen also außerhalb, vor dem Gesetz. Gesetzestechnisch betrachtet wird die Präambel damit auf die Domäne der Erzählung, den Ort des Literarischen be*schränkt*.

Die schon erwähnte Türhüterlegende, die isoliert vom Roman als Erzählung unter dem Titel "Vor dem Gesetz" erschienen ist, ließe sich versuchsweise als eine solche Präambel lesen. Der Titel rechtfertigt dies, verweist doch bereits die darin enthaltene Positionsbestimmung auf das, was vor dem Gesetz steht. Und die Worte, mit denen der Geistliche die Erzählung innerhalb des Romans ankündigt, scheinen diese Situierung des Textes vor einem Gesetz zu bestätigen. Der Priester spricht im Zusammenhang mit der Türhütergeschichte ausdrücklich von "den einleitenden Schriften zum Gesetz"[13] und nicht etwa vom Gesetz selbst. Verfaßt ist dieses gesetzliche Vorwort von einem Schriftsteller, oder genauer von einem Juristen, der jedenfalls für die Nacht der Niederschrift mit dem amtlichen Schreiben aussetzt, die Tagesordnung des Rechts präambulierend. Auf die Präambel-Geschichte folgt jedoch kein Gesetz und das ist das Drama, das die notorisch unendliche Deutungsmanie

---

[12] Präambeln als Auslegungshilfe vgl. 'Präambel' in: Horst Tilch (Hrg.), *Deutsches Rechtslexikon*, Bd. 2, München 19922; grundlegend zur Geschichte von Präambeln: Marie Theres Fögen, 'The Legislator's Monologue. Notes on the History of Preambles', in: *Chicago-Kent Law Review. Symposium on Ancient Law, Economics and Society*, 70. Jg. (1995), 1593-1620.

[13] Kafka, *Der Proceß*, 292.

auslöst. Die Erzählung bleibt ewig Ankündigung; was als Auslegungsvorschrift gedacht war, läuft in der Auslegung dessen, was ausbleibt, leer.

Man könnte auch sagen: die Präambel, auf die kein Gesetz folgt, kann nicht anders, als auf ihre eigene Auslegung zu verweisen. Sie ist ihr eigenes Gesetz, *das Gesetz der Auslegung*. Die als Präambel gelesene Erzählung ruft, wie alle Präambeln, den Willen zur Auslegung hervor und zwar dadurch, daß sie eine Ankündigung auf ein Gesetz enthält. Was sie ankündigt, ist eine Erzählung über die Situation vor dem Gesetz. Ihre formale Stellung als Präambel ist zugleich ihr Thema. Der in der Präambel installierte Imperativ, den Willen des Gesetzgebers zu erkennen, ist darum auch innerhalb der Erzählung, und nicht nur als Erzählung, wirksam. Präambel und Erzählung stimmen darin überein, daß sie die Frage des Zugangs zum Gesetz aufwerfen. So wie auf thematischer Ebene das Tor zum Gesetz das Begehren um Einlaß stimuliert, generiert auf formaler oder topischer Ebene die Präambel den Willen zur Deutung des Themas, zum Auslegen des angekündigten aber ausbleibenden Gesetzes. Zugangsfragen erscheinen unter diesem Aspekt als verräumlichte Deutungsfragen.

Josef K. reagiert prompt auf den Deutungs-Imperativ einer Präambel. Unmittelbar nachdem er die Türhütergeschichte gehört hat, beginnt er mit der Auslegung, um daran seine eigene Situation zu ergründen, um das Gesetz zu erkennen, nach dem sein Prozeß offenbar geführt und auf das dauernd angespielt, ihm aber doch vorenthalten wird. Das nachfolgende Gespräch zwischen dem auf der Kanzel (auch eine Form von Schranke) stehenden Prediger und Josef K., zwischen einem Deutungsexperten und einem Deutungswilligen, erweist sich geradezu als Musterfall einer Exegese von Gesetzestexten. Immer wieder werden K.s Interpretationsanläufe von den amtlichen Deutungen, den herrschenden und den Mindermeinungen, die der Geistliche wie aus Gesetzeskommentaren zu zitieren scheint, unterbrochen und auch wieder von neuem entzündet. Keine der Kommentierungen greift in der zirkulären Struktur der Erzählung, die ausschließlich auf sich selbst verweist. Diese vollkommene Rekursivität schließt den Text gegen notwendig von außerhalb herangetragene Auslegungen ab. Jede Deutung wäre mehr als der Text der Präambel und davon also nicht gedeckt. Der Geistliche weist die Deutungsversuche darum jeweils mit dem Hinweis auf die "Unveränderlichkeit der Schrift" gegenüber den "Meinungen" in ihre Schranken.[14]

[14] Ebd. S. 298.

Wo die Geschichte durch die an sie herangetragenen Interpretationen aus der Form gerät, wo "die einfache Geschichte […] unförmlich geworden" war, weil die aus ihr entwickelten Deutungen sie übersteigen, da hilft nur Abbruch des Interpretierens. K. "war zu müde, um alle Folgerungen der Geschichte übersehen zu können." Zusammengenommen sind die Deutungen der Erzählung, wie Josef K. sagt, zwar "abschließend, aber sein Endurteil war es nicht."[15] Sie ergeben ein bestimmtes Bild, einen Aufschluß der Lage; an der prinzipiellen Unzugänglichkeit, der Verstocktheit der Gesetze ändern sie jedoch nichts.

3. Materialität des Rechts: Versäumnisurteile

Nicht immer führt eine Präambel ohne nachfolgendes Gesetz in die Endlosigkeit einer Deutungsschleife, nicht immer endet ein Prozeß in der ermüdenden Suche nach dem Endurteil, die einer Verurteilung zum permanenten Selbstgericht gleichkommt. Es ist die Erzählung eines Autors, zu dem Kafka in vielfacher Beziehung steht.[16] Johann Peter Hebels fast hundert Jahre vor Kafkas Erzählung "Vor dem Gesetz" erschienene Anekdote "Prozeß ohne Gesetz"[17] handelt von einem Fall, der schnell und unerwartet seinen günstigen Ausgang findet, weil er wörtlich ohne Gesetz und in seiner ganzen Wörtlichkeit ohne Auslegung geführt wird. Hauptperson darin ist ebenfalls ein Mann vom Lande. Ein Bauer beauftragt einen Anwalt damit, einen Zivilrechtsstreit für ihn zu führen. Dieser zögert wegen der geringen Erfolgsaussichten des Falles, das Mandat zu übernehmen. "'Guter Mann', sagte er, 'wenn's so ist, wie Ihr mir vortragt, *den* Prozeß könnt Ihr nicht gewinnen." Ein Gesetz steht dem Anliegen des Bauern entgegen. Der Rechtsanwalt deutet in dem entsprechenden Gesetzbuch darauf: "'Seht da', schlug er ihm auf, 'Kapitel soundsoviel, Numero vier, das Gesetz spricht gegen Euch unverrichteter Sachen'". Daraufhin "klopft jemand an der Türe" und der Advokat verläßt das Zimmer für einen Moment, in dem der Bauer

---

[15] Ebd. S. 303.
[16] In biographischer Hinsicht belegt Elias Canetti die Beziehung durch eine Anekdote des Rezitators Ludwig Hardt, den Kafka beim Vorlesen von Geschichten aus dem "Schatzkästlein" gehört hatte: zum Dank dafür habe ihm Kafka ein Exemplar desselben mit Widmung geschenkt; vgl. Elias Canetti, Hebel und Kafka. Rede bei der Verleihung des Johann-Peter-Hebel-Preises am 10. Mai 1980, München 1980.
[17] Johann Peter Hebel, *Schatzkästlein des rheinischen Hausfreundes*, hier zitiert nach einer Ausgabe des C. R. Müller Verlags, Karlsruhe 1946, 140f.

"das Blatt aus dem Landrecht, worauf das Gesetz stand", unbemerkt ausreißt.

Aus der Sicht des Bauern steht dem Prozeß nach Herausreißen des hinderlichen Gesetzes nichts mehr im Wege und da der Anwalt die Gesetze auswendig kennt, bemerkt er die Entwendung des Blattes mit dem einschlägigen Paragraphen auch dann nicht, als er in dieser Sache vor Gericht steht. Bestechlich wie (Tür)hüter des Gesetzes offenbar sind,[18] übernimmt er den Fall nämlich, als der bittstellende Mann vom Land "mit dem Knie ein paarmal ein- und auswärts [schlotterte], teils weil es dortzuland zum guten Vortrag gehört, teils damit der Advokat etwas sollte klingeln hören oben in der Tasche." – Und er gewinnt den Rechtsstreit wider Erwarten sogar. Über die Ursache täuscht sich sein Mandant allerdings gewaltig, nimmt er doch triumphierend an: "Wenn ich nicht das Gesetz aus dem Landrecht gerissen hätte, Er hätt' den Prozeß lang verloren." – Wie immer es um die juristischen Fähigkeiten des Anwalts in Wirklichkeit bestellt ist, eine herausgerissene Gesetzesseite ist es sicher nicht gewesen, die das Obsiegen des Bauern herbeigeführt hat.

Die bestechend naive Verwechslung von Inhalt und dem papiernen Träger des Gesetzes, von Geist und Materie kommt einem Auslegungsboykott gleich. Hebel kann über diesen hermeneutischen Witz, den das bauernschlaue Manöver unwillentlich produziert, allerdings um so weniger lachen, als das Prozeßrecht selbst dem Ignorieren des Geistes der Gesetze noch Vorschub zu leisten scheint. Wurde doch der Prozeß in Wahrheit gewonnen, weil die Gegenseite im Prozeß nicht erschienen ist. Für den Fall einer säumigen Partei schreibt wie auch andere Prozeßordnungen das badische Landrecht vor, daß der erschienenen Seite das von ihr Begehrte unabhängig davon zuzusprechen ist, wer dem Inhalt nach, unter Anwendung der einschlägigen Gesetze, gewonnen hätte. So findet der Prozeß des Bauern ungeachtet der materiellen Rechtslage, die ja eigentlich gegen ihn spricht, seinen Abschluß in einem sogenannten Versäumnisurteil. Der Prozeß wird ohne Gesetz, ohne materielles Gesetz, entschieden. Sein Unverständnis über solche rein formalen Regelungen kommentiert Hebel am Ende der Anekdote nicht ohne Unterton der Empörung: "Item: So können Prozesse gewonnen werden. Wohl dem, der keinen zu verlieren hat." Kafkas Proceß-Roman liest sich dazu wie ein 'Item zwei': Ein Prozeß ist immer schon verloren, wenn er von der Anwendung und nicht Entwendung der Gesetze abhängig ist, wenn er *vor* dem Gesetz statt *ohne* Gesetz geführt wird.

---

[18] Vgl. nur Kafka, *Der Proceß*, 293.

ADA NESCHKE, Lausanne

HERMENEUTIK VON HALLE: WOLF UND SCHLEIERMACHER

I Einleitung

Halle und die Hermeneutik – die Beziehung zwischen dem Ort und den hier entwickelten Theorien kann beliebig, sie kann aber auch relevant sein. Sie wäre beliebig, wenn ich über eine Phase der Hermeneutik zu berichten hätte, die für uns heute bedeutungslos geworden ist. Sie wäre dagegen relevant, wenn der Ort die Stätte war, an der erstmalig formuliert wurde, was alsdann den Charakter eines Modells, eines Paradigmas annahm, daß seine Gültigkeit bis heute nicht verloren hat.

Meine These ist nun, daß die Hermeneutik von Halle, die mit den Namen Friedrich August Wolf und vor allem Friedrich Daniel Ernst Schleiermacher verbunden ist, eine bis heute relevante Stufe der Reflexion auf die Praxis der Geisteswissenschaften darstellt. Diese These lag bereits meinen älteren Untersuchungen zugrunde, die ich daher unter dem Titel "La Naissance du Paradigme herméneutique" zusammengestellt hatte.[1] Sie ist durch die neueren historischen Untersuchungen zu Schleiermacher, etwa durch Harald Schnur, nicht erschüttert, sondern vielmehr bestätigt worden.[2] Daher erlaube ich mir, von dieser These als gegeben auszugehen, sie aber unter einem neuen Gesichtspunkt zu explizieren, indem ich den paradigmatischen Charakter der Hermeneutik Schleiermachers, die er in Auseinandersetzung mit Wolf artikuliert hat, ausdrücklicher als zuvor geschehen hervorheben werde. Es wird darum gehen zu zeigen, daß in Schleiermachers Hermeneutik im Vergleich mit Wolf das Denken von "Geschichtlichkeit" erstmals den Motor bildet, der die Hermeneutik, verstanden als Reflexion auf das Verstehen, in Gang gesetzt hat.

---

[1] André Laks, Ada Neschke (Hrsg.), 'La naissance du paradigme herméneutique', "PUL", Lille 1990, 7-17 und 121 ss.

[2] Harald Schnur, *Schleiermachers Hermeneutik und ihre Vorgeschichte im 18. Jahrhundert. Studien zur Bibelauslegung, zu Hamann, Herder und Schlegel*, Stuttgart / Weimar 1994.

Meine Erinnerung an Wolf und Schleiermacher soll also im Sinne Nietzsches, der bekanntlich die antiquarische und die kritische von der monumentalen Geschichtsbetrachtung geschieden hat, Wolf und Schleiermacher als Monumente der Vergangenheit lebendig werden lassen. Ich werde demzufolge die Bildung des Paradigmas Hermeneutik verfolgen, wie sie in der Auseinandersetzung zwischen Schleiermacher und Wolf am Beginn des XIX. Jahrhunderts zuerst in Halle, nach der Schließung Halles im Jahr 1807 in Berlin stattgefunden hat. Hierbei soll die Hermeneutik als Teil der Philologie betrachtet und das Entstehen des Paradigmas Hermeneutik an dem Unterschied festgemacht werden, der in der Auffassung von Vergangenheit als Historie bzw. als Phänomen der Geschichtlichkeit zu Tage tritt.

II Äussere Tatsachen

Am 15. Oktober 1787 eröffnete F. A. Wolf das philologische Seminar an der preußischen Universität Halle, das erstmalig ein Seminar nur für Philologen, d.h. zukünftige Lehrer der alten Sprachen an Schule und Universität sein sollte.[3] Nach der gegen Napoleon verlorenen Schlacht bei Jena und Auerstätt wurde Halle 1807 geschlossen und die Neugründung der zentralen preußischen Universität in Berlin ins Auge gefaßt. Ihre Gründung geschah 1810 durch Wilhelm von Humboldt, nach dessen Ideen die Säulen dieser Universität die Altertumswissenschaft und die Philosophie sein sollten. Das Konzept einer Altertumswissenschaft stammte von F. A. Wolf; dieses Konzept hatte Wolf in seinen Vorlesungen in Halle mit dem Titel "Encyclopaedia philologica" vor einer studentischen Hörerschaft entwickelt und es zwischen 1785 und 1807 neun Mal vorgetragen.[4] Seine Vorlesungen sind erst 1839 mit dem Titel "F. A. Wolfs Vorlesungen über die Altertumswissenschaft" von seinen Schülern Gürtler und Hoffmann in Leipzig veröffentlicht worden.[5] Später und im Austausch mit W. v. Humboldt, der Wolf seinen 1793 verfaßten Aufsatz "Über das Studium des Altertums und des griechischen insbesondere" zugesandt hatte, entwickelte Wolf dann seine Ideen ein zweites Mal,

---

[3] Dazu noch immer grundlegend: Friedrich Paulsen, *Geschichte des gelehrten Unterrichtes*, Bd. 2, Berlin 1921, 210-229.

[4] Vgl. J. F. A. Arnold, *F. A. Wolf in seinem Verhältnis zum Schulwesen und zur Pädagogik*, 2 Bde., Braunschweig 1861, Bd.1, 80.

[5] Friedrich August Wolf, *Vorlesungen über die Altertumswissenschaft*, hrsg. von J. D. Gürtler und Samuel Friedrich Wilhelm Hoffmann, Bd.1, Leipzig 1893, (zitiert Vorl.).

jetzt aber für ein weiteres Publikum bestimmt (der Aufsatz ist Goethe gewidmet) und veröffentlichte dieses Werk unter dem Titel "Darstellung der Altertumswissenschaft" in der neu gegründeten Zeitschrift "Museum der Altertumswissenschaft" im Jahr 1807.[6] Während Wolfs Wirken in Halle trägt Friedrich Schleiermacher, als junger Kollege Wolfs 1804 nach Halle auf den Lehrstuhl der Theologie berufen, zuerst ab 1804 seine Allgemeine Hermeneutik vor. Diese Hermeneutik von Halle, 1809 von Schleiermacher redigiert und von seinem Schüler Twesten abgeschrieben, ist dank ihrer Entdeckung durch Wolfgang Virmond bekannt geworden und bildet heute die beste Quelle, um die Theorie Schleiermachers kennenzulernen.[7] Der Hallenser Theologe wird, wie es die späteren Aufzeichnungen für die Vorlesungen von 1813/14, 1819, 1822, 1828 und 1833 lehren, dauernd an seiner Hermeneutik weiterarbeiten und sie später, nach Erscheinen von Wolfs "Darstellung", ausdrücklich auf dessen Verstehenslehre sowie auf die inzwischen erschienene Hermeneutik des bayrischen Philologen Friedrich Ast beziehen.[8] Die berühmte Akademierede von 1829 ist keine im strengen Sinn technische Schrift, sondern kann nur als eine Zusammenfassung der Punkte betrachtet werden, die Schleiermacher selber als wesentlich und charakteristisch für sein eigenes Hermeneutikkonzept angesehen hat.[9]

Eine Rekonstruktion der Hermeneutiken beider Gelehrter muß sich auf die genannten Schriften stützen. Als weitere Textgrundlage sollte man Schleiermachers Akademierede von 1813 mit dem Titel "Über die

[6] Friedrich August Wolf, 'Darstellung der Altertumswissenschaft', 1807, in: ders., *Kleine Schriften in deutscher Sprache*, hrsg. von Gottfried Bernardy, Halle 1869, 808-895 (zitiert:Darst.).
[7] Friedrich Daniel Ernst Schleiermacher, 'Hermeneutik', 1809 / 10. Abschrift Twesten, Vorabdruck durch Wolfgang Virmond, in: *Internationaler Schleiermacherkongress*, hrsg. von K. Selge, Bd.2, Berlin 1984, 1271-1309 (zitiert "HV").
[8] Die weiteren Hermeneutikfassungen immer noch bei H. Kimmerle. Friedrich Daniel Ernst Schleiermacher, *Hermeneutik. Nach den Handschriften neu herausgegeben und eingeleitet durch Heinz Kimmerle*, Heidelberg 1974² (zitiert "HK"). Über die Neubeurteilung der Fassungen durch Virmond berichtet Ada Neschke, 'Matériaux pour une approche philologique de l'herméneutique de Schleiermacher', in: Andre Laks, Ada Neschke, op. cit., 45-54. S.a. Christian Berner, in: Friedrich Daniel Ernst Schleiermacher, *Herméneutique, übers. u. eingeleit. v. Christian Berner*, Paris 1987, I-XVIII. In der Übersetzung Berners wird die neue Textanordnung berücksichtigt, die Virmond vorgeschlagen hat.
[9] Abgedruckt bei Kimmerle und Berner. Eine eingehende Interpretation durch Ada Neschke, *Matériaux*, 54-63.

verschiedenen Methoden des Übersetzens",[10] als erläuternden Kontext für die hermeneutische bzw. philologische und philosophiehistorische Praxis von Wolf und Schleiermacher immer hinzuziehen.[11]

III Hermeneutik als methodischer Vollzug der Philologie

III.1 *Wolf und Schleiermacher als Philologen*

Der äußere Ort der Entstehung des hermeneutischen Paradigmas ist, gemäß den historischen Tatsachen, eindeutig Halle, sein innerer, d.h. sein systematischer Ort dagegen die Philologie.

Ich behaupte nun, daß, entgegen dem geläufigen Bild der beiden Gelehrten, nicht Wolf, sondern Schleiermacher der wirkliche Philologe ist. In der Tat, erst Schleiermacher, nicht schon Wolf, hat mit der spezifischen Eigenart der *Philologie* im Unterschied zur *Geschichte* ernst gemacht.

Die Wissenschaftsgeschichtsschreibung ist sich heute darin einig, daß mit F. A. Wolf die Geschichte der modernen Philologie beginnt. Axel Horstmann hat in seinem Artikel "Philologie" im Historischen Wörterbuch der Philosophie bei Wolf einen Einschnitt gemacht.[12] Doch sucht man nach der Begründung dieses Urteils, so wird man feststellen, daß sie sich nicht eigentlich auf den Charakter der Philologie denn auf die Verwissenschaftlichung einer bestehenden historischen Praxis bezieht; denn Horstmann begründet seine Periodisierung damit, daß, wie Wolf selbst sagt, aus einem Aggregat von Kenntnissen eine philosophisch- historische Wissenschaft entsteht. Dieses Zeugnis wie gleichfalls der prägnante Name der Altertumswissenschaft zeigen an, daß Wolf seine Wissenschaft als Historie begriff.[13]

Aber Schleiermacher? Ist Schleiermacher nicht zuerst ein Theologe, dann, wie Gunter Scholtz und andere gezeigt haben, ein Philosoph?[14]

---

[10] Friedrich Daniel Ernst Schleiermacher, 'Über die verschiedenen Methoden des Übersetzens', in: ders., *Sämmtliche Werke* III,2, Berlin 1838, 207-245.

[11] Dazu Ada Neschke, 'Le texte de Platon entre F. A. Wolf et F. D. E. Schleiermacher', in: André Laks et Ada Neschke, op. cit., 245-276.

[12] Axel Horstmann, *Philologie*, HWdPH, Bd.7 Stuttgart 1989, 552-572, bes. 561. S.a. ders., 'Die Klassische Philologie zwischen Humanismus und Historimus. F. A. Wolf und die Begründung der Altertumswissenschaft', in: 'Berichte zur Wissenschaftsgeschichte', in: *Athenaion*, 1978, 51-70.

[13] Über den Begriff "Historie" bei Wolf s.a. Ada Neschke, 'F. A. Wolf et la science de l'humanité antique' ("Alterthumswissenschaft"), erscheint in: *Antike und Abendland*, XLIV, 1998, 177-190.

[14] Günter Scholtz, *Die Philosophie Schleiermachers,* Darmstadt 1984 (mit ausführlicher Bibliographie. Neuere Literatur bei Harald Schnur, op. cit.).

In der Tat wird man seinen Namen in den gängigen Philologiegeschichten nicht oder nur beiläufig erwähnt finden.[15] Doch hören wir Schleiermacher selbst. Im Jahre 1803, während er als Pfarrer in Stolpe (Mecklenburg) den Platon übersetzte, schrieb er in einem Brief vom 14. Dezember an einen Freund:

> "Das einzige, worin ich es hätte vielleicht zu etwas bringen können für die Welt ist wohl die Philologie in jenem höheren Sinne, wie sie Schelling nimmt und in jetziger Zeit niemand besser darstellt als Friedrich Schlegel. Meine Ideen würden vielleicht nicht so umfassend sein als die seinigen und meine Construktion nicht so gross, aber die Ausführung in mancher Hinsicht brauchbarer und tüchtiger als die seine".[16]

Diese Selbsteinschätzung ist von der Nachwelt bestätigt worden, zumindest, was die Platointerpretation betrifft.

Was aber heißt Philologie bei Schleiermacher? Das geht aus seiner Hermeneutik, der Lehre vom Verstehen, hervor. Nach Schleiermacher hat sich das Verstehen allein auf "das in der Sprache Verfasste" zu beziehen, alles Verstehen ist demnach Verstehen von Rede. "Rede" aber ist ihrerseits ein prägnanter Begriff in Schleiermachers Denken, so daß das Verstehen von "Rede" nicht Verstehen von Sprache überhaupt bedeutet – dies wäre die Aufgabe der Grammatik- noch auch Verstehen überhaupt, worin dann auch im Sinne Heideggers das Verstehen der Faktizität mitumgriffen wäre, das heißt das Verstehen dessen, was noch nicht seine Sprache gefunden hat. (Schleiermacher würde entschieden Heideggers Übertragung des Verstehensbegriffs auf das Verstehen von Faktischem, von nicht bereits Versprachlichtem, zurückweisen; die Auslegung der Faktizität gehörte nach ihm vielmehr zum Wissen als Wissen des Realen, und, sofern es den Menschen, das Dasein betrifft, zur Ethik, die als "Wissenschaft von der Intelligenz als Erscheinung" oder als "Geschichtswissenschaft" definiert ist[17]). Schleiermacher trennt also scharf zwischen Nicht-Sprachlich-Gegebenen und Sprachlich-Gegebenem. Sprachlich-Gegebenes aber heißt "Rede", in neuerem Sprachgebrauch "parole" oder auch Text genannt. Doch für Schleiermacher können nicht einmal alle Reden oder Texte Gegenstand des Verstehens werden, sie müssen, wie gleich zu zeigen sein wird, präzisen Bedingungen gehorchen, um diese Würde zu erlangen.

---

[15] Repräsentativ ist die knappe Erwähnung bei Rudolf Pfeiffer, *History of Classical Scholarship*, Oxford 1978, 186.
[16] Aus: *Schleiermachers Leben in Briefen*, herausgegeben von Ludwig Jonas und Wilhelm Dilthey, Bd. IV, Berlin 1860-1863, 89-90.
[17] Zum Ethikbegriff Schleiermachers vgl. Gunter Scholtz, op. cit., 114-127.

Übersetzt man nun die Ausdrücke "artikulierte Sprache" oder "Rede" ins Griechische, steht hier ein und nur ein Ausdruck zur Verfügung; das ist der des Logos.[18] Es ist die Liebe zum Logos, also die Philo-logie, die Schleiermachers Hermeneutik antreibt. Wolf und Schleiermacher verstehen somit Philologie auf durchaus verschiedene Weise. In der Tat begründet Wolf Philologie als historische und daher vor allem als *kritische* Altertumswissenschaft, Schleiermacher dagegen als eine entschieden *hermeneutische* Disziplin. Dieser Unterschied, der sich durchweg auch in ihrer Praxis niederschlägt -etwa interessiert sich Wolf für Platon unter dem Aspekt einer kritischen Edition,[19] während Schleiermacher vor allem am Verstehen Platos gelegen war- geht nun ganz eindeutig aus ihrer Hermeneutik, ihrer Theorie des Verstehens sprachlicher Zeugnisse hervor. Hier wird jeweils das Verstehen von einem ganz unterschiedlichen Erkenntnisinteresse aus in den Dienst genommen. Bevor wir nun diese Interessen näher kennenlernen, muß ein Wort zur Grundsituation aller Philologie gesagt werden, in die das Anliegen der beiden Gelehrten eingebettet ist.

III.2 Die Funktion der Philologie

Die Grundsituation des Philologen ist von Peter Szondi treffend charakterisiert worden, als er vom Ursprung der Hermeneutik handelte. Szondi schreibt in "Schleiermachers Hermeneutik heute"[20] und ich ersetze sein Wort "Hermeneutik" durch das Wort "Philologie":

> "Philologie, die Lehre vom Verstehen und Auslegen von Texten ist eine alte Wissenschaft. Als ihr Ursprung gilt die Bemühung der Athener der klassischen Zeit um den Wortsinn in den Epen Homers, dessen Sprache ihnen nicht mehr unmittelbar verständlich war... Der Philologe ist der Dolmetscher, der dank seiner Sprachkenntnisse das nicht mehr Verständliche verständlich machen kann."

Die Grundsituation der Philologie tritt somit da ein, wo es *Verständnisschwierigkeiten* gibt und der Philologe hat die Aufgabe, diese Schwierigkeiten zu beseitigen. Im Beispiel Szondis entstehen die Schwierigkeiten

---

[18] Logos enthält immer das Element der "artikulierten" Rede im Unterschied zum ungegliederten Strom der Stimme (φωνή).

[19] Wolfs Traum, den Plato kritisch zu edieren, verwirklicht erst sein bester Schüler, Immanuel Bekker, mit seiner Plato-Edition für die Akademie.

[20] Peter Szondi, 'Schleiermachers Hermeneutik heute', in: *Sprache im technischen Zeitalter* 58, 1976, 106.

durch den Zeitabstand, der die Entwicklung der Sprache mit sich bringt, und so wäre Philologie diejenige Disziplin, die Gesprochenes, das durch den Zeitabstand unverständlich geworden ist, wieder dem Verständnis der Allgemeinheit erschließt. Damit ist die soziale Funktion des Philologen als die des "Vermittlers" charakterisiert.

Diese Auffassung beschränkt aber seine Vermittlerrolle auf Schriftwerke anderer Zeiten. Wenn der Zeitwandel der einzige Faktor ist, der Verstehensschwierigkeiten heraufbeschwört, so dürfte es, entgegen dem Faktum des Gegenteils, keine Philologie zeitgenössischer Schriftwerke geben. In der Tat vertrat Wolf diese Auffassung, nämlich, daß es nur eine Philologie von der Antike geben könne.[21] Hier liegt nun genau der Kernpunkt des Widerspruchs, den Schleiermacher gegen Wolf erhebt. Er macht ihn in seiner Hermeneutik geltend und so müssen wir uns nun den Theorien des Verstehens beider Gelehrter zuwenden.

III.3 Die altertumswissenschaftliche Hermeneutik Wolfs

Wolf rechnet die Hermeneutik zusammen mit der Grammatik und Kritik zu den "grundlegenden Wissenschaften". In der Tat ist die Wissenschaft vom Altertum nur Wissenschaft, wenn sie mit Methode ausgeübt wird, auf die sie sich gründen kann. Erst das Beherrschen einer solchen Methode unterscheidet den Gelehrten des Altertums vom bloßen Liebhaber, damals der "dilettante" genannt. Die Methode umfaßt die Kritik und die Hermeneutik, die Hermeneutik gliedert sich ihrerseits in mehrere Operationen.

Mit dem Theologen Johann August Ernesti unterscheidet Wolf zwei Teile der Hermeneutik:
1. die subtilitas intellegendi, das Verstehen, und 2. die subtilitas explicandi, das Erklären oder Auslegen. Die subtilitas intellegendi beschreibt Wolf durch "das Sich-Hineinversetzen in den Zustand und in die Gedanken eines anderen" (Vorl. 295) oder auch, daß "der Interpret mit ganzer Seele in dieser oder jener Zeit wohnen muß" (Darst. 830).

Hiervon trennt Wolf die gleichsam öffentliche Aufgabe des Gelehrten als "Erklärer" (subtilitas explicandi). Es ist diese Rolle, die Wolf, den geborenen Pädagogen, vor allem interessiert und der er eine lange Ausführung widmet (Vorl. 274-291). Erklären kann man dreifach:
1. grammatisch, um den buchstäblichen Sinn, den sensus litteralis, einer
   Schrift zu erfassen (Vorl. 276);

---

[21] Friedrich August Wolf, *Vorlesungen*, Bd.1, 11.

2. historisch, was bedeutet, "sich in das Zeitalter zu versetzen, in dem der Verfasser schrieb" (Vorl. 283).
3. philosophisch: diese Erklärungsart besteht aus der "logischen", die die Richtigkeit des Gedankens festhält, und der ästhetischen, die die poetische oder rhetorische Qualität einer Schrift gemäß der damaligen Ästhetik beurteilt (Vorl. 285).

Diese Aufzählung der drei Erklärungsarten läßt nun nicht erkennen, daß es sich hierbei um durchaus nicht gleichgewichtige Glieder handelt; denn gemäß Wolf ist die "eigentlich gelehrte Erklärung nur die historische" (Vorl. 275). Um ihren Rang zu zeigen, konstruiert Wolf den Fall eines zufällig aufgefundenen Briefes. Seinen grammatischen Sinn mag man wohl erfassen, aber, da man die historischen Umstände nicht kennt, bleibt er unverständlich. Wolf folgert: "Darum ist der sensus historicus der einzig wahre Sinn, auf den man ausgehen muß" (Vorl. 294). Nur die vielfältigen Kenntnisse des Altertumsgelehrten erlauben es, diesen Sinn zu finden.

Für Wolf sind somit die eigentlichen Verständnisschwierigkeiten eines Textes in dem Wandel der historischen Umstände begründet. M.a.W., er betrachtet den Text, gleichsam wie den Stein eines Mosaiks, ausschließlich als ein Fragment eines größeren Zusammenhangs, und daher durch diesen Zusammenhang voll bedingt. Den Texttyp, den Wolf hier vor Augen hat, ist, wie das Beispiel des Briefes zeigt, der situationsverhaftete Text, etwas, was man heute durch den Ausdruck des "pragmatisch Bedingten" zu bezeichnen pflegt[22] und was bereits Schleiermacher in seiner Platodeutung die "Gelegenheitsschriften" nennen wird. Diese sind von "Werken" zu unterscheiden, Reden und Schriften, bei denen die Kenntnis der Situation wenig oder nichts beiträgt.

Es ist nun klar, warum, nach Wolf, der Philologe als Vermittler des Textverstehens historische Kenntnisse über das Altertum haben, warum die Philologie Altertumswissenschaft sein muß: es ist vor allem der Zeitenabstand, der die Schwierigkeiten des Verstehens evoziert und damit den Philologen auf den Plan ruft. Da aber auch die vergangene Zeit, die den Text erklären hilft, nicht einfach bekannt ist, sondern selber durch die Quellen rekonstruiert werden muß, ist neben dem historischen Erklären der Schriften die Kritik, d.h.die Rekonstruktion des Authentischen und Alten, die zweite vorrangige Aufgabe des Altertumsgelehrten (Darst. 831-832).

---

[22] Zur Unterscheidung der situationsunabhängigen Texte von den situationsabhängigen s. Paul Georg Meyer, *Satzverknüpfungsrelationen*, Tübingen 1975, 5-8.

Wolf betrachtet somit die Gegenstände des Philologen, die Schriftwerke, unter zwei Hinsichten:
1. als Quelle für die Rekonstruktion des Zeitalters,
2. als Gelegenheitsschrift, d.h. weitgehend durch das Zeitalter- modern gesprochen pragmatisch- determiniert.

Die Schriftwerke der Antike gelten ihm somit durch und durch als "historisch". Dabei heißt "historisch" im Rahmen der Kritik, daß die Schriftwerke über Vergangenes Auskunft geben, Zeugen der Vergangenheit sind und als solche kritisch behandelt werden müssen, im Rahmen der Hermeneutik, daß sie durch die Zeitumstände voll determiniert sind und nur als Fragment einer anderen Zeit verstanden werden können. Es ist offensichtlich, daß das Verständnis der Schriftwerke als Gelegenheitsschriften oder Überreste der Vergangenheit und das Verständnis der Philologie als "kritischer Altertumswissenschaft" einander wechselseitig bedingen.

III. 4 Die philo-logische Hermeneutik Schleiermachers

Wie sehr Schleiermachers Unternehmen im Zeichen einer Philologie als Liebe zum Logos steht, läßt sich am deutlichsten aufzeigen, wenn wir von seiner Kritik an der damaligen Philologie, vertreten durch den bayrischen Philologen Ast[23] und eben Wolfs Altertumswissenschaft, ausgehen.

An Ast bemängelt Schleiermacher, daß er als den Gegenstand der philologischen Hermeneutik allein das Altertum, von diesem aber alle Zeugnisse, auch die nicht sprachlichen wie die bildende Kunst anerkenne. Dem hält Schleiermacher entgegen, daß es die Hermeneutik "nur mit dem in der Sprache Verfassten zu tun habe" (HK, 152). Er bedient sich dazu der Autorität Wolfs und zitiert dessen allgemeine Definition der Hermeneutik, der gemäß die Hermeneutik als Kunst bestimmt wird, "die Gedanken eines Schriftstellers aus dessen Vortrag mit notwendiger Einsicht aufzufinden" (HK, 128). Allerdings nimmt Schleiermacher zwei Anstöße an Wolf, die sogleich ins Herz seiner eigenen Lehre vom Verstehen der sprachlichen Zeugnisse führen:
1. Hermeneutik dürfe nicht auf das schriftlich Fixierte beschränkt werden, sondern "hermeneutische Operationen kommen überall da vor, wo wir Gedanken oder Reihen von solchen durch Worte zu vernehmen haben" (HK, 130). Verstehen muß also auch im unmittelbaren

---

[23] Friedrich Ast, *Grundriss der Philologie,* Landshut 1808. Ders., *Grundriss der Grammatik, Hermeneutik und Krtitik,* Landshut 1808.

Verkehr mit den Menschen methodisch geübt werden. Das heißt aber: auch hier bereits gibt es Verstehensschwierigkeiten und nicht erst, wie Wolf und Ast meinen, wenn der Zeitenabstand dazwischen tritt.

2. Schleiermacher bezweifelt, daß die Einsicht, zu der das Verstehen gelangt, eine "nothwendige Einsicht" sei. In der Tat glaubt Wolf, daß man den Sinn eines Textes mit strengen Gründen beweisen könne. Schleiermacher dagegen hält dies nur da für möglich "wo es allein auf Zusammenstellung und Abwägung minutiöser geschichtlicher Momente ankommt" (loc. cit.). Aber dieser Fall darf nicht als Normalfall des Verstehens angesehen werden. Die Aufgabe des Verstehens besteht vielmehr darin, "die individuelle Kombinationsweise eines Autor zu errathen" (loc. cit.). Hierzu hilft die divinatorische Intuition, die durch den Vergleich kontrolliert werden muß.

In diesen beiden Anstößen ist Schleiermachers eigenes Konzept der Hermeneutik als Vollzug der Philologie in nuce enthalten. Ich möchte es unter drei Gesichtspunkten erläutern.

1. Die Lösung von Verständnisschwierigkeiten hat es grundsätzlich nur mit in der Sprache Verfaßtem zu tun, und hier ohne Unterschied, ob es sich um eine fremde, eine fremdgewordene oder die zeitgenössische Muttersprache handelt. Der Gegenstand der Philologie ist also nicht die Geschichte, sondern die Rede, der Logos als artikulierte Sprache

2. Aber das Verstehen hat es nicht mit allem, was in Sprache verfaßt ist, zu tun, z.B. nicht mit sogenannten "Wettergesprächen". Sein Gegenstand sind allein die "Reden" (die wenn sie schriftlich fixiert sind, "Werke" im Unterschied zu den Gelegenheitsschriften heißen (diese Scheidung in der Platointerpretation). Reden aber sind sprachliche Entwicklungen von komplexen Gedankenreihen. Solche zur Sprache zu bringen verlangt eine Kunst, so daß Schleiermacher sagen kann: "Wo keine Kunst der Rede ist, da gibt es auch keine Kunst des Verstehens" (HK, 76). So ist Philologie nicht nur die Liebe zu in Sprache Artikuliertem, sondern genauer Liebe zu solch Gesprochenem, das den komplexen Gedanken in angemessener Weise darstellt.

3. Rede und Kunst der Rede aber sind keine Naturereignisse, sondern menschliche Produktionen. Sie gehen auf ein redendes Subjekt zurück. Das redende Subjekt interessiert den Hermeneuten allerdings nicht schlechthin, Philologie sucht nicht, den Menschen zu erkennen – das wäre die Aufgabe der Wolfschen Altertumswissenschaft, deren Ziel darin bestimmt wird, die "alterthümliche Menschheit" zu

erkennen (Darst. 883). Das Subjekt wird Gegenstand des Verstehens, sofern es "reich an Geist" ist (HK, 130) und dieser Geist in seiner Rede nach außen tritt. So ist die Philologie, und das ist ihre dritte einschränkende Bedingung, die Liebe zu einem solchem Logos, der den Geist eines Individuums aus dessen sprachlicher Artikulation seiner Gedanken erkennen lässt.

Objekt der recht verstandenen Philologie ist somit für Schleiermacher nicht jedes Gesprochene als gegenwärtig Gehörtes oder jedes Geschriebene als Zeugnis eines vormalig Gesagten, sondern nur solche aktuelle oder vergangene Rede, in der sich *geistreiches Denken kunstgemäß darstellt*. Die Schwierigkeiten des Verstehens, die solche Gebilde bieten und damit eine Methodenlehre der Philologie, m.a.W. Hermeneutik als Lehre von der Kunst des Verstehens der Rede, notwendig machen, entspringen jetzt aus zwei Quellen: einmal durch die Individualität des Gedankens, oder anders gewendet, durch die grundsätzliche Verschiedenheit des Redenden und des Verstehenden, gleichgültig, ob beide ein und demselben oder zwei verschiedenen Zeitaltern angehören, zum anderen durch die Komplexität des Gedanken-und Redegebildes selber, das von sich aus zirkulär ist und ein zirkuläres Auffassen verlangt.[24]

Hermeneutik, so verstanden, erweist sich dann keineswegs als Methodenlehre einer historischen Wissenschaft. Läuft sie dann nicht auf eine Theorie des sprachlichen Kunstwerks hinaus und läßt sich für die literarische Hermeneutik fruchtbar machen, wie es Peter Szondi vorgeschlagen hat? Oder geht es Schleiermacher psychologisierend um die bloße Einfühlung in den Sprechenden und weniger um das Verstehen des Gesprochenen, wie Hans Georg Gadamer auf Wilhelm Diltheys Spuren angenommen hat?[25]

Ich will auf diese zwei Mißverständnisse von Schleiermachers Hermeneutik nicht direkt eingehen, sondern sie zunächst stehen lassen und unsere Überlegungen in einen anderen Zusammenhang stellen. Ihn einzuführen verlangt, darauf hinzuweisen, daß unsere Behauptung, Schleiermachers Hermeneutik sei Bestandteil von Philologie und sein Philologiebegriff weise die historische Philologie Wolfs und Asts zurück, uns offensichtlich in Widerspruch zu unserem Hauptanliegen bringt. Es bestand ja darin, die Hermeneutik Schleiermachers als die erste Formulierung

---

[24] Zum Zirkel der Rede als Korrelat des Zirkels des Verstehens vgl. Ada Neschke, 'Matériaux', in: Laks / Neschke, op.cit., 63-64.
[25] Hans Georg Gadamer, *Wahrheit und Methode*, Tübingen 1965², 172-185.

des Paradigmas "Geschichtlichkeit" aufzufassen. Was ist das für ein Begriff von Geschichtlichkeit, der nicht zur Konstitution einer Methodenlehre der Historie bzw. Geschichte zu führen scheint?

Wir stehen da offenbar vor einem Paradox! Um es aufzulösen, ist ein zweiter Gang durch die Wolfsche und Schleiermachersche Kunstlehre vom Verstehen vorzunehmen. Er wird aufklären müssen, was denn nach Schleiermacher der Geist eines Individuums sei und er wird notwendig auf das Problem der Sprache führen, da Geist und Sprache im Denken Schleiermachers sich wechselseitig bedingen. In diesem Zusammenhang werden sich auch die zwei genannten Missdeutungen Schleiermachers korrigieren lassen.

IV "Geschichtlichkeit" als Entstehungsbedingung des Paradigmas Hermeneutik

IV.1 Welt-Denken-Sprechen: das Modell des Aristoteles

Am Anfang stehe ein Zitat aus dem ersten Kapitel von Aristoteles περὶ ἑρμηνείας, d.h. zu deutsch "über den sprachlichen Ausdruck von Gedachtem".[26] Dieses Zitat führt ins Zentrum unserer Problematik.

> "Nun sind die sprachlichen Äußerungen unserer Stimme ein Symbol für das, was unserer Seele widerfährt, und das, was wir schriftlich äußern, ist wiederum ein Symbol für die sprachlichen Äußerungen unserer Stimme. Und wie nicht alle Menschen mit denselben Buchstaben schreiben, so sprechen sie auch nicht dieselbe Sprache. Die seelischen Widerfahrnisse aber, für welches dieses Gesprochene und Geschriebene an erster Stelle ein Zeichen ist, sind bei allen Menschen dieselben; und überdies sind auch schon die Dinge, von denen diese seelischen Widerfahrnisse Abbildungen sind, für alle dieselben."

Unser Zitat thematisiert das Verhältnis: Dinge, Denken der Dinge und Sprechen über die Dinge. Es ist ein grund-legender Text, da dieses Verhältnis hier so festgelegt wird, wie man es über Jahrhunderte, ja bis zu dem Einschnitt, der durch die Namen von Johann Gottfried von Herder, Schleiermacher und Humboldt gekennzeichnet ist, betrachten wird.[27]

---

[26] Der Text in: 'Aristoteles, Peri hermeneias', übersetzt und eingeleitet von H. Weidemann Berlin 1994, (Akademie-Ausgabe, Aristoteles, *Werke in deutscher Übersetzung*, Bd.1 Teil 2).

[27] Zur modernen Sprachauffassung grundlegend: Karl Otto Apel, *Die Idee der Sprache in der Tradition des Humanismus von Dante bis Vico*, Archiv für Begriffsgeschichte 8, Bonn 1963.

Folgendermassen beschreibt Aristoteles dieses Verhältnis:
1. Die Dinge sind für alle Menschen dieselben. 2. Die Erfahrung der Dinge sind für alle Menschen dieselben. 3. Der Unterschied zwischen den Menschen entsteht allein durch die Sprache, da die Verlautbarungen der Erfahrungen in Symbolen erfolgt, die in den jeweilgen Sprachgruppen verschieden sind. 4. Das Verhältnis der sprachlichen Symbole mit den identischen Erfahrungen ist in gleicher Weise willkürlich, vom bloßen Willen einer Abmachung [28] geschaffen, wie die Schriftzeichen willkürlich gewählt sind, um die Sprachlaute zu fixieren. Diese Sicht vom Verhältnis Ding-Gedanke- Sprache ist noch bei Leibniz am Werke, wenn er die Unterschiede der willkürlichen Symbole durch die Erfindung einer Universalsprache nivellieren möchte.[29]

Meine zweite These lautet nun, daß Wolf noch weitgehend auf dem Boden der aristotelischen Optik steht, daß dagegen Schleiermacher diesen Boden endgültig verlassen und damit die Bedingung der Möglichkeit in die Welt gesetzt hat, "Geschichtlichkeit" zu denken.

IV.2 Welt, Denken und Sprache in Wolfs Hermeneutik

In der Tat, Wolfs Hermeneutik nimmt ihren Ausgangspunkt von der sogenannten philosophischen Hermeneutik, letztere definiert als "Theorie der allgemeinen Prinzipien des Auslegens"; ist doch gemäß der Aufklärung "philosophisch" alle Erkenntnis, die von allgemeinen Prinzipien her geleistet wird. Demzufolge ist auch Hermeneutik philosophisch, wenn sie alles aus der obersten Gattung ihres Gegenstandes, hier aus dem "Zeichen" als solchen abzuleiten sucht. So definiert Wolf die Auslegekunst als "Kunst, alle Arten von Zeichen zu erklären", bzw. als Kunst "unter Zeichen das Bezeichnete zu verstehen", was gleichgesetzt wird mit dem Vorgang "die Ideen zu fassen, die ein anderer mit den Zeichen verbunden hat" (Vorl. 273).

Wolf identifiziert zunächst Zeichen und Sprache. Das hat zur Folge, dass man eine Bildsprache von einer Wortsprache trennen kann (Vorl. 273). Die Wortsprache besteht im Arsenal aller Wörter – noch ist Humboldts Gedanke, Sprache als Sprachbau auch morphologisch und syntaktisch zu analysieren, unausgeschöpft. Das Arsenal der Wörter ist in den Sprachen verschieden, was darauf zurückzuführen ist, daß einmal die gleichen Dinge durch verschiedene Wörter, aber auch verschiedene

---

[28] Im Anschluss an unser Zitat wird Aristoteles von einer Abmachung συνθήκη, sprechen.
[29] Zu Gottfried Wilhelm Leibniz, vgl. Karl Otto Apel, op.cit., 297-317.

Dinge durch die ihnen zugehörigen Wörter bezeichnet werden. Wie in der Theorie des Aristoteles wird auch von Wolf die Verschiedenheit der Wörter einmal als rein willkürlich, über Aristoteles hinaus aber auch als notwendig angesehen, da andere Dinge anderer Wörter bedürfen. In dieser Unterscheidung steckt die Grundthese der aufklärerischen Historie, daß die Welt des Menschen nicht immer dieselbe ist. Bei "Welt" als Summe aller Dinge denkt Aristoteles den physikalischen Kosmos, bei "Welt" denkt der Historiker Wolf die bunte Vielfalt der verschiedenen Zeitalter und Kulturen der Menschheit.

Entscheidend sind nun die drei folgenden Prämissen der Wolfschen Hermeneutik:

1. Wolf nimmt mit Aristoteles an, daß Ding und Denken zusammengehen, die Zeichen dagegen diesem Zusammenhang äußerlich bleiben. So lassen sich aus den in Zeichen geäußerten Vorstellungen die Dinge der vergangenen Welt dann rekonstruieren, wenn der auszulegende Text eine historische Quelle ist.

2. Wolf, immer noch auf dem Boden des Aristoteles, unterstellt, daß die Dinge in allen Menschen dieselben Vorstellungen hervorrufen. Nur so ist es möglich zu behaupten:

> "Die Hermeneutik als Erklärungskunst lehrt uns, die Gedanken eines anderen aus ihren Zeichen zu verstehen und zu erklären. Man versteht jemanden, der ein Zeichen gibt, dann, wenn diese Zeichen in uns dieselben Gedanken und Empfindungen hervorbringen, wie sie der Urheber selbst in der Seele gegenwärtig hatte" (Vorl. 272).

3. Das Zeichen steht nach Wolf in eindeutiger Beziehung zum Gedanken; daher läßt sich eine Auslegung mit "Nothwendigkeit begründen" (Vorl. 272, 279) und das wissenschaftliche Verstehen hebt da an, "wo man von der Übereinstimmung seiner Gedanken und denen des Urhebers richtige und bündige Gründe angeben kann" (Vorl. 272).

Das aristotelische Modell ist in seinen Hauptzug, nämlich der These, daß die Dinge in allen Menschen dieselben Erfahrungen hervorrufen, das dagegen die Bezeichnung der Erfahrung variiert, erhalten geblieben. Die Andersheit des Urhebers eines auszulegenden Textes, reduziert sich damit auf die Andersheit seiner Lebenswelt und der Sprache, diese Lebenswelt zu bezeichnen. Substrahiert man die Andersheit von Sprache und Welt, bleibt die Identität der Vorstellung oder des Denkens der Welt, die den Autor und seinen Interpreten zusammenschließen, ja es dem Interpreten erlauben, sich an die Stelle des Autors zu setzen.

Damit geht zusammen, daß es im Sinne Wolfs für die Menschen nur eine Richtigkeit oder Wahrheit des Gedankens und der Vorstellung geben kann.[30] Es ist wenig beachtet, daß Wolfs Hermeneutik sich nicht mit der historischen Auslegung, mit dem Hervorbringen der Gedanken des fremden Autors begnügt; sie ist erst vollständig, wenn sie auch philosophisch auslegt, d.h. die Richtigkeit des Gedankens prüft (Vorl. 285). Hier wird, unter der Voraussetzung von der Identität der Vorstellungen aller Menschen, der Aufklärer in Wolf sichtbar, der die Zeugnisse fremder Zeiten vor das Tribunal der einen Vernunft zieht, die *ihre* Richtigkeit zum Maßstab *aller* Richtigkeit setzt.[31]

IV.3 Welt, Denken und Sprechen in Schleiermachers Hermeneutik

Schleiermachers Hermeneutik, befragt, wie sie das Verhältnis von Welt, Sprache und Denken bestimmt, antwortet auf eine, Wolf gegenüber ganz neue Weise. Diese Antwort hat endgültig den Boden der aristotelischen Auffassung verlassen; sie ermöglicht es, Geschichtlichkeit zu denken und damit das Modell der modernen Hermeneutik zu schaffen.

Betrachten wir als erstes Schleiermachers Sprachauffassung. Sie weist zwei wesentliche Charakteristika auf: 1. Sprache repräsentiert den Geist einer individuellen Nation, sie ist immer Nationalsprache. 2. Die Nationalsprache bildet das a priori des Denkens der Nation und ihrer Mitglieder.

Zunächst zu Sprache und Nation:
Auch für Schleiermacher deckt der Begriff "Sprache" immer noch vor allem die Semantik ab, reduziert Sprache aber nicht mehr auf die Wörter, sondern umfaßt alle Sprachinhalte vom Wort über den Satz zur Rede, ja selbst die Redegattungen. Diesen überaus weiten Sprachbegriff kann am ehesten die folgende Definition festhalten: Sprache ist das Corpus aller in einer Nationalsprache tatsächlich gehaltenen und jederzeit möglichen Rede, begonnen bei den Inhalts- und Funktionswörtern bis zu den Gattungen der Literatur. So zu definieren verlangt der gesamte Abschnitt des Hermeneutiksystems, das Schleiermacher mit "grammatischer Interpretation" überschreibt; hier werden Wort-Satz-und Textsemantik behandelt.[32]

---

[30] S. dazu Wolf (Vorl., 74).
[31] In der Praxis Wolfs ergibt dieser Grundsatz eine strenge Beurteilung der von ihm behandelten Autoren (s. etwa *Vorlesungen*, Bd. 2, 353-358).
[32] Vgl. "HV" 1276-1296. Zum engeren Sprachbegriff in der Dialektik vgl. Harald Schnur, op. cit., 168-170.

In dieser Auffassung der Sprache steht Schleiermacher, wie ich bereits 1990 behauptet und was Schnur erneut bestätigt hat, eindeutig in der Tradition von Herder und Schlegel. Es geht immer schon um eine Nationalsprache, von Schleiermacher als individuelles Kollektiv betrachtet. Damit brauchen wir freilich noch keine Entfernung von Wolf und Aristoteles anzunehmen; denn die Nationalsprachen könnten ja eben nur verschiedene Lautsymbole zum Ausdruck des identischen Denkens benutzen. Der entscheidende Schritt liegt im zweiten Punkt, d.h. in der Auffassung der Sprache als a priori des Denkens.

Sprache als apriori:
Schleiermacher unterscheidet sich nämlich auch von der Herderschen und Schlegelschen Tradition, da für ihn die Sprache weniger ein geschichtlich- ästhetisches Manifest als vor allem den Ausdruck des diskursiven Denkens bildet, dessen Ziel das Wissen ist. Denken und diskursives Denken sind immer sprachlich (HV 1273). Rede wird also Gegenstand der Hermeneutik nicht, als sie dem Denken eine ästhetisch-rhetorische Form verleiht, also sprachliche Kunstwerke hervorbringt, sondern als sie Denken und Wissen zur Sprache bringt. Für die Einheit von Denken und Reden bezieht sich Schleiermacher auf Plato: dessen Satz, daß Denken inneres Sprechen sei, transformiert Schleiermacher zu dem Satz, dass Sprechen äußeres Denken darstelle.

Doch gilt bereits für Plato der Satz, den dann Aristoteles ausdrücklich macht: daß es nur *ein* Denken gebe. Der Schritt, die antike Deutung des Verhältnisses von Sprache und Denken zu überwinden erfolgt erst mit dem Gedanken, Sprache als Nationalsprache und diese Nationalsprache als a priori des Denkens aufzufassen. Am besten wird diese neue Optik durch eine Gedankenreihe erhellt, die Schleiermacher mehrfach formuliert hat und die ich zuerst in der Fassung der Hermeneutik von 1809, dann in der Akademierede von 1813, den Methoden des Übersetzens gewidmet, zitiere. Beide Zitate erhellen die Grundeinsicht Schleiermachers, die aus der historischen Hermeneutik eines Wolf die Hermeneutik der Geschichtlichkeit macht. In der Hermeneutik von Halle von 1809 heißt es:

> "Die Sprache ist für jeden ein leitendes Prinzip, nicht nur negativ, weil er aus dem Gebiet des von ihr befassten Denkens nicht herauskann, sondern auch positiv, weil sie durch die in ihr liegenden Verwandtschaften seine Combination lenkt. Jeder kann also nur sagen, was sie will, und ist ihr Organ.

Jeder, dessen Rede Objekt (der Interpretation, m. Zusatz) werden kann, bearbeitet selber oder bestimmt die Denkweise auf eine eigentümliche Art. Daher ja die Bereicherung der Sprache mit neuen Objekten und neuen Potenzen, die immer von der Sprachtätigkeit einzelner Menschen ausgehen. Weder die Sprache noch der Einzelne als produktiv-sprechend können anders bestehen als durch das Ineinander beider Verhältnisse" (HV 1273).

Die Akademierede "Über die Methoden des Übersetzens" von 1813 macht das Verhältnis noch deutlicher:[33]

"Jeder Mensch ist auf der einen Seite in der Gewalt der Sprache, die er redet; sein ganzes Denken ist ein Erzeugnis derselben. Er kann nichts mit völliger Bestimmtheit denken, was ausserhalb der Grenzen derselben läge...Auf der anderen Seite aber bildet jeder freidenkende geistig selbstthätige Mensch auch seinerseits die Sprache. Denn wie anders als durch diese Einwirkung wäre sie geworden und gewachsen von ihrem ersten rohen Zustand zu der vollkommenen Ausbildung in Wissenschaft und Kunst? In diesem Sinne also ist es die lebendige Kraft des einzelnen, welche in dem bildsamen Stoff der Sprache neue Formen hervorbringt".

Halten wir die Hauptgesichtspunkte dieses Textes einmal fest: Jede Sprache legt die Welt in Begriffen aus und kombiniert diese Begriffe auf die ihr eigentümliche Weise (Humboldts Idee der Sprache als einer eigentümlichen Weltansicht ist hier in nuce vorweggenommen).[34] Das Denken der Mitglieder einer individuellen Sprachgemeinschaft bewegt sich in den von der Sprache vorgegebenen Begriffen und Kombinationen. Es gibt aber Einzelne, die das gegebene Denken und Sprechen verändern, indem sie im Rahmen des in der Sprache Denk-und Sprechmöglichen neue Begriffe prägen und damit neue Kombinationsweisen schöpferisch hervorbringen.

Was besagt nun diese Behauptung auf dem Hintergrund der aristotelischen Theorie von Sprechen und Denken? Sie widerspricht dieser Theorie gleich in drei Punkten:
1. Die Widerfahrnisse der Seele werden nicht zuerst durch die Dinge – so Aristoteles bis zur Aufklärungsphilosophie inklusive Kant – sondern durch die Sprache geprägt. Ich nenne dies mit Helmut Gipper die These des Sprachapriori.[35]

---

[33] "Methoden des Übersetzens", 213.
[34] Vgl. Karl Otto Apel, op. cit., 271.
[35] Helmut Gipper, *Das Sprachapriori. Sprache als Voraussetzung menschlichen Denkens und Handelns*, Stuttgart 1987.

2. Die verschiedenen Sprachen bezeichnen nicht dieselben Dinge willkürlich mit beliebigen Zeichen, sondern sie bringen selbst das Dingsein der Dinge auf verschiedene Weise zu Wort bzw. auf den Begriff. Das ergibt, daß die Dinge in den verschiedenen Sprachen in durchaus verschiedener Weise gegeben sind. Das ist auch die These des Sprachperspektivismus Humboldts.
3. Die Sprache ist nicht ein unveränderliches Zeichenarsenal, sondern eine bewegte Struktur. Der Motor ihrer Bewegung ist das Individuum. Dieses ist in der Regel in seinem Denken in das Sprachapriori eingebunden und nimmt die Dinge durch die Sprache allererst wahr; es ist aber nicht durch die Sprache determiniert, sondern kann neue, in der National-Sprache liegende Möglichkeiten entdecken. Es wirkt innovativ und die Kraft der Innovation heißt bei Schleiermacher Geist oder auch Selbstthätigkeit des Geistes. Geist aber ist für Schleiermacher ein Gegenstand der Psychologie, die als "Wissenschaft von der Wirklichkeit des Geistes" definiert ist. So bezieht sich der Term "psychologisch" bei Schleiermacher nur auf das Bewußtsein und darf nicht, wie es ab Dilthey geschah, auch auf das Unbewußte ausgeweitet werden.

In diesen drei Thesen verbirgt sich aber die für uns entscheidende These von der "Geschichtlichkeit" des Menschen. Es sei vorausbemerkt, daß das Wort "Geschichtlichkeit" wahrscheinlich zuerst von Schleiermacher benutzt wurde und zwar in einem christologischen Zusammenhang, d.h. dem Eingriff Gottes in die konkrete Geschichte.[36] Aber auf diesen Punkt kommt es hier nicht an, d.h. es kommt uns nicht darauf an, ob Schleiermacher selber das mit dem Wort "Geschichtlichkeit" heute Gemeinte schon mit eben diesem Wort bezeichnet hat, sondern darauf, ob er die in dem Wort heute angezielten Bedeutungselemente bereits gedacht und sie in seiner Sprache benannt hat. Dieses heute Gemeinte umfaßt die semantischen Einheiten der Partikularität, der Kontingenz, der Endlichkeit, der Bedingtheit und Begrenztheit und schließlich der Veränderlichkeit und Innovation.[37]

Es läßt sich nun zeigen, daß Schleiermacher in der Tat diese Elemente von Geschichtlichkeit gedacht hat. Der systematische Ort, an dem das geschieht, ist die Theorie des Geistes und des Wissens. Schleiermacher,

---

[36] So Günter Scholtz, 'Ergänzungen zur Herkunft des Wortes "Geschichtlichkeit"'. In: *Arch. für Begriffsgeschichte* 14, 1970, 112-118. Kritisch dazu Ludwig von Renthe-Fink. In: *Arch. für Begriffsgeschichte* 15, 1971, 306-312.
[37] Zum Begriffsfeld vgl. G. Bauer, *"Geschichtlichkeit". Wege und Irrwege eines Begriffs*, Berlin 1963, 181f.

Verfasser einer "Dialektik"[38] faßt, im Unterschied zu seinem Berliner Kontrahenten Hegel den Geist als geschichtlich auf; denn er ist partikulär im Einzelmenschen, sein Wirken ist kontingent –kein schöpferisches Individuum läßt sich prognostizieren- er ist endlich, bedingt und begrenzt, da seine Nationalsprache ihm unüberwindbare Schranken setzt, einen bestimmten Erkenntnisgrad zu überschreiten. Sein Wissen ist teils innovativ, teils veränderlich, auf das unabschließbare Fortschreiten des Wissens hin angelegt; denn, wie die Dialektik lehrt, ist das Wissen immer unabgeschlossen und im Werden; ein absolutes Wissen könnte nur Gott haben. So sind weder der absolute Geist Hegels noch auch die eine, außerhalb der geschichtlichen Begrenzheit des Menschen stehende Vernunft der Aufklärung für Schleiermacher akzeptable Deutungen des Geistes.

Auf dem Hintergrund dieser Theorie des Geistes ist das Vergangene, das den Gegenstand der Wolfschen Historie ausmacht, nur ein *Sonderfall von Geschichtlichkeit*; denn am Vergangenen zeigen sich Wandel und Endlichkeit gleichsam exemplarisch. Jedoch steht, gemäß Schleiermacher, auch die Gegenwart unter dem Gesetz von Individualität und damit von Endlichkeit und Wandel. Jetzt erst läßt sich begreifen, warum Schleiermacher jegliche, also auch gegenwärtige Rede zum Gegenstand hermeneutischer Operationen erklärt; in der Tat, schöpferische Partikularität und epochale wie nationalsprachliche Begrenztheit gelten für den Redenden und den Hörenden. In ihnen treffen zwei Weisen des Begreifens und Kombinierens aufeinander und es gilt beim hermeneutischen Prozeß, nicht die Unterschiede in der Identität aufgehen zu lassen – der Autor zu werden, so wie es Wolf verlangt –, sondern die Rolle des ersten Lesers zu übernehmen. Das bedeutet, die Andersheit des Anderen allererst zu gewinnen. Diese Aufgabe ist das eigentlich Schwierige und muß, bei aller Strenge der Verfahren, letztlich divinatorisch bleiben.

So kann man in der Tat sagen, daß in Schleiermachers Hermeneutik, d.h. in einer Hermeneutik, die die Kunst des Verstehens eines solchen Redens beschreibt, das selber kunst-, da geistreich das schöpferische Denken des Einzelnen zur Sprache bringt, der Gedanke "Geschichtlichkeit" erstmals am Werke ist, ja, daß ohne das Denken von Partikularität und Verschiedenheit, von Endlichkeit und Begrenzung aller schöpferischen Produktivität des Menschen Schleiermachers Gründungsakt der

---

[38] Friedrich Daniel Ernst Schleiermacher, *Dialektik*, 1811, hrsg. von A. Arndt, Hamburg 1986. Weitere Fassungen und Ausgaben der Dialektik bei Gunter Scholtz, *Philosophie Schleiermachers*, 168. Ihre kritische Deutung durch F. Wagner, *Schleiermachers Dialektik*, Gütersloh 1974.

modernen Hermeneutik gar nicht möglich gewesen wäre. Man wird darauf hinweisen, daß Schleiermacher, im Rahmen seiner Verstehenstheorie, die Akzente vor allem auf die Produktivität des Individuum legt, man muß aber ergänzend seine Auffassung aus der Dialektik zur Kenntnis nehmen, daß diese Produktivität immer eine nur endliche und begrenzte, kurz eine "geschichtliche" sein kann.

Peter Winch †

KÖNNEN WIR UNS SELBER VERSTEHEN?

Es ist offenkundig, daß es einiger erklärender Worte zu meinem Titel bedarf. Man hat mich nämlich gebeten, über die Möglichkeit bzw. Unmöglichkeit zu sprechen, *fremde* Kulturen zu verstehen. Allerdings habe ich das ursprüngliche Thema nicht willkürlich abgelehnt; vielmehr möchte ich andeuten, daß die sich hier ergebenden Schwierigkeiten zum Teil aus der mangelnden Aufmerksamkeit resultieren, mit der das Wort "verstehen" selbst hinsichtlich *unserer eigenen* Kultur gebraucht wird.

Zunächst sind einige Bemerkungen zu den Wörtern "möglich/ unmöglich" nötig. – Bis vor nicht allzu langer Zeit erachtete man es als unmöglich, daß Menschen jemals zum Mond reisen könnten. Die *technischen* Schwierigkeiten schienen so überwältigend, daß man sie vernünftigerweise einst für unüberwindbar hielt, obgleich sie letztlich doch gelöst werden konnten, wie wir alle wissen. In diesem Fall war die Art des angestrebten Zieles ziemlich klar.

Nicht selten treten in analoger Weise bei Untersuchungen fremder Kulturen durch Kulturanthropologen, Historiker und andere gewisse 'technische' Schwierigkeiten auf. Zum Beispiel können verschiedenartige Faktoren den Zugang zu einer Kultur hindern: ungenügende historische oder archäologische Beweise, Feindseligkeiten seitens der Bevölkerung ausländischen Herumschnüfflern gegenüber, unterentwickelte statistische, mathematische oder andere Techniken, usw.

Auch in diesen Fällen können die so gehinderten Projekte den Ausführenden selbst ausreichend verständlich sein; derartige Hindernisse werden dann entweder überwunden – oder nicht. Sicher wäre es am besten, eine gelehrte Meinung über solche Angelegenheiten nicht bei Philosophen, sondern bei Historikern, Archäologen, Sprachwissenschaftlern, Ethnographen, Statistikern, usw. zu suchen.

Setzen wir uns aber nun mit folgendem, entgegengesetztem Fall auseinander.[1] Es ist unmöglich einen Winkel mit Lineal und Zirkel

---

[1] Wittgenstein diskutiert diesen und ähnliche Fälle ausführlich. S. z.B. *Wittgenstein's Lectures on the Foundations of Mathematics*, Cambridge, 1939, hrsg. von Cora Diamond, The Harvester Press, Hassocks, Sussex 1976.

dreizuteilen. Die Unmöglichkeit begründet sich nicht aus einer fehlerhaften Funktion der Mittel oder der Technik; vielmehr demonstriert ein geometrischer Beweis, daß es sinnlos ist von der 'Dreiteilung eines Winkels' zu reden; jener Ausdruck findet also innerhalb der euklidischen Geometrie keine Anwendung und ist demzufolge sinnlos.

Dieses Beispiel weist darauf hin, daß ein gewisser Ausdruck keineswegs *offensichtlich* sinnlos sein muß. Man kann lange auf eine Art und Weise handeln, die man als 'Versuche, den Winkel dreizuteilen' beschreibt. Wenn man damit aufhört, weil ein solcher mathematischer Beweis überzeugend war, so passiert dies *nicht*, weil man begriff, daß die Schwierigkeiten eines solchen Verfahrens unüberwindbar sind, sondern weil man einsah, daß die 'Beschreibung des Ziels' eigentlich *unverständlich* war, und daß 'Versuche' dieser Art nur Symptome einer Verwirrung sind.

Die Problematik, die uns hier beschäftigt – nämlich die Möglichkeit bzw. die Unmöglichkeit, fremde Kulturen zu verstehen – können wir allerdings mit keinem mathematischen Beweis lösen oder mit irgendetwas, was dem ähnlich ist. Immerhin handelt es sich hierbei um die Frage, ob es Sinn habe, in diesem Zusammenhang überhaupt von 'verstehen' zu reden. Aber vielleicht klingt das absurd! Wie darf man ernsthaft bezweifeln, daß man sinnvoll vom Verstehen einer fremden Kultur reden kann? Man benützt doch ständig solche Ausdrücke. Viele – allzuviele – Bücher werden von Historikern, Anthropologen, Sprachwissenschaftlern, Textinterpreten und anderen darüber geschrieben und gelesen. Regierungen, Universitäten, Stiftungen geben beträchtliche Summen für Untersuchungen solcher Problembereiche aus. Wäre es nicht dreist zu leugnen, daß ehrwürdige Wissenschaftler, die den Anspruch erheben, ein solches Verstehen erworben zu haben, sinnvoll oder *verständlich* reden? Dies vorausgesetzt: Wie konnte aber so eine scheinbare Absurdität gebräuchlich werden?

Eine verführerische Analogie – und tatsächlich sind viele davon verführt worden – zwischen dieser Problemkonstellation andere Kulturen betreffend und dem sogenannten 'problem of other minds' (dem Problem anderer Mentalitäten) liegt hier nahe, was eine so bedeutende Rolle innerhalb der Philosophie zumindest der angelsächsischen Ländern gespielt hat. Wichtig ist dabei, daß ich mich selbst anscheinend auf eine Art und Weise verstehe, die nicht greift – nicht greifen kann – wenn es sich um meine Beziehung zu einem Anderen handelt. Solchem liegt die Vorstellung zugrunde, daß das angebliche *Selbst-Verstehen* für ein Verstehen anderer maßgebend sei, bzw. sein sollte. Leider ist dieser Maßstab aber überhaupt nicht anwendbar, wenn es auf das Verstehen anderer ankommt.

Die Auseinandersetzung mit der Problematik der 'Other-Minds' wird von folgender Vorstellung stark beeinflußt: Sich selber verstehen hieße vor allem, die eigenen 'geistigen Zustände und Vorgänge' verstehen: d.h. die eigenen Gedanken, Gefühle, Wünsche, Absichten, usw. So sei auch das Verstehen an sich so ein geistiger Zustand oder Vorgang und es könne sich auf andere solche Zustände beziehen. Eine gewisse Durchsichtigkeit (Transparenz) sei allerdings ein Merkmal des Geistigen (oder Psychischen); d.h. das Subjekt sei sich notwendigerweise und unmittelbar seines eigenen geistigen Zustandes bewußt, und dieses unmittelbare Selbstbewußtsein stelle das wichtigste und unerläßliche Element des Verstehens dar. Geistige Zustände seien damit aber nur für ihren Besitzer durchsichtig; der Preis seiner privilegierten Situation belaufe sich darauf, daß die geistigen Zustände anderer für ihn vollkommen undurchsichtig, ja unerreichbar, blieben.

Im gegenwärtigen Zusammenhang handelt es sich nicht in erster Linie um dieses 'problem of other minds', immerhin spielen aber einige Betrachtungen, die zu jenem Problem beitragen, in der Genese des Problemfeldes 'anderer Kulturen' immerhin eine wichtige Rolle. Deshalb kann ich nicht umhin, mich ihnen zuzuwenden.

Zunächst ist es bemerkenswert, daß wir – wenn wir nicht gerade philosophieren – uns so verhalten, als ob wir es manchmal für vollkommen möglich hielten, die Gedanken, Absichten, Gefühle, usw. eines anderen zu verstehen. Doch dann empfinden wir es manchmal anscheinend als ebenso möglich unsere eigenen geistigen Vorgänge *mißzuverstehen* – oder überhaupt an jeglichem Verstehensversuch zu scheitern. Jenes philosophische Bild, das ich gerade in groben Zügen dargestellt habe, ist nur normativ oder legislativ zu verstehen: es soll uns überzeugen anders zu reden oder zu denken, als wir es sonst tun.[2] Dabei liegt doch folgende Frage nahe: Welche Merkmale unserer Konzeption des Verstehens (unserer selbst oder auch anderer) lassen uns so bereitwillig jenen egozentrischen Vorschlag annehmen?

Ob und wie ich mein eigenes 'Benehmen' (in einem sehr weitgespannten Sinn des Wortes) begreife, zeigt sich auf zweifache Weise: erstens in der Art meines Benehmens selbst und zweitens darin, was ich darüber *äußere*.[3]

---

[2] Vgl. L. Wittgenstein, *Philosophische Untersuchungen*, I,§ 303 und II, § ix.

[3] Man könnte hier einwenden, daß auch das Reden zum Benehmen oder Verhalten gehöre. Damit wäre ich völlig einverstanden; ich würde nur hinzufügen, daß ich im gegenwärtigen Zusammenhang eine Unterscheidung zu einem bestimmten Zweck vornehme und keine grundsätzliche Trennungslinie implizieren möchte. Ja, es ist gerade meine überwiegende Absicht zu *leugnen*, daß hier eine wie auch immer geartete Linie 'in der Natur der Sache' liege.

Stellen wir uns z.B. vor, daß ich an einem Tisch sitze, worauf Stücke eines Geduldspiels liegen. Man sieht, wie ich die Stücke auf eine gewisse Art ordne: Vielleicht sammle ich zuerst alle Stücke mit passenden Farben zusammen; dann setze ich Stücke zusammen, die offensichtlich der Form nach zusammengehören; usw. Möglicherweise ist der Beobachter nicht völlig davon überzeugt, daß ich wirklich das verstehe, was ich mache, und er bittet mich um eine Erklärung. Ich sage vielleicht dazu etwas, was er ziemlich sinnvoll findet und was er als elementare Regel erkennt, wie man solche Geduldspiele lösen soll.

In welchem Verhältnis stehen nun meine Worte und meine Taten zu meinem *Verständnis* dessen, was ich tue? Einige Überlegungen könnten dazu verleiten, meinen *Worten* eine überragende Rolle zuzuschreiben. Ich kann nämlich mein Verstehen ausdrücken, indem ich mit Worten meine Gründe für meine Handlungen darlege. Gründe dieser Art beziehen sich normalerweise auf einen Zusammenhang, der über das zu erklärende Verhalten hinausgeht; außerdem müßten solche Gründe, wenn sie tatsächlich die Ursache meines Handelns wären, dem Anschein nach mir schon im voraus irgendwie *präsent* gewesen sein, vielleicht als innere Worte – oder etwas Vergleichbares.[4] Folglich liegt der Schluß nahe, daß sich das Verstehen meiner Handlungen unmittelbar aus der Präsenz jener Gründe in meinem Geist ergibt, und das jene mein Verhalten tatsächlich verursachen. So einer Auffassung entspricht die in der angelsächsischen Philosophie weit verbreitete Erklärung des Begriffs *Gründe des Handelns* als eine Verbindung von 'Wünschen und Überzeugungen' *['desires and beliefs']*. Ein solches Bild suggeriert, daß ich die Welt sozusagen befahre, daß ich selbst dem Ziel zusteuere, welches ich erreichen möchte, indem ich mich nach einer inneren Landkarte orientiere, die das zu überquerende Gelände zeigt, und indem ich zugleich eine Liste von Hilfsmitteln dafür anwende.

Diese Schlußfolgerung könnte folgende gewichtige Überlegung unterstützen. Im Gegensatz zum Betrachter, der meine Handlungsgründe nur aus meinem Verhalten ableiten kann, brauche ich als Handelnder solches nicht zu tun. Vielmehr kann ich sehr, sehr oft ohne weiteres meine Gründe darlegen. Wie kommt das?! Es ist verführerisch anzunehmen, daß sich diese Beweggründe – meine Wünsche und meine Überzeugungen – unmittelbar vor meinem geistigen Auge befinden und nur mir allein zugänglich sind.

[4] Aus ähnlichen Überlegungen entspringt die Gedankenbewegung, die viele zeitgenössische Sprachwissenschaftler und Sprachphilosophen von einer 'Sprache der Gedanken' – oder '*mentalese*' reden ließ.

Soweit zum 'problem of other minds'. Eine fremde Kultur zu verstehen bedeutet allerdings offensichtlich *nicht*, das Verhalten aller, oder fast aller ihrer einzelnen Mitglieder zu verstehen. Aber vielleicht möchte man es als eine Einsicht in die inneren 'Landkarten' auffassen, nach denen sich die Menschen dieser Kultur orientieren, und in ihre Ziele, die sie erreichen möchten. Solche Landkarten und Reiseziele werden in einem unbestimmt[5] hohen Maße *kulturell* determiniert sein.

Zu begreifen, wie Fremde ihre Umgebung 'kartographisch darstellen', ist keineswegs der Aufgabenstellung eines Landvermessers gleichzusetzen, der bestimmen muß, was er auf seine Karte aufzeichnet und wo. Man muß nämlich auch die *Projektionsmethode* erkennen, die bei der Vorbereitung und der Anwendung der Karte wirksam wird. Außerdem darf man nicht vergessen, daß wir nur metaphorisch reden, wenn wir in diesem Zusammenhang von 'Landkarten' sprechen. Wenn man weiß, daß man tatsächlich eine *Landkarte* deuten will, so kann man auch über 'Projektionsmethoden' reden, und man hat auch eine ungefähre Vorstellung, wonach man suchen muß. Beim Versuch, Sitten und Gebräuche, Riten, Institutionen, Kunsterzeugnisse usw. einer fremden Kultur zu verstehen, gehen wir selbstverständlich von solchem Wissen nicht aus. Eine physische oder psychische Skizze wird nur zur Karte, wenn sie auf eine bestimmte Weise gebraucht bzw. angewandt wird; dies läßt sich doch nur erkennen, wenn man das Verhalten derjenigen studiert, die solches anwenden. Eitel wären Hoffnungen, man könnte mit den 'inneren Landkarten' der Handelnden *beginnen* – mit ihren inneren 'Wünschen und Überzeugungen' – die dann den respektiven Verhaltensweisen, die sonst geheimnisvoll blieben, Sinn und Bedeutung einhauchten. Ganz im Gegenteil erkennen wir diese Wünsche und diese Überzeugungen als das, was sie sind, nur dank der Art, womit sie sich kundtun.

Ich habe zuvor die Versuchung angesprochen, den Worten eines Handelnden eine überragende Rolle einzuräumen, als ob sie sozusagen von den geistigen Beweggründen, die seinem Benehmen Sinn verleihen, unmittelbar berichteten. Aber *weder* Worte *noch* Taten spielen per se eine überragende Rolle. Manchmal können wir herausfinden, ob Handelnde das verstehen, was sie *tun*, indem wir dem zuhören, was sie *sagen*; aber manchmal müßten wir herausfinden, ob sie das, was sie *sagen*, verstehen, indem wir das, was sie *tun*, prüfen. In beiden Fällen ist es unabdingbar, die Worte, bzw. die Taten, innerhalb eines weiteren, oft kulturellen, Zusammenhangs zu betrachten.

---

[5] Weil man keine scharfe Grenze zwischen dem Kulturellen und Nicht-Kulturellen ziehen kann.

Dem ersten Anschein nach liegt es nahe, solche Vorgehensweisen in den Werken von Ethnologen, Kulturhistorikern u.ä. zu studieren. Sie versuchen, ihren Lesern soziale Ereignisse und bestimmte Handlungen verständlich zu machen, die ihnen ihrem Wesen nach fremd sind, mit denen sie sogar aufgrund ihrer natürlichen Erwartungshaltung in Konflikt geraten könnten. In solchen Werken sucht man eine Beschreibung fremder Sitten auf der Basis eines erkennbaren Modells; vielleicht hofft man auch Analogien mit Sitten der eigenen Kultur zu finden, wonach man sich richten könnte.

Versuchte Erklärungen dieser Art laufen Gefahr in verschiedener Hinsicht zu scheitern. Erläuternde Muster können später lediglich wegen neuer Entdeckungen als falsch zurückgewiesen werden. Interessanter ist der Fall, daß sie daran scheitern, ein für einen modernen Leser verständliches Muster zu schaffen. Ein Leser, der z.B. mit moderner Chemie erzogen wurde, fände es vollkommen unverständlich, daß die 'seelische Reinheit' eines mittelalterlichen Alchemisten etwas mit dem Erfolg oder dem Versagen seiner Experimente zu tun haben könnte.

Oft glaubt man gerade in diesem Punkt das 'hermeneutische Problem des Verstehens fremder Kulturen' zu lokalisieren. Meines Erachtens ist es aber wichtig festzustellen, daß ein solches Problem, egal wie man es auffaßt, nicht nur dann auftaucht, wenn es um historisch oder geographisch weit entfernte Kulturen geht. Mißverständnisse und Unsicherheiten können ebensogut bei der eignen wie bei einer fremden Kultur entstehen. Wie sollte man z.B. die Gebräuche gewisser britischer Jugendgruppen angesichts der Popkultur unseres Zeitalters deuten, die sich einmal im Jahr bei Stonehenge versammeln, um die Sommersonnenwende zu feiern?[6] Welche Beziehungen haben diese Gebräuche zu den alten religiösen Riten der Druiden, wonach sie angeblich modelliert wurden? Inwiefern sind sie nicht vielmehr ein Ausdruck unseres zeitgenössischen Popkultur-Handelsgeist? Kennzeichnen sie überhaupt irgendwie ein Wiederaufflackern echter Sonnenanbetung? Wenn wir diese Erscheinung so deuten wollen, inwieweit sind dann solche Anbetungsformen mit der Rolle, die die Natur in den modernen industriellen Gesellschaften spielt, oder besser nicht spielt, zu vereinen? Solche Fragen sind zweifelsohne essentiell. Manchmal finden sich befriedigende Antworten auf sie, und manchmal nicht. Aber daß solche Fragen überhaupt aufbrechen,

---

[6] Ich meine dabei nicht das allzugroße Theater, das die britische Polizei daraus macht. Vielmehr handelt es sich hierbei um ein andersartiges kulturelles Phänomen, das auf seine Weise vielleicht vergleichbar schwer zu verstehen ist.

bedeutet noch lange nicht, daß man niemals in der Lage sein wird, ein kulturelles Phänomen zu deuten!

Es ist sowieso irreführend, wenn wir in Bausch und Bogen zwischen 'unserer eigenen Kultur' und 'fremden Kulturen' unterscheiden. Es gibt Aspekte 'unserer eigenen' Kultur, die manchmal 'unsereinem' vollkommen unverständlich vorkommen; ja, einige Aspekte unserer Kultur können einem unter Umständen viel *fremder* sein, als kulturelle Offenbarungen aus geographischer oder historischer Ferne. Es gibt keinen Grund, warum sich ein Historiker unseres Zeitalters nicht viel mehr in der Welt der mittelalterlichen Alchemie zuhause fühlen könnte als in der Welt des beruflichen Fußballs des zwanzigsten Jahrhunderts.

Eine 'Kultur' ist kein nahtloses Gewebe und zwar in mehr als einer Hinsicht. Einerseits werden die einzelnen Individuen im Lauf ihrer eigenen Erziehung – und danach – sehr differierenden Seiten der eigenen Kultur ausgesetzt. Andererseits kommt es ebenso bedeutsam hinzu, daß die einzelnen Individuen völlig andersartig auf das *reagieren*, was ihnen im Leben begegnet und zustößt. Ich glaube, daß die Art, wie Soziologen und Sozialpsychologen von 'Verinnerlichung' bzw. 'Internalisation' reden, diese Momente verdunkelt. Die Kulturäußerungen, denen wir begegnen, werden nicht einfach von uns *absorbiert*: vielmehr *reagieren* wir darauf. Die Arten der einzelnen Reflexionen auf das, was wir eine 'gleiche' Kulturäußerung bezeichnen möchten, sind außerordentlich mannigfaltig. Die Divergenzen können auch grundsätzliche Konflikte in sich bergen; auf gewissen Gebieten des Lebens ist solches sogar typisch. (Man denke z.B. an Fragen der Moral, Politik und Religion.) Offensichtlich ist mit jenem Phänomen die Tatsache eng verbunden, daß einige Kulturäußerungen für manche Leute weniger verständlich sind als für andere. Dies gilt auch für die Möglichkeit, daß bestimmmte Individuen den größten Teil der Kultur, in die sie hineingeboren wurden, kaum zur Kenntnis nehmen, darin keinen Sinn sehen. Ich denke hier besonders an Faust am Anfang des Goetheschen Dramas.[7] Demzufolge hielte dann auch die Ansicht, daß die eigene – im Gegensatz zur 'fremden' – Kultur für den Eingeborenen in irgend einer Weise durchsichtig sein müßte, einer näheren Prüfung nicht stand.

---

[7] Habe nun, ach! die Philosophie
Juristerei und Medizin,
Und leider auch Theologie
Durchaus studiert, mit heißem Bemühn.
Da steh' ich nun, ich armer Tor!
Und bin so klug als wie zuvor;
....

Allerdings wird nicht bestritten, daß dies alles etwas Wichtiges außer Acht läßt, dem ich mich jetzt zuwenden will. Ich will auf ein Beispiel zurückkommen, das ich vor langem diskutiert habe, nämlich auf E.E. Evans-Pritchards Beschreibung des Giftorakels bei den Azande.[8] Evans-Pritchard beschreibt sehr detailliert, einfühlsam und klar alles, was zur Befragung des Orakels gehört, sowie auch die Gelegenheiten, an denen man normalerweise so eine Befragung vornimmt, die Konsequenzen und auch die Zusammenhänge zwischen diesem Verfahren und anderen Lebensaspekten des Stammes und seines Glaubens. Insofern es sich bei seiner Arbeit um Irrtümliches oder Mißverständliches der Beschreibungen handelt, besteht kein Grund zur Annahme, warum andere Forscher sie nicht ziemlich zufriedenstellend ergänzen, bzw. berichtigen können. Außerdem gibt es überhaupt keinen Grund, warum wir – *in dieser Hinsicht* – nicht eine ebenso vollständige Einsicht in den Brauch des Giftorakels der Azande erwerben sollten, wie in die – sagen wir – Konzert-Besuche in der westlichen Welt mit Hilfe vergleichbarer Beschreibungen. Trotzdem entbehrt es nicht der Wahrscheinlichkeit, daß es in der Azande-Praxis etwas gibt – und dies erahnen wir – was sich unserem Verständnis nicht erschließt, ja vielleicht nie erschließen wird. Oder besser gesagt: Es gibt eine *Form des Verstehens* hinsichtlich dieser Gebräuche, die wir einfach nicht besitzen. Es ist schwierig diesen 'Mangel' beschreiben zu wollen, aber ich bin versucht, es so auszudrücken: Wir können es uns nicht vorstellen, was es für uns bedeutete, uns wie die Azande zu benehmen bzw. unserem Tun auf die gleiche Weise Sinn zu verleihen, wie – so nehmen wir an – es die Azande angesichts ihres eigenen Handelns tun. Vielleicht kann man auch so sagen: Wir können uns nicht vorstellen, die Orakelbefragung auf gleiche Weise *ernst* zu nehmen, wie die Azande es tun.

In ähnlicher Weise ist ein Anthropologe, dem aus irgendwelchen Gründen jegliches Musikverständnis fehlt, durchaus in der Lage, eine außerordentlich übersichtliche und klare Beschreibung des Musiklebens einer Gemeinschaft und der Ausübenden zu liefern, und wie sie sich in typischer Weise benehmen. Trotzdem erscheinen ihm diese Verhaltensmuster als komplett undurchsichtig und mysteriös. Ich denke hier an Beschreibungen, die manche sogenannte 'Mikroethnologen' geliefert haben und die undurchsichtig und mysteriös klingen *sollen*. Manche

---

[8] Peter Winch, *Ethics and Action*, 2. 'Understanding a Primitive Society', Routledge and Kegan Paul, London 1972 (auch in *The American Philosophical Quarterly*, Band I, 1964); E.E. Evans-Pritchard, *Witchcraft, Oracles and Magic among the Azande*, Oxford University Press, Oxford 1937.

Novellen von Caradog Evans streben nach ähnlichen Effekten mittels ihrer 'verfremdeten' Beschreibungen des bäuerlichen Landlebens in West Wales.[9]

In einer Hinsicht kann ich kaum sinnvoll behaupten, daß dem Giftorakel in meinem Leben der gleiche Stellenwert zukäme, wie bei den Azande.[10] Ebenso wie ich eine Landkarte nur einer Landschaft mit den entsprechenden Zügen zuordnen kann – man kann die Karte vom Zentrum Londons nicht der Sahara-Wüste zuordnen – kann ich die kulturelle Karte der Azande nicht auf meine eigene kulturelle Umgebung übertragen. Allerdings konnte Evans-Pritchard verständlicherweise (und nur halb humorvoll) anmerken, daß er während seiner Feldforschung seinen eigenen Haushalt gemäß dem Azande-Orakel führte, um zu ergänzen: "Ich empfand dies als eine ebenso zufriedenstellende Weise, mein Hauswesen und meine Angelegenheiten zu führen, wie jede andere mir bekannte Weise". Solches war jedoch nur deshalb möglich, weil das Orakel und die damit zusammenhängenden Einrichtungen eine lebendige Rolle im Leben aller derer spielten, die in seinem Umkreis lebten. Sein Handeln traf deshalb auf eine Reaktion und Resonanz, die ihm Sinn verliehen.

Darüberhinaus muß man noch berücksichtigen, daß es Fälle gibt, wo verschiedene Arten des Denkens in keine begriffliche Harmonie zueinander gebracht werden können. Zum Beispiel könnte man anmerken, daß die unvoreingenommene, möglicherweise auf einem naturalistischen Weltbild begründete Fragestellung, die für unsere Naturwissenschaften kennzeichnend ist, in einem logischen Mißverhältnis zu den magischen Denkweisen z.B. der Azande steht. Das kann durchaus stimmen. Die Schwierigkeit bzw. die für manche Menschen faktische Unmöglichkeit das Giftorakel 'ernst zu nehmen', ist hierfür vielleicht ein Beispiel.

Man sollte jedoch vorsichtig sein, wie man mit einem derartigen Phänomen umgeht, vor allem aber, welche Schlußfolgerungen man daraus zieht. Zum Beispiel ist der Rückschluß unverantwortlich, daß es uns unmöglich sei, ein so fremdartiges Kulturphänomen in Begriffen unserer eigenen Kultur zu erfassen. Einerseits gibt es keinen einsichtigen Grund, warum wir nicht fähig sein sollten, eine ausführliche und sorgfältig formulierte Beschreibung des betreffenden Phänomens zu liefern – und zwar innerhalb des eigenen kulturellen Rahmens. Andererseits ist die Kultur – wie schon bemerkt – kein nahtloses Gewebe.

---

[9] Ich verdanke dieses letzte Beispiel meinem verstorbenen Freund, David Sims.
[10] S. auch Peter Winch, *Versuchen zu verstehen,* Kap. 14 "Sprache, Glauben und Relativismus", übersetzt von Joachim Schulte, Suhrkamp, Frankfurt a.M. 1992.

'Naturwissenschaftliche' Standpunkte sind gewiß ein wesentlicher Aspekt speziell unserer Kultur, aber sie sind nur *ein* Aspekt davon. *Niemand* denkt *stets* so. Mr. Gradgrind[11] stellt eine Karikatur des vergeblichen Versuchs, so zu handeln, dar. Der anthropologischen Fragestellung stehen andere kulturelle Hilfsmittel zur Verfügung als die engen naturwissenschaftlichen, und ihre Exponenten – wie z.B. Clifford Geertz – gehen damit freimütig um.

Ich habe behauptet, daß ein wesentlicher Teil dessen, was wir mit 'Verstehen' einer anderer Kultur meinen, mit der Umgebung, bzw. einer 'Lebenswelt' zusammenhinge, in der wir angemessen oder entsprechend handeln können. In diesem Zusammenhang bleiben aber Worte wie "angemessen" oder "entsprechend" in vieler Hinsicht dunkel. Philosophen unterschiedlicher Überzeugung haben erörtert, daß es grundsätzlich unmöglich sei, definitiv und bestimmt festzulegen, worin eine *angemessene* Handlungsweise angesichts einer gegebenen Situation bestünde. Wittgenstein brachte dieses Argument in folgender Weise zum Ausdruck:[12]

> "Unser Paradox war dies: eine Regel könnte keine Handlungsweise bestimmen, da jede Handlungsweise mit der Regel in Übereinstimmung zu bringen sei. Die Antwort war: Ist jede mit der Regel in Übereinstimmung zu bringen, dann auch in Widerspruch. Daher gäbe es hier weder Übereinstimmung noch Widerspruch."

Oft bezieht man sich auf diesen Absatz, weniger häufig jedoch auf seine Fortsetzung, welche eine entschiedene Widerlegung dieses Arguments beinhaltet.

> "Daß da ein Mißverständnis ist, zeigt sich schon darin, daß wir in diesem Gedankengang Deutung hinter Deutung setzen; als beruhige uns eine jede wenigstens für einen Augenblick, bis wir an eine Deutung denken, die wieder hinter dieser liegt. Dadurch zeigen wir nämlich, daß es eine Auffassung einer Regel gibt, die *nicht* eine *Deutung* ist; sondern sich, von Fall zu Fall der Anwendung, in dem äußert, was wir 'der Regel folgen', und was wir 'ihr entgegenhandeln' nennen.
> Darum besteht eine Neigung, zu sagen: jedes Handeln nach der Regel sei ein Deuten. 'Deuten' aber sollte man nur nennen: einen Ausdruck der Regel durch einen anderen ersetzen."

---

[11] In *Hard Times* von Charles Dickens.
[12] *Philosophische Untersuchungen*, Teil I, § 201. Ähnliche Argumente sind ziemlich oft bei Diskussionen des sogenannten 'hermeneutischen Zirkels' zu finden.

Wittgenstein betont nachdrücklich die Art des *Handelns* in einem gegebenen Zusammenhang, und dies ist meines Erachtens außerordentlich wichtig; ich werde darauf zurückkommen. Allerdings kann die Art, wie er das Thema hier erörtert, sehr leicht zu einem neuen Mißverständnis führen: als ob das praktische Verstehen darin bestünde, fähig zu sein, *das, was man "richtige" Antwort nennt,* zu liefern. Wittgensteins Gebrauch der *Sprachspiel*vorstellung (zumindestens jener der früheren Stadien) akzentuiert dies in der Tat. Er weist hier auf etwas hin, was selbstverständlich sehr bedeutungsvoll ist; aber die Anwendbarkeit so einer Vorstellung ist allerdings begrenzt, wie die von mir angeführten Beispiele zeigen.

Auch Wittgenstein wurde dessen immer mehr gewahr; ich denke, daß in diesem Zusammenhang z.B. Folgendes aus den *Vermischten Bemerkungen* bedeutungsvoll ist:

"Es ist für unsre Betrachtung wichtig, daß es Menschen gibt, von denen jemand fühlt, er werde nie wissen, was in ihnen vorgeht. Er werde sie nie verstehen. (Engländerinnen für Europäer.)"
MS 137 71a: 9.7.1948[13]

Dieses Phänomen beschreibt er häufig mit dem Satz: "Ich kann mich in sie nicht finden".

[1] Einige der Schwierigkeiten, die die meisten von uns angesichts der Azande- Institution des Giftorakels empfinden, können dafür als Beispiel gelten. Unschwer lassen sich andere vorstellen.

[2] Der britische Philosoph R.G. Collingwood beschrieb in seiner Autobiographie seine Fremdheit der philosophischen Strömung seiner Kollegen in Oxford gegenüber. Obgleich er in der Lage war, ihren Erörterungen zu 'folgen' – und sogar Betrachtungen darüber anzustellen, die als Diskussionsbeiträge galten – konnte er jedoch die Pointen ihrer Debatten kaum verstehen. Er 'konnte sich in sie nicht finden'. (In gewissen Kreisen habe ich leider mehrmals ähnliches erlebt.)

[3] Das brennende Interesse an Berufsfußball ist offenbar ein sehr wichtiger Bestandteil der europäischen Kultur. Daß ich diese Leidenschaft nicht im geringsten teile, wäre zu wenig gesagt; sie ist mir vielmehr so fremd, daß ich mich mitnichten anheischig mache zu verstehen, was die meisten meiner Zeitgenossen dafür empfinden. Dies bedeutet keinesfalls, daß ich nicht weiß, was ich von diesen

---

[13] Ludwig Wittgenstein, *Vermischte Bemerkungen*, hrsg. von G.H. von Wright, Neubearbeitung durch Alois Pichler, Suhrkamp, Frankfurt a.M. 1994, 141.

letzten erwarten könnte, oder daß ich keine Ahnung vom Hintergrund dieser Sportart hätte, oder daß ich völlig blind für die Schönheiten seiner wirklichen Geschicklichkeiten wäre. Trotzdem – 'ich kann mich in sie nicht finden'. (Es geht mir z.B. anders mit dem Bergsteigen; ich besitze dafür überhaupt keine Leidenschaft – eher das Gegenteil – und trotzdem möchte ich in diesem Fall *nicht* sagen, daß ich mich in leidenschaftliche Bergsteiger nicht finden könnte.) Man sollte nicht behaupten, daß dieses Phänomen nichts mit einem *Verstehen* zu tun habe. Es handelt sich dabei doch um einen sehr zentralen Gebrauch des Wortes "verstehen". Wenn jemand fühlen sollte, daß er *mich* in dieser Sache nicht versteht (denn ich bin mir selbstverständlich bewußt, daß es sich dabei um ein gegenseitiges Phänomen handelt), dann würde ich zuerst einmal feststellen, daß dies ein anderes Exemplum für all das ist, worauf ich die Aufmerksamkeit lenken möchte. Aber zweitens würde ich ihn fragen, ob er jene Geisteshaltung im World Cup-Fußball zu *verstehen* glaubt, die zum Mord an Escobar in Medellín geführt hat, schlicht deswegen, weil jener ein Eigentor geschossen hatte.

Diese Beispiele liegen auf einer Linie mit meiner Behauptung, daß die Schwierigkeiten, die uns hier begegnen, nicht ausschließlich sogenannten Fremdkulturen angehören. Tatsächlich zeigen sie, daß der Übergang von 'fremdartig' und 'nicht-fremdartig' fließend ist; dies unterstützt meine Argumentation. Die Probleme entstehen zum großen Teil dank bestimmter Besonderheiten, die an unseren Begriff von *Verstehen* geknüpft sind, und weniger dank der Eigentümlichkeiten in der sich zwei Kulturen zueinander finden.

Ich habe zuvor schon angemerkt, daß man dem, was Wittgenstein "sich in andere finden" nennt, nur eine beiläufige Bedeutung zumessen könnte, weil es etwas mit der Weise zu tun habe, wie man mit anderen im praktischen Leben umgeht, statt mit dem, was man ('im strengen Sinne'!) als ein *Verstehen* bezeichnen sollte. Abschließend möchte ich noch skizzenhaft ein Argument ausführen, welches zeigt, wie ganz im Gegenteil gerade dieses praktische In-Einklang-Stehen mit anderen das Zentrum unseres Verstehens anderer Menschen bildet.[14]

In einem wichtigen Absatz reflektiert Wittgenstein darüber, was es bedeutet, wenn man einen anderen Menschen als empfindende, denkende Person behandelt. Ich möchte die Stelle vollständig zitieren:

---

[14] Mit diesem Thema habe ich mich gründlicher in 'Eine Einstellung zur Seele' auseinandergesetzt; in: Winch, *Versuchen zu verstehen*.

"Ich glaube, daß er leidet." – *Glaube* ich auch, daß er kein Automat ist? Nur mit Wiederstreben könnte ich das Wort in diesen beiden Zusammenhängen aussprechen.
(Oder ist es *so*: ich glaube daß er leidet; ich bin sicher, daß er kein Automat ist? Unsinn!)
Denke, ich sage von einem Freunde: "Er ist kein Automat." – Was wird hier mitgeteilt, und für wen wäre es eine Mitteilung? Für einen *Menschen*, der den Andern unter gewöhnlichen Umständen trifft? Was *könnte* es ihm mitteilen? (Doch höchstens, daß dieser sich immer wie ein Mensch, nicht manchmal wie eine Maschine benimmt.)
"Ich glaube, daß er kein Automat ist" hat, so ohne weiteres, noch gar keinen Sinn.
Meine Einstellung zu ihm ist eine Einstellung zur Seele. Ich habe nicht die *Meinung*, daß er eine Seele hat."[15]

Die hier erzielte Pointe wird an unterschiedlichen Stellen in Wittgensteins Werk bis in feinste Details weitergeführt. Man beachte zum Beispiel seine Behandlung der Konzeption und des Begriffs von *Schmerz* (Leid). Er fragt, wie dies von einem Kind gelernt werden könnte und führt aus:

"Wie *beziehen* sich Wörter auf Empfindungen? – Darin scheint kein Problem zu liegen; denn reden wir nicht täglich von Empfindungen, und benennen sie? Aber wie wird die Verbindung des Namens mit dem Benannten hergestellt? Die Frage ist die gleiche, wie die: wie lernt ein Mensch die Bedeutung der Namen von Empfindungen? Z.B. des Wortes 'Schmerz'. Dies ist eine Möglichkeit: Es werden Worte mit dem ursprünglichen, natürlichen, Ausdruck der Empfindung verbunden und an dessen Stelle gesetzt. Ein Kind hat sich verletzt, es schreit; und nun sprechen ihm die Erwachsenen zu und bringen ihm Ausrufe und später Sätze bei. Sie lehren das Kind ein neues Schmerzbenehmen.
'So sagst Du also, daß das Wort 'Schmerz' eigentlich das Schreien bedeute?' – Im Gegenteil; der Wortausdruck des Schmerzes ersetzt das Schreien und beschreibt es nicht."[16]

Seine Behandlung unserer Schmerzzuschreibung, die einen anderen betrifft, ist vergleichbar, auch wenn sie sich im Einzelnen notwendigerweise scharf unterscheidet. Er suggeriert, daß wir Verhaltensformen, in welchen wir z.B. Mitleid für einen anderen Menschen zeigen, als *Formen der Überzeugung* anerkennen, *daß der andere Schmerzen hat*.[17]

---

[15] *Philosophische Untersuchungen*, Teil II, § iv.
[16] Ibid., Teil I, § 244.
[17] Ibid., Teil I, §§ 286-87.

In beiden Fällen distanziert sich Wittgenstein also von der traditionellen Auffassung, Schmerz sei ein merkwürdiges inneres Etwas (Objekt, Prozeß oder Zustand). Er fordert stattdessen dazu auf zu überprüfen, wie die Sprache des Schmerzes in der aktuellen Praxis benutzt wird. In dieser Weise kann er demonstrieren, wie Erst- und Dritt-Person-Zuschreibungen von Schmerz zusammengehören, und zwar als ergänzende Züge in einem einzigen Sprachspiel. Gerade durch seine Betonung der erheblichen *Unterschiede* in der Sprechweise der ersten und der dritten Person gelingt es ihm ironischerweise, die *Einheit* des Begriffs von Schmerz wiederzugewinnen – etwas, was traditionelle Betrachtungen nicht leisten konnten, die alle am 'problem of other minds' gescheitert sind, wie ich schon angedeutet habe.

In vielen anderen Zusammenhängen verwendet Wittgenstein vergleichbare Strategien, wie z.B. seine höchst unterschiedliche Handhabung der Problematik, die mit dem Verstehen der Gedanken eines anderen verknüpft ist, wobei man sich natürlich und notwendigerweise über die verschiedenen Arten des Mißverstehens und Nicht-Verstehens bzw. mißglückten Verstehens Rechenschaft geben muß. Bei seiner Erörterung der Frage, z.B., "Wie weiß ich, daß zwei Menschen das gleiche meinen, wenn jeder sagt, er glaube an Gott?", heißt es: "*Die Praxis* gibt den Worten ihren Sinn".[18] Erfolg und Mißerfolg beim 'sich in andere finden' ist, wie schon nahegelegt, ein zentrales Moment in allen Beziehungen, die Menschen miteinander haben können. Eine Kernaufgabe für jeden, der eine andere Kultur verstehen will, wird darin bestehen die Begrifflichkeiten zu klären, die solche menschlichen Beziehungen gestalten. Indem man diese beiden Argumente zusammennimmt, kann man vielleicht erkennen, daß es tatsächlich eine Art von gescheitertem Verstehen geben wird, wenn wir uns angesichts *jeglichen* kulturellen Phänomens, eines 'fremden' oder auch gut bekannten, 'in diese Leute nicht finden können'. Dies kann in dem einen oder anderen Fall heilbar sein, oder auch nicht; ich glaube aber nicht, daß dafür eine Abhilfe gefunden werden könnte, durch irgend eine 'naturwissenschaftliche Methode'.

(Überzetzung Prof. Dr. Helen Ceyer)

---

[18] *Vermischte Bemerkungen*, 160.

OSWALD SCHWEMMER, Berlin

ÜBER DAS VERSTEHEN DES FREMDEN

1 Das Problem des Verstehens

Unser Verstehen, so scheint es, richtet sich auf das Fremde: auf das, was uns unvertraut ist und auffällt. Dadurch, daß wir es verstehen, wollen wir es uns zueignen und vertraut machen. Denn das Fremde und Auffällige macht uns unsicher. Wir fühlen uns durch es bedroht. So soll uns denn das Verstehen wieder im Eigenen ansiedeln und sicher fühlen lassen. Das Fremde und Auffällige, also das zu Verstehende, bildet in unserem alltäglichen Handeln und Leben eine Ausnahme. Gewöhnlich bewegen wir uns im Selbstverständlichen, in dem uns alles vertraut ist, wir uns sicher fühlen und uns orientieren können. Eben das macht unseren Alltag aus. Was für uns alltäglich ist, das erscheint uns selbstverständlich. Das Verstehen soll uns den Weg aus den Unsicherheiten und Bedrohlichkeiten des Fremden in das vertraute Reich des Selbstverständlichen und d.i. des Eigenen ebnen, den Weg zurück in unseren Alltag mit seiner Sicherheit. Verstehen, so könnte man sagen, ist der Versuch, mit dem Auftreten von Irritationen fertig zu werden und den Weg zurück ins Selbstverständliche zu finden.

Mit diesen Worten etwa könnte man die Alltagstheorie des Verstehens und damit das Problem des Verstehens, so wie es im Alltag auftritt, umreißen. Und dann beginnt jeweils die Praxis: das Fremde wird ins Eigene umgewandelt, das Auffällige zum Gewöhnlichen gemacht. Es wird zum Baustein der vertrauten Welt, zum Teil des allgemeinen Selbstverständlichen. Dieses Programm der Aneignung gehört zu unserem Alltagsleben, weniger als eine bewußte Strategie als vielmehr wie ein übliches Verhalten, das wir uns ebenso angeeignet haben wie die Bewegungen unseres Körpers oder auch wie die Sprache, die wir sprechen. Dieses Programm ist so wirkungsvoll, daß oft das bloße Verstreichen von Zeit zu reichen scheint, um es zu verwirklichen. Ist jemand nur lange genug mit uns zusammen, verliert sich gewöhnlich seine anfängliche Fremdheit. Auffälligkeiten, die uns zunächst merkwürdig erschienen, können sich in das Repertoire der gewöhnlichen Merkmale einfügen, ohne daß wir eine besondere Anstrengung der gezielten Assimilation unternehmen müßten. Mit anderen Worten: In den alltäglichen Zusammenhängen unseres Lebens scheinen wir vieles Fremde und Auffällige wie von selbst verstehen. Das Verstehen des Fremden, so wäre das Resümee, versteht sich im allgemeinen von selbst.

Diese Verteidigung des Gewöhnlichen und Selbstverständlichen, des Eigenen und Vertrauten hat im allgemeinen Erfolg. Unser Alltag zeigt es, schon durch das gewöhnliche Fehlen des Ungewöhnlichen, das ihn ja geradezu definiert. Aber diese alltägliche Strategie hat auch ihre Grenzen. Wir nehmen sie – gerade in unserer gegenwärtigen Weltsituation – deutlich und überdeutlich wahr. Wo nämlich der Prozeß der Aneignung, aus welchen Gründen auch immer, versagt, bleibt das Fremde nicht nur einfach fremd, so wie das Fremde, das eben zu verstehen ist, sondern es wächst sich zu einer besonderen Fremdheit aus: der Fremdheit des Unverständlichen, das man sich nicht aneignen, nicht zum passenden Teil seiner eigenen Welt machen kann. Dieses Fremde verwandelt sich in eine Bedrohung. Es versperrt den alltäglichen Weg zurück ins Selbstverständliche, wird damit zum Ärgernis und zur latenten Gefahr für dieses Selbstverständliche, für das Eigene selbst. Das Verstehen des Alltags ist hier mit seinem Deutsch gewöhnlich am Ende. Es bilden sich andere Formen des Umgangs mit diesem Fremden heraus: Die Formen sind dabei durchaus verschieden und reichen von einem weitgehend unpersönlichen, die Regeln eines formalisierten Geschäftsgangs in einer Gesellschaft nutzenden Miteinanderhandeln dort, wo es eben nötig ist, über eine ansonsten so weit wie möglich praktizierte Nichtbeachtung, ein mißtrauisches Sich-Fernhalten von oder Heraushalten aus allen Begegnungen bis hin zu Hinaustreiben oder gar Vernichten dieses unverständlichen Fremden.

Wir brauchen die scharfe Trennungslinie zwischen dem Fremden, das verständlich wird, und dem Fremden, das unverständlich bleibt, im allgemeinen nicht erst zu suchen. Sie scheint durch alle Äußerungen hindurch, in denen betont wird, wie gut man doch mit den Ausländern nebenan auskomme und daß man nichts gegen Ausländer überhaupt habe, daß man aber bei manchen anderen kein Verständnis mehr aufbringen könne und mit diesen anderen auch nichts zu tun haben möchte. Mir kommt es hier nicht darauf an, die alltäglichen Unverständnisse zu geißeln, sondern darauf, eine Denkform zu charakterisieren, die das Problem des Verstehens schärfer in den Blick rückt: Es geht um die in unserer alltäglichen Lebenswelt eingewurzelte Denkform, nach der Verstehen des Fremden heißt, daß dieses Fremde nur dann verstanden ist, wenn es zum Moment der eigenen Identität umgewandelt werden kann, und nach der das Fremde, bei dem diese Aneignung nicht gelingt, eine Gefahr für die eigene Identität bedeutet und daher in irgendeiner Weise ferngehalten werden muß.

Dieses Verständnis des Verstehens als Wiederherstellen der eigenen Identität angesichts eines Fremden, als Aneignung des Fremden und damit auch als Rückkehr in die Selbstverständlichkeiten und Sicherheiten des Alltagshandelns ist nicht nur ein zentraler Teil unserer alltäglichen Weltorientierung, sondern bildet darüber hinaus auch einen resistenten Teil unserer philosophischen Grundbegriffe. Dies möchte ich erläutern: an den philosophischen Begriffen der Darstellung, mit der wir unser Verständnis artikulieren, und des Ausdrucks, der zu verstehen ist. Wir werden sehen, daß damit auch der Begriff der Wahrheit betroffen ist. Tatsächlich kann man in einem ersten Definitionsversuch – sieht man einmal von dem besonderen Bezug des Verstehens auf das Fremde ab – diese drei Begriffe der Darstellung, des Ausdrucks und der Wahrheit als die wesentlichen Elemente des Verstehens hervorheben: Einen Ausdruck verstehen, das heißt danach, eine wahre Darstellung von ihm geben.

Diese allgemeine Definition sieht zunächst von der besonderen Richtung auf das Fremde ab. Sie scheint damit in bloße Theorie abzudriften, und tatsächlich muß ich Ihnen für die nächsten Abschnitte die – wie Hegel formulierte – "Aufmerksamkeit für den Begriff"[1] abfordern, die Philosophie für viele so spröde, um nicht zu sagen, trocken und schwierig, erscheinen läßt. Ich hoffe, Sie entziehen mir jetzt trotzdem nicht die erbetene Aufmerksamkeit.

2 Die Mannigfaltigkeit des Verstehens

Unser Verstehen richtet sich auf alles mögliche. "Das verstehe ich" oder "das verstehe ich nicht" kann sich auf eine Äußerung beziehen, die wir gut oder nicht richtig gehört haben, mit der wir etwas oder nichts anfangen können, die wir nicht oder gut nachvollziehen können, die uns wie ein Zaun aus Wörtern von den Sachen abgrenzt oder neue Einsichten vermittelt usw. usf. Dazu kommen dann noch Wendungen, die uns sagen, daß jemand seine Sache versteht oder nicht, sich auf etwas versteht, jemanden versteht, alles versteht.

---

[1] Georg Wilhelm Friedrich Hegel, *Phänomenologie des Geistes*, Vorrede, nach dem Text der Originalausgabe hrsg, von Johannes Hoffmeister, Hamburg [Felix Meiner] 1952⁶, 48.

Wir begegnen in all diesen Wendungen so einer Mannigfaltigkeit der Verwendungsweisen, in denen das Wort "Verstehen" vorkommt. Daß wir diese Mannigfaltigkeit gleichwohl in einem Wort zusammenbinden – und zwar meist ohne Zögern und Unsicherheiten –, zeigt, daß wir gleichwohl eine gewisse Konvergenz all dieser Gebrauchsweisen unterstellen, auch wenn wir diese Konvergenz nicht unter eine elaborierte Analyse bringen können. Jedenfalls, so scheint mir, können wir das *Verstehen von Äußerungen* – seien sie nun sprachlicher oder nichtsprachlicher Natur – in diesem Konvergenzbereich ausmachen. Das Verstehen von Äußerungen ist dabei nicht nur ein Fall neben anderen, sondern bietet so etwas wie den Musterfall, der uns auch für die Analyse der anderen Fälle des Verstehens ein Leitbild liefert. Ich konzentriere mich daher auch auf diesen "Musterfall" des Verstehens von Äußerungen, um mehr über das Verstehen überhaupt, vor allem aber über das Verstehen des Fremden, in Erfahrung zu bringen.

3 Ausdruck und Ausdrucksbedürfnis

Ausdruck und Verstehen sind einander zugeordnet. Und beides, das Bedürfnis zum Ausdruck wie das zum Verstehen, scheinen ebenso ununterdrückbar wie unstillbar. Gleichwohl sind sie grundlegend voneinander unterschieden. Über das Verstehen habe ich bereits einiges gesagt. Daher nun einige Bemerkungen zu unserem Ausdrucksbedürfnis. Das Ausdrucksbedürfnis ist ein Teil von uns, ebenso wie immer wieder Hunger und Durst, aber eben nicht nur immer wieder, sondern immer, wenn wir überhaupt nur wach sind, und nicht nur in besonderen Phasen oder Situationen eines Lebens. Das Ausdrucksbedürfnis teilen Kinder wie Greise, Frauen wie Männer, Kranke wie Gesunde, Hungrige wie Satte. Man kann fragen, ob die Rede von einem Bedürfnis hier überhaupt angemessen ist. Handelt es sich doch eher um einen ständig präsenten und produzierten Charakter unseres Verhaltens als um etwas, das uns fehlt und das wir nun eigens erstreben müssen.[2] Ausdruck gehört in diesem Sinne zu unserer Natur, auch wenn wir gerade in ihm die Wurzeln unserer kulturellen Existenzform entdecken können.

---

[2] Die Rede von einem Ausdrucks-*Bedürfnis* gewinnt ihren Sinn, wenn wir es in unserem "natürlichen" Ausdrucksverhalten als ein Bedürfnis nach *mehr*, d.i. nach einem stärkeren oder wirkungsvolleren *Ausdruck* verstehen. Dieses Bedürfnis geht über die Gegebenheiten unseres tatsächlichen Verhaltens hinaus und verlangt von uns eine eigene Anstrengung, aus der heraus sich unsere gesamte Ausdruckskultur entwickelt hat.

4 Innenwelt und Außenwelt

Durch unser Ausdrucksverhalten wird unsere Existenz in die Polarität von Innen und Außen eingespannt. Denn wenn es auch wahr ist, daß das Ausdrucksverhalten zu unserer Natur gehört und wir dementsprechend immer und überall – sozusagen wo wir gehen und stehen – Ausdrucksformen schaffen oder verwirklichen, so ist es doch auch wahr, daß wir diesen Ausdruck, der da so offensichtlich zu unserer Natur gehört, zugleich als etwas uns Gegenüberstehendes, als etwas außer uns erleben.

Wir sagen etwas und hören es uns zugleich sagen als etwas, das auch von einem anderen hätte gesagt werden können.[3] Das Gesagte oder sonstwie Geäußerte hat auf der einen Seite eine Distanz zu uns als den Personen, die reden oder sich irgendwie äußern, ist vorgeformte Formmöglichkeit gewesen, bevor wir es formten. Auf der anderen Seite ist es der Ausdruck unserer selbst, ist es eine Leistung, in der wir selber unsere Form gewinnen. In der traditionellen Ortszuweisung gedacht: Erst in seinen Äußerungen bildet sich unser Innenleben zu einer identifizierbaren Form. Aber indem es das tut, wird es sich selbst zu einem Äußeren, entfernt es sich – so scheint es – aus der Ursprünglichkeit eines erlebten Innen-Selbst, um sich in einer Außen-Existenz zu befestigen.

5 Die Fremdheit des Selbst und das Alte im Neuen

Gerade diese Erzeugung des Innen im Außen – in der selbst gemachten Äußerung, mit der sich ein Selbst zum Ausdruck bringt und als ein Selbst identifizierbar macht – schafft eine unüberbrückbare Differenz zwischen dem Selbst und seinen Äußerungen. Sie läßt eine strukturelle Fremdheit des Selbst zu seinen Äußerungen entstehen: eine Fremdheit, die auch den Irrtum miteinschließt – und zwar nicht nur den kontingenten Irrtum, der auf einem Fehler der Wahrnehmung oder der Einschätzung

---

[3] Vgl. dazu auch Arnold Gehlen, *Der Mensch. Seine Natur und seine Stellung in der Welt*, Wiesbaden [Aula] 1986[13]. Hier spricht Gehlen von dem "Leben des Lautes" (S. 141f.,193f.), das er als eine Sprachwurzel und als ausgezeichneten Fall des "Selbstgefühls der eigenen Tätigkeit" behandelt. Dieses "Leben des Lautes" entwickelt sich im Hören des eigenen Sprechens und führt zu einem "entfremdeten Selbstgefühl" (S. 133-140), das zur Quelle für die Unterscheidung zwischen "Innen" und "Außen" wird. Gehlen redet im Anschluß an Novalis von einer "inneren Außenwelt" (S. 195f.), der er komplementär eine "äußere Innenwelt" gegenüberstellt (S. 257-263).

in einer bestimmten Situation beruht, sondern den strukturellen Irrtum, der auch dann besteht, wenn unsere Wahrnehmungen und Einschätzungen "stimmen". Es ist dies der Irrtum, überhaupt zu glauben, daß unser Selbst in seinen Äußerungen identifiziert wird.

Wir erfassen hier im Grundsätzlichen eine Differenz, die zu unserer geistigen Identität gehört. Sie ergibt sich aus der Möglichkeit, uns in unseren Äußerungen eine Form zu geben, und aus dem gleichzeitigen Zwang, für diese Formgebung Vorgeformtes zu verwenden. Würden wir die Formen von Grund auf im Prozeß der Formgebung erst erschaffen, würden unsere Äußerungen nichts anderes sein können als bizarre Formationen in einer unverständlichen Welt. Weder wir selbst noch die anderen, die mit uns leben, würden eine Möglichkeit erhalten, Fixpunkte zu entdecken, von denen her sich eine Orientierung gewinnen ließe. Nur dort, wo es *Wiedererkennen* gibt, ergibt sich auch Bekanntes oder Vertrautes und damit die Möglichkeit, auch Unbekanntes und Unvertrautes in irgendeiner Weise einzuordnen, d.h. sich zu orientieren.

Natürlich besagt dies nicht, daß es keine neue Formen geben kann in unseren Äußerungen. Wer nur das äußert, was schon geäußert worden ist, bleibt ebenfalls unverständlich – wenn auch nicht aufgrund der verwirrend bizarren Formationslaunen eines von Grund auf Neuen, sondern aufgrund des nur noch Gewöhnlichen einer Ausdrucksroutine, die nichts mehr sagt und bloßes Klischee bleibt. Daß die Äußerungen, mit denen wir unser Selbst artikulieren, Formen im oder aus dem Vorgeformten bilden, soll heißen, daß wir aus dem bereits Vorgeformten heraus und im Anschluß an es Konfigurationen bilden. Diese Konfigurationen müssen sogar, um verständlich zu werden, etwas Neues sein – und sei es nur im Tonfall oder im besonderen Situationsbezug. Aber sie sind dieses Neue in einem Medium der Ausdrucksformen, das allen zur Verfügung steht, an dem alle durch ihre eigenen Äußerungen mitgestalten und das daher auch allen gehört und eben dadurch von allen als das gemeinsame Medium unterschieden ist.

Es ist so ein *Doppelcharakter unserer Äußerungen* festzustellen. Auf der einen Seite sind es schöpferische Leistungen, die Neues erzeugen. Auf der anderen Seite sind es Verwendungen von Altem, die an die vorgeformten Äußerungsmöglichkeiten anschließen. Dadurch, daß sie Bekanntes und Vertrautes in eine besondere Form bringen, eröffnen sie den Weg auch in Unbekanntes und Unvertrautes. Die Orientierung am Bekannten und Vertrauten ermöglicht das Hinausgehen ins Unbekannte und Unvertraute. Das Bekannte und Vertraute ist dabei das Vorgeformte und unserem Selbst also Fremde, von ihm Verschiedene, ihm gleichsam Gegenüberstehende. Das Selbst gewinnt seine Identität in der schöpferischen Gestaltung im Medium des Vorgeformten, in einem Neuen, das ein solches ist als Anschluß an das Alte, als dessen Weiterführung.

Damit scheint sich die Dialektik von Fremdem und Eigenem umzukehren. Das Bekannte und Vertraute ist als das Vorgeformte das Fremde, das bisher noch nicht Bekannte und noch nicht Vertraute wird im schöpferischen Akt der Äußerung das Eigene. Zugleich aber gilt, daß das selbst Geäußerte auch als Ergebnis einer schöpferischen Leistung dem Selbst gegenüber, ihm außen bleibt – und trotzdem in eben dieser Äußerung seine Identifizierbarkeit gewinnt. Man kann dieses Verhältnis durch dialektische Formulierungen darzustellen versuchen: etwa in der Weise, in der Hegel dieses Verhältnis auf eine Formel bringt, indem er davon redet, daß das Selbst seine Identität nur im anderen seiner selbst gewinnt. Oder aber in der Weise, in der Nietzsche von den "zwei absolut verschiedenen Sphären" redet, zwischen denen "es keine Kausalität, keine Richtigkeit, keinen Ausdruck" gibt, "sondern höchstens ein ästhetisches Verhalten, ich meine eine andeutende Übertragung, eine nachstammelnde Übersetzung in eine ganz fremde Sprache: wozu es aber jedenfalls einer frei dichtenden und frei erfindenden Mittelsphäre und Mittelkraft bedarf."[4] Der Mensch, der gleichwohl gezwungen ist, in dieser "fremden Sprache" sein Selbst zu finden, wird in dieser Selbstfindung aus sich hinausgetrieben in ein Reich von Vorstellungen und Begriffen, die nicht nur die seinen sind, von denen er ebenso getragen und fortbewegt wird wie er sie zu nutzen und leiten versucht: "gleichsam auf dem Rücken eines Tigers in Träumen hängend."[5]

6 Ausdrucksformen und Symbole

Mit jeder Äußerung begeben wir uns in ein Reich von Ausdrucksformen, die nicht wir erfunden oder erzeugt haben. Dieses Reich ist entstanden

---

[4] Friedrich Nietzsche, 'Über Wahrheit und Lüge im außermoralischen Sinn', in: *Werke in drei Bänden*, hrsg. von Karl Schlechta, dritter Band, München [Carl Hanser] 1956, 317.

[5] Ebda., S. 311. Nietzsche faßt das Verhältnis von Selbst und Äußerung vor allem in der Dialektik von Begriffen und Anschauungen. Begriffe sind für ihn eine "Begräbnisstätte der Anschauungen" (S. 319). "Jenes ungeheure Gebälk und Bretterwerk der Begriffe, an das sich klammernd der bedürftige Mensch sich durch das Leben rettet, ist dem freigewordenen Intellekt nur ein Gerüst und ein Spielzeug für seine verwegensten Kunststücke ..." (S. 321).

aus den vielen und vielfältigen Äußerungen all derjenigen, die sich auf seine Ausdrucksformen eingelassen, sich ihrer bedient haben und von ihnen geführt worden sind. *Jede Äußerung ist eine Konkretisierung dieser Ausdrucksformen*, mag sie nun gehört werden oder ungehört verhallen, mag sie überhaupt von anderen wahrgenommen werden oder unbemerkt bleiben, mag sie erinnert oder vergessen werden. Die wahrgenommenen und erinnerten Äußerungen jedenfalls sind Fäden im Gewebe dieses Reiches und präsentieren sich jedem, der sich in seinen Äußerungen in diesen Ausdrucksformen bewegt. Ich möchte dieses Reich von Ausdrucksformen die *Audruckskultur* einer Gesellschaft und ihrer Geschichte nennen.

Diese Ausdruckskultur besitzt einige Strukturen, die die Wege des Verstehens vorzeichnen. Da ist einmal der *Symbolcharakter* der Ausdrucksformen. Symbole sind Gegenstände besonderer Art. Wir sind gewohnt, diese besondere Art durch den Begriff der Repräsentation zu charakterisieren. Wörtlich verstanden ist die Repräsentation eine Wiedervergegenwärtigung. Vergangenes, Abwesendes oder auch einfach Unbemerktes soll ein Gegenstand für unsere Aufmerksamkeit werden, nicht durch sich selbst, sondern durch das Symbol, das nur diese Aufgabe hat, eben dieses Vergangene, Abwesende oder Unbemerkte zum Gegenstand unserer Aufmerksamkeit zu machen. Symbole sind daher Gegenstände, die von sich selbst weg- und auf etwas anderes hinweisen, die ihre eigene gegenständliche Präsenz in der Gegenständlichkeit des Repräsentierten aufgehen lassen. Um dies leisten zu können, muß die Form ihrer Gegenständlichkeit von besonderer Art sein. Einserseits müssen sie unsere Aufmerksamkeit klar und eindeutig auf sich ziehen – sonst blieben sie ebenso unbemerkt wie die Gegenstände, die sie repräsentieren sollen. Andererseits müssen sie, indem sie unsere Aufmerksamkeit auf sich ziehen, diese Aufmerksamkeit zugleich weiterleiten auf die repräsentierten Gegenstände.

7 Eindimensionale Prägnanz

Aufmerksamkeit wird durch die Prägnanz von Formen angezogen. Prägnanz wird erzeugt durch starke Kontraste, einmal zwischen Figur und Hintergrund, zum anderen aber auch zwischen den Teilen einer Figur selbst. Der Figur-Hintergrund-Kontrast schließt die Form gegenüber ihrer Umgebung zu einem eigenen Gegenstand ab. Die Kontraste zwischen den Teilen verstärken die Unterschiede zu anderen Gegenständen und damit auch die Identifizierbarkeit dieser Gegenstände selbst. Die präganzerzeugenden Kontraste können sich in ihrer Komplexität stark voneinander unterscheiden: und dies sowohl in dem Grad als auch in der Art ihrer Komplexität.

Man kann sich dies leicht vor Augen führen, wenn man die Beschilderung unseres Straßenverkehrs mit den Gemälden in einer Galerie – z.B. der Alten Nationalgalerie – vergleicht. Man könnte die Schilder und Gemälde geradezu als paradigmatische Endpunkte einer Skala wählen, die Grade von geringster zu höchster Komplexität angibt. Eine nähere Betrachtung, die uns von der Alten zur Neuen Nationalgalerie führt, könnte uns dann noch zeigen, daß auch die gegenüber den alten Gemälden scheinbar geringere Komplexität mancher moderner Bilder – man denke etwa an Siebdrucke oder Farbflächenbilder – eine völlig andere Art von Komplexität besitzt als unsere Verkehrsschilder. Selbst dort, wo solche Schilder oder ähnliches in ein Bild als Element aufgenommen sind, bestehen im Fall der Bilder Binnenkontraste, die aufeinander bezogen und ineinander verwoben sind und die sich oft erst einem zweiten Hinsehen erschließen, wo im Falle der Schilder – normalerweise – sich nur eine Dimension von Kontrasten, nämlich zwischen den nicht weiter strukturierten Teilen der Figur, findet und Überlagerungen, Einbettungen, Verschränkungen usw. vermieden werden. Die Bild-Komplexität erzeugt für uns Mehrdeutigkeiten: vieles ist von Unterschiedlichem zugleich abgesetzt oder darauf bezogen. Es gibt immer mehrere Wege, Kontraste zu bilden. Immer wieder ist übrigens diese vieldimensionale Komplexität, der wir in der Kunst begegnen, mit dem Leben verglichen und als lebendig charakterisiert worden.[6] Die eindimensionale Komplexität des Verkehrsschildes dagegen bleibt eindeutig. Jeder Kontrast ergibt sich in einer Richtung. Kein Teil verwandelt sich in etwas anderes durch seine Beziehungen zu den anderen Teilen. Außerdem ist klar, was Teil ist und was seine Grenze. Da eben dies auch durch die Kontraste zwischen den Teilen festgelegt wird.

Eindimensionale Prägnanz, so könnte man die besondere Form nennen, die Verkehrsschildern eigen sein muß, damit sie ihre Funktion eindeutiger und schnell erkennbarer Mitteilung erfüllen können. Und eben diese Form der Prägnanz ermöglicht den Symbolen im allgemeinen ihre Funktion der Repräsentation. Die Eindimenionalität dieser Prägnanz

---

[6] Vgl. dazu etwa Susanne K. Langers großangelegten Versuch, von einer Analyse der Struktur der Kunstwerke her das Phänomen des Leben – und dann das des Geistes – zu verstehen. In: *Mind. An Essay on Human Feeling*, insbes.: Vol. I, Baltimore, Maryland [Johns Hopkins University Press] 1967.

erzeugt nicht nur eine klare und mühelose Erkennbarkeit. Durch diese ihre eindimensionale Prägnanz können Symbole auch unsere Aufmerksamkeit auf sich ziehen. Zugleich aber halten sie diese Aufmerksamkeit nicht fest. Denn die Eindimensionalität der Kontraste läßt uns die jeweilige Figur sozusagen mit einem Blick vollständig erfassen. Sie lädt nicht zur näheren Betrachtung ein, in der sich eine komplexe Vielfalt – wie bei unseren Gemälden – erschließen würde. Die eindimensionale Prägnanz erfassen wir als drastische Direktheit der Formeigenschaften, die ohne Geheimnisse, ohne eine erst zu entdeckende Tiefendimension weiterer Formverhältnisse, bleibt.

8 Künstlichkeit

Wäre dies allerdings schon die ganze Wahrheit über die Formeigenschaften von Symbolen, dann könnte sich deren Macht über unsere Vorstellungswelt, die sie seit eh und je gehabt und die wir doch so wenig erkannt haben, nicht erklären. Die drastische Prägnanz ihrer Formeigenschaften verleiht den Symbolen nämlich einen besonderen Charakter, den sie mit keinem anderen Ding unserer Erfahrungswelt teilen. Man könnte dieses Besondere ihre *Künstlichkeit* nennen. Denn der natürliche Dingcharakter eines Gegenstandes, seine sich unserem Erleben einprägende Körperlichkeit ergibt sich gerade aus dem Ineinander der Kontrastverhältnisse, ihren Verschränkungen und Überlagerungen. Durch dieses Ineinander werden Zonen verdichteter Präsenz und Spannungen erzeugt, in denen Kontraste sich wechselseitig verstärken oder abschwächen und dies in unterschiedlichen Beziehungsfeldern, die für uns selbst noch einmal verschiedene Perspektiven aufbauen und Aspekte zeigen.[7]

---

[7] Vor allem Henri Bergson hat auf diesen Charakter des Ineinandergreifens von Formen hingewiesen und ihm zum Ausweis der Konkretheit unseres Erlebens erklärt. Er behielt diesen Charakter allerdings alleine der Zeitlichkeit unseres Bewußtseinsstromes vor und sprach ihn zugleich allen räumlichen Darstellungen ab. Vgl. dazu vor allem das zweite Kapitel des 'Essai sur les données immédiates de la conscience', in: *Henri Bergson Œuvres* (Édition du Centenaire), Paris [Presses Universitaires de France] 1959, 1984[4], 51-92; deutsche Übersetzung: Henri Bergson, *Zeit und Freiheit*, Frankfurt a.M. [Athenäum] 1989, 60-105. Zur Charakterisierung der Dauer etwa: "Die ganz reine Dauer ist die Form, die die Sukzession unserer Bewußtseinszustände annimmt, wenn unser Ich sich dem Leben überläßt, wenn es sich dessen enthält, zwischen dem gegenwärtigen und den zukünftigen Zuständen eine Scheidung zu vollziehen." (S. 77) Für diese Dauer gilt: "Die Sukzession läßt sich also ohne die Wohlunterschiedenheit ('sans la distinction') und wie eine gegenseitige Durchdringung, eine Solidarität, eine intime Organisation

Gerade diese konkrete Körperlichkeit fehlt den Symbolen in ihrer bloß eindimensionalen Prägnanz. Sie fallen dadurch gewissermaßen aus unserer Erfahrungswelt heraus, gehören einer anderen Welt an bzw. bauen diese auf. Sie treten ohne Umgebung auf, ohne – so können wir die Metaphorik der Alltagssprache nutzen – "organische" Eingliederung in sie. Eben dies macht ihre Künstlichkeit aus, die in bestimmten Erfahrungszusammenhängen als *monströs* erlebt wird: sowohl im gegenwärtigen Anwendungssinn des Wortes als un-organisch und widernatürlich als auch im ursprünglichen Wortsinn von monere und monstrare.

Daß die Betonung dieser besonderen Formeigenschaft von Symbolen kein ästhetisierender Akademismus ist, zeigt sich mit bedrückender Deutlichkeit an der faszinierenden und fanatisierenden Macht, die manche Symbole insbesondere der nationalen oder ethnischen Identität auch heute noch ausüben. Dies scheint besonders dort der Fall zu sein, wo die Symbole sich nicht in einem Symbolismus zu einem vielfach und vielfältig verknüpften System von Verweisungen zusammenfügen und dadurch die Bedeutsamkeit, die sie für uns besitzen, miteinander teilen. Wo die Symbole sich ohne diesen Kontext eines sie umfassenden und in sich eingliedernden Symbolismus präsentieren, schlägt die künstliche Eindimensionalität ihrer Prägnanz um in Fremdartigkeit, die anzieht und zugleich beunruhigt. Wir können uns *das Göttliche*, wo es an der Schwelle zur Geschichte im Bewußtsein der Menschheit auftaucht, vorstellen als eine Spiegelung dieses Formcharakters des losgelösten Symbols in der Vorstellungswelt unseres Bewußtseins, als eine verdinglichende Reaktion auf die Fremdartigkeit des Symbolischen.

9 Verweisungszusammenhang

Die Eindimensionalität und Einfachheit der Symbole stand sicher nicht am Anfang unserer Ausdrucksgeschichte. Sie ist etwas, was erst allmählich errungen wurde: das Ergebnis einer anstrengenden Kulturleistung. Der Aufbau einer Welt von Symbolen verlangt den Aufbruch aus der natürlichen Unmittelbarkeit unserer Erfahrungswelt in eine erst zu schaffende Welt von Ausdrucksformen. Er verlangt damit eine elementare

---

von Elementen begreifen, deren jede das Ganze vertritt und von diesem nur durch ein abstraktionsfähiges Denken zu unterscheiden und zu isolieren ist." (S. 78) ("… comme une pénétration mutuelle, une solidarité, une organisation intime d'elements, dont chacun, représentatif du tout, ne s'en distingue et ne s'en isole que pour une pensée capable d'abstraire"; "Œuvres", S. 68).

Abstraktion. Mit ihr muß das Symbol auch für künftige Situationen in seiner Ausdrucksrolle festgehalten und insbesondere der Symbolismus entwickelt und erhalten werden. Das sind neue und erhebliche Anforderungen über das natürliche Ausdrucksleben hinaus, die der menschlichen Existenz eine neue Welt aufschließen und sie darin auf eine neue Weise definieren.

Damit stoßen wir auf eine weitere Eigenschaft unserer Ausdruckskultur: nämlich ihren Verweisungszusammenhang. Auch wenn die eindimensionale Prägnanz beiden zukommt, dem einzelnen Symbol, das fremdartig aus unserer Erfahrungswelt herausragt und dadurch unsere Gefühle in einer besonderen Weise bindet, und den miteinander verknüpften Symbolen eines Symbolismus, gibt es doch einen grundlegenden Unterschied zwischen diesen beiden Symbolformen. Sie nehmen in unserer Ausdruckskultur völlig unterschiedliche Plätze ein.

10 Einzelsymbole und Symbolismen

Während das für sich selbst stehende Einzelsymbol einen ganzen Vorstellungs- oder Handlungsbereich vergegenwärtigt und emotional an sich bindet – man denke hier vor allem an Identitätssymbole wie Flaggen oder Hymnen, aber auch an den Berg, auf dem Gott wohnt, den Tempel oder das Grab des Propheten –, erfüllen die Symbole eines Symbolismus gerade durch ihre Verknüpfung miteinander und die dadurch entstehenden strukturellen Differenzierungen ihre Repräsentationsfunktion. Die Einzelsymbole stellen einen unmittelbaren *semantischen* Bezug zu den von ihnen repräsentierten Bereichen her, während die Symbole in einem Symbolismus diesen Bezug *syntaktisch* vermittelt erzeugen.[8]

Aus diesem Unterschied ergibt sich übrigens in augenfälliger Weise ein Unterschied in der dinglichen Ausstattung: Scheint es doch, daß die Einzelsymbole im Laufe ihrer Verwendungsgeschichte – und wohl als Folge der emotionalen Zuwendung, die sie auf sich ziehen – mehr und

---

[8] Diese Unterscheidung entspricht in vielen Punkten der Unterscheidung zwischen präsentativen und diskursiven Formen ("discursive and presentational forms") der Symbolisierung, wie sie Susanne K. Langer trifft in: *Philosophie auf neuem Wege. Das Symbol im Denken, im Ritus und in der Kunst*, Frankfurt a.M. [Fischer] 1984, 86-108 (amerikanische Originalausgabe: *Philosophy in a New Key. A Study in the Symbolism of Reason, Rite, and Art*, Cambridge, Mass., London, England [Harvard University Press] 1942, Nachdruck 1979).

mehr mit dinghaften Qualitäten versehen werden, und zwar auf zwei durchaus verschiedene Weisen: einmal durch die Ornamentierung bis hin zur exzessiven Überladung mit schmuckvollem Beiwerk, wie wir sie in den rituellen Ausweitungen und Festlegungen des Umgangs mit diesen "heiligen" Symbolen finden, und zum anderen durch die Gestaltung des Symbols selbst zu einem körperhaften Ding, wie es die künstlerische Darstellung tut.

Die Kunst stellt das Symbol dar, indem sie es als Werk herstellt. Damit verliert es seine monströse Fremdartigkeit und wird in unsere Erfahrungswelt einbezogen. Und mit dem Verlust seiner Fremdartigkeit verändert es auch seine emotionale Bindungsmacht. Durch die Einrückung in die Welt unserer eigenen Erfahrungen und unseres eigenen Lebens erzwingt es seine "Bedeutung" nicht länger von außen, sondern fordert sie durch die Intensität der Körperlichkeit von innen heraus. Mit dieser Verkörperung der Symbole wird ein Prozeß der *Säkularisierung des Jenseitigen* in Gang gesetzt, der zugleich eine Bestärkung der intensiven *Erfahrung im Diesseits* unserer Lebenswelt bewirkt.

In der rituellen Ornamentierung ist dies anders. Hier wird unsere Entfernung zum Symbol durch die Anhäufung schmückender Werte noch einmal betont – und dabei zugleich die emotionale Macht des Symbols durch die dinghafte Erlebbarkeit des Schmucks abgeschwächt. In der Geschichte solcher "Verdinglichungen" "heiliger" Symbole sind immer wieder Erneuerer und Wiederhersteller, Eiferer und Künder aufgetreten, die diesen Verlust beklagten und wieder ausgleichen wollten: die einen durch die strenge Rückkehr zum bloßen Symbol, seiner eindimensionalen Prägnanz und eindeutigen Präsenz – also durch die asketische Exaktheit symbolischer Schematisierungen –, die anderen durch die Verwandlung des Symbols in ein erfahrbares Erinnerungsding – also durch die sinnenfrohe Genauigkeit körperhafter Gestaltungen.

11 Der Symbolismus der Sprache: Symbolische Konfigurationen

Ich verfolge diese Unterscheidung hier nicht weiter, sondern kehre zu den Symbolismen zurück, die sich wie unsere Sprache mit unserem Ausdrucksverhalten zusammen entwickeln und dadurch zu einem sozusagen organischen Teil dieses Ausdrucksvermögens werden.[9] Anders als

---

[9] Ohne dies hier näher auszuführen, scheint mir die Organismus-Metapher tatsächlich eine Charakterisierung unserer alltäglichen Umgangssprache anzubieten, die den organischen Grundlagen unseres Redens und unserer Sprachentwicklung angemessener

die Einzelsymbole gewinnen die Symbole eines Symbolismus ihre Ausdrucksfunktion durch ihre innere Differenzierung: d.i. durch die Mannigfaltigkeit der Konfigurationen, zu denen sie sich untereinander verbinden können. Nicht das einzelne Symbol vermittelt einen bestimmten Ausdruck, sondern erst die symbolische Konfiguration, die aus den einzelnen Symbolen nach den Verknüpfungsmöglichkeiten des jeweiligen Symbolismus, zu dem die Symbole gehören, gebildet wird.

12 Der symbolische Ausdruck

Aus dieser syntaktischen Organisation der Symbolisierung folgen einige Eigenschaften des symbolischen Ausdrucks, die für unsere Frage nach der Struktur des Verstehens bedeutsam sind.

12.1 Schematische Gestalt

Die erste Eigenschaft besteht in der gestalthaften Beliebigkeit und Primitivität der Symbole. Es spielt im Grund keine Rolle, welche dinghafte Gestalt die einzelnen Symbole aufweisen, wenn es nur überhaupt eine solche ist, daß sie ihre Funktion erfüllen können, und d.h., daß sie eindeutig und mühelos identifizierbar und reproduzierbar und daß sie mit anderen Symbolen im Rahmen des Symbolismus konfigurierbar sind. Die Erfüllung dieser Funktionen wird eine geringe Komplexität der Formeigenschaften, durch deren Primitivität und damit durch eine möglichst nur eindimensionale Prägnanz gewährleistet. Diese wiederum kann durch eine Schematisierung ihrer Gestalt erreicht werden, die ihrerseits auf vielfache Weise realisiert werden kann. Für eine solche Schematisierung wäre eine konkrete Ausformung von Dingqualitäten an den Symbolen geradezu hinderlich. Auf jeden Fall würde sie zu einer Funktionsbeeinträchtigung, wenn nicht sogar zu einem Funktionsverlust führen.

12.2 Eigenstruktur

Durch ihre schematische Gestalt bilden die Symbole eine Eigenwelt besonderer Gegenstände, die schon durch ihre Formeigenschaften

ist als die formal-orientierten Analysen unserer Sprachen. "Die Sprache ist das bildende Organ des Gedankens." So die lapidare Formulierung Wilhelm von Humboldts in: 'Über die Verschiedenheiten des menschlichen Sprachbaues', in: *Wilhelm von Humboldt, Werke in fünf Bänden*, hrsg.v. Andreas Flitner und Klaus Giel, Band III: 'Schriften zur Sprachphilosophie', Stuttgart [J.G.Cotta'sche Buchhandlung] 1988[6], 191.

deutlich von unserer Erfahrungswelt abgegrenzt ist und die sich daher auch unabhängig von deren Struktur aufbauen kann. Dies bedeutet, daß die Symbolismen eine – in unserer Erfahrungswelt möglicherweise überhaupt nicht auffindbare – *Eigenstruktur* entwickeln.

Daß ein Symbolismus eine Eigenstruktur besitzt, heißt, daß die Identität eines Ausdrucks alleine durch die in dem Symbolismus gebildete Konfiguration bestimmt wird und nicht etwa durch irgendeinen "Weltbezug". Ein Ausdruck ist definiert, so können wir sagen, durch die syntaktische Struktur der symbolischen Konfiguration, als die er auftritt. Dies besagt im übrigen noch nichts über seine Verwendung oder sogenannte "Bedeutung". Mir geht es hier zunächst nur um die dingliche Form der Symbole. Aus der syntaktischen Definition dieser Form folgt, daß die einzelnen Symbole des Symbolismus als Verknüpfungselemente aufgefaßt werden müssen und nur als Elemente in einer Konfiguration überhaupt eine Ausdrucksfunktion übernehmen können.[10] Dies wiederum bedeutet, daß auch die jeweils gebildete symbolische Konfiguration ein Element umfassenderer Konfigurationen werden kann, und zwar auch in dem "dynamischen" Sinne, daß sie Glied in einer Kette aneinander anschließender Äußerungen, also weiterer Konfigurationen, wird.

12.3 Konnotativität

Jedes einzelne Symbol eines Symbolismus steht so in einer mehrfachen Elementbeziehungen zu verschiedenen Konfigurationen und zu verschiedenen Arten ihrer Verknüpfung. Und da es nur durch diese seine Elementbeziehung zu einem Ausdrucksfaktor wird, gewinnt es

---

[10] Ich schließe hier an den Gegenstandsbegriff Ludwig Wittgensteins an, den dieser in seinem Tractatus entwickelt. So nennt er den Sachverhalt "eine Verbindung von Gegenständen. (Sachen, Dingen)" (2.01) Und diese Gegenstände sind definiert als Elemente von Konfigurationen: "Es ist dem Ding wesentlich, der Bestandteil eines Sachverhaltes sein zu können." (2.011) Und da die Sätze selbst Sachverhalte sind sind, sind sie ebenfalls als Konfigurationen aus elemtaren Symbolen, nämlich den Namen, zu betrachten. "Die Konfiguration der einfachen Zeichen im Satzzeichen entspricht die Konfiguration der Gegenstände in der Sachlage." (3.21) "Der Name vertritt im Satz den Gegenstand." (3.22) "Das Satzzeichen besteht darin, daß sich seine Elemente, die Wörter, in ihm auf eine bestimmte Weise zueinander verhalten. – Das Satzzeichen ist eine Tatsache." (3.14) "Sehr klar wird das Wesen des Satzzeichens, wenn wir es uns, statt aus Schriftzeichen, aus räumlichen Gegenständen (etwa Tischen, Stühlen, Büchern) zusammengesetzt denken. – Die gegenseitige räumliche Lage dieser Dinge drückt dann den Sinn des Satzes aus." (3.1431) In dieser letzten Formulierung wird die dinghafte Auffassung unserer sprachlichen Symbole besonders deutlich.

seine Funktion in unseren Ausdrucksformen als ein *Verweisungs- und Verbindungselement*. Es verbindet sich in einer tatsächlichen Konfiguration mit deren anderen Elementen, und es verweist dabei über diese Konfiguration hinaus auf andere mögliche Verbindungen in anderen möglichen Konfigurationen. Anders gesagt: Wenn wir bestimmte Wörter und Wendungen – oder allgemein. überhaupt bestimmte Ausdrücke – verwenden, sagen wir immer mehr, als wir gerade sagen, und sagen wir etwas, was im Prinzip ein schon Gesagtes oder noch einmal Sagbares ist.

Der erste Aspekt bezieht sich auf den *konnotativen Charakter* der Symbole, der zweite auf ihre *interindividuelle Existenzform* und damit auf die dritte und vierte Eigenschaft des symbolischen Ausdrucks. Der konnotative Charakter der Symbole besteht eben in ihrer Verweisungs- und Verbindungsfunktion. Mit jedem Symbol, das wir benutzen, verweisen wir auf Verbindungen mit anderen Symbolen, die in dem Symbolismus möglich sind. Diese Möglichkeiten sind dabei im Sinne paradigmatischer Entwürfe zu verstehen und nicht als festgeschriebener Kanon allgemein geregelter Konfigurationen.[11]

Die Richtung der Verweise ist mehrfach bestimmt. Von der Motorik der Lauterzeugung[12] über Klangassoziationen, syntaktische Verknüpfungsmuster, floskelhafte Redewendungen und Vorstellungsschemata[13]

---

[11] Ausführlicher habe ich die Rolle von Musterbeispielen bzw. Paradigmen für Beschreibungen des Handelns dargestellt in meinem Aufsatz 'Aspekte der Handlungsrationalität. Überlegungen zur historischen und dialogischen Struktur unseres Handelns', in: Herbert Schnädelbach (Hrsg.), *Rationalität. Philosophische Beiträge,* Frankfurt a.M. [Suhrkamp] 1984, 175-197.

[12] Wie im allgemeinen eine Bewegungsfolge nicht alle Bewegungsmöglichkeiten aneinander anschließt, die für die entsprechenden Gliedern ausführbar wäre, so auch bei den Bewegungen der Spracherzeugung. "Zungenbrecher" kommen in einer Sprache nicht vor. Sie beschränken sich gewöhnlich auf Fremdwörter oder eben überhaupt eine fremde Sprache. Einige Bewegungsfolgen sind in den meisten Sprachen so fixiert worden, daß sie sich mit einem festen Bedeutungsgehalt verbinden konnten. Vgl. hierzu etwa die Erscheinungen der Vokalharmonie oder Reduplikation, die Cassirer referiert in: Ernst Cassirer, *Philosophie der symbolischen Formen,* erster Teil: 'Die Sprache', Darmstadt [Wissenschaftliche Buchgesellschaft] 1977, 144f.

[13] Ernst Cassirer weist hier auf die "natürlichen Lautmetaphern" hin, d.s. "gewisse Konsonanten und Konsonantengruppen", "denen in fast allen Sprachgebieten eine gleichartige oder ähnliche Bedeutungsfunktion zukommt: – wie z.B. die labialen Resonanzlaute mit auffallender Regelmäßigkeit die Richtung zum Sprechenden hin, die explosiven Zungenlaute die Richtung vom Sprechenden fort bezeichnen, so daß erstere als 'natürlicher' Ausdruck des 'Ich', die letzteren als natürlicher Ausdruck des 'Du' erscheinen." Ernst Cassirer, op. cit., S.142f.. Auch wenn man die natürliche Allgemeinheit dieser Erscheinung nicht unterstellt, lassen sich zumindest in bestimmten Sprachen solche Vorstellungen, die lediglich schematisch sind, "reine Verhältnisbestimmungen"

bis hin zur Verwandtschaft von Begriffen und Ideen sind Faktoren wirksam, die Angebote für die Weiterführung des Ausdrucks machen: Verknüpfungsanregungen, die mit der Artikulation eines symbolischen Ausdrucks zusammen aufgebaut werden und sich aus den verschiedenen Verbindungsformen, die eine Sprache strukturieren, ergeben. Der konnotative Charakter der Symbole ist so weiter gefaßt als es in der Linguistik üblich ist. Ich möchte ihm alle genannten Verweisungsformen zurechnen, also z.B. auch die motorischen und lautlichen.

12.4 Die Interindividualität der Sprache und die Dinglichkeit der Symbole

Die vierte Eigenschaft des symbolischen Ausdrucks betrifft die *Interindividualität* der Symbole. Mit unseren Äußerungen bringen wir Gegenstände hervor, die von nun an Teile einer gemeinsamen Welt sind, zu der im Prinzip jedermann einen Zugang hat und die in diesem Sinne *öffentlich* ist. Diese Gegenstände sind Dinge, an die man sich erinnern, die man in ihrer Gestalt reproduzieren und daraufhin, ob sie richtig reproduziert sind, kontrollieren kann. Wir halten sie fest, fixieren sie in ihrer sinnlich präsenten und prägnanten Dinglichkeit.

Die Dinglichkeit der Symbole liefert unseren Vorstellungen einen Halt und Stand. Hätten wir noch keine Welt dinglicher Symbole, könnten und würden unsere Vorstellungen in unserem Bewußtsein einfach auftauchen und verschwinden. Sie würden keinen anderen Ausweis ihrer Realität liefern als den durch die Eindrücklichkeit, mit der sie sich uns einprägen. Und sie besäßen ihre Identität nur dadurch, daß sie die unseren sind und daher mit unseren anderen Vorstellungen verknüpft werden. Sie blieben so durchaus privat: die mehr oder weniger flüchtigen Elemente eines Bewußtseinsstromes.[14] In diesem Bewußtseinsstrom bewegen sich unsere Vorstellungen mehr, als daß wir sie bewegen würden.[15]

in der Sprache Cassirers, mit Sprachelementen wie Silben verbinden. Oft genug sind es ja tatsächlich nur silbengebundene Vorstellungsschemata – "zu-", "an-", "wieder-" usw. –, die uns zur Suche der Vervollständigung einer Ausdrucksform anreizen.

[14] So der berühmte Terminus von William James, den er meines Wissens einführt in: *The Principles of Psychology*, vol. I, New York [Dover Publications, Inc.] 1950 (Erstveröffentlichung 1890), 239: "Consciousness ... does not appear to itself chopped up in bits. ... It is nothing jointed; it flows. ... In talking of it hereafter, let us call it the stream of thought, of consciousness, or of subjective life."

[15] William James spricht hier von einer "big blooming buzzing confusion", die wir finden würden, wenn wir nur von aller begrifflichen Interpretation abstrahieren und uns in das "unmittelbare sinnliche Leben" zurückgleiten lassen könnten. In: *Some Problems of Philosophy. A Beginning of an Introduction to Philosophy*, New York [Greenwood Press] 1968 (Reprint der Erstveröffentlichung New York [Longmans, Green & Company] 1911), 50.

Das ändert sich mit der Einführung dinglicher Symbole. Diese sind keine flüchtigen Elemente unseres Bewußtseinstromes, sondern Dinge, die in der Öffentlichkeit hergestellt und wahrgenommen werden. Es sind damit Dinge, die nicht mehr nur unsere augenblickliche Vorstellungswelt widerspiegeln, sondern die unabhängig davon ihre Existenz gewinnen und erhalten können. Andere können sie ebensogut herstellen wie wir. Andere vernehmen sie ebensogut wie wir. Sie sind Elemente eines öffentlichen Lebens, das anderen Rhythmen folgt als unser Bewußtseinsstrom. Vor allem aber sind sie etwas, das einen anderen Realitäts- und Identitätsausweis besitzt als unsere Vorstellungen. Ihre Realität wird bezeugt durch das öffentliche Handeln auch der anderen, und ihre Identität wird in den Regeln dieses Handelns gewährleistet, in der genauen Wiederholung, die man lehren und lernen und eben dadurch kontrollieren kann.

13 Identität und Emotionalität

Zwei Dinge erscheinen hier bemerkenswert. Einmal geht es um die orientierende und dadurch emotionale Kraft, die mit der Erzeugung und dem Gebrauch der Symbole entsteht. Zum anderen geht es um die öffentliche Existenzform, die über seine Verbindung mit den Symbolen nun auch unser Innenleben gewinnt. Dies bewirkt Strukturveränderungen unseres Bewußtseins oder, anders gesagt, unseres Vorstellungslebens: Nicht mehr die schlichte Wahrnehmung erzeugt die emotionale Grundenergie des Daseins, sondern deren Symbolisierung, deren Projektion auf die Darstellungsmöglichkeiten eines Symbolismus.

Zunächst zu der emotionalen Bedeutung der Symbolisierung. Man stelle sich einmal vor, wir blieben alleine mit unserem "Bewußtseinsstrom", dem Auf und Ab unserer Vorstellungen und Stimmungen, unserer Gefühle und Strebungen. Wir wären diesem Strom unrettbar ausgeliefert: überflutet von der Gewalt all der Ereigniswellen, die uns teils tragen, teils aber auch überrollen und die Orientierung nehmen. Die Grenzen zwischen Phantasie und Wirklichkeit wären hier noch nicht gezogen. Alles, was in unserem Bewußtsein auftaucht, hat das Recht seiner puren Präsenz, seines bloßen Aufgetauchtseins. Ob das entstehende Bild, die beklemmende Furcht oder die sich lösende Spannung in irgendeiner Weise der wirklichen Situation entsprechen – im Sinne eines orientierten Verhaltens in ihr – oder nur die sich selbst vorandrängende Szenerie bloßer Phantastik sind, dies kann nicht beurteilt werden. Der Mensch, der in diesen reinen Bewußtseinswelten lebt, wird hin- und hergeworfen in einer Welt, die er nicht überschaut, in der er nichts tun kann als sich nach erreichbaren Rettungen umzusehen.

Heute erscheint uns eine solche Situation schwer vorstellbar. Höchstens in unseren Träumen oder den langen Nächten schlafloser und halbwacher Phantasiearbeit erfahren wir noch die Eigendynamik eskalierender Ängste. Aber schon dieses Resterleben reicht aus, um die dramatische Bedrückung ernst nehmen zu könen, die an der Schwelle zur öffentlichen Befestigung unseres Bewußtseins bestanden haben muß. Und diese Bedrängung macht auch die emotionale Bedeutung dieser öffentlichen Fixierung unseres Bewußtseins nachvollziehbar. Was muß es für eine Erleichterung gewesen sein, nicht mehr den Fluten unseres Bewußtseinsstromes ausgeliefert zu bleiben, aus ihm sozusagen heraustreten zu können in eine mit anderen geteilte und stabile, weil ständig stabilisierte Welt des Umgangs miteinander. Auch hier mag die durchaus alltägliche Erfahrung eine Vorstellungshilfe bieten. Die schlichte Tatsache, mit jemandem über unsere Ängste und Befürchtungen, unsere düsteren Ahnungen und Bedrängnisse reden zu können, ist uns vielfach bereits die entscheidende Hilfe, ganz unabhängig davon, wie einfühlsam die Reaktion des anderen nun war oder nicht.

Mit der Symbolisierung, so können wir zusammenfassen, gewinnt das menschliche Bewußtsein seine immer wieder identifizierbare Form. Der Mensch gewinnt mit ihr seine geistige Identität. Aus seinen persönlichen Vorstellungen können nun *Gedanken* werden, über die man sich austauschen, auf die man zurückkommen, die man verwerfen und annehmen kann. Daß dieser gewaltige Entwicklungsschritt in der Geschichte des Bewußtseins eine ungeheure emotionale Kraft besitzt, verwundert daher nicht. Die Brüchigkeit und Flüchtigkeit der Vorstellungen im verfließenden Strom des Bewußtseins bleibt als Vergangenheit und Gefahr dieser mühsam errungenen Identität eingeschrieben und erzeugt damit die Festigkeit des Willens, diese Identität zu bewahren und zu schützen. Hier finden wir die Quelle der heftigen Gefühle, die mit der Furcht vor dem Verlust dieser Identität verbunden sind. Diese Furcht ist gleichsam die Negativbilanz der Entwicklung, die mit der Symbolisierung verwirklicht worden ist. Sie erklärt die Härte und Unnachsichtigkeit gegenüber allem, was als Angriff auf die eigene geistige Identität, als deren Bedrohung empfunden wird. Eben hier finden wir die Wurzel für jene abwehrende Beziehung zum Fremden, über die ich eingangs sprach.

14 Die Assimilation der Erfahrungswelt an die Symbolwelten

Zugleich wirkt diese emotionale Energie aber auch in einer anderen Richtung. Die Bindung der emotionalen Energien wird mit der Symbolisierung verschoben. Nicht mehr unsere Erfahrungswelt, in der wir handelnd und wahrnehmend existieren, bindet unsere Emotionen an sich, sondern deren symbolische Repräsentationen. Diese Repräsentationen bestimmen von nun an die Identität dessen, was wir erleben und erfahren. Damit wird nicht nur die Identität unserer Erlebnisse und Erfahrungen von einer – nämlich der erlebten und erfahrenen – Welt zur anderen – nämlich der symbolisch repräsentierten Welt – verschoben. Die Identität verändert dabei auch ihren Charakter. War sie vorher eine ineinander verschränkte Folge von Existenzumgebungen,[16] so wird sie nun zu einer Konfiguration klar umgrenzter Situationen, Ereignisse oder Dinge, die wir mit unseren Symbolen darstellen und dadurch identifizieren können.

Wir sehen und erleben unsere Erfahrungswelt durch die Symbolismen hindurch. Unser ganzes Weltgefühl und -bewußtsein wird an die Strukturen der Symbolismen angeglichen. Die Lebenswelt, die wir als pauschale Summe unserer Erfahrungsumgebungen ständig gegenwärtig halten, wird so zum Ergebnis einer Verschmelzung aus ursprünglicher Erfahrungswelt und der sie nun prägenden Symbolwelt. Wir sehen und

---

[16] Hans Volkelt hat mit seiner Rede von den "Komplexqualitäten" – im Unterschied zu den "Dingqualitäten" – den besonderen Charakter der nicht- oder vorsymbolischen Welterfassung deutlich gemacht. Daß eine Situation in ihrer Komplexqualität erfaßt wird, heißt, daß sie als eine Umgebung auftritt, in die wir einbezogen bleiben, die sich mit unserem weiteren Verhalten insgesamt wandelt und damit auch unserem Verhalten neue Impulse bietet. Insbesondere behält sie dabei auch die unübersichtliche Komplexität ihrer Aspekte bei, die es verhindert, daß wir sie uns – etwa über die Herauslösung einiger hervorstechender Merkmale – als ein Objekt unserer Vorstellungen gegenübertreten lassen und uns damit einen Überblick über sie verschaffen. In der philosophischen Anthropologie ist immer wieder auf die Unterscheidung zwischen nur in ihrer Komplexqualität erfaßten Situation und den als Gegenstände aus ihrer Umgebung herausgelösten Dingen hingewiesen worden, nämlich als auf die entscheidende Unterscheidung für die Darstellung der Wahrnehmungs- und Orientierungsleistungen von Tieren auf der einen und die geistige Wahrnehmung und Orientierung des Menschen auf der anderen Seite. So etwa Arnold Gehlen in: *Der Mensch. Seine Natur und seine Stellung in der Welt*, Wiesbaden [Aula Verlag] 1986[13], 160f., wo er sich allerdings nur auf Konrad Lorenz bezieht. Konrad Lorenz selber zitiert im übrigen korrekt Hans Volkelt. Zum ganzen s. Hans Volkelt, *Über die Vorstellungen der Tiere. Ein Beitrag zur Entwicklungspsychologie*, Leipzig [Engelmann] 1912, 84, vgl. auch – im Zusammenhang mit der Analyse des Verhaltens der Spinne – S. 55-61.

hören, schmecken und riechen, fühlen und bemerken im wesentlichen das, was wir erzählen können oder wollen, was wir zu bezeichnen pflegen, wofür uns Bilder zur Verfügung stehen, was sich durch einen möglichen Widerhall in der Welt unserer Darstellungen auszuweisen in der Lage ist. Die Gegenwart unseres Erlebens und Erfahrens ist geprägt durch ihre Möglichkeit zur Wiedervergegenwärtigung.

15 Die strukturelle Differenz von Symbol und Realität

Diese innere Durchdringung von Symbol und Realität im Sinne unserer Erlebnisumgebung ist ein durchaus ambivalentes Phänomen. Auf der einen Seite lesen wir unsere Symbole in die Realität hinein. Wir gehen im allgemeinen mit Symbolisierungen der Realität um, wenn wir uns mit der Realität auseinandersetzen. Man könnte dies einen grundlegenden Irrtum nennen. Auf der anderen Seite gewinnen wir überhaupt erst mit der Symbolisierung eine Welt von Gegenständen, mit der wir uns gezielt und überlegt auseinandersetzen können. Man könnte dies die Grundlegung des Verstehens wie seiner Wahrheit nennen.

Was aber die gemeinsame Wurzel beider Aspekte ausmacht und die klassischen Fundamente des philosophischen Denkens gefährdet, ist die strukturelle Differenz von Symbol und Realität: *Die Symbolismen bilden Welten neben unseren Erfahrungswelten.* Ihr Aufbau unterscheidet sich fundamental von dem Aufbau unserer Erfahrungswelten. So steht etwa das Ineinanderverknüpftsein der Geschehnisse, ihre kausalen Wechselverhältnisse, ihr Charakter als Ereignisse oder Prozesse überhaupt in krassem Gegensatz zu den klaren begrifflichen Trennungslinien, die wir zwischen und mit unseren Symbolen ziehen.

Die Philosophen sind es nicht müde geworden, diese Strukturdifferenz – meist unter dem Titel einer Ontologie oder Metaphysik – hervorzuheben und auf dem Prozeß- und Kausalcharakter alles Wirklichen zu bestehen. Vor allem die Philosophie unseres Jahrhunderts kann man unter dieses Leitthema bringen, nämlich die mit der Symbolisierung unseres Welterfassens vollzogene Strukturverschiebung wieder rückgängig zu machen oder neu zu konzipieren. Die Prozesse der wirklichen Welt, ihre kausalen Verbindungen miteinander und die Form ihrer Existenz weisen eine andere, d.i. durch andere Prinzipien bestimmte, Struktur auf als die Symbole unserer Symbolismen, die wir schaffen und gestalten, überschauen und benutzen. Dies gilt es, sich in aller Klarheit – also wieder in einem symbolischen Raum – vor Augen zu führen.

16 Der Verlust der Übereinstimmung von Prozeß und Repräsentation

Diese elementare Tatsache unseres geistigen Lebens zerstört den Traum von der Übereinstimmungs- oder Abbildungswahrheit. Die Gleichheit von Sein und Darstellung, von Tatsachen und Sätzen, die so oft beschworen worden ist, gibt es nicht. Sie bleibt eine Chimäre, trotz aller entgegengesetzter Beteuerungen von wem auch immer. Diese Einsicht hat Folgen und zwingt uns zugleich zu einer Blickwendung.

Die entscheidende Folge für eine philosophische Betrachtung besteht darin, daß wir das Verstehen als einen Prozeß begreifen müssen, der Ausdrucksformen schafft, die sich durch ihre innere Struktur absetzen von der geschehenden Welt unserer Erfahrungen. Mit einer allgemeinen Formel gesagt: Die Prozesse, die in unserer Wahrnehmungen und Gefühlen, unseren Strebungen und Stimmungen ablaufen, sind zunächst grundsätzliche verschieden von ihrer Repräsentation.

Um wenigstens in einer Nebenbemerkung ein bißchen an theoretischen Bastionen der neuzeitlichen Philosophie zu zündeln, skizziere ich diesen Auseinanderfall von Prozeß und Repräsentation für einige Probleme:

(1) Für das *Problem des Selbstbewußtsein* ergibt sich der Verlust der Identität zwischen dem Selbst als dem Prozeß des Bewußtseins und dem Selbst als der Repräsentation dieses Prozesses.[17] Damit gibt es aber auch die Identität von Denkvorgang und dem Bewußtseins dieses Vorgangs nicht mehr, die Identität von "Sein und Sehen", die für Fichte die "Intelligenz"[18] definiert und die als Selbstgewißheit des "cogitans sum" seit Descartes die Grundlage aller Erkenntnis liefern sollte.

(2) Für das *Problem der sprachlichen Bedeutung* können wir nicht einfach eine Übereinstimmungs-Beziehung zwischen Wörtern und Gegenständen, sprachlichen Ausdrücken und Sachlagen annehmen. Denn wo die Wörter und Ausdrücke völlig anders gebildet und

---

[17] Vgl. dazu meinen Aufsatz: 'Die symbolische Gestalt der Subjektivität oder: Ein altes Rätsel, noch einmal bedacht', in: Wolfram Hogrebe (Hrsg.), *Subjektivität*, Paderborn / München / Wien / Zürich [Ferdinand Schöningh] 1997.

[18] Vgl. hierzu Fichtes berühmte Formulierung: "[Denn die] Intelligenz, als solche, sieht sich selbst zu; und dieses sich selbst Sehen geht unmittelbar auf alles, was sie ist, und in dieser unmittelbaren Vereinigung des Seins und des Sehens besteht die Natur der Intelligenz." Johann Gottlieb Fichte, 'Erste Einleitung in die Wissenschaftslehre' (1797), in: *Ausgewählte Werke in sechs Bänden*, hrsg. von Fritz Medicus, Darmstadt [Wissenschaftliche Buchgesellschaft] 1962, Band III, 20 (*Gesamtausgabe*, hrsg. von Immanuel Hermann Fichte, Band I, 436).

geordnet sind als die Gegenstände und Sachlagen, denen sie zugeordnet werden, kann von Übereinstimmung nicht die Rede sein.

(3) Für das *Problem der Wahrheit* gerät der Boden erst recht ins Wanken: In welchem Sinne nämlich können wir überhaupt noch von Wahrheit reden, wenn unsere Darstellungen, für die wir Wahrheit beanspruchen, strukturell verschieden sind von dem, was sie darstellen wollen? Wahrheit als Übereinstimmung – als "Adaequation" – von Geist und Welt, von Darstellung und Wirklichkeit bzw. von Repräsentation und Prozeß, das läßt sich dann nur noch als frommer, nämlich reichlich naiver Wunsch verstehen.

(4) Für unser *Problem des Verstehens* schließlich spitzt sich die Lage nicht weniger dramatisch zu. Zeigt sich hier doch die allgemeine Differenz zwischen Prozeß und Repräsentation als eine Diskrepanz zwischen verschiedenen Repräsentationen und zwischen verschiedenen Symbolwelten. Mochte die Wirklichkeit noch weitgehend stumm den Identitätsansprüchen unserer Darstellungen ausgeliefert sein: die anderen, die da andere Darstellungen anbieten und vielfach auch durchsetzen wollen, sind dies nicht. Diese anderen schweigen nicht. Die bloße Äußerung einer anderen Darstellung stellt bereits die Streitfrage und scheint sie zugleich unlösbar zu machen. Denn wie soll man zwischen diskrepanten Darstellungsansprüchen, zwischen verschiedenen Verständnissen entscheiden, wenn der sichernde Rückzug auf das "gemeinsame Dritte" einer fundierenden Wirklichkeit nicht mehr zur Verfügung steht – weil die strukturelle Differenz von Prozeß und Repräsentation diesen Bezug überhaupt in Frage stellt

(5) Und noch einmal verschärfen kann man das *Problem des Verstehens*, wenn man es als unser Problem eingrenzt, *das Fremde* zu verstehen. Das symbolische Universum mag so umfassend sein wie es will. Es werden ihm doch immer "fremde Elemente" außen bleiben, die es nicht integrieren kann. Auch die liberalste Weltsicht stößt an ihre Grenzen, wo sie kein Verständnis mehr aufbringt und aufbringen kann. Dies ist, wie ich zu zeigen versuchte, aus strukturellen Gründen so und nicht, weil da jemand engherzig oder böswillig sich dem Verstehen verweigert. Weil die Aufbauprinzipien der Symbolwelten eine jeweils eigenen Struktur besitzen und so nicht nur von der symbolisierten Erfahrungswelt, sondern auch untereinander verschieden sind, darum – so betone ich noch einmal – gibt es keine allumfassende Symbolwelt, die die anderen Symbolwelten der anderen mitumschließen würde – jedenfalls nicht, ohne ihnen eine verändernde Gewalt anzutun.

Und weil es die besondere Prägnanz der Symbole ist, die sie von den natürlichen Gegenständen unserer Erfahrungswelt unterscheidet, darum ist auch dieses Nicht-Umfassen der anderen Symbolwelten der anderen eine prägnante Beziehung mit starken Kontrasten. Immer dort, wo sich mit einer Symbolisierung ein Anspruch auf Geltung verbindet, verwandeln sich diese Kontraste in Konflikte: die andere Symbolwelt der anderen wird zu dem Fremden, das nicht einbezogen werden kann und als solches abgewehrt werden muß.[19] Die Kämpfe zwischen den verschiedenen Symbolwelten fallen hart und erbittert aus. Jeder Versuch, Fremdes zu verstehen, schafft wieder Fremdes, das nicht verstanden werden kann. Die Fremdheit ist ein strukturelles Moment des Verstehens, das im Verstehen alleine nicht aufgehoben werden kann. Und letztlich, so scheint es, gründet dies in der strukturellen Differenz zwischen Prozeß und Repräsentation.

17 Der pragmatische Ausweg

Natürlich hat die Philosophie Antworten auf diese Fragen versucht. Vor allem der Pragmatismus hat in seinen verschiedenen Versionen auf die Verbindung unserer Darstellungen mit unserem Handeln hingewiesen. Eine *Bedeutung* ergibt sich danach für unsere Ausdrücke durch deren Bezug auf Handlungsmöglichkeiten, *Wahrheit* gewinnen unsere Darstellungen durch den Erfolg, den ihre Nutzung in unserem Handeln herbeiführt. *Verstehen* wird in der Gemeinsamkeit des Handelns und unseres Redens gesucht, und die Reden vom *Selbst* werden mit verschiedenen empirischen Interpretationen verknüpft, so daß sich zwar keine Rettungsaussichten für den Cartesischen Gewißheitsanspruch ergeben, wohl aber Möglichkeiten, überhaupt von Bewußtsein und Selbstbewußtsein zu reden.

Mit dieser grundlegenden Umorientierung hat der Pragmatismus es vermocht, dem philosophischen Denken insgesamt eine neue Orientierung zu geben. Wenn auch oft bis an die Grenze zur Unkenntlichkeit assimiliert, ist er so zu einem geradezu allgegenwärtigen Moment des

---

[19] Auch hier zeigt ein Blick auf die künstlerische Realisierung der symbolischen Darstellung einen anderen Sachverhalt. Die Werke der Kunst schließen sich nicht aus. Sie kämpfen zwar um unsere Aufmerksamkeit, aber nicht um den Ausschluß der anderen Werke. Ihre "Körperlichkeit", von der oben die Rede war, ist zu konkret, um einen abstrakt-universellen Anspruch zu vertreten. Sie lassen in ihrer konkreten Körperlichkeit Platz für anderes.

modernen Philosophierens geworden. Auch ich werde seiner Generalrichtung folgen, und dies schon dadurch, daß ich mit ihm die ausschließliche Orientierung an theoretischen Leistungen aufgebe und den Weg zu einer Gemeinsamkeit auch mit dem Fremden durch eine Wendung auf das Handeln suche.

18 Die Verwurzelung der Symbolwelten im Handeln

Ich verlasse also den Weg der theoretischen Analyse und beginne mit der Suche nach praktischen Wegen zur Gemeinsamkeit auch mit dem Fremden. Es muß uns gelingen, über die Grenzen einer Symbolwelt, eines symbolischen Universums – also über die Symbolisierungen selbst – hinauszugehen. Dies kann nur heißen: sich unserem Handeln zuzuwenden und dort die Verwurzelung der symbolischen Welten im Handeln zu entdecken.

Dabei reicht es allerdings nicht, zu irgendeinem Handeln Zuflucht zu nehmen und zu hoffen, daß eine gemeinsame Praxis schon irgendwelche Brücken auch zwischen verschiedenen Symbolwelten schlagen wird. Ein solcher "Praktizismus" kommt dem bloßen Verzicht auf einen Bezug zu Verständnissen und Symbolwelten überhaupt gleich. Er ist zwar durchaus populär, und selbst in den Universitäten können wir ihn finden. Aber er trägt nicht. Eine Praxis, die nicht nur in der Ausführung genau fixierter Anweisungen besteht – und als solche den klassischen Titel einer Praxis erst gar nicht verdient –, kommt ohne Theorie, ohne den Bezug auf ein umfassenderes Weltverständnis nicht aus. Wo nämlich das Ziel des Handelns unbenannt bleibt, fehlt auch dem Handeln selbst seine Ausrichtung. Es wird sich im Wechsel von Augenblickstendenzen verlieren, in einen "Aktualismus", der ständig in der Gefahr ist, selbst wieder zum Streitpunkt aufzusteigen.

Auf der anderen Seite können wir ebensowenig zu einer Programmatik unsere Zuflucht nehmen, die dem Handeln einige allgemeine Ziele einprägen will und dadurch hofft, die Grenzen zwischen dem Eigenem und dem Fremden zu überwinden. Denn abgesehen davon, daß jede Programmatik eine theoretische Festlegung ist und daher in einer bestimmten Symbolwelt verbleibt, reicht sie auch nicht bis zum konkreten Handeln. Man kann höchst unterschiedliches und sogar gegensätzliches Handeln unter die gleiche Programmatik bringen. Die Programmatik läßt dem tatsächlichen Handeln weitgehend seinen Lauf, d.h. sie überläßt es den sonstigen Interessen und Entscheidungen der Handelnden.

Das programmatische Handeln ist ein Handeln allein im Programmatischen. Eben dadurch will es allerdings seine besondere, nämlich uneingeschränkte und unangefochtene Herrschaft über das konkrete Handeln ausüben. Der programmatische Aufruf zur Weltveränderung ist daher nichts weiter als der Versuch, eine – nämlich seine – Interpretation der Welt durchzusetzen. Unter dem weiten Mantel dieser Programmatik kann er vieles, wenn nicht alles mögliche zur Ausführung des Programms erklären. Nicht zuletzt aus diesem Grund sind programmatische Forderungen denn auch – zwar nicht populär, so doch – populistisch und gehören zur Standardausstattung von Gremienargumenten, in denen es vornehmlich um die Bekundung der eigenen Gruppenidentität geht.

Das Handeln, in dem wir eine Gemeinsamkeit auch mit dem Fremden erreichen, kann weder theorielos noch bloß programmatisch sein. Vielmehr müssen wir es in einem mittleren Bereich ansiedeln, in dem theoretische Denkbemühung und praktische Weltbewältigung ineinander greifen, ohne sich auseinander abzuleiten, sei es – theoretisch – durch bloße Ausdeutung des Getanen oder – praktisch – durch bloße Umsetzung des Geplanten.

Auch hier hat der Pragmatismus wesentliche Impulse gegeben, in dem er viele allgemeine Fragen in bestimmte Aufgaben umformulierte und ihnen so eine doppelte – theoretische wie praktische – Bedeutung verschaffen wollte. Ich folge daher wieder der Intention des pragmatischen Denkens und frage, wie denn solche Aufgaben beschaffen sein müssen, wenn sie die ihnen zugedachte Rolle erfüllen sollen.

19 Die Hoffnung auf eine Gemeinsamkeit durch Anerkennung

Zunächst zu einer Hoffnung: der Hoffnung auf eine *Gemeinsamkeit durch Anerkennung*. Wenn unser theoretisches Verstehen keine Gemeinsamkeit herstellen kann, dann, so scheint es, müssen wir die Fremdheit eben anerkennen und mit den verschiedenen und fremden Überzeugungen leben. Ein solches Anerkennen schließt Verstehen nicht aus, ist aber nicht darauf angewiesen. Anerkennen, das heißt hier, miteinander handeln, auch dort, wo wir einander nicht verstehen. Und es heißt darüber hinaus, die Bedingungen für ein solches Miteinanderhandeln herstellen und schützen. Modern gesprochen: die Menschenrechte verteidigen. Die Philosophie[20] wie die Politik[21] der Anerkennung haben

---

[20] Klassisch hierzu natürlich Hegel z.B. mit seinem "Rechtsgebot": "Sei eine Person und respektiere die anderen als Personen!", *Grundlinien der Philosophie des Rechts,* § 36.

[21] Neuerlich hierzu Charles Taylor, *Multikulturalismus*, Frankfurt a.M. [Fischer] 1993.

diese Unterscheidung betont und darauf hingewiesen, daß eine solche Anerkennungsleistung auch gegenüber denen erbracht werden kann und soll, die anders denken als wir, die also Fremde sind und womöglich auch bleiben.

Tatsächlich bedeutet diese Konzeption einen Schritt über die Grenzen mancher Verständnisse und Symbolwelten hinaus, aber eben nicht aller. Und daher bleibt sie ein Schritt, der nicht weit genug führt. Denn auch dem Anerkennen liegt, wie allem, was wir tun, ein Verständnis zugrunde. Zwar ist dieses Verständnis nicht von der Art wie das, das ein bestimmtes Verstehen leitet. Es kann allgemein bleiben. Es reicht ihm, daß der andere ein Mensch ist wie wir, auch wenn er offensichtlich einer anderen Symbolwelt angehört und mit einem anderem Welt- und Selbstverständnis lebt. Aber auch dieses Verständnis muß erst errungen werden. Und die Geschichte zeigt uns, wie schwierig dies gewesen und immer noch geblieben ist und wie wenig es im übrigen gelingt. Und ein solches Verständnis nimmt dem Fremden auch nicht seine Fremdheit. Irgendwo bauen sich auch für das Anerkennen wieder Grenzen auf, die nicht alleine durch einen Appell zu überwinden sind. Ich halte die Hoffnung auf die Kraft der Anerkennung, über die Grenzen des Verstehens hinaus Gemeinsamkeiten zu schaffen, nicht für vergeblich, aber auch nicht für ausreichend. Denn sie bringt ihre Kraft nicht aus sich alleine auf. Dazu bedarf es mehr als eines Gebotes oder einer Forderung. Dazu bedarf es einer Aufgabe und eines Projektes.

20 Die Gemeinsamkeit der Aufgaben und Projekte

Wer sich einer Aufgabe stellt, erbringt noch keine Anerkennungsleistung gegenüber dem Anderen und Fremden. Zumindest muß er das nicht tun. Was aber notwendig ist, ist die Erfassung der Aufgabe: nicht nur, daß sie besteht, sondern auch, daß sie bewältigt, und manchmal auch nur, daß sie bestanden werden muß. Eine solche praktische Erkenntnis führt zum Handeln, übrigens nicht immer zum richtigen. Aber eben auch nicht nur zu einem blinden Handeln wie im Aktionismus oder zu einem unbestimmten wie im bloßen Progamm. Die Rede von einer *Aufgabe* und einem Projekt ist daher in einem engen Sinne verstehen, der sowohl den aktionistischen Appell, daß etwas geschehen muß, als auch die pauschale Programmatik – und sei es die, das Fremde zu verstehen – ausschließt. Es geht um Aufgaben, die sich *aus den erkannten Erfordernissen einer bestimmten Situation* ergeben – aus ihren

Gefahren und Chancen, aus ihren Unzulänglichkeiten, Mißständen, aber auch ihren Beständen und Ansätzen. Und dasselbe gilt für die *Projekte*: auch sie müssen sich *erkannten Möglichkeiten für unser Handeln* verdanken, mit denen wir die Aufgaben zu bewältigen hoffen.

Viele dieser Situationsverständnisse sind nicht auf eine symbolische Welt beschränkt. Es sind die, mit denen wir die *Zwänge unserer Existenz* zu erfassen versuchen. Es sind das die Zwänge, die wir der Natur oder der Geschichte zurechnen, soweit sie beide zu unserer gegebenen Situation gehören und nicht nur die verfügbaren Bedingungen unseres Handelns sind. Das in solchen Projekten notwendige Handeln kann und darf nicht auf ein gemeinsames Welt- und Selbstverständnis warten. Gleichwohl kann es ein gemeinsames sein, gemeinsam mit all denen, die überhaupt die Aufgabe – wenn auch aus unterschiedlicher Sicht – sehen und daher am Projekt ihrer Bewältigung – wenn auch in unterschiedlicher Weise – teilnehmen. Mir ist klar, daß hier eine nähere Analyse am Platz wäre. Aber weder der Anlaß noch die verfügbare Zeit lassen dies jetzt zu. Ich begnüge mich daher mit einer Schlußbemerkung.

21 Die Hoffnung auf den Konsens und die Notwendigkeit der Kompromisse

Sie betrifft wiederum eine Hoffnung. Es ist die Hoffnung auf Konsens, und zwar auf einen Konsens wenigstens auf lange Sicht oder als "letztlich akzeptierte Meinung", wie Peirce[22] es formulierte. So anziehend und trostreich uns diese Hoffnung auch berühren mag. Ich halte sie für einen theoretischen Irrtum, der zu praktischen Fehlern verleitet. Mit der Hoffnung auf einen endlichen Konsens, der sich im gemeinsamen Handeln ergeben soll, macht man eine Illusion zum Handlungsziel. Denn daß sich dieser Konsens tatsächlich ergibt, begründet sich nicht aus der Gemeinsamkeit der Aufgabe oder des Projektes. Beides kann, wie gesagt, in unterschiedlicher Perspektive und auf unterschiedliche Weise in Angriff genommen werden.

---

[22] Vgl. dazu die "Definition", die Peirce in seinem berühmten Aufsatz 'How to Make our Ideas Clear' (1878) gibt: "The opinion which is fated to be ultimately agreed to by all who investigate, is what we mean by the truth, and the object represented in this opinion is the real." In: *Writings of Charles Sanders Peirce. A Chronological Edition*, vol. 3, Bloomington [Indiana University Press] 1986, 273. Und er fügt hinzu: "it is unphilosophical to suppose that, with regard to any given question (which has any clear meaning), investigation would not bring forth a solution of it, if it were carried far enough." (Ebda., S. 274).

Zumindest für das systemorientierte Denken besteht hier eine Schwierigkeit. Wie kann man gemeinsam handeln, ohne einem gemeinsamen Verständnis zu folgen? Tatsächlich ist das Miteinander-Handeln ohne ein gemeinsames Verständnis etwas Alltägliches. Und selbst da, wo wir uns unseres gemeinsamen Verständnisses versichern, wissen wir nicht, ob die Gemeinsamkeit über die Gleichheit der Bekundungen überhaupt hinausreicht. Was wir zu lernen haben, theoretisch wie praktisch, ist das Auskommen mit dem Sachverhalt, daß unser Miteinanderhandeln nur soweit auf gemeinsame Verständnisse angewiesen ist, wie die anstehenden Fragen oder die zu lösenden Probleme es erfordern – und daß sogar diese Verständnisse noch einmal auf verschiedene Weise artikuliert sein mögen.

Würde man darauf bestehen, die Gründe und Verständnisse des Handelns zu explizieren, so geriete man in eben die Auseinandersetzung, die man vermeiden wollte. Denn diese Gründe und Verständnisse sind es ja, die zur symbolischen Fixierung der eigenen Identität gehören und die den Kampf dieser Identitäten ausgelöst haben. Jedes Wort einer zusätzlichen Begründung über die praktischen Erfordernisse hinaus kann hier zum Auslöser neuer Konflikte werden. Und da der Versuch, einen Konsens herzustellen, zunächst einmal die Überzeugungen ausformulieren muß, die zur Übereinstimmung gebracht werden sollen, beteiligt er sich an der Verschärfung der Konflikte, statt sie zu überwinden.

Der tiefere Grund für die Unzulänglichkeit des Strebens nach einem Konsens ist genannt: Es ist die emotionale Bedeutung symbolisch befestigter Identität, die eine Identität in einer Eigenwelt ist, die sich absetzt und abschließt von den anderen und fremden Eigenwelten der Anderen. Dabei mag es in manchen Fällen durchaus eine Übereinkunft geben: die Einigung auf eine Formulierung, die als gemeinsam genutzte Formel zumindest zeitweise auch praktisch wirksam sein mag. Dabei bleibt aber zu sehen, daß ein solcher Formel-Konsens gefährdet bleibt, weil nämlich seine Kontexte in den verschiedenen Sinnwelten verschieden sind und ihre Explikation diese Verschiedenheit zutage fördern würde und daher eher mit dem Protest über die Verschiedenheit der Auslegung rechnen muß als mit einer Erweiterung der Zustimmung.

Hat man dies einmal erkannt und anerkannt, dann wird die Vergeblichkeit der Konsens-Hoffnung besonders deutlich. Nun mag man Hoffnungen milde behandeln und im wesentlichen auf sich beruhen lassen. Dies kann man allerdings nur, solange sie bloße Hoffnungen bleiben und nicht enttäuschte Hoffnungen werden. Dann nämlich können sie zum Motor eines gestrengen bis grimmigen Handelns werden, das den Konsens nun endlich einfordert – natürlich gemäß eben den eigenen Überzeugungen. Die Hoffnung war der theoretische Irrtum. Die Konsenseinforderung wäre der praktische Fehler.

Die Alternative zum Konsens ist der *Kompromiß*. Er wird von vielen Theoretikern abgewertet, weil er keine theoretische Leistung zu sein scheint. Wird mit ihm doch keine kohärente Ordnung geschaffen – ja, anscheinend überhaupt keine, die als geistige Leistung auszuweisen wäre. Dagegen ist zu sehen, daß der Kompromiß den Verzicht auf eine Einigung im falschen Medium leistet. Er nimmt die Einsicht ernst, daß wir in Projekten gemeinsam handeln können, ohne dasselbe Verständnis voneinander und sogar von den Problemen zu haben – wenn wir nur überhaupt die Aufgaben erkennen und anerkennen, die mit den Projekten zu lösen sind. Ein darüber hinausgehender Konsens, wenn er sich denn einstellen sollte, kann zwar hilfreich sein (muß es übrigens nicht!), darf aber nicht eingefordert werden, wenn man eine Überlastung unseres Handelns vermeiden will.

Systemorientiert, wie wir erzogen sind, fällt es uns schwer, den Kompromiß als eine geistige Leistung – nämlich des Verzichtes auf eine Leistung, auf die wir sozusagen programmiert sind – anzuerkennen und anzustreben. Daher fällt uns der Kompromiß überhaupt schwer. Vor allem mögen wir es nicht bei ihm belassen, wenn er denn einmal sein mußte. Eben dies gilt es, als einen theoretischen Irrtum und einen praktischen Fehler zu sehen. Der Kompromiß und nicht der Konsens ist die Form, in der wir unsere Aufgabe so bewältigen und unsere Projekte so in Gang halten können, daß darin eine praktische Gemeinsamkeit auch mit dem Fremden möglich ist.

DETLEV VON USLAR, Zürich

PSYCHOLOGIE UND PHILOSOPHISCHE HERMENEUTIK

Unser Thema heisst: Psychologie und philosophische Hermeneutik. Es geht mir hier um den Entwurf oder die Darstellung einer Psychologie, wie sie *nach* Heidegger, *nach* Gadamer und *nach* Ricœur möglich ist, einer Psychologie also, die wirklich versucht, aus der Hermeneutik die Konsequenzen zu ziehen.

Psychologie, finde ich, ist ihrem Wesen nach Deutung, und zwar Deutung unseres Seins und Erlebens in der *Welt*. Deswegen kann man sie auch als Welt- und Daseinsdeutung bezeichnen.

Es gibt Paradigmen der Deutung in der Psychologie ja seit langem: Vor allem die Traum-Deutung, an die auch Paul Ricœur in seinem Buch über Freud angeknüpft hat. Dann die Deutung des Ausdrucksgeschehens, also der Mimik und Gestik und der Bewegung. Und damit im Zusammenhang auch die Deutung der Handschrift als einer geronnenen Bewegungsspur, im Sinne von Ludwig Klages.

Eine Psychologie nun, die dem Menschen *als* Menschen gerecht werden will, in *diesem* Sinne also eine *anthropologische* Psychologie ist, muss vor allem von *dem* ausgehen, was den Menschen *als* Menschen kennzeichnet, was ihn von den Tieren, oder, wenn man so will – und ich finde, das kann man durchaus auch sagen – von den *anderen* Tieren – unterscheidet.

Das ist vor allem die *Sprache*: Dass der Mensch ein "zoon logon echon" ist. – Es ist ferner alles, was mit *Kunst* und *Stil* zusammenhängt: Dass er ein Wesen ist, das durch alle Jahrtausende hindurch Kunstwerke geschaffen hat und das auch *immer* einen Stil, zu *sein*, hat, einen Stil, seine Welt und seine Umwelt zu gestalten. – Ebenso ist der Mensch ein Wesen, das, seit wir ihn kennen, *Religionen* und religiöse Vorstellungen und Beziehungen entwickelt hat. – Und schliesslich als viertes: Er ist ein zoon politikon, ein Wesen, das man aus der Polis, aus der Gesellschaft und vor allem aus der *Geschichte* verstehen muss.

Es geht also eigentlich darum, zu sehen, dass so etwas wie Psychologie der *Sprache*, der *Kunst*, der *Religion* und auch eine Psychologie der *politischen* und *geschichtlichen* Wirklichkeit nicht *Rand*gebiete der Psychologie sind, die man auch noch erforschen kann, wenn man alles Elementare schon bewältigt hat, sondern dass sie in einer Psychologie, die dem Menschen als Menschen gerecht werden will, eine *zentrale* Stellung haben müssen.

Sinn und Sinnzusammenhänge in der Psychologie

Eine solche Psychologie muss ja ganz und gar von *Sinnzusammenhängen* ausgehen. Das aber setzt voraus – was in der Psychologie als Wissenschaft gar nicht mehr selbstverständlich ist –, dass man sich auch wirklich *auf Sinn einlässt*. Das gilt aber nicht nur von diesen Gebieten einer Psychologie der Sprache, Kunst oder Religion, sondern es gilt von *allen* Gebieten der Psychologie. Eine Denkpsychologie, zum Beispiel, scheint mir ihren Gegenstand zu verfehlen, wenn sie nur psychische Prozesse und Abläufe betrachtet und nicht darauf eingeht, dass es Denken, *als* Denken, nur gibt in Beziehung auf *Wahrheit* und *Sinnzusammenhänge*.

Man könnte Ähnliches an vielen Beispielen zeigen, zum Beispiel an der *Ausdruckspsychologie*. In ihr hat man immer wieder versucht, Sinnzusammenhänge geradezu auszublenden, alles Sprachliche wegzubringen, damit man sehen könne, was am Ausdrucksgeschehen, also an der Mimik und Gestik, sozusagen verifizierbar und valide ist – etwa im Sinne der psychologischen Diagnostik. Demgegenüber scheint es mir aber wichtiger, sich einmal zu fragen, wie denn die *Sinnzusammenhänge* selbst, mit denen Menschen es zu tun haben – zum Beispiel in einem Gespräch, das sie miteinander führen – sich in ihrer Mimik und Gestik, in ihren Bewegungen, und schliesslich auch in ihrer Handschrift niederschlagen.

Ein adäquater philosophischer Hintergrund für eine Psychologie, die sich *wirklich* auf Sinnzusammenhänge einlässt, die wirklich Sinn als Sinn *ernst* nimmt und nicht davon abstrahiert, scheint mir vor allem in Heideggers Begriff des *Verweisungszusammenhangs* zu liegen und in seiner Konzeption des *In-der-Welt-Seins*. Denn alles Deuten in der Psychologie ist eigentlich nichts anderes als ein Verfolgen und Nachgehen von Verweisungszusammenhängen. Das gilt gerade auch von der Deutung der Mimik und Gestik, und es gilt vor allem von der Deutung des Traums.

In Beziehung auf den Traum haben vor allem Ludwig Binswanger und Medard Boss solche Wege versucht, ausgehend von Heideggers "Sein und Zeit". Medard Boss hat sich dabei aber sehr entschieden von Freud abgegrenzt, während ich finde, dass eben auch Freuds tiefenpsychologische Traumdeutung eigentlich ein ständiges Enthüllen von

Verweisungszusammenhängen ist. Ich werde darauf nachher noch näher eingehen, möchte mich aber jetzt zuerst der zentralen Bedeutung der vier Gebiete zuwenden, die ich genannt habe, nämlich der Psychologie der *Sprache*, der *Kunst*, der *Religion* und der Psychologie des Menschen als eines *politischen* Wesens.

Sprache, Kunst, Religion, Politik als Kennzeichen des Menschen

Psychologie der Sprache

Wir fangen also an mit dem Thema einer Psychologie der *Sprache*. Hier scheint es mir nun besonders wichtig, dass man die Sprache nicht nur als Ausdruck subjektiven Erlebens sieht, was ja bei der ganzen subjektivistischen Grundhaltung der Psychologie ungeheuer naheliegend ist, sondern, dass man davon ausgeht, dass die Sprache unsere Beziehung zur *Welt* und zum *Sein* ist.

Hans Georg Gadamer hat in seinem Buch "Wahrheit und Methode" – im Anschluss an einen Traktat über das "Innere Wort" von Thomas von Aquin – sehr überzeugend deutlich gemacht, dass jedes *Wort*, wenn es im Ernst gesprochen ist, nicht nur das Sein des Sprechenden repräsentiert, sondern ebenso *das Sein der Sache selbst*, dass die *Sache* in ihrem Sein im Wort gegenwärtig und repräsentiert ist und nicht nur etwas von mir subjektiv Gemeintes. Dass also die Sprache eine *Berührung* ist zwischen dem Menschen und der Welt.

Hier wiederholt sich, glaube ich, ein alter Gedanke der Psychologie des Aristoteles. Dieser erfasst den Nous, das vernehmende Denken, als die Wirklichkeit und Aktualität der *Berührung* zwischen dem Denken und der Welt, als die Berührung der denkenden Seele und der Welt in ihrer Wahrheit. So hat er daraus ja sogar den Schluss gezogen, dass die Seele eigentlich nur insofern und so weit unsterblich ist, als sie im denkenden Vernehmen an den ewigen Wahrheiten teil hat. Aus der Berührung der denkenden Seele und der Welt kommt er zu der ungeheuer lapidaren Formulierung, dass die Seele in gewisser Weise alles Seiende ist: "He psyché ta onta pos estin panta". In analoger Weise ist auch in der Sprache nicht nur das sprechende Subjekt gegenwärtig, sondern das Sein der angesprochenen Sache selbst.

Das ist also der erste Punkt, der mir wichtig scheint für eine Psychologie der Sprache, dass sie das wirklich ernst nimmt, dass sie davon wirklich ausgeht und dass sie nicht Sprache nur als ein unverbindliches Ausdrucksgeschehen des Subjekts betrachtet.

Der zweite Punkt, der mir wichtig scheint, ist, dass die Sprache im Sinne Heideggers so etwas ist wie die Selbstauslegung des Daseins, die Deutung des je eigenen Seins. So kann man also Sprechen-, Deuten- und Verstehenkönnen aus dem Verhältnis des Daseins zu seinem eigenen Sein ableiten. Dieses Verhältnis zu seinem je eigenen Sein ist ja das, was seine Existenz und seine Wirklichkeit kennzeichnet und ausmacht.

Wenn man sich das klar macht und wenn man das ernst nimmt, dann wird eigentlich sofort klar, welch grosse Bedeutung es für die Psychologie haben muss. In Analogie zu Freuds Wort, dass der Traum die via regia zum Unbewussten ist, kann man hier sagen, dass die Sprache die via regia zur *wachen* Existenz und zur Welt des Menschen ist – und damit auch zu seinem psychologischen Verständnis.

Ein dritter Punkt, der mir in Beziehung auf eine Psychologie der Sprache wichtig scheint, ist die *Viel-deutigkeit* der Sprache, das, was Paul Ricœur als das Symbolartige der Sprache und den *Symbolcharakter* des Wortes bezeichnet hat. Dass gerade die *Nicht*-Eindeutigkeit, sondern das Anklingen von Unter- und Ober- und Nebentönen eigentlich das Entscheidende in der Kraft des Wortes ist. Auch das scheint mir für das Verständnis des Menschen als sprechenden Wesens – und zwar gerade auch für dessen psychologisches Verständnis – ungeheuer wichtig.

Und das bedeutet natürlich, dass man sich hier der Sprache gerade in *der* Beziehung, oder im Hinblick auf diejenige Eigenschaft zuwendet, die von den Wissenschaften immer wieder als ein Mangel betrachtet wird, dass sie eben nicht eindeutig ist, weswegen man sie durch Kunstworte zu ersetzen versucht.

Gerade diese Vieldeutigkeit des Wortes –: Alle diese verschiedenen Bedeutungen, die noch mitschwingen, die sind es ja, die das angesprochene Ding, die angesprochene Wirklichkeit, die angesprochene Situation, *in die Welt einfügen*. Und das Selbe gilt von der Vieldeutigkeit des Satzes und der Rede.

Man kann eigentlich an jedem Wort das zeigen. Ich will's aber ganz kurz versuchen, zu skizzieren an einem Wort wie: *Weg*, "der Weg". Wenn wir dieses Wort hören, klingt ja unendlich vieles an: Dass ein Weg etwas ist, was verschiedene Orte miteinander verbindet. Dass ein Weg eigentlich erst ein Weg wird, dadurch, dass er *gegangen* wird, oder dass er befahren wird. Und es klingen ganz verschiedene Arten von Wegen an, wie der Feldweg oder der Kirchweg, oder auch der Ruhrschnellweg, der Schnellweg der Autobahn. Aber es klingt sofort ja noch anderes an: Dass man sagt: "Dieser Weg führt hier nicht weiter", oder: "Das ist nicht der richtige Weg für die Lösung dieses Problems". Es gibt einen völlig fliessenden Übergang zu all den scheinbar übertragenen Bedeutungen des Wortes "Weg" bis hin zum "Lebensweg". – Und darin liegt natürlich auch ein ganz wesentlicher Schlüssel zur Traumdeutung: Dass das Auftauchen eines Weges im Traum, den jemand geht, dann auch seinen Lebensweg bedeuten kann.

Das Selbe kann man an vielen anderen Worten, wie zum Beispiel dem Wort "Haus", auch zeigen. Ich glaube, es ist wirklich das Wesenhafte der Sprache. Es ist ja etwas, was vor allem Ricœur am Wesen der Sprache, und überhaupt in der ganzen Hermeneutik, besonders deutlich gesehen hat: Dass etwas, das etwas bedeutet, dabei immer noch *etwas anderes mitbedeutet*.

Die Konsequenz aus diesen Überlegungen zur Psychologie der Sprache scheint mir vor allem zu sein, dass die Psychologie den Menschen aus seiner *Welt* verstehen muss. Ich glaube, wenn man sich so auf die Sprache konzentriert, wird es etwas konkreter, bekommt es etwas mehr Bedeutung, was der Satz: "Man muss den Menschen aus seiner Welt verstehen", eigentlich sagt. Welt ist dabei natürlich mehr als "Umwelt": Es ist: *Die* Welt, die in allen einzelnen Umwelten *als solche* verweilt.

Ebenso wichtig scheint mir aber in Beziehung auf die Sprache noch etwas anderes zu sein, nämlich: dass sie ihrem *Wesen* nach Ge-spräch ist. Sprache als Sprache eines Robinson, eines einzelnen Ich, eines isolierten Individuums, wäre ja sinnlos. Wenn es auch das Selbstgespräch überall gibt, so ist dieses ja nur eine Ableitung der Gesprächs-Natur der Sprache. Und deswegen, finde ich, kann die Einsicht in diesen Charakter der Sprache gerade auch dazu helfen, die Psychologie von dem ihr eigenen, ihr anhaftenden, Subjektivismus zu befreien, der ja oft nur oberflächlich oder äusserlich ergänzt wird durch sozialpsychologische Überlegungen.

In diesem Zusammenhang scheint mir nun die Hermeneutik Gadamers für die Psychologie sehr wichtig. Gadamer hat in einem ganz kurzen Abschnitt in dem Buch "Wahrheit und Methode" ungeheuer anschaulich gezeigt, *was* eigentlich ein Gespräch ist: Dass das Gespräch *mehr* ist als das, was die beiden miteinander Sprechenden hineinbringen. Dass man es nicht addieren oder berechnen kann aus den an diesem Gespräch beteiligten Subjekten, sondern, wie er sagt: Dass eigentlich ja das Gespräch *selber* das Subjekt des Gesprächs ist. Wir werden ins Gespräch gezogen. Und gerade das, was herauskommt, wenn es ein echtes Gespräch ist, kann man nicht vorhersagen. Das heisst: In der Sprache als Gespräch und in ihrer Gesprächsnatur ereignet sich Sinn, der sich uns zuspielt. Was Gadamer hier in Beziehung auf das Gespräch zeigt, dass es *selber* das Subjekt ist und nicht die im Gespräch verwickelten

Individuen, die sprechenden Subjekte, das ist ja nach dem selben Muster gedacht wie das, was er über das Wesen des *Spiels* sagt. – Was Gadamer über das Spiel sagt, eröffnet natürlich einen ganz besonderen Eingang zu den Problemen der Psychologie, wenn man diese auf dem Hintergrund der Hermeneutik betrachtet.

Psychologie der Kunst und des Stils

Ich möchte mich jetzt dem zweiten Beispiel zuwenden, das ich genannt habe, nämlich einer Psychologie der *Kunst* und des *Stils*. Ich möchte einmal mit dem Begriff *Stil* anfangen. Das menschliche Dasein ist ja, in der Sicht Heideggers, immer ein Sein *zu* seinem Sein (im Sinne des Satzes: "Dasein ist Seiendes, das sich *in* seinem Sein zu seinem Sein *verhält*"). Es ist und vollzieht aber dieses Verhältnis zu seinem Sein immer irgend*wie*, in irgend einer bestimmten *Weise*. Es hat einen *Stil*, zu sein. Mir scheint also, dass man gerade in dieser ontologisch grundlegenden Betrachtung Heideggers das Wesen des *Stils* verankern kann, und verankern muss. Das Dasein hat einen Stil, sein eigenes Sein zu gestalten und seine Welt und Umwelt zu gestalten – Hier wird natürlich sofort klar, dass das nicht etwas ist, was das einzelne Dasein und das einzelne Individuum für sich *allein* betrifft, sondern es ist etwas, womit es an dem Stil *seiner Zeit* und an dem stilistischen Geschehen *überhaupt* teilhat.

In diesem Zusammenhang scheint mir übrigens auch Nicolai Hartmanns Art, das "Geistige Sein" zu sehen, sehr fruchtbar (in dem Buch "Das Problem des geistigen Seins") –: Weil er da dieses *Eigenleben des Geistes* ausserordentlich anschaulich zeigt, das die Individualität des Subjektiven *übersteigt* und zugleich in sich einbezieht. Ich habe auch den Eindruck, dass in Gadamers Gedanken mehr von Hartmanns Gedanken enthalten ist, als man vielleicht im ersten Moment denkt.

Kunst und Kunstwerke kann man in diesem Zusammenhang natürlich auch als die Aufgipfelung dieses Wesens des Stils betrachten, das zum menschlichen Sein gehört. Von daher erschliesst das Kunstwerk uns also etwas über seelische Wirklichkeit. Es zeigt, *was* seelische Wirklichkeit eigentlich ist, es eröffnet einen Zugang zu einer allgemeinen Psychologie – dies aber nicht in *dem* Sinn, dass man das Kunstwerk psychologistisch auflöst, sondern umgekehrt –: Dass man seelisches Sein selbst einmal nicht psychologistisch, sondern von dem her versteht, was sich im Werk ereignet. Kunst ist also in dieser Betrachtung auch eine Aufgipfelung unseres *Stils*, da zu sein und die Welt zu gestalten, der *jeden* Menschen betrifft, und nicht nur den Künstler.

Es geht also auch hier um eine Psychologie, die vom *Sinnzusammenhang* ausgeht und ihn nicht auflöst. Wenn man so will, kann man das als eine Psychologie "von oben" bezeichnen, die vom Sich-Gestalten des Sinns ausgeht.

Man kann also menschliches und seelisches Sein vom Kunstwerk her verstehen. Damit meine ich jetzt *nicht* die Seele des Künstlers, der das Werk geschaffen hat, sondern das, was sich über die Wirklichkeit des Menschen durch das Kunstwerk enthüllt. Mir scheint dies ein für die Psychologie sehr sinnvoller Weg zu sein. Sinnvoll deswegen, weil das Werk uns eben Wesenszüge seelischer Wirklichkeit ganz unmittelbar und unverstellt zeigt, und in einer Konzentration, wie es sie sonst nicht gibt.

Ich möchte das auch kurz an einzelnen Beispielen zu zeigen versuchen. Ein Satz wie: "Seele ist eigentlich räumlich", der rein theoretisch gesagt, eher abstrakt klingt, und vielleicht auch Widerspruch hervorruft, kann plötzlich eine grosse Anschaulichkeit bekommen, wenn man sich in das Wesen der *Architektur* vertieft. Der architektonische Raum, in diesem Fall der Innenraum, konstelliert jeweils eine bestimmte Art und Weise des Darinseins. In einem Zentralraum, zum Beispiel, wo alles durch die Mittelpunktsbezogenheit bestimmt ist, wird man gleichsam in den Mittelpunkt des Raums hineingezogen, wie zum Beispiel in der Kirche San Vitale in Ravenna. Hier kann man sich natürlich fragen: Ist das nun der Mittelpunkt, in dem die Gottheit wohnt, oder ist es der Mittelpunkt des Menschen, so etwas wie das Selbst im Sinne C. G. Jungs, oder ist es die Mittelpunktshaftigkeit des Raums überhaupt? Es scheint mir, dass es diese drei Dinge in einem ist.

Wenn man nun den Zentralraum vergleicht mit dem Langraum der christlichen Basilika, der gleichsam *angelegt* ist auf den Weg zum Altar, und damit eine ganz eigene Art von Perspektivität erzeugt, dann sieht man plötzlich, wie sehr hier eine ganz *andere* Form der Räumlichkeit und des räumlichen Seins sich konstelliert. In der christlichen Architektur hat es ja durchaus eine *Konkurrenz* zwischen diesen beiden Formen gegeben. So wollte, zum Beispiel, Christopher Wren die St.Pauls-Cathedral in London als Zentralraum bauen. Aber er durfte es nicht, weil die Gemeinde das nicht zugelassen hat. Er musste eben, weil es ein christlicher Bau ist, diese Erstreckung einer Basilika, also eines *Langraums*, haben.

Und einen Schritt weiter: Wenn man bedenkt, wie im Barockzeitalter eigentlich diese beiden Prinzipien in einer absolut genialen Weise in der Form des *Ovals* und der Ellipse vereinigt worden sind, die zwei Brennpunkte hat und eine ungeheuer dynamische und faszinierende

Spannung erzeugt, die gleichzeitig den Raum aufbricht in der Deckenmalerei, dann sieht man wieder eine andere Form, wie sich Raum konstelliert. Worauf es mir hier ankommt, ist, dass *wir*, wenn wir diesen Raum betreten, in diese Konstellation *hineingezogen* werden. Ich glaube, so kann man sehen, dass man am architektonischen Kunstwerk etwas über die *Räumlichkeit* des Menschen und des Seelischen sehen kann.

Paul Ricœur hat ja in seinem Einleitungsvortrag zu diesem Kongress betont, dass eigentlich die Räumlichkeit in der Hermeneutik, *wegen* des Übergewichts der Zeitlichkeit, immer etwas zu kurz kommt. Ich erinnere mich auch an eine Äusserung Heideggers in seinen Seminaren in den fünfziger Jahren, wo er eigentlich genau das selbe gesagt hat: "Jetzt muss man eigentlich die Räumlichkeit so analysieren, wie ich in Sein und Zeit die Zeitlichkeit analysiert habe."

Das nächste Beispiel aus der Psychologie der Kunst, dem ich mich zuwenden möchte, betrifft die *Leiblichkeit* seelischen Seins. Da-Sein ist ja *als solches* immer Leib-Sein. In diesem Sinne kann man Seele, genausogut wie man sie als Innerlichkeit oder Bewusstsein betrachten kann, doch auch betrachten als *die Art und Weise unserer leiblichen Präsenz in der Welt*. Das ist eine Betrachtungsweise, die natürlich im Grunde an Aristoteles anknüpft, der sagt:. Psyché ist die "Entelecheia somatos physikou dynamei zoen echontos", die Wirklichkeit, die sich verwirklichende *Präsenz* gleichsam, eines naturhaften Körpers, der die Dynamis des Lebens hat. Sie ist diese Wirklichkeit als die Wirklichkeit eines werkzeughaften Körpers, eines "Soma organikon". Ich glaube, dass diese Auffassung der Leiblichkeit des Daseins eine der wesentlichsten Ergänzungen ist, die eigentlich gleichsam von Heideggers Analyse gefordert werden. Man könnte sagen, dass das wohl ein Punkt ist, der dort zurückgetreten ist zu Gunsten des In-der-Welt-seins und der Zeitlichkeit.

In der *Plastik* hat der Mensch durch die Jahrtausende hindurch immer wieder den menschlichen Leib dargestellt, häufig als Bildnis der Gottheit. Es verwirklichen sich da Ur-Haltungen, wie Sitzen, Liegen und Stehen. Man braucht hier nur an den Unterschied des archaischen Dastehens älterer Plastiken zu jener Verteilung auf Stand- und Spielbein zu denken, die die Klassik kennzeichnet, oder an das Da-Sitzen von Götterbildern, oder, in unserem Jahrhundert, an die liegenden Figuren von Henry Moore. Von ihnen kann man sagen, dass sie eigentlich in ganz elementarer Weise das darstellen, was Heidegger in seinem Aufsatz über das Kunstwerk meint –: Dass die tragende Kraft der Erde in ihrer Verborgenheit durch das Kunstwerk ebenso zum Vorschein kommt wie das Sich-Eröffnen von Welt und Himmel.

Ich glaube also, man kann sagen, dass eine Beschäftigung mit der Plastik – als *Beschwörung* der Leiblichkeit – deutlich und anschaulich macht, was der Satz bedeutet: "Da-Sein ist als solches Leib-Sein", und: "Seele *ist* darum Leiblichkeit, und nicht nur etwas vom Leib Unterschiedenes." – Auch die Fremdheit der Leiblichkeit, von der Herr Ricœur in seinem Einleitungsvortrag zu diesem Kongress gesprochen hat, ist dabei irgendwie im Spiel. Sie ist wohl etwas, was mit der Fremdheit der Materie überhaupt verwandt ist, die wir ja nur darum berühren können, weil wir selber Leib sind und damit auch ein Stück Materie. – Soviel möchte ich zur Bedeutung der Plastik in unserem Zusammenhang sagen.

Als nächstes Beispiel möchte ich noch die *Zeitlichkeit* nennen. Diese kommt vor allem in Gadamers Analyse des Kunstwerkes besonders deutlich zum Vorschein, weil er ja von derjenigen Art von Kunstwerken ausgeht, die, um zu existieren, *gespielt* und aufgeführt werden müssen. Dabei ist ja das Entscheidende, dass *in* diesem Spielen etwas sich ins Spiel bringt, was schon im Spiel war, als der Schöpfer dieses Kunstwerkes es usprüglich geschaffen hat – zum Beispiel Bach in der Matthäuspassion, oder was man als Beispiel nehmen will –: Dass es *jetzt* und *hier* sich ereignet, *weil* es gespielt wird. Wenn man diese Gedanken weiterdenkt, kommt man, glaube ich, dazu, den Menschen in seinem Sein als einen *Mit-Spieler* zu sehen. Wir alle spielen dieses Spiel dessen, was sich uns zu-spielt an Sinnzusammenhängen. Wir werden hineingezogen und deswegen sind wir geschichtliche Wesen.

Zoon politikon

Wir haben uns bis jetzt mit den Möglichkeiten einer hermeneutischen Psychologie beschäftigt an den Beispielen der Psychologie der *Sprache* und der Psychologie der *Kunst*. Ein drittes Beispiel, das ich genannt habe, kann ich aus Zeitgründen nur kurz streifen, nämlich die Betrachtung des Menschen als zoon politikon. – Die Sozialpsychologie, die ja den Menschen als *politisches Wesen*, als gesellschaftliches Wesen, erfasst, muss, finde ich, ausgehen davon, dass unser Dasein *als solches* Mitsein ist, und vor allem, dass es *Geschichtlichkeit* ist, dass wir *Zeitgenossen* sind in allem, was wir erleben, tun, denken und urteilen, dass sich aber Geschichte auch *in uns* ereignet, dass wir *Zeit-Zeugen* sind.

Ausserdem scheint mir im Zusammenhang einer Psychologie des Politischen auch die Überlegung wichtig, dass das In-der-Welt-Sein des Menschen ja immer ein Sein in konkreten *Situationen* ist. Die *politische* Situation scheint mir dafür ein Musterbeispiel zu sein – und zwar dafür, dass die Wirklichkeit einer Situation immer eine *unlösbare Einheit* von *Fakten* und *Perspektiven*, von subjektiven und objektiven Momenten, ist.

Psychologie der Religion

Ich wende mich jetzt dem vierten Beispiel zu, nämlich der Psychologie der *Religion*. Ich glaube, man muss in diesem Zusammenhang die Religion sehen – vielleicht passt das recht gut dazu, dass wir hier in Schleiermachers Hörsaal sind –: als einen Bezug *in uns* zu etwas, das den Rahmen sprengt und das irgendwie uns transzendiert, das sich nicht berechnen und bewältigen lässt. Es gibt gleichsam anthropologische Orte in der menschlichen Existenz, wo solche Bezüge sich ereignen, wie zum Beispiel *Begegnung und Schuld*. Das sind ja Grundgegebenheiten des christlichen Glaubens – aber auch des ganzen alttestamentlichen Geschehens. – Begegnung also, wie sie zum Beispiel im Römerbrief des Paulus sich realisiert, wo diese Gottheit, der der Mensch begegnet, so absolut überwältigend ist, dass er ihr *nicht* gerecht werden kann, dass er schuldig sein muss. Mir sind diese Dinge eigentlich vor allem durch die Theologie Friedrich Gogartens vermittelt worden, bei dem ich in den vierziger Jahren in Göttingen studiert habe.

Andere solche anthropologischen Quellen des Religiösen liegen sicher in der Erfahrung der *Zeit und ihrer Rätsel*, dieser Unheimlichkeit, dass man sich wirklich weder den ersten noch den letzten Tag denken kann, – aber auch in so etwas wie dem *Grund und Boden*, auf dem wir existieren und der in vielen Religionen *heilig* ist. Ich glaube, darin spiegelt sich irgendwie, dass die Welt uns gleichsam einen *Grund* zum Existieren einräumt.

Solche Orte des Numinosen, im Sinne von Rudolf Otto, muss man aber, glaube ich, auch in der *Triebhaftigkeit* des Menschen sehen, in der *Libido* und vor allem in der *Aggression mit ihren Abgründen*, die ja immer wieder auch zu schrecklichen Dingen, zu Opfern und Grausamkeiten im Bereich des Religiösen führt.

Im Zusammenhang der Frage nach der Religion und ihrer Bedeutung und nach der Art, wie eine Psychologie der Religion sie fassen kann, scheint mir die tiefenpsychologische Betrachtungsweise von Carl Gustav Jung besonders interessant. In seiner Schrift "Psychologie und Religion" versucht er zu zeigen, dass das Numinose eigentlich im *Unbewussten* wohnt und dass deswegen die Götter Projektionen sind. Das ist eine wohl nicht minder entlarvende und erschütternde tiefenpsychologische Betrachtungsweise als diejenige Freuds es in Beziehung auf die Allgegenwart der

Libido ist, – vielleicht eigentlich die tiefere Erschütterung. Was *macht* ein Theologe, was macht ein Priester, wenn er das wirklich einsieht? Was *wird* eigentlich aus dem Glauben und aus der Religion? Ich glaube, die Antwort liegt hier irgendwie darin, dass das Unbewusste in seiner tiefen Verwurzelung ja letzten Endes etwas zu tun hat mit dem Grund und Abgrund unserer eigenen Existenz und unseres eigenen Seins. Der Grund der *Welt*, der Hintergrund des Gewitters und der Geschichte also, in denen die Götter wohnen, und der Grund des *Unbewussten* und der Seele sind aber letztlich *ein und das selbe,* nämlich das *Sein*.

Paradigmen der Deutung in der Psychologie

Ich möchte mich jetzt, wie bei der Behandlung des Beispiels Traum schon angekündigt, noch einmal kurz den bekannten *Paradigmen der Deutung* in der Psychologie zuwenden. Ich muss mich da kurz fassen, weil das andere natürlich doch länger gedauert hat, als ich es plante. Solche Paradigmen, das habe ich ja schon gesagt, sind *Traum, Mimik, Gestik, Bewegung* und *Handschrift* und vor allem das *Gespräch*.

Traumdeutung

Beim *Traum* ist es, glaube ich, sehr wichtig, zu sehen, dass er, solange wir ihn träumen, die *Welt* ist – nicht etwa Bild, oder Vorstellungsfolge, oder Phantasie. Das wird er alles erst durch das *Erwachen*. Aber da wird er auch allererst zum Traum als *Traum*. Und gleichzeitig geschieht etwas Merkwürdiges, nämlich, dass die Dinge der geträumten Welt gleichsam in Verbindung geraten mit den Dingen unserer *wachen* Welt, aus denen sie bestanden haben oder aus denen sie zusammengesetzt sind. Und wichtig ist vor allem Folgendes: In dieser Durchdringung der Welten im Erwachen entfaltet sich ein ganzes Geflecht von Verweisungs-Zusammenhängen, das eigentlich die Grundlage *jeder* Traumdeutung ist, welcher Theorie sie sonst auch folgen mag. Es ist eine Verschiebung der Perspektiven, die sich dabei ereignet. Gerade diese Perspektiven-Verschiebung ist wohl das Heilende an der Traumdeutung.

Ausdruckspsychologie

Jetzt noch einmal kurz zu dem Bereich der *Ausdruckspsychologie* und der Bewegung. Hier kommt es, glaube ich, vor allem darauf an, zu sehen, dass Da-Sein als solches Leib-Sein ist, und dass deswegen die

Ausdruckserscheinungen, wie Mimik und Gestik, die Art und Weise unserer Präsenz *füreinander* und *in der Welt* sind. Dass man also dieses Ausdrucksgeschehen nicht zureichend versteht, wenn man nur fragt: "Was für ein Mensch spiegelt sich darin?" – wenn man also das Ausdrucksgeschehen gleichsam nur als einen Test betrachtet.

Wenn man einen Menschen in seiner Gestik und Mimik betrachtet, oder in seiner Blickweise, dann versteht man dieses vor allem dann, wenn man die *Welt* ergänzt, auf die sich dieser Blick richtet, in die hinein sich seine Handlungen bewegen. – Das geht bis hin zum Verständnis der *Portraitmalerei*, wo sich dem Betrachter das Bild gleichsam zu der Welt ergänzt, in der dieser Mensch steht, in die er hineinblickt, auf die er reagiert.

Gerade in der Ausdruckspsychologie – das habe ich ja schon gesagt – ist es wichtig, von dem *Sinnzusammenhang* auszugehen, der sich im Ausdrucksgeschehen ausdrückt. Das Ausdrucksgeschehen ist ja gerade *nicht* nur die Äußerung eines *Subjektes*. Das stimmt ja garnicht, sondern, es ist unser *Miteinander*. – Wenn Menschen miteinander telephonieren, gestikulieren sie sofort, obwohl der Partner sie nicht sieht, weil Gesprächssituationen eben immer auch ein Miteinander-Umgehen in Mimik und Gestik sind. Auch hier gilt also eigentlich das, was ich – im Anschluss an Gadamer – vorhin in Beziehung auf das *Gespräch* gesagt habe: Es ereignen sich *Sinnzusammenhänge* im Miteinander, und es ist viel sinnvoller, dies zu erforschen, als das Ausdrucksgeschehen gleichsam immer nur wie einen *Test* zu betrachten. Eine solche gegenüber dem Herkömmlichen veränderte Betrachtungsweise in der Ausdruckspsychologie kann man zum Beispiel realisieren, wenn man Menschen in einer *Gesprächssituation* filmt, wo sie sich über etwas *wirklich* Sinnvolles unterhalten, und dann sich hinterher bei der Betrachtung dieses Films nicht fragt: "Wie zeigt sich der Herr Sowieso in seinen Bewegungen?", sondern: *Wie zeigt sich eigentlich der Sinn dessen, worüber die beiden gesprochen haben*, in ihren Bewegungen und in ihrer Mimik und Gestik? Und es ist ganz verblüffend, was man da alles erlebt, und wieviel man dabei wirklich über das Sich-Darstellen der Sinnzusammenhänge im Ausdrucks-Geschehen erfährt.

Gespräch

Zu den *Paradigmen der Deutung* in der Psychologie muss man nun überhaupt ganz besonders das *Gespräch* rechnen, mit dem wir uns ja schon im Zusammenhang mit der Psychologie der *Sprache* beschäftigt haben. Es nützt gerade in der ganz realen psychologischen *Praxis* eigentlich nichts, wenn man Leute *nur* durch die Mühle einer Testbatterie dreht. Ich weiss, wovon ich rede, denn ich habe etwa zweitausend verkehrspsychologische Gutachten geschrieben – weil das meine Tätigkeit war, ehe ich Professor wurde. Dabei habe ich immer wieder gemerkt: Ein wirkliches Urteil über die Situation eines Menschen, und über die Möglichkeiten seiner Zukunft, bekommt man nur, wenn man mit ihm *spricht*. – Und zum Gespräch gehört eben, dass da etwas im Spiel ist.

Ich finde es übrigens besonders interessant, das, was Gadamer über das *Gespräch* gezeigt hat – nämlich, dass im Gespräch gleichsam das Gespräch *selber* im Spiel ist und wir nur *hineingezogen* werden – auch einmal in *tiefenpsychologischer* Perspektive zu betrachten.

Wenn man in einem gelassenen Gespräch spazieren geht und miteinander spricht, dann kommt man ja sozusagen vom Hundertsten ins Tausendste, und trotzdem, wenn es ein gutes Gespräch ist, wird man da von etwas geführt, von dem man garnicht begreift, wie es geschehen ist. Wenn man das analysiert, wenn man dem Gespräch nachgeht, dann bemerkt man, dass wir oft mit unbewussten Dingen auf das reagieren, was der andere sagt, und das motiviert uns zu einer Antwort, auf die auch der andere wieder unbewusst reagiert. Eigentlich ist also das Unbewusste, aber als ein gemeinsames, ein dialogisches, am Gespräch ganz elementar beteiligt. So ist es also auch an dem Sich-ins-Spiel-Bringen des Sinns beteiligt – gleichsam als ein Ort, wo sich dieses ereignet. Ich glaube, wenn man die Tiefenspsychologie so sieht, erkennt man, dass das Unbewusste ein gemeinsames Geschehen ist, oder sein kann, einbezogen in die Dialogik unseres Miteinanderseins, ein Geschehen, in dem sich Sinn ereignen kann, der das Subjektive übersteigt.

Ehe ich zum Schluss komme, möchte ich noch zu drei Dingen kurz Stellung nehmen, nämlich zum Problem des Psychologismus, zur Stellung der Psychologie zwischen Natur- und Geisteswissenschaften und zur Beziehung unserer Überlegungen zur Psychologie Wilhelm Diltheys.

Zum Problem des Psychologismus

Das Thema dieses Vortrages, nämlich "Psychologie und philosophische Hermeneutik", löst vielleicht bei manchem, der es hört, gleichsam Reflexe aus gegen den *Psychologismus*. Die Hermeneutik hat sich ja sowohl bei Heidegger wie bei Gadamer sehr stark auch in der Auseinandersetzung mit dem Psychologismus und in der Abgrenzung von psychologistischen Auffassungen entwickelt.

Ich möchte dazu Folgendes sagen: Es geht mir hier – und ging mir in der ganzen Zeit in Zürich, wo ich die Gelegenheit hatte, eine solche Psychologie zu lehren – eigentlich um etwas, was ich schlagwortartig eine "*Psychologie ohne Psychologismus*" nennen würde. Es geht dabei zunächst darum, geisteswissenschaftliche Themen, wie das Kunstwerk oder das Gedicht oder den Gedanken, nicht in einer psychologistischen Weise in seelisches und subjektives Erleben aufzulösen. Darüber hinaus geht es aber vor allem auch darum, die seelische Wirklichkeit des Menschen *als ganze* nicht in einen blossen Subjektivismus aufzulösen, sondern auszugehen von den *Sinnzusammenhängen* und ihrem Enthaltensein in der Welt des Menschen. Das betrifft also die Psychologie als ganze.

Um noch einmal auf die Besorgnis, dass unser Thema zum Psychologismus führen könnte, einzugehen, möchte ich also sagen: Es geht nicht darum, das *Werk* aus der Seele und seelischen Geschehnissen zu verstehen, sondern umgekehrt, das Seelische aus dem *Werk* zu verstehen: Also aus der Erfahrung des Kunstwerkes und aus der Erfahrung der Gegenstände der Geisteswissenschaften zu erfahren, *was* eigentlich seelische Wirklichkeit ist. Das heisst also: Seelische Wirklichkeit ist eigentlich dasjenige, wo sich *etwas ins Spiel bringt* (im Sinne Gadamers), wo *Sinn* sich gestaltet und ins Spiel bringt, der sich vormals schon ins Spiel gebracht hat.

Die Stellung der Psychologie zwischen Natur- und Geisteswissenschaften

Im Zusammenhang mit der Stellung der Psychologie zwischen Natur- und Geisteswissenschaften ist es nun sehr wichtig, zu sehen, dass auch die quantifizierenden und experimentellen Teile der Psychologie – die ja häufig und weltweit für das *allein* Wissenschaftliche gehalten werden – in ihren Ergebnissen der Deutung bedürfen. Sie bedürfen der Anwendung auf das *Sein* und die *Situation* des Menschen. Es geht also dabei auch um eine *Applikation* im Sinne von Gadamers Hermeneutik.

Weil die Psychologie gleichsam eine Zwischenstellung zwischen den Natur- und Geisteswissenschaften hat, wodurch sie von Anfang an, seit ihrer Entstehung als Einzelwissenschaft, bestimmt war, kann sie also auch ein spezifischer Zugang sein zu einer *Hermeneutik der Naturwissenschaften*. Auch eine Hermeneutik der Naturwissenschaften ist ja eine spezifische Aufgabe der philosophischen Hermeneutik.

Im Zusammenhang unseres Themas ist aber natürlich der *geisteswissenschaftliche* Anteil der Psychologie entscheidend. Diesen Anteil finde ich auch in der Psychoanalyse Sigmund Freuds sehr massgebend. Diese wird vor allem von Kritikern häufig als etwas Mechanistisches und Physikalistisches bezeichnet – oft sogar in der Absicht, einer geisteswissenschaftlichen Psychologie das Wort zu reden. Aber schon der Titel des Buches Traum*deutung* zeigt ja, dass es um *Sinn*zusammenhänge geht. Das hat Freud auch besonders betont, indem er sagt, dass Träume eben *sinnhafte* Gebilde sind. Auch Paul Ricœur hat das in seinem Buch über Freud deutlich gemacht, wo er "Sinn und Kraft" als die beiden massgebenden Vokabeln für das Verständnis Freuds bezeichnet.

Die Beziehung zur Psychologie Diltheys

Wie ist nun das Verhältnis der hier dargestellten Betrachtungsweise zu derjenigen Betrtachtungsweise zu sehen, die *Dilthey* in seinen berühmten "Ideen über eine beschreibende und zergliedernde Psychologie" dargestellt hat und die als "Verstehende Psychologie" noch in die "Allgemeine Psychopathologie" von Karl Jaspers hineingewirkt hat? Der Unterschied liegt, glaube ich, vor allem darin, dass für Dilthey die *Einheit und Ganzheit* des *Erlebens* und des *Lebens* das Primäre ist, für unsere hier dargestellte Betrachtungsweise aber eher die *Einheit und Verflechtung der Sinnzusammenhänge in sich selber* und ihr *Sich-Ereignen*.

Beziehung und Begegnung haben sich dabei als ein wesentliches Element für das Verständnis der Sinn-Zusammenhänge erwiesen. Anknupfend daran möchte ich darum zum Abschluss noch ganz kurz auf etwas eingehen, was mir besonders wichtig scheint im Zusammenhang unseres Themas "Psychologie und philosophische Hermeneutik": nämlich auf das Verhältnis von *Begegnung und Übertragung*.

Begegnung und Übertragung

Übertragung ist ja ein Begriff, den Freud entwickelt hat, um zu zeigen, dass wir in jeder Beziehung frühere Beziehungen auf die neuen Partner übertragen. Er hat das ursprünglich an der analytischen Situation gezeigt. Es gilt aber für das ganze Leben. Immer, wenn wir uns in einen Menschen verlieben, *schwingt* etwas aus der Vergangenheit mit, ebenso wie wenn wir ihn hassen.

Das ist ja eine Betrachtungsweise, die im äussersten Gegensatz zu derjenigen Bubers zu stehen scheint, wo es um die absolute *Unverfügbarkeit* des Du geht. Aber es gibt doch eine Beziehung zwischen beiden Betrachtungsweisen. Buber sagt: In jeder einzelnen menschlichen *Begegnung* begegnen wir dem *absoluten Du*, also eigentlich der Gottheit. Es gibt also doch in der Geschichte der Begegnungen gleichsam eine Übertragung der Begegnung mit dem Absoluten. Obwohl das auf einer ganz anderen Ebene liegt, gibt es doch einen geheimnisvollen hintergründigen Zusammenhang zwischen Übertragung und Begegnung in der Geschichte des Miteinanderseins.

Ein anderer Zusammenhang scheint mir ebenso wichtig: Freud geht es ja um das *Wiederaufnehmen* des Vergangenen im Jetzt und Hier. Es geht ihm um ein Aufarbeiten der Vergangenheit im Dienste der Therapie, das in der Übertragungssituation geschieht. Aber dieses Wiederaufnehmen hätte keinen Sinn, wenn nicht dabei das Wesentliche der Vergangenheit wieder ins Spiel käme, wenn es nicht zu einer eigentlichen und echten *Wieder-Holung* im Sinne Heideggers käme, denn darin gerade liegt letztlich das Heilende. Das zeigt sich auch in einer Äusserung, die Heidegger in der Vorlesung "Was heisst Denken?" gemacht hat. Dort sagte er: "Sie können nicht einen Menschen heilen, auch nicht mit der Psychotherapie, wenn Sie nicht zuvor sein Verhältnis zum Sein wiederherstellen". Damit möchte ich schliessen.

Literatur

Aristoteles, *De anima*, hrsg. von W.D.Ross, Oxford-Klassiker, Clarendon, Oxford 1963 (Die beiden zitierten Definitionen der Seele stehen in Buch 2, Kap. 1, 412 a 27 und Buch 3, Kap. 8, 431 b 20).
Binswanger, Ludwig, 'Traum und Existenz', in: *Ausgewählte Werke*, Bd 3, hrsg. von Max Herzog, Roland Asanger Verlag, Heidelberg 1994.
Boss, M., *Es träumte mir vergangene Nacht*, Huber, Bern 1975.
Buber, Martin, *Ich und Du*, Schneider / Lambert, Heidelberg 1983[11].
Dilthey, W., 'Ideen über eine beschreibende und zergliedernde Psychologie', in: "Ges. Schriften", Bd. 5, Vandenhoeck, Göttingen, 1982[7].
Freud, Sigmund, 'Die Traumdeutung',in: "Ges. Werke", Bd 2/3, Fischer, Frankfurt 1976[6].
Freud, Sigmund, 'Vorlesungen zur Einführung in die Psychoanalyse', in: "Ges. Werke", Bd 11, Fischer, Frankfurt 1979[7].
Gadamer, Hans-Georg, *Wahrheit und Methode*, Mohr, Tübingen 1975[4]. (Der angeführte Abschnitt über das Gespräch steht dort auf Seite 361).
Gogarten, Friedrich, *Der Mensch zwischen Gott und Welt*, Lambert / Schneider, Stuttgart 1967[4].
Hartmann, Nicolai, *Das Problem des geistigen Seins*, De Gruyter, Berlin 1962[3].
Heidegger, Martin, *Sein und Zeit*, Niemeyer, Tübingen 1979[15].

Heidegger, Martin, *Der Ursprung des Kunstwerkes*, Reclam TB Nr.8446/47, Stuttgart 1970.
Heidegger, Martin, *Was heisst Denken?*, Max Niemeyer, Tübingen 1971³. (Die zitierte Äusserung über die Psychotherapie war ein *mündlicher* Zusatz in der 9. Vorlesung im Wintersemester 51/52 in Freiburg).
Jaspers, Karl, *Allgemeine Psychopathologie*, Springer, Berlin 1973⁹.
Jung, Carl Gustav, 'Die Beziehungen zwischen dem Ich und dem Unbewussten', in: "Ges. Werke", Bd 7, Walter, Olten 1989⁴.
Jung, Carl Gustav, 'Psychologie und Religion', in: *Ges. Werke*, Bd 11, Walter, Olten 1989⁵.
Klages, Ludwig, *Handschrift und Charakter*, Bouvier, Bonn 1989²⁹.
Otto, Rudolf, *Das Heilige*, 48. Tsd, Becksche Reihe Bd 328, München 1991.
Pevsner, Nikolaus, *Europäische Architektur*, Prestel, München 1963.
Ricœur, Paul, *Die Interpretation. Ein Versuch über Freud*, Suhrkamp, Frankfurt 1976.
Ricœur, Paul, 'Existenz und Hermeneutik'; 'Das hermeneutische und das semantische Problem des Doppelsinns'; 'Die Struktur, das Wort und das Ereignis', alle in: *Hermeneutik und Strukturalismus. Der Konflikt der Interpretationen I*, Kösel, München 1973.
Ricœur, Paul, *Vielfältige Fremdheiten*, Vortrag am 21.9.1994 in Halle an der Saale auf dem Kongress "Fremdheit und Vertrautheit. Hermeneutik im europäischen Kontext".
Schelling, Walter A., *Sprache, Bedeutung und Wunsch. Beiträge zur psychologischen Hermeneutik*, Duncker und Humblot, Berlin 1978.
Schleiermacher, Friedrich, *Über die Religion*, Philosophische Bibliothek, Bd 255, Meiner, Hamburg 1970.
v.Uslar, Detlev, *Der Traum als Welt. Sein und Deutung des Traums*, Hirzel, Stuttgart 1990³.
v.Uslar, Detlev, *Psychologie der Religion*, Classen, Zürich 1978.
v.Uslar, Detlev, *Sein und Deutung*, Hirzel, Stuttgart: Bd 1, Grundfragen der Psychologie, 1992³; Bd 2, Das Bild des Menschen in der Psychologie, 1992²; Bd 3, Mensch und Sein, 1991; Bd 4, Traum, Begegnung, Deutung, 1994.
Whinney, Margaret, *Wren*, Thames and Hudson, London 1971.

GIULIANO CRIFÒ, Roma

EMILIO BETTI UND DIE JURISTISCHE HERMENEUTIK

1. Einleitung

Die jüngst erfolgte Publikation einer Reihe von *Beiträgen zur Hermeneutik aus Italien* beabsichtigt, über alle relevanten theoretischen Positionen der Hermeneutikdebatte in Italien seit den sechziger Jahren Rechenschaft zu geben.[1] Der Herausgeber, F. Bianco, erkennt den Ausgangspunkt und die Einführung dieser besonders intensiven Debatte in der monumentalen *Teoria generale dell'interpretazione* von Emilio Betti.[2] Im Rahmen einer kurzen Darstellung der Entwicklung des Werkes Bettis zeigt er die Zugänglichkeit des zeitgenössischen italienischen Denkens für die Hermeneutikdiskussion auf, weist auf den Vorrang der Gadamerschen Auffassung hin, betont die Aktualität einer Rückkehr zu Betti und zu dessen Problemstellungen (zuletzt über Ricœur) und erklärt, daß der Sammelband daher eigentlich mit Betti hätte beginnen müssen. Nur deswegen habe er darauf verzichtet, weil das Denken des italienischen Juristen seit geraumer Zeit bekannt und dem deutschen Leser leicht zugänglich sei.

Freilich ist es nicht erforderlich, das internationale Ansehen Bettis hervorzuheben.[3] Es wird jedoch von Nutzen sein, darauf hinzuweisen, daß er 1948 als Antrittsvorlesung zum zivilrechtlichen Kurs über die Auslegung des Gesetzes und der Rechtshandlungen, die 'categorie civilistiche dell'interpretazione'[4] und, nach einer Reihe anderer Studien,[5] das

---

[1] Alber Verlag, Freiburg-München 1993.
[2] I-II, Giuffré Verlag, Milano 1955; 2. erw. Aufl. hrsg. von G. Crifò, Milano 1990.
[3] S. zuletzt: M. Stolleis (Hrsg.), *Juristen. Ein biographisches Lexicon. Von der Antike bis zum 20. Jahrhundert*, C. H. Beck Verlag, München 1995, 84 f.
[4] "Riv. it. sc. Giur.", 55, 1948, 34 ff., jetzt in E. Betti, *Interpretazione della legge e degli atti giuridici (teoria generale e dogmatica)*, hrsg. von G. Crifò, Giuffré Verlag, Milano 1971², 1 ff.
[5] *Ergänzende Rechtsfortbildung als Aufgabe der richterlichen Gesetzesauslegung*, "Festschr. L. Raape", Hamburg 1948, 379 ff.; 'Posizione dello spirito rispetto all'oggettività', "RIFD" 26, 1949, 1 ff.; *Interpretazione della legge*, Giuffré Verlag, Milano 1949; 'Jurisprudenz und Rechtsgeschichte vor dem Problem der Auslegung', "ARSPh." 40, 1952-53, 354 ff.;

Hermeneutische Manifest (Zur Grundlegung einer allgemeinen Auslegungslehre)[6] veröffentlicht hatte. Daraus wird die *Teoria generale dell'interpretazione* entstehen. In Folge werden, abgesehen von anderen Beiträgen, 1962 *Die Hermeneutik als allgemeine Methodik der Geisteswissenschaften: Zugleich ein Beitrag zum Unterschied zwischen Auslegung und Sinngebung*[7] erscheinen und 1967 die *Allgemeine Auslegungslehre als Methodik der Geisteswissenschaften,*[8] eine selbstverfaßte, um ein Drittel gegenüber dem italienischen Original reduzierte, deutsche Übersetzung der *Teoria generale*. Die Salzburger Tagung von 1968 *Hermeneutik als Weg heutiger Wissenschaft*[9] hatte Bettis Werk, welches schon damals zu den Klassikern der allgemeinen Hermeneutik und der Rechtsauslegungslehre zählte,[10] ins Zentrum der Reflexion gerückt. Damit wurde eine bedeutende Diskussion mit dem Autor eingeleitet, der, obwohl schwer erkrankt, an ihr teilnahm. Tatsächlich starb Betti zwei Monate nach der Rückkehr aus Salzburg. Dieser Umstand erklärt zum Teil die Verspätungen, Mißverständnisse, Verzerrungen, die es im Laufe der weiteren Rezeption seines hermeneutischen Denkens gab; diese gestaltete sich in reduktiver Weise, indem Bettis Denken lediglich in den Zusammenhang der Auseinandersetzung mit Gadamer gebracht und generell auf die alleinige Lektüre der *Hermeneutik als allgemeine Methodik der Geisteswissenschaften* gestützt wurde, wenn diese nicht sogar gänzlich ignoriert, wie etwa selbst im Falle des Einführungsdokuments zu unserer Tagung (vgl. unten, § 5).

Es nützt zunächst klarzustellen, daß die kritische Rezeption Bettis – zumal wenn sie begrenzt und verzerrt ist, bzw. ganz ausbleibt – auch mit einer Reihe von Mißverständnissen zusammenhängt, die man jedoch leicht überwinden kann. Voraussetzung ist allerdings, daß man Bettis Würdigung nicht lediglich auf die Auseinandersetzung mit Gadamer und Bultmann reduziert, sondern die 1000 Seiten der *Teoria generale dell'interpretazione* in der Originalausgabe – ergänzt durch die Lektüre

'*Probleme der Übersetzung und der nachbildenden Auslegung*', "DtsVJLittWGG" 27, 1953, 489 ff.

[6] "Festschr. E. Rabel", II, Tübingen 1954, 79 ff. (seit 1988 eigenständige Ausg. beim J. C. B. Mohr Verlag, mit einem Nachwort von H.G. Gadamer).

[7] J. C. B. Mohr Verlag (Siebeck), Tübingen 1962, spätere Ausgaben und it. Übersetzung. *L'ermeneutica come metodica generale delle scienze dello spirito*, hrsg. von G. Mura, Città Nuova Verlag, Roma 1987 und weitere Ausgaben.

[8] J. C. B. Mohr Verlag (Siebeck), Tübingen 1967.

[9] München 1971.

[10] N. Henrichs, *Bibliographie der Hermeneutik und ihrer Anwendungsbereiche seit Schleiermacher*, Düsseldorf 1968.

des vorangegangenen Buches über die Auslegung des Gesetzes und der Rechtshandlungen aus dem Jahre 1949 – vollständig liest, daß man die Genese der *Teoria generale dell'interpretazione* miteinbezieht, die zwar 1955 veröffentlicht wurde, jedoch als Ergebnis einer kontinuierlichen, seit den 20er Jahren andauernden Reflexion über das Thema anzusehen ist,[11] und daß man berücksichtigt, daß Bettis Untersuchung, auf einer sehr breiten philosophischen und humanistischen Bildung ruhend, sich um die Probleme des Rechts und der Methode entfaltet.

Das Ignorieren oder Vernachlässigen dieser Punkte versperrt jegliche korrekte Würdigung. Ich vertiefe jedoch jetzt die Frage nicht, sondern gestatte mir, auf die von mir bereits anderswo dargebotene umfangreiche Bibliographie[12] zu verweisen und hier lediglich ein konkretes Beispiel zur Bekräftigung des Erfordernisses einer integralen Lektüre unter die Lupe zu nehmen. In § 31 der *Teoria generale dell'interpretazione*, wo die Beziehung zwischen Technik und innerer Form in der Geschichte des Denkens und des Handelns untersucht wird, widmet Betti sich auf vielen Seiten (446-463) dem Begriff der inneren Form. Sie bilden eine nützliche Grundlage für die hermeneutische Überprüfung einer Reihe von Phänomenen und Problemen. Dies alles ist in der *Allgemeinen Auslegungslehre* von 1967, gewiß in der Überzeugung, daß dem deutschen Leser die Arbeit von Schwinger geläufig sei, weggelassen worden. Auf diese Weise sind jedoch auch die weiteren persönlichen Bemerkungen Bettis bei seiner engagierten Lektüre jener Arbeit verschwunden.

In dem knappen Rahmen meines Beitrages möchte ich nun
a) den grundlegenden Charakter des rechtswissenschaftlichen Diskurses zur Grundlegung einer allgemeinen Auslegungslehre erneut hervorheben;
b) die Genese von Bettis Theorie beleuchten;
c) auf die daraus folgenden Elemente hinweisen, die für eine kritische Würdigung des Einführungsdokuments zu unserer Tagung von Bedeutung sind.

---

[11] Vgl. mein 'Sulla genesi della Teoria generale dell'interpretazione (un diario e altri inediti)', in: V. Frosini und F. Riccobono (Hrsg.), *L'ermeneutica giuridica di Emilio Betti*, Giuffrè Verlag, Milano 1994, 47 ff.

[12] In:"BIDR" 70, 1967, 293 ff.; "Quad. fior. st. pens. giur. mod." 7, 1978, 165 ff.; V. Rizzo (Hrsg.), *Emilio Betti e l'interpretazione*, Napoli 1991, 21 ff.; Einleitung zu E. Betti *Diritto Metodo Ermeneutica*, Giuffrè Verlag, Milano 1991 und vgl. die vorherige Anm. S. für eine reichhaltige und aktualisierte Bibliographie der Werke Bettis und des sie behandelnden Schrifttums C. Danani, *La questione dell'oggettività nell'ermeneutica di Emilio Betti* (Dissertation betr. von F. Totaro), 1993/94 [= Vita e pensiero Verlag, Milano 1998].

2. Über die rechtswissenschaftliche Interpretation

Es ist zunächst erforderlich, einen kurzen Überblick vorauszuschicken über das, was seit Savigny unter rechtswissenschaftlicher Interpretation verstanden wurde. In der ideellen Voraussetzung der fehlenden Unterscheidung zwischen der Auslegung des Gesetzes und aller anderen Gedankenäußerungen hatte Savigny bereits versucht, die schulischen Elemente solch einer Auslegungslehre zu fixieren, nämlich: das philologische oder grammatikalische Element, das logische Element, das historische Element und das systematische Element, freilich nicht als auf vier verschiedene Auslegungsarten bezogen, sondern als Momente eines einzigen Auslegungsprozesses. Aber – in Anbetracht dessen, daß das erste Element in der "Erklärung der vom Gesetzgeber gebrauchten Sprachregelungen" besteht, das zweite die logischen Beziehungen der einzelnen Teile untereinander betrifft, das dritte auf die historische Tradition verweist, das vierte "sich auf den gesamten Zusammenhang bezieht, der alle Institutionen und alle Rechtsregeln in eine große Einheit schließt" – wird das gute Gelingen der Auslegung notwendigerweise von der Eingliederung des einzelnen Textes oder Gedankens in die Gesamtheit der historischen und dogmatischen Beziehungen abhängen. Man versteht dann die durch den großen Schüler Savignys, G. F. Puchta, vorgebrachte Anfechtung der herkömmlichen Lehre der juristischen Auslegung als Zusammenhang von Regeln bezüglich der Kritik und der Deutung von Texten samt ihrer handbuchmäßigen Unterscheidung zwischen schulischen, gerichtlichen und authentischen Interpretationen (die letzte ist vom Prinzip der Retroaktivität des Auslegungskriteriums bestimmt) und gesetzlichen Regelungen der Auslegung, *analogia legis, analogia iuris*. Für Puchta nämlich macht die juristische Hermeneutik die ganze Rechtswissenschaft aus. Erst Windscheid wird behaupten, daß die Auslegung "nicht so sehr eine Wissenschaft, die man lehren kann, als eine Kunst, die man lernen muß," sei. Jedenfalls weist er verstärkt auf die grammatikalische und logische Interpretation und auf die entsprechenden interpretatorischen Mittel hin und darüber hinaus auf die Idee, daß je bedeutsamer die interpretative Aufgabe, umso weniger deutlich der Inhalt des zu verkündenden Rechts sei; außerdem hebt er den Umstand hervor, daß Interpretationsobjekt nicht nur das Gesetzesrecht, sondern auch das Gewohnheitsrecht sei, und verleiht der Überzeugung Ausdruck, daß echte Interpretation weder die authentische noch die gebräuchliche, sondern diejenige sei, welche aufgrund freier Erforschung auslege. Eine Deutung aufgrund rechtlicher Normen sei nämlich (sagt

Windscheid) "Festsetzung neuen Rechts". Insbesondere sei es bezüglich einer Gesetzesbestimmung erforderlich, so vollständig wie möglich in den Geist des Gesetzgebers einzudringen und den unklaren Gesetzesausdruck in seinem "wahren" Sinn zu erfassen, indem man das berücksichtigen solle, was der Gesetzgeber habe ausdrücken wollen und man darin den "realen Willen" und das "wahre Denken" identifiziere. Es handelt sich hier um eine alte Lehre, die seit geraumer Zeit kritisiert und in engere Grenzen verwiesen worden ist. An diesem Revisionsprozeß waren viele Juristen beteiligt; unter ihnen gebührt Betti das Verdienst, die Frage philosophisch erneut durchdacht zu haben und außerdem durch dieses erneute Denken zur Erarbeitung einer allgemeinen Auslegungslehre gelangt zu sein.

3. Bettis Denken

Betti hat geklärt,[13] daß "a intendere il senso della legge (ma qui occorre parlare più genericamente di norma) è indispensabile tener presente: 1) la logica della *lingua* (o del comportamento in caso di norme consuetudinarie); 2) la logica della *materia disciplinata,* desunta dalla natura economico-sociale dei rapporti regolati; 3) la logica del *diritto,* ossia del trattamento giuridico come tale, nel suo duplice momento sistematico e teleologico." Er fährt mit der Behauptung fort, daß jedem dieser drei Aspekte eine ideale Phase des Interpretationsprozesses des Gesetzes entspreche, weswegen man in solch einem Prozeß während der präliminaren und vorbereitenden Phase eine erkennende Auslegung anwende (und zwar eine philologische für die Logik der Sprache, eine psychologische und historische für die Logik des Gewohnheitsverhaltens, eine historische und technische für die Logik der geregelten Materie). Außerdem aber, da es darum gehe, Stellung zu beziehen und eine Entscheidungsmaxime oder eine Handlungsanweisung zu wählen, d.h. da es sich um eine normative Auslegung handle, müsse die Gesetzesinterpretation dahin streben, die Logik des Rechts, um dessen Anwendung es gehe, in Hinblick auf die Totalität der Rechtsordnung und daher auf die Kohärenz der betreffenden Norm mit anderen Normen und mit den allgemeinen Prinzipien und außerdem auf das durch sie gelöste praktische Problem sowie auf die sozialen Auswirkungen der Einschätzung der getroffenen Lösung zu verstehen. Schließlich präzisiert

---

[13] *Interpretazione della legge* ("Interpretazione"), 273.

er, daß es sich um Momente eines unteilbaren Prozesses handle, der sein Ziel nicht erreiche, wenn er sich nicht in seiner Gesamtheit entfalten könne, und der ein Verstehen auslöse, das zunächst provisorisch und ungefähr sei und sich erst nach und nach vervollkommne, indem man das schon erreichte, provisorische Ergebnis korrigiere, integriere und kontrolliere mit der Möglichkeit, die Bedeutung der gesetzlichen Formulierung zu begrenzen oder zu erweitern oder deren Idee zu vervollständigen durch Erweiterungen, Prazisierungen u.s.w.[14]

Daraus folgt Bettis Kritik der "Methoden" und der "Ergebnisse" der Auslegung und insbesondere des Vorurteils zugunsten der wortwörtlichen Interpretation, in der Absicht, die Rechtslogik im Licht dessen zu idealisieren, was nach Bettis Hinweis[15] Husserl *(Form. u. transz. Logik* § 107) den "radikale(n) Unterschied zwischen hyletischen Daten und intentionalen Funktionen" nennt. Hinzuzufügen ist die Kritik des 'pregiudizio logicistico contro il momento teleologico' d.h. der Beschränkung der Rechtslogik auf eine bloß formale Logik der einzelnen Gesetzesbestimmungen[16] – und des Grundsatzes *'in claris non fit interpretatio'* (die Klarheit ist nicht Voraussetzung, sondern Ergebnis des Auslegungsprozesses) und außerdem – im Rahmen einer anti-psychologistischen Auffassung des Gesetzes (d.h. jeder Quelle von Rechtsnormen, die innerhalb einer Rechtsordnung in Kraft gesetzt worden sind)[17] – die Kritik des voluntaristischen Vorurteils, wonach das Gesetz als 'Willensbekundung' aufgefaßt wird.

Betti hat diesbezüglich entscheidende Argumente vorgebracht.[18] Z.B. der Sinn des Ausdrucks 'Absicht des Gesetzgebers', in Bezug gesetzt zum Ausdruck 'gemeinsame Absicht der Parteien',[19] läßt deutlich den hermeneutischen Unterschied erkennen: die Auslegung der Gesetzesbestimmung, da diese "inquadrata nell'intero sistema dell'ordine giuridico e questo a sua volta (inserito) nell'ethos della società in cui vive, nel suo ambiente storico e sociologico" sei, "non può non essere orientata in senso evolutivo verso l'avvenire". Im Blick auf ein Rechtsgeschäft dagegen bleibe die Auslegung "sempre legata al processo genetico dell'atto e orientata in senso retrospettivo".[20]

[14] "Interpretazione", 276.
[15] "Interpretazione", 280 Anm. 58.
[16] "Interpretazione", 283 ff.
[17] "Interpretazione", 261.
[18] "Interpretazione", 165 ff., 261 ff. Vgl. Betti, *Teoria generale del negozio giuridico*, verb. Wiederabdruck hrsg. von G. Crifò, Napoli 1994², 54 ff.
[19] Beide Ausdrücke ('intenzione del legislatore' und 'comune intenzione delle parti') sind in Art. 12 der Einführungsbestimmungen zum italienischen Codice civile und in art. 1362 desselben enthalten.
[20] "Interpretazione", 252, vgl. 265.

Ich habe auf diesen – in Bettis Denken zentralen – Punkten beharrt, weil sie nicht von einer reinen theoretischen Spekulation, sondern von jener konkreten Verifizierung der rechtlichen Phänomenologie abhängen, die das Werk eines Lehrers des Zivilrechts, des Prozeßrechts, des Völkerrechts – wie es Betti war –, sowohl in bezug auf das geltende als auch auf das historische und nicht mehr geltende Recht, insbesondere das römische und das Gemeinrecht, ausmacht. Die Sache ist von Bedeutung, da, laut Betti, gerade in der geschichtlichen Erfahrung des römischen Rechts "sono stati scoperti per la prima volta" und, nach Jhering, haben die "*canoni* ermeneutici *fondamentali*" ihr historisches Auftauchen erlebt, "che, elaborati dapprima come categorie del diritto civile romano, vennero in prosieguo riconosciuti idonei a governare l'interpretazione anche in altri rami e, più giustamente, sono stati, in età recente, attribuiti alla teoria generale dell'interpretazione".[21] Es handelt sich – wie bekannt – um die Kanones der hermeneutischen Autonomie oder der Immanenz der hermeneutischen Betrachtung ("la forma rappresentativa deve essere intesa nella sua autonomia, secondo la propria legge di formazione, secondo una sua interiore necessità, coerenza e razionalità"); um den Kanon der Totalität und Kohärenz der hermeneutischen Betrachtung ("ogni opera espressiva si può e si deve considerare a sua volta come una parte da subordinare e da inquadrare in una totalità più elevata e comprensiva ... sia in riferimento soggettivo alla vita dell'autore ... sia in riferimento oggettivo alla sfera di spiritualità cui l'opera appartiene"); um den Kanon der Aktualität des Verstehens ("l'interprete è chiamato a ripercorrere in se stesso il processo creativo e così a rivivere dal di dentro e a risolvere ogni volta nella propria attualità un pensiero, un'esperienza di vita che appartiene al passato, vale a dire a immetterlo come fatto di esperienza propria, attraverso una specie di trasformazione, nel circolo della propria vita spirituale ... grazie a uno specifico interesse a intendere"); um den Kanon der Adäquatheit des Verstehens, d.h. der hermeneutischen Entsprechung oder Konsonanz ("l'interprete deve sforzarsi di mettere la propria vivente attualità in intima adesione e armonia con l'incitamento che gli perviene dall'oggetto").

Die römischen Formulierungen solcher Kanones – welche aus der klassischen rhetorischdialektischen Kultur entsprungen und durch die Jurisprudenz kräftig benutzt, später ins justinianische *Corpus iuris* aufgenommen worden waren – sind das Gerüst der späteren Entwicklungen des Rechts geworden. Auf diese Art hat sich ein harter Kern des

---

[21] "Interpretazione", 13.

Denkens gebildet, dessen Etablierung als autonome Wissenschaft gewiß ein Phänomen der Distanz zwischen Recht und anderen sozialen Wissenschaften begünstigt hat. Die Folge ist, daß in den Geschichten der Hermeneutik, auch in den jüngsten, überhaupt nicht davon die Rede ist.[22] Und wenn auch andere Geschichten der Hermeneutik – dank der Bettischen Lehre sowohl ganz allgemein, als auch wegen der spezifischen Aufwertung von Vico, die er darin vornimmt, – sich der Anerkennung der Zentralität der juristischen Hermeneutik in der allgemeinen Entwicklung des hermeneutischen Denkens aufgeschlossen haben, wird trotzdem die juristische Hermeneutik an den Rand gedrängt. Sie wird auf ihre technischen Momente begrenzt und man spricht ihr "una piena consapevolezza filosofica"[23] ab. Sollte man jedoch vielleicht vergessen haben, daß das Recht auch eine praktische Philosophie ist?

4. Diritto e ermeneutica

Unter all diesen Voraussetzungen bleibt darzulegen, in welchem Sinne diese Rede über das Recht wesentlich für Bettis Erarbeitung einer allgemeinen Auslegungslehre ist. Hier sollte man hervorheben, daß diesbezüglich keine reelle Übereinstimmung zwischen Betti und Gadamer existiert. Dieser spricht, wie wir oben gesehen haben, von 'significato esemplare dell'ermeneutica giuridica'[24] und behauptet – in Hinblick auf das Studium der hinsichtlich des gleichen juristischen Textes durch den Historiker und durch den Juristen angenommenen Haltung –, sich auf die "exzellenten Arbeiten von Betti"[25] zu stützen.

Freilich gibt er dessen Stellung nicht korrekt wieder, wenn er beteuert, daß "lo storico del diritto non ha nulla a che fare con l'aspetto

---

[22] G. Gusdorf, *Storia dell'ermeneutica*, it. Übersetzung, Laterza, Roma/Bari 1989, spricht bezeichnenderweise über den Literaturkritiker, den Philologen, den Historiker jeder Art Historie, den Psychologen, den Soziologen, aber nicht über den Juristen (S. 7) – und indem er Bettis *Teoria generale dell'interpretazione* zitiert (bezüglich der Bibliographie – S. 205, Anm. 1 –, bezüglich eines Cicero-Zitats – 304, Anm. 21 – und um herauszustellen, sie sei "certamente l'unico trattato a porre in tutta la sua ampiezza il problema dell'ermeneutica, quello cioè di risolvere qualsiasi problema comunicativo creando le condizioni possibili per la comprensione", behauptend, aber nicht erklärend warum, "senza riuscire peraltro a risolverlo" – S. 255 Anm. 2), scheint er sie nicht Emilio Betti, sondern seinem Bruder Ugo, dem bekannten Dramaturgen, zuzuschreiben.

[23] M. Ferraris, *Storia dell'ermeneutica*, Bompiani, Milano 1988, 46.

[24] *Verità e metodo*, it. Übersetzung hg. von G. Vattimo, Fabbri Verlag, Milano 1972, 376 ff.

[25] Ibid., 377.

dogmatico del lavoro giuridico. Come storico egli ha di fronte a sé l'obiettività storica, che deve cercare di cogliere nei suoi giusti rapporti interni, mentre il giurista, oltre a questa comprensione, deve fare un'opera di adattamento al presente".[26] In Wirklichkeit, nach Betti, kann auch der Rechtshistoriker nicht auf die Rechtsdogmatik verzichten,[27] aber solche Dogmatik bedeute nicht ein "riferimento all'attualità nel senso di 'applicazione' propugnato da Gadamer. Come ogni altro storico anche lo storico del diritto è tenuto a rispettare l'autonomia e la totalità del suo oggetto".[28] Es ist das technisch morphologische Wesen des Rechts, das die Dogmatik auch bei der rechtshistorischen Interpretation erfordert – es handelt sich nämlich um eine Historiographie zweiten Grades, in dem seinerzeit von Betti präzisierten Sinn – und es ist die normative Funktion des Rechts, die eine 'Applikation' erfordert. Es reiche diesbezüglich die jüngste Synthese Wieackers:[29] "Indes erfordert die Ausweitung des Begriffs 'Verstehen' in der gegenwärtigen theologischen und philosophischen Renaissance der Hermeneutik und ihrer Ausstrahlung auf die historischen Einzelwissenschaften eine Klarstellung. Im Gegensatz zu einer 'applikativen', d.h. auf ('existenzielle' oder auf praktische) Nutzanwendung gerichteten Hermeneutik – wie der Schriftauslegung für Verkündigung und Glaubenslehre oder der Gesetzesauslegung für die Entscheidung praktischer Rechtsfragen –, bleibt das Verstehen h i s t o r i s c h e r Rechtstexte durch den Rechtshistoriker immer k o n t e m p l a t i v ; d.h. es sucht in stetem Bewußtsein der historischen Distanz die empirische, individuelle Meinung des Texturhebers auf, ohne durch

"Verschmelzung der Horizonte des Textautors und des Interpreten (im Sinn des theologischen oder fundamental-ontologischen Verständnisses von 'Verstehen') den historischen Text preiszugeben oder auch nur seine weitere 'Wirkungsgeschichte' in den Interpretationsakt hineinzunehmen... Ist also die Rechtshistorie, soweit sie es mit dem sprachlichen Ausdruck menschlichen Erkennens und Wertens zu tun hat, wirklich eine hermeneutische Wissenschaft, so ist sie doch (solange sie historische Sachforschung bleibt) im herkömmlichen Verstand eine historische Auslegung,

---

[26] Ibid., 378.
[27] Das ist m.E. der Sinn der Veränderung in *Allgemeine Auslegungslehre* 613 ("Die eine geltendes *oder vergangenes* Recht betreffende Auslegung ist...") verglichen mit *Teoria generale dell'interpretazione* II, 801 ("L'interpretazione che interessa il diritto *ecc.*").
[28] S. *Diritto Metodo Ermeneutica* 585 und vgl. A. Argiroffi, *Valori, prassi, ermeneutica. Emilio Betti a confronto con Nicolai Hartmann e Hans Georg Gadamer*, Giappichelli Verlag, Torino 1994, 189 Anm. 168.
[29] Die sich explizit auf Betti stützt.

die sich als praktische Arbeitsvorschrift versteht, aber nicht als Paradigma einer theologischen oder philosophischen Vergewisserung der eigenen Existenz...".[30]

Die zentrale Stellung der juristischen Hermeneutik im Aufbau einer allgemeinen Auslegungslehre muß also anders begründet werden.

a) So banal es klingen mag, es darf nicht der entwicklungsgeschichtlich belegte Befund vernachlässigt werden, daß Betti ein philosophisch geschulter Historiker und Jurist war, der erst über die juristische Phänomenologie und die Reflexion über die Methode die hermeneutische Grundlegung der Geisteswissenschaften erlangte.

b) Die hermeneutischen Fragen gelangen in ihrer intrinsischen Vielseitigkeit, aber auch in ihrer effektiven Verwurzelung in den stets eine praktische Antwort verlangenden Fällen des Lebens, erst in der Tätigkeit der Juristen zum Zustand expliziten Bewußtseins. Dabei darf die historische Relativität dieser Tätigkeit nicht vergessen werden. Der römische Jurist ist weder Richter noch Gesetzgeber, jedoch schafft er Recht und weist auf die adäquate Entscheidung hin. Man soll also den ursprünglichen Kontext im Auge behalten und den tiefen, in den verschiedenen Phasen der Rechtsgeschichte festzustellenden Unterschieden Rechnung tragen.[31]

c) Umso gültiger wird also jene Überlegung sein, die sich auf den Augenblick des historisch auftauchenden Problembewußtseins stützt.

Freilich werden im Recht jene wesentlichen hermeneutischen Kriterien in ihrer ganzen Potentialität sichtbar, welche aufgrund einer langen Tradition wirksam geworden sind, die wiederum deren konstante Kontrolle, auch unter dem ethischen und politischen Profil, gestattet hat. Dank dieser Aspekte (Tradition, Kontrolle, ethisch-politisches Profil) hat man eine Vielzahl von Problemen, von der Polyvalenz der Bedeutung eines Textes bis zum Konflikt unter den Interpreten und zur Beziehung Frage-Antwort, lösen können.[32] Räumt man ein, daß es sich dabei um Probleme handelt, die für die gesamte 'durch Menschen erschaffene zivile Welt' Geltung beanspruchen, so wird man zu dem Schluß kommen dürfen, daß die juristische Hermeneutik das Hauptinstrument für die allgemeine hermeneutische Tätigkeit darstellt.

---

[30] *Römische Rechtsgeschichte* I, C. H. Beck Verlag, München 1988, 35f.

[31] Wieacker würde von der "Mannigfaltigkeit" der rechtsgeschichtlichen Forschungsgegenstände reden: *a. a. O.*, 31.

[32] Für weitere Überlegung s. mein *Problemi dell'interpretazione*, in *L'unità del diritto. Massimo Severo Giannini e la teoria giuridica* hg. von S. Cassese, G. Carcaterra, M. D'Alberti und A. Bixio, Il Mulino Verlag, Bologna 1994, 315 ff.

Die Tragweite dieses Schlusses könnte jedoch stark geschmälert erscheinen, wenn es nicht gelänge, einen spezifischen Einwand zu überwinden, der aus dem Inneren der Rechtswissenschaft vorgebracht wird. Ich beziehe mich auf jene Lehrmeinung, welche die Hypothese verschiedener spezifischer Hermeneutiken aufstellt, je nachdem, ob es sich um das Gesetz oder um andere, vielfältige 'Rechtsdokumente' handele. D.h., würde die Möglichkeit einer allgemeinen juristischen Hermeneutik fehlen, so würde man umso mehr die Begründbarkeit einer allgemeinen Auslegungslehre bestreiten wollen, von der die juristische lediglich eine Spezies wäre. Diese Meinung resultiert jedoch aus der Beschränkung der juristischen Analyse auf die Sprachanalyse, besonders der Gesetzessprache, und übersieht,[33] daß die Normen keine bloßen Aussagen von Werturteilen sind (und gewesen sind), die sich damit bescheiden, ein Wissen über die Synthese von Subjekt und Pradikät mitzuteilen, sondern Werkzeuge des Lebens für soziales Zusammensein bieten (und geboten haben). Gelten also die oben gegebenen Hinweise bezüglich der Aufgabe des interpretierenden Juristen (Logik der Sprache, Logik der geregelten Materie, Logik der juristischen Behandlung: oben 3) unter Berücksichtigung des grundlegenden Umstandes, daß die Bestimmung der Rechtsauslegung eine normative ist: "i testi da interpretare sono vincolanti, le loro enunciazioni pongono non solo la comune esigenza teoretica di essere intesi, ma inoltre anche un'esigenza pratica, di essere osservati ... L'autorità, l'efficacia vincolante, è insita nello stesso testo interpretato in quanto enuncia precetti, massime ... nel presupposto che il destinatario li riconosca come tali".[34] Noch konkreter,[35] "l'interpretazione che interessa il diritto[36] è un'attività volta a riconoscere e a ricostruire il significato da attribuire, nell'orbita di un ordine giuridico, a forme rappresentative, che sono fonti di valutazioni giuridiche (norme e precetti ad esse subordinati), o che di siffatte valutazioni costituiscono l'oggetto (dichiarazioni o comportamenti aventi rilevanza

---

[33] Vgl. *Teoria generale dell'interpretazione* II, 797, vgl. "Interpretazione", 267. Der (von mir hinzugefügte) Verweis auf vergangene Normen ist in bezug auf die Anm. 27 gedacht, vgl. auch Anm. 36.
[34] *Teoria generale dell'interpretazione* II, 791 f.
[35] Ibid., 801 ff.
[36] Zur Bestätigung der Präzisierung in Anm. 27 s. auch *Teoria generale dell'interpretazione* 809: normative Funktion in bezug auf das Ziel und nicht auf die rechtliche Wirksamkeit; dies ist selbstverständlich nicht mehr denkbar gegenüber einem nicht mehr geltenden Recht. Vgl. außerdem ibid., am Ende: "la destinazione normativa non è da intendere in senso pratico con riguardo ad un'immediata applicazione, bensì nel senso di un orientamento dei consociati al lume di quelle direttive".

giuridica)". Und hier[37] "interpretare non è soltanto tornare a conoscere una oggettivazione di pensiero in sé conchiusa, ma tornare a conoscerla, per integrarla e realizzarla nella vita di relazione", mit der Aufgabe "di mantenere sempre in vita, mediante l'intendere, le esigenze di un ordine dell'operare ... di conservare in perenne efficienza nella vita di una società norme, precetti e valutazioni normative, che sono destinate a regolarla."

5. Zusammenfassende Überlegungen

Infolge des bisher Gesagten sollte man zunächst das einleitende Dokument unserer Tagung grundlegend vervollständigen. Die eingangs aufgestellte Behauptung, daß die Hermeneutik lange als philologische Hilfsdisziplin angesehen worden sei, wird lediglich dann, wenn man die juristische Hermeneutik ausklammert, Geltung haben. Aber der historische Überblick, insofern er eine Würdigung der Bettischen hermeneutischen Lehre anstrebt, darf sich nicht nur darauf beschränken. So sollte man bei einer Tagung wie der unsrigen das berichtigen dürfen, was bezüglich der institutionellen Verankerung der neuen Disziplin im Universitätsbereich gesagt worden ist. Dies wurde auf die Jahre 60/70 und speziell auf den Vorschlag (1961) von G. Ebeling zur Gründung eines 'Instituts für Hermeneutik' in Zürich zurückgeführt. Hatte sich Ebeling in der Tat auf den einzigen ihm bekannten Vorläufer, auf das "Istituto di teoria dell'interpretazione presso l'Università di Roma, diretto dal giurista E. Betti" bezogen und sich für die Bibliographie – neben Wach, Gadamer, Fuchs, Staiger sowie sich selbst – auf Bettis *Teoria generale dell'interpretazione* berufen, so besteht kein Zweifel, daß er sich bei der Festlegung der institutionellen Aufgaben[38] auch darin vom expliziten Programm (Januar 1954) inspirieren ließ, welches Bettis Antrag auf Anerkennung eines 'Istituto di Teoria dell'interpretazione' begleitete,[39] gefolgt

---

[37] *Teoria generale dell'interpretazione* I, 803.

[38] Der Vorschlag G. Ebelings ist nun gewinnbringend wiedergegeben im Anhang bei P. Bühler, 'Was soll ein Institut für Hermeneutik? Horizont und Grenzen institutionalisierter Hermeneutik', in: *Hermeneutisches Bulletin*, hrsg. v. Institut für Hermeneutik der theologischen Fakultät Zürich anläßlich der Tagung in Halle, 14 ff.

[39] Vgl. *Teoria generale dell'interpretazione* XI-XII. Das Institut selbst hat seit 1986 wieder angefangen, voll zu funktionieren genauso wie das 'Istituto di teoria dell'interpretazione e di informatica giuridica' bei der Rechtsfakultät der Universität 'La Sapienza' in Rom, unter der Leitung von V. Frosini. Vgl. darüber V. Frosini, Einleitung zu Betti, *Teoria generale dell'interpretazione* (1990) V ff.; Ders., *Gesetzgebung und Auslegung*, Nomos Verlagsgesellschaft, Baden Baden 1995.

von der gleichzeitigen Aufnahme der Lehre des neuen Fachs, zunächst an der Fakultät für Jurisprudenz der Universitäten Rom und Camerino und später an vielen anderen italienischen und ausländischen Universitäten. Es lohnt sich, dieses hervorzuheben, denn die zurückhaltende Notiz anläßlich der Tagung[40] könnte dazu verleiten, Bettis Initiative dem bloßen Feld des Rechts zuzuschreiben, während sie Linguistik und Semiotik, Psychologie und Psychotechnik (Pädagogik), Philologie und Literaturgeschichte, Kunstgeschichte, logische Syntax der Sprache und Wissenschaftsgeschichte, Geschichte (historische Methodologie), Rechtsgeschichte, Geschichte der rechtlichen Dogmen und Lehrmeinungen, Soziologie (soziologische Methodologie) und Geschichte der ökonomischen und sozialen Formationen, Jurisprudenz *(hermeneutica iuris)*, vergleichendes Recht und privates Völkerrecht, Theologie und kanonisches Recht *(hermeneutica fidei)*, Methodik der Übersetzungen, dramaturgische und musikalische Interpretation einbegriff. Nicht weniger angebracht scheint hier die Bemerkung, daß an der Zunahme der hermeneutischen Literatur das Bettische Denken auch insofern teilhat, als Schriften von ihm neu aufgelegt oder übersetzt werden, Tagungen über ihn stattfinden, Monographien und Studien über sein Werk (gewiß besonders durch Juristen, aber auch durch Philosophen) veröffentlicht werden, spezifische Kapitel in den neuesten Geschichten der zeitgenössischen Philosophie sich mit ihm befassen.

Das einleitende Dokument zur Tagung betont außerdem die Notwendigkeit eines konstanten Bezugs zur Geschichte der Hermeneutik, der hermeneutischen Tradition, der Möglichkeit einer Rückkehr von der Ontologie zur Theorie der Erkenntnis und der Wissenschaft, der Notwendigkeit, sich jeglicher 'arroganter Forderung von absoluter Herrschaft' zu entziehen, der Beziehung zwischen Hermeneutik und Ethik. Im Blick auf solche Probleme sollte man z.B. mit N. Henrichs und mit Gadamer in Erinnerung rufen, daß Betti diesbezüglich eine eminente Rolle spielt, daß er z.B. Vico als Theoretiker der Interpretation aufgewertet hat und einem Schüler von ihm eine Arbeit über Genese und Geschichte der modernen Hermeneutik im Zusammenhang mit dem Humanismus zuzuschreiben ist. Genauso hervorzuheben sind hinsichtlich der Frage neuer theoretischer Objekte, die nicht mehr als Text verstanden werden können, der von Betti erarbeitete Begriff der 'repräsentativen Form' und seine regelrechte Antizipation von Stellungnahmen Ricœurs.[41] Was die Beziehung zwischen allgemeiner Hermeneutik und

---

[40] Vgl. Bühler, *a. a. O.*, 5 f.
[41] S. z.B. F. Bianco, 'La teoria dell'interpretazione di Emilio Betti nel dibattito ermeneutico contemporaneo', "Riv. Filos." 2, 1993, 304 ff.

speziellen Hermeneutiken betrifftt, richtet sich eine allgemeine Theorie wie die Bettis, da sie auf den harten Kern des Rechts und auf das daraus folgende bessere Verständnis der Grundlagen des Wirkungs- und Problemzusammenhanges gegründet ist, welche durch die Philologie und die Geschichte gegeben sind,[42] gegen Forderungen von absoluter Herrschaft und ist in ihrer Genese und ihrem Aufbau intrinsisch mit dem ethischen Problem verbunden. Andere haben auf den Umstand hingewiesen, daß Betti das Bedürfnis der aufmerksamen Betrachtung der Beziehungen zwischen Hermeneutik, Wissenschaftstheorie, Pragmatik und Semiotik gespürt und antizipiert hat: Ziel der *Teoria generale dell'interpretazione* ist, undurchlässige Trennungen zu überwinden um, nicht anders als Ricœur, die gegenseitige Implizierung zwischen theologischer und philosophischer Hermeneutik zu thematisieren. Bei ihr gestaltet sich außerdem als wesentlich die Beziehung zwischen Fremdheit und Familiarität, sowohl bezüglich der Übersetzung, der Wirkungsgeschichte, des Profils der Lebensformen als auch der Kritik auf theologischem Feld und der Modelle des hermeneutischen Verstehens auf dem Feld der Kulturwissenschaften, infolge der theoretischen Begründung des Vorzugs des Dialogs vor dem Monolog.

Die obigen Überlegungen sollten zur Integration der Fragestellung dieser Tagung dienen. Freilich, berücksichtigt man alle diese Überlegungen (und darüber hinaus andere, die nicht direkt das Thema dieses Kongresses betreffen), so scheint mir, daß die im einleitenden Dokument enthaltene Forderung einer 'hermeneutischen Kompetenz neuer Art', um den ethisch-politischen Fragen unserer Zeit zu begegnen, den Triumph der Bettischen Auffassung der hermeneutischen Frage proklamiert wie sie besonders im Schlußkapitel der *Teoria generale dell'interpretazione* zutage tritt. Trifft das zu, ergibt sich jedoch ein Problem.

---

[42] S. auch Crifò, Einleitung zu Betti, *Diritto Metodo Ermeneutica* VIII; *Sulla genesi* 47 ff.

Ronald Hitzler, Dortmund

VERSTEHEN VERFREMDEN

Hermeneutik in der deutschsprachigen Soziologie heute

I

Was eigentlich ist *das Besondere* am Problem des Verstehens in der Soziologie? Gegenüber den klassischen Textwissenschaften vor allem wohl dies: Soziologie ist *keine* Textwissenschaft bzw. kaum mehr als eben *alle* Wissenschaften immer *auch* Textwissenschaften sind.[1] Das, was dem Soziologen *normalerweise* begegnet, wenn er seinen Gegenstand aufsucht, ist *nicht* ein Text. Vielmehr stößt er vor allem und zunächst einmal auf soziale Praktiken – auch, und zwar in hohem Maße, auf *kommunikative* Praktiken – und auf *Artefakte* von Praktiken. Diese Artefakte können, müssen aber durchaus nicht, *Texte* (jedweder Art) sein. Aber auch Soziologen brauchen, um in kontrollierbarer Form interpretieren zu können, *mehr* als nur *flüchtige* Daten. Sie brauchen, wie alle anderen Interpreten auch, *geronnene*, fixierte, hin- und herwendbare, immer wieder in objektivierter Form vergegenwärtigbare Daten – vorzugsweise also doch *Texte*. Aber in der Regel müssen sie die Texte, die sie analysieren, erst selber produzieren bzw. produzieren lassen. Sie müssen *aufzeichnen*, was vor ihren Augen geschieht bzw. das, was ihnen zu Ohren kommt darüber, was geschieht, geschehen ist oder geschehen wird und von wem auch immer auf diese oder jene Art beurteilt, erklärt, hinterfragt, in Zweifel gezogen wird. Und sie müssen die Aufzeichnung, falls sie nicht *selber* schon Text ist, eben *vertexten*.[2]

René König[3] hat das *Interview* als den 'Königsweg' der Soziologie bezeichnet. Nun, jedenfalls ist das Interview das uns disziplinär wohl

[1] Thomas Luckmann, 'Zum hermeneutischen Problem der Handlungswissenschaften', in: Manfred Fuhrmann / Hans Robert Jauß / Wolfhart Pannenberg (Hrsg.), *Poetik und Hermeneutik IX*, München (Fink) 1981, 513-523.

[2] Peter Gross, 'Ist die Sozialwissenschaft eine Textwissenschaft?', in: Peter Winkler (Hrsg.), *Methoden der Analyse von Face-to-Face-Situationen*, Stuttgart (Metzler) 1981, 143-167.

[3] René König, 'Praktische Sozialforschung', in: ders. (Hrsg.), *Das Interview* (Praktische Sozialforschung I), Köln, Berlin (Kiepenheuer & Witsch) 1965, 13-33.

vertrauteste Verfahren der Datenerhebung. D.h., wir kennen ein ganzes Arsenal von unterschiedlichen Interviewformen bzw. –techniken. Diese reichen vom Einsatz sogenannter 'geschlossener' Fragen bis zum nonverbalen Erzählimpuls, ja neuerdings wird sogar das rein rezeptive Verhalten als spezifischer Interviewtyp deklariert.[4] Neben dem Interview sind in unserem Fach auch strukturierte und nichtstrukturierte, teilnehmende und nichtteilnehmende, offene und verdeckte Formen der *Beobachtung* zur Datenerhebung gebräuchlich. Gegenüber den diversen Techniken der *Dokumentenanalyse*, die es – jedenfalls in der Regel – mit schon vorhandenen Texten zu tun hat, müssen Interviews und Beobachtungen protokolliert und, falls die Protokolle *nicht* schon in Schriftform erfolgen, sondern etwa mittels audiovisueller Aufzeichnungsgeräte hergestellt wurden, *transkribiert* werden.[5]

In einem hermeneutisch verständigen Sinne interpretiert werden können tatsächlich erst die so in einem zumeist mehrstufigen Prozess produzierten Texte. Bei diesem Produktionsprozess tritt nun zwischen das, was Alfred Schütz[6] "Konstruktionen erster und zweiter Ordnung" genannt hat, also zwischen die Deutungen der wie auch immer untersuchten Subjekte hie und die Deutungen dieser Deutungen durch den Forscher da, eine dritte, oft unbemerkte oder jedenfalls unbeachtete Interpretationsebene: eben jene, welche ebenso zwangs- wie beiläufig bei der Transformation von Gesehenem und Gehörtem (ganz selten von Geschmecktem, Gerochenem, Ertastetem) in einen Text entsteht. Selbst die elaboriertesten und komplexesten, mithin die abbildgetreuesten Transkripte, wie sie in der Soziologie exemplarisch von Konversations- und Gattungsanalytikern hergestellt werden, sind somit unweigerlich *Interpretationen* der im nachmaligen Text im doppelten Wortsinn 'aufgehobenen' Sprechhandlungen. Da diese sozusagen 'naturwüchsige' Interpretation also nicht (gänzlich) zu vermeiden ist, ist sie zumindest so gut wie möglich zu kontrollieren und bei der weiteren Datenauswertung zu berücksichtigen.

---

[4] Gerard Kleining, *Qualitativ-heuristische Sozialforschung*, Hamburg-Harvestehude (Fechner) 1994.

[5] Vgl. Ronald Hitzler, / Anne Honer, Qualitative Methoden, in: Jürgen Kriz / Dieter Nohlen / Rainer-Olaf Schultze (Hrsg.), *Lexikon der Politik*, Band 2: Politikwissenschaftliche Methoden, München (Beck) 1994, 389-395.

[6] Z.B. Alfred Schütz, 'Wissenschaftliche Interpretation und Alltagsverständnis menschlichen Handelns', in: ders., *Gesammelte Aufsätze*, Band 1, Den Haag (Nijhoff) 1971, 3-54.

II

Soziologie ist somit zwar keine Text-Wissenschaft im engeren Sinne, aber sie ist eine im Hinblick auf die interpretative Arbeit gleichwohl *textbedürftige* Wissenschaft einerseits. Andererseits unterscheidet sich das Verstehensproblem, mit dem die Soziologie zu tun hat, aber *typischerweise* auch von dem solcher Nachbardisziplinen wie der Geschichtswissenschaft, der Ethnologie und in gewisser Weise sogar der Politikwissenschaft: Historiker und Ethnologen auf jeden Fall, Politologen zumindest in einem bestimmten Maß, haben das Problem, *Fremdes*, d.h. ihren eigenen kulturellen Gewohn- und Gewißheiten in aller Regel Un- bzw. nur sehr begrenzt Vertrautes, verstehen zu müssen. Soziologen hingegen haben es symptomatischerweise mit dem Alltagsgeschehen in ihrer *eigenen* Kultur zu tun, also mit in weiten Teilen scheinbar nur allzu Vertrautem.[7]

Nun wurden in jüngerer Zeit in unserem Fach zwei – einander durchaus ergänzende – Strategien entwickelt, reflexiv statt naiv mit dieser 'Nähe' des alltäglich Vor-Gedeuteten zu den auch dem Forscher selber eignenden Wissensbeständen umzugehen: die eine Strategie besteht im Prinzip darin, sich einen quasi-ethnologischen Blick auf die eigene Kultur anzugewöhnen, d.h., soziale Praktiken in den mannigfaltigen 'Sinnwelten' moderner Gesellschaften erst einmal so 'unverwandt' anzuschauen, als ginge es dabei um 'exotische' Sitten, Gebräuche, Rituale und Weltanschauungen.[8]

Was den *soziologischen* Ethnographen dabei vom ethnographisch arbeitenden *Ethnologen* bzw. Kulturanthropologen unterscheidet, das ist, daß der Soziologe in der Regel erst wiederlernen muß, daß er die 'Sprache des Feldes' tatsächlich *nicht* ohnehin und selbstverständlich beherrscht. Und das heißt: nur dann, wenn wir *nicht* davon ausgehen, daß alles, was uns nicht auf Anhieb außerordentlich befremdlich erscheint, damit auch schon unzweifelhaft verstanden ist, nur dann, wenn wir davon *nicht* ausgehen, wird ethnographisches Arbeiten *in der Soziologie* sinnvoll. Anders ausgedrückt: Soziologische Ethnographie muß sozusagen in nächster Nähe jene 'Fremde' zuerst überhaupt *entdecken*, die der ethnologische Ethnograph gemeinhin fast zwangsläufig

---

[7] Vgl. Ronald Gruner, 'Understanding in the Social Sciences and in History', in: *Inquiry* 10, 1967, 151-163.

[8] Vgl. dazu exemplarisch Anne Honer, *Lebensweltliche Ethnographie*, Wiesbaden (DUV) 1993; Hubert Knoblauch, *Die Welt der Wünschelrutengänger und Pendler*, Frankfurt a.M., (Campus) 1991.

'existentiell' erfährt, weil und indem seine alltäglichen Routinen 'im Feld' oft ziemlich brachial erschüttert werden. Soziologische Ethnographie muß 'die Fremde' aufsuchen *entgegen* der Gewißheit des 'Denkens-wie-üblich', des 'Und-so-weiter', der 'Vertauschbarkeit der Standpunkte', mit denen der gemeine Alltagsverstand (auch mancher Soziologen) alles zu okkupieren pflegt, was als einigermaßen vertraut oder auch nur bekannt in seinem Horizont erscheint. Soziologische Ethnographie muß, in voluntativer Abkehr von der Borniertheit, von der Arroganz der fraglosen 'Reziprozität der Perspektiven', stets damit rechnen, daß, ganz im Sinne von Bruckner und Finkielkraut,[9] 'das Abenteuer *gleich um die Ecke*' beginnt, und daß 'gleich um die Ecke' tatsächlich das *Abenteuer* beginnt.

III

Die andere Reflexions-Strategie betrifft den Versuch, methodisch kontrolliert in Texten implizierte Sinngehalte zutage zu fördern, die sich *nicht* (nur) auf das beschränken, was – nicht nur dem naiven Alltagsinterpreten, sondern auch einem Großteil der *nicht*-hermeneutisch arbeitenden Soziologen zufolge – ohnehin schon 'auf der Hand' zu liegen scheint. Dieser Versuch wird – und zwar tatsächlich insbesondere in der *deutschsprachigen* Soziologie – in vielerlei Formen und mit – zum Teil gänzlich – unterschiedlichen Frageinteressen unternommen. Will man trotzdem eine 'erste', d.h. ebenso simple wie grobe Klassifizierung vornehmen, dann bietet sich z.B. an, dies anhand des jeweils *dominierenden* Erkenntnis-Interesses zu tun. Besonders augenfällig erscheint dabei das Interesse an invarianten Strukturen des Kommunizierens selber einerseits und das Interesse an je kommunikativ präsentierten, impliziten Fallstrukturen andererseits.[10]

Der ersten Gruppe, den eher *sprechstrukturell* orientierten Hermeneutiken, zuzuordnen sind z.B. die Narrationsanalyse (Als ihr zentrales Erkenntnisinteresse ließe sich vielleicht formulieren: 'Wie bauen sich Erzählzwänge auf?'[11]), die Konversationsanalyse (Sie befaßt sich mit dem Problem: 'Welche Regeln werden beim Miteinander- Sprechen beachtet bzw. befolgt?'[12]), die Gattungsanalyse (Sie fragt: 'Welche

---

[9] Pascal Bruckner / Alain Finkielkraut, *Das Abenteuer gleich um die Ecke*, München, Wien (Hanser) 1981.

[10] Vgl. Honer, *Lebensweltliche Ethnographie*, 1993, S. 89-110.

[11] Vgl. z.B. Fritz Schütze, 'Zur soziologischen und linguistischen Analyse von Erzählungen', in: *Internationales Jahrbuch für Wissens- und Religionssoziologie*, Band X, Opladen (Westdeutscher) 1975, 7-39.

[12] Vgl. z.B. Harvey Sacks, *Lectures on conversation*, vol; I & II, Oxford (Blackwell) 1992.

Standardlösungen gibt es für typische Kommunikationsprobleme?'[13]), und *eventuell* eine soziologisch interessierte Rhetorikanalyse, die aber bislang noch kaum Konturen gewonnen hat.[14]

Zur zweiten Gruppe, den eher *fallstrukturell* orientierten Hermeneutiken (also zu den Hermeneutiken *im engeren Sinne*) gehören zunächst einmal die derzeit wohl prominenteste Version hermeneutischer Unternehmungen in der Soziologie, die sogenannte Objektive Hermeneutik (Ihre Grundfrage lautet in etwa: 'Was sind die – eine objektive Realität eigener Art repräsentierenden – latenten Sinnstrukturen eines Textes?'[15]) und die – teils mehr, teils weniger direkten – 'Ableger' der Objektiven Hermeneutik, also die Deutungsmusteranalyse (Sie ist daran interessiert, zu klären: 'Wie schlagen sich kollektive Weltdeutungsschemata latent in subjektiven Äußerungsformen nieder?'[16]), die Dokumentarische Methode (Ihr Problem ist: 'Inwiefern dokumentiert eine subjektive Äußerungsform objektive Sinnstrukturen?'[17]) und die kultursoziologische Bildhermeneutik (Sie befaßt sich mit der Übertragbarkeit von Methoden der Textinterpretation auf andere visuelle Zeichensysteme[18]).

Die von Ulrich Oevermann und anderen entwickelte sogenannte Objektive Hermeneutik (gelegentlich auch als 'Strukturhermeneutik' etikettiert) interessiert sich für 'á tergo', für sozusagen hinter dem Rücken der Akteure wirksame und sich in deren Handeln objektivierende, latente Sinnstrukturen. Diese latenten Sinnstrukturen werden dabei verstanden als eine Realität eigener Art, eine Realität – situativ

---

[13] Vgl. z.B. Jörg Bergmann / Thomas Luckmann, 'Reconstructive genres of everyday communication', in: Quasthoff, Uta (ed.), *Aspects of Oral Communication*, Berlin (de Gruyter) 1995, 289-304.

[14] Vgl. dazu Hubert Knoblauch, *Kommunikationskultur*, Berlin (de Gruyter) 1995.

[15] Vgl. z.B. Ulrich Oevermann, 'Die objektive Hermeneutik als unverzichtbare methodologische Grundlage für die Analse von Subjektivität', in: Thomas Jung / Stefan Müller-Doohm (Hrsg.), *'Wirklichkeit' im Deutungsprozeß*, Frankfurt a.M. (Suhrkamp) 1993, 106-189.

[16] Vgl. z.B. Christian Lüders, 'Deutungsmusteranalyse' in: Detlef Garz / Klaus Kraimer (Hrsg.), *Qualitativ-empirische Sozialforschung*, Opladen (Westdeutscher Verlag) 1991, 377-408; Michael Meuser / Reinhold Sackmann (Hrsg.), *Analyse sozialer Deutungsmuster. Beiträge zur empirischen Wissenssoziologie*, Pfaffenweiler (Centaurus) 1992.

[17] Vgl. z.B. Ralf Bohnsack, *Rekonstruktive Sozialforschung*, Opladen (Leske & Budrich) 1991.

[18] Vgl. z.B. Stefan Müller-Doohm, 'Visuelles Verstehen – Konzepte kultursoziologischer Bildhermeneutik', in: Thomas Jung / Stefan Müller-Doohm (Hrsg.), *'Wirklichkeit' im Deutungsprozeß*, Frankfurt a.M. Suhrkamp) 1993, 238-257; Felicitas Englisch, 'Bildanalyse in strukturalhermeneutischer Einstellung', in: Detlef Garz / Klaus Kraimer (Hrsg.), *Qualitativ-empirische Sozialforschung*, Opladen (Westdeutscher) 1991, 133-176.

und kontextuell möglicher – objektiver Bedeutungen, die unabhängig vom subjektiv repräsentierten Sinn der Handelnden rekonstruierbar sei. Der Begriff der 'latenten Sinnstrukturen' bezeichnet damit, kurz und sozusagen jenseits aller Deutungsmystifikationen gesagt, den Unterschied zwischen den Lesarten eines Textes seitens eines Beobachters hie und dem Selbstverständnis seitens derjenigen, die diesen Text produziert haben, da.

Der Lehre der Objektiven Hermeneutik zufolge aber existieren latente Sinnstrukturen, als nicht bewußte soziale Realität von Bedeutungsmöglichkeiten, nicht nur losgelöst von bewußter subjektiv-intentionaler Repräsentanz; sie brauchen als solche – d.h. in ihrer durch den Beobachter aufweisbaren Systematik – nicht einmal auf irgendeiner nicht-bewußten Ebene psychisch repräsentiert zu sein, müssen also nicht auf innerpsychische Vorgänge zurückgeführt werden können. Anders als bei im weitesten Sinne *phänomenologisch* orientierten Interpretationen, die auf den typisch gemeinten subjektiven Sinn abzielen, wird in der Objektiven Hermeneutik also gerade nicht das Subjekt als sinnkonstitutionsrelevant angesehen, sondern der latente Sinn wird als Resultat Objektiver Bedeutungsstrukturen betrachtet, die eben nicht aus subjektiven Bewußtseinsleistungen resultieren, sondern diese 'erzeugen'.[19]

IV

Demgegenüber basiert die sogenannte wissenssoziologische Hermeneutik (Grundfrage: 'Wie konstruieren Akteure einen ihre Einzelhandlungen übergreifenden, einheitlichen Sinn?'[20]) mit ihrer eher historisch-rekonstruktiven Variante, die eben insbesondere historisch-genetische Rekonstruktionsinteressen verfolgt, hie[21] und ihrer eher pragmatisch-strukturalen Variante, die sich mittels abduktiver Schlüsse um Strukturanalysen bemüht, da[22] wesentlich auf der Prämisse, daß man, um Handeln

---

[19] Vgl. kritisch dazu z.B. Jo Reichertz, 'Verstehende Soziologie ohne Subjekt? Die objektive Hermeneutik als Metaphysik der Strukturen', in: *Kölner Zeitschrift für Soziologie und Sozialpsychologie*, 40. Jg., 2, 1998, 207-222.

[20] Vgl. z.B. Hans-Georg Soeffner, *Auslegung des Alltags – Der Alltag der Auslegung*, Frankfurt a.M. (Suhrkamp) 1989; Norbert Schröer (Hrsg.), *Interpretative Sozialforschung. Auf dem Wege zu einer hermeneutischen Wissenssoziologie*, Opladen (Westdeutscher) 1994.

[21] Vgl. z.B. Hans-Georg Soeffner, *Die Ordnung der Rituale – Punk, Papst und Politik*, Frankfurt a.M. (Suhrkamp) 1992; Thomas Lau, *Dei heiligen Narren: Punk 1976-1986*, Berlin, New York (de Gruyter) 1992.

[22] Vgl. z.B. Jo Reichertz, *Aufklärungsarbeit*, Stuttgart (Enke) 1991; Norbert Schröer, *Der Kampf um Dominanz*, Berlin, New York (de Gruyter) 1992.

verstehen und erklären zu können, durchaus *nicht* auf subjektlose Strukturen rekurrieren muß, sondern 'nur' darauf, daß wir in einen historisch konkreten Interaktionsraum und in ein sprachlich repräsentiertes System sozialer Kategorien und Typisierungen hineingeboren sind. Eine weitere Grundannahme lautet, daß Menschen versuchen, ihrem Handeln einen einheitlichen Sinn zu geben, weil sie grundsätzlich bestrebt sind, mit sich selber eins zu sein, weil sie *ihre* Sichtweisen als Teil ihrer selbst betrachten. Diese Sinn-'Stiftung' ist, auch und gerade hinsichtlich ihrer *impliziten* bzw. latenten Strukturen, zu rekonstruieren.

Wissenssoziologische Hermeneutik meint somit ein Verstehen vermittels einem System typischer Konstruktionen, die logisch konsistent, prinzipiell subjektiv sinnhaft interpretierbar und sowohl der alltäglichen als auch der wissenschaftlichen Erfahrung adäquat zu sein haben. Diese Konstruktionen müssen also, wie Alfred Schütz[23] schreibt, so beschaffen sein, "daß ein Handelnder in der Lebenswelt dieses typisierte Handeln ausführen würde, falls er völlig klares und bestimmtes Wissen von allen Elementen und nur von diesen Elementen hätte, die der Sozialwissenschaftler als für sein Handeln relevant voraussetzt, und falls er die konstante Neigung hätte, die angemessensten zur Verfügung stehenden Mittel zur Erreichung seiner vermittels der Konstruktion definierten Zwecke einzusetzen". Denn daß dem Interpreten allenfalls eine *Annäherung* an den subjektiven Sinn eines anderen gelingt, ist evident: Zugänglich ist grundsätzlich *nicht* dessen Bewußtsein. Erfaßbar, aufzeichenbar und damit interpretierbar sind lediglich die intersubjektiv wahrnehmbaren – beabsichtigten wie unbeabsichtigten – *Realisationen*, nicht aber die *Intentionen* des Sich-Äußernden.

Verfahrenstechnisch geht es mithin darum, ideale Typen zu bilden, die ihrerseits (wieder) dazu dienen, konkrete, empirisch auffindbare Phänomene zu erklären und dadurch zu rekonstruieren, wie objektive Sinnzusammenhänge sich aus subjektiven Bewußtseinsleistungen bilden. D.h. es geht um den 'klassischen' Verstehensprozeß, der aus dem Hin-und-Her zwischen Struktur und Konkretionen resultiert und in der ständigen Erweiterung dieser Bewegung sowohl die Struktur als auch die Konkretionen in immer neuen Zusammenhängen sichtbar macht. Kurz: wissenssoziologische Hermeneutik ist die 'theoretische', die von der pragmatischen Hektik alltäglicher Relevanzen abgelöste Frage danach, wie die ständige Leistung, gesellschaftliche Ordnung zu

---

[23] Schütz, *Wissenschaftliche Interpretation*, 1971, S. 51.

konstruieren, von den sinnhaft handelnden Alltags-Akteuren eigentlich erbracht wird.[24]

Die wissenssoziologische Hermeneutik ist also zwar den in der Objektiven Hermeneutik geleisteten Vorarbeiten *verfahrenstechnisch* wohl noch in gewisser Weise verpflichtet, *erkenntnistheoretisch* hingegen basiert sie wesentlich auf der mundanphänomenologisch reflektierten Neueren Wissenssoziologie – und gewinnt dadurch ein immer deutlicheres, eigenständiges Profil.[25] Diesen beiden 'großen' Ansätzen gegenüber sind die auf Wilhelm Schapp zurückgehende Geschichten- bzw. Beispielhermeneutik[26] und die psychoanalytisch orientierte Tiefenhermeneutik[27] bislang zwar eher von lokaler Bedeutung. Gleichwohl sollten sie im Kanon der fallstrukturell interessierten Interpretationsansätze nicht vernachlässigt werden. Und last but not least werden gegenwärtig auch verstärkt Anschlüsse gesucht zwischen der deutschsprachigen Hermeneutik und den insbesondere in den USA vorangetriebenen Ansätzen der Diskursanalyse[28] und der Ethnographischen Semantik.[29]

V

All diese heterogenen Methodologien und Verfahrensvorschläge lassen sich – im Anschluß an Hans-Georg Soeffner – unter dem Etikett "Sozialwissenschaftliche Hermeneutik" versammeln.[30] So divergent ihre

---

[24] Vgl. Hans-Georg Soeffner / Ronald Hitzler, 'Qualitatives Vorgehen – 'Interpretation', in: *Enzyklopädie der Psychologie. Methodologische Grundlagen der Psychologie. Forschungsmethoden der Psychologie 1*, Göttingen, Bern, Toronto, Seattle (Hogrefe - Verlag für Psychologie) 1994, 98-136.

[25] Vgl. dazu Ronald Hitzler / Anne Honer, 'Hermeneutik aus Hagen – Ein Sammelbesprechungsessay', in: *Schweizerische Zeitschrift für Soziologie*, 20. Jg., 3, 1994a, 208-215.

[26] Vgl. z.B. Gerd Vonderach / Ruth Siebers : Ulrich Barr, *Arbeitslosigkeit und Lebensgeschichte*, Opladen (Leske & Budrich) 1992; Achim Hahn, *Erfahrung und Begriff. Zur Konzeption einer soziologischen Erfahrungswissenschaft als Beispielhermeneutik*, Frankfurt a.M. (Suhrkamp) 1994.

[27] Vgl. z.B. Hans-Dieter König, 'Methodologie und Methode tiefenhermeneutischer Kulturforschung in der Perspektive von Adornos Verständnis kritischer Theorie', in: ders. (Hrsg.), *Neue Versuche, Becketts 'Endspiel' zu verstehen*, Frankfurt a.M. (Suhrkamp) 1996, 314-387.

[28] Vgl. Reiner Keller, 'Diskursanalyse', in: Ronald Hitzler / Anne Honer (Hrsg.), *Sozialwissenschaftliche Hermeneutik*, Opladen (Leske & Budrich) 1997.

[29] Vgl. Achim Brosziewski / Christoph Maeder, 'Ethnographische Semantik: Ein Weg zum Verstehen von Zugehörigkeit', in: Ronald Hitzler / Anne Honer (Hrsg.), *Sozialwissenschaftliche Hermeneutik*, Opladen (Leske & Budrich) 1997.

[30] Vgl. Ronald Hitzler / Anne Honer (Hrsg.), *Sozialwissenschaftliche Hermeneutik*, Opladen (Leske & Budrich) 1997.

Verstehensansprüche auch gelagert und so unterschiedlich ihre interpretativen Reichweiten auch sein mögen: Was sie gegenüber eher schematisch arbeitenden 'qualitativen' Analysekonzepten im weiteren Sinne abgrenzt und damit m.E. zumindest soweit *eint*, daß es legitim ist, sie hier summarisch zu präsentieren, ist, daß sie darauf abzielen, methodisch kontrolliert durch den oberflächlichen Informationsgehalt des Textes hindurchzustoßen zu tieferliegenden (und in gewisser Weise 'latenten' bzw. 'verborgenen') Sinn- und Bedeutungsschichten und dabei diesen Rekonstruktionsvorgang intersubjektiv nachvollziehbar zu machen bzw. zu halten. (Das reflexive Grundproblem des sozialwissenschaftlichen Interpreten besteht also darin, für sich selbst und für andere durchsichtig zu machen, *wie* er das versteht, was er zu verstehen glaubt, und wie *er* das weiß, was er zu wissen meint.)

Im Verfolg dieses Grundanliegens weisen die Ansätze der Sozialwissenschaftlichen Hermeneutik (mindestens) noch zwei weitere Gemeinsamkeiten auf: sie basieren auf *Dummheit* und auf *Langsamkeit* – und zwar intendiertermaßen. Konkreter gesprochen: Sie basieren darauf, daß der Interpret sich gegenüber den ihm begegnenden Wissensbeständen, wie auch gegenüber seinen *eigenen* 'künstlich' dumm stellt, also so tut als kenne bzw. hätte er sie nicht, um so das infrage stehende Phänomen von seinen kulturellen Routinekonnotationen 'gereinigt', d.h. quasi 'neu' konstituieren zu können.[31] Und sie basieren darauf, daß sie das alltagsübliche kategoriale 'Schnell-Sortieren' von (vermeintlich 'klaren') Sachverhalten problematisieren, daß sie also die dem Alltagsverstehen inhärente 'Subsumptionslogik' suspendieren und ihrerseits hinterfragen und somit sozusagen reflexive 'Schwellen' in Deutungsprozesse einbauen – wodurch eben der Eigen-Sinn des jeweils infragestehenden Phänomens zum Vorschein gebracht wird.

Methodologisch ausgedrückt: Die Ansätze Sozialwissenschaftlicher Hermeneutik bauen dezidert *Zweifel* in den Prozeß des Verstehens ein: Zweifel an den Vor-Urteilen des Interpreten, Zweifel an subsumptiven Gewißheiten in Alltag und Wissenschaft und Zweifel schließlich auch an reduktionistischen Erklärungen. Ihr – ungeschriebenes – gemeinsames Programm besteht somit darin, rein theoretisch interessiert und mithin entlastet von Alltagsrelevanzen, dort mit systematischen Skrupeln anzusetzen, wo – nicht nur im Alltag, sondern auch in der konventionellen

---

[31] Vgl. dazu Ronald Hitzler, 'Dummheit als Methode', in: Detlef Garz / Klaus Kraime (Hrsg.), *Qualitativ-empirische Sozialforschung*, Opladen (Westdeutscher Verlag) 1991, 295-318.

sozialwissenschaftlichen Datenauswertung – interpretative Routinen herrschen, also dort den wissenschaftlichen Deutungsprozess aufzuklären und zu kontrollieren, wo herkömmlicherweise ganz selbstverständlich naive Auslegungsgewißheiten reproduziert werden.[32]

Durch 'künstliche Dummheit und Langsamkeit' verfremdet sozialwissenschaftliche Hermeneutik also absichtsvoll das zum größeren Teil kulturell hochgradig routinisierte, auf die pragmatischen Belange des gelebten Lebens abgestellte und ständig vielfältige Vorab-Gewißheiten applizierende Alltags-Verstehen – zum Zwecke nämlich der Aufklärung sozialer Praktiken über sich selber.[33] Der Nutzen methodisch kontrollierten Verstehens in der Soziologie liegt somit darin, auf die 'selbstverständlichen' *Strukturen* und *Funktionen* des Alltagswissens und des Alltagsverstandes aufmerksam zu machen bzw. diese offenzulegen. Damit dient sozialwissenschaftliches Verstehen – gelingenderweise – der Entzauberung gesellschaftlicher Wirklichkeitskonstruktionen.

VI

Wir begreifen Sozialwissenschaftliche Hermeneutik also weniger als Ergänzung, denn als Alternative zu allen nicht-verstehenden Richtungen in der Soziologie:[34] Ihr genereller Anspruch besteht durchaus nicht einfach darin, den Methodenkanon der Datenanalyse zu erweitern (womöglich gar nur im Sinne hypothesengenerierender Vor-Verfahren). Ihr Anspruch besteht vielmehr darin, die Grundoperationen sozialwissenschaftlicher Forschung *und* Theoriebildung schlechthin ihrer epistemologischen Naivität zu entkleiden, sie zu rekonstruieren und zu erhellen. D.h., 'zusammengehalten' werden die ansonsten durchaus divergenten Richtungen der Sozialwissenschaftlichen Hermeneutik durch das Prinzip, quasi-naturwüchsiges, alltägliches Verstehen methodisch zu problematisieren, theoretisch zu hinterfragen und epistemologisch zu reflektieren; kurz: durch das Prinzip, Verstehen zu *verfremden*.

---

[32] Vgl. nochmals Soeffner / Hitzler, *Qualitatives Vorgehen*, 1994.

[33] Vgl. Ronald Hitzler, 'Verstehen: Alltagspraxis und wissenschaftliches Programm', in: Thomas Jung / Stefan Müller-Doohm (Hrsg.), *'Wirklichkeit' im Deutungsprozeß*, Frankfurt a.M. (Suhrkamp) 1993, 223-240.

[34] Vgl. Ronald Hitzler / Anne Honer, 'Hermeneutik als kultursoziologische Alternative', in: *Kultursoziologie*, 1. Jg., 2, 1992, 15-23, und 3, 1992, 99-103.

KLAAS HUIZING, Würzburg

VOM ANBLICK DER TEXTE
DIE PHYSIOGNOMISCHE DIMENSION DER HERMENEUTIK

Wie vital ist die Hermeneutik?
Diese Frage klingt reichlich naiv, zumal auf einem Hermeneutikkongreß, der unterschwellig immer unter dem Dictum des Gründervaters der neueren philosophischen Hermeneutik, Hans-Georg Gadamer, steht, der das hermeneutische Problem ein universales und damit für jedes Zeitalter und jede neue wissenschaftliche M(eth)ode neu zu lösendes genannt hat.[1] Neuere Anfragen[2] an den Universalitätsanspruch der Hermeneutik konvergieren darin, gegen die Bevorzugung zeichentranszendenter Sinnstiftung die *Eigenwertigkeit* des Schriftphänomens anzuführen. Ich meine einmal die Forschung zum Verhältnis von Oralität und Literalität,[3] die

---

[1] Hans-Georg Gadamer, 'Die Universalität des hermeneutischen Problems', in: *Gesammelte Werke*, Tübingen 1985ff., Bd. 2, Hermeneutik II, 219ff. Gleichwohl: Die heutige inflationäre Verwendung des Begriffs ist eher Zeichen der Erschlaffung und nötigt zu einer Inventarisierung und Besinnung auf die Prämissen, die unterwegs selbstverständlich geworden sind und neu urgestiftet werden wollen. Nur so läßt sich auch die liebgewordene Geschichte, die man sich von der hermeneutischen Bewegung erzählt: von der psychologischen Hermeneutik Schleiermachers über Gadamers traditions-geschichtliche Neugründung steuere sie direkt auf ihre symbolisch-pragmatische Endstufe zu, notfalls umschreiben. Dieses Bild hat in seiner ausgezeichneten *Einführung in die philosophische Hermeneutik* Jean Grondin treffend übermalt (Darmstadt 1991).

[2] Häufig diskutiert wurde die Auseinandersetzung zwischen dem universalhermeneutischen Ansatz Gadamers und dem universalpragmatischen Ansatz von Jürgen Habermas, zuletzt bei Jean Grondin, *Einführung in die philosophische Hermeneutik*, Darmstadt 1991. Vgl. auch Jochen Hörisch, *Die Wut des Verstehens. Zur Kritik der Hermeneutik*, Frankfurt a.M. 1988.

[3] Vgl. Walter J. Ong, *Oralität und Literalität. Die Technologisierung des Wortes*, Opladen 1987. Bereits Gadamer notiert aber in *Wahrheit und Methode*, Tübingen 1975[4]: "Die neuere Forschung hat die romantischen Vorstellungen von der Mündlichkeit der epischen Poesie, etwa Homers, preisgegeben. Schriftlichkeit ist weit älter, als wir ehedem glaubten und scheint dem geistigen Element der Dichtung vom Ursprung her zugehörig." (S. 153).

die Bedeutung der Medien (Speicherungs- und Aufzeichnungstechnologien) für die Vitalität einer Kultur untersucht; die ungleich stärkere These vertritt die von der Phänomenologie ausgehende französische Schriftphilosophie, zunächst die Schule der Dekonstruktion,[4] die *bad boys* der Hermeneutik,[5] die in scheinbar antiplatonischer Geste[6] die Schrift zum Transzendental erheben, sodann die Schule der Alteritätsforschung, die das Jenseits der Hermeneutik[7] ausmißt.

Die hermeneutische Debatte *in philosophicis* hat sich inzwischen auch den non-verbalen Kommunikationsebenen eines Textes zugewandt und das bereits von Platon ausgemachte – jetzt aber neu entdeckte – "ehrwürdige Schweigen" der Texte interpretiert.[8] Ganz anders die theologische Hermeneutik.[9] Sie hat bisher auf diese Herausforderung durch die französische Philosophie kaum reagiert.[10] Dabei dürfte die Revision oder das Rewriting, das hier ansteht, ein kaum geringeres Ausmaß annehmen als in den anderen Wissenschaften, weil die Anfrage nach der Schrift und der ihr eigenen Medialität die Theologie vital betrifft. Ich möchte am Beispiel theologisch-literarischer Anthropologie die neuen Möglichkeiten, die sich für das protestantische Prinzip des "sola scriptura" jetzt bieten, konkretisieren.

---

[4] Jacques Derrida, *Grammatologie*. Aus dem Französischen von Hans-Jörg Rheinberger und Hanns Zischler, (Paris 1967) Frankfurt a.M. 1974.

[5] Richard Rorty zählt auch noch Derrida zur hermeneutischen Bewegung, in: *Spiegel der Natur. Eine Kritik der Philosophie*, übersetzt von Michael Gebauer, Frankfurt a.M. 1991, bes. 387ff.

[6] Vgl. die berüchtigte Schriftkritik Platons im "Phaidros" und im "VII. Brief".

[7] Emmanuel Levinas, 'Hermeneutik und Jenseits', in: *Wenn Gott ins Denken einfällt. Diskurse über die Betroffenheit von Transzendenz*, Freiburg, München 1985, 132-149. Auch die Alteritätsforschung Levinasscher Provenienz bleibt textuell vermittelt, weil die Erfahrung der Epiphanie des Anderen aus der Synthesis von Situation und Tradition gedeutet wird, hier: der contrapräsentischen und antilogozentrischen Tradition jüdischer Schriftkultur.

[8] Phaidros 275d; dazu: Günter Figal, 'Vom Schweigen der Texte. Zu einem hermeneutischen Begriff der Interpretation', in: *Für eine Philosophie von Freiheit und Streit*, Stuttgart, Weimar 1994, 7ff; vgl. jetzt ders.: *Der Sinn des Verstehens. Beiträge zur hermeneutischen Philosophie*, Stuttgart 1996.

[9] Ob die theologische Hermeneutik eine Regionalhermeneutik darstellt oder einen universalen Geltungsanspruch behaupten kann, wie Gerhard Ebeling unterstrichen hat, muß hier eingeklammert bleiben. Dazu: Gerhard Ebeling, *Wort und Glaube*, Bd. 1, Tübingen 1967[4], 430. "Theologische Sprache redet, in welcher Weise auch immer, was den Menschen in der ihn angehenden Wirklichkeit unbedingt angeht und letztlich trifft, ist also auf das bezogen, was *jeden* angeht, weil es mit seiner Existenz gegeben ist".

[10] Vgl. aber: Hermann Timm, 'Geistes Gegenwart – Prinzipien für eine Hermeneutik präsentischer Aussagen des Christseins', in: *Das Ästhetische Jahrzehnt*, Gütersloh 1990, 163-175.

Ein erster Teil inventarisiert die von Wolfgang Iser erarbeitete Begrifflichkeit. Ein zweiter Teil bietet im Rekurs auf die Kategorie des *Porträts* und des *Dramas* einen ersten Interpretationsvorschlag, wie die Eigenart des Schriftstücks "Evangelium" angemessen verstanden werden kann. Meine These lautet: Die Schrift hat ein die Leserin anmutendes Gesicht. Evangelien sind literarische Porträts, die den in den Text auferstandenen und inkarnierten Christus hautnah erlebbar machen. Grundbegriffe einer physiognomischen Hermeneutik wollen andeuten, wie eine Antlitzhermeneutik im Kontext einer literarischen Anthropologie aussehen muß. Es geht um die Leibsemantik des literarischen Christusporträts, die einen gestaltbildenden Druck auf jede Leserin ausübt. Die Eigentümlichkeit theologischer Hermeneutik liegt in *der facialen Anspruchsqualität* ihrer Grundtexte. Deshalb spreche ich von Physiognomik.[11]

1. Die literarische Anthropologie
Über die Notwendigkeit von Literatur

Kompetentester Vertreter der noch jungen literarischen Anthropologie ist der Konstanzer Literaturwissenschaftler Wolfgang Iser, der in seinem Buch *Das Fiktive und das Imaginäre* "Perspektiven literarischer Anthropologie" erschließt.[12] Mit der philosophischen Anthropologie betont

---

[11] Die historischen Hintergründe der Physiognomik habe ich untersucht in meiner Monographie: *Das erlesene Gesicht. Vorschule einer physiognomischen Theologie*, Gütersloh 1992. Physiognomik hat inzwischen wieder Konjunktur. Jüngst hat Gernot Böhme für eine physiognomische Ästhetik plädiert, die sich nicht am alten Ausdrucksschema orientieren soll. Böhme spricht lieber vom Eindruck einer Person, und im Anschluß an Schmitz von einer Atmosphäre, die sie verbreitet. Ich stimme ihm zu, halte aber die Rede vom Ausdruck für unproblematisch, wenn man nicht sofort eine überholte Leib-Seele-Theorie assoziiert. Der Porträt-Begriff bietet die Möglichkeit, den Ausdrucks-Begriff an atmosphärische Eindrucksqualitäten anzuschließen. Gernot Böhme, *Atmosphäre. Essays zur neuen Ästhetik*, Frankfurt a.M. 1995. Eine Einführung in die Physiognomik bietet Claudia Schmölders, *Das Vorurteil im Leibe*, Berlin 1995. Vgl. Rüdiger Camper, Manfred Schneider (Hrsg.), *Geschichten der Physiognomik. Text, Bild, Wissen*, Berlin 1995, vgl. darin die spannenden Beiträge von Sabine Hake: 'Zur Wiederkehr des Physiognomischen in der modernen Photographie' (475-514) und Tim Craker: 'Der Sprache ins Auge sehen: Wittgenstein und Bedeutung als Physiognomie' (535-552). Vgl. auch Andreas Käuser: 'Die Physiognomik des 18. Jahrhunderts als Ursprung der modernen Geisteswissenschaften', in: GRM 41 (1991), 129-144; Karl Pestalozzi, 'Physiognomische Methodik', in: A. Finck, G. Gréciano (Hrsg.), *Germanistik aus interkultureller Perspektive*, Strasbourg 1988, 137-153.

[12] Frankfurt a.M. 1991, 1993. Vgl. ders.: *Der Akt des Lesens*, München 1990; ders: 'Der Lesevorgang', in: R. Warning (Hrsg.), *Rezeptionsästhetik*, München 1988, 253-276.

Iser die "exzentrische Position des Menschen" (504), die Iser als Plastizitäts- und Formbarkeitsreichtum qualifiziert. Literatur ist nun, so Iser, der Spiegel dieser anthropologischen Ausstaffierung, weil nämlich das Fiktive und das Imaginäre sowohl Konstitutionsbedingungen von Literatur sind als auch anthropologische Disponiertheiten: "Die Inszenierung der Literatur veranschaulicht die ungeheure Plastizität des Menschen, der gerade deshalb, weil er keine bestimmte Natur zu haben scheint, sich zu einer unvordenklichen Gestaltenfülle seiner kulturellen Prägungen zu vervielfältigen vermag. Das macht die Unmöglichkeit, sich gegenwärtig zu werden, zur Chance des Menschen. Sich nicht haben zu können bedeutet dann für den Menschen, sich durch seine Möglichkeiten auszuspielen, die gerade deshalb unbegrenzt sind, weil er durch sie nicht zu sich selbst findet. Daraus ließe sich ein Hinweis auf das *Wozu* literarischer Inszenierung ableiten. Wenn die Plastizität durch die verschiedensten Prägungen lediglich die Kultivierung des Menschen durch sich selbst erlaubt, dann wird die Literatur zum Panorama dessen, was möglich ist, weil in ihr weder die Beschränkungen noch die Rücksichtnahmen herrschen, die für lebensweltliche Institutionalisierungen maßgebend sind" (505f.). Literatur ist "als Vergegenständlichung der Plastizität des Menschen notwendig" (14).

Eine literarische Anthropologie aus theologischer Perspektive muß, wie ich meine, konstruktiv auf die Perspektiven Isers reagieren, bieten sie doch ein verlockendes Angebot, das alte protestantische Prinzip des "sola scriptura" neu zu interpretieren. Wenn denn Fiktion gleichermaßen Konstitutionsbedingung von Literatur und anthropologischer Platzhalter für die Bestimmungsfähigkeit des Menschen ist, dann bieten die fiktiven Dimensionen biblischer Literatur – namentlich die Gleichnisse – ein Panorama der Möglichkeiten des gelingenden Lebens, zu dem sich Leserinnen entsprechend verhalten können. Eine theologisch geerdete, literarische Anthropologie bietet darüber hinaus eine gesichtshafte Verdichtung der Vitalität und Empirie des Lebens, weil nämlich der biblisch verbuchte, sprich: literalisierte Christus die Ratifizierung der in den Gleichnissen fiktiv erschlossenen Lebensmöglichkeiten darstellt.

Bei Iser freilich wird die in der Lektüre veranschaulichte Plastizitätskompetenz, also jene exzentrische Positionalität, die bereits die philosophische Anthropologie entdeckte, zum nackten *daß* der Unabschließbarkeit

---

Künftige Zitate nach der oben zitierten Schrift. Vgl. auch den von H. Schings herausgegebenen Sammelband: *Der ganze Mensch*, Stuttgart 1994.

an Inszenierungsmöglichkeiten abgemagert, theologische Anthropologie dagegen kann die Unverfügbarkeit des Lebens als nicht-oblique Abhängigkeit unterfüttern,[13] weil nämlich eine literalisierte Figur angebbar ist, die die Fiktionsbedürftigkeit des Menschen bedient und zugleich urbildlich ratifiziert. In dieser facialen Verdichtung gelingenden Lebens liegt das Fiktionsangebot christlicher Lektüre, und ich schlage deshalb die Metapher vom *Gesicht der Schrift* als Auszeichnung biblischer Literatur vor, denn hierin, in der facialen Anmutung des biblischen Christus, besteht deren fraglose Stärke, die auch deshalb einen hohen Anreiz zur eigenverantwortlichen Nachspielung bietet. Dann auch bekommt Isers These: "In den Inszenierungen (der Literatur, K.H.) verselbständigt sich die eigene Andersheit des Menschen" (514) einen anderen Sinn, weil jetzt die Andersheit, also das anonyme Leben, immer schon gelesen wird im Schema des urbildlichen Lebens. Urbildlich, weil vor Ort biblischer Literatur die exemplarische Aufklärungsarbeit über die menschlichen Möglichkeiten kompetent geleistet wird. Die Stärke neutestamentlicher Texte besteht in der Vergegenwärtigungsfiktion des urbildlichen Lebens. Physiognomische Hermeneutik muß also die faciale Inszenierung entschlüsseln.

2. Das Gesicht der Schrift
Wegmarken einer physiognomischen Hermeneutik

Um die Plausibilität einer physiognomischen Hermeneutik des Evangeliums zu erhöhen, ist man zunächst gut beraten, ein mögliches Mißverständnis zu benennen. Mutmaßlich wird auch diesem Vorschlag mit dem Argument begegnet, die Schrift stelle eine ontologische Schwundstufe dar gegenüber der lebendigen Gestalt (dem historischen Jesus), von der sie berichtet, ein Verfall an Präsenz, der beim Altern der Schrift zudem immer stärker hervortrete. Dieses zu erwartende Mißverständnis geht davon aus, daß die physiognomische Hermeneutik eine Repristination der historischen Leben-Jesu-Forschung intendiere. Das steht nicht im Blick. Auch die historische Leben-Jesu-Forschung intendierte eine Wirklichkeit jenseits der Schrift, um die Objektivität des Glaubensgrundes abzusichern. Schrift galt als Tatsachenprotokoll einer externen,

---

[13] Gernot Böhme nennt seine "Anthropologie in pragmatischer Hinsicht" "oblique Anthropologie", ein Denken, "das sich des Anderen, von dem es sich absetzt, von dem es aber zugleich abhängig bleibt, bewußt ist." Gernot Böhme, *Anthropologie in pragmatischer Hinsicht*. (Darmstädter Vorlesungen), Frankfurt a.M. 1985, 281f.

ontologisch ausgezeichneten Wirklichkeitshärte. Diese Sicht möchte ich bestreiten. Die Urschriftsteller waren keine Protokollanten, sondern Dichter im eigentlichen Sinne des Wortes. Johannes schließt dann auch sein Evangelium höchst ironisch mit dem Satz: "Es sind auch viele andere Dinge, die Jesus getan hat; so sie aber sollten eins nach dem andern geschrieben werden, achte ich, die Welt würde die Bücher nicht fassen, die zu schreiben wären" (Joh. 21, 25).

Meine These lautet: *Die Urschriftsteller erstellen ein mit Worten gemaltes literarisches Ideal-Porträt.*[14]

Hans-Georg Gadamer schreibt über das Wesen eines Porträts: "Der Fall des Porträts ist nur die Zuspitzung einer allgemeinen Wesensverfassung des Bildes. Jedes Bild ist ein *Seinszuwachs* und ist wesenhaft bestimmt als Repräsentation, als Zur-Darstellung-kommen. Im besonderen Fall des Porträts gewinnt diese Repräsentation einen personhaften Sinn, sofern hier eine Individualität repräsentativ dargestellt wird."[15]

---

[14] Die Unterscheidung von Hoch- und Kleinliteratur im griechischen Kulturraum läßt sich heute nicht mehr halten, wie G. Strecker gezeigt hat: *Literaturgeschichte des Neuen Testaments*, Göttingen 1992, 144ff.

[15] *Wahrheit und Methode*, loc. cit., 141. Vorab pflichtet ihm der Gründervater der neuzeitlichen Physiognomik, Lavater, bei: "'Jedes vollkommene Porträt ist ein wichtiges Gemälde, weil es uns eine menschliche Seele von eignem persönlichen Charakter zu erkennen giebt; wir sehen in demselben ein Wesen, in welchem Verstand, Neigungen, Gesinnungen, Leidenschaften, gute und schlimme Eigenschaften des Geistes und des Herzens auf eine ihm eigne und besondre Art gemischt sind. Dieses sehen wir sogar im Porträt meistentheils besser als in der Natur'. So ist's mir einleuchtend wahr, daß sich aus einem recht guten Porträt mehr Kenntnis des Menschen schöpfen läßt, als aus der Natur." Hier zitiert nach der nur schwer zugänglichen Gesamtausgabe: Johann Caspar Lavater, *Physiognomische Fragmente zur Beförderung der Menschenkenntnis und Menschenliebe*, Leipzig und Winterthur 1776, Bd. II, Fr. IX. Lavater zitiert in dem Text aus Sulzers *Allgemeine Theorie der Schönen Künste*. Lavater ist es auch, der die Bedeutung eines (literarischen) Porträts darin sieht, sein eigenes Leben am Porträt zu messen und auszurichten. Und weil das literarische Porträt Christi das urbildliche Leben zu porträtieren beansprucht, muß sich die Leserin entsprechend bilden. Deshalb auch bestimmt Lavater die Bibel konsequent als Schauspiellehre. "Von der Biblischen Geschichte, überhaupt oder theilweise betrachtet, muß ich sagen, daß ich nichts Dramatischeres, Schauspielmäßigeres kenne. (...) Was ist dramatisch? Was klein anfängt, ununterbrochen fortschreitet, sich immer rührender entwickelt, durch jeden dazwischenkommenden Zufall oder Umstand genährt, bezeitigt, wichtiger, treffender wird, bis es zum höchsten Punkte vollendet ist, was Eins ist und doch successif und sehr mannichfaltig! Ein Eins, aus dem sich, als aus Einer Wurzel, Einem Stamme viele viele interessante Mannigfaltigkeiten ergeben, was hinstrebt zu einem großen Ziele! Was unerwartet und doch höchst schicklich, höchst erwünscht, den leisesten menschlichen Ahndungen analog, gleichförmig, oder über dieselben erhaben, und doch der Hauptperson der Geschichte höchstgeziemend und würdig ist. Anfang, Fortgang, Ende eines Kampfes! Widerstand, Kampf,

(Literarische) Porträts bezeugen im Unterschied zur realen Persönlichkeit ein ästhetisches Surplus, weil Porträts die Momente des Ausdrucks auf dem Hitzepunkt verdichten. Was sonst nur flüchtig wahrnehmbar, wird im (literarischen) Porträt vom Zufälligkeitsbefall gereinigt. Deshalb sind (literarische) Porträts auch weder Momentaufnahmen noch fiktive Bildnisse, sondern vielmehr übersetzende Verdichtungen: Keine Creatio ex nihilo, aber auch keine neutrale Abbildung, dagegen als Verdichtung von Wirklichkeit ein Zwischen von Realität und Fiktion. Im (literarischen) Porträt präsentiert sich das Phänomen des physiognomischen Ausdrucks in seiner Reinheit. In der Repräsentation "vollendet sich die *Präsenz* des Dargestellten."[16] Und wer ein solches Porträt liest, der wird zur Wiedererkenntnis eingeladen. "(W)enn wir jemanden in seiner Individualität erfassen oder in einem Porträt, das die Individualität wiedergibt, dann ist darin immer zugleich etwas von der Wiedererkennung unserer selbst, nämlich des Menschlichen in der anderen Individualität. (...) So mag uns ein Porträt zur Wiedererkennung einladen, auch wenn wir den Dargestellten oder Abbilder von ihm nie gesehen haben."[17]

Wie aber lauten die Regeln einer Antlitzhermeneutik, die den gestaltbildenden Druck der prototypischen Lebensfigur aufschlüsselt?

Die physiognomische Hermeneutik untersucht, wie es dem "Gesicht der Schrift" gelingt, die Leserinnen zu einer Nachbildung zu motivieren. Sie geht dabei von der Überzeugung aus, daß Verstehen sich *zunächst und zumeist* an der *Ausdrucks- als Eindruckskraft der Schrift* – nicht den daraus ableitbaren Aussagen (Credenda, Agenda) – zu orientieren hat. Die folgenden Strukturelemente einer solchen Hermeneutik skizzieren das zu bearbeitende Terrain.

Verstehen und Gefühl/Affekt: Es gehört zu den unaufgebbaren Einsichten der physiognomischen Ausdruckslehre, das Gefühl als eigene Provinz

---

Sieg, Triumpf in genauer unmittelbarer Verbindung. (...) Die Schrift, das Buch (par excellence) stellt uns den Menschen (κατ' ἐξοχήν, par excellence) dar, das Sonderbarste, Größeste, was die Menschheit hatte! Sie ist eine Menschenbibliothek! Ein Geschichtsbuch der interessantesten Menschen, eine Sammlung der besondersten und allgemeinsten Menschengeschichten, eine Dramaturgie, eine Schauspiellehre durch Geschichte." *Johann Caspar Lavaters ausgewählte Werke*, hrsg. von E. Staehelin, Bd. III, Zürich 1943, 101f.

[16] Hans-Georg Gadamer, *Wahrheit und Methode*, loc. cit., S. 131.
[17] Hans-Georg Gadamer, 'Platon als Porträtist', in: *Gesammelte Werke*, loc. cit., Bd. 7, 252, 254.

und damit unabhängig vom Willen und Denken ausgezeichnet zu haben. Gefühl steht hier für das Betroffensein von Ausdrucksphänomenen. Hermeneutisches Prinzip ist das physiognomische Gefühl, das auf den Eindruck, die Aura, die Atmosphäre reagiert, das die porträtierte Person erzeugt.

Verstehen und Körperbild: Durch die Investierung von physiognomischer Ausdruckssemantik: innen-außen, oben-unten, verschleiert-entschleiert, gebeugt-gerade wird die Affektion gesteuert. Bedingung für das Verstehen von Ausdrucksgestalten ist das eigene Körperbild als eigenleiblich gespürter Ausdruck. Eine *Anlage* und einen religiösen Sinn für Ausdrucks- oder Gestaltwahrnehmungen hat jeder Mensch als Menschengestalt.[18] Antlitzhermeneutik deutet die Beziehung zwischen dem im Text porträtierten Ausdrucksleib und dem Leib der Leserin. Physiognomische Hermeneutik ist eine Hermeneutik der Körpersinne.

Verstehen und Wiedererkennen/Erinnern: Platon, Vater einer Ausdrucks- und Darstellungskunde, macht die Urszene des Verstehens am Ausdruck einer schönen Gestalt fest, die ihn an den Mythos erinnert, der von der Ideenlehre erzählt wird.[19] Ganz analog pflegen auch die neutestamentlichen Schriftsteller die Fundamentalgleichung verstehen = wiedererkennen. "Denn wir schreiben euch nichts anderes, denn was ihr leset (= wiedererkennt) und auch verstehet."[20] ("Οὐ γὰρ ἄλλα γράφομεν ὑμῖν ἀλλ' ἢ ἃ ἀναγινώσκετε ἢ καὶ ἐπιγινώσκετε.") Anagignôskô meint zweierlei: lesen und wiedererkennen.[21] Wiedererinnert wird hier an die Ausdruckskraft des Menschen im status integrationis. Allgemein formuliert: Das Porträt Jesu Christi präsentiert sich als prototypischer Ausdruck, als bis zum Tod und darüber hinaus reichender perfekter Parallelismus von Innen und Außen, der die Erinnerung (Intertextualität) an das paradiesische Ausdrucksbild wachruft.

---

[18] Vgl. dazu das ganz ausgezeichnete Buch von Ferdinand Fellmann, *Symbolischer Pragmatismus. Hermeneutik nach Dilthey*, Reinbek 1991.

[19] (Phaidros 251a). Auch Platon bietet eine hermeneutische Theorie der Darstellung: Angesichts eines Gesichts wird man an das erinnert, was die Darstellung als Darstellung allererst verständlich macht. Nur wer das verstanden hat, kann ausgehend von dieser Erfahrung auch sein eigenes Leben als Darstellung, d.h. als eigenverantwortliche Übersetzung dieser Erfahrung leben.

[20] 2. Korinther 1, 13.

[21] Anagnorisis meint zugleich das plötzliche Erkennen einer Person oder eines Tatbestands im Drama. Dazu Klaas Huizing, *Homo legens. Vom Ursprung der Theologie im Lesen*, Berlin 1996; ders: *Lukas malt Christus. Ein literarisches Porträt*, Düsseldorf 1996.

Verstehen und Nachbilden: Es sind die Gestaltverläufe[22] textlicher Figuren und die Bewegungssuggestionen physiognomischer Sprache, die die Nachbildungs-energien freisetzen. Weil das Porträt, das Drama, die Geschichte, keine Abbildung der Wirklichkeit darstellt, sondern ein Zwischen von Realität und Fiktion, ist auch die Nachbildung keine Nachahmung, sondern eine eigenverantwortliche Repräsentation. Eine Nachbildung übersetzt das Ausdrucksbild auf die eigene Situation. Aus diesem Zusammenspiel erschließt sich ein Bildraum (Regulativ), der das Verhalten steuert. Wer ein solches Ausdrucks-Bild zum Organisationsprinzip seines ganzen Lebens macht, wird zu einer Person mit festen und bestimmten Zügen. Die Evidenz der Erinnerung setzt die Energien frei für eine entsprechende Übersetzung in die eigene Lebensfigur, die das dort erlesene bewahrheiten will. Jede Auslegung muß sich im Spielraum dieses Porträts, dieser Schauspiellehre bewegen (nicht des Ausgesagten). Jede Auslegung, jede Übersetzung, bestätigt diesen Spielraum (Selbigkeit), entscheidet sich dabei aber für eine Möglichkeit der Auslegung (Verschiedenheit). Mit Aristoteles kann man deshalb diese Übersetzung als Differenz: als Verschiedenheit des Selbigen interpretieren (Met 1018 a12).

Verstehen und Kritik: Es wäre zu fragen, ob nicht die Bild-Logik des Ausdrucks den Boden abgibt für kognitive und moralische Leistungen und primordial Welt sinnhaft erschließt. Einer physiognomischen Hermeneutik obläge dann das kritische Geschäft, kognitive und moralische Urteile und Aussagen an die Vitalsituation des Ausdrucks zurückzubinden.

Soweit die Strukturenlehre einer physiognomischen Texthermeneutik. Sie kann für sich in Anspruch nehmen, daß der Mensch als eigenkörperliche Ausdrucksgestalt prädestiniert ist für eine derartige Spielart der Hermeneutik. Gerade Differenzerfahrungen in der Lebenswelt, das Auseinanderklaffen von Innen und Außen, verweisen dabei als Regulativ auf den prototypischen Ausdruck. Und sofern es hier um die Eigentümlichkeit des Menschen als Menschen, nämlich als Ausdruckswesen geht, darf diese Hermeneutik, die ihre Evidenz aus der performativen Selbstevidenz biblischer Literatur schöpft, beanspruchen, universalisierbar zu sein.[23] Sie hat sich im "Widerstreit" mit Hermeneutiken, die

---

[22] Die Ausdrücke "Gestaltverlauf" und "Bewegungssuggestion" übernehme ich von H. Schmitz, *Der unerschöpfliche Gegenstand*, Bonn 1990.

[23] Ich habe sie durchgespielt an der Literatur des Lukas: *Lukas malt Christus. Ein literarisches Porträt*, loc. cit.

im Rekurs auf andere Klassiker[24] der Weltliteratur entwickelt wurden, zu bewähren.[25]

Mit *Hans-Georg Gadamer* läßt sich rekapitulieren: "Das Kunstwerk hat sein eigentliches Sein darin, daß es zur Erfahrung wird, die den Erfahrenden verwandelt."[26] Die Eigentümlichkeit der Erfahrung, die das Kunstwerk der Bibel, dieser Klassiker der Weltliteratur, vermittelt, ist die gesichtshafte Inszenierung dieser Erfahrung. Genau darin besteht das enthusiasmierende Element, das die Theologie unvertretbar durch andere Geisteswissenschaften, die allenfalls bis zur schwachen Metapher einer Anredestruktur kommen können, im Konzert der Geisteswissenschaften einbringt. Um dieses Element freilich zu pflegen, muß theologische Hermeneutik physiognomische Hermeneutik sein.

---

[24] Vgl. zu diesem Begriff David Tracy, *Theologie als Gespräch. Eine postmoderne Hermeneutik*, (1987), Mainz 1993.

[25] Zunächst empfiehlt es sich aus der Innenperspektive die "téchne rhetòriké zum Zwecke des Aufbaus einer pistis auszuloten, um dann in der Außenperspektive diese pistis im Widerstreit mit anderen auszutragen." Jean François Lyotard, 'Grundlagenkrise', in: *Neue Hefte für Philosophie* 26 (1986), 1-33, hier: 10. In einer entscheidenden Hinsicht unterscheidet sich diese "postmoderne Hermeneutik" von einer Hermeneutik im Gefolge von Derrida und Lyotard. Treffend merkt Wolfgang Welsch an, diesen Hermeneutiken liege "erkennbar eine Grunderfahrung jüdischer Religiosität zugrunde" (Wolfgang Welsch, "Religiöse Implikationen und religionsphilosophische Konsequenzen 'postmodernen Denkens'", in: A. Halder, K. Kienzler, J. Möller (Hrsg.), *Religionsphilosophie heute. Chancen und Bedeutung in Philosophie und Theologie*, Düsseldorf 1988, 117-129, hier: 126,) weil sie immer contrapräsentisch auf das Nicht-Darstellbare verweisen. Eine christlich inspirierte Hermeneutik muß dagegen, wie ich meine, den Diskursübertritt wagen zu einem "postmodernen" Gedanken der Realpräsenz – zunächst und zumeist im Text!
Wenn aber meine These glaubwürdig ist, dann muß es auch möglich sein, die Schlüssel einer von mir favorisierten *Inkarnationshermeneutik als Präsenzhermeneutik* zu benennen. Zu einer theologischen Hermeneutik im Anschluß an Derrida vgl. Mark C. Taylor, *Erring: A Postmodern A/Theology*, Chicago u.a. 1984.

[26] Hans-Georg Gadamer, *Wahrheit und Methode*, loc. cit., 98.

GIUSEPPE GALLI, Macerata

ÜBERGANG VOM PHYSIOGNOMISCHEN ZUM SZENISCHEN VERSTEHEN. VERTRAUTHEIT UND FREMDHEIT IN DER SELBSTERKENNTNIS

Ich werde mich auf jene Phänomene beschränken, die das Wahrnehmen und Erkennen des eigenen Gesichts betreffen. Um den Problembereich zu begrenzen, kann man sich fragen, in welchem Sinne die Begriffe Vertrautheit/Fremdheit mit der Wahrnehmung des eigenen Gesichts zu tun haben. Ist das eigene Antlitz nicht eine der vertrautesten Gestalten?

1. Die hunderttausend Eigenschaften des Gesichts

Als Einführung in unser Problem kann man die Szenen am Anfang des Romans *Uno, nessuno centomila* (Einer, Keiner und Hunderttausend) von Pirandello heranziehen.

In der ersten Szene begutachtet die Hauptperson, ein dreißigjähriger Mann, wegen eines leichten Schmerzes die eigene Nase im Spiegel. Die Nase wird hier unter der Perspektive von Wohlsein/Unwohlsein und Gesundheit/Krankheit betrachtet. Diese Szene verkehrt sich aber mit dem Auftritt der Frau:

> "'Was machst du denn da?' fragte mich meine Frau, als sie mich länger als gewöhnlich vor dem Spiegel verweilen sah. 'Nichts', antwortete ich, 'ich schau' mir in die Nase, in dieses Nasenloch. Wenn ich darauf drücke, verspüre ich einen leichten Schmerz.' Meine Frau lächelte und sagte: 'Ich dachte, du guckst dir an, nach welcher Seite sie sich dreht.' Ich fuhr herum wie ein Hund, den man auf den Schwanz getreten hat: 'Dreht? Die Nase? Meine Nase?' Meine Frau erwiderte ungerührt: 'Gewiß, Liebster. Schau sie dir nur gut an: sie dreht sich nach rechts.'"

Die Nase wird jetzt unter einem anderen Gesichtspunkt betrachtet, dem der Ästhetik des Gefallens/Nichtgefallens für den Partner. Die Perspektiven vermehren sich aber unendlich, wenn unserem Mann bewußt wird, daß es neben der egozentrischen Perspektive (wie er sich selbst wahrnimmt) noch die allozentrische (wie die anderen ihn sehen) gibt, so daß eine vollständige Vertrautheit mit dem eigenen Körper unmöglich ist: "Ich vertiefte mich sogleich in die Überlegung, daß ich also – war denn das möglich? – nicht einmal meinen eigenen Körper gut genug kannte, die intimsten Dinge, die mir gehörten..."

Als erste Schlußfolgerung können wir sagen: Während die Nase als Teil des Körpers ein und dieselbe bleibt, wird die Nase, die als ein Teil des eigenen Körpers erlebt wird, als Erlebnis Träger von hunderttausend Eigenschaften, je nach den Rollen der Person und ihren interpersonalen Beziehungen in den verschiedenen Lebenssituationen.

2. Die Ausdruckseigenschaften des Gesichts und ihre Ganzbestimmtheit

Die Ganzbestimmtheit der Wahrnehmung des eigenen Antlitzes konnte ich in einer experimentellen Untersuchung feststellen, die ich Anfang der siebziger Jahre durchgeführt habe. Wenn man eine Person den Schatten ihres Gesichtsprofils in einer anderen, auch verzerrten, Form anschauen läßt (Abb. 1), kann man verschiedenste Eindrücke hervorrufen. Je nach dem Grad der Wiedererkennung kann die Person sagen "Ja, das bin ich", "Hier finde ich mich gut (nicht gut) getroffen", "Dieses Bild finde ich fremd" usw. Wenn man der Person ihr Profilbild simultan mit dem Profilbild einiger ihr vertrauter Personen vorführt (Abb. 2), kann man interessante Ergebnisse gewinnen, die die Ganzbestimmtheit der Selbsterkennung beweisen. Es kann nämlich geschehen, daß das Profilbild, auf dem man sich am besten wiedererkennt, nicht dasselbe bleibt, wenn z.B. einmal das Profilbild des Vaters, ein andermal jenes des Versuchsleiters gezeigt wird. So sagt ein Student in Beziehung auf das Bild des Vaters: "Ich sehe mich hier ein wenig feindselig, ich meine in der Gegenüberstellung der beiden Bilder ... Es scheint, als wolle er mich von etwas überzeugen und versuche es auf die freundliche Art, in einem ruhigen Gespräch, um so einen Zusammenstoß zu vermeiden."

Nach dem Austausch seines Profilbildes sagt unser Student, daß er sich nicht so gut wie früher wiedererkenne: "...die Person, die ich jetzt sehe, ist eine, die zuhört, fast an den Lippen des anderen hängt, hilfloser als vorher."

Dasselbe Bild wird dagegen in Beziehung auf den Versuchsleiter anders bewertet: "...ich würde sagen, daß ich mich jetzt besser auf diesem Bild als auf dem anderen erkenne, ...vielleicht ist das aus Bequemlichkeit, weil es jetzt wieder eine dialektische Beziehung zwischen den Personen gibt."

VERTRAUTHEIT UND FREMDHEIT IN DER SELBSTERKENNTNIS

Abb. 1

Abb. 2

Was vorher, in Beziehung auf den Vater, als Passivität interpretiert und negativ bewertet wurde, wird jetzt, in Beziehung auf den Versuchsleiter, als Bereitschaft zum Dialog gedeutet und positiv bewertet.

Als zweite Schlußfolgerung kann man sagen, daß ein und dasselbe Bild, je nach der Partnersituation, ganz andere Eindrücke hervorruft. Das entspricht dem Gesetz der Ganzbestimmtheit der Teile im Sinne der Gestaltpsychologen (W. Metzger 1954, Kap. III).

3. Die Gesichtseigenschaften und ihre Bezugssysteme

Wie schon erwähnt, werden die verschiedenen Eigenschaften des eigenen Antlitzes nicht nur wahrgenommen und gedeutet, sondern auch nach bestimmten Bezugssystemen bewertet. Die Bezugssysteme wirken auf unscheinbare Weise, daher muß man ihre Struktur durch Anzeichen rekonstruieren. In der ersten Szene des Romans von Pirandello ist diese Rekonstruktion durch die Äußerungen der Hauptperson möglich:

> "Ich war achtundzwanzig Jahre alt und hatte bis dahin meine Nase immer, wenn auch nicht für ausgesprochen schön, so doch zumindest für sehr anständig gehalten, wie, im ganzen betrachtet, auch alle übrigen Details meiner Erscheinung. Es war mir daher immer leicht gefallen, zuzugeben und auch zu erklären, was eben alle, die nicht das Unglück haben, körperlich entstellt zu sein, gewöhnlich zugeben und erklären: nämlich, daß es albern sei, sich des eigenen Körpers zu rühmen. Die plötzliche, unerwartete Entdeckung meines Körperfehlers ärgerte mich daher wie eine unverdiente Strafe."

Unser Held bewertet seine Nase und insgesamt die Erscheinung seiner Person "wenn nicht für ausgesprochen schön, so doch zumindest für sehr anständig". Wir können uns vergegenwärtigen, daß diese Bewertung im Rahmen eines bipolaren Bezugssystems durchgeführt wird, deren zwei Pole auf der einen Seite die Schönheit und der anderen Seite die Häßlichkeit darstellen. In der Mitte gibt es einen Nullpunkt, der als "weder schön noch häßlich" bezeichnet werden kann. "Sehr anständig" kann man zwischen den Nullpunkt und den positiven Pol stellen. Das beschriebene Bezugssystem gilt aber nur für die Welt der wohlgeformten Körper. Es gibt jedoch auch eine andere Welt, die der unglücklichen Menschen, die einen entstellten Körper haben (Abb. 3).

KÖRPER

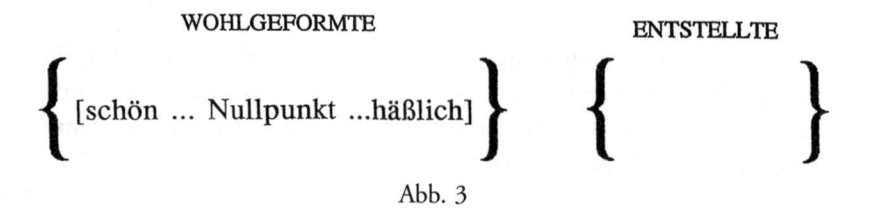

WOHLGEFORMTE   ENTSTELLTE

$$\{[\text{schön ... Nullpunkt ...häßlich}]\} \quad \{\quad\}$$

Abb. 3

Nach der Beschreibung einer Reihe von Körperfehlern von Seiten der Frau muß sich die Bewertung, die der Mann über sich selbst abgibt, von dem Schönheitspol entfernen. Diese Abweichung vom positiven Pol verursacht verschiedenste Affekte: Erstaunen, Enttäuschung, Ärger.

Daher die Tröstung der Frau, die sagt, daß er "alles in allem genommen" doch "ein schöner Mann" sei.

Die schmerzlichen Affekte könnten aber noch stärker werden, wenn man sich nicht nur vom positiven Pol entfernt, sondern auch wenn Gefahr besteht, sich dem negativen Pol zu nähern. Noch schlechter wäre es allerdings, wenn die Grenzen der Welt der wohlgeformten Körper überschritten würden und man in jenen der entstellten Körper einträte. Die Welt der wohlgeformten Körper ist die vertraute Welt, der unser Mann angehört, während die der entstellten Körper die fremde Welt darstellt.

4. Vertrautheit/Fremdheit und Abgrenzung/Homogenisierung der Welten

Nach der Analyse des Textes von Pirandello möchte ich einige allgemeine theoretische Überlegungen vorschlagen. Man kann sich fragen, warum zwischen den verschiedenen Welten feste Grenzen aufgebaut werden. Was für Bedingungen spielen in diesen Prozessen eine Rolle? Man kann sowohl an kognitive als auch an affektive Faktoren denken. Wahrscheinlich agieren unter den kognitiven die Gestaltfaktoren des Zusammenhangs, und dabei ist besonders der Faktor der Gleichheit zu nennen: so bilden z.B. schöne und häßliche Personen bzw. solche mit wohlgeformten und mit entstellten Körpern verschiedene Gruppen und grenzen sich voneinander ab. Man muß aber auch an jene dynamischen Prozesse denken, die mit dem Selbstbewußtsein zu tun haben. Aus Abwehrgründen kann man sich in solch einer Welt, in der es keine Möglichkeit des Vergleichs zwischen sich selbst und anderen gibt, isolieren, da in den anderen Momente meines eigenen "Schattens" (alles das, was im Sinne Jungs Schwächen, Schönheitsfehler, Sünden usw. betrifft) und auch meines "Ichideals" im Sinne Freuds Widerklang finden. Alles was zu einem gefährlichen Vergleich führen könnte, wird so entfremdet.

Im Gegensatz zu diesen Abwehrprozessen finden wir jene, die, anstatt Grenzen aufzubauen, eine Homogenisierung der verschiedenen Welten zu bewirken versuchen.

Auf wissenschaftlichem Gebiet denken wir an die Lehre Freuds, die die Grenzen zwischen dem Normalen und dem Pathologischen, zwischen dem Alltäglichen und dem Außergewöhnlichen beseitigt hat und damit eine Homogenisierung des gesamten Gebietes der Psychologie angebahnt hat. Dasselbe kann man von der Lehre Darwins sagen, die den unüberbrückbaren Wesensunterschied zwischen Tier und Mensch beseitigt hat. Die Homogenisierung, wie Lewin betont hat, will nicht semplifizierend die Unterschiede vernachlässigen, sondern versucht bloß, an Stelle fester Grenzen fließende Übergänge und graduelle Abstufungen auftreten zu lassen und damit die Kontinuität zwischen den verschiedenen Welten aufzuzeigen.

Auf ethischem Gebiet denken wir an die Worte Christi "Wer ohne Sünde ist, der werfe den ersten Stein". So wird auch gezeigt, daß die Grenzen, die wir in der Außenwelt aufbauen, eine Transposition jener darstellen, die in unserem Inneren existieren.

Literatur

Galli, G., 'Methodologische Grundsätze zur Erforschung des phänomenalen Ich', in: *Psychologische Beiträge*, XV (1973), 550-574.
Galli, G., *Conoscere e Conoscersi*, Bologna, CLUEB 1991.
Lewin, K., 'Der Übergang von der aristotelischen zur galileiischen Denkweise in Biologie und Psychologie', in: *Erkenntnis*, I (1931), 421- 466.
Metzger, W., *Psychologie*, Darmstadt, Steinkopff 1954.

AUTOREN/AUTEURS

Abel Günter	39
Bartolomei Maria Cristina	233
Beauchamp Paul	253
Crifò Giuliano	365
Dalferth Ingolf-U.	145
Galli Giuseppe	399
Geffré Claude	189
Grondin Jean	57
Hitzler Ronald	379
Huizing Klaas	389
Horyna Břetislav	243
Ineichen Hans	65
Jeanrond Werner G.	175
Mathieu Vittorio	25
Neschke Ada	283
Nethöfel Wolfgang	123
Oberhammer Gerhard	203
Potępa Maciej	75
Schwemmer Oswald	317
Ricœur Paul	11
Riedel Manfred	97
Ruggenini Mario	217
von Uslar Detlev	347
Villela-Petit Maria	259
Vismann Cornelia	275
de Visscher Jacques	271
Winch Peter	303

INDEX

A

Abel, G., 7, 39
Adorno, Th.W., 74
Alexy, R., *73*, 74
Anaximandros, 225
Anders, G., *143*
Anselm von Canterbury, 225
Apel, K. O., *294*, *295*, *299*
Aquin, Th. de/von 190, 349
Arnold, J. F. A., *284*
Argiroffi, A., *373*
Aristote/Aristoteles, 12, 195, 190, 225, 260, 261, 263, 264, 268, *294*, *295*, 296, 298, 299, 349, 354, 362, 397
Assmann, J., 10
Ast, F., 8, *116*, 285, 291, 292, 293
Aubenque, P., *295*
Auden, W. H., *143*

B

Bach, J. S., *129*, 355
Barth, K., 175, 196, 177, 178, 179, 185, 187
Barthes, R., 90
Bartolomei, M. C., 233, *238*
Batteux, Ch., *261*, 262
Bauer, G., *300*
Beauchamp, P., *239*, 253, 257, 258
Bellini, G., 269
Bekker, I., *288*
Benedetti, G., *241*
Bergmann, J., *383*
Bergson, H., *326*
Bernardi, B., *233*
Berner, Chr., *285*
Betti, E., 3, 5, 94, 365, 366, 367, 369, 370, 371, 372, 373, 374, 376, 377, 378
Bianco, F., 365, *377*

Bieri, P., *68*, 74
Binswanger, L., 348, 362
Blumenberg, H., 62
Boeckh, A., 69, 86, 89
Boccaccio, G., 104
Bohnsack, R., *383*
Bori, P. C., 5, *240*
Boss, M., 348, 362
Bourdieu, P., 90
Böhme, G., *391*, *393*
Brentano, F., 58, 59, 62
Brodsky, J., 269
Brosziewski, A., *386*
Bruckner, P., 382
Buber, M., 361, 362
Bubner, R. *85*, *93*
Bühler, P., *185*, *376*, 377
Bultmann, R., 131, 135, 175, 179, 181, 366
Burke, F., *263*
Butting, K., *123*

C

Calvin, J., 185
Camper, R., *391*
Canetti, E., *281*
Carcaterra, G. *374*
Carnap, R., 67
Cassese, S., *374*
Cassirer, E., *332*
Castelli, E., 4
Cézanne, P., 268
Cicero, *372*
Colli, G., *97*, *112*, *114*, *259*
Collingwood, R. G., 313
Courtine, J.-F., 61, *209*
Craker, T., *391*
Cramer, F., *127*
Cramer, K., *85*, *93*
Cramer, W., *76*
Crifò, G., *3*, 365, *370*, *378*

D

Dallmann, H.-U., *128*
Danani, C., *367*
Dannhauer, J. K., 5
Dante, 33, 104, *294*
Darwin, Ch., 403
Davidson, D., 70, *50*, 68, 69, 72, 73, 74
Deleuze, G., *271*
Derrida, J., *85*, 86, 87, 90, 135, *278*, *390*, *398*
Descartes, R., 16, 68, 75, 80, 93, 338
Deuser, H., *141*
Dewey, J., 67, 69
Dickens, Ch., 312
Dilthey, W., 5, 8, 18, 21, 57, 59, 69, 94, 101, *287*, 293, 300, 359, 361, 362
Di Nola, A. M., *239*
Dodd, C. H., *238*
Dohmen, Chr., *123*
Domin, H., *91*
Dornseiff, F., *239*
Droysen, G., 69
Dupont-Roc, R., 261

E

Ebeling, G., 4, 177, 178, 179, *180*, 181, 183, 185, 234, *236*, 240, 376, *390*
Einstein, A., 129
Ernesti, J. A., 289
Escher, M. A., *129*
Evans, C., 311
Evans-Pritchard, E. E., 310, 311

F

Fellmann, F., *278*, *396*
Ferraris, M., *372*
Ferry, J.-M., 137, *138*
Fichte, J. G., 77, 78, 79, 80, 338
Figal, G., *390*
Filoramo, G., *233*
Finck, A., *391*
Finkielkraut, A., 382
Flashar, M., *116*
Focillon, H., 270
Fodor, J., *138*

Foucault, M., 66
Fögen, M. Th., *279*
Frank, M., *83*, *84*, *86*
Frege, G., 67
Frei, H., 180, 181, 185, 200
Freud, S., 16, 17, 18, 19, 20, 348, 350, 356, 360, 361, 362, 403
Frosini, V., *367*, 376
Fuchs, E., 179, 183, 185, 376
Fuhrmann, M., *100*, *379*

G

Gadamer, H.-G., 4, 8, *42*, 50, 65, 66, 69, 70, 71, 72, 74, *85*, 87, 90, *91*, 92, 93, 94, *115*, *118*, *120*, 181, 182, 183, 184, 190, 191, 195, 197, 243, *261*, *262*, 264, 265, 266, 267, 268, 269, 293, 347, 349, 351, 352, 355, 358, 359, 360, 362, 365, 366, 372, 373, 376, 377, 389, 394, *395*, 398
Galli, G., 399, 404
Ganoczy, *129*
Gauger, H. M, 86
Geertz, C., 10, 244, 312
Geffré, Cl., 189, 191, 198
Gehlen, A., *321*, *336*
Gellius, A., 241
Geldsetzer, L., 5
Genette, G., *238*, 261
Gersdorf, C. v., *112*
Gesner, S., 98
Gilson, E., 266
Gipper, H., 299
Gladigow, B., *247*
Gloy, K., *76*
Goethe, J.W. von, 98, 99, 102, 103, 104, 105, 106, 107, 112, 120, 285, 309
Gogarten, F., 356, 362
Goodman, N., 55
Gödel, K., 129
Gräf, H. G., *103*
Gréciano, G., 391
Greisch, J., *3*, 61, 189, *238*
Greive, W., *123*
Grimm, J., 276
Grondin, J., 57, *87*, *264*, *389*
Gross, P., *379*

Grumach, E., *102*
Gruner, R., *381*
Gründer, K. F., *116*
Grünwaldt, K., *123*
Guattari, F., *278*
Gusdorf, G., *372*
Gürtler, J.D., *284*

H

Habermas, J., 4, 16, *65*, 74, *137*, 182, *389*, 197, *199*
Hahn, A., *386*
Hake, S., *391*
Halder, A., *398*
Hamann, J.G., 84
Hardt, L., *281*
Hartmann, N., 352, 362, *373*
Hebel, J.P., 275, 281, 282
Hegel, G.W.F., *54*, 56, 79, 84, 93, *94*, 219, 229, 263, 301, 319, 323, 342
Heidegger, M., 6, 8, 12, 19, 20, 23, 41, 57, 60, 61, 62, 63, *65*, 69, 70, 92, 93, 101, 135, 141, 167, 183, 190, 192, 218, *259*, 261, *265*, *269*, 2702, 87, 347, 348, 350, 352, 354, 359, 362, 363
Heller, E., *259*
Henrich, D., *76*
Henrichs, N., *366*, 377
Hentschke, A., *105*
Heraklit, 230
Herder, J. G. von, 84, 100, 29, 298
Herrmann, G., 116
Heyne, C. G., 98
Hitzler, R., 379, *390*, *386*, *387*, 388
Hirsch, E. D., *89*
Hoffmann, S. F. W., 284
Hofstadter, D. R., *129*
Hogrebe, W., *338*
Holówka, J., 74
Homer, 100, *113*, 288, *389*
Honecker, M., *123*
Honer, A., *380*, *381*, *382*, *386*, 388
Horstmann, A., *98*, *116*, 286
Hölderlin, F., 230
Hölscher, U., *120*

Hörisch, J., *389*
Huizing, K., 389, *396*
Humboldt, W. v., *84*, 98, 103, *105*, 284, 294, 295, 300, *330*
Hussein, A., *260*
Husserl, E.G., 18, 22, 57, 58, 59, 60, 61, 62, 63, 80, 93, 265, 370
Huysmans. J.-K., 271
Hübner, H., *123*

I

Ineichen, H., 65, *73*, 74
Iser, W., 371, 382, 393

J

Jaeger, H. E., 5
Jahn, O., 109
Jahnow, H., *123*
James, H., 67, 264
James, W., *333*
Jamme, Chr., *60*
Jankélévitch, V., 271, 273
Jasper, D., *180*
Jauß, H.R., *379*
Jaspers, K., *65*, 361, 363
Jeanrond, W. G., 175, 177, *180*, *182*, *185*, *186*
Jung, C. G., 353, 356, 363, 403
Jung, Th., *383*, *388*
Jüngel, E., 177, *235*

K

Kafka, F., 275, 276, 277, 278, *279*, 281, 282
Kallmann, Ch., *143*
Kandinsky, W., 269
Kant, I., 21, 22, 37, 67, 75, 76, 77, 82, 225, 269, 272, 299
Karakash, Cl., *185*
Kasper, W., *191*
Kaulbach, F., *241*
Käuser, A., *391*
Keller, R., *386*
Kelsey, D., 180
Kienzler, K., *398*

Kimmerle, H., *285*
Kippenberg, H. G., *247*
Kisiel, Th., *60*
Klages, L., *347*, *363*
Kleining, G., *380*
Klewitz, H. W., *275*
Klopstock, F., 103
Knauer, P., *213*
Knoblauch, H., *381*, *383*
Koch, C., *113*
Kögler, H.-H., *74*
König, R., *379*
König, H.-D., *386*
Körte, W., *98*, *100*
Körtner, U. H., *123*
Korff, W., *137*
Kreibich, R., *124*
Krewani, N., *137*
Krusche, D., 10
Kuhn, Th. S., *129*, 250
Küng, H., *198*
Künne, W., 42

L

Ladrière, J., *191*, 198
Lallot, J., 261
Laks, A., *283*, *285*, *286*
Landini, 104
Langer, S. K., 325, 328
Lau, Th., *384*
Lavater, J. C., *394*, *395*
Lee, R. W., *263*
Leibniz, 13, *295*
Leitzmann, A., *103*
Lenk, H., 7
LePore, E., *72*, *74*
Lessing, G. E., 263
Lévinas, E., 6, 19, 22, 137, *390*
Lévi-Strauss, Cl., 10
Lewin, K., 404
Lindbeck, G. A., 180, 181, 185
Lipps, H., *60*
Lorenz, K., *336*
Lorenzer, A., 16
Luckmann, Th., *379*, *383*
Lüdemann, G., 132
Lüders, Chr., *383*

Luhmann, N., *128*
Luther, H., *137*, 185, 231
Luther, M., 178, 179
Lyotard, J. F., *398*

M

Maeder, Chr., *386*
Malachowski, A., *65*, 74
Maldiney, H., *259*, 267, 268, *270*
Malévitch, K., 265
Mancini, R., *240*
Marquard, O., *88*, 132
Maßen, H., *141*
Maturana, H. R., *127*
McGinn, C., 72, 74
Meier C. F., 5
Meyer, P. G., *290*
Meuser, M., *383*
Metzger, W., 401, 404
Michaelis, J. D., 98
Misch, G., 60
Moltmann, J., 129
Moore, H., 354
Möller, J., *398*
Mozart, W.A., 160
Muhlack, U., *105*
Mura, G., *366*
Müller, P., *123*
Müller-Doohm, S., *383*, *388*

N

Naipaul, V. S., 260
Napoleon, 102, 284
Neschke, A., 283, *285*, *286*, *293*
Nethöfel, W., *124*, *129*, *132*
Nietzsche, F., 54, 56, 97, 98, 99, 100, 101, 102, 104, 109, 110, 111, 112, 113, 114, 115, 116, 117, 118, 119, 120, 121, 218, *219*, 222, 223, 224, 225, 226, 259, 260, 284, 323
Nöller, A., *123*

O

Oberhammer, G., 203, *210*, 213
Oevermann, U., 383

Ong, W. J., *389*
Opitz, P., *123*
Ossovskij, M. & S., *248*
Otto, R., 356, 363
Özen, A., *132*

P

Pace, E., *233*
Paepcke, F., 86, *90*
Pannenberg, W., *379*
Passow, F., 97
Paulsen, F., *284*
Peirce, Ch. S., 141, 344
Pestalozzi, K., *391*
Petrarca, F., 104
Pevsner, N., 363
Pfaff, J., 277
Pfeiffer, R., *287*
Philostrate, 260, 262
Pinkus, L., *233*
Pirandello, L., 399, 402, 403
Plato, 11, 12, 13, 15, *81*, 84, 85, 94, 95, 99,1 00, 101, 223, 231, 259, 261, 287, 288, 298, 390, *395*, 396
Poe, E.A., 271
Politiano, J. A., 104
Pöggeler, O., *60*
Prammer, F., *138*
Prigogine, I., *128*
Proust, M., 19
Puchta, G. F., 368
Putti, J., *138*
Putnam, H., 45
Pythagore, 265

Q

Quine, W. V. O., 68, 69, 74, *251*

R

Raguse, H., *123*
Rauchfleisch, U., *241*
Reichenbach, H., *250*
Reichertz, J., *384*
Renthe-Fink, L. von, *300*
Riccobono, F., *367*

Riconda, G., *233*
Ricœur, P., 4, 5, 6, 7, 8, 10, 11, 58, 62, 66, 85, *123*, 138, 179, 181, 182, 190, 192, 194, 195, 197, 199, 200, 201, 209, *235*, 256, 257, 258, 263, 273, 347, 350, 351, 354, 355, 361, 363, 365, 377, 378
Riedel, M., 6, *61*, 97, *101*
Ritschl, F., 109, 116
Rizzo, V., *367*
Rodi, F., *60*
Rohde, E., 102, *110*, *111*
Root, M., 72, 74
Rorty, R., 65, 66, 67, 68, 69, 71, 72, 73, 74, *390*
Rousseau, J. J., 28

S

Sackmann, R., *383*
Sacks, H., *382*
Saner, H., *241*
Sartre, J.P., 19
Saussure, F. de, 85
Savigny, F. C., 368
Scalise, Ch. J., *123*
Schaeffer, J.-M., *261*
Schaeffler, R., 247
Schelling, F.W.J., 13, 80, 268, 287
Schelling, W. A., 363
Schillebeeckx, E., 192, 193, *196*
Schiller, F., *102*, 103, 120, 168
Sching, H., *392*
Schlechta, K., *112*, *113*, 323
Schlegel, F., 87, 101, 287, 298
Schlegel, J. A., 261
Schleiermacher, F., 5, 8, 69, 78, 79, 80, 81, 82, *83*, 84, 85, *86*, 94, 98, 101, 104, 106, *123*, 175, 176, 177, 283, 284, 285, 286, 287, 288, 289, 290, 291, 292, 293, 294, 295, 297, 298, 300, 301, 302, 356, 363, *366*, *389*
Schmitz, H., *391*, 397
Schmölders, C., *391*
Schnädelbach, H., *332*
Schnur, H., *123*, 283, *297*, 298
Scholtz, G., *123*, 286, *287*, *300*, *301*

Schopenhauer, A., 97, 98, 119
Schröder, E., *98*
Schröer, N., *384*
Schütz, A., 380, 385
Schütze, F., *382*
Schuhmann, K., *37*
Schulz, W., *93*
Schwarz, B., *278*
Schwarz, Chr., *129*
Schwinger, 238, 367
Seeck, O., *276*
Sesboüe, B., *196*
Simon, J., *44, 47, 54*
Sims, D., 311
Soeffner, H.-G., *384*, 386, *388*
Sokrates, 99, 224, 231
Sontag, S., 273
Spet, G., *59, 60*
Spinoza, B. de, 13
Spranger, E., *105*
Staiger, E., 376
Stegmüller, W., *65*, 74
Stemberger, G., *123*
Stengers, I., *128*
Stevenson, R. L. 260, 263, 264
Stuhlmacher, P., 132
Stolleis, M., *365*
Strecker, G., *394*
Sundermeier, Th., *123*
Suppe, F., *250*
Szondi, P., 5, 288, 293

T

Tarski, F., 68
Taylor, Ch., *342*
Taylor, M. C., *398*
Terrin, A. N., *233*
Thiselton, A. C., *123*
Thomas v. Aquino, 349
Tilch, H., *279*
Timm, H., *390*
Todorov, T., 256, 258
Tracy, D., *123, 129*, 180, 181, 182, 183, 184, 185, *192, 198, 398*

U

Uslar, D. von, 347, 363

V

Vanhoozer, K. J., *138*
Varela, F. J., *127*
Vergote, A., *236*
Verweyen, H.-J., *132*
Vico, G.B., *294*, 377
Virilio, P., *143*
Virmond, W., 285
Volkelt, H., *336*
Vonderach, G., *386*

W

Waardenburg, J., *134*
Wach, J., 376
Wagner, R., 112, 119
Wagner, F., *301*
Wandruszka, M., *89*, 90
Warning, R., *391*
Weidhas, R. F., *128*
Welsch, W., *398*
Whinney, M., 363
Whorf, B.L., *84*
Wieacker, 373, *374*
Wiehl, R., *85, 93*
Winckelmann, J.J., 103, 105, 107, 116
Winch, P., 303, *310, 311*, 314
Windscheid, B., 368, 369
Wittgenstein, L., 9, 19, 39, 45, 46, 48, 53, 54, *303, 305*, 312, 313, 314, 315, 316, *331, 391*
Wolf, F. A., 97, 98, 99, 100, 101, 102, 103, 104, 105, 106, 107, 108, 109, 110, 111, 112, 113, 114, 115, 116, 117, 118, 119, 120, 283, *284*, 285, 286, 288, 289, 290, 291, 292, 293, 294, 295, 296, 297, 298
Wren, Chr., 353

Z

Zilleßen, D., *137*

PRINTED ON PERMANENT PAPER • IMPRIMÉ SUR PAPIER PERMANENT • GEDRUKT OP DUURZAAM PAPIER - ISO 9706
ORIENTALISTE, KLEIN DALENSTRAAT 42, B-3020 HERENT